COSTUMES EM COMUM

E. P. THOMPSON

COSTUMES EM COMUM

Tradução
ROSAURA EICHEMBERG

Revisão técnica:
ANTONIO NEGRO
CRISTINA MENEGUELLO
PAULO FONTES

9ª reimpressão

COMPANHIA DAS LETRAS

Grafia atualizada segundo o Acordo Ortográfico da Língua Portuguesa de 1990, que entrou em vigor no Brasil em 2009.

Título original:
Customs in Common

Capa:
Ettore Bottini
sobre detalhe de *Ceifeiros* (1785), óleo de
George Strebbs, Tate Gallery, Londres

Índice onomástico:
Maria Cláudia Carvalho Mattos

Preparação:
Cristina Penz

Revisão:
Ana Maria Barbosa
Cecília Ramos
Carmen S. da Costa

Atualização ortográfica:
Página Viva

Dados Internacionais de Catalogação na Publicação (CIP)
(Câmara Brasileira do Livro, SP, Brasil)

Thompson, E. P.
Costumes em comum / E. P. Thompson ; revisão técnica Antonio Negro, Cristina Meneguello, Paulo Fontes. — São Paulo: Companhia das Letras, 1998.

ISBN 978-85-7164-820-3

1. Classes trabalhadoras – Inglaterra – História – Século 18 2. Cultura popular – Inglaterra – História – Século 18 3. Inglaterra – Condições econômicas – Século 18 4. Inglaterra – Condições sociais – Século 18 5. Inglaterra – Usos e costumes – Século 18 I. Título.

98-4533 CDD-306.0942090033

Índice para catálogo sistemático:
1. Inglaterra: Século 18: História social 306.0942090033

2016

EDITORA SCHWARCZ S.A.
Rua Bandeira Paulista, 702, cj. 32
04532-002 — São Paulo — SP
Telefone: (11) 3707-3500
Fax: (11) 3707-3501
www.companhiadasletras.com.br
www.blogdacompanhia.com.br
facebook.com/companhiadasletras
instagram.com/companhiadasletras
twitter.com/cialetras

SUMÁRIO

Prefácio e agradecimentos 9

1. Introdução: costume e cultura 13
2. Patrícios e plebeus 25
3. Costume, lei e direito comum 86
4. A economia moral da multidão inglesa no século XVIII 150
5. Economia moral revisitada 203
6. Tempo, disciplina de trabalho e capitalismo industrial 267
7. A venda de esposas 305
8. *Rough music* 353

Notas 407
Lista de ilustrações 483
Índice onomástico 485

Para Martin Eve
uncommon customer [amigo incomum]

PREFÁCIO E AGRADECIMENTOS

Os estudos contidos neste livro procuraram abranger um único tema, bastante homogêneo, que é apresentado na Introdução. No entanto, o livro me tomou muito mais tempo do que planejara. Seu ponto de partida foram os trabalhos sobre "o tempo" e "a economia moral", iniciados logo depois que publiquei *A formação da classe operária inglesa*, há mais de vinte anos. Sofreu um atraso, depois disso, devido a um estudo sobre o crime no século XVIII, que resultou em *Senhores e caçadores* e *Albion's fatal tree* [A árvore fatal de Albion], este último com a colaboração de colegas do Centro de Estudos de História Social, da Universidade de Warwick. Por fim, no princípio da década de 1980, a emergência da "Segunda Guerra Fria" e as pesadas demandas do movimento pacifista me desviaram de novo deste trabalho. Não me queixo: estou convencido de que o movimento pacifista teve uma contribuição importante na dispersão da Guerra Fria, que descera como uma nuvem de poluição sobre todos os setores da vida política e intelectual. Foram essas dificuldades, e também problemas de saúde, que atrasaram seriamente a finalização de *Costumes em comum*.

Devo explicar agora o que fiz para manter a continuidade do tema. Dois capítulos foram reproduzidos de publicações anteriores, sem qualquer alteração: "Tempo, disciplina de trabalho e capitalismo industrial", que apareceu pela primeira vez no nº 38, de dezembro de 1967, de *Past and Present*; e "A economia moral da multidão inglesa no século XVIII", *Past and Present*, nº 50, 1971. No primeiro caso, embora tenham surgido trabalhos interessantes sobre a questão do tempo, nenhum deles parece obrigar a qualquer revisão importante de meu artigo. Mantive "a economia moral" na forma original por outro motivo. A tese foi muito discutida, criticada e desenvolvida, e em alguns pontos ultrapassada pelas investigações subsequentes. A princípio, dediquei-me a revisá-la e atualizá-la, o que se revelou uma tarefa impossível: era como mudar retrospectivamente a posição das traves de um gol. Percebi que estava modificando um texto que merecera muitos comentários de outros pesquisadores. Por isso, decidi republicar o estudo sem alterá-lo e escrever um artigo mais longo, "Economia moral revisitada", no qual respondo a alguns dos críticos e reflito sobre as questões propostas por outros.

Os demais estudos do livro foram extensamente revistos, ou aparecem aqui pela primeira vez. A "Introdução" e "Patrícios e plebeus" incluem trechos publicados originalmente em "Sociedade patrícia, cultura plebeia", *Journal of Social History*, vol. 7, 4 (verão de 1974), e "A sociedade inglesa no século XVIII: luta de classes sem classes?", *Social History*, vol. 3, 2 (maio de 1987). Uma versão mais curta de *"Rough music"* apareceu sob o título de "'Rough music': le charivari anglais", em *Annales: Économies, Sociétés, Civilisations*, 27º ano, nº 2, março-abril de 1972. Agradeço às revistas mencionadas e a seus editores por terem permitido a utilização desse material.

Registro também meus agradecimentos àqueles colegas e instituições que me acolheram e me proporcionaram a oportunidade de lecionar e de manter contato com a atividade dos historiadores ao longo desse extenso período: entre outras, várias instituições nos Estados Unidos (Pittsburgh, Rutgers, Brown, Dartmouth College), assim como um circuito de universidades indianas e as conferências Sir Douglas Robb, na Universidade de Auckland, na Nova Zelândia. Mais recentemente, devo agradecer em particular a três universidades que assumiram o risco de me convidar como professor visitante — embora enferrujado —, permitindo minha reabilitação como pesquisador, depois do longo intervalo em que me dediquei ao movimento pacifista. São elas, em primeiro lugar, a Queen's University de Kingston, Ontário (1988); a Universidade de Manchester, que me concedeu uma bolsa de pesquisa Simon Senior em 1988-9; e a Universidade Rutgers, que me designou como Distinguished Visiting Professor Raoul Wallenberg no ano acadêmico de 1989-90, para trabalhar no seu Centro de Análise Histórica. Sem essa assistência generosa, e o estímulo de tantos colegas amáveis, poderia ter perdido o contato com minha profissão. Finalmente, devo agradecimentos calorosos à Universidade de Birmingham, que me abriu sua biblioteca e me proporcionou recursos de pesquisa, na qualidade de participante do Instituto de Pesquisa Avançada em Humanidades.

Se me dispusesse a agradecer a todos aqueles que me enviaram referências (por exemplo, sobre *rough music* ou a venda de esposas), este prefácio demandaria várias páginas adicionais. Em alguns casos, reconheci essas contribuições em notas. Peço desculpas por não ter feito o mesmo em outros casos. Entre os que me forneceram dados ou ideias estão John Beattie, a falecida Kathleen Bumstead, Andrew Charlesworth, Robin Clifton, Penelope Corfield, Anna Davin, Natalie

Davis, Isabel Emmett, o falecido G. Ewart Evans, John Fine, John Fletcher, Vic Gammon, John Gillis, Inge Goodwin, Jack Goody, o falecido Herbert Gutman, Julian Harber, Brian Harrison, J. F. C. Harrison, Martin Ingram, Joan Lane, Louis Mackay, o falecido David Morgan, Polly Morris, Bryan Palmer, Alfred Peacock, Iorwerth Prothero, Arnold Rattenbury, Ruth Richardson, John Rule, Raphael Samuel, Peter Searby, Robert Shenton, Paul Slack, Len Smith, Michael Sonenscher, Joan Thirsk, Keith Thomas, Dror Wahrman, John Walsh, E. R. Yarham, Eileen e Stephen Yeo. Devo agradecimentos muito especiais ao falecido E. E. Dodd, a quem encomendei muitas pesquisas no Public Record Office, assim como a Malcolm Thomas (atualmente bibliotecário da Friends House, Euston Road), que me prestou serviços valiosos como assistente de pesquisa; a Adrian Randall, Wendy Thwaites e John Walter, pelos comentários precisos sobre meus textos a respeito da "economia moral"; a Douglas Hay e Peter Linebaugh, antigos coorganizadores de *Albion's fatal tree*, por conselhos recebidos sobre os temas da legislação, do crime e muitos outros; a Robert Malcolmson e Rex Russell, pela sua generosidade ao me encaminhar referências sobre a venda de esposas e temas da vida rural; a Roy Palmer, por compartilhar seu conhecimento minucioso e inexaurível sobre baladas e literatura distribuída em folhetos; a Nicholas Rogers, por me manter em contato com o notável trabalho que está preparando sobre o povo de Londres e da província; e a Jeanette Neeson, cuja obra sobre os *commoners*[1] no século XVIII — a ser publicada em breve — vai transformar nossa compreensão da história agrária e social daquele século, e a cujas percepções devo muitíssimo. Agradecimentos especiais são também devidos a Eveline King, que competentemente decifrou e datilografou meu manuscrito, sempre coberto de correções; a dois amigos de muitos anos, que são também meus editores: nos Estados Unidos, André Schiffrin, até há pouco a alma inspiradora da Pantheon Books, antes que a política mercenária da Random House acabasse com isso; na Inglaterra, Martin Eve, da Merlin Press, que me socorreu toda vez que surgia uma dificuldade. Os dois se mostraram extraordinariamente pacientes e encorajadores em face de meus prolongados atrasos. Por fim, quero mencionar Dorothy Thompson, que durante mais de quatro décadas foi minha colaboradora e compartilhou meus interesses, tecendo comentários sobre cada capítulo à medida que era escrito. Sem sua ajuda, sob muitas formas, não teria sido possível realizar este livro.

Devo também agradecimentos às bibliotecas e às repartições de registro civil dos condados, citadas nas notas. Incluem, naturalmente, a British Library, o Gabinete de Gravura do British Museum e o Public Record Office. As transcrições dos registros que têm *copyright* da Coroa no Public Record Office fo-

(1) Não membro da nobreza com direitos às terras comunais. (N. R.)

ram autorizadas pela direção do H. M. Stationery Office, e agradeço a permissão para reproduzir as ilustrações v e vi. Agradeço igualmente ao bibliotecário da Casa de Cecil Sharp; ao marquês de Cholmondeley (pela autorização para pesquisar os documentos Cholmondeley-Houghton, que se encontram agora na biblioteca da Universidade de Cambridge); ao bibliotecário da Biblioteca William L. Clement, de Ann Arbor, Michigan, pela permissão para consultar os documentos Shelburne; ao excelentíssimo conde de St. Aldwyn, pelo acesso aos documentos de Charles Withers; a Sua Alteza, o duque de Marlborough, pelo acesso aos documentos do conde de Sunderland no Palácio Blenheim; a Lord Crawford, pela permissão para reproduzir as ilustrações xxix e xxx; e a todas as demais fontes citadas nas notas e no texto. O trecho (ver p. 127) de *A history of the land* [Uma história da terra] (Oxford, 2ª edição, 1986), de A. W. B. Simpson, é citado mediante autorização da Oxford University Press. Agradeço finalmente à British Library e ao Gabinete de Gravura do British Museum pela autorização concedida para reproduzir várias ilustrações.

Worcester, dezembro de 1990

1
INTRODUÇÃO: COSTUME E CULTURA

Todos os estudos reunidos neste livro estão ligados, por caminhos diferentes, ao tema do costume, assim como ele se manifestou na cultura dos trabalhadores no século XVIII e parte do XIX. Defendo a tese de que a consciência e os usos costumeiros eram particularmente fortes no século XVIII. Na verdade, alguns desses "costumes" eram de criação recente e representavam as reivindicações de novos "direitos". É clara nos historiadores que se ocupam dos séculos XVI e XVII a tendência de ver o século XVIII como uma época em que esses costumes se encontravam em declínio, juntamente com a magia, a feitiçaria e superstições semelhantes. O povo estava sujeito a pressões para "reformar" sua cultura segundo normas vindas de cima, a alfabetização suplantava a transmissão oral, e o esclarecimento escorria dos estratos superiores aos inferiores — pelo menos, era o que se supunha.

Mas as pressões em favor da "reforma" sofriam uma resistência teimosa; e o século XVIII viu abrir-se um hiato profundo, uma profunda alienação entre a cultura patrícia e a da plebe. No seu esclarecedor estudo *Cultura popular na Idade Moderna,* originalmente publicado em 1978, Peter Burke sugere que isso ocorreu em toda a Europa, e que uma das consequências foi o surgimento do folclore, à medida que observadores sensíveis (e os pouco sensíveis) nas camadas superiores da sociedade promoviam a investigação da "Pequena Tradição" plebeia, registrando seus estranhos hábitos e ritos. Quando surgiu o estudo do folclore, esses costumes já começavam a ser vistos como "antiguidades", resíduos do passado, e John Brand, o grande pioneiro dos estudos folclóricos, achou necessário incluir no prefácio de seu livro *Observations on popular antiquities* [Observações sobre antiguidades populares] um pedido de desculpas por lhes dar atenção:

> [...] nada relacionado com o mais ínfimo do que é vulgar pode ser estranho à nossa investigação, e menos ainda escapar à nossa atenção; nada que diga respeito àque-

les que ocupam o lugar mais humilde, embora de modo algum o menos importante na distribuição política dos seres humanos.[1]

Assim, desde a sua origem, o estudo do folclore teve este sentido de distância implicando superioridade, de subordinação (Brand observou que o orgulho e as necessidades da organização política da sociedade tinham "dividido o gênero humano em [...] uma variedade de espécies diferentes e subordinadas"), vendo os costumes como remanescentes do passado. Durante século e meio, o método preferido dos colecionadores foi reunir esses resíduos como "costumes de almanaque", que encontravam seu último refúgio na província mais remota. Como declarou um folclorista no fim do século XVIII, seu objetivo era descrever "os antigos costumes que ainda subsistem nos recantos obscuros do nosso país, ou que sobreviveram à marcha do progresso na nossa agitada existência urbana".[2]

Devemos a esses colecionadores descrições cuidadosas de *well-dressings* [costume religioso em que os poços de água eram decorados com arranjos florais para agradecer o suprimento abundante de água pura], *rush-bearings* [cerimônia anual em que se levava junco para a igreja a fim de espalhar pelo chão ou decorar as paredes] ou *harvest homes* [festa do final da colheita], bem como exemplos recentes de *skimmington ridings* [procissão para ridicularizar um esposo ou esposa infiel]. Mas o que se perdeu, ao considerar os costumes (plurais) como discretas sobrevivências, foi o sentido intenso do costume no singular (embora com variadas formas de expressão) — o costume não como posterior a algo, mas como *sui generis*: ambiência, *mentalité*, um vocabulário completo de discurso, de legitimação e de expectativa.

Nos séculos precedentes, o termo "costume" foi empregado para denotar boa parte do que hoje está implicado na palavra "cultura". O costume era a "segunda natureza" do homem. Francis Bacon escreveu sobre o costume como a conduta inercial, habitual e induzida: "Os homens professam, protestam, comprometem-se, pronunciam grandes palavras, para depois fazer o que sempre fizeram. Como se fossem imagens mortas, instrumentos movidos exclusivamente pelas rodas do costume". Para Bacon, portanto, o problema consistia em induzir melhores hábitos o mais cedo possível: "Como o costume é a principal diretriz da vida humana, que os homens procurem ter bons costumes [...] O costume é mais perfeito quando tem origem nos primeiros anos de vida: é o que chamamos de educação, que, com efeito, não passa de um costume cedo adquirido". Bacon não estava pensando na classe trabalhadora, mas cem anos depois Bernard Mandeville, tão convencido quanto Bacon da "tirania dos costumes que prevalece sobre nós",[3] estava muito menos inclinado a aceitar a educação universal. Era necessário que "toda uma multidão [...] habituasse seu corpo ao trabalho", tanto em seu próprio benefício como para sustentar o lazer, o conforto e os prazeres dos mais afortunados.

> Para que a sociedade seja feliz e o povo tranquilo nas circunstâncias mais adversas, é necessário que grande parte dele seja ignorante e pobre. O conhecimento não só amplia como multiplica nossos desejos [...] Portanto, o bem-estar e a felicidade de todo Estado ou Reino requerem que o conhecimento dos trabalhadores pobres fique confinado dentro dos limites de suas ocupações e jamais se estenda (em relação às coisas visíveis) além daquilo que se relaciona com sua missão. Quanto mais um pastor, um arador ou qualquer outro camponês souber sobre o mundo e sobre o que é alheio ao seu trabalho e emprego, menos capaz será de suportar as fadigas e as dificuldades de sua vida com alegria e contentamento.

Por isso, para Mandeville, o aprendizado da leitura, da escrita e da aritmética "é muito pernicioso aos pobres".[4]

Se a muitos desses "pobres" se negava o acesso à educação, ao que mais eles podiam recorrer senão à transmissão oral, com sua pesada carga de "costumes". Se o folclore do século XVIII, ao separar os resíduos culturais do seu contexto, perdeu o sentido do costume como contexto e *mentalité*, deixou igualmente de perceber a função racional de muitos costumes, nas rotinas do trabalho diário e semanal. Muitos costumes eram endossados e frequentemente reforçados pela pressão e protesto populares. Não há dúvida de que no século XVIII "costume" era uma "boa" palavra: a Inglaterra há muito se vangloriava de ser Antiga e Boa.[5] E era também um termo operacional. Se, de um lado, o "costume" incorporava muitos dos sentidos que atribuímos hoje à "cultura", de outro, apresentava muitas afinidades com o direito consuetudinário. Esse derivava dos costumes, dos usos habituais do país: usos que podiam ser reduzidos a regras e precedentes, que em certas circunstâncias eram codificados e podiam ter força de lei.

Era o que acontecia, sobretudo, com a *lex loci*, os costumes do domínio senhorial. Às vezes eles só estavam registrados na memória dos idosos, mas tinham efeito legal quando não contradiziam a lei estatutária,[6] o que é discutido mais amplamente no capítulo 3. Para alguns trabalhadores industriais, o costume tinha a mesma força legal — os mineradores de estanho da Cornualha, com sua Stannary Court, os mineiros independentes da floresta de Dean, com seu "Livro de Dennis".[7] Os direitos reivindicados pelos mineiros de Dean talvez tivessem suas origens no século XIII, mas as "Leis e costumes dos mineiros" foram codificadas numa investigação de 1610, quando 48 mineiros independentes registraram seus costumes (publicada originalmente em 1687). Com frequência, a invocação do "costume" com respeito a um ofício ou ocupação refletia uma prática tão antiga que adquiria a cor de um privilégio ou direito.[8] Em 1718, por exemplo, quando os fabricantes do Sudoeste tentaram ampliar em meia jarda cada peça de pano, os tecelões se queixaram de que isso contrariava "a lei, os usos e os costumes de tempos imemoriais". E em 1805, os gráficos de Londres reclamaram que seus empregados abusavam da ignorância dos trabalhadores diaristas "rejeitando ou discutindo o que constituía um costume, e se recusando a reconhecer os precedentes, que até o momento têm sido a única referência existente".[9] Muitas das disputas clássicas do início da Revolução Industrial diziam respeito tanto aos costumes como aos salários e condições de trabalho.

Em sua maioria, esses costumes podiam ser descritos como "visíveis": estavam codificados de alguma forma, ou podiam ser justificados com exatidão. Mas à medida que a cultura plebeia se tornava mais opaca à inspeção por parte da *gentry*,[II] outros costumes passavam a ser menos visíveis. As cerimônias e as procissões dos ofícios, que no passado faziam parte do calendário corporativo sob o patrocínio do bispo Blaize, no caso dos cardadores de lã; de são Clemente, com respeito aos ferreiros; e de são Crispim, com relação aos sapateiros —, no século XVIII ainda podiam ser celebradas em ocasiões especiais, como coroações e aniversários. No século XIX, porém, perderam o endosso consensual dos respectivos "ofícios"; eram temidas pelos empregadores e pelas corporações, por propiciarem explosões de alegria e distúrbios, o que realmente às vezes acontecia.[10] São Clemente não era cultuado nas ruas, mas nos clubes de ofício ou nas reuniões das sociedades de socorro mútuo que se reuniam nas tavernas.[11]

Isso é sintomático da dissociação entre as culturas plebeia e patrícia no século XVIII e no início do XIX.[12] É difícil não ver essa divisão em termos de classe. Um folclorista perspicaz, G. L. Gomme, via o folclore como um conjunto de costumes, ritos e crenças do povo:

> Muitas vezes em antagonismo claro com relação aos costumes aceitos, os ritos e as crenças do Estado ou da nação a que pertenciam o povo ou certos grupos populares. Esses costumes, ritos e crenças são mantidos pela tradição [...] Devem sua preservação em parte ao fato de que grandes massas populares não participam da civilização que se ergue acima deles e que nunca é criação sua.[13]

No século XVIII, o costume constituía a retórica de legitimação de quase todo uso, prática ou direito reclamado. Por isso, o costume não codificado — e até mesmo o codificado — estava em fluxo contínuo. Longe de exibir a permanência sugerida pela palavra "tradição", o costume era um campo para a mu-

(II) É possível encontrar o termo *gentry* traduzido como pequena nobreza ou fidalguia. Porém, optamos por mantê-lo no original. Embora a *gentry*, pela sua riqueza e influência política, pudesse aspirar e, eventualmente, obter títulos nobiliárquicos, no contexto do século XVIII inglês era um grupo social distinto da nobreza. Dona de cerca da metade das terras do país, a *gentry* determinava os padrões de poder local como juízes de paz e responsáveis pelas milícias (ver A. Briggs, *A social history of England*, Londres, Penguin, 1991, pp. 169, 170, 200). Ademais, o próprio Thompson a define como sendo constituída por "vigorosos capitalistas agrários", uma peculiaridade inglesa "senão única, excepcional" (ver E. P. Thompson, *As peculiaridades dos ingleses e outros artigos*. Campinas, IFCH-Unicamp, 1995, col. Textos Didáticos, pp. 51, 57). (N. R.)

dança e a disputa, uma arena na qual interesses opostos apresentavam reivindicações conflitantes. Essa é uma razão pela qual precisamos ter cuidado quanto a generalizações como "cultura popular". Esta pode sugerir, numa inflexão antropológica influente no âmbito dos historiadores sociais, uma perspectiva ultraconsensual dessa cultura, entendida como "sistema de atitudes, valores e significados compartilhados, e as formas simbólicas (desempenhos e artefatos) em que se acham incorporados".[14] Mas uma cultura é também um conjunto de diferentes recursos, em que há sempre uma troca entre o escrito e o oral, o dominante e o subordinado, a aldeia e a metrópole; é uma arena de elementos conflitivos, que somente sob uma pressão imperiosa — por exemplo, o nacionalismo, a consciência de classe ou a ortodoxia religiosa predominante — assume a forma de um "sistema". E na verdade o próprio termo "cultura", com sua invocação confortável de um consenso, pode distrair nossa atenção das contradições sociais e culturais, das fraturas e oposições existentes dentro do conjunto.

Nesse ponto, as generalizações dos universais da "cultura popular" se esvaziam, a não ser que sejam colocadas firmemente dentro de contextos históricos específicos. A cultura plebeia, que se reveste da retórica do "costume" e que corresponde ao tema central deste livro, não se autodefinia, nem era independente de influências externas. Assumira sua forma defensivamente, em oposição aos limites e controles impostos pelos governantes patrícios. Os confrontos e negociações entre os patrícios e a plebe são explorados no capítulo 2, com a apresentação de alguns casos de conflito entre *mentalités* costumeiras e inovadoras (baseadas no "mercado"). No estudo desses casos, espero que a cultura plebeia tenha se tornado um conceito mais concreto e utilizável, não mais situado no ambiente dos "significados, atitudes, valores", mas localizado dentro de um equilíbrio particular de relações sociais, um ambiente de trabalho de exploração e resistência à exploração, de relações de poder mascaradas pelos ritos do paternalismo e da deferência. Desse modo, assim espero, a "cultura popular" é situada no lugar material que lhe corresponde.

Vamos retomar os traços característicos da cultura plebeia no século XVIII. Como é natural, ela mostra certas características atribuídas comumente às culturas "tradicionais". Na sociedade rural, mas também nas áreas manufatureiras e mineiras densamente povoadas (as regiões produtoras de tecido do Oeste da Inglaterra, o território dos mineradores de estanho da Cornualha, o Black Country),[III] encontramos uma herança importante de definições e expectativas marcadas pelo costume. O aprendizado, como iniciação em habilitações dos adultos, não se restringe à sua expressão formal na manufatura, mas também serve como mecanismo de transmissão entre gerações. A criança faz seu aprendizado das

(III) Distrito industrial mineiro nas Midlands. (N. R.)

tarefas caseiras primeiro junto à mãe ou avó, mais tarde (frequentemente) na condição de empregado doméstico ou agrícola. No que diz respeito aos mistérios da criação dos filhos, a jovem mãe cumpre seu aprendizado junto às matronas da comunidade. O mesmo acontece com os ofícios que não têm um aprendizado formal. Com a transmissão dessas técnicas particulares, dá-se igualmente a transmissão de experiências sociais ou da sabedoria comum da coletividade. Embora a vida social esteja em permanente mudança e a mobilidade seja considerável, essas mudanças ainda não atingiram o ponto em que se admite que cada geração sucessiva terá um horizonte diferente. E a educação formal, esse motor da aceleração (e do distanciamento) cultural, ainda não se interpôs de forma significativa nesse processo de transmissão de geração para geração.[15]

As práticas e as normas se reproduzem ao longo das gerações na atmosfera lentamente diversificada dos costumes. As tradições se perpetuam em grande parte mediante a transmissão oral, com seu repertório de anedotas e narrativas exemplares. Sempre que a tradição oral é suplementada pela alfabetização crescente, os produtos impressos de maior circulação — brochuras com baladas populares, almanaques, panfletos, coletâneas de "últimas palavras" e relatos anedóticos de crimes — tendem a se sujeitar a expectativas da cultura oral, em vez de desafiá-las com novas opções.

Essa cultura transmite com vigor — e possivelmente também gera — desempenhos ritualísticos ou estilizados, na recreação ou em formas de protesto. É até possível que a mobilidade geográfica, juntamente com a crescente alfabetização, tenha ampliado a gama dessas formas e as tenha distribuído mais amplamente. A "fixação do preço", a ação central dos distúrbios relacionados com a venda de alimentos, se difunde por quase todo o país (ver capítulo 4); o divórcio ritual conhecido como "venda da esposa" parece ter se difundido a partir de um ponto de origem desconhecido (ver capítulo 7). O testemunho da *rough music* (ver capítulo 8) sugere que nas comunidades mais tradicionais (nem todas rurais) operavam forças muito poderosas de controle social e moral produzidas pela própria sociedade. Essa evidência pode demonstrar que, embora os desvios de conduta fossem toleráveis até certo ponto, além desse limite a comunidade impunha aos transgressores suas expectativas herdadas com respeito ao papel dos cônjuges e à conduta sexual. Mesmo nesses casos, contudo, precisamos avançar com cuidado: não se trata *apenas* de "uma cultura tradicional". As normas defendidas não eram as mesmas proclamadas pela Igreja ou pelas autoridades; eram definidas dentro da própria cultura plebeia, e os mesmos rituais de desonra usados contra um notório transgressor das regras de conduta sexual podiam ser aplicados contra o fura-greve, contra o proprietário rural e seus couteiros, o inspetor de tributos, o juiz de paz.

Portanto, essa era uma cultura de formas conservadoras, que recorria aos costumes tradicionais e procurava reforçá-los. As formas são também não racionais; não apelam para a "razão" por meio do panfleto, do sermão ou do palanque do orador. Elas impõem uma variedade de sanções pela força, o ridículo, a vergonha, a intimidação. Mas o conteúdo ou os significados dessa cultura não podem ser qualificados facilmente de conservadores, porque na realidade social o trabalho se libera cada vez mais, década após década, dos controles senhoriais, paternais, da paróquia e da corporação, distanciando-se da dependência direta em que ficavam a princípio os clientes da *gentry*. Em consequência, temos uma cultura costumeira que não está sujeita, em seu funcionamento cotidiano, ao domínio ideológico dos governantes. A hegemonia suprema da *gentry* pode definir os limites dentro dos quais a cultura plebeia tem liberdade para atuar e crescer; mas como essa hegemonia é laica, e não religiosa ou mágica, pouco pode fazer para determinar o caráter dessa cultura plebeia. Os instrumentos e imagens de controle de que se utiliza não são os da Igreja ou do carisma monárquico, mas aqueles proporcionados pela lei. Todavia a lei não cria irmandades pias nas cidades nem extrai confissão dos pecadores, seus súditos não precisam desfiar rosários nem fazer peregrinação a santuários. Em vez disso, eles leem volantes e tagarelam nas tavernas; e pelo menos algumas das vítimas do sistema legal não são vistas com horror, mas com uma admiração ambígua. A lei pode estabelecer os limites tolerados pelos governantes; porém, na Inglaterra do século XVIII, ela não penetra nos lares rurais, não aparece nas preces das viúvas, não decora as paredes com ícones, nem dá forma à perspectiva de vida de cada um.

Temos assim um paradoxo característico daquele século: uma cultura tradicional que é, ao mesmo tempo, *rebelde*. A cultura conservadora da plebe quase sempre resiste, em nome do costume, às racionalizações e inovações da economia (tais como os cercamentos, a disciplina de trabalho, os "livres" mercados não regulamentados de cereais) que os governantes, os comerciantes ou os empregadores querem impor. A inovação é mais evidente na camada superior da sociedade, mas como ela não é um processo tecnológico/social neutro e sem normas ("modernização", "racionalização"), mas sim a inovação do processo capitalista, é quase sempre experimentada pela plebe como uma exploração, a expropriação de direitos de uso costumeiros, ou a destruição violenta de padrões valorizados de trabalho e lazer (ver capítulo 6). Por isso a cultura popular é rebelde, mas o é em defesa dos costumes. Esses pertencem ao povo, e alguns deles se baseiam realmente em reivindicações muito recentes. Contudo, quando procura legitimar seus protestos, o povo retorna frequentemente às regras paternalistas de uma sociedade mais autoritária, selecionando as que melhor defendam seus interesses atuais. Assim, os que participam dos motins da fome voltam a apelar para o *Book of orders* e para a legislação contrária aos *forestallers* [fazendeiros que faziam compras antecipadas dos grãos para fins de especulação], e os artesãos a recorrer a certas partes do código de trabalho da era Tudor — por exemplo, a que diz respeito à regulamentação do aprendizado.

A identidade social de muitos trabalhadores mostra também uma certa ambiguidade. É possível perceber no mesmo indivíduo identidades que se alternam, uma deferente, a outra rebelde.[16] Adotando outros termos, esse foi um problema que preocupou Gramsci. Ele observou o contraste entre a "moralidade popular" da tradição do folclore e a "moralidade oficial". Seu "homem-massa" podia ter "duas consciências teóricas (ou uma consciência contraditória)": a da práxis e a "herdada do passado e absorvida acriticamente". Ao discutir a ideologia nos seus cadernos da prisão, Gramsci a vê fundamentada na "filosofia espontânea comum a todas as pessoas". Uma filosofia — conclui — que deriva de três fontes: a primeira é "a própria linguagem, que é um conjunto de determinadas noções e conceitos, e não apenas de palavras desprovidas gramaticalmente de conteúdo"; a segunda é o "senso comum"; e a terceira, o folclore e a religião popular.[17] Das três, hoje a maioria dos intelectuais do Ocidente não hesitaria em conceder primazia teórica à primeira (a linguagem), não só por ser o veículo, mas a influência constitutiva sobre a consciência. Com efeito, embora a linguagem real — por exemplo, o dialeto — tenha sido pouco estudada,[18] entrou na moda presumir que a plebe era em certo sentido determinada pela sua herança linguística, considerada, por sua vez, uma verdadeira *bricolage* de ideias díspares, derivadas de muitas fontes, mas mantidas no seu lugar pelas categorias patrícias. Os plebeus chegam a ser vistos como prisioneiros da linguagem, compelidos, até mesmo em seus momentos de rebeldia, a mover-se dentro dos parâmetros do constitucionalismo, da Velha Inglaterra, da deferência devida aos líderes do patriciado e do patriarcado.

É um argumento que podemos acompanhar até certo ponto, embora deixe de levar em conta as outras fontes da "filosofia espontânea" citadas por Gramsci, e em particular o "senso comum" ou a práxis. Pois Gramsci também insistia que essa filosofia não era apenas a apropriação de um indivíduo, mas provinha de experiências compartilhadas no trabalho e nas relações sociais, estando "implícita na sua atividade e na realidade, unindo-o a todos os companheiros de trabalho na transformação prática do mundo real [...]". Assim, as "duas consciências teóricas" podem ser vistas como derivadas de dois aspectos da mesma realidade: de um lado, a conformidade com o *status quo*, necessária para a sobrevivência, a necessidade de seguir a ordenação do mundo e de jogar de acordo com as regras impostas pelos empregadores, os fiscais dos pobres etc.[19] De outro lado, o "senso comum", derivado da experiência de exploração, dificuldades e repressão compartilhada com os companheiros de trabalho e os vizinhos, que expõe continuamente o texto do teatro paternalista à crítica irônica e, com menos frequência, à revolta.

Outro aspecto dessa cultura pelo qual tenho interesse especial é a prioridade concedida, em certas áreas, ao "não econômico", em detrimento das sanções, trocas e motivações monetárias diretas. Esse aspecto é hoje estudado amplamente sob a designação de "economia moral", tema dos capítulos 4 e 5 deste livro. Ao examinarmos o comportamento das classes trabalhadoras no século XVIII, sentimos que é necessário "decodificá-lo" e decodificar suas formas de expressão simbólica, revelando as regras invisíveis, distintas daquelas que os historiadores dos movimentos operários subsequentes se habituaram a esperar. Quando atentamos para o simbolismo do protesto, ou quando decodificamos a *rough music* ou a venda de esposas, compartilhamos de algumas das preocupações de certos historiadores dos séculos XVI e XVII que tinham orientação antropológica. Em outro sentido, os problemas são diferentes, e possivelmente mais agudos, porque o processo do capitalismo e a conduta não econômica baseada nos costumes estão em conflito, um conflito consciente e ativo, como que numa resistência aos novos padrões de consumo ("necessidades"), às inovações técnicas ou à racionalização do trabalho que ameaçam desintegrar os costumes e, algumas vezes, também a organização familiar dos papéis produtivos.[20] Por isso, podemos entender boa parte da história social do século XVIII como uma série de confrontos entre uma economia de mercado inovadora e a economia moral da plebe, baseada no costume.

Nesses confrontos, é possível perceber o delineamento das subsequentes formações de classe, bem como da consciência de classe; e os fragmentos residuais das antigas estruturas são revividos e reintegrados no âmbito dessa consciência de classe emergente. Em um certo sentido, a cultura plebeia é do povo: uma defesa contra as intrusões da *gentry* e do clero; consolida aqueles costumes que servem aos interesses do povo; as tavernas são suas, as feiras são suas, a *rough music* está entre seus meios de autorregulação. Não estamos diante de *qualquer* cultura tradicional, mas de uma cultura bastante peculiar. Por exemplo, ela não é fatalista, oferecendo consolo e defesas ao longo de uma vida completamente determinada e restrita. É, sim, picaresca, e não só no sentido mais óbvio de que um número maior de pessoas se movimentam, vão ao mar, são levadas para as guerras, experimentam os azares e as aventuras da estrada.[21] Em ambientes mais estáveis, como nas áreas em expansão da manufatura e do trabalho "livre", a vida continua seguindo um rumo cujos azares e acasos não podem ser prescritos ou evitados pelo planejamento. As flutuações da mortalidade, dos preços, do desemprego, são experimentadas como acasos externos, fora de qualquer controle. De modo geral, a população trabalhadora tem pouca possibilidade de prever o futuro: essas pessoas não planejam sua "carreira", nem sua família; não veem sua vida como uma forma definida diante de si, não economizam os altos ganhos de algumas semanas para fazer poupança, não planejam a compra de uma choupana, e nunca tiram férias. (Sabendo o que os espera, alguns jovens saem de casa e, uma vez na vida, ganham a estrada para "ver o mundo".) Assim, as oportunidades são aproveitadas à medida que surgem, com pouca reflexão sobre as consequências, assim como a multidão impõe seu poder nos momentos de insurreição direta, sabendo que o seu triunfo não vai durar mais do que uma semana ou um dia.

Critiquei antes o termo "cultura", por tender a nos empurrar no sentido de uma noção holística ou ultraconsensual. Contudo, fui levado a retomar uma descrição da "cultura plebeia" que pode estar sujeita às mesmas críticas. O que não terá grande importância, se usarmos a palavra "cultura" como um termo descritivo vago. Afinal de contas, há outros termos descritivos que são moeda comum, tais como "sociedade", "política" e "economia". Não há dúvida de que eles merecem um escrutínio minucioso de tempos em tempos, mas, se tivéssemos que fazer um exercício rigoroso de definição cada vez que quiséssemos usá-los, o discurso do conhecimento se tornaria bastante complicado.

Mesmo assim, não podemos esquecer que "cultura" é um termo emaranhado, que, ao reunir tantas atividades e atributos em um só feixe, pode na verdade confundir ou ocultar distinções que precisam ser feitas. Será necessário desfazer o feixe e examinar com mais cuidado os seus componentes: ritos, modos simbólicos, os atributos culturais da hegemonia, a transmissão do costume de geração para geração e o desenvolvimento do costume sob formas historicamente específicas das relações sociais e de trabalho. Como demonstrou o antropólogo Gerald Sider, em um conjunto de estudos bastante sagazes sobre as vilas de pescadores da Terra Nova:

> Os costumes realizam algo-não são formulações abstratas dos significados nem a busca de significados, embora possam transmitir um significado. Os costumes estão claramente associados e arraigados às realidades materiais e sociais da vida e do trabalho, embora não derivem simplesmente dessas realidades, nem as reexpressem. Os costumes podem fornecer o contexto em que as pessoas talvez façam o que seria mais difícil de fazer de modo direto [...], eles podem preservar a necessidade da ação coletiva, do ajuste coletivo de interesses, da expressão coletiva de sentimentos e emoções dentro do terreno e domínio dos que deles coparticipam, servindo como uma fronteira para excluir os forasteiros.[22]

Se fosse discriminar os componentes constitutivos da "cultura popular" que mais requerem a nossa atenção nos dias de hoje, citaria as "necessidades" e as "expectativas". A Revolução Industrial e a concomitante revolução demográfica foram o pano de fundo da maior transformação da história, ao revolucionar as "necessidades" e destruir a autoridade das expectativas baseadas nos costumes. É isso sobretudo o que estabelece a distinção entre o "pré-industrial" ou "tradicional" e o mundo moderno. As gerações sucessivas já não se colocam em posição de aprendizes umas das outras. Se precisamos de uma apologia utilitária para nossa investigação histórica sobre os costumes (penso que não é o caso), ela pode ser encontrada no fato de que essa transformação, essa remodelagem da "necessidade" e essa elevação do limiar das expectativas materiais (juntamente com a desvalorização das satisfações culturais tradicionais), prossegue hoje com pressão irresistível, acelerada em toda parte pelos meios de comunicação universalmente disponíveis. Pressões que são hoje sentidas entre 1 bilhão de chineses, assim como por incontáveis milhões em aldeias africanas e asiáticas.

Não é simples discutir esses problemas a partir de nossa confortável perspectiva do "Norte" na divisão do globo. Qualquer historiador do trabalho conhece bem os interesses egoístas e as desculpas de classe que sempre podem encontrar razões para que os pobres continuem a ser pobres. Para citar mais uma vez Bernard Mandeville:

> É impossível que uma sociedade possa subsistir por muito tempo tolerando que muitos de seus membros vivam no ócio e gozem de todos os confortos e prazeres que possam inventar sem que, ao mesmo tempo, haja multidões que, para esse fim, concordem em viver da maneira totalmente oposta, acostumando seus corpos pelo uso e pela paciência a trabalhar para os outros além de para si mesmos.[23]

Essas palavras ainda não perderam sua força: é o texto oculto do diálogo entre o Norte e o Sul. No entanto, sabemos também que as expectativas globais estão se avolumando como o dilúvio bíblico, e que a presteza da espécie humana em definir suas necessidades e satisfações materiais de mercado — despejando todos os recursos da Terra no mercado — pode ameaçar a própria espécie (no Sul como no Norte) com uma catástrofe ecológica. O responsável por essa catástrofe será o homem econômico, seja na sua forma clássica do capitalista avaro, seja na forma do homem econômico rebelde da tradição marxista ortodoxa.

Como o capitalismo (ou seja, o "mercado") recriou a natureza humana e as necessidades humanas, a economia política e seu antagonista revolucionário passaram a supor que esse homem econômico fosse eterno. Vivemos o fim de um século em que essa ideia precisa ser posta em dúvida. Nunca retornaremos à natureza humana pré-capitalista; mas lembrar como eram seus códigos, expectativas e necessidades alternativas pode renovar nossa percepção da gama de possibilidades implícita no ser humano. Isso não poderia até nos preparar para uma época em que se dissolvessem as necessidades e expectativas do capitalismo e do comunismo estatal, permitindo que a natureza humana fosse reconstruída sob uma nova forma? É possível que eu esteja querendo demais. Seria invocar a possibilidade da redescoberta, sob novas formas, de um novo tipo de "consciência costumeira", quando mais uma vez as gerações sucessivas aprendessem umas com as outras; quando as satisfações materiais permanecessem estáveis (se distribuídas de modo mais igualitário), e só as satisfações culturais se ampliassem; quando as expectativas atingissem uma situação de equilíbrio permanente dos costumes. Não creio que isso vá acontecer, mas tenho a esperança de que os estudos deste livro possam iluminar o processo de formação dos costumes e a complexidade de seu funcionamento.

2

PATRÍCIOS E PLEBEUS

> *As circunstâncias miseráveis deste país estão agora de tal forma que, em suma, se isso continuar, os pobres vão dominar os ricos e os servos vão governar os senhores, os* Plebeij *quase assaltaram os* Patricij [...] *numa palavra, a ordem está invertida, não há subordinação, e o mundo parece estar de cabeça para baixo.*
>
> *Daniel Defoe,* The great law of subordination considered; or the insolence and insufferable behaviour of SERVANTS in England duly enquired into (1724)

I

A relação que desejo examinar neste capítulo é aquela entre "a *gentry*" e "os trabalhadores pobres". Ambos os termos são vagos, mas temos alguma noção sobre o que representam. Nas primeiras seis décadas do século XVIII, a tendência era associar a *gentry* com a terra. A terra continuava a ser o índice de influência, o plinto sobre o qual se erigia o poder. Se acrescentarmos ao status e riqueza fundiários propriamente ditos aquela parte da indústria que servia diretamente ao interesse agrícola (transporte, selaria, construção de carroças etc.) ou que processava os produtos agrícolas (fabricação de cerveja, curtume, moagem, a grande indústria da lã etc.), poderemos ver para que lado pendia a balança da riqueza. De modo que, apesar do imenso crescimento de Londres e do desenvolvimento de Liverpool, Manchester, Bristol, Birmingham, Norwich, Leeds etc., a Inglaterra conservava um perfil agrário até a década de 1760, e muitos dos que fizeram fortuna com ocupações urbanas e comerciais ainda procuravam converter a sua riqueza em status de *gentry* ao transformá-la em terra. William Hutton, o negociante de papel de Birmingham, descreve nas suas memórias a sua primeira compra de terras (1766): "desde que eu tinha oito anos, já demonstrava um gosto por terras [...] e desejava possuir alguma. Esse desejo ardente de terra nunca me abandonou".[1]

Todavia, tanto "fidalgos" como "os pobres" são "termos criados pela *gentry*",[2] e ambos têm uma carga normativa que pode ser assimilada acriticamente pelos historiadores. Dizem-nos (por exemplo) que "honra, dignidade, integridade, consideração, cortesia e cavalheirismo eram virtudes essenciais ao caráter de um fidalgo, e todas derivavam em parte da natureza da vida no campo".[3] Isso sugere uma visão um tanto distanciada da "vida no campo", da qual — assim como de grande parte das imagens rurais do século XVIII[4] — os trabalhadores foram subtraídos. Quanto a "os pobres", esse termo inteiramente indiscriminado contém a sugestão de que o grosso da população trabalhadora merecia a condescendência da *gentry*, e talvez sua caridade (como se fossem de alguma forma sustentados por ela, e não exatamente o contrário). E o termo agrupa, numa mesma categoria criada pela *gentry*, miseráveis, pequenos fazendeiros vigorosamente independentes, pequenos camponeses, criados da fazenda, artesãos rurais e assim por diante.

Por mais vagos que sejam os dois termos, este capítulo vai girar ao redor desses polos e de sua relação mútua. Vou passar por cima de grande parte do que existe no espaço intermediário: comércio, manufatura, o mercado de luxo de Londres, o império do além-mar. E minhas ênfases não serão aquelas que gozam de popularidade entre a maioria dos historiadores oficiais. Talvez haja uma razão para isso. Ninguém é mais suscetível aos encantos da vida da *gentry* do que o historiador do século XVIII. Suas fontes principais estão nos arquivos da *gentry* ou da aristocracia. Talvez ele até encontre algumas de suas fontes ainda na sala de documentos de uma antiga propriedade rural. O historiador pode se identificar facilmente com suas fontes: ele se vê cavalgando atrás dos cães de caça, comparecendo a uma sessão trimestral do tribunal, ou (se for menos ambicioso) se imagina pelo menos sentado à mesa resmungona do pároco Woodforde. Os "trabalhadores pobres" não deixaram os seus asilos repletos de documentos para os historiadores examinarem, nem é convidativa a identificação com sua dura labuta. Ainda assim, para a maioria da população, a forma de encarar a vida não era a da *gentry*. Eu poderia dizê-lo com palavras mais fortes, mas devemos prestar atenção às palavras tranquilas de M. K. Ashby: "A casa-grande a mim parece ter guardado as melhores coisas para si, não concedendo, com raras exceções, nem dignidade nem liderança às aldeias, mas, na verdade, depreciando o seu valor e a sua cultura".[5]

Quando eu e alguns colegas apresentamos, há alguns anos, uma visão um tanto cética das virtudes da alta *gentry whig*[1] e de seus defensores, parte dos historiadores profissionais ficou escandalizada.[6] A nossa ameaça foi repelida, e tem-se reconstituído uma visão da Inglaterra do século XVIII que, em poucas palavras, passa por cima das profundas contradições da sociedade. Dizem-nos que era uma próspera "sociedade de consumidores" (o que quer que isso signifique) habitada por "um povo cortês e comerciante".[7] Não nos lembram vivamente que esse foi o século em que os *commoners* por fim perderam a sua terra, em que se multiplicou o número de crimes punidos com a pena capital, em que milhares de criminosos foram degredados, e em que se perderam milhares de vidas nas guerras imperiais. Um século que terminou, apesar da "revolução" agrícola e do crescente rol de rendimentos, em grave pauperismo rural. Nesse meio-tempo, os historiadores profissionais mantêm uma visão branda dos acontecimentos: os simpósios históricos sobre questões do século XVIII tendem a ser um espaço em que os brandos guiam os brandos. Tentaremos realizar uma reconstrução um pouco menos tranquilizadora.

É uma queixa comum que os termos "feudal", "capitalista" ou "burguês" sejam demasiado imprecisos para serem úteis numa análise séria, abrangendo fenômenos demasiado vastos e díspares. Entretanto, agora encontramos constantemente o emprego de novos termos, como "pré-industrial", "tradicional", "paternalismo" e "modernização", que parecem estar sujeitos praticamente às mesmas objeções, e cuja paternidade teórica é menos precisa.

Talvez seja interessante observar que, enquanto o primeiro conjunto de termos chama a atenção para o conflito ou tensão dentro do processo social, o segundo parece cutucar-nos para que vejamos a sociedade em termos de uma ordem sociológica autorreguladora. Com um cientificismo enganador, esses termos se apresentam como se não contivessem julgamentos de valor. Também possuem uma estranha falta de temporalidade. Desgosto particularmente de "pré-industrial", uma tenda cujas pregas espaçosas acolhem lado a lado os fabricantes de roupas do Oeste da Inglaterra, os ourives persas, os pastores guatemaltecos e os bandoleiros corsos.[8]

(1) Partido surgido após a Revolução Gloriosa (1688) que objetivava subordinar a Coroa ao Parlamento. O termo foi aplicado aos membros do Country Party (ver, a seguir, nota na p. 37). Esteve no poder até o reinado de George III, quando os *tories* assumiram. Após 1830, novamente no governo, introduziu uma legislação reformista. Em meados do século XIX, transformou-se no Partido Liberal. (N. R.)

Entretanto, vamos deixá-los felizes em seu bazar, trocando os seus surprendentes produtos culturais, e examinar mais de perto o "paternalismo". Em alguns autores, "patriarcal" e "paternal" aparecem como termos intercambiáveis, um contendo uma implicação mais severa, o outro uma implicação um tanto suavizada. Na verdade, os dois podem colidir tanto nos fatos como na teoria. Na descrição de Weber das sociedades "tradicionais", o *locus* para a análise é situado nas relações familiares da unidade tribal ou doméstica, e dessas são extrapoladas relações de dominação e dependência que vão caracterizar uma sociedade patriarcal como um todo — o que ele relaciona especificamente com formas antigas e feudais da ordem social. Laslett, que nos lembrou tão insistentemente a importância social da unidade doméstica de produção no século XVII, sugere que isso contribuiu para a reprodução das atitudes e relações paternalistas ou patriarcais que permeavam toda a sociedade — e que talvez tenham continuado a permeá-la até o momento da "industrialização".[9] Marx, é verdade, inclinara-se a ver as atitudes patriarcais como próprias do sistema de guildas da Idade Média, quando

> Os oficiais diaristas e os aprendizes eram organizados em cada ofício da maneira mais conveniente aos interesses dos mestres. A relação filial que mantinham com seus mestres dava aos últimos um duplo poder — por um lado, porque influíam sobre toda a vida dos oficiais e, por outro lado, porque, para os que trabalhavam com o mesmo mestre, isso representava um laço real que os mantinha unidos contra os oficiais diaristas de outros mestres e os separava desses outros.

Marx afirmava que na "manufatura" essas relações foram substituídas pela "relação monetária entre operário e capitalista"; mas essa relação "no campo e em pequenas cidades ainda conservava um tom patriarcal".[10] É uma grande concessão, especialmente quando lembramos que, em qualquer período antes de mais ou menos 1840, o grosso da população britânica vivia nessas condições.

E assim podemos substituir o "tom patriarcal" pelo termo mais fraco, "paternalismo". Pode parecer que esse *quantum* social mágico, reabastecido todos os dias nas inúmeras fontes da pequena oficina, da unidade doméstica e da propriedade rural, foi bastante forte para inibir (exceto aqui e ali, em episódios breves) o confronto das classes, até que a industrialização o trouxesse no seu séquito. Antes disso, não havia classe trabalhadora com consciência de classe, nenhum conflito de classe desse tipo, mas apenas fragmentos de protoconflito. Como agente histórico, a classe trabalhadora não existia, e, sendo assim, a tarefa extremamente difícil de tentar descobrir qual era a real consciência dos trabalhadores pobres inarticulados seria tediosa e desnecessária. Somos convidados a pensar na consciência de um ofício, e não na de uma classe; nas divisões verticais, e não nas horizontais. Podemos até falar de uma sociedade de "uma só classe"

Vamos examinar as seguintes descrições do fidalgo proprietário de terras do século XVIII. A primeira:

> A vida de uma aldeia, um vilarejo, uma paróquia, uma cidade-mercado e seu interior, um condado inteiro, podia girar em torno da casa-grande dentro do seu parque. As salas de recepção, jardins, estábulos e canis eram o centro da vida social local; o escritório da propriedade, o local de troca de arrendamentos de fazendas, contratos de mineração e construção, e um banco para pequenas poupanças e investimentos; a casa da fazenda, uma exposição permanente dos melhores métodos agrícolas existentes [...]; a sala da lei [...] o principal baluarte da lei e da ordem; a galeria de retratos, a sala de música e a biblioteca, o quartel-general da cultura local; a sala de jantar, o fulcro da política local.

Eis a segunda:

> Na tarefa de administrar sua propriedade para satisfazer seus próprios interesses, ele desempenhava muitas das funções do Estado. Era o juiz: resolvia as disputas entre seus seguidores. Era a polícia: mantinha a ordem entre um grande número de pessoas [...] Era a Igreja: nomeava o capelão, em geral um parente próximo com ou sem treinamento religioso, para cuidar de seu povo. Era uma agência de assistência social: cuidava dos doentes, dos idosos, dos órfãos. Era o Exército: em caso de levantes [...] armava seus parentes e servidores e formava uma milícia privada. Além do mais, pelo que se tornou um intricado sistema de casamentos, parentesco e apadrinhamento [...] podia pedir apoio, se necessário, a um grande número de parentes, no campo ou nas cidades, que possuíam propriedades e poderes semelhantes aos seus.

São duas descrições aceitáveis do fidalgo proprietário de terra do século XVIII. Entretanto, acontece que uma descreve a aristocracia ou a alta *gentry* da Inglaterra e a outra, os senhores de escravos do Brasil colonial.[11] Ambas também poderiam, e com um mínimo de revisão, descrever um patrício na *campagna* da antiga Roma, um dos proprietários de terra de *Almas mortas* de Gogol, um senhor de escravos na Virgínia,[12] ou os proprietários de terra de qualquer sociedade em que a autoridade econômica e social, os poderes judiciários sumários etc. estavam concentrados num único lugar.

Mas ainda permanecem algumas dificuldades. Se quisermos, podemos chamar de "paternalismo" uma concentração de autoridade econômica e cultural. Mas se admitimos o termo, devemos também admitir que é demasiado amplo para uma análise detalhada. O termo pouco nos diz sobre a natureza do poder e do Estado, sobre as formas de posse de propriedade, sobre a ideologia e a cultura, e é mesmo por demais ineficiente para distinguir entre modos de exploração, entre o trabalho escravo e o livre.

Além disso, é uma descrição de relações sociais vistas de cima. Isso não o invalida, mas devemos ter consciência de que uma descrição desse tipo pode ser demasiado persuasiva. Se nos é apresentada apenas a primeira de nossas descrições, torna-se excessivamente fácil passar desse quadro para a visão de uma "sociedade de uma só classe". A casa-grande está no ápice, e todas as linhas de comunicação convergem para a sua sala de jantar, o escritório da propriedade ou os canis. Essa é, na verdade, uma impressão facilmente adquirida pelo estudioso que trabalha no meio dos documentos da propriedade, dos registros das sessões trimestrais dos tribunais ou da correspondência do duque de Newcastle.

Mas talvez haja outras maneiras de descrever a sociedade além da apresentada por Harold Perkin no primeiro de nossos dois excertos. A vida de uma paróquia podia igualmente girar em torno do mercado semanal, dos festivais e feiras de verão e inverno, da festa anual do vilarejo, tanto quanto ao redor das atividades da casa-grande. Os boatos sobre roubo de caça, furtos, escândalos sexuais e o comportamento dos inspetores dos pobres podiam ocupar a mente das pessoas muito mais do que as remotas idas e vindas no parque. A maioria na vila tinha poucas oportunidades de fazer poupança ou investimentos, ou de contribuir para o desenvolvimento agrícola: talvez se incomodassem mais com o acesso à lenha, turfas e pasto nas terras comunais do que com a rotatividade das culturas.[13] A lei poderia não se assemelhar a um "bastião", mas a um valentão. Acima de tudo, podia haver uma dissociação radical — e às vezes um antagonismo — entre a cultura, até mesmo a "política", dos pobres e a dos poderosos.

Poucos contestariam tal coisa. Mas as descrições da ordem social no primeiro sentido, vistas de cima, são muito mais comuns do que as tentativas de reconstruir a visão a partir de baixo. E sempre que se introduz a noção de "paternalismo", é o primeiro modelo que ela invoca. Além disso, o termo não consegue escapar de implicações normativas: sugere calor humano, numa relação mutuamente consentida; o pai tem consciência dos deveres e responsabilidades para com o filho, o filho é submisso ou complacente na sua posição filial. Até o modelo da unidade de produção doméstica contém (apesar das negações) um sentido de aconchego familiar: "houve tempo", escreveu Laslett certa vez, "em que toda a vida se passava no meio da família, num círculo de rostos familiares e amados, objetos conhecidos e estimados, tudo de tamanho humano".[14] Seria injusto opor essa afirmação à lembrança de que *O morro dos ventos uivantes* é apresentado exatamente numa situação familiar desse tipo. Laslett estava nos lembrando um aspecto relevante das relações econômicas de pequena escala, mesmo que o calor humano pudesse frequentemente provir tanto de uma revolta impotente contra uma dependência abjeta como do respeito mútuo. Nos primeiros anos da Revolução Industrial, os trabalhadores muitas vezes retornavam aos valores paternalistas perdidos. Cobbett e Oastler estenderam-se sobre o sentido de perda, e Engels endossou a queixa.

Mas isso traz outro problema. O paternalismo como mito ou como ideologia tem quase sempre uma visão retrospectiva. Na história inglesa, apresenta-se menos como realidade que como modelo de uma era de ouro antiga, de passado recente, da qual os modos e maneiras atuais são uma degeneração. Assim temos "Country justice", de Langhorne (1774):

Quando teu bom pai possuía este vasto domínio,
A voz da tristeza nunca se lamentava em vão.
Aliviados por sua compaixão, nutridos por sua generosidade,
Os doentes encontravam remédio e os idosos, pão.
Ele não os deixava aos cuidados da paróquia,
O meirinho não procurava impor seu pequeno império,
O tirano da aldeia não os matava de fome, nem os oprimia,
De todos ele conhecia as necessidades e as satisfazia
[...]
Os pobres tinham sempre à mão seus patronos naturais,
E os legisladores eram suplementos da lei![II]

E assim por diante, até a negação de que tais relações fossem uma realidade presente:

[...] *O ilimitado vaivém dos tempos*
Levou embora o magistrado protetor.
Exceto nas ruas de Augusta, nas praias da Gália,
Já não se vê o senhor rural [...][III]

Mas podemos tirar nossas fontes literárias de onde desejarmos. Podemos retroceder uns sessenta ou setenta anos até Sir Roger de Coverley, um sobrevivente tardio, um homem antiquado e excêntrico, ridículo e amável por ser assim. Podemos retroceder outros cem anos até *Rei Lear,* ou até o "bom velho" Adão de Shakespeare. Mais uma vez, os valores paternalistas são vistos como "relíquias", estão desmoronando diante do individualismo competitivo do homem natural do jovem capitalismo, no qual "o laço [está] rompido entre o filho e o pai" e os deuses defendem os patifes. Ou podemos retroceder outros cem anos até Sir Thomas More. A realidade paternalista parece estar sempre

(II) When thy good father held this wide domain,/ The voice of sorrow never mourn"d in vain./ Sooth"d by his pity, by his bounty fed,/ The sick found medicine, and the aged bread./ He left their interest to no parish care,/ No bailiff urged his little empire there;/ No village tyrant starved them, or oppress"d;/ He learn"d their wants, and he those wants redress"d [...]./ The poor at hand their natural patrons saw,/And lawgivers were supplements of law!

(III) [...] Fashion"s boundless sway/ Has borne the guardian magistrate away./ Save in Augusta"s streets, on Gallia"s shores,/ The rural patron is beheld no more [...].

recuando a um passado cada vez mais primitivo e idealizado.[15] E o termo nos força a confundir atributos reais e ideológicos.

Em suma, o paternalismo é um termo descritivo frouxo. Tem uma especificidade histórica consideravelmente menor do que termos como feudalismo ou capitalismo. Tende a apresentar um modelo da ordem social visto de cima. Tem implicações de calor humano e relações próximas que subentendem noções de valor. Confunde o real e o ideal. Isso não significa que o termo deva ser abandonado por ser totalmente inútil. Tem tanto ou tão pouco valor quanto outros termos generalizantes — autoritário, democrático, igualitário — que, em si e sem adições substanciais, não podem ser empregados para caracterizar um sistema de relações sociais. Nenhum historiador sensato deve caracterizar toda uma sociedade como paternalista ou patriarcal. Mas o paternalismo pode ser, como na Rússia czarista, no Japão do período Meiji ou em certas sociedades escravocratas, um componente profundamente importante, não só da ideologia, mas da real mediação institucional das relações sociais. Qual era a situação na Inglaterra do século XVIII?

II

Vamos afastar imediatamente uma linha de investigação tentadora, mas inteiramente inaproveitável: a de tentar adivinhar a importância específica desse fluido misterioso, o "tom patriarcal", neste ou naquele contexto e em diferentes momentos do século. Começamos com impressões, ornamentamos nossos palpites com citações elegantes ou adequadas, finalizamos com impressões.

Se, em vez disso, examinamos a expressão institucional das relações sociais, essa sociedade parece apresentar poucas características paternalistas genuínas. O que se observa em primeiro lugar é a importância do dinheiro. A *gentry* proprietária de terra é classificada menos pelo nascimento, ou outras marcas de status, que pelos rendimentos: elas valem tantas mil libras por ano. Entre a aristocracia e a *gentry* ambiciosa, os namoros são conduzidos pelos pais e por seus advogados, que os orientam cuidadosamente para a sua consumação, o arranjo de casamento bem planejado. Os postos e os cargos podiam ser comprados e vendidos (desde que a venda não entrasse em sério conflito com as linhas de interesse político), assim como as incumbências no Exército e as cadeiras no Parlamento. Direitos de uso, privilégios, liberdades, serviços — tudo podia ser traduzido num equivalente em dinheiro: votos, direitos de propriedade nos burgos, a imunidade dos cargos da paróquia ou do serviço das milícias, a liberdade dos burgos, os portões nas terras comunais. Este é o século em que o dinheiro "dá as cartas", em que as liberdades se tornam proprieda des e os direitos de uso são reificados. Um pombal no sítio de uma antiga propriedade no burgo podia ser vendido, e com ele se vendia o direito de votar; as ruínas de uma antiga casa com suas dependências podiam ser compradas para apoiar uma reivindicação de direito nas terras comunais e, com isso, uma distribuição extra dessas terras por ocasião dos cercamentos.

Se os direitos de uso, os serviços etc. transformavam-se em propriedades avaliadas em tantas libras, nem sempre, entretanto, se tornavam mercadorias disponíveis a qualquer comprador no mercado livre. Na maioria das vezes, a propriedade só assumia o seu valor dentro de uma estrutura particular de poder político, influência, interesse e dependência, a qual Namier[IV] nos deu a conhecer. Os cargos titulares de prestígio (como os guardas dos parques reais, os couteiros, os policiais) e os emolumentos que os acompanhavam podiam ser comprados e vendidos, mas não podiam ser comprados ou vendidos por qualquer um (durante o governo de Walpole, os nobres *tories* ou jacobitas[V] não tinham muitas chances de sucesso nesse mercado), e o detentor de um cargo opulento que incorresse no desagrado de políticos ou da Corte podia se ver ameaçado de expulsão por um processo legal.[16] As promoções aos cargos mais altos e lucrativos na Igreja, na Justiça e no Exército estavam numa posição semelhante. Os cargos eram distribuídos por influência política, mas, uma vez obtidos, valiam normalmente para toda a vida, e o seu detentor devia extrair deles toda a renda possível, enquanto pudesse. A posse de sinecuras na Corte e de altos cargos políticos era muito mais incerta, embora de modo algum menos lucrativa: o conde de Ranelagh, o duque de Chandos, Walpole e Henry Fox estavam entre os que fizeram fortunas quando ocuparam por um breve período o cargo de pagador-geral. Por outro lado, a posse de grandes propriedades rurais, como propriedade absoluta, era inteiramente segura e hereditária. Era não só o trampolim para o poder e o cargo, como o ponto ao qual retornavam o poder e o cargo. Os rendimentos podiam ser aumentados por uma administração inteligente e por desenvolvimentos agrícolas, mas não ofereciam os ganhos inesperados da sinecura, do cargo, da especulação comercial ou de um casamento vantajoso. A influência política podia contribuir mais para maximizar os lucros do que a rotação de quatro culturas — por exemplo, aplainando o caminho para leis de iniciativa privada como no caso de cercamentos, ou aportando uma renda imerecida de sinecura a propriedades rurais hipotecadas, ou facilitan-

(IV) Historiador inglês (1878-1960) cujas importantes obras sobre a história do século XVIII enfatizaram as relações pessoais da classe dominante, negando a relevância de questões políticas mais amplas. (N. R.)

(V) Seguidores de James II. (N. R.)

do o caminho para um casamento de interesse, ou ganhando acesso preferencial a uma nova prole das famílias de estirpe.

Foi uma fase predatória de capitalismo agrário e comercial, e o próprio Estado estava entre os principais objetos da rapina. A vitória na alta política era seguida pelos despojos da guerra, assim como a vitória na guerra era frequentemente seguida pelos despojos da política. Os bem-sucedidos comandantes das guerras de Marlborough não só ganharam recompensas públicas, como também enormes somas provenientes de subcontratos militares para o fornecimento de forragem, transporte, material bélico. Marlborough ganhou o palácio Blenheim; Cobham e Cadogan ficaram com os minipalácios de Stowe e Caversham. A sucessão dos Hanover trouxe um novo grupo de salteadores cortesãos ao seu séquito. Mas os grandes interesses financeiros e comerciais também requeriam acesso ao Estado, para a obtenção de concessões, privilégios, contratos, bem como para o uso da força diplomática, militar e naval necessária para abrir o caminho para o comércio.[17] A diplomacia ganhou para a Companhia dos Mares do Sul o *assiento*, isto é, a licença para traficar escravos na América espanhola. E foi com base nas expectativas de grandes lucros com essa concessão que se inflou a Bolha dos Mares do Sul. Mas não se pode soprar uma bolha sem cuspir, e o cuspe nesse caso assumiu a forma de subornos, não só de ministros e amantes do rei, mas também (é provável) do próprio rei.

Estamos habituados a pensar na exploração como algo que ocorre em nível rasteiro, no estágio da produção. No início do século XVIII, a riqueza era criada nesse nível inferior, mas logo se elevou para regiões mais altas, acumulada em grandes nacos, e os grandes lucros seriam obtidos na distribuição, monopolização e venda de mercadorias ou matérias-primas (lã, grãos, carne, açúcar, tecido, chá, tabaco, escravos), na manipulação do crédito e na capacidade de apoderar-se dos cargos do Estado. Patrícios *banditti* brigavam pelos despojos do poder, e só isso explica as grandes somas de dinheiro que estavam dispostos a gastar na compra de assentos no Parlamento. Visto a partir desse aspecto, o Estado era menos um órgão efetivo de qualquer classe que um parasita da própria classe vitoriosa em 1688 (a *gentry*). E, na primeira metade do século, era assim que o Estado era visto, e considerado intolerável, por muitos membros da pequena *gentry tory*,[VI] cujo imposto territorial era transferido pelos meios mais patentes para os bolsos dos cortesãos e dos políticos *whigs* — para aquela mesma elite aristocrática cujas grandes propriedades ru-

(VI) Grupo político surgido no final do século XVII. Após a Revolução Gloriosa (1688), apoia os rebeldes jacobitas, sendo excluído do poder até o reinado de George III. Com Pitt, o jovem, alcança o poder e governa ininterruptamente entre 1783 e 1830. Na década de 1830 passa a denominar-se Partido Conservador. (N. R.)

rais estavam sendo consolidadas, durante aqueles anos, em oposição às pequenas. Na época do conde de Sunderland, essa oligarquia até fez uma tentativa de se tornar institucionalmente estabelecida e perpétua, por meio da Peerage Bill e do Septennial Act. Que as defesas constitucionais contra essa oligarquia tenham sobrevivido a essas décadas, deve-se em grande parte à resistência obstinada da *gentry* rural independente, na sua maior parte *tory*, às vezes jacobita, apoiada repetidas vezes pela multidão turbulenta e vociferante.

Tudo isso se fazia em nome do rei. Era em nome do rei que os bem-sucedidos ministros podiam afastar até o funcionário mais submisso do Estado que não se submetia inteiramente aos seus interesses. "Não poupamos esforços para descobrir os perniciosos, e afastamos todos aqueles de quem tínhamos a mais ínfima prova de seu comportamento presente ou passado", escreveram os três servis comissários da aduana em Dublin para o conde de Sunderland, em agosto de 1715. É "nosso dever não tolerar que alguém a nós subordinado coma o pão de Sua Majestade se não demonstra ter todo o zelo e afeição imagináveis pelo seu serviço e governo".[18] Mas era de interesse capital entre os predadores políticos confinar a influência do rei à do *primus interpretadores*. Quando George II, ao subir ao trono, parecia prestes a afastar Walpole, descobriu-se que o rei podia ser comprado como qualquer político *whig*, só que a um preço mais alto:

> Walpole sabia o seu dever. Nunca um soberano fora tratado com mais generosidade. O rei — 800 mil libras por ano à vista, e o excedente de todos os impostos destinados à lista civil, estimados por Hervey em mais 100 mil libras; a rainha — 100 mil libras por ano. Correu o boato de que Pulteney oferecia mais. Se fosse verdade, a sua inabilidade política era espantosa. Ninguém a não ser Walpole podia esperar conseguir essas dádivas na Câmara dos Comuns [...] um ponto que o seu soberano não tardou em compreender [...].
>
> "Considere, Sir Robert", disse o rei, cheio de gratidão enquanto seu ministro partia para a Câmara dos Comuns, "o que me deixa tranquilo nessa questão vai também contribuir para a sua tranquilidade. É pela minha vida que a questão deve ser resolvida, mas também pela sua vida."[19]

Assim, o "dever" de Walpole vem a ser o respeito mútuo de dois arrombadores saqueando os cofres do mesmo banco. Nessas décadas, a já observada "inveja" *whig* da Coroa não provinha de nenhum receio de que os monarcas Hanover dessem um *coup d'État* e esmagassem as liberdades dos súditos assumindo o poder absoluto — essa retórica era estritamente para a tribuna. Provinha do receio mais realista de que um monarca esclarecido encontrasse meios de exaltar a si mesmo como a personificação de um poder de Estado "imparcial", racionalizado e burocrático, acima e fora do jogo predatório. O apelo de um monarca patriota desse tipo teria sido imenso, não apenas entre as camadas mais baixas da *gentry*, mas também entre grandes faixas da populaça: foi exatamente o apelo de sua imagem de patriota incorrupto que levou ao poder William Pitt, o mais velho, numa onda de aclamação popular, apesar da hostilidade dos políticos e da Corte.[20]

"Os sucessores dos antigos *cavaliers* [realistas] tinham se tornado demagogos, os sucessores dos antigos *roundheads* [puritanos] tinham se tornado cortesãos", conforme Macaulay. E ele continua: "Durante muitos anos, uma geração de *whigs*, a quem Sidney teria desprezado como escravos, continuou a travar uma guerra mortal com uma geração de *tories*, a quem Jeffreys teria enforcado por serem republicanos".[21]

Essa caracterização não sobrevive por muito tempo, à metade do século. A briga entre os *whigs* e os *tories* fora muito suavizada dez anos antes da ascensão de George III ao poder e do subsequente "massacre dos inocentes pelhamitas". Os *tories* ainda existentes entre a grande *gentry* voltaram a ingressar na comissão de paz, recuperaram sua presença política nos condados, tinham esperanças de algum quinhão dos despojos do poder. Quando a manufatura subiu na balança da riqueza em detrimento do comércio e da especulação, certas formas de privilégio e corrupção se tornaram odiosas aos endinheirados, que se acomodavam na arena "imparcial" racionalizada do livre mercado: os grandes lucros podiam ser obtidos sem nenhuma compra política anterior no interior dos órgãos do Estado. A ascensão de George III ao trono mudou de muitas maneiras os termos do jogo político — a oposição sacou e lustrou sua antiga retórica libertária, e para alguns (como na City de Londres) ela chegou a assumir um conteúdo real e revigorado. Mas o rei infelizmente estragou toda e qualquer tentativa de se apresentar como um monarca esclarecido, o ápice imperial para uma burocracia desinteressada. As funções parasitas do Estado passavam por um crescente escrutínio e ataques pontuais (a reforma do imposto de consumo, os ataques à Companhia das Índias Orientais, aos postos e sinecuras, à apropriação indevida das terras públicas etc.), mas, apesar de ter um eficiente serviço de receita e uma Marinha e um Exército em bom estado, o papel parasita do Estado sobreviveu.

"A Velha Corrupção" é um termo mais sério de análise política do que frequentemente se supõe, pois se deve compreender o poder político durante a maior parte do século XVIII não como um órgão direto de qualquer classe ou interesse, mas como uma formação política secundária, um ponto de compra a partir do qual outras formas de poder econômico e social podiam ser obtidas ou ampliadas. Em suas funções primárias, era dispendioso, excessivamente ineficiente, e só sobreviveu ao século porque não inibia seriamente as ações daqueles que tinham *de facto* poder econômico ou político (local). Sua maior fonte de força se encontrava precisamente na fraqueza do próprio Estado, no desuso de seus poderes paternais, burocráticos e protecionistas, na permissão que conferia ao capitalismo agrário, mercantil e manufatureiro para levar adiante sua própria autorreprodução, no solo fértil que oferecia ao *laissez-faire*.[22]

No entanto, não parece ser um solo fértil para o paternalismo. Nós nos acostumamos a uma visão um tanto diferente da política do século XVIII, apresentada por historiadores que se habituaram a ver essa época em termos da apologia de seus principais atores.[23] Se a corrupção é percebida, faz-se vista grossa com a menção a um precedente; se os *whigs* foram predadores, os *tories* eram igualmente predadores. Nada é inusitado, tudo está incluído nos "padrões aceitos da época". Mas a visão alternativa que tenho apresentado não deveria ser surpresa. Afinal, é a crítica da alta política apresentada nas *Viagens de Gulliver* e em *Jonathan Wild*; em parte nas sátiras de Pope, em parte em *Humphrey Clinker*; em "Vanity of human wishes" e "London" de Johnson; e em "Traveller" de Goldsmith. Aparece, como teoria política, em *Fable of the bees* [Fábula das abelhas] de Mandeville; na polêmica do "Country Party",[VII] com um verniz *tory*, no pensamento de Bolingbroke; e reaparece, de forma mais fragmentada, e com um verniz *whig*, em *Political disquisitions*, de Burgh.[24] Nas primeiras décadas do século, a comparação entre a alta política e o submundo dos criminosos era uma figura satírica comum:

> Sei que, se alguém quiser agradar os homens de alta posição social, deve estudar para imitá-los, e sei de que modo eles conseguem o seu dinheiro e os seus cargos. Não me admira que os talentos indispensáveis a um grande estadista sejam tão escassos no mundo, pois muitos daqueles que os possuem são todos os meses eliminados na flor da idade no Old-Baily.

Assim escreveu John Gay, numa carta particular, em 1723.[25] O pensamento era a semente para a *Ópera dos três vinténs*. Os historiadores têm comumente rejeitado essa figura como hipérbole. Não deveriam.

Sem dúvida, há ressalvas a serem feitas. Entretanto, uma ressalva que *não* pode ser feita é que esse parasitismo fosse controlado, ou invejosamente vigiado, por uma crescente classe média coesa e decidida, composta de profissionais e da classe média manufatureira.[26] Certo, todos os elementos dessa classe estavam se reunindo, e a pesquisa histórica recente tem enfatizado o crescimento, em riqueza, números e presença cultural, dos setores comercial, profissional, agrícola e mercantil da sociedade;[27] a ocasional afirmação de independência na política urbana;[28] o grande crescimento de centros e recursos de lazer que serviam principalmente às "camadas médias".[29] Se nas primeiras décadas do século esses grupos podiam ser mantidos no seu lugar por medidas palpáveis de clientela e dependência,[30] na metade do século já eram bastante

(VII) O Country Party (Partido do Campo), em contraste com o Court Party (Partido da "Corte"), fazia oposição às políticas da realeza no final do século XVII e início do XVIII. (N. R.)

numerosos — certamente em Londres e também em algumas cidades grandes — para não serem mais dependentes de uns poucos patronos, e por terem adquirido a independência do mercado mais anônimo. Num certo sentido, a classe média estava criando a sua própria obscura sociedade civil ou esfera pública.

Ainda assim, tudo isso ficava muito aquém de uma classe com suas próprias instituições e objetivos, e com bastante autoconfiança para desafiar os administradores da Velha Corrupção. Essa classe só começou a se descobrir (exceto, talvez, em Londres) nas últimas décadas do século. Durante a maior parte do século, os seus potenciais membros se contentaram em se submeter a uma condição de dependência abjeta. Faziam pouco esforço (até o Movimento da Associação do final da década de 1770) para se livrar das cadeias do suborno e influência eleitorais. Consentiam na sua própria corrupção. Depois de duas décadas de ligação servil com Walpole, os Dissidentes receberam a sua recompensa: quinhentas libras por ano a serem distribuídas às viúvas dos clérigos merecedores. Cinquenta anos mais tarde, ainda não tinham assegurado a revogação do Test Act e do Corporation Act. Como eclesiásticos, a maioria bajulava os poderosos para conseguir promoções, jantava e brincava (sua presença era apenas tolerada) às mesas de seus senhores, e, como o vigário Woodforde, não se ofendia em aceitar uma gorjeta do fidalgo num casamento ou batizado.[31] Como fiscais, advogados, tutores, administradores, negociantes etc., eles eram contidos dentro dos limites da dependência. Suas cartas deferentes, solicitando cargos ou favores, estão guardadas nas coleções de manuscritos dos poderosos.[32] (Sendo assim, as fontes têm o viés historiográfico de enfatizar exageradamente o elemento deferente na sociedade do século XVIII — um homem que se acha, por força, na posição de solicitar favores não revelará o que realmente pensa.) Em geral, a classe média se submetia a uma relação de clientela. Aqui e ali homens de personalidade forte podiam se libertar, mas até as artes continuavam matizadas pela dependência da generosidade dos mecenas.[33] O candidato a profissional ou negociante procurava remediar o seu senso de injustiça menos pela organização social que pela mobilidade social (ou mobilidade geográfica, indo para Bengala ou para aquele "Oeste" da Europa — o Novo Mundo). Procurava comprar imunidade contra a deferência adquirindo a riqueza que lhe daria "independência", ou terras e o status de *gentry*.[34] Os profundos ressentimentos gerados por essa condição de cliente, com suas consequentes humilhações e seus obstáculos a uma carreira aberta a talentos, alimentaram grande parte do radicalismo intelectual do início da década de 1790. Suas brasas ainda chamuscam os pés até nas calmas frases racionalistas da prosa de Godwin.

Assim, pelo menos durante as primeiras sete décadas do século, não encontramos uma classe média profissional ou industrial que pusesse um freio eficaz às operações do poder oligárquico predatório. Mas se não tivesse havido nenhum freio, nenhuma restrição à regra parasita, a consequência teria sido a anarquia, uma facção explorando sem limites a outra. Foram quatro as principais restrições a essa regra.

Primeiro, já observamos a tradição "Country", em grande parte *tory*, da pequena *gentry* independente. Essa tradição é a única a emergir com grandes honras da primeira metade do século. Ela reaparece, sob um manto *whig*, com o Movimento da Associação na década de 1770.[35] Em segundo lugar, temos a imprensa: ela própria uma espécie de presença da classe média, à frente de outras expressões articuladas — uma presença que ampliava o seu alcance, à medida que se difundia a alfabetização e a própria imprensa aprendia a ampliar e manter suas liberdades.[36] Em terceiro lugar, temos "a lei", promovida durante esse século a um papel mais proeminente que em qualquer outro período de nossa história, e servindo como a autoridade "imparcial" e arbitradora no lugar de uma monarquia fraca e não esclarecida, de uma burocracia corrupta e de uma democracia que oferecia às reais usurpações de poder pouco mais que retórica a respeito de sua ascendência. A lei civil fornecia aos interesses em disputa uma série de defesas para as suas propriedades, bem como aquelas regras do jogo sem as quais tudo teria caído na anarquia. As instituições mais elevadas da lei não estavam livres da influência e corrupção, mas eram mais livres desses males do que qualquer outra profissão. Para manter a sua credibilidade, os tribunais deviam às vezes julgar a favor do pequeno contra o grande, do súdito contra o rei. Em termos de estilo, o desempenho era soberbo: sereno, sem a mácula da influência, distanciado do tumulto dos negócios, lúcido, combinando a reverência aos precedentes de antiguidade com uma assimilação flexível do presente. O dinheiro, claro, podia comprar os melhores atores, e a bolsa mais rica podia frequentemente esvaziar a de menos posses. Mas o dinheiro nunca podia comprar abertamente um julgamento e, de vez em quando, era visivelmente derrotado. A lei civil fornecia uma estrutura justa dentro da qual os predadores podiam lutar por alguns tipos de despojos — dízimos, reivindicações de florestas e terras comunais, heranças e vinculação de bens de raiz —, às vezes suas vítimas de menos importância podiam se defender com os mesmos meios. Mas o direito penal, que se dirigia em geral às pessoas dissolutas e desordeiras, tinha um aspecto completamente diferente. Além disso, a lei do século XVIII se interessava menos pelas relações entre as pessoas do que pelas relações entre as propriedades, ou reivindicações de propriedade, o que Blackstone chamava "o direito das coisas" (ver a seguir, pp. 112-3).

Em quarto e último lugar, há a resistência sempre presente da multidão, uma multidão que às vezes se estendia da pequena *gentry* e dos profissionais até os pobres (e no meio da qual os dois primeiros grupos procuravam às vezes combinar a oposição ao sistema com o anonimato). Porém, para os poderosos, que a viam através da névoa verde ao redor de seus parques, parecia composta de "dissolutos e desordeiros". A relação entre a *gentry* e a multidão é o interesse específico desta discussão.

III

Ninguém esperaria que as responsabilidades paternais ou a deferência filial fossem vigorosas no regime predatório por mim apontado. Mas é certamente possível que uma sociedade esteja rachada e barbaramente faccionária no topo, mas conserve a sua coesão na camada inferior. As juntas militares se envolvem em golpes e contragolpes, os pretendentes ao trono trocam de lugar, os senhores da guerra realizam marchas e contramarchas, mas na base da sociedade os camponeses ou os trabalhadores nas *plantations* permanecem passivos, submetendo-se às vezes a uma troca de senhores, contidos pela força das instituições paternais locais, obrigados a se sujeitar pela ausência de horizontes sociais alternativos. Qualquer que tenha sido o parasitismo que infestasse o Estado do século XVIII, a *gentry*, segura nos seus condados, não teria lançado sobre toda a sociedade uma rede paternalista?

Não seria difícil encontrar exemplos de grandes propriedades rurais ou de aldeias senhoriais fechadas onde isso parece se confirmar. Retornaremos a esses exemplos. Seria igualmente fácil encontrar regiões de pastagem e florestas com indústria doméstica em expansão onde isso é evidentemente falso. A troca de exemplos não vai nos levar muito longe. A pergunta que devemos fazer é a seguinte: quais eram as instituições, no século XVIII, que permitiam aos governantes obter, direta ou indiretamente, o controle sobre *a vida inteira* do trabalhador, em oposição à compra, *seriatim*, de sua força de trabalho?

O fato mais substancial está no outro lado da pergunta. Esse é o século que presencia a erosão das formas semilivres de trabalho, o declínio da modalidade de morar no local de trabalho, a extinção final dos serviços prestados em paga pelo arrendamento e o avanço do trabalho livre, móvel e assalariado. Não foi uma transição fácil ou rápida. Christopher Hill nos lembrou a longa resistência oferecida pelo inglês livre de nascimento à sopa do trabalho livre assalariado. Deve-se notar igualmente a longa resistência que os senhores ofereciam a algumas de suas consequências. Eles desejavam ardentemente ficar com o melhor do mundo antigo e do novo, sem as desvantagens de nenhum dos dois. Agarravam-se à imagem do trabalhador como um homem *não* livre, um "servo": um servo na lavoura, na oficina, na casa. (Agarravam-se simultaneamente à imagem do homem livre ou sem senhor como um vagabundo, a ser disciplinado, chicoteado e compelido a trabalhar.) Mas a safra não podia ser colhida; o teci do, manufaturado; os bens, transportados; as casas, construídas; nem os parques, ampliados, sem uma mão de obra disponível e móvel, para a qual seria inconveniente ou impossível aceitar as reciprocidades da relação senhor-servo. Os senhores rejeitavam suas responsabilidades paternais, mas, ao longo de muitas décadas, não paravam de se queixar do rompimento da "grande lei da subordinação", da diminuição da deferência resultante dessa recusa:

Os trabalhadores pobres, apesar da paga em dobro,
São atrevidos, rebeldes e miseráveis.[37]

A queixa mais característica, durante a maior parte do século, era quanto à indisciplina dos trabalhadores, sua irregularidade de emprego, sua falta de sujeição econômica e sua insubordinação social. Defoe, que não foi um teórico convencional dos "baixos salários", e que às vezes via mérito nos salários mais altos que aumentariam o poder consumidor dos "manufatores" ou dos "artífices", apresentou toda a argumentação em seu *Great law of subordination consider'd; or, the insolence and insufferable behaviour of servants in England duly enquir'd into* [Considerações sobre a grande lei da subordinação; ou a devida investigação sobre a insolência e o comportamento intolerável dos criados na Inglaterra] (1724). Afirmava que pela insubordinação dos criados:

> Os agricultores são arruinados; os fazendeiros, desmantelados; os manufatores e artífices, endividados com a consequente destruição do comércio [...] e ninguém que empregue um contingente de pobres no curso dos seus negócios pode depender de qualquer contrato por eles ajustado, nem realizar qualquer coisa de que se encarregam, pois não há lei, nem poder... que obrigue os pobres a realizar honestamente o que são contratados para fazer.
>
> Sob a *suspensão do comércio,* e na falta geral de trabalho, são ruidosos e rebeldes, fogem das famílias, lotam as paróquias com as mulheres e os filhos [...] e [...] tornam-se dispostos a qualquer tipo de dano, seja a insurreição pública, seja o saque privado.
>
> *Numa superabundância de comércio,* tornam-se atrevidos, preguiçosos, ociosos e devassos [...] só querem trabalhar dois ou três dias na semana.

O controle paternalista sobre a vida inteira do trabalhador estava de fato sendo desfeito. A fixação do salário[VIII] caía em desuso, a mobilidade da mão de obra é manifesta, o vigor das feiras de contratação, *statutes ou statties*, proclama o direito do trabalhador rural (bem como do urbano) de reivindicar, se assim o desejar, uma troca de patrão.[38] Além disso, há evidências (na própria recusa dos trabalhadores a se submeter à disciplina de trabalho deles exigida)

(VIII) Desde o reino de Elizabeth I (1558-1603), os salários eram fixados localmente pelos juízes de paz (geralmente membros da *gentry*) dos condados. (N. T.)

que atestam o desenvolvimento de uma recém-adquirida psicologia do trabalhador livre. Numa das anedotas moralistas de Defoe, o juiz de paz intima o roupeiro por causa de uma queixa de seu empregador, que afirmava que o trabalho estava sendo negligenciado:

JUIZ	Entre, Edmund, falei com o seu senhor.
EDMUND	Não com o meu *senhor*, Vossa Excelência, espero ser o meu próprio *senhor*.
JUIZ	Bem, com o seu empregador, o Sr. E..., o fabricante de roupas. Serve a palavra empregador?
EDMUND	Sim, sim, Vossa Excelência, qualquer coisa que não seja senhor.[39]

Isso é uma grande mudança nos termos das relações: a subordinação está se tornando objeto de negociação (embora entre partes gritantemente desiguais).

O século XVIII testemunhou uma mudança qualitativa nas relações de trabalho, mas sua natureza fica obscurecida se a consideramos apenas em termos de um aumento na escala e no volume da manufatura e do comércio. Isso ocorreu, sem dúvida. Todavia, ocorreu de tal maneira que uma proporção substancial da força de trabalho se tornou realmente mais livre da disciplina no trabalho diário, mais livre para escolher entre empregadores e entre o trabalho e o lazer, ficando todo o seu modo de vida menos marcado por uma posição de dependência do que tinha sido até então ou do que viria a ser nas primeiras décadas da disciplina da fábrica e do relógio.

Foi uma fase de transição. Uma característica importante foi a perda de usos ou direitos não monetários, ou a sua conversão em pagamentos em dinheiro. Esses usos ainda eram extraordinariamente difundidos no início do século XVIII. Favoreciam o controle social paternalista, porque pareciam ao mesmo tempo relações econômicas e relações sociais, relações entre pessoas, e não pagamentos por serviços e coisas. Sem dúvida nenhuma, comer à mesa do empregador, morar no seu celeiro ou acima de sua oficina, era submeter-se à sua supervisão. Na casa-grande, os criados que dependiam dos "trocados" dos visitantes, das roupas da senhora, das sobras clandestinas da despensa, passavam toda a vida granjeando favores. Até os ganhos extras multiformes dentro da indústria, cada vez mais redefinidos como "roubo", tinham mais probabilidade de sobreviver nos lugares em que os trabalhadores os aceitavam como favores e se submetiam a uma dependência filial.

De vez em quando, vislumbra-se a extinção de um emolumento ou serviço que deve ter induzido no controle paternalista um choque desproporcional ao ganho econômico do empregador. Assim, quando Sir Jonathan Trelawney, como bispo de Winchester, estava procurando aumentar a renda de sua sede episcopal, empregou como administrador um certo Heron, um homem fortemente comprometido com uma racionalização econômica impiedosa. Entre as acusações que arrendatários e funcionários subordinados dos tribunais do bispo apresentaram contra Heron, em 1707, constavam as seguintes:

> Ele infringe antigos costumes [...] em questões pequenas e diminutas, que são de pouco valor para Vossa Excelência [...] tem se negado a dar cinco xelins em Waltham para o júri no tribunal [...] beber à saúde de Vossa Excelência, um costume que vigora desde tempos imemoriais [...] tem negado ao intendente e funcionários de Vossa Excelência o pequeno favor de terem os cavalos ferrados em Waltham, de acordo com um antigo costume que jamais passou de seis ou sete xelins [...] negou aos arrendatários de Vossa Excelência madeira para consertar várias pontes e currais nas terras comunais.

A essas acusações, Heron respondeu um tanto irado:

> Confesso que gosto às vezes de interromper esses costumes diminutos, como ele os chama, porque observo que os favores de vosso predecessor são prescritos contra Vossa Excelência, exigidos como direitos, e depois os beneficiados nem sequer agradecem a Vossa Excelência. Além disso, embora sejam diminutos, muitas despesas diminutas [...] resultam em alguma soma no final."[40]

Desse modo a racionalização econômica mordiscava (e há muito tempo andava mordiscando) os laços do paternalismo. A outra característica dominante desse período de transição foi a ampliação daquele setor da economia que era independente de uma relação de clientela com a *gentry*. A economia "dependente" continuava imensa: não eram apenas os criados diretos da casa-grande, as camareiras e os lacaios, os cocheiros, os cavalariços e os jardineiros, os couteiros e as lavadeiras, mas também os demais círculos concêntricos da clientela econômica — o comércio equestre e de artigos de luxo, as costureiras, os pasteleiros e os negociantes de vinho, os construtores de carruagens, os estalajadeiros e os moços da estrebaria.

Mas o século testemunhou uma crescente área de independência, na qual os pequenos empregadores e trabalhadores sentiam muito pouco, ou absolutamente não sentiam, a sua relação de clientela com a *gentry*. Essas eram as pessoas a quem a *gentry* via como "ociosas e desordeiras", afastadas de seu controle social. Desses grupos — roupeiros, artesãos urbanos, carvoeiros, barqueiros e porteiros, trabalhadores e pequenos negociantes no comércio de alimentos — saíam provavelmente os rebeldes sociais, os participantes dos motins da fome e das barreiras de pedágio. Eles conservavam muitos dos atributos comumente atribuídos à "mão de obra pré-industrial".[41] Trabalhando frequentemente nas suas próprias choupanas, possuindo ou alugando suas ferramentas, trabalhando normalmente para pequenos empregadores, trabalhando muitas vezes em horas irregulares e em mais de um emprego, tinham escapado dos controles sociais da aldeia senhorial e ainda não estavam sujeitos à disciplina do trabalho fabril.

Muitas de suas transações econômicas podiam se dar com homens e mulheres situados um pouco mais acima na hierarquia econômica. Não faziam "suas compras" em empórios, mas em tendas de mercado. O estado precário das estradas tornava necessária uma grande quantidade de mercados locais, nos quais as trocas de artigos entre produtores primários podiam ser inusitadamente diretas. Na década de 1760,

> Carvoeiros que trabalhavam pesado, homens e mulheres de Somersetshire e Gloucestershire, viajavam para várias cidades vizinhas com bandos de cavalos [...] levando cargas de carvão [...] Era comum ver esses carvoeiros carregarem ou encherem um saco de carvão de dois alqueires [72,8 litros] com provisões [...] carne de boi, carne de carneiro, grandes ossos de boi meio descarnados, pães dormidos e pedaços de queijo.[42]

Esses mercados e, ainda mais, as feiras sazonais não só propiciavam um nexo econômico, mas também um nexo cultural, além de um grande centro para informações e troca de novidades e boatos.

Em muitas regiões, as pessoas não tinham sido completamente despojadas de alguma posse da terra. Como grande parte do crescimento industrial não assumiu a forma de uma concentração em grandes unidades de produção, mas de uma dispersão de pequenas unidades e subempregos (especialmente a fiação), havia recursos adicionais para "independência". Para muitos, essa independência nunca ficava longe da mera subsistência: uma colheita farta podia trazer uma riqueza momentânea, uma longa estação de chuvas podia obrigar as pessoas a recorrer à assistência social. Mas muitos conseguiam tirar essa subsistência das terras comunais, dos ganhos da colheita e de trabalhos manuais ocasionais, de subempregos nas choupanas, do expediente de empregar as filhas, da assistência aos pobres ou da caridade. E, sem dúvida, alguns dos pobres tinham a sua própria economia predatória, como "a enorme quantidade de devassos, vagabundos e desordeiros" que, segundo se alegava, viviam às margens de Enfield Chase nos tempos de George II, e que "infestam a área, invadindo o terreno nas noites escuras, com machados, serras, podões, carroças e cavalos, roubando nas suas idas e vindas as ovelhas, os cordeiros e as galinhas de gente honesta [...]".[43] Essas pessoas aparecem repetidamente nos registros criminais, na correspondência administrativa das grandes propriedades, nos folhetos e na imprensa. Ainda aparecem, na década de 1790, nos levantamentos agrícolas dos condados. Não podem ter sido inteiramente invenção da classe dominante.

Assim, a independência da mão de obra (e do pequeno empregador) em relação ao clientelismo foi alimentada, de um lado, pela conversão de "favores" não monetários em pagamentos e, de outro, pela ampliação do comércio e da indústria com base na multiplicação de muitas pequenas unidades, com muito subemprego (especialmente a fiação) coincidindo com a manutenção de muitas formas de pequena propriedade de terra (ou de direitos das terras comunais) e com muitas demandas casuais de trabalho manual. Este é um quadro indiscriminado, e assim foi deliberadamente traçado. Os historiadores econômicos têm feito muitas diferenciações cuidadosas entre diversos grupos de trabalhadores. Mas elas não são relevantes para nossa presente investigação. Nem eram comumente feitas pelos comentadores da *gentry*, quando consideravam o problema geral da "insubordinação". Ao contrário, para além dos portões do parque e das grades da mansão londrina, esses viam uma mancha de indisciplina — "os vagabundos e os desordeiros", "a turba", "os pobres", "o populacho" — e deploravam "as suas chacotas perante toda disciplina, tanto religiosa como civil: o seu desprezo pela ordem, a sua ameaça frequente a qualquer justiça e a sua extrema prontidão a participar de levantes tumultuosos pelos menores motivos".[44]

Como sempre, é uma queixa indiscriminada contra a gente comum. O trabalho livre trouxera consigo um enfraquecimento dos antigos meios de disciplina social. Assim, longe de uma sociedade patriarcal segura de si, o que o século XVIII presencia é o velho paternalismo prestes a entrar em crise.

IV

No entanto, considera-se que "crise" é um termo demasiadamente forte. Se continua por todo o século a queixa de que os pobres eram indisciplinados, criminosos, inclinados ao tumulto e ao motim, nunca se tem a impressão, antes da Revolução Francesa, de que os governantes da Inglaterra imaginassem que toda a sua ordem social estivesse em perigo. A insubordinação dos pobres era uma inconveniência, não uma ameaça. Os estilos de política e de arquitetura, a retórica da *gentry* e suas artes decorativas, tudo parece proclamar a estabilidade, a autoconfiança, o hábito de contornar todas as ameaças à sua hegemonia.

É claro, podemos ter exagerado a crise do paternalismo. Ao voltarmos nossa atenção para o parasitismo do Estado no topo, e, embaixo, para a erosão das relações tradicionais pelo trabalho livre e por uma economia monetária, deixamos de examinar os níveis intermediários, em que continuavam fortes os controles econômicos domésticos mais antigos, e é possível que tenhamos subestimado o alcance das áreas de "dependência" ou "clientela" da economia. O controle que os homens de poder e dinheiro ainda exerciam sobre toda a vida e as expectativas de seus inferiores continuava enorme, e se o paternalismo estava em crise, a Revolução Industrial devia mostrar que sua crise ainda devia passar por várias etapas — até chegar a Peterloo e aos motins de Swing — antes que ele perdesse toda a credibilidade.

Ainda assim, a análise nos permite ver que o controle da classe dominante no século XVIII se localizava primordialmente numa hegemonia cultural, e só secundariamente numa expressão de poder econômico ou físico (militar). Dizer que era "cultural" não é dizer que fosse imaterial, demasiado frágil para análise, insubstancial. Definir o controle em termos de hegemonia cultural não é desistir das tentativas de análise, mas se preparar para a análise nos pontos em que deveria ser feita: nas imagens de poder e autoridade, nas mentalidades populares da subordinação.

O roupeiro fictício de Defoe, intimado a comparecer perante o magistrado para prestar contas de suas faltas, oferece uma pista: "não *o meu senhor*, Vossa Excelência, espero ser *o meu próprio senhor*". A deferência que recusa ao seu empregador transborda na expressão calculadamente obsequiosa "Vossa Excelência". Ele quer se ver livre das humilhações imediatas e diárias da dependência. Mas as linhas mais amplas do poder, a posição social na vida e a autoridade política parecem ser tão inevitáveis e irreversíveis quanto o céu e a terra. Uma hegemonia cultural desse tipo induz exatamente àquele estado de espírito em que as estruturas estabelecidas da autoridade e os modos de exploração parecem fazer parte do próprio curso da natureza. Isso não impede o ressentimento, nem mesmo os atos sub-reptícios de protesto ou vingança. Impede a rebelião afirmativa.

A *gentry* na Inglaterra do século XVIII exercia esse tipo de hegemonia. E a exercia tanto mais eficazmente, porque a relação entre dominante e dominado não era em geral face a face, mas indireta. Isso sem contar a ausência dos proprietários de terra e a mediação sempre presente de administradores e intendentes. O aparecimento do sistema de três camadas — proprietário de terra, agricultor arrendatário e trabalhador sem terra — significava que os trabalhadores rurais, em massa, não se confrontavam com a *gentry* na sua qualidade de empregadores, nem era a *gentry* vista como responsável em qualquer sentido direto pelas suas condições de vida. Ter um filho ou uma filha trabalhando na casa-grande não era visto como uma necessidade, mas como um favor.

E eles ficavam igualmente afastados das polaridades do antagonismo social e econômico por outras maneiras. Quando o preço dos alimentos subia, a fúria popular não recaía sobre os proprietários de terra, mas sobre os intermediários, os açambarcadores, os moleiros. A *gentry* podia lucrar com a venda da lã, mas ninguém achava que tivesse uma relação exploradora direta com os roupeiros.[45]

Nas regiões industriais em expansão, os fidalgos juízes de paz viviam na sua jurisdição rural, afastados frequentemente dos principais centros industriais, e tinham dificuldades em preservar minimamente sua imagem de árbitros, mediadores ou até de protetores dos pobres. Era comum a opinião de que "sempre que um negociante se torna juiz, cria-se um tirano".[46] As leis de assistência aos pobres, caso fossem duras, não eram administradas diretamente pela *gentry*; nos casos em que havia culpa, as acusações podiam voltar-se contra os fazendeiros e os negociantes que prejudicavam as taxas da assistência aos pobres, e era de seu meio que provinham os inspetores da Lei dos Pobres. Langhorne apresenta a imagem paternalista idealizada, exortando o juiz rural a

> [...] *inclinar a fronte severa*
> *Sobre o inspetor cruel, ladrão, velhaco,*
> *O fazendeiro cheio de evasivas, pouco confiável,*
> *Inflexível como a rocha, insaciável como a terra.*
> *Quando o pobre camponês, curvado com o passar dos anos,*
> *Apoia-se fraco na sua outrora infatigável pá,*
> *Esquecido do serviço de seus dias mais capazes,*
> *Sua labuta lucrativa, e sua glória honesta,*
> *Este escravo, que punha a mesa com o seu trabalho!* [IX] [47]

E, mais uma vez, podia-se manter uma imagem pelo menos espectral das responsabilidades paternais com muito pouco dispêndio de esforço. O mesmo juiz de paz que, na sua paróquia fechada, agravava os problemas de pobreza em outros lugares, ao recusar licença de residência e derrubar choupanas nas terras comunais, podia, nas sessões trimestrais, ao atender o apelo ocasional contra inspetores de outras paróquias abertas, ou ao chamar à ordem o mestre corrupto da oficina, colocar-se acima das linhas da batalha.

Temos o paradoxo de que a credibilidade da *gentry* como paternalista provinha da alta visibilidade de certas de suas funções, bem como da baixa visibilidade de outras. Uma grande parte da apropriação do valor do trabalho dos "pobres" pela *gentry* era mediada pelos seus arrendatários, pelo comércio ou pela tributação. Fisicamente, eles se afastavam cada vez mais das relações face a face com as pessoas na aldeia e na cidade. A moda dos parques de cervos e a ameaça dos ladrões de caça acarretavam o fim dos direitos de passagem pelos seus parques e o cercamento dos terrenos com altas paliçadas ou muros; o ajardinamento da paisagem, com fontes ornamentais e lagos de peixes, bichos enjaulados e estátuas valiosas, acentuava a sua segregação e as defesas de seus terrenos, onde só se podia entrar pelos altos portões de ferro forjado, vi-

(IX) [...] bend the brow severe/ On the sly, pilfering, cruel overseer;/ The shuffling former, faithful to no trust,/ Ruthless as rocks, insatiate as the dust./ When the poor hind, with length of years decay"d,/ Leans feebly on his once subduing spade,/ Forgot the service of his abler days,/ His profitable toil, and honest praise,/ This slave, whose board his former labours spread!

giados a partir da casa do porteiro. A alta *gentry* se defendia de seus arrendatários por meio dos meirinhos, e dos encontros casuais por meio de seus cocheiros. Eles se encontravam com as camadas mais baixas da sociedade nos seus próprios termos, e quando essas dependiam de seus favores; nas formalidades das cortes de justiça ou em calculadas ocasiões de clientelismo popular.

No entanto, ao desempenhar essas funções, a sua visibilidade era formidável, assim como as formidáveis mansões impunham sua presença, afastadas da aldeia ou da cidade, mas vigiando-as. Suas aparições em público tinham muito da estudada representação teatral. A espada era posta de lado, exceto para fins de cerimonial. Mas a elaboração das perucas, as roupas ornamentadas e as bengalas, e até os gestos patrícios ensaiados e a arrogância da postura e da expressão, tudo se destinava a exibir a autoridade aos plebeus e a extrair deles a deferência. E isso se fazia acompanhar de certas características rituais significativas: o ritual da caçada, a pompa das cortes (e todo o estilo teatral das cortes de justiça), os bancos apartados na igreja (onde entravam mais tarde e de onde saíam mais cedo que o resto dos mortais). E, de vez em quando, havia a oportunidade de um cerimonial mais amplo, que tinha funções inteiramente paternalistas: a celebração de um casamento, uma festa de maioridade, um festival nacional (coroação, jubileu ou vitória naval), as esmolas aos pobres num funeral.[48]

Temos aqui um estilo hegemônico estudado e elaborado, um papel teatral que os poderosos aprendiam na infância e desempenhavam até a morte. E se falamos desse desempenho como teatro, não é para diminuir sua importância. Uma grande parte da política e da lei é sempre teatro. Uma vez "estabelecido" um sistema social, ele não precisa ser endossado diariamente por exibições de poder (embora pontuações ocasionais de força sejam feitas para definir os limites de tolerância do sistema). O que mais importa é um continuado estilo teatral. O que se observa no século XVIII é a elaboração desse estilo e a artificialidade com que era apresentado.

A *gentry* e (em questões de relações sociais) as suas damas sabiam julgar com precisão os tipos de ostentação apropriados para cada posição social: o tipo de carruagem, a quantidade de lacaios, o tipo de mesa, até a reputação adequada de "liberalidade". O espetáculo era tão convincente que chega a desorientar historiadores. Nota-se um crescente número de referências às "responsabilidades paternais" da aristocracia, sobre as quais "repousava todo o sistema". Mas até agora observamos antes gestos e posturas que responsabilidades reais. O teatro dos poderosos não dependia do cuidado constante e diário dessas responsabilidades (exceto nos cargos supremos do Estado, considerava-se quase toda função da aristocracia no século XVIII, e muitas das funções da *gentry* e do clero mais elevados, quase uma sinecura, cujos deveres eram repassados a um subordinado), mas de intervenções dramáticas ocasionais: o boi assado, os prêmios oferecidos para alguma corrida ou esporte, as doações generosas para a caridade em tempos de escassez, o pedido de clemência, a proclamação contra os açambarcadores. É como se a ilusão do paternalismo fosse demasiado frágil para se correr o risco de uma exposição mais demorada.

As ocasiões de patronagem da aristocracia e da *gentry* certamente merecem atenção: esse lubrificante social dos gestos podia, com bastante facilidade, fazer os mecanismos de poder e exploração girarem mais suavemente. Os pobres, habituados a sua posição irrevogável, eram frequentemente transformados, pela sua própria boa índole, em cúmplices de sua própria opressão: um ano de provisões escassas podia ser compensado por uma generosa doação no Natal. Os governantes tinham consciência disso. Um colaborador de *London Magazine* comentava:

> As danças no gramado nas festas paroquiais e em ocasiões alegres não só deveriam ser toleradas como encorajadas. E pequenos prêmios distribuídos às moças que melhor dançassem uma giga ou uma *hornpipe* fariam com que retornassem a seu trabalho diário de coração leve e com uma obediência grata a seus superiores.[49]

Mas esses gestos eram calculados para receber uma retribuição em deferência muito desproporcional ao esforço despendido, e certamente não merecem a descrição de "responsabilidades". Esses grandes burgueses agrários demonstravam ter pouco senso de responsabilidade pública ou até corporativa. O século não é famoso pela escala de seus prédios públicos, mas pela de suas mansões privadas. Além disso, é conhecido tanto pela malversação das instituições de caridade de séculos anteriores como pela fundação de novas.

Uma função pública que a *gentry* assumia inteiramente como sua era a administração da justiça, a manutenção da ordem pública em tempos de crise. Nesse ponto, tornava-se magistral e portentosamente visível. Era sem dúvida uma responsabilidade, embora o fosse, em primeiro e segundo lugares, para com a sua própria propriedade e autoridade. Com regularidade e terrível solenidade, os limites de tolerância do sistema social eram ressaltados pelos dias de enforcamento em Londres, pelo cadáver apodrecendo no patíbulo ao lado da estrada, pelo processional das cortes. Por mais indesejáveis que fossem os efeitos colaterais (os aprendizes e os criados faltando ao trabalho, o festival de punguistas, a aclamação do condenado), o ritual da execução pública era um acessório necessário a um sistema de disciplina social dependente, em grande parte, do teatro.

Na administração da justiça, havia igualmente gestos que participavam desse estilo paternalista artificial. Em particular, no exercício da prerrogativa da clemência, a aristocracia e a alta *gentry* podiam evidenciar o seu grau de interesse, patrocinando ou recusando-se a patrocinar a intercessão pelo condenado. E, como mostrou Douglas Hay, tomar parte, ainda que indiretamente, dos poderes de vida e morte aumentava enormemente o seu carisma hegemônico.[50]

De vez em quando, o exercício do poder de vida e morte podia ser planejado até o último detalhe. Em 1728, o duque de Montagu escreveu ao duque de Newcastle a respeito de "meu homem John Potter", que fora condenado por roubar tapeçarias do duque. Montagu desejava que Potter fosse condenado ao degredo perpétuo em vez de ser executado: "Falei com o escrivão a respeito, e quando se fizer amanhã o registro dos malfeitores condenados no conselho, ele vai propor que Potter seja inserido no mandado das execuções, mas ao mesmo tempo é possível que haja uma suspensão da sua pena, só que disso ele nada deve saber até a manhã da execução".

Três dias mais tarde, Montagu escrevia ansiosamente para certificar-se de que a carta da suspensão da pena chegaria a tempo, pois se Newcastle a esquecesse, "ele será enforcado, e se isso acontecer, é melhor que eu seja enforcado com ele, pois as damas da minha família não me deixam em paz querendo salvá-lo [...]". O papel do rei nesse exercício da prerrogativa da clemência parece ter sido fictício.[51]

De qualquer modo, não se sabe ao certo até que ponto é útil descrever essa função de proteger a própria propriedade e a ordem social como "paternalista". Sem dúvida, é uma função que arranca poucas mostras de lealdade filial, quer de suas vítimas, quer das multidões ao redor dos patíbulos.[52] O século que acrescentou mais de cem novos crimes capitais aos livros da lei tinha uma visão severa (ou leviana) da paternidade.

V

Se os poderosos ficavam tão afastados dos olhos públicos, dentro de seus parques e mansões, também os plebeus, em muitas de suas atividades, ficavam afastados deles. O domínio paternal efetivo não só requer autoridade temporal, mas também autoridade espiritual e psíquica. É nesse ponto que encontramos, ao que parece, o elo mais fraco do sistema.

Não seria difícil descobrir, nesta ou naquela paróquia, o clero do século XVIII cumprindo, com dedicação, funções paternalistas. Mas sabemos muito bem que não eram homens típicos. O retrato do pastor Adams não é traçado para exemplificar as práticas do clero, mas para criticá-las. Ele pode ser visto como o Dom Quixote da Igreja Anglicana do século XVIII. A Igreja era profundamente erastiana.[X] Se tivesse desempenhado um papel paternalista efetivo, psicologicamente convincente, o movimento metodista não teria sido necessário, nem possível.

(x) Refere-se à doutrina de Thomar Liber, chamado "Erasto", médico e teólogo suíço do século XVI que negou a autonomia administrativa e disciplinar da Igreja perante o Estado. (N. R.)

Sem dúvida, todas essas afirmações poderiam sofrer restrições. Mas o ponto central para nosso objetivo é que o domínio "mágico" da Igreja e de seus rituais sobre a populaça, embora ainda fosse presente, estava se tornando muito fraco. Nos séculos XVI e XVII, o puritanismo decidira destruir os laços de idolatria e superstição — as capelas à beira da estrada, as igrejas pomposas, os cultos milagrosos locais, as práticas supersticiosas, o clero confessional — que, como ainda hoje se pode ver na Irlanda ou em parte da Europa meridional, são capazes de infundir no povo um temor reverente. A Restauração não conseguiu recuperar o tecido da idolatria papista, que, de qualquer modo, nunca despertara grande entusiasmo na Inglaterra. Mas a Restauração realmente afrouxou os novos laços de disciplina que o puritanismo introduzira em seu lugar. Quase não há dúvida de que o início do século XVIII presenciou um grande recuo do puritanismo, bem como a diminuição do número de seguidores puritanos populares até mesmo naqueles centros de artesãos que tinham alimentado as facções da Guerra Civil. Como resultado, os pobres tiveram acesso a alguma liberdade, ainda que de tipo negativo — libertaram-se da disciplina psíquica e da supervisão moral do clero ou dos presbíteros.

Em geral, o clero que exerce suas funções pastorais com desvelo sempre encontra maneiras de coexistir com as superstições pagãs e heréticas de seu rebanho. Por mais deploráveis que essas soluções de compromisso pareçam aos teólogos, o padre aprende que muitas das crenças e práticas do "folclore" são inofensivas. Se anexadas ao calendário religioso anual, podem ser assim cristianizadas, servindo para reforçar a autoridade da Igreja. Os forjadores dos grilhões da Santa Igreja, observava Brand, o pioneiro do folclore, "tinham conseguido com bastante astúcia que os fiéis se sentissem à vontade trançando flores a seu redor [...] Uma profusão de ritos, espetáculos e cerimônias infantis desviava a atenção do povo de suas verdadeiras condições, mantendo-os satisfeitos [...]".[53] O mais importante é que a Igreja devia, nos seus rituais, controlar os ritos de passagem da vida pessoal e anexar os festivais populares a seu próprio calendário.

A Igreja Anglicana do século XVIII não era uma instituição desse tipo. Não tinha padres a seu serviço, mas pastores. Exceto em circunstâncias incomuns, abandonara a prática da confissão. Recrutava poucos filhos dos pobres para o seu clero. Quando tantos clérigos serviam como magistrados temporais e oficiavam a mesma lei que a *gentry*, não podiam se apresentar convincentemente como agentes de uma autoridade espiritual alternativa. Quando os bispos eram fruto de nomeações políticas, e quando os parentes da *gentry* recebiam benefícios eclesiásticos no campo, onde aumentavam o seu vicariato e adotavam o estilo de vida da *gentry*, era demasiado evidente de que fonte provinha a autoridade da Igreja.

Acima de tudo, a Igreja perdia o controle sobre o "lazer" dos pobres, suas festas e festivais, e, com isso, sobre uma grande área da cultura plebeia. O termo "lazer", evidentemente, é em si anacrônico. Na sociedade rural em que persistiam a pequena lavoura e a economia doméstica, bem como em grandes áreas da indústria manufatureira, a organização do trabalho era tão variada e irregular que é ilusório traçar uma distinção nítida entre "trabalho" e "lazer". Por um lado, as reuniões sociais mesclavam-se ao trabalho — o mercado, a tosa das ovelhas e a colheita, o ato de buscar e carregar os materiais de trabalho, e assim por diante, durante o ano todo. Por outro lado, investia-se um enorme capital emocional, não aos poucos numa sequência de noites de sábado e manhãs de segunda-feira, mas em ocasiões festivas e nos dias de festivais especiais. Muitas semanas de trabalho pesado e dieta escassa eram compensadas pela expectativa (ou lembrança) dessas ocasiões, quando a comida e a bebida eram abundantes, floresciam os namoros e todo tipo de relação social e esquecia-se a dureza da vida. Para os jovens, o ciclo sexual do ano girava em torno desses festivais. Significativamente, era para essas ocasiões que os homens e as mulheres viviam. E se a Igreja tinha uma participação pouco significativa na organização dessas festas, é porque deixara bastante de se envolver com o calendário emocional dos pobres.

Pode-se ver tudo isso num sentido literal. Embora os antigos dias dos santos se espalhassem abundantemente pela folhinha, o calendário ritual da Igreja concentrava os eventos nos meses de trabalho mais leve, do inverno até a primavera, do Natal até a Páscoa. Embora as pessoas ainda prestassem tributo a essas duas últimas datas, que continuavam a ser os dias de máxima comunhão, o calendário das festividades populares do século XVI coincide aproximadamente com o calendário agrário. As festas das aldeias e cidades para a sagração das igrejas — as *wakes* — não só tinham passado dos dias dos santos para o domingo mais próximo, como, na maioria dos casos, também haviam sido removidas (quando necessário) do solstício de inverno para o de verão. Por volta de 1730, o antiquário Thomas Heame anotou o dia de festa de 132 aldeias ou cidades em Oxfordshire e arredores. Todas ocorriam entre maio e dezembro; 84 (ou mais que três quintos) caíam em agosto e setembro; nada menos que 43 (ou quase um terço) caíam na última semana de agosto e na primeira semana de setembro (calendário antigo). Fora um grupo significativo de umas vinte, que caíam entre o fim de junho e o fim de julho, e que num ano normal provavelmente cairiam entre o término da colheita do feno e o começo da colheita dos cereais, a maior parte do calendário festivo emocional situava-se nas semanas logo depois do fim da colheita.[54]

O dr. Malcolmson reconstruiu o calendário das festas de Northamptonshire mais para o final do século XVIII, que mostra quase a mesma incidência.[55] A secularização do calendário é acompanhada de uma secularização do estilo e da função das festas. Se a festa não fosse pagã, novas funções seculares eram acrescentadas ao antigo ritual. Com suas numerosas tendas, os taverneiros, os vendedores ambulantes e os artistas estimulavam as festas quando seus clientes tinham nos bolsos ganhos extraordinários da colheita. Em Whitsuntide, a instituição de caridade do vilarejo e os clubes de beneficência assumiam as antigas festas da cerveja na igreja. Em Bampton, a festa do clube na segunda-feira depois do domingo de Pentecostes incluía uma procissão com tambores e flautistas (ou rabequistas), dançarinos *morris*,[XI] um palhaço com uma bexiga carregando o "tesouro" (a caixa de dinheiro para as contribuições), um portador de espada com um bolo. É claro, não havia crucifixo, nem padres, nem freiras, nem imagens da Virgem ou dos santos: a sua ausência talvez seja pouco notada. Nenhuma das dezessete canções ou melodias registradas tinha a menor associação religiosa:

Oh meu Billy, meu fiel Billy,
Quando vou ver o meu Billy de novo?
Quando os peixes voarem sobre a montanha,
Então você vai ver o seu Billy de novo.[XII 56]

Bampton, esse museu vivo do folclore, não era uma aldeia rural isolada, mas um vigoroso centro da indústria do couro, assim como a Middleton e a Ashton da infância de Bamford eram centros da indústria doméstica. O que se evidencia, em muitos desses distritos e em muitas regiões rurais também no século XVIII, é que nem por um momento se poderia defender a opinião que (por exemplo) Paul Bois é capaz de declarar sobre o camponês francês do Oeste no século XVIII, segundo a qual "c'était l'église, à l'ombre de laquelle se nouaient toutes les relations" [era a igreja, à sombra da qual se entrelaçavam todas as relações].[57] Claro, o religioso e o secular tinham coexistido com dificuldade ou em meio a conflitos durante séculos. Os puritanos se preocupavam em manter os dançarinos *morris* fora da igreja e as tendas dos vendedores fora de seu pátio. Reclamavam que as festas da cerveja na igreja eram maculadas pelo açulamento de animais, danças e toda sorte de "indecência". Mas, num certo sentido, a Igreja continuava a ser o eixo em torno do qual giravam os raios da roda dessa tradição popular, e o *Stuart book of sports* [Livro Stuart da recreação] procurou confirmar essa relação contra o ataque puritano. No século XVIII, o calendário sazonal agrário era o eixo, e a Igreja não fornecia força propulsora alguma. Trata-se de uma mudança difícil de definir, mas que foi, sem dúvida, bem grande.

(XI) Dança inglesa medieval em que os figurantes, com fitas e sinos, representavam personagens lendários. (N. T.)

(XII) Oh, my Billy, my constant Billy,/ When shall I see my Billy again?/ When the fishes fly over the mountain,/ Then you'll see your Billy again.

A experiência dupla da Reforma e do declínio da presença puritana deixou uma extraordinária dissociação entre a cultura de elite e a cultura plebeia na Inglaterra pós-Restauração. Tampouco devemos subestimar o processo criativo de formação de cultura a partir de baixo. Não só os elementos mais óbvios — as canções folclóricas, os clubes dos ofícios e as bonecas de sabugo — eram ali criados, mas também interpretações da vida, satisfações e rituais. A seu modo rude e talvez exótico, a venda da esposa desempenhava a função de um divórcio ritual mais acessível e mais civilizado que qualquer alternativa que a cultura de elite pudesse oferecer. Os rituais da *rough music*, por mais cruéis que às vezes fossem, não eram mais vingativos nem mais exóticos que os rituais de uma comissão especial de julgamento.

A lenda do renascimento da "alegre Inglaterra" depois da Restauração é um dado que os historiadores talvez não tenham tido bastante paciência para examinar. Mesmo se descontarmos algumas das afirmações mais sensacionais (como bom contador, Defoe nos assegura que 6325 mastros de maio[XIII] foram levantados durante os cinco anos depois da Restauração),[58] não há dúvida de que ocorreu um renascimento geral e às vezes exuberante das diversões populares, festas de sagração das igrejas, festivais em que se cobria o chão da igreja com juncos e outros rituais. "Socorro, Senhor!", exclamou o reverendo Oliver Heywood, o pastor expulso, ao relatar as brigas de galo, as corridas de cavalo e as partidas de *stool-ball* [jogo inglês antigo semelhante ao críquete] endêmicas no distrito de Halifax na década de 1680: "Oh, quantas pragas proferidas! Quantas maldades cometidas!". E ao relatar as celebrações do May Day de 1680, ele lamentara: "Nunca houve nada igual em Halifax nos últimos cinquenta anos. É o caos".[59]

Estamos mais acostumados a analisar a época em temos de sua história intelectual e a pensar no declínio do caos. Mas esse caos da cultura plebeia, bem além do seu controle, era o pesadelo dos puritanos remanescentes como Heywood e Baxter. Os festivais pagãos que a Igreja tinha incluído em seu calendário na Idade Média (embora sem total sucesso) reverteram a festividades puramente seculares no século XVIII. As noites de vigília acabaram, mas as festas do dia ou da semana seguintes se tornavam mais robustas a cada década. A cerimônia de espalhar juncos nas igrejas ainda continuava aqui e ali, mas as festividades que acompanhavam essa cerimônia ganhavam cada vez mais força. Novamente perto de Halifax, o beneficiado (um certo reverendo Witter) tentou impedir essas festas em 1682, pois nesses festivais (queixava-se Heywood) as pessoas se munem de uma grande quantidade de carne e cerveja, vêm de todas as partes e "comem, bebem e berram de um modo bárbaro e pagão". O povo arrombou as portas do sr. Witter, e ele foi xingado de "remendão".[60] A cerimônia dos juncos espalhados na igreja continuou

(XIII) Mastros decorados com flores e fitas para as danças do May Day. (N. R.)

nesse distrito durante pelo menos outros 150 anos. Mas, como na maioria dos distritos, perdera todo significado sacro. Os símbolos nas carroças ricamente decoradas se tornavam sinos e potes pintados. As vestimentas pitorescas dos homens, os vestidos brancos e as grinaldas das mulheres pareciam cada vez mais pagãos. Os carros alegóricos faziam uma homenagem apenas passageira ao simbolismo cristão: Adão e Eva, são Jorge e o Dragão, as virtudes, os vícios, Robin Hood e a donzela Marian, cavalinhos de pau, corridas em porcos, dançarinos *morris*. As festividades terminavam com açulamento de animais, lutas, danças e bebidas, e às vezes com uma visita às casas da *gentry* e das famílias ricas à procura de bebidas, comida e dinheiro. "Não consegui acabar com essas bacanais", escreveu o reverendo John William de La Flechere sobre as vigílias festivas de Shropshire: "o dique impotente que levantei contra elas só fez a torrente crescer e espumar, sem interromper o fluxo". Além disso, o povo encontrara defensores fora da Igreja: se La Flechere pregava contra a bebedeira, os espetáculos e o açulamento de touros, "os taverneiros e os cervejeiros não vão me perdoar. Acham que pregar contra a bebedeira e roubar a sua bolsa é a mesma coisa".[61]

Mas o ressurgimento dessa cultura não pode ser atribuído apenas à comercialização promovida pelos taverneiros. Se desejasse, a *gentry* tinha meios, nas sessões trimestrais dos tribunais, de reprimir a desordem do povo. Essa florescência de festividades dificilmente teria ocorrido sem uma atitude permissiva da parte de muitos membros da *gentry*. Num certo sentido, isso não era mais do que a lógica dos tempos. O materialismo do século XVIII e o erastianismo de sua Igreja se uniam ao materialismo dos pobres. Os espetáculos de corridas dos ricos se tornavam os feriados populares dos pobres. A tolerância permissiva da *gentry* era solicitada pelas muitas tavernas que — como as tabuletas das estalagens ainda proclamam — procuravam se colocar sob a proteção dos poderosos. A *gentry* não podia fazer campanhas missionárias convincentes para reformar os costumes e a moral dos pobres se não estava disposta a reformar seus vícios agradáveis e pomposos.

Como explicação, isso está, contudo, longe de ser a palavra final. Somente uma classe dominante que se sente ameaçada teme ostentar um padrão duplo. Mandeville é apenas singular ao levar ao ponto de sátira o argumento de que os vícios privados eram benefícios públicos. De forma mais suavizada, o mesmo argumento — a função valiosa do luxo era oferecer emprego e espetáculo aos pobres — fazia parte do repertório econômico convencional da época. Henry Fielding podia dizer o mesmo sem intenção satírica: "Nascer para nenhum outro fim senão o de consumir os frutos da terra é privilégio [...] de bem poucos. A maior parte da humanidade deve suar para produzi-los, de outra forma a sociedade deixará de cumprir os fins para os quais foi instituída".[62]

Na verdade, vimos que a ostentação do luxo e da "generosidade" fazia parte do teatro dos poderosos. Em algumas áreas (a teoria dos salários, as leis de assistência aos pobres, o código penal), o materialismo dos ricos se casava sem dificuldade com um controle disciplinar dos pobres. Mas em outras áreas — a atitude permissiva para com a robusta cultura popular não cristã, uma certa cautela e até delicadeza no trato dos distúrbios populares, uma certa adulação dos pobres no que se referia às suas liberdades e direitos — defrontamo-nos com um problema que exige análise mais sutil. Sugere-se alguma reciprocidade nas relações entre os ricos e os pobres; uma inibição do uso da força contra a indisciplina e os distúrbios; uma cautela (da parte dos ricos) em tomar medidas que indisporiam demais os pobres, e (da parte daquele grupo de pobres que de tempos em tempos formava fileiras atrás do grito de "Igreja e Rei")[XIV] uma consciência de que havia vantagens palpáveis em solicitar o auxílio dos ricos.

Claro, ninguém no século XVIII teria pensado em descrever a sua sociedade como uma "sociedade de uma só classe". Havia os governantes e os governados, os de alta e os de baixa posição social, pessoas ricas com bens independentes e o grupo dos desagregados e desordeiros. No meio, no lugar que seria das classes médias, dos profissionais e dos pequenos proprietários abastados, as relações de clientela e dependência eram tão fortes que, pelo menos até a década de 1760, esses grupos parecem oferecer pouco desvio das polaridades essenciais. Apenas se poderia atribuir uma identidade política plena a alguém que fosse "independente" da necessidade de se submeter a benfeitores: tudo isso é um ponto a favor da visão da sociedade de "uma só classe". Mas a classe não se define apenas pela identidade política. Para Fielding, a evidente divisão entre os de alta e os de baixa posição social, os bem-nascidos e os sem berço, estendia-se como uma fissura cultural por todo o país:

> enquanto os bem-nascidos se apoderavam de vários lugares para seu próprio uso, como tribunais, assembleias, óperas, bailes etc., os sem berço, além de um lugar régio chamado o Jardim dos Ursos de Sua Majestade, sempre foram os donos de todas as danças, feiras, folias etc. [...] Assim, longe de se considerar irmãos na linguagem cristã, eles mal parecem se considerar membros da mesma espécie.[63]

Esse é um mundo de patrícios e de plebeus. Não é por acaso que os governantes procuraram na antiga Roma o modelo de sua própria ordem sociológica. Mas essa polarização das relações de classe não priva os plebeus de toda existência política. Eles estão num dos lados da equação necessária da *res publica*.

A plebe não é, talvez, uma classe trabalhadora. Os plebeus talvez não tenham uma definição consistente de si mesmos no que diz respeito à consciência,

(XIV) Motins populares predominantemente urbanos de apoio à causa real. Em geral eram insuflados pelos setores conservadores e membros da Igreja Anglicana. Foram especialmente intensos na década de 1790, quando fizeram acirrada oposição aos grupos inspirados nos ideais da Revolução Francesa. (N. R.)

à clareza de objetivos, à estruturação da organização de classe. Mas a presença política da plebe, "turba" ou "multidão" é manifesta. Ela colidiu com a alta política em várias ocasiões críticas — os tumultos de Sacheverell, a agitação do imposto de consumo, o imposto da cidra, as ebulições patrióticas e chauvinistas que apoiaram a carreira do Pitt mais velho, mais tarde Wilkes e os motins de Gordon, e ainda mais além. Mesmo quando a besta parecia estar adormecida, as sensibilidades irritáveis de uma multidão libertária definiam, no mais amplo sentido, os limites do que era politicamente possível. Num certo sentido, os governantes e a multidão precisavam um do outro, vigiavam-se mutuamente, representavam o teatro e o contrateatro um no auditório do outro, moderavam o comportamento político mútuo. É uma relação mais ativa e recíproca do que a normalmente lembrada sob a fórmula "paternalismo e deferência".

É igualmente necessário ir além da visão de que os trabalhadores, nessa época, estavam confinados às lealdades fraternais e à consciência "vertical" dos ofícios específicos, de que isso inibia solidariedades mais amplas e a consciência de classe "horizontal". Há um pouco de verdade nisso, certamente. O artesão urbano conservava algo do modo de ver da guilda. Cada ofício tinha as suas canções (com os instrumentos do ofício minuciosamente descritos), seus livrinhos de baladas e lendas. Assim, o aprendiz de sapateiro podia receber de seu mestre *The delightful, princely and entertaining history of the gentle-craft* [A deliciosa, magnífica e divertida história do nobre ofício] e ali ler:

> [...] *nunca ninguém ainda viu*
> *Um sapateiro mendigar.*
> *São bondosos uns com os outros,*
> *Tratando o estranho como irmão.*[XV]

Ele lia esses versos em 1725, mas teria lido quase a mesma coisa no tempo de Dekker. Às vezes as diferenças dos ofícios eram levadas para os festivais e a vida social. Bristol, no início do século XVIII, presenciava na quarta-feira de cinzas uma luta de boxe anual entre os ferreiros e os tanoeiros, carpinteiros e marinheiros, os tecelões engajando-se às vezes ao lado dos ferreiros. E de modo mais substancial, ao definir seus interesses econômicos como *produtores*, artesãos e trabalhadores — os carregadores de carvão à beira do Tâmisa, os porteiros de Londres, os tecelões de seda de Spitalfields, os roupeiros do Oeste da Inglaterra, os tecelões de algodão de Lancashire, os barqueiros de Newcastle — organizavam-se compactamente em seus ofícios e solicitavam ao Estado ou às autoridades corporativas seus já enfraquecidos favores paternalistas.

(XV) [...] never yet did any know/ A Shooemaker a Begging go./ Kind they are one to another,/ Using each Stranger as his Brother.

Na verdade, há evidências substanciais a esse respeito. E o grau da contribuição que a visão de guilda ou "ofício" e mesmo vestígios de uma continuidade organizativa deu para os primeiros sindicatos foi subestimado pelos Webb. Em 1870, Brentano tinha explorado a possibilidade da continuidade de organização e de tradições entre as guildas, as companhias e os primeiros sindicatos.[64] Mas os Webb, no seu importante *History of trade unionism* (1894), posicionaram-se decisivamente contra Brentano. Tomaram essa posição em parte ao insistir no caráter nitidamente novo do sindicalismo (em consequência de uma divisão clara entre os interesses dos mestres e os dos oficiais diaristas), e em parte ao impor definições que tornaram grande parte dos dados do século suspeitos ou irrelevantes — por exemplo, a exigência de que a organização deva ser contínua e ter dimensões nacionais.[65] Essas definições desencorajaram por muito tempo outras investigações sistemáticas, quer sobre a negociação coletiva por meio da ação direta,[66] quer sobre a organização local e regional, como a dos barqueiros de Newcastle ou a dos roupeiros do Oeste da Inglaterra.

Esses estudos têm se multiplicado nos últimos anos, e agora já está claro que — se não há registro de organização contínua de sindicatos nacionais — houve certamente uma tradição contínua de atividade sindical durante todo o século, e muito provavelmente (nos distritos têxteis) uma organização local contínua e uma liderança reconhecida para ações que ora se disfarçavam de *rough musics*,[67] ora assumiam as máscaras protetoras das sociedades de socorro mútuo. Essas tradições sindicalistas remontam ao século XVII, e lamento que vários estudos recentes muito proveitosos deem uma impressão contrária.[68] Há alguns anos, encontrei no Public Record Office o que talvez seja um dos mais antigos cartões de filiação numa associação de trabalhadores já descobertos (até agora): trata-se do cartão de um ramo de oficiais cardadores na pequena cidade de Alton (Hants) em 1725, embora tenha sido impresso em Londres e a data da formação do clube ou "Fundo de Caridade" seja dada como 1700 (ver ilustração nº 1). Os cardadores estavam sendo processados (no Tribunal Superior de Justiça) em consequência de uma longa disputa que se estendia por vários anos. Edward e Richard Palmer, fabricantes de roupas, empregavam 150 trabalhadores na manufatura da lã. Seus cardadores tinham formado um Clube dos Cardadores, e quinze ou vinte deles se reuniam numa taverna, a Five Bells. Fora declarada uma greve (de sete cardadores) para impor a regulamentação do aprendizado e (também, na realidade) para impor um *closed shop*.[XVI] Outros cardadores foram trazidos para furar a greve, mas a oficina foi arrombada duas vezes, tendo sido queimados as cardas e os materiais. Pouco antes desses acontecimentos, o selo

(XVI) Forma pela qual uma associação de trabalhadores controla a contratação de mão de obra, impondo, no local de trabalho, a filiação de todos. (N. R.)

comum usado até então fora substituído por um cartão ou "bilhete", que dava ao membro o direito "a ser empregado e a receber benefícios em todas as cidades têxteis em que os cardadores tivessem se organizado em clubes". O pagamento ou benefício de greve por abandonar o empregador que estivesse pagando abaixo do preço (abaixo dos "Regulamentos e Ordens" do clube) era de cinco xelins, com os quais o membro devia se transferir para outra cidade. Um cardador fura-greve, trazido de Wokingham (Berks) pelos Palmer, depôs que foi "frequentemente insultado e maltratado" nas ruas de Alton, até que por fim deixou o emprego dos Palmer. Oito dos cardadores foram devidamente condenados, e o caso alcançou uma pequena notoriedade nacional.[69]

Isso parece fazer a data do sindicalismo recuar pelo menos até 1700, e todas as características reconhecidas da sociedade dos ofícios já ali se encontram — a tentativa de manter um *closed shop*, o controle do aprendizado, o fundo de greve, o sistema de circular pelas cidades. Afinal, as elaboradas procissões de cardadores, sapateiros, chapeleiros, tecelões etc. nas grandes ocasiões cívicas (como a coroação de George III) não surgiram do nada. Esta era a ordem da procissão em Manchester:

A PROCISSÃO DOS CARDADORES

Dois intendentes com bastões brancos. — Um homem de branco a cavalo, com uma peruca dc lã c faixa, batcndo duas chalciras. — Uma banda dc música. —As armas do bispo Blaize exibidas numa bandeira. — O tesoureiro e secretário. — Um pajem real, com um bastão branco. —O bispo Blaize sobre um cavalo, assistido por dez pajens a pé. — Os membros, dois a dois, com perucas de lã, faixas e rosetas no chapéu igualmente de lã. — Dois jovens intendentes cada um com um bastão branco.

Supunha-se que o bispo Blaize, o santo padroeiro dos cardadores, teria inventado o processo de cardar a lã, e que fora despedaçado pelas "cardas" de dentes afiados. Naquela ocasião, a sociedade dos cardadores recitou os seguintes versos:

Oh, espectadores que para nós dirigis vosso olhar,
Contemplai mais uma vez os filhos do bispo Blaize,
Que aqui se reuniram nesta associação
Para celebrar a coroação do rei e da rainha...
Que a feliz Grã-Bretanha logo desfrute a paz,
Que a alegria, a fartura e nosso ofício prosperem.
Deus salve o rei George III! Que a virtude brilhe
Através de todos os ramos de sua linhagem real. [XVII] [70]

(XVII) Spectators all that on us now do gaze,/ Behold once more the sons of Bishop Blaize,/ Who here are met in this association,/ To celebrate the King and Queen"s C"onation [...]/ May happy Britain soon enjoy a peace:/ May joy and plenty and our trade increase;/ God save King George the Third; lei virtue shine/ Through all the branches of his Royal line.

A procissão do bispo Blaize ainda era celebrada com vigor em Bradford (Yorkshire) em 1825. O bispo Blaize ainda se encontra no centro do cartão dos cardadores de Kidderminster de 1838 (ver ilustração nº 3).

Essa iconografia enfatiza o apelo à tradição por parte dos primeiros sindicalistas, bem como a tentativa do clube ou associação dos oficiais de tomar da guilda ou companhia dos mestres a representação dos interesses do "ofício". De vez em quando, os oficiais diaristas realmente se separavam da companhia dos mestres, como fizeram os fabricantes de martelos de Glasgow em 1748, que formaram a sua própria sociedade, arrecadavam contribuições e elegiam um decano e mestres, conforme o padrão da Companhia dos Mestres. Há também vários casos interessantes de organizações de trabalhadores que surgiram de uma relação bem próxima — ainda que antagonista com outras companhias mais antigas. O grupo talvez mais coerentemente militante de trabalhadores do século XVIII — os barqueiros de Newcastle — conhecia sem dúvida muito bem as práticas da Companhia dos Estalajadeiros, contra os quais na realidade lutavam para conseguir o controle de suas próprias instituições de caridade. Os barqueiros combinavam duas características que em geral não andam juntas: de um lado, eram numerosos, sujeitos a um vínculo anual, e estavam em boa posição para empregar as táticas da ação de massa, da greve e da intimidação. Por outro lado, como uma proporção elevada de seus membros era de escoceses, e como o vínculo não lhes dava direito à residência em Newcastle, era do seu interesse tomar providências sistemáticas em relação a doenças, danos pessoais e velhice.[71]

Os Webb talvez tivessem razão, quando demoliram alguns dos mitos românticos difundidos nas décadas de 1880 e 1890 — mitos que foram alimentados por alguns dos próprios sindicalistas —, sobre os sindicatos terem se originado das guildas. Mas o que eles subestimaram foi a noção do "ofício", e também o modo do cumprimento às cláusulas do aprendizado do Estatuto dos Artífices se tornou, desde o final do século XVII, uma exigência da qual os oficiais procuravam tirar cada vez mais proveito, representando por isso uma ponte entre as formas antigas e as novas. Brentano talvez tivesse razão quando declarou "os sindicatos se originaram do não cumprimento de 5 Eliz. c. 4".[XVIII] Do século XVI ao início do século XIX, há evidências da continuidade dessas tradições das artes e ofícios na cerâmica, nas insígnias das sociedades de socorros mútuos, nos emblemas e divisas dos primeiros sindicatos, bem como nos livrinhos de baladas e versos destinados a cada ofício. Esse apelo à legiti-

(XVIII) Item do Código Elisabetano, o qual era geralmente invocado pela plebe para defender direitos e costumes considerados tradicionais. (N. R.)

midade e aos precedentes (no Estatuto dos Artífices) pode ser encontrado em alguns versos de Essex do final do século XVII:

Daqueles que querem infringir nossos direitos,
Ou intrometer-se em nosso ofício,
Ou violar a lei feita pela rainha Betty,
Libera nos Domine. [XIX] [72]

Também pode ser encontrado numa "Ode à memória da rainha Elizabeth", que serve de prefácio ao relato do julgamento, em 1811, de uma causa de aprendizado relativa aos seleiros de Londres:

A sua memória ainda é cara aos oficiais diaristas,
Pois protegidos pela sua lei, eles agora resistem
Às infrações, que do contrário persistiriam
Mestres tirânicos, tolos inovadores
São fiscalizados e limitados pelas suas gloriosas regras.
Dos direitos dos trabalhadores ela ainda é uma garantia [...]
E os direitos dos oficiais, ela defende e protege,
Enquanto nós, pobres miseráveis indefesos, muitas vezes
Temos de andar de um lado para o outro desta nação liberal. [XX] [73]

Na verdade, é possível que se tenha um registro do momento real da transição de guilda para sindicato no diário de um tecelão de Coggeshall, que contém as regras da Companhia dos Roupeiros, Pisoeiros, Fabricantes de Baetas e Novos Fanqueiros de Coggeshall (1659?-1698), seguidas por aquelas transmitidas pela companhia a um certo "Combers' Purse", evidentemente um clube local de curta duração, formado "para que possamos demonstrar o amor que temos pelo nosso ofício e o amor que sentimos uns pelos outros por causa do ofício".[74]

O sentimento de solidariedade de ofício podia ser forte. Mas a suposição de que essa fraternidade de ofício necessariamente entrasse em conflito com objetivos e solidariedades mais amplos é totalmente falsa. A consciência de ofício dos artesãos de Londres na década de 1640 não inibiu o apoio a John Lilburne. O que a consciência de ofício pode inibir são as solidariedades econômicas entre diferentes grupos de

(XIX) From such as would our rights invade,/ Or would intrude into our trade,/ Or break the law Queen Betty made,/ Libera nos Domine.

(XX) Her memory still is dear to journey men,/ For shelter"d by her laws, now they resist/ Infringements, which would else persist:/ Tyrannic masters, innovating fools/ Are check"d, and bounded by her glorious rules./ Of workmen"s rights she"s still a guarantee [...]/ And rights of artizans, to fence and guard,/ While we, poor helpless wretches, oft must go/ And range this liberal nation to and fro.

produtores contra seus empregadores. Mas se pusermos de lado esse postulado anacrônico, encontraremos entre os trabalhadores e trabalhadoras do século XVIII muitas evidências de solidariedade e consciência horizontais. Nas muitas listas de ocupações que examinei a respeito dos participantes dos motins da fome, dos motins nas barreiras de pedágio e sobre questões libertárias ou cercamentos nas terras comunais urbanas, fica claro que as solidariedades não eram segregadas pelos ofícios. Numa região em que predominam os roupeiros, mineradores de estanho ou carvão, há uma predominância óbvia dessas ocupações na lista dos infratores, mas sem chegar ao ponto de excluir as outras profissões. Espero ter demonstrado, em outro lugar, que durante os motins da fome todos esses grupos partilhavam uma consciência comum — ideologia e objetivos — como pequenos consumidores dos gêneros de primeira necessidade. Mas essas pessoas também consumiam valores culturais, a retórica libertária, o preconceito patriótico ou xenófobo, e em relação a essas questões podiam igualmente demonstrar solidariedade. Quando, na tranquila década de 1750, a princesa Amelia tentou fechar o acesso ao Richmond New Park, enfrentou a oposição de uma vigorosa consciência horizontal que se estendia de John Lewis, rico cervejeiro local, aos folhetistas de Grub Street, abarcando todo o "populacho" local (pp. 96-8). Quando, em 1799, os magistrados tentaram reprimir o futebol nas ruas de Kingston na terça-feira de Carnaval, foi o "populacho" e a "turba" que se reuniram e triunfantemente desafiaram suas ordens.[75] A turba pode não ser famosa por possuir uma impecável consciência de classe, mas os governantes da Inglaterra não tinham nenhuma dúvida de que era uma espécie de besta horizontal.

VI

Vamos examinar a argumentação até aqui. Sugeriu-se que, na prática, o paternalismo era não só responsabilidade efetiva como teatro e gestos, e que, longe de uma relação calorosa, familiar, face a face, podemos observar uma ensaiada técnica de domínio. Embora não houvesse nenhuma novidade na existência de uma cultura plebeia distinta, com seus próprios rituais, festivais e superstições, sugerimos que no século XVIII essa cultura era extraordinariamente robusta, muito distanciada da cultura de elite, e já não reconhecia, exceto de modo superficial, a hegemonia da Igreja. À medida que dialeto e norma culta se afastavam, a distância aumentava.

A cultura plebeia não era certamente revolucionária, nem sequer uma cultura protorrevolucionária (no sentido de fomentar objetivos ulteriores que questionassem a ordem social). Contudo, tampouco se deve descrevê-la como uma cultura deferente. Fomentava motins, mas não rebeliões; ações diretas, mas não organizações democráticas. Nota-se a rapidez das mudanças de ânimo da multidão, indo da passividade à revolta e à obediência covarde. É o que vemos na balada satírica dos "Bravos rapazes de Dudley":

Marchamos de um lado para outro
Ho, rapazes, ho
Para pôr abaixo todas as casas
E são os bravos rapazes de Dudley
Ho, rapazes, ho
Oh são os bravos rapazes de Dudley, ho!
Alguns têm varas, outros têm bastões
Ho, rapazes, ho
Para bater em todos os patifes e velhacos [...] [XXI]

Mas o tumulto atinge seu limite prescrito, e...

[...] *e então chegaram os dragões,*
E o diabo pegou quem ficou para trás.
Todos corremos para nossos abrigos
Ho rapazes, ho
Todos corremos para nossos abrigos
Quase perdemos os sentidos de tanto medo
E oh, são os bravos rapazes de Dudley [...] [XXII]

E desse ponto descamba para uma reafirmação da deferência:

Deus abençoe a guarda de Lord Dudley
Ho rapazes, ho
Ele sabe como os tempos são difíceis

Chamou de volta os militares
Ai dos rapazes, ai
E nunca mais vamos nos amotinar [...] [XXIII 76]

É fácil caracterizar esse comportamento como infantil. Sem dúvida, se insistirmos em olhar para o século XVIII apenas pela lente do movimento operário do século XIX, só veremos o imaturo, o pré-político, a infância da classe. E, sob um

(XXI) We bin marchin"up and deown/ Wo boys, wo/ Fur to pull the Housen deown/ And its O the brave Doodley boys/ Wo boys, Wo/ It bin O the brave Doodley boys, Wo!/ Some gotten sticks, some gotten steavs/ Wo boys, wo/ Fur to beat all rogues and kne-avs [...]

(XXII) [...] the Dra-gunes they did come,/ And twas devil take the hoindmost wum./ We all ran down our pits/ Wo boys, wo/ We all ran down our pits/ Frietened a" most out of our wits/ And its O the brave Doodley boys [...]

(XXIII) God Bless Lord Dudley Ward/ Wo boys, wo/ He know"d as times been hard/ He called back the sojermen/ Wo boys, wo/ And we"ll never riot again [...]

aspecto, isso não é uma inverdade: vemos repetidamente prefigurações das atitudes e organização de classe do século XIX, expressões passageiras de solidariedade em motins, greves — até mesmo diante do patíbulo. É tentador ver os trabalhadores do século XVIII como uma classe trabalhadora imanente, que tem sua evolução retardada pelo senso da futilidade de transcender a sua situação. Mas o "movimento pendular de subserviência" da própria multidão tem uma história muito antiga: os "rebeldes primitivos" de uma época podem ser considerados, pela perspectiva de uma época anterior, os herdeiros decadentes de antepassados ainda mais primitivos. Uma dose exagerada de percepção histórica tardia nos impede de ver a multidão como realmente era, *sui generis,* com seus próprios objetivos, operando dentro da complexa e delicada polaridade de forças de seu próprio contexto.

No capítulo 4, tentei reconstruir esses objetivos da multidão, bem como a lógica do seu comportamento, num caso particular — o motim da fome. Acredito que todos os outros principais tipos de ação da multidão vão revelar, depois de uma análise paciente, uma lógica semelhante. Apenas o historiador míope considera "cegas" as explosões da multidão. Quero agora discutir sucintamente três características da ação popular, e depois voltar mais uma vez para o contexto das relações *gentry*-multidão em que tudo ocorreu.

A primeira é a tradição anônima. Numa sociedade de total dependência e clientelismo, encontra-se frequentemente a ameaça anônima, ou até o ato terrorista individual, no outro lado da moeda da deferência simulada. É exatamente numa sociedade rural, em que toda resistência aberta e identificada ao poder vigente pode resultar em retaliação imediata — perda da casa, emprego, arrendamento, se não vitimação pela lei — que tendemos a encontrar os atos obscuros: a carta anônima, o incêndio criminoso da lenha ou da casinha, o gado jarretado, o tiro ou tijolo pela janela, o portão fora dos gonzos, as árvores do pomar derrubadas, as comportas do lago dos peixes abertas à noite. O mesmo homem que faz uma reverência ao fidalgo de dia —e que entra na história como exemplo de deferência — pode à noite matar as suas ovelhas, roubar os seus faisões ou envenenar os seus cães.

Não apresento a Inglaterra do século XVIII como um teatro de terror cotidiano. Mas os historiadores mal começaram a avaliar o volume de violência anônima, normalmente acompanhada de cartas anônimas ameaçadoras.

O que essas cartas mostram é que os trabalhadores do século XVIII, na segurança do anonimato, eram bem capazes de acabar com qualquer ilusão de deferência e de considerar seus governantes de um modo bem pouco sentimental ou filial. Um escritor de Witney, em 1767, exortava o leitor: "não deixe que esses malditos patifes ofegantes e pançudos matem de fome os pobres por meios infernais, só para que possam continuar com sua caça e suas corridas de cavalo, e para que possam manter suas famílias no orgulho e na extravagância". Um habitante de Henley-on-Thames, que vira os voluntários em ação contra a multidão, dirigiu-se a "vós, cavalheiros, como gostais de vos chamar [...] embora seja esse o vosso erro [...] pois sois um bando de patifes, dos mais abomináveis que já existiram". (Um autor de Odiham, escrevendo sobre um tema semelhante em 1800, observava: "estamos nos lixando para esses sujeitos que chamam a si mesmos de soldados fidalgos, pois na nossa opinião mais parecem macacos montados em ursos".) Às vezes a falta da apropriada deferência transparece apenas num vivo aparte: "Lord Buckingham", comentava um escritor de panfleto em Norwich em 1793, "que morreu outro dia, ganhava 30 mil libras por ano só para sentar a bunda na Câmara dos Lordes e não fazer absolutamente nada".[77]

Essas cartas mostram — e elas estão dispersas na maioria das regiões da Inglaterra, bem como em partes do País de Gales — que a deferência podia ser bastante frágil, composta de uma parcela de interesse próprio, uma de dissimulação e apenas uma de temor respeitoso pela autoridade. As cartas faziam parte do contrateatro dos pobres. Tinham a intenção de gelar a espinha da *gentry*, dos magistrados e prefeitos, lembrar-lhes seus deveres, forçá-los a praticar a caridade em tempos de escassez.

Isso nos leva a uma segunda característica da ação popular, que descrevi como contrateatro. Assim como os governantes afirmavam a sua hegemonia por um estudado estilo teatral, os plebeus afirmavam a sua presença por um teatro de ameaça e sedição. Da época de Wilkes em diante, a linguagem do simbolismo da multidão é relativamente "moderna" e de fácil leitura: a queima de efígies, o enforcamento de uma bota num patíbulo, a iluminação das janelas (ou a quebra daquelas sem iluminação), o destelhamento de uma casa, que, como observa Rudé, tinha um significado quase ritualístico. Em Londres, o ministro impopular ou o político popular não precisavam de pesquisas de opinião para saber do seu grau de popularidade com a multidão. Podiam ser insultados com obscenidades ou carregados em triunfo pelas ruas. Quando o condenado pisava o palco de Tyburn, o público vociferava a sua aprovação ou o seu desagrado.

Mas se recuamos para antes de 1760, entramos num mundo de simbolismo teatral que é muito mais difícil de interpretar: as simpatias políticas populares são expressas num código muito diferente daquele vigente na década de 1640 ou na década de 1790. É uma linguagem de fitas, fogueiras, juramentos e recusa de juramentos, brindes, charadas sediciosas e antigas profecias, folhas de carvalho e mastros de maio, baladas com *double-entendre* político, até melodias assobiadas nas ruas.[78] Ainda não sabemos o bastante sobre o jacobitismo popular para avaliar o quanto era sentimentalismo, o quanto era substância, mas podemos dizer com segurança que os plebeus em muitas ocasiões empregavam com sucesso o simbolismo jacobita como teatro, sabendo muito bem que era o roteiro mais indicado para enfurecer e alarmar seus governantes hanoverianos.[79] Na década de 1720, quando uma imprensa intimidada antes encobre que ilumina a opinião pública, detectam-se ânimos sorrateiros no vigor com que se celebravam os aniversários dos rivais Hanover e Stuart. Em maio de 1723, a *Norwich Gazette* noticiava que a última quinta-feira, aniversário do rei George, foi festejada na cidade "com todas as habituais demonstrações de alegria e lealdade":

> E como quarta-feira era o aniversário da Feliz Restauração do rei Charles II, e também da família real, depois de uma usurpação demasiado longa e bem-sucedida de tirania santificada, a data foi celebrada nesta cidade de forma extraordinária. Pois, além de toque de sinos, tiros de canhão e fogueiras, as ruas se cobriram de animais, colocaram-se ramos de carvalho junto às portas, quadros foram pendurados no lado de fora, e houve uma variedade de danças antigas e cômicas [...] [com] brindes à memória gloriosa de Charles II.

Por mais abertamente desleais que fossem essas manifestações, não só ao rei, mas também ao Grande Homem em seu próprio condado, elas não davam pretexto à ação dos magistrados da Coroa.

Era uma guerra de nervos, ora satírica, ora ameaçadora. As flechas às vezes atingiam o alvo. Em 1724, os ministros do rei examinavam depoimentos de Harwich, onde os líderes hanoverianos leais tinham sido insultados por uma *rough music* muito ofensiva:

> enquanto o prefeito e outros membros da municipalidade estavam reunidos na Prefeitura para celebrar a ditosa ascensão ao trono de Sua Majestade, bebendo à saúde de Sua Majestade e de outros súditos leais, ele, este depoente, [...] viu por uma janela [...] uma pessoa ornada com chifres na cabeça, acompanhada por uma turba.

Essa "dita pessoa infame", John Hart, um pescador, estava sendo carregado pela cidade por cem ou duzentos outros de igual infâmia. Estavam "batucando uma ridícula melodia de cornudos puritanos, e [Hart] foi até a porta do prefeito e deste depoente, quando fez sinais com as mãos intimando-nos a beijar sua bunda".[80]

Se algumas das ações da multidão podem ser vistas como contrateatro, não se pode dizer o mesmo de todas. Pois uma terceira característica da ação popular era sua capacidade de ação direta rápida. Juntar-se a uma multidão ou a uma turba era outra maneira de ser anônimo, enquanto participar de uma organização continuada era estar fadado a se expor, podendo ser detectado e vitimado. A multidão do século XVIII compreendia muito bem a sua capacidade de ação e a sua própria arte do possível. Seus êxitos deviam ser imediatos, senão a ação redundava em fracasso. Deviam destruir estas máquinas, intimidar estes empregadores ou negociantes, danificar aquele moinho, arrancar de seus mestres um subsídio do pão, destelhar aquela casa, tudo isso antes que as tropas chegassem à cena. O procedimento é tão familiar que basta lembrá-lo com uma ou duas citações de documentos estatais. Em Coventry, 1772:

Quinta-feira à noite [...] uma grande turba de quase mil pessoas das classes mais baixas [...] reuniu-se ao som de pífanos e tambores por causa da redução do pagamento, é o que diziam, determinada por [...] um dos principais fabricantes de fitas [...] Todos declaravam a intenção de derrubar a sua casa e acabar com ele se conseguissem encontrá-lo [...] Empregaram-se todos os meios pacíficos [...] para dispersá-los, mas sem sucesso, e atirando pedras e quebrando as janelas, eles começaram a executar o seu intento.[81]

Em Newcastle-upon-Tyne em 1740, durante a fase triunfal de um motim da fome:

Mais ou menos às duas da madrugada de quinta-feira, um grande número de carvoeiros, carroceiros, ferreiros e outros trabalhadores comuns [a besta horizontal mais uma vez] veio pela ponte, libertou os prisioneiros e prosseguiu em grande ordem pela cidade tocando gaita de foles, batendo tambores, com roupas sujas amarradas em varas à guisa de bandeiras tremulantes. O número então aumentou para uns mil, e eles tomaram conta das principais ruas da cidade. Os magistrados se reuniram na Prefeitura e não sabiam o que fazer.

O resultado foi que entraram em pânico na luta corpo a corpo com os manifestantes na escada da Prefeitura, e dispararam contra a multidão matando mais de um. Em retaliação:

Voaram entre nós pedras [...] que entravam pelas janelas como tiros de canhão [...] por fim, a turba arrombou as portas e avançou sobre nós com uma violência terrível. Pouparam nossas vidas sem dúvida, mas nos obrigaram a sair do lugar, depois começaram a saquear e destruir tudo ao redor. Os vários bancos dos juízes foram logo totalmente destruídos, o escritório do escrivão da cidade foi arrombado, e todos os livros, documentos e registros da cidade e de suas cortes de justiça foram atirados pela janela.[82]

Arrombaram o cofre e tiraram mil e quinhentas libras [...] quebraram todos os ornamentos, dois belos retratos do rei Charles II e de James II [...] dilaceraram tudo, exceto os rostos [...] e mais tarde levaram os magistrados até as suas casas numa espécie de marcha triunfal de zombaria.[83]

Mais uma vez, nota-se a teatralidade até no auge da fúria, a destruição simbólica dos bancos dos juízes, dos livros do escrivão, dos retratos Stuart das autoridades municipais *tories*, a marcha triunfal de zombaria até as casas dos magistrados. Entretanto, com tudo isso, não se pode deixar de notar a ordem de suas procissões e a moderação que os impediu (mesmo depois de terem sido alvejados) de matar os adversários.

Claro, a multidão perdia a cabeça com tanta frequência quanto os magistrados. Mas o ponto interessante é que nenhum dos lados perdia a cabeça com frequência. Assim, longe de ser "cega", a multidão era em geral disciplinada, tinha objetivos claros, sabia negociar com as autoridades e, acima de tudo, empregava sua força com rapidez. As autoridades sentiam-se muitas vezes confrontadas, literalmente, com uma multidão anônima. "Estes homens são todos mineradores de estanho", escreveu um funcionário da alfândega de St. Austell em 1766, a respeito das gangues de contrabandistas locais, "são raramente vistos em cima do solo durante o dia, e não receiam ser reconhecidos por nós."[84] Quando se detectavam os "cabeças do motim", era frequentemente impossível conseguir depoimentos juramentados. Mas a solidariedade raramente ia além disso. Se presos, os líderes da multidão podiam ter esperanças de um resgate imediato em 24 horas. Passado esse prazo, sua expectativa era de abandono.

É possível mencionar outras características, mas essas três — a tradição anônima, o contrateatro e a ação direta rápida e fugaz — parecem ter importância. Todas dirigem a atenção para o contexto unitário da relação de classe. Num certo sentido, os governantes e a multidão precisavam uns dos outros, vigiavam-se mutuamente, representavam o teatro e o contrateatro um no auditório do outro, moderavam o comportamento político uns dos outros. Intolerantes com a insubordinação do trabalho livre, ainda assim os governantes da Inglaterra demonstravam, na prática, um grau surpreendente de tolerância com a turbulência da multidão. Há aqui alguma reciprocidade "estrutural" profundamente arraigada?

Considero essa noção de reciprocidade *gentry*-multidão, de "equilíbrio paternalismo-deferência", em que os dois lados da equação eram, em certa medida, prisioneiros um do outro, mais proveitosa do que as noções de "sociedade de uma só classe", de consenso ou de uma pluralidade de classes e interesses. O que nos deve interessar é a polarização de interesses antagônicos e a dialética correspondente da cultura. Há uma resistência muito articulada às ideias e instituições dominantes da sociedade nos séculos XVII e XIX — assim os historiadores esperam poder analisar essas sociedades segundo alguns aspectos do conflito social. No século XVIII, a resistência é menos articulada, embora frequentemente muito específica, direta e turbulenta. Portanto, deve-se suprir a articulação em parte decodificando as evidências do comportamento, em parte virando de cabeça para baixo os conceitos brandos das autoridades dominantes para examinar o que contêm no fundo. Sem isso, corremos o risco de nos tornar prisioneiros dos pressupostos e da autoimagem dos governantes: os trabalhadores livres são vistos como os "dissolutos e desordeiros", o motim é visto como espontâneo e "cego", e tipos importantes de protesto social ficam perdidos na categoria do "crime". Mas são poucos os fenômenos sociais que não revelam um novo significado quando expostos a esse exame dialético. O aparato pomposo, as perucas empoadas e o vestuário dos poderosos também devem ser vistos —como era sua intenção — a partir de baixo, no auditório do teatro da hegemonia e do controle de classe. Até a "generosidade" e a "caridade" podem ser vistas como atos calculados de apaziguamento de classe em tempos de escassez e como extorsões calculadas (sob a ameaça de motins) por parte da multidão. O que é (visto de cima) um "ato de doação" é (a partir de baixo) um "ato de conquista". Uma categoria tão simples como o "roubo" pode evidenciar, em certas circunstâncias, tentativas prolongadas de defender antigos usos de direito comum, por parte dos aldeões, ou de defender emolumentos sancionados pelo costume, por parte dos trabalhadores. E seguindo cada uma dessas pistas até o ponto em que se cruzam, torna-se possível reconstruir uma cultura popular costumeira, alimentada por experiências bem distintas daquelas da cultura de elite, transmitida por tradições orais, reproduzida pelo exemplo (talvez, com o transcorrer do século, cada vez mais por meios letrados), expressa pelo simbolismo e pelos rituais, e situada a uma distância muito grande da cultura dos governantes da Inglaterra.

Eu hesitaria antes de descrever essa cultura como uma cultura *de classe*, no sentido em que se pode falar de uma cultura da classe trabalhadora no século XIX, na qual as crianças eram socializadas num sistema de valores com notações de classe distintas. Mas não se pode compreender essa cultura, nos termos da experiência, na sua resistência à homilia religiosa, na sua zombaria picaresca das prudentes virtudes burguesas, no seu pronto recurso à desordem e nas suas atitudes irônicas para com a lei, a menos que se empregue o conceito dos antagonismos, ajustes e (às vezes) reconciliações dialéticas de classe.

Ao analisar as relações *gentry*-plebeus, descobre-se menos uma batalha encarniçada e inflexível entre antagonistas sociais irreconciliáveis que um "campo de força" societal. Tenho em mente um experimento escolar (que, sem dúvida, fiz errado) em que uma corrente elétrica magnetizava uma placa coberta de limalhas de ferro. As limalhas, que eram uniformemente distribuídas, agrupavam-se num ou noutro polo, enquanto no meio aquelas limalhas que tinham permanecido no seu lugar alinhavam-se vagamente, como se dirigidas a polos atrativos opostos. É uma imagem muito próxima de como vejo a sociedade do século XVIII, na qual, para muitos objetivos, a multidão se aglomerava num polo, a aristocracia e a *gentry* no outro, e até o final do século os grupos profissionais e comerciais estavam ligados por linhas de dependência magnética aos governantes ou, de vez em quando, escondiam a face na ação comum junto à multidão. Essa metáfora não só permite compreender a situação muito frequente de motim (e o modo como se lidava com esse), mas também grande parte do que era possível, e igualmente os limites do possível que o poder não se aventurava a ultrapassar.

Portanto, estou empregando a terminologia do conflito de classe, embora resista a atribuir identidade a *uma* classe. Parece-me que a metáfora de um campo de força pode coexistir proveitosamente com o comentário de Marx nos *Grundrisse*:

> Em todas as formas da sociedade, uma determinada produção e suas relações é que atribuem a qualquer outra produção e suas relações a sua posição hierárquica e influência. É uma iluminação geral em que estão imersas todas as outras cores, uma iluminação que modifica suas tonalidades específicas. É uma atmosfera especial que define a gravidade específica de tudo que nela se encontra.[85]

No final, essa cultura plebeia está aprisionada nos parâmetros da hegemonia da *gentry:* os plebeus nunca deixam de estar cientes desse aprisionamento, conscientes da reciprocidade das relações *gentry*-multidão, alertas aos pontos em que podem exercer pressão em proveito próprio. Igualmente se apoderam de parte da retórica da *gentry* para seu próprio uso. Pois, não custa repetir, esse é o século do avanço do trabalho "livre". E a característica distintiva do sistema manufatureiro era a de que, em muitos tipos de trabalho, os trabalhadores (aí incluídos pequenos mestres, oficiais diaristas e suas famílias) ainda controlavam em certa medida as suas relações e modos de trabalho imediatos, embora tivessem muito pouco controle sobre o mercado para seus produtos ou sobre os preços das matérias-primas ou dos alimentos. Isso explica em parte a estrutura das relações industriais e de protesto, bem como um pouco dos artefatos da cultura, seu caráter coeso e independência de qualquer controle.[86] Também explica grande parte da consciência do "inglês livre de nascimento", que se apropriava de parte da retórica constitucionalista de seus governantes e defendia obstinadamente seus direitos perante a lei e o direito a ter pão branco e cerveja barata. Os plebeus tinham consciência de que uma classe dominante que baseava sua pretensão à legitimidade na prescrição e na lei tinha pouca autoridade para revogar seus costumes e direitos.

A reciprocidade dessas relações sublinha a importância das expressões simbólicas de hegemonia e protesto no século XVIII. É por isso que tenho chamado tanto a atenção para a noção de teatro. Claro, toda sociedade tem seu próprio tipo de teatro. Grande parte da vida política das sociedades contemporâneas só pode ser compreendida como uma luta pela autoridade simbólica. Mas estou indo além da afirmação de que as lutas simbólicas do século XVIII eram peculiares à época e exigem mais estudo. Acho que o simbolismo nesse século tinha uma importância peculiar devido à fraqueza de outros órgãos de controle: a autoridade da Igreja estava morrendo, e a autoridade das escolas e dos meios de comunicação de massa ainda não surgira. A *gentry* tinha quatro meios principais de controle — um sistema de influência e promoção que mal comportava os pobres rejeitados, a majestade e o terror da lei, o exercício local de favores e raridades, e o simbolismo de sua hegemonia. Isso representava, às vezes, um equilíbrio social delicado, em que os governantes eram forçados a fazer concessões. Por isso, a briga pela autoridade simbólica pode ser vista, não como um modo de representar brigas "reais" inconfessas, mas como uma briga real em si. Às vezes o protesto plebeu não tinha outro objetivo senão o de desafiar a segurança hegemônica da *gentry*, retirar poder de suas mistificações simbólicas, ou até simplesmente blasfemar. Era uma briga pela "aparência", porém o resultado da briga podia ter consequências materiais — no modo como era administrada a Lei dos Pobres, nas medidas consideradas necessárias pela *gentry* em tempos de preços elevados, no fato de Wilkes ser aprisionado ou libertado.

Devemos voltar a examinar o século XVIII, prestando pelo menos tanta atenção às brigas simbólicas nas ruas como aos votos na Câmara dos Comuns. Essas brigas aparecem em todo tipo de lugares e maneiras estranhos. Às vezes era o emprego jocoso do simbolismo jacobita ou anti-hanoveriano, um modo de torcer o rabo da *gentry*. O dr. Stratford escreveu de Berkshire em 1718:

> Nossos campônios neste país estão muito gaiatos e muito insolentes. Alguns juízes honestos se reuniram para celebrar o dia da coroação em Wattleton, e à tardinha, quando já estavam meio alegres, Suas Excelências quiseram ter uma fogueira. Ao saber disso, alguns campônios pegaram um nabo imenso e enfiaram três velas bem em cima da casa de Chetwynd [...] Depois foram dizer a Suas Excelências que, em honra da coroação do rei George, uma estrela brilhante aparecera acima da casa do sr. Chetwynd. Suas Excelências tiveram o bom-senso de pegar os seus cavalos e ir ver esse prodígio, mas descobriram, para seu grande desapontamento, que a estrela não passava de um nabo.[87]

O nabo era, claro, o emblema particular de George I escolhido pela multidão jacobita quando estava de bom humor. Se mal-humorada, ele se tornava o rei cornudo, e os chifres faziam as vezes do nabo. Contudo, outros confrontos simbólicos naqueles anos podiam se tornar bem sérios. Numa vila de Somerset em 1724, ocorreu um confronto obscuro (um entre vários desses casos) a respeito de um mastro de maio. Um proprietário de terras da região (William Churchey) parece ter mandado derrubar "o Antigo Mastro de Maio", recentemente ornamentado com flores e grinaldas, e depois teria posto dois homens na cadeia por cortarem um olmo para fabricar outro mastro. Em resposta, o seu pomar de macieiras e cerejeiras foi destruído, um boi foi morto e os cachorros, envenenados. Quando os prisioneiros foram libertados, reergueu-se o mastro e celebrou-se o "May Day" com baladas "sediciosas" e libelos derrisórios contra o magistrado. Entre os que ornamentaram o mastro estavam dois trabalhadores manuais, um preparador de malte, um carpinteiro, um ferreiro, um tecelão de linho, um açougueiro, um moleiro, um estalajadeiro, um pajem e dois cavalheiros.[88]

Quando passamos da metade do século, o simbolismo jacobita se enfraquece e o infrator aristocrático ocasional (que procurava talvez satisfazer seus próprios interesses sob a cobertura da multidão) desaparece com ele.[89] Depois de 1760, o simbolismo do protesto popular às vezes desafia a autoridade de forma muito direta. Nem era o simbolismo empregado sem cálculo ou premeditação cuidadosa. Na grande greve dos marinheiros no Tâmisa em 1768, quando alguns milhares marcharam até o Parlamento, um documento que felizmente sobreviveu permite que vejamos o desenrolar da ação.[90] No auge da greve (7 de maio de 1768), quando os marinheiros não estavam tendo suas reivindicações atendidas, alguns de seus líderes entraram num bar perto das docas e pediram que o taverneiro escrevesse, com boa letra e de forma adequada, uma proclamação que pretendiam afixar em todas as docas e escadas do rio. O taverneiro leu o papel e encontrou "muitas expressões de rebelião e traição", e no final "Abaixo W..., abaixo o R..." (isto é, "Abaixo Wilkes, abaixo o Rei"). O taverneiro (segundo seu relato) discutiu com eles:

TAVERNEIRO — Cavalheiros, peço que não falem de coação, nem sejam culpados de nenhuma irregularidade.

MARINHEIROS — O que quer dizer, senhor? Se não formos rapidamente desagravados, temos navios e grandes canhões, que usaremos quando necessário, para que nossas reivindicações sejam atendidas. Além do mais, estamos decididos a desarvorar todos os navios sobre o rio, e depois dar adeus a vocês e à Velha Inglaterra e partir para algum outro país [...].

Nesse relato, os marinheiros estão apenas fazendo o mesmo jogo da legislatura com suas repetidas representações de delitos capitais e excesso de mortes legislativas. A tendência de ambos os lados da relação era ameaçar mais do que executar. Desapontados pelo taverneiro, os marinheiros levaram seu papel a um mestre-escola que realizava essa tarefa de escriba. Mais uma vez, o ponto problemático foi a conclusão da proclamação — no lado direito "Marinheiros", no lado esquerdo "Abaixo W..., abaixo o R...". O mestre-escola tinha muito amor pelo seu pescoço para querer ser o autor de um documento desse teor. Deu-se então o seguinte diálogo, conforme seu próprio relato, embora seja uma conversa bastante improvável nas escadas de Shadwell:

MARINHEIROS — Você não é amigo dos marinheiros.

MESTRE-ESCOLA — Cavalheiros, sou tão seu amigo que de modo algum quero lhes causar um grande dano, proclamando sua traição a nosso Venerável Soberano e Senhor, o Rei, e sua ação de rebelião e sedição entre os colegas, pois é este o conteúdo de seu documento na minha humilde opinião [...]

MARINHEIROS — A maioria de nós tem arriscado a vida em defesa da vida, coroa e dignidade de Sua Majestade, em defesa da nossa terra natal, e em todas as ocasiões temos atacado o inimigo com coragem e determinação, e temos saído vitoriosos. Mas desde a conclusão da guerra, nós marinheiros temos sido menosprezados, nossos

> salários foram muito reduzidos, e os alimentos são tão caros que não temos mais condições de assegurar o sustento para nós e nossas famílias. E para ser franco com você, se nossas queixas não forem rapidamente atendidas, há navios e grandes canhões de sobra em Deptford e Woolwich, e armaremos uma confusão tão grande sobre o rio como os londrinos jamais viram, pois assim que acertarmos as contas com esses mercadores, vamos partir para a França onde temos certeza de que seremos acolhidos de braços abertos.

Mais uma vez os marinheiros tiveram a expectativa frustrada. Saíram da cena com a frase: "Acha que um grupo de marinheiros britânicos vai receber ordens de um velho mestre-escola antiquado?". Em algum lugar acabaram encontrando um escriba, mas até esse escriba se recusou a completar toda a incumbência. Na manhã seguinte, a proclamação apareceu devidamente nas escadas para o rio, assinada embaixo à direita "Marinheiros", e apresentando à esquerda... "Liberdade & Wilkes para sempre!".

O sentido dessa anedota é que, mesmo no auge da greve dos marinheiros, os líderes do movimento passaram várias horas indo de taverneiro a mestre-escola, em busca de um escriba que pusesse no papel a maior afronta à autoridade que podiam imaginar: "Abaixo o Rei". Os marinheiros talvez não fossem republicanos em nenhum sentido refletido, mas esse era o maior "canhão" simbólico que podiam carregar, e se disparado com o aparente apoio de alguns milhares de marujos britânicos, teria sido realmente uma grande carga de canhão.[91]

Ao contrário de lendas acalentadas, a Inglaterra nunca ficou sem um Exército permanente no século XVIII.[92] A manutenção desse exército, nos anos de Walpole, era uma causa particular dos *whigs* hanoverianos. Mas, para fins de controle interno, era frequentemente uma força pequena e emergencial. Era, por exemplo, muito exagerado e inadequado para as necessidades circunstanciais do ano de motins de 1766. O aquartelamento permanente de tropas em distritos populosos era sempre imprudente. Sempre havia demora, e frequentemente demora de vários dias, entre o início da agitação e a chegada dos militares. As tropas, e igualmente os seus oficiais (cujo poder de manobra contra os civis podia ser questionado nos tribunais), achavam a tarefa "odiosa".[93] A inveja da Coroa, secundada pela avareza da aristocracia, acabara causando a fraqueza de todos os órgãos efetivos para a imposição da ordem. A fraqueza do Estado ficava manifesta numa incapacidade de usar a força com rapidez, numa brandura ideológica para com as liberdades dos súditos, e numa vaga burocracia, tão enredada em sinecuras, parasitismo e clientela que mal oferecia uma presença independente.[94]

Assim, o preço que a aristocracia e a *gentry* pagavam por uma monarquia limitada e um Estado fraco era, forçosamente, a licenciosidade da multidão. Esse é o contexto estrutural central da reciprocidade de relações entre dominantes e dominados. Os dominantes, claro, relutavam em pagar esse preço. Mas só seria possível disciplinar a multidão se houvesse uma classe dominante unificada e coesa, satisfeita em dividir os despojos do poder amigavelmente entre si e em governar com base no seu imenso domínio sobre os meios de subsistência. Essa consistência não existiu em nenhum momento antes de 1790, como várias gerações de estudiosos ilustres de história têm se dado ao trabalho de mostrar.

As tensões — entre a Corte e o campo, o dinheiro e a terra, as facções e as famílias — penetravam fundo. Até 1750 ou 1760, o termo "*gentry*" é pouco discriminador para os objetivos de nossa análise. Há uma acentuada divergência entre as tradições *whig* e *tory* de relações com a multidão. Naquelas décadas, os *whigs* nunca foram paternalistas convincentes.[95] Mas, nas mesmas décadas, desenvolveu-se entre os *tories* e a multidão uma aliança mais ativa e de consenso. Muitos membros da baixa *gentry*, as vítimas do imposto sobre a terra e os perdedores na consolidação das grandes propriedades rurais em oposição às pequenas, odiavam os cortesãos e o interesse financeiro tão ardentemente quanto os plebeus. E, a partir disso, vemos a consolidação das tradições específicas do paternalismo *tory* — pois, mesmo no século XIX, quando pensamos em paternalismo, não é com a tradição *whig*, mas com a *tory*, que tendemos a relacioná-lo. No seu zênite, durante os reinos dos dois primeiros George, essa aliança alcançou uma expressão ideológica nos efeitos teatrais do jacobitismo popular.

Por volta da década de 1750, esse momento já está passando, e com a ascensão de George III ao trono entramos num clima diferente. Certos tipos de conflito entre a Corte e o campo tinham se suavizado a tal ponto que já é possível falar do calculado estilo paternalista da *gentry* como um todo. Em tempos de distúrbios, nas formas de controlar a multidão, pode-se agora esquecer a distinção entre *whig* e *tory* — pelo menos, no nível do juiz de paz em exercício — e pode-se ver a magistratura em geral agindo conforme uma tradição estabelecida. Para manter o controle sobre os pobres, eles deviam mostrar que não eram papistas nem puritanos. Deviam se apresentar, pelo menos em gestos, como mediadores. Durante episódios de motins, a maioria dos juízes de paz, de qualquer religião, procurava evitar o confronto, preferindo intervir por meio da persuasão moral antes de apelar para a força. Na verdade, o papel do juiz de paz em tempos de motins podia ser quase reduzido a uma fórmula: "Tenho certeza de que *um único* magistrado *firme* poderia ter acabado com o motim a qualquer momento", escreveu um mercador quacre a um amigo sobre o tumulto dos marinheiros em

North Shields em 1792: “Primeiro, falando aos marinheiros como um magistrado deve falar nessas ocasiões e, depois, representando o homem de sentimentos e humanidade, e prometendo levar todas as suas queixas ao Parlamento [...]”.[96]

Essa atitude provinha às vezes de um elemento de simpatia ativa pela multidão, especialmente quando a *gentry* se sentia injustiçada com o lucro que os intermediários estavam obtendo com os cereais de sua propriedade e de seus arrendatários. Um motim em Taunton em 1753 (Newcastle foi informado) tinha sido provocado por “um certo Burcher que possui os moinhos da cidade e que, em vez de cereais, mói os pobres. Em suma, todos acham que ele merece ser punido, de forma legal, por maus procedimentos dessa ordem [...]”.[97] O conde Poulett, governador do condado de Somerset, achava claramente que homens como Burcher eram um maldito incômodo. Criavam trabalho para ele e para a justiça, e, claro, a ordem tinha de ser mantida. Um “levante” geral ou um estado de amotinação traziam outras más consequências na sua esteira — a multidão se tornava grosseira, o *locus* para discursos desleais e pensamentos sediciosos, “pois, depois de rebelados, todos vão antes seguir uns aos outros que escutar os cavalheiros”. Na verdade, nessa ocasião “alguns por fim chegaram a empregar uma linguagem de igualdade, isto é, não compreendiam por que alguns devem ser ricos e outros pobres”. (Havia até rumores obscuros sobre uma ajuda da França.)

Mas a manutenção da ordem não era uma questão simples:

> A impunidade desses amotinados encorajava... outros motins. Os cavalheiros na comissão têm medo de agir, nem é prudente que o façam, pois não há tropas em Taunton, Ilminster etc., apenas uma guarda temporária [...] em Crewkerne sem nenhum oficial. Mas parece que, em geral, a disposição dessas cidades e desses cavalheiros é deixar que os ânimos se acalmem, e não provocá-los por medo das consequências.

As consequências temidas eram imediatas: mais danos à propriedade, mais desordem, talvez ameaças físicas aos magistrados. O conde Poulett estava dividido sobre a questão. Se assim aconselhado por Sua Alteza, ele “faria com que alguns dos principais líderes fossem condenados”, mas “a disposição da cidade e dos cavalheiros vizinhos (era) contra essa atitude”. De qualquer modo, não há nesse caso, nem em centenas de outros semelhantes em 1740, 1753, 1756, na década de 1760 e mais tarde, nenhuma indicação de que a ordem social estava em perigo: o que era temido era a “anarquia” local, a perda de prestígio e hegemonia na localidade, o relaxamento da disciplina social. Supunha-se normalmente que o conflito ia acabar se esvaziando, e o grau de severidade a ser demonstrado — se uma ou duas vítimas deviam ou não balançar no patíbulo — era uma questão de exemplo e efeito calculado. Estamos outra vez de volta ao teatro. Poulett se desculpava com Newcastle por incomodá-lo com esses “pequenos distúrbios”. O gesto jacobita obsceno de um pescador de Harwich preocupava mais os ministros do rei do que muitas centenas de homens e mulheres marchando pelo campo trinta anos mais tarde, demolindo moinhos e apoderando-se dos grãos.

Nessas situações, havia uma técnica prática de apaziguamento da multidão. A turba, escreveu Poulett,

> acalmava-se [...] quando os cavalheiros saíam à rua, desejando saber o que queriam e o que pretendiam conseguir, alertando-os sobre as consequências, prometendo-lhes que os moleiros e os padeiros seriam processados, que eles próprios comprariam os cereais e os levariam ao mercado, e que os venderiam em pequenas quantidades como eles desejavam.[98]

Mas quando a multidão oferecia uma ameaça mais direta à *gentry*, então a reação era mais firme. No mesmo ano, 1753, o West Yorkshire enfrentou motins nas barreiras de pedágio. Henry Pelham escreveu ao irmão que o sr. Lascelles e sua barreira tinham sido diretamente atacados: "tendo ao seu lado apenas seus arrendatários e seguidores". Lascelles tinha enfrentado os amotinados e "galhardamente os venceu e fez dez prisioneiros". Houve ameaças ao escrivão de Leeds "e a todo o grupo ativo dos magistrados, diziam que iriam demolir as suas casas e até matá-los". Contra essa atitude, só uma demonstração máxima de solidariedade da classe dominante seria suficiente:

> Procurei persuadir os poucos cavalheiros que percebi serem mais ativos [...] Esse caso me parece de tão grande importância que estou convencido de que só poderá ser resolvido se as pessoas de maior prestígio na região participarem da defesa das leis. Pois se o povo só for subjugado pelas tropas, e não se convencer de que seu comportamento é repugnante ao bom-senso das pessoas de maior prestígio na região, quando as tropas forem embora, as hostilidades recomeçarão.[99]

É um texto que vale a pena examinar. Em primeiro lugar, é difícil lembrar que o autor é o primeiro-ministro da Inglaterra, escrevendo ao "ministro do Interior". O ponto em discussão parece ser o estilo requerido dos homens privados de grandes posses na hora de lidar com infrações à sua ordem: o primeiro-ministro está procurando persuadir "os poucos cavalheiros que vi" a serem mais "ativos". Em segundo lugar, o incidente ilustra magnificamente a supremacia da hegemonia cultural sobre a física. As tropas proporcionam menos segurança do que a reafirmação da autoridade paternalista. Acima de tudo, a credibilidade da *gentry* e dos magistrados devia ser mantida. Numa primeira fase dos distúrbios, os plebeus deviam ser persuadidos *sobretudo* a abandonar uma postura insubordinada, a enunciar suas reivindicações em termos legítimos e deferentes: deviam aprender que provavelmente obteriam melhores resultados com uma petição leal do que com um motim. Mas se as autoridades não conseguiam persuadir a multidão a depor os seus porretes e a esperar a reparação, então mostravam-se às vezes dispostas a negociar com a multidão sob coação. Mas, nesses casos, tornava-se muito mais provável que o teatro pleno e terrível da lei apresentasse mais tarde as suas medonhas matinês no distrito amotinado. Era preciso dar exemplos punitivos, para restabelecer a credibilidade da ordem. Depois, mais uma vez, a hegemonia cultural da *gentry* voltaria a funcionar.

VII

Esse conflito simbólico só adquire seu significado no âmbito de um determinado equilíbrio de relações sociais. A cultura plebeia não pode ser analisada independentemente desse equilíbrio. Suas definições são, em alguma medida, antíteses das definições da cultura de elite. O que tenho tentado mostrar, talvez repetitivamente, é que cada elemento dessa sociedade, considerado em separado, pode ter precedentes e sucessores, mas que, considerados em conjunto, formam uma soma que é maior do que a soma de suas partes: é um conjunto estruturado de relações, em que o Estado, a lei, a ideologia libertária, as ebulições e as ações diretas da multidão, todos desempenham papéis intrínsecos a esse sistema, e dentro de limites designados por esse sistema, que são, ao mesmo tempo, os limites do que é politicamente "possível" e, num grau extraordinário, os limites do que é também intelectual e culturalmente "possível". A multidão, na sua forma mais avançada, raramente transcende a retórica libertária da tradição *whig* radical, e os poetas não transcendem a sensibilidade do paternalista humanitário e generoso.[100] As cartas anônimas furiosas que saltam das profundezas mais baixas da sociedade blasfemam contra a hegemonia da *gentry*, mas não apresentam nenhuma estratégia para substituí-la.

Num sentido, essa é uma conclusão um tanto conservadora, pois estou endossando a autoimagem retórica da sociedade do século XVIII — a de que o *settlement* de 1688[XXIV] definiu a sua forma e suas relações características. Dado que esse *settlement* estabeleceu a forma de governo para uma burguesia agrária,[101] tanto essa forma de poder do Estado como esse modo de produção e relações produtivas é que parecem ter determinado as expressões políticas e culturais dos cem anos seguintes. Na verdade, esse Estado, por mais fraco que fosse em algumas de suas funções burocráticas e racionalizadoras, era por si mesmo imensamente forte e eficaz como instrumento auxiliar de produção, abrindo os caminhos para o imperialismo comercial, impondo os cercamentos no campo e facilitando a acumulação e o movimento do capital, tanto por meio de suas funções de tributação, operações bancárias e financiamento, como, de forma mais

(XXIV) Garantia de sucessão hanoveriana ao trono. (N. R.)

rude, pelo que arrancava parasiticamente de seus próprios funcionários. Foi essa combinação específica de fraqueza e força que criou a "iluminação geral" em que todas as cores desse século estão imersas, que atribuiu aos juízes e aos magistrados o seu papel, que tornou necessário o teatro da hegemonia cultural e escreveu o seu roteiro paternalista e libertário, que proporcionou à multidão a sua oportunidade de protestar e exercer pressão, que formulou os termos de negociação entre a autoridade e os plebeus, e que estabeleceu os limites que a negociação não podia ultrapassar.

Por fim, até que ponto e em que sentido emprego o conceito de "hegemonia cultural"? Essa pergunta pode ser respondida num nível prático ou num nível teórico. No nível prático, é evidente que a hegemonia da *gentry* sobre a vida política da nação foi eficazmente imposta até a década de 1790. Nem as blasfêmias, nem os episódios esporádicos de incêndios criminosos a questionam, pois não pretendem suplantar o domínio da *gentry*, mas apenas puni-la. Os limites do que era politicamente possível (até a Revolução Francesa) ficavam expressos externamente em formas constitucionais e, internamente, dentro das mentes humanas, eram tabus, expectativas limitadas e uma disposição a adotar formas tradicionais de protesto que em geral tinham a intenção de lembrar à *gentry* seus deveres paternalistas.

Mas é também necessário dizer o que essa hegemonia *não* acarreta. Ela não acarreta que os pobres aceitem o paternalismo da *gentry* nos próprios termos da *gentry* ou segundo sua autoimagem consagrada. Os pobres podiam se dispor a conceder sua deferência à *gentry*, mas apenas por um preço, que era substancial. E a deferência era frequentemente desprovida de qualquer ilusão: a partir de baixo, podia ser vista em parte como autopreservação necessária, em parte como extração calculada do que podia ser conseguido. Visto dessa maneira, os pobres impunham aos ricos alguns dos deveres e funções do paternalismo, assim como a deferência lhes era por sua vez imposta. Ambos os lados da questão estavam aprisionados num campo de força comum.

Em segundo lugar, devemos lembrar mais uma vez a imensa distância entre as culturas de elite e plebeia, e o vigor da autêntica autonomia dessa última. O que quer que tenha sido essa hegemonia, ela não envolvia a vida dos pobres, nem os impedia de defender seus próprios modos de trabalho e lazer, de formar seus próprios rituais, suas próprias satisfações e visão de mundo. Isso nos alerta contra levar a noção de hegemonia longe demais e a áreas inadequadas.[102] Essa hegemonia pode ter definido os limites exteriores do que era política e socialmente praticável, tendo por isso influenciado as formas do que era praticado: fornecia a arquitetura nua de uma estrutura de relações de dominação e subordinação, mas dentro desse traçado arquitetônico era possível criar muitas cenas e representar diferentes dramas.

Por fim, uma cultura plebeia independente assim tão robusta poderia ter nutrido até expectativas alternativas, desafiando essa hegemonia. Mas essa não é a minha leitura do que ocorreu, pois quando aconteceu a ruptura ideológica com o paternalismo, na década de 1790, ela surgiu menos da cultura plebeia que da cultura intelectual da classe média dissidente, e a partir daí foi levada aos artesãos urbanos. Mas as ideias dos seguidores de Paine, levadas por esses artesãos a uma cultura plebeia ainda mais ampla, ali logo se arraigaram. E talvez o abrigo fornecido por essa cultura robusta e independente permitiu que elas florescessem e se propagassem, até darem origem às grandes e pouco deferentes agitações populares no final das Guerras Napoleônicas.

Estou falando teoricamente. O conceito de hegemonia é muito valioso, e sem ele não saberíamos compreender como as relações eram estruturadas. Mas embora essa hegemonia cultural possa definir os limites do que é possível, e inibir o crescimento de horizontes e expectativas alternativas, não há nada determinado ou automático nesse processo. Essa hegemonia só pode ser sustentada pelos governantes pelo exercício constante da habilidade, do teatro e da concessão. Em segundo lugar, essa hegemonia, até quando imposta com sucesso, não impõe uma visão abrangente da vida. Ao contrário, ela impõe antolhos que impedem a visão em certas direções, embora a deixem livre em outras. Pode coexistir (como aconteceu na Inglaterra do século XVIII) com uma cultura muito vigorosa e autônoma do povo, derivada de sua própria experiência e recursos. Essa cultura, que em muitos pontos pode ser resistente a toda forma de dominação externa, constitui uma ameaça sempre presente às descrições oficiais da realidade. Com o solavanco brusco da experiência, a intrusão de propagandistas "sediciosos", a multidão da "Igreja e Rei" pode se tornar jacobina ou luddita, a Marinha czarista leal pode se tornar uma frota bolchevique insurrecional.

Por isso, não posso aceitar a visão, popular em alguns círculos estruturalistas e marxistas na Europa Ocidental, de que a hegemonia impõe uma dominação abrangente aos governados — ou a todos que não são intelectuais — chegando até o próprio limiar de sua experiência, e implantando em suas mentes, no momento do nascimento, categorias de subordinação, das quais eles são incapazes de se livrar e que sua experiência não é capaz de corrigir. Isso pode ter acontecido aqui e ali, mas não na Inglaterra, não no século XVIII.

VIII

Agora talvez seja útil reafirmar, bem como precisar, algumas partes dessa discussão. Quando a propus pela primeira vez, nos anos 1970, alguns consideraram que eu teria estabelecido uma dicotomia mais absoluta entre patrícios e plebeus — sem forças intermediárias de qualquer influência mais séria — do que era minha intenção. E a crítica tem se voltado para a ausência, na minha análise, de um papel para a classe média. Nessa leitura, o surgimento de uma classe média na década de 1790 e a radicalização de uma grande parte da *intelligentsia* aparecem como algo inexplicável, um *deus ex machina*.[103] E os críticos têm se queixado do "dualismo" e da triste polarização resultante, de eu não admitir as camadas médias como atores históricos e "negligenciar o papel da cultura urbana e da dissidência burguesa".[104]

Posso concordar que meu modelo bipolarizado tenha mais importância para os distritos rurais, de pequenas cidades e, especialmente, manufatureiros que se expandem fora dos controles corporativos (o *locus* da "protoindustrialização"), do que para as grandes cidades e, sem dúvida alguma, do que para Londres. Eu não tinha a intenção de diminuir o significado do crescimento durante todo o século, em números, riqueza e presença cultural, das camadas médias que vieram a criar e ocupar uma "esfera pública" (nos termos de Jürgen Habermas).[105] Incluem os grupos descritos por John Brewer:

> [...] advogados, corretores de terras, boticários e médicos; intermediários no comércio do carvão, tecidos e grãos; carroceiros, transportadores e estalajadeiros; livreiros, impressores, mestres-escolas, artistas de casas de diversão e escrivães; fanqueiros, merceeiros, farmacêuticos, donos de papelaria, ferragistas, lojistas de todo tipo; os pequenos mestres na cutelaria e fabricação de brinquedos ou de todos os variados artigos de luxo da metrópole.[106]

A lista podia ser ampliada, e deveria certamente incluir os detentores de propriedade plena, que levavam uma vida confortável, e os ricos fazendeiros arrendatários. É a partir desses grupos médios que Eley vê "o surgimento e consolidação de um novo público burguês consciente de si mesmo":

> Relacionado em última análise com os processos do desenvolvimento capitalista e da transformação social [...] com os processos da formação cultural urbana que tendiam a sustentar uma identidade política emergente e estavam por vezes ligados a redes políticas regionais, com uma nova infraestrutura das comunicações, incluindo a imprensa e outras formas de produção literária [...] e com um novo universo de associação voluntária. E finalmente com um parlamentarismo regenerado [...].[107]

Posso concordar com tudo isso. Mas esse surgimento e consolidação foi um processo complexo e muito lento, que se realizou durante cem anos ou mais. Como observou o professor Cannon:

> Embora haja muitas evidências de que mercadores e financistas, professores e jornalistas, advogados e arquitetos, lojistas e industrialistas tenham prosperado na Inglaterra hanoveriana, as questões a serem explicadas me parecem quase o oposto da historiografia marxista — não interessa saber como é que eles chega-

ram a controlar o governo, mas por que só desafiaram a dominação aristocrática perto do final do século.[108]

As questões não me parecem estar situadas em nenhuma variedade de historiografia, mas nos registros históricos reais. E continuam a desconcertar historiadores de muitas convicções. Havia certamente muitas prefigurações do "surgimento" de uma classe média na política urbana. Mas, como argumenta John Brewer, a independência da classe média era constantemente restringida e reconduzida aos canais da dependência pelos controles poderosos do clientelismo:

> Os produtores de bens de luxo — mobília, carruagens e roupas —, varejistas de todo tipo, aqueles, desde prostitutas a professores de dança, que executavam serviços para os ricos, todas essas pessoas (e elas constituíam uma porção bastante grande da força de trabalho metropolitana) dependiam para seu sustento de uma cultura centrada na Corte, no Parlamento e na temporada londrina.[109]

A situação não induz necessariamente a deferência: podia gerar ressentimento e hostilidade. O que não podia fazer, enquanto a arena do mercado não se tornasse mais anônima, era gerar independência.

Se consideramos os controles sempre presentes do clientelismo, da patronagem e do "interesse", somos levados de volta ao modelo de um campo de força bipolarizado, assim como esse vocabulário bipolarizado estava sempre na boca dos próprios atores históricos. Na verdade, esse modelo da ordem política e social era por si mesmo uma força ideológica. Uma das maneiras pelas quais os patrícios repeliam a admissão da classe média a qualquer participação real no poder era recusar a sua admissão ao vocabulário do discurso político. A cultura patrícia resistiu obstinadamente a conceder qualquer grau de vitalidade à noção de "classe média" até o final do século.[110] Além disso, é um erro supor que o crescimento em números e riqueza das "camadas médias" necessariamente modificasse e suavizasse a polarização de classe na sociedade como um todo. Em algumas circunstâncias, desviava as hostilidades. Como vimos (pp. 46-8), os grupos médios podiam servir para encobrir o proprietário de terra ou o grande fabricante de roupas. Mas, enquanto tantos acessos para os cargos, as promoções e os contratos continuavam sendo controlados pelos meios antigos e corruptos da patronagem, o crescimento nos números dos grupos médios só podia intensificar a competição entre eles.[111]

Portanto, minha discussão não tem sido sobre números, riqueza ou até mesmo a presença cultural da classe média, mas sobre sua identidade como um ator político autônomo e com motivação própria, sua influência efetiva sobre o poder, sua modificação do equilíbrio patrícios-plebeus de qualquer forma mais séria. Não quero recuar das proposições neste capítulo, embora saúde a importância da pesquisa atual sobre as instituições da classe média e sobre a vida política urbana.

A discussão é, em parte, sobre o poder e, em parte, sobre a alienação cultural (p. 17). Alguns críticos sugeriram que eu e outros da geração mais velha dos "historiadores da multidão", por nos voltarmos principalmente para os tumultos e os protestos, excluímos da visão muitas outras manifestações populares, inclusive o entusiasmo patriótico e legalista, o partidarismo eleitoral, e evidências mais sombrias de xenofobia ou fanatismo religioso.[112] Estou disposto a admitir que essas questões não me preocupam, e estou feliz por ver que essas lacunas estão sendo supridas por outros.[113] Sem dúvida, uma visão mais abrangente da multidão está se tornando realidade. Mas espera-se que a visão não se torne demasiado abrangente. São poucas as generalizações a respeito das atitudes políticas dominantes dos "plebeus" no século XVIII que têm probabilidades de permanecer, exceto que a multidão era altamente volátil. As multidões do século XVIII são muito variadas, têm todos os formatos e tamanhos. Nos primeiros anos do século, havia as gangues das cervejarias que os políticos soltavam contra seus oponentes. "Adoro uma turba", disse o duque de Newcastle no final de sua vida: "Eu mesmo liderei uma turba certa vez. Devemos a sucessão hanoveriana a uma turba".[114] Em nenhum momento essa volatilidade é mais manifesta do que no fim do século. As generalizações quanto à disposição política da multidão nos dirão uma coisa na época dos motins Priestley (1791) e outra muito diferente no auge da popularidade de Tom Paine e da Reforma dois ou três anos mais tarde. É possível encontrar sentimentos revolucionários em retórica de cervejaria e em cartas anônimas ameaçadoras entre 1797 e 1801 (anos dos motins navais, da insurreição irlandesa, anos de resistência à tributação e de ferozes motins do pão), bem como legalismo e antigalicanismo populares ardentes entre 1803 e 1805 (anos de ameaça de invasão, de raiva contra a expansão imperial de Napoleão, que despertava a hostilidade até de antigos "jacobinos" ingleses, anos de alistamento em massa nos Voluntários e da vitória agridoce de Nelson em Trafalgar).

Essas transições rápidas ocorriam, é claro, tanto nos indivíduos como no ânimo das multidões. Allen Davenport, que provinha de uma família de trabalhadores na fronteira de Gloucestershire-Wiltshire, descreveu como chegou a Bristol em 1794, com dezenove anos:

> Eu era bastante patriota e pensava, naqueles tempos, que tudo o que a Inglaterra realizava era correto, justo e apropriado; e que qualquer outra nação que lhe fosse contrária estava errada e merecia castigo. E que a França que acabara de matar o seu rei, exilar os seus nobres, insultar e profanar a religião cristã era realmente muito má; e eu gritava "Igreja e Rei" tão alto e por tanto tempo quanto qualquer padre ou senhor no reino. E acreditava que não só se justificava, como era dever

sagrado da Inglaterra reprimir e, se possível, exterminar essa nação desatinada de igualitários, blasfemadores e regicidas! E esse era o sentimento de nove décimos do povo da Inglaterra [em] 1794.[115]

Davenport tornar-se-ia um destacado spenciano, republicano e cartista.

A multidão do século XVIII era multiforme: ora empregava o simbolismo jacobita, ora endossava Wilkes a plenos pulmões, ora atacava pontos de reunião dos dissidentes, ora fixava o preço do pão. É verdade que certos temas se repetem: a xenofobia (especialmente o antigalicanismo), bem como um gosto pela retórica antipapista e libertária ("o inglês livre de nascimento"). Mas as generalizações fáceis devem parar aqui. Talvez em reação à exagerada simpatia e defesa demonstradas pelos historiadores da multidão da minha geração, alguns historiadores mais jovens estão dispostos a nos dizer aquilo em que a multidão acreditava, e (ao que parece) a multidão tinha sempre uma tendência nacionalista e, em geral, legalista e imperialista. Mas nem todos os historiadores passaram muito tempo pesquisando os arquivos em que se encontrarão as evidências enigmáticas e ambivalentes, e aqueles entre nós que tiveram essa experiência são mais cautelosos. Nem se pode deduzir a "opinião pública" diretamente da imprensa, pois essa era escrita pelas e para as camadas médias. O entusiasmo pela expansão comercial entre esses leitores não era necessariamente partilhado por aqueles que serviam em terra ou no mar nas guerras que promoviam essa expansão. Em oposição ao tom populista da década de 1960, hoje em dia é moda entre os intelectuais descobrir que os trabalhadores eram (e são) intolerantes, racistas, sexistas, mas/e, no fundo, profundamente conservadores e leais à Igreja e ao rei. Mas uma consciência tradicional dos costumes ("conservadora") pode em certas conjunturas parecer rebelde. Pode ter a sua própria lógica e suas próprias solidariedades que não é possível tipificar de modo simplista. O próprio "patriotismo" pode ser um estratagema retórico que a multidão emprega para armar um ataque à corrupção dos governantes hanoverianos, assim como no século seguinte os tumultos da rainha Caroline foram um estratagema para atacar o rei George IV e sua Corte. Quando a multidão aclamava almirantes populares, podia ser uma maneira de atacar Walpole ou Pitt.[116]

Não podemos nem mesmo dizer até que ponto ideias republicanas explícitas estavam em circulação, especialmente durante a turbulenta década de 1760. É uma questão mais frequentemente afastada com uma negativa do que investigada. Mas temos o *caveat* de Sir John Plumb: "Os historiadores, penso, nunca dão bastante ênfase à predominância do amargo sentimento antimonárquico e pró-republicano das décadas de 1760 e 1770".[117] Um pensamento semelhante passou pela mente de um historiador mais excitável, o sr. J. C. D. Clark, que cita trechos da carta de John Wesley para o conde de Dartmouth em 1775, sobre o estado "perigosamente insatisfeito" das pessoas "de toda a nação em toda cidade grande e pequena, em todo o vilarejo por onde andei". As pessoas "atacam" o próprio rei: "Calorosamente desprezam Sua Majestade e o odeiam com um ódio total. Querem manchar as mãos com o sangue dele. Estão impregnadas com o espírito do assassinato e da rebelião [...]".[118] Suspeita-se de que há períodos, durante as décadas de 1760 e 1770, em que parte do povo inglês estava mais disposta a se separar da Coroa do que os colonos americanos, só que tinham a infelicidade de não contar com a proteção do oceano Atlântico.

Portanto, continuo fiel ao modelo patrícios-plebeus e à metáfora do campo de força, tanto para a estruturação do poder como para o cabo de guerra dialético da ideologia. Entretanto, não se deve supor que essas fórmulas forneçam um recurso analítico instantâneo para extrair o significado de cada ação da multidão. Toda ação da multidão ocorria num contexto específico, era influenciada pelo equilíbrio local das forças, e frequentemente encontrava a sua oportunidade e o seu roteiro nas divisões faccionárias no interior dos grupos dominantes ou em questões lançadas no discurso político nacional. Em *Whigs and cities*, Nicholas Rogers discute convincentemente essa questão. Ele suspeita (talvez injustamente) que eu empregue procedimentos analíticos "essencialistas". Se for assim, Rogers está certo e eu errado, pois seu domínio do material é magnífico e suas descobertas são fundamentadas por anos de pesquisa e análise da multidão urbana.[119] Na perspectiva de Rogers, deve-se ver a maioria das ações da multidão urbana ocorrendo num "terreno em que se cruzam a ideologia, a cultura e o poder". No início do século XVIII, os próprios governantes, por razões que lhes diziam respeito, abriram esse espaço para a multidão, dando-lhe um papel dependente e subalterno. O clero da Igreja Superior Anglicana e os partidaristas cívicos ampliaram esse espaço. O calendário de aniversários e celebrações políticas — procissões, iluminações, eleições, queima de efígies, efervescência carnavalesca —, tudo conferia papéis à multidão e recrutava sua participação. Dessa forma, nas quatro décadas depois de 1680, "amplas seções da populaça trabalhadora" eram atraídas para o discurso político nacional: "Anos de aguda luta partidária, num contexto social que concedia maior espaço cultural ao povo comum, tinham criado uma cultura política contenciosa e dinâmica, centrada em torno dos aniversários reais e nacionais, nos quais a própria populaça participava vigorosamente". Foi apenas sob essa tutela que a multidão aprendeu a afirmar a sua autonomia e, de vez em quando, a selecionar seus objetivos. A multidão passou então a ser um fenômeno que "tinha de ser cultivado, nutrido e contido", para que não saísse de seu papel subalterno.[120]

Aceito e aplaudo a abordagem do professor Rogers e o modo como ele a emprega nos seus estudos urbanos. É preferível à simples redução a uma polaridade patrícios-plebeus, e — embora conceda à multidão menos autonomia do que descubro (por exemplo, nas ações contra milícias e destacamentos, nas agitações nas manufaturas, nas ações nas barreiras ou por causa dos alimentos nas províncias) — ela recoloca as ações da multidão urbana dentro de um contexto cultural e político mais complexo. Mas por meio de todas essas complexidades ainda devo pressupor a polaridade subjacente do poder — as forças que pressionavam para invadir e ocupar qualquer espaço que se abrisse quando os grupos dominantes entravam em conflito. Mesmo quando as multidões eram claramente manipuladas e subalternas, os governantes nunca as encaravam sem ansiedade. Sempre poderiam ultrapassar os seus limites, e a multidão desordenada voltaria a cair na polaridade "essencialista", "transformando o calendário oficial num carnaval de sedição e motim".[121] Subjacente a todas as ações da multidão, pode-se sentir a formação do que foi meu objeto de análise, o equilíbrio patrícios/plebeus.

Um componente desse equilíbrio, as antigas farsas de paternalismo e deferência, estava perdendo força mesmo antes da Revolução Francesa, embora experimentasse um renascimento temporário nas turbas da "Igreja e Rei" dos primeiros anos da década de 1790, no aparato militar e no antigalicanismo das guerras. Os motins Gordon tinham testemunhado o clímax e também a apoteose da desordem plebeia, além de terem infligido aos governantes um trauma que foi registrado num tom cada vez mais disciplinar na década de 1780. Mas a essa altura a relação recíproca entre a *gentry* e os plebeus, inclinando-se ora para um lado, ora para o outro, tinha durado um século. Por mais gritantemente desigual que fosse essa relação, ainda assim a *gentry* precisava de algum apoio dos "pobres", e os pobres sentiam que eram necessários. Durante cem anos, eles não foram totalmente os perdedores. Conservaram a sua cultura tradicional, conseguiram uma suspensão parcial da disciplina de trabalho do industrialismo incipiente, alargaram talvez o alcance das leis de assistência aos pobres, impuseram caridades que podem ter impedido que anos de escassez chegassem a crises de subsistência, e desfrutavam a liberdade de avançarem pelas ruas atropelando os outros, abrindo a boca e dando vivas, demolindo as casas de padeiros ou dissidentes odiosos, além de manifestarem uma disposição sediciosa e descontrolada, que espantava os visitantes estrangeiros e que quase os levou a acreditar, erroneamente, que eram "livres". A década de 1790 acabou com essa ilusão, e na esteira das experiências daqueles anos a relação de reciprocidade se rompeu. No mesmo momento em que se rompeu, a *gentry* perdeu sua hegemonia cultural autoconfiante. De repente, o mundo já não parecia afinal limitado em todos os pontos pelas suas regras, nem vigiado pelo seu poder. Um homem era um homem, "apesar de tudo". Saímos do campo de força do século XVIII, e entramos num período em que há uma reordenação estrutural das relações de classe e da ideologia. Pela primeira vez, é possível analisar o processo histórico em termos das notações de classe do século XIX.

3
COSTUME, LEI E DIREITO COMUM

I

Na interface da lei com a prática agrária, encontramos o costume. O próprio costume é a interface, pois podemos considerá-lo como práxis e igualmente como lei. A sua fonte é a práxis. Num tratado sobre aforamento do final do século XVII, ficamos sabendo que os costumes devem ser interpretados de acordo com a percepção vulgar, porque os costumes em geral se desenvolvem, são produzidos e criados entre as pessoas comuns, sendo por isso chamados *Vulgares consuetudines*. Para Sir Edward Coke (1641), os costumes repousam sobre "dois pilares" — o uso em comum e o tempo imemorial. Para Carter, em *Lex custumaria* (1696), os pilares já eram quatro: a antiguidade, a constância, a certeza e a razão.

> Pois um costume tem início e se desenvolve até atingir sua plenitude da seguinte maneira. Quando um ato razoável, uma vez praticado, é considerado bom, benéfico ao povo e agradável à natureza e à índole das pessoas, elas o usam e praticam repetidas vezes, e assim, pela frequente iteração e multiplicação do ato, ele se torna costume; e se praticado sem interrupção desde tempos imemoriais, adquire força de lei.

O costume é local, *lex loci*, e pode eximir uma localidade do império do direito consuetudinário, como acontece, por exemplo, com o "Borough-English", que permite que o filho mais moço tenha direito à herança. "Não é alegado em relação à pessoa, mas em relação ao domínio senhorial" (Fisher): "Assim o costume está vinculado à terra" e "impõe obrigações à terra" (Carter).[1]

A terra a que o costume estava vinculado poderia ser uma herdade, uma paróquia, o trecho de um rio, bancos de ostra num estuário, um parque, pastos nas encostas de montanhas, ou uma unidade administrativa maior como uma floresta. Em casos extremos, o costume era nitidamente definido, tinha força de lei, e (como nos cercamentos) era uma propriedade: é o tema do registro dos tribunais, dos tribunais senhoriais, das compilações dos costumes, dos levantamentos e dos regulamentos da vila. Em condições comuns, o costume era menos exato: dependia da renovação contínua das tradições orais, como na inspeção anual ou regular para determinar os limites da paróquia.

> Gervas Knight [...], de 67 anos ou mais, jura que desde que se recorda [...] conhece Farming Woods Walk na floresta de Rockingham [...] e declara que desde que se conhece por gente [...] isto é, aproximadamente desde 1664 até 1720, todos os anos ou a cada dois anos [...] participou com o vigário e os paroquianos de Brigstock da inspeção pública para essa paróquia, reivindicando dessa maneira as terras que a ela pertencem, e determinando os seus limites [...].[2]

A inspeção seguia os antigos cursos d'água, as sebes das propriedades, e em cada ponto limítrofe colocava-se no chão uma cruz ou um marco.[3]

Não só ao tribunal senhorial, mas também à Igreja, cabia a guarda da memória da paróquia, e no início do século XVII ainda se podem encontrar exemplos de como se preservava vigorosamente essa custódia. Em *Senhores e caçadores*, descrevi o notável registrador de dados que foi Will Waterson, o vigário de Winkfield, na floresta de Windsor.[4] O vigário de Richmond liderou seus paroquianos numa inspeção que derrubou o muro de Richmond Park.[5] Um papel igualmente ativo foi desempenhado pelo sr. Henry Goode, o pároco de Weldon, uma paróquia que compartilhava o uso de terras comunais com várias outras na floresta de Rockingham, e cujos direitos eram disputados pela paróquia de Brigstock. Em 1724, numa dessas disputas sobre direitos à madeira, ramos e copas das árvores, frequentes em todas as áreas florestais, houve um formidável combate na floresta. Na semana de Pentecostes, os criados de Lord Gowran, de Brigstock, derrubaram algumas árvores em Farming Woods Walk, e os Gowran mandaram os seus arrendatários com algumas carroças para transportar a madeira. "Vocês estão muito alegres", disse um sujeito de Weldon. "Vamos festejar com vocês." Pouco depois, mais de duzentos homens e mulheres de Weldon invadiram a floresta, armados com machadinhas, varas pontudas, cabos de picaretas e pedaços de pau, "gritando [...] de modo ameaçador, violento e tumultuoso, berrando 'Quebrem as carroças, derrubem as carroças' [...]", assustando os cavalos e carregando alguns dos ramos e copas. Por trás dessa briga, havia outros motivos de queixa quanto a direitos de pastagem e quanto ao fato de o gado de Weldon ter sido recolhido por ordem de Lord Gowran. Uma testemunha declarou que o pároco de Weldon "num domingo, no púlpito de sua igreja, pregou ou leu alguma coisa a seus paroquianos que instigou ou encorajou o referido tumulto, e que no mesmo dia em que se deu o distúrbio, os sinos da torre tocaram de trás para a frente e com estrépito para sublevar ou incitar o povo [...]".[6] O sr. Goode continuou a sua campanha vinte anos mais tarde, com a "Carta de um *commoner* a seus irmãos da floresta de Rockingham" em que apresentava os precedentes e os direitos. A noção de tutela da Igreja era acentuada por um pós-escrito:

> N.B. Desejo que toda paróquia que tenha algum direito às terras comuns na floresta de Rockingham guarde duas destas cartas no cofre da paróquia, pois podem ser um meio de ensinar a seus filhos, e aos filhos de seus filhos, a melhor forma de preservar o seu direito na floresta em tempos futuros.[7]

Talvez Henry Goode e Will Waterson tenham ido um pouco além na sua inspeção para demarcar os limites do dever. Uma exortação recomendada para a semana que antecede a Ascensão tinha muito o que dizer sobre evitar brigas com as paróquias vizinhas e oferecer a outra face. Ainda assim, os infratores contra os direitos comuns ou paroquiais eram castigados com o anátema: "Maldito seja aquele, disse Deus Todo-poderoso por meio de Moisés, que retira os marcos de seu vizinho":

> Atraem a ira de Deus sobre si mesmos aqueles que costumam destruir os marcos, assentados nos tempos antigos para dividir os charcos e as faixas de terra não lavrada nos campos com o objetivo de garantir o direito dos proprietários. Agem mal aqueles que revolvem os antigos caminhos que demarcam os campos, traçados remotamente a duras penas pelos passos dos antepassados; com isso os registros dos senhores (a evidência dos arrendatários) são alterados, o que às vezes contribui para que o proprietário legítimo seja deserdado, para que o pobre órfão ou a pobre viúva sejam oprimidos.

E se essas exortações são principalmente dirigidas ao pequeno malfeitor, que move marcos de fronteira à noite ou retira com seu arado uns trinta centímetros das faixas de terra e caminhos comuns, os ricos e poderosos também não deixam de ser castigados com o anátema: "Assim testemunhou Salomão. O Senhor destruirá a casa do orgulhoso: mas ele estabelecerá as fronteiras da viúva". E todos os agricultores são exortados a "deixar nos campos algumas espigas de cereais para os pobres respigadores".[8]

Se as lembranças dos mais velhos, a inspeção e a exortação tendem a estar no centro da interface do costume entre a lei e a práxis, o costume passa no outro extremo para áreas totalmente indistintas — crenças não escritas, normas sociológicas e usos asseverados na prática, mas jamais registrados por qualquer regulamento. Essa área é a mais difícil de recuperar, precisamente porque só pertence à prática e à tradição oral. Talvez seja a área mais significativa para o sustento dos pobres e das pessoas marginais na comunidade do vilarejo. Não se devem tomar as compilações dos costumes e os regulamentos como uma lista exaustiva da prática real dos usos do direito comum, especialmente quando esses se relacionam com os benefícios marginais da terra de uso comum, da terra inculta e do pasto ao lado das sendas para os habitantes sem terra ou para os colonos.[1] Pois essas fontes documentais são frequentemente citações facciosas redigidas pelo intendente dos senhores, ou por influentes proprietários de terra por ocasião da posse de um novo senhor; ou são o resultado de barganhas e soluções de compromisso entre vários proprietários no tribunal da herdade, onde o colono ou o sem-terra não tinham voz no corpo de arrendatários que atuava no tribunal. Como observou um estudioso das leis antigas:

> As entradas encontradas nos livros das terras do senhor e nos registros do tribunal da herdade, sob a guarda do intendente do senhor, e pretendendo traçar os limites dessas terras, são muito suspeitas [...] Sempre partem de grupos que têm real interesse em ganhar a maior extensão possível de propriedade.[9]

Outros direitos eram de tal natureza que não podiam ser provados ou julgados. Por exemplo, uma declaração do Tribunal Superior de Justiça de 1721 diz respeito a uma respigadora que foi espancada e expulsa do campo em Hope-under-Dynemore, Herefordshire. Em sua defesa, o fazendeiro declarou que "não toleraria que ela respigasse naquele campo porque ela lhe rogara uma praga".[10] O que poderia indicar apenas uma briga entre vizinhos também poderia sugerir outro costume não escrito, mas a evidência é insuficiente para termos certeza. Sem dúvida, rogar uma praga naquela época significava algo mais do que significaria hoje em dia. Tanto a calúnia como a agressão eram objetos constantes de controle social. Mas rogar praga era mais do que caluniar. O caso Herefordshire sugere que uma praga tinha força suficiente para eximir o fazendeiro (pelo menos, a seus olhos) da reconhecida obrigação imposta à terra pelo costume.

Estou sugerindo que o costume vigorava num contexto de normas e tolerâncias sociológicas. Vigorava igualmente na rotina cotidiana de ganhar o sustento. Era possível reconhecer os direitos costumeiros dos pobres e, ao mesmo tempo, criar obstáculos a seu exercício. Uma petição dos habitantes pobres de Loughton, aldeia contígua à floresta de Waltham em Essex, reivindicava a liberdade de cortar galhos das árvores para lenha. O senhor e a senhora da herdade não discutiram o direito, mas limitaram o seu exercício apenas às segundas-feiras, "e se esse dia vem a ser bonito, é uma perda para eles, porque é o dia em que geralmente combinam o seu trabalho com os fazendeiros que os empregam para a semana inteira", ao passo que antes juntavam lenha em qualquer dia chuvoso quando não houvesse trabalho. Enquanto isso (reclamavam os autores da petição), o senhor e a senhora derrubavam árvores, vendiam troncos, abarrotavam a floresta de gado, aravam os gramados, instalavam viveiros de coelhos, e esses animais estavam "comendo os cereais verdes e envenenando os prados".[11]

(I) *Cottagers*, no original. (N. R.)

O costume agrário nunca foi fato. Era ambiência. Talvez seja mais bem compreendido com a ajuda do conceito de *habitus* de Bourdieu — um ambiente vivido que inclui práticas, expectativas herdadas, regras que não só impunham limites aos usos como revelavam possibilidades, normas e sanções tanto da lei como das pressões da vizinhança.[12] O perfil dos usos do direito comum vai se alterar de paróquia para paróquia segundo inúmeras variáveis: a economia da colheita e do gado, a extensão das terras de uso comum e das terras incultas, as pressões demográficas, os empregos na região, a presença vigilante ou a ausência dos proprietários de terra, o papel da Igreja, o funcionamento rigoroso ou negligente dos tribunais, a contiguidade da floresta, dos pântanos ou áreas de caça, o equilíbrio de grandes e pequenos proprietários de terra. No contexto desse *habitus*, todos os grupos procuravam maximizar suas vantagens. Cada um se aproveitava dos costumes do outro. Os ricos empregavam os seus bens, todas as instituições e o temor respeitoso da autoridade local. Os fazendeiros medianos, do tipo pequeno proprietário rural, influenciavam os tribunais locais e procuravam redigir regulamentos mais rigorosos que servissem de barreiras contra grandes e pequenos abusos; podiam também empregar a disciplina das leis de assistência aos pobres contra os que estavam abaixo deles na escala social, e de vez em quando defendiam os seus direitos contra os ricos e poderosos na justiça.[13] Os camponeses e os pobres empregavam atos furtivos, o conhecimento de cada arbusto e atalho, e a força de seu número. É sentimental supor que, até o momento dos cercamentos, os pobres sempre fossem os perdedores. É sinal de deferência supor que os ricos e poderosos não infringissem a lei e não fossem predadores. A leitura dos sucessivos relatórios sobre as florestas régias, redigidos pelos fiscais da renda das terras, vai nos desiludir rapidamente sobre esses dois pontos.

No século XVIII, as florestas, as áreas de caça, os grandes parques e algumas áreas de pesca eram arenas notáveis de reivindicações (e apropriações) conflitantes de direitos comuns. Depois de uma revitalização nas primeiras décadas do século, os tribunais florestais voltaram a cair em desuso, de modo que diminuiu a vigilância direta da "Coroa". Mas continuava a existir a hierarquia dos donatários, administradores, guardas, funcionários florestais, guardas subalternos, tão gananciosos como sempre, e a maioria deles comprometida com os abusos que a sua posição ou as oportunidades do cargo favoreciam. Os poderosos invadiam os caminhos, cercavam novos terrenos de caça, derrubavam acres de árvores ou conseguiam pequenos presentes, como o conde de Westmorland, a quem foram concedidos quatrocentos acres da floresta de Whittlewood pelo preço de um farthing por acre em 1718.[14] No meio da hierarquia, os funcionários florestais e os guardas subalternos, que durante muito tempo tinham suplementado seus salários irrisórios com gratificações, faziam incursões para caçar cervos, vendiam gravetos e tojo, estabeleciam acordos particulares com estalajadeiros e pasteleiros, açougueiros e curtidores.[15] No início do século, Charles Withers, inspetor-geral dos bosques e florestas, escreveu o diário de uma viagem por várias florestas. Em Wychwood

> Essa floresta clamorosamente maltratada. As árvores cortadas, os brotos tenros comidos: nada crescendo nos matos rasteiros para cultivo de corte periódico; a madeira cortada pelos guardas, sem ordens expressas, vendida para a vizinhança: especialmente para Burford Town. O senhorio Nash, em Bull, comprou este ano dez cargas; em suma, escandaloso!

A situação não era muito diferente em New Forest. Mas Withers também descobriu que os trabalhadores das aldeias e áreas próximas à floresta exerciam uma pressão contínua e ampliavam suas reivindicações. Na floresta de Dean, os mineiros de carvão estavam “cortando árvores viçosas para seus poços, sem ordens expressas. Pretextam um costume para justificar a sua demanda, mas agora já andam tão indisciplinados que até pegam a madeira sem qualquer pretexto”. “E num relatório para os fiscais do Tesouro em 1729, Withers afirmava:

> É bastante visível por toda parte que a população rural se acha com uma espécie de direito à floresta, e à madeira nas florestas, mas se essa noção lhes foi transmitida pela tradição, desde os tempos em que a Coroa definiu os limites das florestas, quando houve grandes confrontos e brigas a respeito, isso ela não sabe determinar. O certo é que cuidadosamente encobrem os estragos feitos uns pelos outros, e sempre invejam tudo o que é realizado sob a chancela da Coroa.[17]

As disputas sobre direito comum em tais contextos não eram excepcionais. Eram normais. Já no século XII, os direitos comuns eram exercidos de acordo com o “costume consagrado pelo tempo”,[18] mas as disputas a seu respeito também seguiam formas consagradas pelo tempo. O conflito a respeito de *botes* ou *estover* (madeira para cercas, conserto de casas, lenha) ou *turbary* (turfa para alimentar o fogo) não terminava nunca; só de vez em quando é que se tornava claramente visível pela ação legal, ou (como aconteceu em Weldon e Brigstock [p. 87]) chegava a uma briga entre paróquias contíguas ou a um confronto entre os ricos poderosos e os pobres “numerosos”, como no controverso saque de “ramos e copas de árvores”.[19] Mas não havia floresta ou área de caça no país que não tivesse um episódio dramático de conflito sobre direito comum no século XVIII. Não eram apenas os cervos que enfureciam os fazendeiros quando saíam das florestas para comer seus grãos. Havia também os viveiros de coelhos, que se tornaram moda no início do século XVIII, com os senhores das herdades ansiosos por melhorar, não suas pastagens, mas sua renda. Numa queixa vigorosa, vinda de Charnwood, em North Leicestershire, os viveiros de coelhos eram identificados com a tirania Stuart:

Quando o papista Jemmy governou esta terra
Ele a governou como um rei.
E os Jeffrey sanguinários andavam por aí
Pendurando os corpos nas forcas.
Os criadores de coelhos eram todo ouvidos,
Era um tempo de favores,
Criavam-se leis e direitos de caça
E os coelhos se multiplicavam a todo vapor.
Eles cobriam toda a nossa terra comum
Ou logo cobririam, sem dúvida
Mas agora, no reino de George II
Vamos exterminar os vermes [...].[II]

Os versos dessa "Charnwood opera" (representada em "The Holly Bush" na floresta) talvez sejam de 1753 e se refiram a episódios de três ou quatro anos antes. Lord Stamford, Lord Huntingdon e outros três grandes nobres tinham instalado muitos viveiros de coelhos nas terras comuns:

A turfa é roída rente pelos coelhos, e agora
Não se pode tirar o leite da vaca daquela velha mulher
Os pobres filhos de Tom Thresher olham tristes, e dizem
Que têm de comer mingau de água, três vezes ao dia
Os pobres coitados.[III]

Em 1749, um grande número de habitantes, homens, mulheres e meninos das vilas vizinhas, inclusive um grupo de mineradores de carvão de Cole Orton, dirigiu-se aos viveiros, marchando sobre a planície "com sons e risos rústicos [...] o clamor móvel misturado a ameaças e piadas":

Naquele morro, olhe, lá estão eles
— com os cães — as picaretas e as pás nas mãos.
Por Marte!
Um bando, formidável!
Se estivessem dispostos a lutar
Olhe! Como eles saem em bandos de toda cidade
Para acabar com essa nova moda de viveiros de coelhos
Todos rezando pela Igreja e pela Coroa
E pelo seu Direito Comum.[IV]

(II) When Popish Jemmy rul"d this Land/ He rul"d it Re a King./ And bloody Jeffrey went about/ Hanging & Gibbeting./ The Warreners prick"d up their Ears/ That was a Time of Grace./ Game Laws & Justices were made/ And Rabbets bred apace./ They cover"d all our Common Ground/ Or soon would do, no doubt/ But now, whilst George the Second reigns/ We"l pull the Vermin out [...]

(III) The Turf is short bitten by Rabbits, And now/ No milk can be stroak"d from ye Old Womans Cow/ Tom Threshers poor Children look sadly, And say/ They must eat Waterporridge, three times in a Day/ Derry down.

(IV) On yonder Hill, See, How They stand/ – with Dogs – and Picks, and Spades in Hand./ By Mars! A formidable Band!/ Were they enclin"d to fight/ See! How they troop from ev"ry Town/

No combate que se seguiu, os viveiros foram abertos. Houve um choque entre os "amotinados" e o dono dos viveiros com seu grupo, sendo morto um dos manifestantes. Seguiram-se tropas da cavalaria, prisões em massa, julgamentos. Provou-se que 26 cidades e aldeias vizinhas tinham direito às terras comuns, e a floresta de Charnwood continuou aberta ao público por mais meio século.[20]

Isso nos lembra que ânimos exaltados a respeito de direitos comuns e distúrbios não são necessariamente resultados dos cercamentos. Esse talvez tenha sido o motivo mais visível de queixas nos séculos XVI e XVII.[21] E talvez, nas primeiras seis décadas do século XVIII, as disputas sobre cervos e outras caças,[22] sobre direitos de pesca, madeira, a exploração de pedreiras, areeiros e turfas se tornassem mais frequentes e mais furiosas. A imaginativa economia de direitos de uso coincidentes, de maior ou menor importância, começava a sofrer grandes pressões. A pressão demográfica, junto com o crescimento de empregos, tornara mais significativos os benefícios marginais da turfa e da madeira etc. no contexto que criava uma economia de subsistência para os "pobres"; enquanto, ao mesmo tempo, o crescimento das cidades e, com isso, a demanda crescente de combustível e materiais de construção aumentava o valor de mercado de bens como pedreiras, areeiros, saibreiras, turfeiras, para os grandes proprietários de terra e os senhores. Num movimento paralelo, a lei se adaptava a uma era de "desenvolvimento" agrícola e considerava mazelas as reivindicações de direitos de uso coincidentes. Esse movimento era igualmente imitado pela mentalidade administrativa modernizadora. Um levantamento de Salcey Forest em 1783 observava "os efeitos ruinosos de uma mistura de interesses opostos na mesma propriedade".[23]

Se todas as terras agrícolas da Inglaterra e do País de Gales tivessem sido tão sujeitas a ações predatórias quanto as florestas régias ou tão acossadas por disputas quanto Charnwood, teriam servido como provas ilustrativas das teses sombrias de Garret Hardin em "The tragedy of the commons".[24] O professor Hardin tem argumentado que, como ninguém possui e protege os recursos mantidos em comum, uma inexorável lógica econômica os condena à superexploração. Na verdade, o argumento deriva dos propagandistas ingleses dos cercamentos parlamentares, e de uma variante malthusiana específica.[25] Apesar de seu ar de bom senso, o que ele negligencia é que os próprios *commoners* não eram desprovidos de bom senso. Ao longo do tempo e do espaço, os usuários das terras comunais desenvolveram uma rica variedade de instituições e sanções comunitárias que impôs restrições e limites ao uso.[26] Se havia sinais de

---

To pull these Upstart Warrens down,/ All praying for the Church & Crown/ An for their Common Right.

crise ecológica em algumas florestas inglesas no século XVIII, as razões não eram só econômicas ou demográficas, mas também políticas e legais. À medida que as antigas instituições florestais entravam em colapso, as florestas caíam num vácuo em que a influência política, as forças do mercado e a reivindicação popular se digladiavam entre si sem regras comuns:

> O atual estado de New Forest é quase o de absoluta anarquia [lamentava-se em 1851]. Os registros são insuficientes para determinar quem pode reivindicar os direitos; não se sabe ao certo qual é a lei corrente, se a lei florestal ou o direito consuetudinário; nem, consequentemente, quais são os funcionários que têm poder, ou em nome de que autoridade se deve interferir.

Atualmente a floresta "não tem, nem pode ter um proprietário. Parecemos estar voltando aos modos primevos e orientais". No entanto, os habitantes da floresta (inclusive muitos posseiros) supunham que *eles* eram os proprietários, improvisando regras de modo informal. Quando o governo enviou um inspetor para examinar o estado da floresta em 1848-9, sua efígie foi queimada perto de Lyndhurst, e o supervisor-adjunto forneceu lenha da floresta para essa finalidade meritória.[27]

Esses eram lugares escuros, entretanto, dominados pela "ignorância selvagem e pelo barbarismo". No restante da Inglaterra agrícola, havia um controle muito mais rigoroso dos direitos comuns, tanto no direito consuetudinário como na *lex loci*. O direito comum à pastagem era limitado pelo controle do tribunal do senhor ou pelos regulamentos do vilarejo, controle que às vezes passara por uma contínua evolução ao longo dos séculos. As práticas agrícolas disciplinadas das vilas da Inglaterra medieval, reveladas por Warren Ault,[28] estão longe das noções de Garret Hardin de uma terra comunal aberta a todos.[29] Mas as limitações podiam gerar suas próprias disputas. O tribunal do chanceler decidiu, num caso em 1689, que a maior parte dos proprietários de terra poderia impor regras e limites a uma terra comunal (sob o pretexto de "equidade apropriada e natural"), mesmo que "um ou dois arrendatários impertinentes teimassem em não concordar".[30] Mas "um ou dois arrendatários impertinentes" era um termo legal demasiado indefinido. Em 1706, surgiu um novo caso em Bishop's Cleeve, em Gloucestershire, onde os proprietários de terra tinham concordado em demarcar quinhentos acres de terras comunais, mas o réu (o pároco local) e nove outras pessoas resistiram. Evidentemente, isso era mais do que um ou dois sujeitos impertinentes, pois o tribunal decidiu que "um direito a terras comunais não pode ser alterado sem o consentimento de todos os grupos ali envolvidos".[31]

É de se perguntar se isso não estaria na origem do processo parlamentar dos cercamentos, ainda envolto em mistério. Pois "o primeiro projeto de lei de cercamento" foi aprovado no Parlamento em fevereiro de 1710. Dizia respeito a Ropley Commons e ao antigo parque de Farnham, usado para outras finalidades, dentro da diocese de Winchester. Foi uma medida decididamente impopular e contestada com muito vigor, tendo contribuído para o rancor que provocou tanto os ataques aos cervos do bispo quanto, finalmente, o *blacking* [roubo de caça realizado por homens que pintavam as faces de preto]. Dificilmente seria levada a termo de outra maneira.[32]

Quando a lei dos cercamentos se tornou possível, ficou claro que esses só poderiam ser realizados com devido processo parlamentar, mesmo que apenas um proprietário impertinente discordasse.[33] Até a década de 1760 (e em alguns casos mais tarde), isso era um sério desestímulo para os proprietários de terra. Em nome de sua mãe, um jovem cavalheiro escrevia a um patrono nobre sobre a situação difícil que ela enfrentava na paróquia de Church Oakley, Hampshire:

> A minha mãe tem a maior fazenda das redondezas nas suas mãos, e acha muito difícil encontrar um arrendatário para ela, pois ninguém a quer assumir se a paróquia não for cercada. O desacordo entre os agricultores de Oakley é tão grande que, por simples despeito mútuo, eles se recusam a administrar os campos comuns de modo a aproveitá-los da melhor maneira [...]

O cercamento beneficiaria especialmente a mãe dele, "pois ela tem a maior terra comunal da região; além dela, há apenas três proprietários plenos e o presbitério, todos concordam em fechar os campos, com exceção de uma única pessoa que por rabugice não abre mão das terras [...]". A mãe desejava saber se isso podia ser feito, mesmo com a discordância de um único homem, sem uma lei do Parlamento, "ao que ela lamentaria ter de recorrer, não só por representar uma grande despesa, mas também porque ela não tem amigos no Parlamento [...]".[34] Os historiadores têm observado que a grande era dos cercamentos parlamentares, entre 1760 e 1820, comprova não só o frenesi pelo desenvolvimento agrícola, mas também a tenacidade com que sujeitos "impertinentes" e "despeitados" obstruíam os cercamentos por acordo, resistindo até o fim em favor da antiga economia baseada nos costumes.

Por isso, o costume também pode ser visto como um lugar de conflito de classes, na interface da prática agrária com o poder político. Os arrendatários tributários de Sir William Lowther na herdade de Cumberland em Askham reclamavam em 1803 que "as violações de nosso antigo costume sempre foram muito dolorosas para nós e amargaram muitas horas de nossa vida". E o dr. Searle comenta:

> Portanto, o costume não era algo fixo e imutável que tinha o mesmo corpo de significado para duas classes sociais. Ao contrário, a sua definição era altamente variável em relação à posição de classe, tornando-se por essa razão um veículo para o conflito, e não para o consenso.[35]

Por mais desiguais que fossem os termos de poder nesse conflito, ainda assim o poder devia se submeter a algumas restrições, não só porque o costume tinha endosso jurídico e podia ser ele próprio uma "propriedade", mas também porque o poder poderia se ver em perigo se o abuso dos direitos do costume enfurecesse o populacho. A arrogante busca de renda nas florestas régias enfraquecera o trono de Charles I. Até o mais predatório dos *whigs* da dinastia de Hanover não esquecera a lição. A consorte de George II, a rainha Caroline, "quis fechar St. James Park, e perguntou a Sir Robert Walpole o quanto lhe custaria esse empreendimento. Ele respondeu: 'Apenas uma coroa, madame'".[36]

O rei Charles também provocou uma das brigas mais politicamente sensíveis sobre direitos comuns quando fechou Richmond Park e construiu um alto muro ao redor. Várias paróquias foram excluídas dos direitos às terras comunais, e (Clarendon escreveu) "o murmúrio e o barulho do povo [...] estava demasiado perto de Londres para não ser o comentário de todos". O murmúrio continuou no século XVIII e atingiu o seu auge quando Sir Robert Walpole ocupava o cargo de guarda dos parques reais (por meio de seu filho), pois se passou a trancar os portões e retirar as escadas sobre os muros, e só se admitiam passageiros ou carruagens com tíquetes de entrada. Como os tíquetes (feitos de metal não precioso) eram fáceis de imitar, foram substituídos por tíquetes de papel impressos na repartição do selo (seis pence) (a falsificação de selos era então crime capital). Embora os paroquianos derrubassem o muro do parque umas duas ou três vezes em suas inspeções para demarcar os limites da paróquia (ver ilustração nº 9), Walpole "engolia a afronta e reconstruía o muro".

A sucessora de Walpole como guarda do parque real foi a princesa Amelia, que não era mais amada do que Walpole, porém muito mais fácil de desafiar do que o grande homem. As queixas concerniam principalmente aos direitos de passagem pelo parque e à perda do acesso ao cascalho, à vegetação rasteira dos bosques, ao tojo e também à água. Nessa região próspera, os interessados na questão não eram apenas agricultores, mas também nobres, mercadores, comerciantes e artesãos. Entre os defensores dos direitos locais havia um pedreiro, um cervejeiro e também Timothy Bennett, sapateiro, que tinha por lema a frase: "não quero deixar o mundo pior do que estava quando o encontrei". John Lewis, o cervejeiro, liderou um protesto na década de 1750, que prefigura alguns dos estratagemas de John Wilkes: reuniões públicas, artigos na imprensa (*London Evening Post*), uma petição com inúmeras assinaturas apresentada ao rei e, finalmente, uma série de ações legais.[37] Episódios como esse revelam a crescente confiança da "sociedade civil".

Vários casos foram ajuizados na Corte de Surrey (Kingston) durante todos os verões de 1753 a 1758. Perdeu-se (em 1754) o direito de passagem com carroças entre Richmond e Croydon (pelo parque), mas se ganhou o direito de passar a pé (por meio de degraus ou escadas de mão) de Richmond a Wimbledon. John Lewis procurou então (em 1755) entrar à força por um portão do parque, e processou a porteira (Manha Gray) que o expulsou por obstruir três antigos caminhos, um entre East Sheene e Kingston. O julgamento foi adiado para o verão seguinte. Naquela época, os defensores do direito comum tinham publicado e posto em circulação um folheto[38] com o seu ponto de vista, e Lord Mansfield — sob o pretexto de que isso poderia influenciar os jurados — usou o fato como desculpa para adiar o julgamento para uma subsequente sessão da corte.

O julgamento finalmente aconteceu na Cone de Surrey Lent em 1758, perante Sir Michael Foster, então com setenta anos. Muitos dos 48 jurados especiais que foram convocados para o júri ficaram nervosos com o fato de julgar uma causa contra a princesa Amelia, de modo que foi necessário arregimentar suplentes. Sir Michael imediatamente multou os ausentes em vinte libras por cabeça. Quando a acusação já apresentara parte de sua evidência, o procurador da Coroa (Sir Richard Lloyd) declarou ser "inútil discutirem esse direito, pois a Coroa não estava disposta a julgá-lo", uma vez que a obstrução fora denunciada na paróquia de Wimbledon quando na verdade acontecera em Mortlake:

> O juiz virou-se para o júri e disse que, na sua opinião, estavam ali para julgar o direito reivindicado pelo súdito a um caminho por Richmond Park, e não para sofismar sobre pequenas objeções irrelevantes, que não têm nenhuma conexão com esse direito [...] Depois de o caso aguardar solução em três sessões, considerava indigno da honra da Coroa enviar um de seus procuradores seletos, não para julgar o direito, mas para discutir um ponto assim tão irrelevante.

O juiz sumariou os argumentos apresentados em favor da acusação, e John Lewis ganhou o caso. Ao lhe ser oferecida a possibilidade de acesso pelos portões ou por degraus e escadas de mão, ele optou pelo segundo caso, por considerá-lo o modo de acesso mais livre. (Como havia cervos no parque, os guardas manteriam os portões fechados e poderiam facilmente trancá-los.) Quando Lewis retornou ao tribunal com a queixa de que a distância entre os degraus nas escadas era demasiadamente grande para as crianças e os velhos, Sir Michael Foster replicou: "Eu próprio já observei esse problema, e desejo, sr. Lewis, que cuide para que sejam construídos de modo a permitir que não só *as crianças* e *os velhos*, mas também AS MULHERES IDOSAS, possam subir as escadas".[39]

O caso provocou sensação. Por algum tempo os guardas do parque tiveram sérias dificuldades, pois os cidadãos triunfantes subiam nas escadas e não se limitavam às trilhas, mas "caminhavam e passeavam à vontade sobre o gramado", declarando que "o parque era comunal & que eles tinham o direito de ir a qualquer lugar [...] que lhes agradasse". Isso causava danos aos cervos e aos outros animais de caça, e "vai ser um grande empecilho a que a Família

Real use e aproveite" o parque.[40] A princesa Amelia abandonou o posto de guarda do parque real num acesso de fúria. Essas questões também se incorporaram aos comentários de Londres: a mulher idosa livre tinha triunfado sobre a dama da realeza. Tais vitórias, do cidadão humilde sobre os poderosos ou a realeza, foram certamente infrequentes. Mas uma ou duas delas foram bem longe, fornecendo legitimação popular à lei e endossando a retórica do constitucionalismo, fundamento da segurança da propriedade fundiária.[41] Ainda assim, não devemos esquecer que a vitória em Richmond foi, num certo sentido, a vitória de *commoners* burgueses, que dispunham de dinheiro e recursos que os *commoners* rurais raramente possuíam.

II

Este capítulo não trata dos cercamentos, nem do declínio do campesinato. Se surpreendido a flanar com alguma intenção por essas áreas, o novato em história agrária seria rapidamente despachado. Este é um estudo tangencial dos usos do direito comum, e igualmente da lei e das noções do direito à propriedade. Mas não se pode evitar completamente que o estudo toque outros problemas. E deve-se observar que ainda temos pouca evidência sólida a respeito do número de proprietários que possuíam terra por aforamento ou por outras formas de posse baseada em costumes (como os arrendamentos usufrutuários por parte da Igreja ou das faculdades) no século XVIII. Um pesquisador com muito conhecimento do assunto confessa que a proporção de proprietários com direito de posse baseado em costumes é "quase inteiramente obscura" no final do século XVII, mas poderia ter "chegado a um terço".[42] E o número continuava significativo no fim do século XVIII — embora tivesse diminuído mais rapidamente nas últimas décadas. O vigoroso funcionamento do tribunal senhorial no século XVIII (como se pode verificar em muitos registros dos condados) coincide frequentemente com aforamentos remanescentes. Havia certamente um número significativo de camponeses na Inglaterra no século XVIII e no início do XIX,[43] e os historiadores agrários otimistas às vezes narram a história do campesinato de um modo que confunde dois totais diferentes: os acres e o povo.[44] Como observei num estudo anterior, "o historiador econômico talvez pense que as pistas para o processo agrário em expansão estão no setor 'livre' [isto é, propriedade plena ou cobrança de renda extorsiva], enquanto o historiador social talvez ache que os horizontes e as expectativas psicológicas da maioria da comunidade agrícola ainda se encontram no setor dos costumes".[45]

Em segundo lugar, agora começa a ficar claro que, na longa reação historiográfica contra os excelentes historiadores Barbara e J. L. Hammond, autores do clássico *The village labourer* [O trabalhador do vilarejo], tem se verificado uma tendência (e em algumas mentes uma determinação ideológica) de subestimar seriamente a quantidade dos protestos populares que acompanhavam a perda de direitos comuns ou o cercamento de terras comunais (o que, como já vimos, não era a mesma coisa). É estimulante ver que agora se questiona significativamente a imagem triunfal das consequências sociais do desenvolvimento agrícola.[46] Ainda assim, não vamos descobrir o século XVIII vibrando com grandes protestos contra os cercamentos, episódios que de algum modo foram ignorados. Houve mais ocorrências do que as registradas, mas poucas foram significativas. Em geral, a resistência era mais rabugenta do que vibrante. Para cada *commoner* "que sediciosamente ameaçava matar ou ser morto, afirmando ser capaz de sublevar quinhentas pessoas que o ajudariam a derrubar e destruir as cercas de pedra e as sebes [...]",[47] encontra-se uma dúzia arrancando um portão de suas dobradiças, extirpando sebes ou tirando um aviso de cercamento do pórtico da igreja.

No entanto, havia mais oposição aos cercamentos do que se supunha.[48] Saber estimar a sua extensão é, em parte, um problema relativo a técnicas apropriadas de pesquisa e à natureza das fontes. Os protestos contra os cercamentos raramente apareciam nos arquivos administrativos centrais ou nos jornais de Londres; não assumiam a forma de "insurreições" regionais, altamente visíveis e tumultuosas. São encontrados com mais frequência (especialmente antes de 1760) na correspondência entre os intendentes das propriedades e os patrões ausentes, tratados como questões domésticas (por exemplo, invasões e roubo de caça) que podiam ser resolvidas pelos poderes sumários dos magistrados. Os confrontos maiores precisavam da ajuda dos vizinhos, do recrutamento de arrendatários e criados leais, ou até da *posse comitatus*. Em 1710, quando Robert Walpole era representante do Exército no Parlamento, recebeu (enquanto cidadão privado) uma carta de seu intendente, John Wrott, a respeito de um grande confronto relativo aos direitos comuns em Bedingfield Common. O xerife principal de Northamptonshire, Lord Cardigan, e outros nobres lá se encontravam com patrulhas montadas. "A turba começou a se reunir de todos os cantos, alguns disfarçados com máscaras, enfiados em mantos femininos, e outros com machados, pás, picaretas etc." Até os homens que o xerife convocara para integrar a sua *posse* simpatizavam com a turba e ajudavam alguns dos prisioneiros a fugir. A multidão foi dispersada naquela ocasião, mas "eles ainda persistem em dizer que têm direito às terras comunais, & no próximo ano esperam ver as sebes derrubadas".[49]

Uma das aliadas políticas de Walpole, Lady Diana Fielding em North Wootton (Norfolk), revelava, na sua correspondência de 1728-9 referente à sua propriedade rural, que estava muito preocupada com as brigas entre os trabalhadores e os arrendatários, de um lado, e o seu intendente e o chefe de polícia da paróquia, de outro, por causa do corte de "lírio e tojo" nos "mosteiros", onde sua senhoria tinha realizado novos cercamentos. Os grupos rivais se dirigiram às terras comunais para levar o tojo em carroças, mas "a turba" retomou-o, espalhou-o pelo chão, prendeu os cavalos nas rodas das carroças, "espancou barbaramente" o intendente, "quebrou três de suas costelas & quase o matou". A multidão passou então a "quebrar & destruir todos os portões & cercas" dos últimos cercamentos. Os trabalhadores e os arrendatários tomaram parte nessas ações, mas foi mais fácil disciplinar os arrendatários com a ameaça de que poderiam perder os seus arrendamentos.[50]

É possível desenterrar casos semelhantes nos conjuntos de documentos relativos às propriedades. Ou eles podem aparecer na imprensa. Três anos antes, em Stokesby (novamente em Norfolk), muitos pobres, homens e mulheres, "demoliram um moinho novo e diversos portões e cercas no charco". Oito ou dez deles foram levados a Norwich, onde passaram por um interrogatório: disseram que estavam agindo pela "recuperação de seu direito", já que o charco era comum até um certo cavalheiro o tomar para si e rodeá-lo com cercas. "Foi assim que começou a rebelião de Kett", comentava o repórter.[51] Esses infratores eram submetidos à corte. E não é raro que os registros das cortes mostrem processos contra infratores que derrubaram cercas ou demoliram cercamentos. Mas essas ações jamais precisavam chegar ao conhecimento da lei, pois os *commoners* reivindicavam (e a lei cautelosamente reconhecia) o direito de acabar com os abusos,[52] e esse ato de "apossar-se" de seus direitos era na verdade um dos objetivos das inspeções das paróquias. Havia uma linha tênue entre a reivindicação do "direito" e o "motim",[53] e o equilíbrio das evidências, e também do poder, poderia determinar que a questão fosse resolvida fora dos tribunais. John Lewis, o cervejeiro de Richmond, a quem já fizemos menção quando reivindicou o direito de acesso a Richmond Park, contava uma história sobre outro caminho que encontrou bloqueado por um portão trancado. Ele passou por ali com um amigo e alguns dos homens da cervejaria na véspera de "nossa procissão paroquial anual em Richmond":

> "Meus camaradas", disse, "não se esqueçam de trazer suas machadinhas amanhã para derrubar este portão, pois temos de passar por ele para chegar a nossas fronteiras." "Não fale tão alto", disse meu amigo, "senão as pessoas na casa da princesa viúva vão acabar escutando." "Oh", repliquei, levantando a voz, "não me importo que escutem. Sou John Lewis de Richmond, e pretendo derrubar este portão amanhã para ter passagem de acordo com o costume."

Mas no dia seguinte os participantes da "procissão" descobriram que a tranca do portão fora retirada.[54]

Numa inspeção paroquiana, alguns trabalhadores podiam levar "um machado, um enxadão e uma barra de ferro [...] para demolir qualquer edificação ou cerca que tivesse sido erguida sem permissão" nas terras comunais ou incultas.[55] Isso era tenazmente mantido como uma reivindicação legítima do direito. Mas essa é igualmente a razão de alguns infratores serem indiciados nos registros das cortes: em Feckenham (Worcestershire), em 1789, por "demolirem, derrubarem e destruírem com podões, pás, enxadões, machados, serras" etc. catorze jardas de sebes;[56] em Culmstock (Devon), em 1807, por entrarem num jardim e pomar com machadinhas, serras, picaretas e pás, derrubando as cercas, revolvendo a terra, armando uma tenda para impedir que o proprietário (ou pretenso proprietário) tomasse posse;[57] em Porlock (Somerset), em 1774, por entrarem num jardim, derrubando sebes e cercas, estragando e roubando material de jardinagem.[58] Essas ocorrências podiam ser pequenas brigas ou "tumultos",[59] mas também podiam ser ações premeditadas para criar um caso que julgaria o "direito" deles.

Mesmo quando ocorriam, os tumultos nao se tornavam necessariamente visíveis aos historiadores. Esperava-se que os magistrados e a pequena nobreza cuidassem dos episódios em sua região sem recorrer às tropas. Quando se enviaram tropas para reprimir os tumultos "nos novos campos cercados de West Haddon" (Northamptonshire), em 1765, lembrou-se ao magistrado que "não se devia pedir ajuda militar, enquanto a última instância de autoridade legal não tivesse sido tentada".[60] No mesmo ano, quando uns quarenta amotinados de Banbury derrubavam as cercas de uma propriedade recém-fechada em Warkworth, um grupo de cavalheiros foi informado do tumulto à hora do jantar; dispuseram-se imediatamente a se privar de seu vinho do Porto, montaram os cavalos, caíram sobre os "niveladores"[V] e os desbarataram.[61] O conhecimento de um levante de maior monta contra o cercamento em Maulden (Bedfordshire), em 1796, sobrevive somente porque se preservou uma carta a respeito num arquivo de precedentes do Ministério da Guerra.[62]

Mas os problemas e as técnicas de recuperar as evidências é a parte menos importante da história. Num estudo que exige a revisão não só de nossos métodos, mas de todo o problema, Jeanette Neeson mostrou que os historiadores podem ter procurado as coisas erradas nos lugares errados. Ela apresenta razões convincentes para supor que "a oposição parlamentar e os tumultos eram o meio menos eficaz, e provavelmente o menos comum, de se contrapor aos cercamentos".[63] E, redirecionando a atenção para todo o desenrolar do processo dos cercamentos, desde a sua primeira promoção até a sua implementação frequentemente retardada, ela revela um volume espantoso e uma variedade de

(v) Movimento secular radical que buscou nivelar as disparidades sociais e econômicas. Destacou-se por sua atuação na Guerra Civil Inglesa e nas negociações de paz (1645-9), bem como por seu apoio à execução do rei em 1649. (N. R.)

formas de protesto até então ocultas nos registros locais — lobby, cartas, petições, ataque aos inspetores, destruição de registros, passando ao incêndio criminoso, à agitação e à derrubada de cercas, o que poderia continuar por anos depois do término dos cercamentos. Revela ainda que essa resistência teimosa não era desprovida de função. Pode-se mostrar que retardou cercamentos, às vezes por décadas, e de vez em quando modificou seus termos. "Se os proprietários de terra e os agricultores finalmente ganhavam a batalha dos cercamentos, é possível que os artesãos rurais e os trabalhadores agrícolas tivessem voz ativa a respeito dos termos da rendição."[64]

Se as descobertas da dra. Neeson em Northamptonshire forem corroboradas pela pesquisa em outros condados, isso mudará a nossa compreensão dos cercamentos no século XVIII, bem como do grau de hostilidade com que eram considerados por uma grande parte da comunidade rural. A oposição em geral acabava vencida; os campos abertos estavam quase sem exceção fechados por volta de 1850, e a oposição raramente manteve as terras comunais e as incultas abertas por muito mais tempo, exceto em circunstâncias especiais, que incluem tanto grandes descampados compartilhados por várias aldeias, regiões de florestas e pântanos, como as terras comunais contíguas às cidades-mercados e aos centros urbanos maiores. Os protestos urbanos a respeito dos direitos comuns eram frequentemente mais grandiosos e visíveis do que os rurais, e mesmo que não sejam característicos do costume agrário, ainda podem nos fornecer uma porta de entrada para o exame das questões mais gerais do direito comum.

A razão mais óbvia do sucesso urbano é simplesmente o maior número de pessoas e dessa forma o anonimato possibilitado aos amotinados. De modo algum todos os motins urbanos efetivos contra os cercamentos partiram de burgos emancipados. Mas a questão da emancipação é de real importância, porque ela distingue entre direitos por prescrição e direitos estabelecidos pelo costume. O costume está vinculado à terra, mas a prescrição "é alegada em relação à pessoa": "ela sempre é feita em nome de uma certa pessoa, de seus ancestrais ou daqueles cuja propriedade ela possui", sendo normalmente estabelecida pela leitura da doação ou carta originais.[65] Os burgos emancipados por carta eram personalidades jurídicas, e seus cidadãos podiam, portanto, pleitear direitos por prescrição mais generosos do que os direitos que a lei reconheceria pelo costume. Na decisão importante do caso Gateward (mais adiante, pp. 108-9), decretou-se que os "habitantes" não podiam adquirir por prescrição o direito de tirar proveito da terra de outro, ressalvando-se o seguinte: "a menos que fossem habitantes de um burgo emancipado".[66] Se os direitos por prescrição ao uso das terras comunais fossem dados por carta a uma municipalidade, o exercício desses direitos (e as pessoas autorizadas a exercê-los) tornava-se uma questão que já não deveria ser decidida pelos tribunais, mas pelo regulamento intramuros da municipalidade.

Na verdade, as tão citadas cartas, das quais os cidadãos derivavam seus direitos ao uso das terras urbanas, são frequentemente tão ambíguas e tão abertas a interpretações variadas quanto os direitos nos vilarejos de domínio senhorial. Podemos constatar esse fato no caso de Coventry. O direito reivindicado derivava em primeiro lugar de uma doação de Sir Roger de Montealto (1249), que reservava aos *communiariis* "pastagem razoável" para tantos animais "quantos fossem necessários para convenientemente arar e cultivar suas terras lavráveis, e que, em virtude dessas terras, tanto pelo direito como pelo costume, eles deviam e costumavam possuir em comum". Isso foi posto em inglês — suspeito que por um argumentador popular cheio de artimanhas do foral do século XVII ou início do século XVIII — da seguinte forma: "destinando a todos os colonos [*cottiers*] pastagem razoável e terras comunais para tantos animais quantos forem capazes de manter, o que deviam e costumavam possuir tanto pelo direito como pelos costumes".[67] À medida que a terra e os direitos se tornavam mais valiosos, as tentativas de limitar esses direitos ou fechar as terras enfrentaram ações de resistência em 1421, 1430, 1469, 1473, 1495 e 1509,[68] enquanto novos cercamentos foram combatidos com sucesso num motim de grande monta em 1525.[69] A definição de quem possuía direitos de *commoner* talvez tenha enrijecido apenas no século XVII. Uma entrada no livro do Tribunal Senhorial em 1663 sugere que todos os que "habitam e pagam tributos e taxas" tinham direito comum (e essa é uma definição mais limitada do que a sugerida por entradas anteriores).[70] Uma noção mais popular era a de a terra pertencer ao "prefeito, administradores e comunidade da cidade [...] e a um milhão de outros que possuíam o referido domínio senhorial".[71] Em 1674, isso era claramente definido como cidadãos organizados em sociedades. Durante todo o século XVIII, os direitos dos cidadãos foram zelosamente mantidos, sobretudo pelo sistema de aprendizado; e século XIX adentro, os direitos nas *lammas lands* [terras cultivadas que eram abertas à pastagem comum após a colheita e antes da época da semeadura] eram assinalados anualmente (como em outras cidades) pela cavalgada nas *lammas*, quando as autoridades municipais e os cidadãos percorriam as fronteiras dos campos, pisoteavam qualquer pé de trigo neles plantado (a não ser que fossem apaziguados com suprimentos de cerveja e comida) e derrubavam portões e obstruções.[72]

No século XIX, Coventry estava cercada por todos os lados por *lammas lands,* o que aumentava a densidade da população e fazia com que o valor potencial de terrenos para construção se elevasse a cada ano. Depois de muita controvérsia e uma longa e astuta negociação, os cidadãos cederam finalmente seus direitos em troca de uma considerável demarcação dessas terras. A essa altura o direito do cidadão já caíra nas mãos de uma minoria (embora ela fosse numerosa). Joseph Gutteridge, um tecelão de fitas, achava que as disputas da metade do século diziam respeito apenas aos direitos de um grupo privilegiado. Mas ele ainda lamentava a perda das terras que na sua juventude, na década de 1820, eram um "verdadeiro paraíso. Eu passeava por elas sem qualquer impedimento [...]".[73]

Temos aqui uma mistura de direito por prescrição, mito e reivindicação por parte de um grande número de amotinados. A disputa intramuros pelo exercício dos direitos surgia quando a própria municipalidade empreendia a alienação das terras comunais urbanas, em nome dos direitos dos cidadãos que estavam se tornando eles próprios mais exclusivos e corruptos. Quando a municipalidade de Leicester fechou os South Fields em 1753 e arrendou-os a três produtores (inclusive a dois edis), as agitações continuaram pelo menos por três anos, quando os "postes, as cercas e as sebes [...] instalados para fechar os ditos campos" foram "derrubados, arrancados e destruídos por grande número de pessoas [...] de modo muito tumultuoso e desordeiro". O cercamento, tentado pela primeira vez em 1708, só foi completado em 1803.[74] Em Nottingham, onde seiscentos acres de *lammas lands* e outros 350 acres de pastagens com direito comum ainda continuavam abertos nos tempos vitorianos, uma testemunha perante a Comissão Especial sobre os Cercamentos de Terras Comunais (1844) achava que isso tinha um efeito muito prejudicial sobre a moral do povo:

> Isso provoca um desrespeito muito grande pelas leis do país em geral; por exemplo [...] quando chega o dia em que as terras se tornam comuns [geralmente 12 de agosto] [...] a população sai à rua, destrói as cercas, derruba os portões e comete um grande número de outros atos desordeiros, o que eles certamente têm o direito de fazer, com referência ao direito comum que lhes pertence [...] a consequência é violência e abusos constantes.

A testemunha explicou que os cidadãos eram "todos eleitores, o que é uma grande infelicidade, e eles são enganados com respeito a seus direitos, e ao valor que tais direitos possuem, por grupos que recorrem à agitação nos períodos de eleição". Tinham exercido direitos sobre *lammas lands* por tantos anos, e "sendo um grupo muito numeroso, e muitos do grupo sendo de uma classe muito baixa da sociedade, podem recorrer a atos de violência que não seriam empregados por uma corporação [...]".[75] Os direitos por prescrição e os direitos pela reivindicação do uso tinham se tornado totalmente indistintos.

Os impressores ofereciam a *commoners* de Nottingham e outros lugares baladas de "Abaixo o cercamento!", que talvez se destinassem mais a serem lidas que cantadas: "Ó, cidadãos de Nottingham, vinde ouvir a minha canção":

> *Os vossos direitos e liberdades desejo que respeiteis,*
> *Perante a posteridade eles sempre me soam caros;*
> *Para nós, para nossos filhos, pela carta que prevalece,*
> *Ó, meus rapazes, unidos, não permitais postes ou cercas*

[...]
Não vamos tolerar que tomem nossas passagens,
Sempre estaremos de acordo em repelir tal tirania;
Que todo bravo cidadão desfrute o seu direito da terra. VI 76

Quanto mais se examinam essas disputas, mais elas parecem normais, nas grandes e pequenas cidades. Podiam ser de grande monta e muito violentas, como foi a disputa em Sheffield em 1791. Fora aprovada uma lei de alcance privado para fechar 6 mil acres de terras comunais e descampados adjacentes à cidade, sendo os pobres compensados apenas com dois acres. Isso provocou levantes espetaculares, que podem ter influenciado os cidadãos a adotar uma atitude "jacobina" ou à Paine. Os fiscais do cercamento foram atacados; arrombou-se a prisão dos devedores, e os prisioneiros foram libertados; ouviam-se gritos de "Abaixo o rei!" e "Abaixo os impostos!".[77] Ou então os casos podiam ser pequenos e simbólicos, como em Streatham Common, em 1794, quando seis homens de preto chegaram num carro de aluguel e demoliram a cerca de estacas do duque de Belford.[78] Londres e seus subúrbios não teriam parques, hoje em dia, se os *commoners* não tivessem reivindicado os seus direitos. À medida que o século XIX se aproximava, os direitos de recreação se tornavam mais importantes do que os direitos de pastagem, sendo vigilantemente defendidos pela Sociedade de Preservação das Terras Comunais.[79] Devemos a esses "verdes" prematuros os pulmões urbanos que ainda temos atualmente.[80] Além disso, se os *commoners* de Newbury não tivessem defendido obstinadamente os seus direitos a Greenham Common, onde é que a OTAN teria instalado as suas armas nucleares?[81]

III

Contudo, não devemos levar muito longe a distinção entre direitos por prescrição e direitos estabelecidos pelo costume. Embora os *commoners* urbanos apelassem aos "direitos da carta", era pela confirmação do uso, pelos simples números de seus contingentes e pela força política que eles obtinham sucesso. E a lei estava sujeita à manipulação. A "prescrição" podia ser uma ficção legal, uma carta hipotética (mas não registrada).[82] Talvez seja melhor examinar o problema de outro ângulo. Nas cidades, a defesa das terras comunais era

(VI) Your Rights and your Liberties I would have you to revere,/ And look unto Posterity I think them always dear;/ To us to our Children by the Charter that prevails,/ So now my Boys united be and have no Posts or Rails [...] / Let"s suffer no Encroachments upon our Lane to be,/ But to repel such Tyranny let"s ever now agree; / But let ev"ry brave Freeman enjoy his Right of Land.

frequentemente mais bem-sucedida do que no campo. Isso não nos diz alguma coisa sobre o direito, a propriedade e a lei?

O tom de alguns textos sobre história agrária sugere que pouco precisamos saber sobre a lei. Até o professor Hoskins, em seu informativo estudo simpático às terras de uso comum, permite-se afirmar que "ao contrário da crença difundida [...] todas as terras de uso comum são propriedade privada. Pertencem a alguém, a um indivíduo ou a uma municipalidade, e isso é assim desde tempos imemoriais".[83] Isso poderia ter uma justificativa jurídica — é claro que Hoskins simplificava seu relato — mas "pertencer", a propriedade privada no campo, é em si mesmo um conceito que apresenta uma evolução histórica. O conceito central do costume feudal não era o da propriedade, mas o das obrigações recíprocas.[84] Uma autoridade em direito rural sugere que os direitos comuns

> surgiram como direitos consuetudinários associados ao sistema comunal de agricultura praticado nas comunidades primitivas das vilas. Num período muito antigo, essas vilas eram rodeadas por extensões de descampados [...] Nessas terras, os habitantes das aldeias, como uma comunidade, apascentavam seus animais, e delas colhiam lenha, turfa e outros produtos. Com o decorrer do tempo, quando o aumento de população e a redução da quantidade de terras incultas deram origem a aglomeração e conflito, os direitos deles passaram a ser mais claramente definidos, mas ainda eram direitos comunais, principalmente aqueles relativos aos descampados, considerados como terras da própria comunidade. O sistema dos direitos de posse convertia os aldeões em arrendatários, e *a teoria da lei* atribuía a posse plena da maioria das terras da herdade ao senhor. Alguns de seus arrendatários, é verdade, eram proprietários plenos, mas a maioria mantinha a condição de vilão vinculado à terra, e dada a preeminência do senhor, era natural que ele fosse tratado como o "proprietário" dos descampados. Assim *uma teoria da propriedade individual* suplanta noções anteriores mais igualitárias.[85] (Os grifos são meus.)

Isso não é bem "pertencer" desde "tempos imemoriais". Lembra-nos o que diziam os servos russos a seus senhores: "Nós lhes pertencemos, mas a terra é nossa".[86]

Era opinião de Tawney que, em questões como as terras para pastagem, "as aspirações comunais são uma questão de sentimento e costume, e não de lei nacional".[87] Essas "aspirações comunais" persistem século XVIII adentro, quando coexistem com a regulamentação mais escrupulosa dos direitos e restrições comuns pelos regulamentos da vila (e pelas *lex loci* dos tribunais da herdade) e pelas definições rigorosas dos direitos comuns (*appendant* — direito adicional mas subsidiário anexado à terra, *appurtenant* — direito hereditário anexado a uma edificação, *of gross* — direito pertencente a uma pessoa, e não à herdade, e *by vicinage* — direitos desfrutados por arrendatários vizinhos do mesmo domínio senhorial) na lei nacional. A lei e os usos frequentemente parecem se contradizer. As autoridades concordam que, em muitas partes da Inglaterra e do País de Gales, os colonos e os sem-terra exerciam direitos de uso — como o de recolher turfa e madeira e muitas vezes o de utilizar os descampados como pasto (e de vez em quando as *lammas lands,* ou os campos comuns depois da colheita). Como diz Gonner: "Pode-se dizer que, por todo o país, os pobres que moram perto das terras comunais, independentemente de ocuparem antigas choupanas, passam com frequência a desfrutar, em nome do uso, os direitos secundários a essas terras", inclusive pastagem para os porcos, gansos e às vezes vacas.[88] A maioria das autoridades chega a declarar categoricamente que esses direitos secundários às terras comunais não tinham fundamento na lei, sendo ilegalmente exercidos ou usurpados. E num argumento que se autoconfirma, a declaração é comprovada pela evidência de que eles geralmente não recebiam nenhuma compensação por tais direitos por ocasião do cercamento. Como declara Kerridge: "Os ocupantes das choupanas construídas pela 'Lei dos Pobres' e das outras recém-construídas, e em geral todos os posseiros no descampado, não possuíam os direitos comunais, por isso não lhes era devido nenhum lote".[89] E como dizem Chambers e Mingay:

> Os moradores das choupanas de direito comum [...], que desfrutavam direitos comuns em virtude desse arrendamento da choupana, não recebiam nenhuma compensação porque não eram evidentemente os proprietários dos direitos. Essa era uma distinção perfeitamente apropriada entre proprietário e arrendatário, e não implicava fraude, nem desrespeito a esses moradores por parte dos fiscais.[90]

Todavia, isso é admitir duas coisas: primeiro, a prioridade da "teoria da lei" sobre os costumes e, segundo, a conveniência da separação entre o usuário e os direitos. Mas são essas, precisamente, as questões a ser examinadas. Se formos seguir a definição de Coke — "Os costumes são definidos como uma lei ou direito não escrito que, estabelecido pelo longo uso e pelo consentimento de nossos antepassados, tem sido e continua sendo diariamente praticado" —[91] o exercício dos direitos secundários comunais poderia ser, em muitas paróquias, provado pela antiguidade, constância, certeza e razão, assim como o dos proprietários de terra e dos arrendatários tributários. O costume (explicou Coke) cerceia o direito consuetudinário, mas esse pode fazer correções com base nesses fundamentos, e especialmente com base na razão. Num de seus destemperados ataques a Tawney, Kerridge escreve:

> O direito consuetudinário só admitia e confirmava as leis costumeiras que eram razoáveis, certas, respeitadas, compulsórias, sem prejuízo ao rei nem ao ganho do reivindicante. Tawney supunha que "razoável" nesse contexto era empregado num sentido indefinido ou geral, e que os interesses do senhor provavelmente pareciam mais razoáveis aos advogados que os do arrendatário; mas "razoável" e "não razoável" são termos da linguagem jurídica e significam "compatível", "em

harmonia", "coerente", "reconciliável", ou os seus opostos. Um costume razoável era o que podia ser conciliado com outras leis costumeiras daquela herdade e com o direito consuetudinário. Assim, desaprovar costumes não razoáveis era, em quase todos os casos, rejeitar costumes fraudulentos.[92]

Não aceito de forma alguma as convicções de Kerridge quanto aos poderes do direito consuetudinário sobre o costume, pois ele confunde o essencial e o trivial, omite os critérios de antiguidade e uso contínuo, e equivoca-se quanto à verdadeira relação entre os dois.[93] O direito consuetudinário não se encontrava numa posição superior em que pudesse "apenas permitir e confirmar" os costumes que aprovava; ao contrário, só podia desaprovar o costume se o considerasse falho por essas razões (e por algumas outras razões legais), e somente quando um caso fosse apresentado aos tribunais do direito consuetudinário. E também ocorre que não posso admitir que Tawney tenha escrito as opiniões que Kerridge lhe atribui.

"Razoável" e "não razoável" podem ser "termos da linguagem jurídica", porém, numa visão muito sucinta da lei dos precedentes, eram portões pelos quais um grande número de outras considerações podia entrar balindo e grunhindo nos campos do direito consuetudinário. Talvez nenhum caso tenha sido mais citado por sua relação com os direitos de uso marginais do aldeão do que o caso Gateward (1607). Foi tanto o ponto terminal de julgamentos precedentes como o fundamento para muitos julgamentos posteriores. O réu pleiteara direito comum *ratione commorantiae et residentiae suae* na cidade de Stixwold, em Lincolnshire. O pleito foi rejeitado, porque o réu morava numa casa sobre a qual não possuía nenhum direito legal — "Não existe nem tempo, nem propriedade certos, a não ser durante o seu período de moradia, e essa espécie de título a lei não tolerará, pois o costume tem de se estender ao que possui certeza e constância". Esses são "termos da linguagem jurídica", embora deslizemos por eles do direito de uso para o usuário e para a sua casa: "Pois ninguém pode ter direitos numa terra comunal com respeito a uma casa sobre a qual não possui direito legal". Mas, ao se negar a todos os "moradores" ou "residentes" o fundamento adicional da razoabilidade, acrescentava-se que "não se pode fazer nenhum melhoramento nos descampados se esse direito comum for permitido".[94] O tribunal não podia saber que em 350 anos, quando o termo "melhoria" tivesse adquirido nova conotação, eles haviam autorizado uma autoestrada que conduziria a economia política através das terras comunais.

O caso Gateward foi tecnicamente instaurado para restringir um cavalheiro que estava usando as terras comunais de Stixwold como pastagem, embora seja provável que Gateward também tivesse se apresentado como defensor dos direitos consuetudinários dos moradores mais pobres.[95] Durante cem anos ou mais, os casos levados aos tribunais do direito consuetudinário raramente diziam respeito aos direitos secundários às terras. Concerniam à regulamentação e à conciliação dos interesses mais vultosos dos proprietários. Dava-se atenção à definição de *appendant* e *appurtenant* das terras comunais: o *appendant* pertencia aos ocupantes de terras aráveis, e continha o direito de se colocar animais que pastavam em terras comuns (aqueles que aravam e adubavam os campos aráveis) nos descampados do senhor. As regras de *levancy* e *couchancy* [os animais deviam dormir e acordar no mesmo terreno] restringiam o direito ao número de animais que podiam ser invernados no terreno arável. O *appurtenant* comum não estava ligado à terra, mas a uma edificação dominante, e estendia-se a outros tipos de animais, como porcos, cabras, gansos, tendo por fundamento o uso imemorial e a prescrição. As decisões nem sempre favoreciam apenas um dos lados. De vez em quando restringia-se o direito do senhor a devastar as terras comunais, retirar terra ou instalar "burgos de coelhos" nos descampados. Houve até decisões em que proprietários de terra abastados excluíram o senhor de partes de seus próprios descampados, pela mesma regra de *levancy* e *couchancy* que excluía os colonos. Mas pelo menos um desses julgamentos, contra um senhor em Suffolk, em 1654, revelou-se inútil, não porque fosse injusto, mas porque não era exequível. Sir Francis North, numa argumentação erudita em *King's Bench* em 1675, observou que fora

> um caso de pouca importância que só preocupara o senhor da herdade pelos seus custos, pois, apesar daquele veredicto, ele continua aproveitando as suas pastagens: posso afirmá-lo por conhecimento próprio, pois conheço as pessoas envolvidas e conheço o lugar [...] Ainda posso acrescentar que isso aconteceu em tempos populares, quando tudo tendia à licenciosidade da gente comum.[96]

Por volta de meados do século XVIII, a lei tinha claramente determinado que as regras de *levancy* e *couchancy* incidiam tanto sobre o *appendant* como sobre o *appurtenant*. Em 1740, num caso proveniente de Mark em Somerset a respeito do número excessivo de cabeças de gado em Somer Leaze, o tribunal reconheceu que

> há de fato alguns casos nos livros antigos [...] que falam de um *common sans nombre*, e que parecem implicar que as regras de *levancy* e *couchancy* são necessárias apenas no caso do *appurtenant*, e não no caso do *appendant*. Mas a noção de *common sans nombre*, na amplitude conforme era compreendida antigamente, explodiu há muito tempo, e só tem algum significado racional em oposição ao *common* limitado, onde um homem somente tem o direito de colocar um certo número de cabeças de gado.[97]

No início do século, os tribunais tinham adotado uma interpretação generosa do *appurtenant*. Uma reivindicação à terra comunal para o repouso noturno do gado numa choupana era considerada válida, mesmo que esta não tivesse terras, pois "uma choupana tem um terreno adjacente & portanto pode haver direito de pousio de gado [...] Vamos supor que uma choupana tenha pelo menos um pátio ao lado".[98] A discussão a esse respeito oscilava de um lado para o outro. Um açougueiro que mantinha carneiros em seu porão tinha os direitos de pousio dos animais? A disputa finalmente terminou no auge dos cercamentos, em 1792, quando se determinou que a choupana devia ter terra suficiente para o usufruto de tais direitos.[99]

Quando os direitos secundários às terras comunais adquiriram um novo valor, quer no mercado (com venda de barro, turfa, madeira), quer como compensação no momento dos cercamentos, os tribunais lhes deram uma maior atenção. Então a decisão do caso Gateward voltou a vigorar. Quando se reivindicou, em 1741, que o direito de colher turfa era um costume vinculado "não apenas aos arrendatários, mas aos habitantes" de uma vila de Cambridgeshire, o tribunal considerou tal reivindicação "um absurdo muito grande, pois um habitante, que não passa de um locatário a título precário, jamais pode ter o direito de retirar a terra do senhor".[100] Em 1772, o Tribunal Superior de Justiça adotou uma visão mais liberal do direito de cortar junco, num caso proveniente de Theberton em Suffolk, aceitando o testemunho oral de que "todo mundo pode cortar junco nas terras comunais".[101] Mas isso foi revogado apenas dois anos mais tarde num caso proveniente de Ludham Waste, em Norfolk. Aceitou-se que foreiros, ocupantes de terras e ocupantes de casas antigas podiam reivindicar o costume de cortar turfa e junco, mas "os habitantes não podiam fazê-lo, porque a habitação é uma descrição demasiado vaga [...]".[102] Seguindo a mesma tradição, a reivindicação — proveniente de Whaddon, Buckinghamshire — de que "todo e qualquer chefe de família pobre, necessitado e indigente" poderia colher e podar ramos carcomidos em dois matos rasteiros cultivados para corte periódico foi rejeitada porque "não há limitação [...] a descrição do chefe de família pobre é demasiado vaga e incerta".[103]

Não se sugere que essas decisões fossem irracionais, nem que negassem os "termos da linguagem jurídica". A maioria das decisões não era tomada — pelo menos até a metade do século XVIII — com a intenção de cercear o exercício trivial dos direitos secundários às terras comunais, mas em disputas entre agentes mais poderosos, com a intenção de restringir a exploração desses direitos por mercadores não autorizados e empreiteiros. Por exemplo, em *Bennett vs Reeve*, em 1740, o querelante havia arrendado por 99 anos uma jarda quadrada de terra em Old Auster, a qual continha o direito de *appendant*, e com base nessa jarda quadrada ele colocara 64 carneiros em Somer Leaze. Outros casos provinham da exploração de supostos direitos para vender turfa, madeira, barro, ou (no caso do junco de Norfolk) um ferreiro se apoderara de uma carroça cheia de junco. O próprio caso Gateward não teve como alvo a vaca ou os gansos do paroquiano pobre, mas um cavalheiro que agia como mercador não autorizado.

Entretanto, no âmbito dessa racionalidade — como Tawney percebeu corretamente — evoluía a racionalidade das definições capitalistas dos direitos de propriedade que estava por vir. Não pretendo me arriscar a ser processado por invadir o terreno dos historiadores medievais, tentando definir o significado original de "as terras incultas do senhor da propriedade" ou "a terra do senhor da herdade". Mas tanto os historiadores agrários como os jurídicos parecem concordar que é uma ficção a noção de os direitos comuns se originarem de doações reais ou feudais. A dra. Thirsk sugeriu que os direitos de apascentar animais em pastagens e terras incultas talvez fossem "o elemento mais antigo" no sistema de campo comum, descendendo de "direitos mais extensos [...] desfrutados desde tempos imemoriais", que os monarcas e nobres anglo-saxões e normandos não instituíram por bondade, mas antes regulamentaram e cercearam.[104] E vimos que foi "a teoria da lei" (p. 106) que colocou a propriedade plena da herdade nas mãos do senhor. Mas isso não se deu em termos das noções subsequentes de "posse" ou propriedade exclusiva: ocorreu de preferência *in fee simple* [domínio pleno de bens herdados] e nos termos feudais da lei. Enquanto as terras incultas se mantiveram extensas e irrestritas, os proprietários de terra e os *commoners* podiam coexistir sem definições precisas dos direitos. Ainda em 1620, num caso referente a Holme-on-Spalding Moor, uma testemunha afirmou não saber se uma casa construída em terras comunais sessenta anos antes era comum por direito ou "por tolerância ou negligência do proprietário pleno", pois na época em que foi construída "o proprietário não tinha uma boa avaliação das terras, uma vez que bem poucas benfeitorias eram realizadas nas mesmas pelos ditos arrendatários".[105] Num levantamento de Chilvers Coton (Warwickshire), em 1682, há um detalhamento muito específico de propriedades plenas e foreiras nos campos abertos, mas o discurso se torna vago quando trata dos direitos comuns às terras incultas:

> Não sabemos precisamente que animais, ovelhas ou outro tipo de gado o senhor ou seu agricultor pode manter em Coton ou Nuneaton Outwood, mas o atual senhor [...] reivindica o direito de manter todo tipo de gado, desde que não prejudique nossas terras comunais.

Observa-se a expressão "nossas terras comunais". Como veremos, nos regulamentos do vilarejo os direitos comuns nas terras incultas são frequentemente redigidos com termos vagos ou incertos — às vezes todos os arrendatários, ou os foreiros, às vezes "todos dentro deste domínio senhorial", ou "os habitantes", ou "os colonos", ou "os paroquianos" — *exceto* quando submetidos aos tribunais. As definições legais são geralmente mais precisas do que os usos reais, e podem se tornar ainda mais precisas quanto mais elevadas forem as instâncias da lei.

Havia duas ocasiões que exigiam precisão absoluta: o julgamento no tribunal e o processo de cercamento. E as duas ocasiões favoreciam os que possuíam poder e recursos em detrimento dos pequenos usuários. No final do século XVII e certamente no XVIII, os tribunais definiam cada vez mais (ou admitiam sem argumentação) que o descampado ou terra do senhor era sua propriedade pessoal, se bem que restringida ou limitada pelos usos inconvenientes do costume. Se o acesso do senhor a qualquer parte de "sua" terra fosse restrito, "isso seria um modo fácil de autorizar os arrendatários a opor resistência a todas as inovações e melhorias".[106]

O caso Gateward e outras decisões sucessivas à luz desse espírito de "progresso" passaram uma faca certeira pela carcaça do costume, criando uma divisão entre o direito de uso e o usuário. Numa única operação, restringia-se a ação de grandes mercadores não autorizados, invernadores de gado e outros semelhantes, nos campos dos proprietários de terra e dos arrendatários tributários, e desqualificavam-se completamente as categorias indistintas dos pequenos usuários, que não tinham nem terra, nem direito de posse sobre antigas choupanas. Embora talvez não tivesse causado grande impacto sobre os costumes reais da aldeia, isso podia deixar o *commoner* sem terra desprovido de qualquer direito, se um caso fosse levado aos tribunais, ou no momento do cercamento. O direito de uso fora transferido do usuário para a casa ou para o local de uma antiga residência com suas dependências e pátio. Deixara de ser um costume para se tornar uma propriedade.

Isso não aconteceu instantaneamente, nem sem ambiguidades. A lógica da racionalidade capitalista foi adiada por direitos de posse por aforamento e por costume profundamente arraigados.[107] O *appendant* não podia ser desligado e vendido sem a terra, embora no momento do cercamento coubesse, é claro, ao dono da terra, e não ao seu usuário (se ela era cultivada por um arrendatário), o privilégio de vender o direito. O *appurtenant* podia ser vendido com a choupana ou com o local de uma antiga residência com suas dependências e pátio, levando consigo uma determinada quantidade de portões (ou direitos de apascentar animais) das terras comunais. Mas isso não era novidade, e os historiadores de Direito podem nos fazer retroceder até o século XII, quando certos direitos imateriais (como os padroados da igreja) começavam a ser tratados como propriedades ou "coisas". Entretanto, isso era formulado como um direito nas "coisas", e não como "posse" da própria coisa — "o direito corrente" de usar ou desfrutar.[108]

O que estava acontecendo, da época de Coke à de Blackstone, era a consolidação e a concretização da noção de propriedade rural, bem como uma reificação dos usos em propriedades que podiam ser alugadas, vendidas ou legadas. Por boas razões, Blackstone deu ao segundo volume de seus *Com-*

mentaries o nome de "Sobre os direitos das coisas" — não porque esses direitos fossem novidade (constituíam um antigo capítulo da lei), mas porque o mercado desses direitos nunca foi mais ativo, nem mais prolífico em testar os direitos perante a lei, do que nessa época. Além disso, pode-se observar que Blackstone não se referia aos direitos às coisas, mas aos direitos *das* coisas. O século XVIII presencia esse estranho período de leis mistas em que os usos e os direitos estavam ligados ao cargo ou ao local, sendo então considerados como se fossem coisas que comandavam por sua vez os direitos humanos. O cargo de guarda de uma floresta ou parque real podia ser vendido, com os poderes, gratificações e direitos que lhe pertenciam.[109] Uma antiga residência com suas dependências e pátio (ou seu local) dispunha de direitos na terra comunal, e a coisa podia ser transferida entre os proprietários. E, de forma muito semelhante, as decisões da Câmara dos Comuns em casos disputados tendiam a reificar a definição daqueles que podiam ser eleitores em burgos, os quais, de categorias indistintas como "habitantes" ou a "comunidade em geral", passavam a ser os habitantes que pagavam os tributos e, portanto, as pessoas que habitavam as casas antigas ou as casas construídas sobre antigos alicerces (Bridport, 1628 e 1762; Arundel, 1693 e 1715; Bramber, 1715). Em Seaford, em 1676, os bailios, jurados e cidadãos "Não só tinham voz [...] como também a eleição era da população", mas, em 1761, "a palavra *população* [...] abarca apenas os habitantes que possuíam casa e pagavam os tributos", uma decisão que seguia a mesma tradição do caso Gateward. Em Hastings, em 1715, os eleitores estavam limitados a "todos os que possuíam um bem hereditário ou para toda a vida nas casas ou nas terras pelas quais pagavam uma renda ao senhor" dentro do burgo.[110] Isso levou aos absurdos da Unreformed House of Commons [Câmara dos Comuns Não Reformada], quando o direito ao voto podia se apoiar em pombais, chiqueiros, num espinheiro ou numa pedreira, sendo exercido pelos proprietários desses bens por meio de várias ficções e estratagemas. "O costume de ligar os direitos ao lugar, ou em outras palavras à matéria inanimada, e não à pessoa independentemente do lugar, é demasiado absurdo para fazer parte de um argumento racional", assim falou Tom Paine.[111]

A reificação — e a venda — de usos como propriedades sempre chegava ao clímax no momento do cercamento. Os proprietários de terra, e não os arrendatários (a não ser que fossem tributários), recebiam terras em troca da extinção dos direitos. Mas a lei, que negava os usos da grande maioria, aceitava como propriedades bens extintos, direitos e cargos senhoriais da minoria que possuía "títulos de propriedade". Quando a floresta de Delamere foi fechada (1812), metade dos 8 mil acres passou às mãos do rei, junto com duzentas libras por ano como rendimentos da outra metade. John Arden, na qualidade de chefe dos guardas-florestais, arqueiro [funcionário encarregado de impedir roubo de caça] e intendente, junto com os seus guardas subalternos foram todos amplamente compensados pela perda das gratificações (inclusive pela "pastagem dos coelhos"), assim como o foi Thomas Cholmondeley "na qualidade de proprietário do dissolvido mosteiro de vale Royal, e de diversas edificações, terras, prédios e bens hereditários, que a partir de então passaram a fazer parte das posses do abade e do convento de vale Royal". Todos os direitos comuns na floresta foram extintos, exceto em algumas "depressões cobertas de musgo ou turfa", demasiado úmidas para servirem de pastagem e impossíveis de serem drenadas: ali ainda se podiam cortar turfas. Os arrendatários que pagavam rendas extorsivas não recebiam terras pelos direitos perdidos, embora os proprietários da terra (que recebiam terras pela perda dos direitos de seus arrendatários) recebessem instruções para indenizá-los.[112] Tudo isso era apropriado perante a lei: segue procedimentos normais. Mas assinala uma enorme transformação das práticas agrárias, afastando-se os direitos dos usuários, compensando ricamente o antigo título feudal com sua tradução para o direito de propriedade capitalista.

Quando Kerridge escreve que "desaprovar costumes não razoáveis era, em quase todos os casos, rejeitar costumes fraudulentos", ele nos espanta antes de mais nada pela pretensão à onisciência. (Até o grande Sir Edward Coke dizia que "se eu tivesse de elaborar um catálogo dos vários costumes, empreenderia junto com Sísifo [...] um trabalho interminável".) Sem dúvida, tendo dissociado direito e usuário, a lei podia encontrar motivos razoáveis para desaprovar costumes da maior antiguidade e certeza. O direito consuetudinário permitia que se considerassem "razões" que tinham mais a ver com a economia política do "desenvolvimento" do que com uma atenção estrita aos termos da lei. Muitos juízes partilhavam a mentalidade dos proprietários de terra empreendedores (homens razoáveis) e orgulhavam-se de intuir as verdadeiras intenções de seus predecessores e dos legisladores. Como C. J. Abbot observava, num caso que rejeitava (mais uma vez) as reivindicações dos "habitantes":

> O significado de determinadas palavras nas leis do Parlamento, bem como em outros instrumentos, deve ser encontrado menos numa correção etimológica estrita da linguagem, ou no uso popular, do que no contexto ou momento em que são usadas, e no objetivo que se pretende obter.[113]

Era falta de sorte os "usos populares" da palavra direito parecerem irracionais a uma inteligência forense. O que Kerridge (e outras autoridades em cercamentos)[114] deixa de examinar é, com essa reificação do direito e com essa introdução das razões do "desenvolvimento", se a própria lei não pode ter sido um instrumento de expropriação de classe.

Ao desqualificar as imprecisas categorias dos usuários — ocupantes, habitantes, residentes, "todas as pessoas" etc. —, o caso Gateward e outros subsequentes só tinham deixado ao povo ou aos habitantes a exceção dos direitos de passagem ou de servidão, "como um caminho ou rua até a igreja". [115] Era uma enorme concessão. Ao se promover a questão do "desenvolvimento" a uma razão legal, tornou-se possível efetuar o casamento entre "os termos da linguagem jurídica" e os imperativos da economia de mercado capitalista. A decisão contra a respiga na Court of Common Pleas [Tribunal de Causas Relativas às Terras Comunais] em 1788 é familiar, mas talvez seja interessante examiná-la mais uma vez com o olhar atento às razões da lei.

Esse era certamente um costume que tinha sanção imemorial e que continuou em pleno vigor século XIX adentro. A prática era sancionada pelo costume, mas também era normatizada pelos regulamentos da aldeia.[116] Essas normas continuam no século XVIII, como fica evidenciado por alguns regulamentos, embora em outros a prática seja assumida e tolerada em silêncio. Em Raunds (Northamptonshire), em 1740, há uma sugestão de controles mais rigorosos para excluir forasteiros e indigentes do direito de receber assistência: John Adams e família são acusados de respigar sem terem residência legal (um xelim), e registra-se o regulamento: "nenhuma pessoa de outra jurisdição deve respigar nos campos ou cortar tojo nas terras comunais".[117] Em 1766 foi confuso o julgamento da questão geral do direito no Tribunal Superior de Justiça. Os respigadores, presos em Berkshire, tinham respigado num campo de cevada apenas parcialmente cortado. Lord Mansfield decidiu: "não se justifica roubar sob o disfarce de respigar". Mas outro juiz letrado observou: "o direito de respigar aparece realmente em nossos livros [...]".[118] A questão surgiu na Court of Common Pleas em 1788, quando Mary Houghton, esposa de John Houghton, é acusada de invasão por respigar em campos fechados em Timworth, em Suffolk. O caso não parece ter sido discutido em termos de costume (talvez porque logo teria colidido com os precedentes estabelecidos pelo caso Gateward), mas com base no reconhecimento universal do direito perante o direito consuetudinário. Os réus eram "paroquianos e habitantes da dita paróquia de Timworth, ali estabelecidos legalmente, sendo pessoas indigentes, pobres e necessitadas [...]". Lord Loughborough considerou a reivindicação indefinida:

> 1º Considero a reivindicação incongruente com a natureza da propriedade que implica desfrute exclusivo.
>
> 2º Destruidora da paz e da boa ordem da sociedade, e resultando em total vagabundagem.
>
> 3º Incapaz de desfrute, pois nada que não seja inesgotável, como uma corrente perene, pode ser capaz de propiciar um desfrute universal promíscuo.

Ao afastar a reivindicação do costume e recorrer ao direito consuetudinário, a defesa não eliminara a dificuldade, pois, "se esse costume fizesse parte do direito consuetudinário do reino, prevaleceria em todos os seus locais e seria objeto de uma prática geral e uniforme", enquanto em algumas partes ele era desconhecido, e em outras era modificado e desfrutado de formas variadas. Quanto à tentativa do réu de arrolar a lei de Moisés, "as instituições políticas dos judeus não podem ser obrigatórias para nós, pois até para a providência cristã a ajuda aos pobres não é uma obrigação legal, mas um dever religioso". Desse ponto, Lord Loughborough passa a uma homilia extraída diretamente da economia política:

> As consequências de esse costume ser considerado um direito seriam prejudiciais aos próprios pobres. O seu sustento só pode provir das sobras da indústria produtiva; tudo o que for um ônus para a indústria será uma diminuição muito improvidente dos fundos desse sustento; pois se os lucros do agricultor fossem diminuídos, ele teria menos capacidade de dar a sua contribuição aos tributos da paróquia; e assim os pobres, pelo exercício desse suposto direito no outono, ficariam sujeitos a passar fome na primavera.

O juiz Gould expressava uma opinião frontalmente contrária, com uma considerável erudição e enumeração de precedentes. Mas os juízes Heath e Wilson tomaram o partido de Lord Loughborough. Heath se expressou com singular vigor: "Sancionar esse costume seria introduzir a fraude e a rapina, além de acarretar uma maldição sobre o país". Ele embrenhou-se ainda mais extensamente nas razões da economia política:

> A lei de Moisés não é obrigatória para nós. É na verdade agradável à caridade cristã e à humanidade comum que o rico proveja à subsistência do pobre impotente; mas o modo desse provimento deve ter caráter positivo. Nós estabelecemos um fundo mais nobre. Conseguimos que todos os proprietários de terra do reino se comprometessem a assegurar o sustento dos pobres, que têm em alguns casos esgotado a fonte dos recursos. A inconveniência de esse costume ser considerado um direito pelos pobres seria infinita [...] Abriria as portas à fraude, porque os trabalhadores ficariam tentados a espalhar os grãos a fim de providenciar uma melhor respiga para as suas mulheres, filhos e vizinhos [...] Despertaria a insolência dos pobres [...].

O juiz Wilson concordava, mas fazia um pouco mais de alarde ao fundamentar a sua opinião na lei:

> Nenhum direito pode existir no direito consuetudinário, a menos que tanto o seu objeto como os que o reivindicam sejam certos. Nesse caso, ambos são incertos. O objeto é o grão espalhado que o lavrador decide deixar no solo, a quantidade depende inteiramente da sua vontade. O solo é seu, o grão é seu, e pela justiça natural os lucros também são seus.[119]

É difícil pensar numa expressão mais pura da racionalidade capitalista, em que tanto o trabalho como as necessidades humanas desapareceram de vista, e em que a "justiça natural" dos lucros se tornou uma razão perante a lei. Nos argumentos de *Steele vs Houghton et Uxor*, vemos exposta com inusitada clareza a cumplicidade da lei com a ideologia da economia política, sua indiferença às reivindicações dos pobres e sua crescente impaciência com os direitos de uso coincidentes sobre o mesmo solo. Como disse Loughborough: "a natureza da propriedade [...] implica desfrute exclusivo". E como o desfrute poderia ser exclusivo se não tivesse à sua disposição o poder de excluir do espaço físico da propriedade as insolentes camadas mais baixas?

Nessas últimas páginas, demos um pouco de atenção à lei. E devemos acrescentar algumas palavras para evitar possíveis mal-entendidos. Os *English reports* não estão atulhados de casos em que plebeus pobres desafiavam os senhores da herdade ou grandes proprietários de terra nas mais altas cortes do país. De vez em quando os proprietários plenos ou os arrendatários tributários o faziam, comprometendo-se entre si a dividir os custos.[120] Mas levar os casos às instâncias mais altas das cortes de causas relativas às terras comunais ou ao Tribunal Superior de Justiça não era "coisa" para trabalhadores ou colonos. A não ser que um grupo com posses substanciais tomasse o partido deles, os seus direitos estavam sujeitos a ser perdidos em silêncio e sem contestação.

Podemos ilustrar esse ponto observando dois casos em que os direitos dos "pobres" estavam envolvidos. O primeiro é o da respiga. Num trabalho talentoso de detetive, Peter King descobriu mais dados sobre esse caso. Há na verdade dois casos, tendo o primeiro, *Worledge vs Manning* (1786), surgido dois anos antes do caso de Mary Houghton (1788) e fracassado em decidir a questão legal. Os dois casos surgiram na mesma paróquia de West Suffolk, e as acusações foram provavelmente custeadas por subscrição entre os proprietários de terra locais. Benjamin Manning e John Houghton eram ambos sapateiros, e o dr. King sugere que foi apenas com o patrocínio de um bondoso magistrado e proprietário de terra de Suffolk, Capel Lloft, que Houghton pôde pagar o advogado. A perda desses casos (e os danos e custos envolvidos) certamente não favoreceu o futuro de nenhum dos réus. Os Houghton foram forçados a hipotecar e depois a vender a sua pequena propriedade. Mary Houghton, a viúva de John, é encontrada pela última vez nos registros da lei de assistência aos pobres, recebendo o auxílio de umas seis libras por ano.[121]

Para o pequeno proprietário de terras, o colono ou o pequeno *commoner*, a lei devia ser sempre evitada. Mas no século XIX — pelo menos depois de 1860 — não podiam os pequenos *commoners* lutar pelos seus direitos nos tribunais com a ajuda de filantropos poderosos ou da Sociedade de Preservação das Terras Comunais? De vez em quando, isso era verdade. Mas mesmo naqueles anos esclarecidos podia haver dificuldades, o que pode ser ilustrado pelo caso do sr. Willingale. Já vimos (pp. 89-90) as reivindicações à lenha feitas pelos pobres habitantes de Loughton, junto à floresta de Waltham (ela própria faz parte da floresta de Epping). O direito de cortar os ramos das árvores até uma certa altura nos meses do inverno era um costume que se supunha ter origem numa concessão da rainha Elizabeth. Em torno da reivindicação desse direito se formara um ritual considerável, que devia começar na meia-noite de 10 de novembro, quando os habitantes (geralmente aquecidos com cerveja) percorreram a floresta para demarcá-la. No começo da década de 1860, o senhor de Loughton fechou a floresta, deu alguma compensação aos arrendatários, impediu a entrada do público com cercas e começou a derrubar as árvores.

Em 1866, "um trabalhador chamado Willingale" e seus dois filhos passaram pelas cercas e procederam à inspeção prevista pelo costume. Todos os três foram considerados culpados de invasão dolosa e condenados a dois meses de trabalhos forçados. Na prisão, um dos filhos pegou pneumonia e morreu. Quando Willingale foi solto, a questão estava se tornando uma *cause célèbre* entre os radicais de East London. A Sociedade de Preservação das Terras Comunais acabara de ser fundada, e ela se ofereceu a lutar pela questão, levantando uma soma de mil libras para esse fim. Instaurou-se um processo em nome de Willingale, pois o direito só poderia ser pleiteado por um habitante de Loughton. Houve um lobby de apoio por parte dos membros liberais do Parlamento, dos procuradores da rainha, editores e pessoas eminentes, inclusive Sir T. Fowell Buxton e John Stuart Mill. Entretanto, apesar desse apoio e da publicidade, Willingale ficou sujeito ao inexorável controle social da aldeia senhorial. Ninguém ousava empregá-lo na paróquia, e foi só com grande dificuldade que ele conseguiu uma moradia na aldeia, o que necessitava para continuar a ser um habitante. Em segredo, ofereceram-lhe suborno — que chegou talvez a quinhentas libras — para abandonar o processo, mas ele rejeitou todas as ofertas.

Depois de quatro anos de dificuldades, o velho morreu (1870), suspendendo com isso o processo. A municipalidade de Londres (que não precisava de moradia ou emprego na herdade) retomou-o sob nova forma. Quando ela obteve uma vitória restrita em 1879, "toda a população do distrito saiu à meia-noite, 5 ou 6 mil pessoas", para uma última inspeção à luz de tochas. O filho sobrevivente de Willingale ainda estava defendendo os direitos comuns dos pequenos moradores, e a municipalidade de Londres deu à sua viúva uma pensão de cinco xelins por semana.[122]

Lord Eversley, que registra essa história e a parte que nela desempenharam vários filantropos, parece ter esquecido o primeiro nome do "velho Willingale". O que fica claro é que, mesmo na Inglaterra da metade da era vitoriana, não era fácil para um trabalhador se enredar numa questão sobre direitos comuns com senhores ou proprietários de terra utilizando-se de instrumentos legais. Que chances poderia ter tido cem anos antes?

IV

A decisão na Court of Common Pleas em 1788 não extinguiu, é claro, a prática da respiga, a não ser talvez para Mary Houghton e seus vizinhos em Timworth.[123] O costume continuava a ser *lex loci*, e apesar de a lei dos precedentes decidir então que a respiga não podia ser reivindicada como direito consuetudinário, ela ainda podia ser reivindicada como direito local, pelo costume da herdade ou pelo regulamento da vila. A decisão reforçou o poder dos fazendeiros que desejavam reprimir o costume ou restringi-lo às famílias de seus próprios trabalhadores depois do cercamento. E os cercamentos certamente punham o direito em perigo, deslocando a colheita dos imensos campos abertos sobre os quais os costumes da comunidade rural eram comumente exercidos, para a propriedade individual dos "campos fechados" por sebes ou cercas com sua noção de acesso controlado e espaço privado. Na verdade, a decisão poderia ter incitado uma repressão geral da respiga se as tentativas nesse sentido não tivessem enfrentado a resistência mais obstinada, especialmente da parte das trabalhadoras que, como mostrou Peter King, recusavam-se a abrir mão de seus "direitos" em face de constrangimentos físicos e legais.[124]

Nenhuma das decisões nos tribunais de direito consuetudinário tinha impacto imediato sobre a prática local do costume, embora essas decisões colocassem nas mangas dos proprietários de terra ases que podiam ser trocados por acres quando chegasse a hora dos cercamentos. Nos lugares onde sobreviveram o aforamento e outros direitos de posse baseados no costume — na verdade, em todas as vilas onde ainda há terras com direitos comuns — era de esperar alguma forma de regulamentação do uso. Há alguns anos, ingenuamente, acreditei ter descoberto a chave para compreender a realidade dos usos do direito comum nas compilações de costumes do século XVIII ainda existentes, especialmente nos regulamentos da aldeia que ainda são promulgados com vigor nos tribunais senhoriais, ou em outras formas de assembleia paroquiana, por todo o século. Criei então o hábito de esquadrinhar o fichário e coletar exemplos de regulamentação local, sempre que visitava a repartição de registros civis de um condado. Mas, ai de mim, quando comecei a esboçar o presente ensaio e virei esse saco de notas sobre o chão do meu escritório, eu me vi fitando com perplexidade e desalento essa promíscua respiga de espigas de vários condados.

Aprendi pelo menos um pouco de humildade. Pois essa *lex loci*, ela própria apenas um guia parcial à *praxis loci*, só adquire significado quando inserida no estudo disciplinado do contexto local. Deve-se conhecer o equilíbrio das terras incultas e das aráveis, a difusão ou a concentração das propriedades, as colheitas e os rebanhos, a fertilidade do solo, o acesso aos mercados, os coeficientes de população e de pobres, e todas aquelas outras questões que o historiador agrário disciplinado reúne com tanta paciência.[125] Sem essa provisão cuidadosa de contexto, o meu saco de respigas se revela um saco de refugos. Não vale a pena citar o limite de animais que podiam pastar nas terras comunais por jarda de terra e por choupana se não se pode mostrar quem e quantos possuíam ou arrendavam essas choupanas e acres.

Poderia dizer, em minha defesa, que vários dos historiadores agrários otimistas da escola anti-Hammond parecem ter passado por cima dessas fontes sem ler. Mas assim como ninguém tem direito de tecer generalizações indiscriminadas sobre o solo, as colheitas ou os padrões de propriedade rural em todo o país, tampouco se podem tecer generalizações sobre os usos do direito comum. O emprego do direito comum e as tradições orais em torno desses direitos são tão específicos e tão locais quanto as características geográficas. Mas talvez se possa deduzir alguma coisa desse material, mesmo sem disciplina contextual. Como seria de esperar, descobre-se a tendência de traduzir esses direitos à pastagem nos descampados (ou aos portões das terras comunais) em equivalentes monetários, uma espécie de eco no vilarejo da reificação dos costumes vigente em toda parte. Ryton-upon-Dunsmore, Warwickshire, uma herdade solidamente regulamentada com bons registros, estipulava em 1735 que "nenhuma terra comunal deve ser arrendada a forasteiros [...] por menos de cinco xelins", enquanto os paroquianos pagavam apenas quatro xelins pelo direito. Havia uma tentativa de regulamentar os direitos secundários sobre as terras comunais com inusitado rigor: Nenhuma pessoa que não seja da paróquia pode cortar turfas nas terras comunais, e o tojo só pode ser carregado nas próprias costas, servindo apenas para acender o fogo nas casas. O dinheiro fizera grandes incursões nessa área:

> A grama que doravante crescer dessa maneira nas estradas ou caminhos deve ser vendida para ser ceifada, e não servir de pasto, e o dinheiro anual proveniente dessa venda deve ser dividido entre os habitantes da referida herdade segundo as rendas de suas respectivas moradias.

Em 1735, nada menos que 47 pessoas foram multadas por delitos contra os regulamentos, e em 1741 e 1749, 48 em cada um desses anos, o que nos leva a suspeitar que estivesse em vigor um exercício anual de controle disciplinar.[126]

Meu acervo de dados (que provém principalmente das Midlands) não apresenta nenhum outro exemplo de herdade que tivesse os seus direitos monetarizados a esse ponto. Em alguns lugares — East e West Leake (Nottinghamshire), 1730, e Towcester, 1712 — os *commoners* e os colonos recebiam uma compensação monetária se não exercessem um direito comum.[127] Em outros, especifica-se o aluguel das terras comunais para uma vaca, e (como em Harpole, Northamptonshire) os cidadãos tinham a permissão de alugar terras comuns para seis vacas "a qualquer habitante pobre de Harpole quando eles

[...] tivessem a necessidade ou a oportunidade de ocupá-las".[128] Em Whilton, no mesmo condado, encontra-se um regulamento mais afirmativo em 1699: "Se qualquer pobre [...] que não possua terras nem direito aos campos comunais quiser terras para uma vaca [...] no May Day", pode obtê-las por oito xelins junto ao encarregado dos campos.[129] Assim, em alguns lugares, os direitos à pastagem já podiam ser alugados (mas dificilmente a forasteiros), em outros havia compensação pelo não uso desses direitos, e de vez em quando há uma mistura de direito e moeda. Às vezes, guarda-se algum dinheiro para pagar os funcionários do vilarejo, aqueles que saíam à procura dos campos, os pastores etc., ou as benfeitorias locais; outras vezes, o dinheiro é redistribuído entre os proprietários ou arrendatários da terra; ou então ele é usado para contrabalançar os tributos para os pobres. Em Hellidon, Northamptonshire, 1744, "qualquer [...] pessoa que seja paroquiana ou habitante da paróquia de Hellidon [...] tem a liberdade de colocar um cavalo nas áreas comuns dos campos [...] em todas as épocas que permitem o uso comum [...] pagando dez xelins por ano ao inspetor dos pobres".[130]

Uma preocupação comum a todas as regulamentações é impedir que intrusos de fora da paróquia usem as terras comunais. É tão antiga quanto a própria regulamentação, mas ainda assim se repete frequentemente: "Estipula-se que os vaqueiros e os pastores não devem tomar conta dos rebanhos de nenhuma outra pessoa [...] mas apenas dos que pertencem aos habitantes desta cidade".[131] Nos vilarejos da herdade com grande número de aforamentos e intendência eficaz, os direitos eram adaptados às regras de pousio de animais de um modo que teria agradado aos tribunais do direito consuetudinário. Os direitos das terras comunais limitadas eram estimados em relação às terras ocupadas nos campos abertos. Entretanto, em outras paróquias os termos indefinidos que abominavam o direito consuetudinário — "paroquianos", "habitantes", "qualquer pessoa" — aparecem com frequência. Alguns regulamentos se calam sobre os usos dessas terras ou do descampado, preocupando-se unicamente com os campos comuns de pastagem e o pasto nas *lammas*; ou podem indicar práticas que em outras paróquias eram tão conhecidas que não precisavam de registro escrito: "Qualquer homem deve ter a liberdade de cortar junco no Natal e até a festa da purificação (2 de fevereiro)".[132] As punições são muito mais frequentes para os invasores das terras comunais do que para os invasores do descampado. Em paróquias que tinham extensas terras comunais, provavelmente se considerava que a ameaça provinha menos do colono ou do trabalhador com seu animal avulso sem licença do que dos invernadores que deslocavam gado vivo, dos açougueiros e comerciantes, ou dos poderosos donos ou arrendatários da terra que ultrapassavam os limites permitidos. Essas terras são limitadas para estabelecer *maximums* para os homens de recursos.[133]

Se havia um motivo geral de conflito entre os fazendeiros (de todos os tipos e tamanhos), de um lado, e os colonos e os *commoners* sem-terra, de outro, ele pode ser talvez detectado nas tentativas contínuas de controlar os animais nos pastos marginais dentro e ao redor dos campos comuns. Gonner nos diz que "charcos e terras não lavradas serviam [...] às vezes de pasto para o gado, mas eram frequentemente de pouco valor", e substancia sua informação com uma citação de um autor de folhetos defensor do desenvolvimento agrícola de 1773: "Eles literalmente não proporcionam benefício algum ao habitante ou ao pobre; pois são demasiado estreitos para serem ceifados ou para servirem de pasto a animais que não sejam conduzidos por um garoto com uma corda [...]".[134] Com isso, ele registra corretamente o ponto de vista dos fazendeiros empreendedores que se tornaram, talvez com razão, os heróis de grande parte da história agrária. Entretanto, esse pasto secundário era visto de forma muito diferente pelos camponeses, entre os quais era fácil encontrar um grande contingente de garotos (e garotas) capazes de cuidar dos animais com uma corda a preço barato. No início do século XVIII, em algumas paróquias das Midlands que careciam de pastagens, os próprios fazendeiros faziam grandes esforços para aumentar a área de gramados comuns, alargando os caminhos e faixas contíguos para obter *flitting grass* [grama para pastagem].[135] Se os pobres do vilarejo sofrem constrangimentos — e se os seus animais por sua vez molestam os grandes fazendeiros —, é devido a essa questão de pasto secundário; não só nas faixas de terra, mas também nas valas dos charcos, nas margens dos riachos, nas faixas nas extremidades dos sulcos, nas trilhas cobertas de relva, nos pastos ao longo das veredas. As pessoas são acusadas de "soltar os animais nas veredas sem um acompanhante".[136] Junto com as acusações aparecem punições para quem invadir terrenos e impelir cavalos por meio de forcados para as faixas de terra, ou para quem apascentar cavalos fingindo estar fazendo feno.[137] (Os cavalos são grandes glutões, e se um deles se soltasse da corda presa à estaca, podia causar estragos incalculáveis às plantações.) Em paróquias tolerantes, o pasto marginal podia ser aproveitado desde que o animal não fosse impelido por meio de forcados, nem preso a uma estaca, mas conduzido por uma corda. Algumas ovelhas podiam ser toleradas entre as veredas.[138] O que Gonner e seu autor de folhetos viam como uso "de pouco valor" nos descampados tinha importância central para a economia de subsistência dos "pobres". Um correspondente ("Apuleius") do *Northampton Mercury* em 1726 escrevia sobre:

> Faixas e bordas, sendas e terras de aluvião, e outros lugares incultos nesses campos comuns, que o fazendeiro nunca consegue reservar para si mesmo ou para seu uso exclusivo [...] pois há, na maioria dos campos, certos colonos que possuem costume e direito comum, embora apenas aluguem as suas casas: e nem que fosse um simples telheiro construído no descampado, quem impediria um pobre ho-

mem de criar uma ovelha e seu filhote, ou, se ele tem como guardá-lo, um pequeno bezerro? Pois esses animais podem correr pelos prados, ou entre as veredas e estradas, até a colheita acabar; e então é hora de levá-los para os campos comuns [...] e por meio desse expediente, em alguns lugares, diversas famílias pobres são em boa parte sustentadas.

Mas com os cercamentos (continuava o correspondente) essas faixas e bordas "se transformam numa única mercadoria com o resto [...] para uso e ocupação exclusivos de uma só pessoa".[139]

O animal conduzido pelas crianças ou pelos velhos ao redor das margens e ao longo dos sulcos de um campo, ou para cima e para baixo nas veredas, pode ser visto em qualquer economia de camponeses pobres até os dias de hoje. Wordsworth, ao encontrar em seus passeios pelo campo com Beaupuy

uma menina varada de fome,
Que se arrastava pelo caminho, sujeitando seu ser lânguido
Ao movimento de um bezerro, amarrado
Por uma corda ao seu braço, e que assim tirava da vereda
Seu alimento, enquanto a menina com as duas mãos
Tricotava [...][VII]

achava a imagem da pobreza uma profunda afronta, e seu amigo Beaupuy, "preso de agitação, disse: 'É contra *isso*/ Que estamos lutando'". Para Arthur Young, em *Northern tour*, *isso* não era nada menos que uma afronta, e um estímulo às virtudes criadas pelos tempos de carestia e desenvolvimento; quando alguém que "nos tempos fáceis costumava ficar exposto ao sol o dia inteiro, levando uma vaca pela corda para pastar numa faixa de terra, nos tempos difíceis emprega a picareta e a pá".[140]

As regras de pousio de animais pressupunham um terreno em que se podia acordar e dormir. Esse pressuposto ainda existe no Código Elisabetano (31, c. 7) (1589), que proíbe a construção de choupanas sem quatro acres de terra. A realidade socioeconômica de muitas paróquias ainda não cercadas na metade do século XVIII completamente diferente. Embora ainda se pudessem encontrar muitos pequenos agricultores, assim como artesãos e negociantes rurais com um pequeno pedaço de terra, havia em muitos lugares um número crescente de *commoners* sem-terra. Os seus direitos fundamentados no costume, se examinados pelos tribunais nacionais, eram nulos ou — se fossem arrendatários de antigas choupanas — estavam talvez ligados à choupana (e a seu proprietário), e não ao usuário. Entretanto, com base em regulamentos e evi-

(VII) a hunger-bitten Girl,/ Who crept along, fitting her languid self/ Unto a Heifer"s motion, by a cora/ Tied to her arm, and picking thus from the lane/ Its sustenance, while the Girl with her two hands/ Was busy knitting [...]

dências literárias, tenho a impressão de que o costume enquanto práxis — os usos da aldeia — oferecia maior espaço para o exercício dos direitos secundários do que aquela encontrada numa visão formal da lei.

Não estou sugerindo que os pobres conseguissem colocar impunemente uma vaca ou algumas ovelhas nas terras comunais, sem que ninguém notasse. Tudo o que qualquer pessoa fizesse era observado por alguém na vila. Nem precisamos explicar essa liberdade de ação em termos de "roubo", "fraude" ou usurpação por parte dos pobres; ou em termos da terna sensibilidade paternalista dos proprietários de terra. Não há dúvidas de que existem exemplos de ambos os casos. Mas os regulamentos da aldeia eram frequentemente redigidos por pequenos ou médios fazendeiros, cuja reputação de teimosos, ou até de mesquinhos, é notória. Entretanto, mesmo em termos obstinados, há boas razões para se dar maior liberdade de ação nessa esfera dos direitos comuns secundários. É melhor que a mão de obra continue residente e disponível para as tarefas difíceis do feno e da colheita e para a necessidade de trabalho temporário, que incluíam a grande quantidade de serviços femininos na mansão, na casa da fazenda e na leiteria. Conceder os direitos de subsistência aos pobres, inclusive lenha e uma vaca que desse o balde de leite, era ao mesmo tempo um meio de manter baixos os tributos para a assistência aos pobres.[141] A essas razões podem-se acrescentar as do costume e da vizinhança. Alguns dos sem-terra eram parentes dos fazendeiros; outros, vizinhos de longa data, tinham habilidades (como fazer telhados, tosquiar ovelhas, cercar terrenos com tapumes, construir casas) implicadas na contínua troca de serviços e favores (sem nenhum pagamento em dinheiro) que caracteriza a maioria das sociedades camponesas. É até possível, sem sentimentalismo, pressupor normas comunitárias, expectativas e sentimentos de obrigação da vizinhança, que regiam os usos reais das terras comunais; e esses, praticados "desde tempos imemoriais", eram ardentemente tidos como direitos.[142]

Mas, nesse ponto, devemos dar lugar ao conhecimento dos historiadores agrários sociais. O direito comum é um vocabulário sutil e às vezes complexo de usos, reivindicações de propriedade, hierarquia e acesso preferencial a recursos, adaptação às necessidades, que, sendo *lex loci*, deve ser investigado em cada localidade e não pode ser jamais tomado como "típico". As reivindicações alternativas do direito podiam semear feroz dissensão (por exemplo, na escalada dos cercamentos), não apenas entre o "rico" e o "pobre", mas entre os pequenos proprietários ou arrendatários de terra e os colonos sem terra, ou entre os colonos com direitos reconhecidos pela lei e os trabalhadores que não os possuíam. Vou registrar um caso totalmente atípico para concluir esta parte, não porque possa responder pelo caso geral (se lhe cabe uma caracterização, é a de um caso às avessas), mas porque talvez ilustre o modo como vários interesses articulavam sua oposição por meio de suas reivindicações ao direito comum.

Atherstone, no Norte de Warwickshire, no início do século XVIII, era uma pequena cidade-mercado. Era o local de um mercado, criado por uma doação da época de Henry III, e igualmente de uma feira de cavalos (com corridas anuais).[143] A cidade estava situada no meio de um grande campo aberto de aproximadamente setecentos acres, acrescentados de bosques marginais (135 acres) e uma pastagem para vacas de quinze acres. Na primeira metade do século, há três principais atores à vista: o senhor da herdade, que na década de 1730 tinha apenas cinco acres no campo aberto; os proprietários e arrendatários, cuja maioria tinha direito de posse da terra por aforamento no início do século; e os colonos, muitos deles também foreiros, que reivindicavam direito às terras comunais por prescrição.

Em 1719, surgiram disputas entre o senhor e os foreiros, sob os conhecidos pretextos de multas, tributos feudais e direitos locais do moinho, "para contínua violação da harmonia e amizade cristãs". Os que reivindicavam o costume acusavam o intendente do senhor de fazer um jogo de cartas marcadas no Tribunal Senhorial:

> O intendente [...] coloca no júri uns pobres homens que não são foreiros e com quem ele pode fazer o que quiser, e apesar de haver um saguão ou câmara com a finalidade de servir de sala para o tribunal, as sessões são realizadas em lugares privados, o júri fica numa sala, e o intendente cumpre todas as suas atividades noutra; pelos antigos costumes, o júri devia ser composto dos melhores foreiros, e todas as atividades costumavam ser realizadas num tribunal aberto ao público.[144]

Em 1735-8, tentou-se cercar o campo aberto de Atherstone. Os grupos estavam então reorganizados. Os foreiros no campo tinham se emancipado (por meio da compra dos direitos de cidadania), tendo o senhor sido frustrado em suas tentativas de extorquir tributos feudais e multas. As terras tinham sido consolidadas, e o espírito propulsor dos cercamentos era o principal proprietário pleno, o sr. Abraham Bracebridge (que, entretanto, arrendava a sua terra e não era "um grande fazendeiro, mas apenas um comerciante").[145] Ele era então aliado do senhor. A oposição se baseava nos colonos, dentre os quais 160 reivindicavam direitos sobre as terras comunais por prescrição para dois cavalos e duas mulas:

> Embora várias das antigas doações e cartas relativas a esta cidade tenham sido examinadas [...] os colonos não foram capazes de encontrar ali ou em qualquer outro documento o original desse direito às terras comunais, mas podem provar facilmente os seus direitos por prescrição ou evidência de palavra. Os proprietários plenos têm as palavras gerais dos direitos às terras comunais em seus títulos [...].

NOTA: Há alguns anos, sob o pretexto de estar implicado numa ação legal relativa à cidade, o sr. Bracebridge obteve a inspeção e a custódia de todos os livros e documentos da cidade, que ele agora se recusa a entregar ou mostrar aos cidadãos.

Mas o cofre da cidade continuava nas mãos dos colonos.[146]

Era o vasto campo comum que estava em jogo, e o inusitado desse caso era que os colonos reivindicavam mais direitos de pastagem do que os proprietários ou arrendatários de terra. Eles reivindicavam direito às terras comunais para dois cavalos e duas vacas cada um, e os açougueiros reivindicavam o direito para dez ovelhas cada um,[147] por dez meses no ano. (O rebanho era deslocado pelas diferentes áreas do campo comum em épocas diferentes, mas sempre mantido com "um abundante suprimento de grama".)[148] Os proprietários e arrendatários de terra tinham direito às terras comunais na proporção de quatro cavalos, oito vacas e vinte ovelhas por jarda de terra, e $24^{1/4}$ dessas terras se encontravam no campo aberto. Por um cálculo grosseiro, obtemos:

Ovelhas dos proprietários e arrendatários de terra	500		
Ovelhas do senhor da herdade	20)		
Mulas dos proprietários e arrendatários de terra	192)	=	74 portões
Cavalos dos proprietários e arrendatários de terra	96)		
	808		
Mulas dos arrendatários	320)		
Cavalos dos arrendatários	320)	=	326 portões
Ovelhas dos açougueiros	60)		
	700		

Havia apenas seis proprietários das 24 jardas de terra de campos abertos, e daquelas Bracebridge possuía quase dezoito. No lado dos arrendatários, havia 160 que reivindicavam (como "habitantes", por prescrição) direitos de colonos.[149]

Junto com o senhor, o proprietário secular da dízima e vários proprietários e arrendatários de terra, Bracebridge tentou primeiro fechar os campos abertos "por acordo", sem o consentimento dos colonos. Quando isso provou ser mais do que a lei permitiria, redigiram-se várias minutas de cercamento por lei parlamentar, e a pequena cidade-mercado se tornou o cenário de negociações escusas e, posteriormente, de furiosa controvérsia.[150] Bracebridge ofereceu aos colonos oitenta acres (mais tarde elevados para cem) como compensação pela perda dos direitos de pastagem em todo o campo. Cento e vinte colonos e um ou dois pequenos proprietários de terra fizeram petições contra o cercamento, alegando que desvalorizaria as suas casas, diminuiria a população, aumentaria a pobreza, arruinaria o mercado e "criaria uma base para brigas & disputas sobre seus direitos [...] & ao mesmo tempo apenas engrandeceria & enriqueceria uma única pessoa [...][151]

É evidente que o termo "colono" abrangia várias categorias diferentes. Alguns podiam ser profissionais (nesse grupo talvez se encontre a origem de um eloquente autor de folhetos), outros eram vendeiros, artesãos, estalajadeiros e açougueiros (para os quais os direitos comuns extensivos eram uma conveniência). Outro protesto manuscrito — cujas folhas, copiadas com uma caligrafia clara, circulavam abertamente pela cidade — sugere que os artesãos andavam comprando casas em Atherstone por causa desses direitos. Os artesãos "de hierarquia inferior" (argumentava-se) precisavam de cavalos nas suas atividades — para ir buscar carvão, alugar montaria, ou em conexão com o ofício local de tecer lã penteada e fabricar feltro. Outros trabalhadores que talvez precisassem de cavalos incluíam "os ferreiros, os carpinteiros, os tanoeiros, os pedreiros, os marceneiros, os construtores de carroças".[152] Uma lista comentada de 123 foreiros de Atherstone (que podem muito bem ser os "arrendatários" em questão) apresenta entre eles "o bazar", dois estalajadeiros, um construtor de carros, um jardineiro, um sapateiro, um assentador de tijolos, um tecelão, um vendedor de malte, um mordomo aposentado, um encanador, um barbeiro, um coletor de impostos e um carpinteiro.[153]

Outros colonos eram pequenos produtores, mas um grande grupo parece ser composto de trabalhadores sem animais e sem outros recursos. Portanto, eles não exerciam nem podiam exercer os seus direitos de pastagem — se, em teoria, os 160 arrendatários tinham direito à pastagem para 320 cavalos, na verdade (argumentavam os defensores do cercamento) apenas oitenta cavalos pastavam nos campos, e a terra não suportaria mais.[154] Mas esses colonos e os agricultores de campo aberto que podiam apascentar gado tinham conseguido aprovar um regulamento no Tribunal Senhorial para impedir que os colonos que não possuíssem animais alugassem os seus portões das terras comunais para outras pessoas. Embora ainda continuassem a existir uns poucos aluguéis "ocultos", tecnicamente o direito já não tinha valor para eles, e essa foi uma queixa que Bracebridge e os defensores do cercamento tentaram explorar. Eles procuravam comprar a anuência dos pobres arrendatários, oferecendo a cada um deles uma compensação anual de vinte xelins pela perda de direitos. Se essa oferta sedutora conseguisse que um grande número de colonos pobres passasse para o lado dos cercamentos, a lei poderia ser aprovada no Parlamento.

Tal oferta provocou uma resposta do mais eloquente dos autores de folhetos da oposição. "Não posso deixar de observar", anotava com grande sarcasmo, "como esses cavalheiros agora parecem sensíveis aos direitos dos pobres." Bracebridge "parece estar cortejando as camadas mais baixas e mais pobres, e jogando-as contra as de melhor posição social [...]. Os cavalheiros se tornam igualitários para atingir seus objetivos". E refletia sobre a origem histórica e a função corrente das terras comunais:

> Quando essas terras comunais nos campos foram alocadas para o uso dos colonos, não se tinha em mente os que chamamos de miseráveis, pois naquela época não havia esse tipo de gente, mas o objetivo era antes impedir a pobreza, ou pelo menos oferecer uma segurança para que os desfavorecidos pela fortuna pudessem recorrer a uma ajuda, para que todos pudessem ser empregados dessa ou daquela maneira.

Mesmo se os colonos pobres fossem incapazes de comprar animais, os usos das terras comunais eram intrínsecos à sua economia:

> Pelo trabalho na colheita, os homens receberão seis xelins por semana e cerveja, as mulheres receberão por semana dois xelins até a colheita dos cereais e depois três xelins [...]. A respiga nos campos dava quinze xelins para cada família numa temporada [...].

A respiga não era

> insulto a ninguém, embora aqueles que fazem uso desse benefício, que por direito cabe aos humildes desde que se conhece a colheita neste mundo, sejam nos dias de hoje chamados de ladrões por pessoas como o sr. [?]. Não consigo ver quem eles roubam, a não ser que sejam as aves do céu.

A isso se poderia acrescentar o direito de cortar lenha nos matos distantes, tanto para uso próprio como para venda — "é do conhecimento de todos" que as famílias podem ganhar com isso seis xelins ou oito xelins por semana. Os homens encontravam trabalhos ocasionais na lavoura, como transportar esterco, arar e debulhar no inverno. E isso levava a uma estimativa detalhada:

	Libra	Xelim	Pence
Homens inferiores, que não colocam animais nas terras comunais, ganham pelo seu trabalho, por um cálculo aproximado, incluindo a cerveja, a cinco xelins por semana cada um, algumas semanas mais, outras menos, sendo essa cifra uma média	13	00	00
Mulheres ganham, pelo seu trabalho na colheita, na capina, "fazendo fios", na colheita do feno, na ceifa, o que vamos admitir que as empregará dez semanas a 2,6 pence por semana	01	05	00
Admitindo que não tenham nenhum outro trabalho ou fiação etc., elas vão ganhar por catar lenha a um xelim e seis pence por semana	03	03	00

Vamos admitir que cada colono tenha um menino ou menina capaz de fazer alguma coisa [...] eles vão ganhar o mesmo que a mãe	04	03	00
Cada família, pela respiga ou por recolha na estação	00	15	00
	22	06	00

Tudo isso não leva em consideração
a fiação e a cardação[155]

Isso forma (argumentava o autor do folheto) "a economia de vida dessas pessoas inferiores e úteis". Elas sabem se sustentar e viver sem a ajuda de "pessoas que se movem em esfera superior, mais do que os superiores sabem viver sem os inferiores". Como são "essencialmente necessárias", deveriam ser "tratadas com indulgência de acordo com sua posição e da melhor maneira permitida pelas suas circunstâncias; não devem ser consideradas ladrões, nem roubadas de seus direitos e dos direitos de sua posteridade". Os cercamentos não só privariam o colono pobre de seu sustento, como o dissuadiriam de tentar conquistar um ofício, encorajariam a indolência. O direito às terras comunais era "uma fundação segura em que ele podia trabalhar, um espaço para que melhorasse a sua sorte, pois se tornava capaz de comprar animais". Por essas razões, o autor do folheto recomendava com insistência que os colonos pobres não abrissem mão de seus direitos (latentes): "Em caso de cercamento, o inferior será transformado em escravo, obrigado, pelo pouco trabalho encontrado, a trabalhar pela remuneração que esses mercenários, que agora os chamam de ladrões, se dignarão a lhes dar". Quanto aos vinte xelins por ano oferecidos em compensação, esse dinheiro, "como o pagamento semanal, será igualmente mijado contra o muro e as famílias [...]".

Ao que parece, poucos colonos foram persuadidos a aceitar esse suborno de vinte xelins. Os que exerciam seu direito de pastagem tampouco se deixaram influenciar. Talvez suspeitassem que a compensação de cem acres oferecida seria o terreno mais pobre da paróquia, e tinham boas razões para tal.[156] A lei proposta foi retirada. O acordo a respeito do cercamento foi alcançado com a maioria dos colonos de uma geração subsequente, em 1764, e ainda resta uma carta em que um superintendente confidenciava ao neto de Bracebridge detalhes dos cem acres recomendados para serem reservados a eles: "Marcamos dois terrenos que tenho certeza são os piores oitenta acres nos campos, mas como a compensação deve ser dada em um ou dois lotes, não há como fazer sem acrescentar uns vinte acres de terra tão boa quanto a do planalto inferior". O superintendente tinha planos de juntar "Fludgate Nuke" e "Sorry Midsummer", mas infelizmente nem todo pântano e areia movediça podiam ser incluídos.[157]

O caso de Atherstone não é certamente característico do vilarejo não cercado, nem tampouco o da vizinha Sutton Coldfield, onde as tentativas de cercamento foram repelidas em 1778, com publicação de panfleto e canções sobre "os direitos do povo inscritos na carta", e novamente adiadas em 1805 em parte pela oposição do vigário, John Riland, com o pretexto de que a carta da cidade concedia direitos aos

> *habitantes, donos de casa*, isto é, colonos, trabalhadores diaristas, vendeiros e outros pequenos empregados nas casas, e não aos proprietários plenos. A carta se refere a essa gente, e eu também.
>
> "Eu me refiro ao grande grupo de todas as classes mais baixas da paróquia, cujo consentimento não foi obtido."[158]

Tanto Atherstone como Sutton Coldfield reivindicavam seus direitos e privilégios por prescrição, com base na carta e no "direito comum escrito", como se o ato da escrita possuísse um poder misterioso. No século XVII, numa disputa sobre impostos, aldeões da região dos pântanos exibiam "caixas pretas cheias de escritos com chancelas [...] provenientes, segundo eles, do rei [...]". Na igreja de Haxey, um documento do século XIV, em que o senhor da herdade, John de Mowbray, se comprometia a preservar as terras comunais de benfeitorias posteriores, era guardado numa arca com fechadura de ferro (cujas chaves estavam com os principais proprietários); a arca ficava sob uma janela, onde (como um ícone) "estava o retrato de Mowbray emoldurado com vidro antigo, segurando na mão um escrito que se acreditava ser um emblema do documento".[159]

Vimos o papel da Igreja em outros casos (pp. 87-8), e como tantos cercamentos ocorriam por acordo, ou eram arrolados em decretos da chancelaria, e como frequentemente assumiam a forma em que o senhor ou os proprietários ricos abriam mão de seus direitos sobre as terras comunais e incultas em troca da licença para cercar as suas próprias terras, a memória dessas decisões era na verdade uma fonte de poder.[160] Os livros dos tribunais podiam ser "perdidos", ou o acesso a eles negado. As tradições orais a respeito dos direitos podiam estar fundadas em algum decreto esquecido há muito tempo. Ainda em 1880, numa disputa sobre Wigley Common, perto de New Forest, uma reunião dos arrendatários discutiu um "velho documento" que declarava os seus direitos. Descobriu-se que um foreiro tinha em suas mãos uma caixa pesada com três fechaduras, que os arrendatários conheciam como "o monstro". Dentro dela foi encontrada uma cópia certificada, com o selo real, de um decreto da chancelaria de 1591, estabelecendo os costumes dos foreiros. Encontrou-se pouco depois, nos registros do tribunal senhorial de uns duzentos anos mais tarde (1783), uma ordem do corpo de arrendatários do tribunal colocando o decreto sob a custódia de três arrendatários, que tinham cada um a chave de uma das fechaduras da caixa. "O monstro" era, sem dúvida, uma corruptela do latim *monstravi*. A única lembrança do dono da caixa era que seu avô a trouxera para casa depois de ser admitido como arrendatário, dizendo: "Vejam, eu trouxe o monstro para casa!".[161]

V

Sempre foi um problema explicar as terras comunais dentro das categorias capitalistas. Havia algo incômodo a seu respeito. A sua própria existência despertava perguntas sobre a origem da propriedade e sobre o direito histórico à terra.

Nos séculos XVI e XVII, os proprietários de terra haviam reivindicado seus direitos no campo contra a prerrogativa do rei, e os foreiros tinham reivindicado seus direitos e costumes contra os senhores. Tinham, portanto, descartado as teorias da origem divina do direito de propriedade. Entretanto, se recorressem à violência hobbesiana ou ao direito de conquista, como replicariam ao vigoroso contra-argumento do jugo normando? Quando Locke se sentou para elaborar uma pergunta, tudo isso afligia sua mente. Em seu *Primeiro tratado*, ele rejeitou as noções de direito por sucessão a partir de Adão ou da doação de Deus. No *Segundo tratado*, seu capítulo sobre a propriedade começa com uma metáfora ampliada do uso do direito comum. Deus concedeu o mundo à "humanidade em comum", e as frutas e os animais "são produzidos pela mão espontânea da natureza". Mas o que era comum não era visto como uma comunidade positiva, e sim negativa: não pertencia a ninguém e estava aberto a qualquer pessoa que dele se assenhoreasse.[162] Locke tomou como paradigma da origem da propriedade a mistura do trabalho (que era a única "propriedade" original do homem, o domínio sobre si mesmo e suas próprias mãos) com o que era comum: "Portanto, em tudo aquilo que ele retira do estado que a natureza criou e não mais alterou, ele mistura o seu trabalho [...] transformando-o desse modo em sua propriedade". "Pelo seu trabalho, ele anexou ao que era comum algo que exclui o direito comum dos outros homens: Assim a grama que meu cavalo pastou, a turfa que meu criado cortou e o minério que extraí, em qualquer lugar onde tenho direito a essas coisas em comum com outros, tornam-se minha propriedade [...]."

Não é claro que Locke tenha superado todas as dificuldades — por que a turfa deve ser dele, e não do seu criado ou, ainda, do seu cavalo? As decisões legais do século XVIII introduziam argumentos baseados no "trabalho" em termos das razões gerais do "desenvolvimento". Recorriam mais frequentemente, na questão do costume ou da *lex loci*, à ficção legal de que os usos costumeiros deviam ter por fundamento alguma doação original, feita por pessoas desconhecidas, perdida nas névoas do passado. A lei pretextava que, em algum momento há muito, muito tempo, as terras comunais foram doadas por bondosos proprietários de terra saxões ou normandos, de tal modo que os costumes existiam menos por direito do que por favor. A ficção era puramente ideológica: defendia contra o perigo de que os direitos de uso pudessem ser vistos como inerentes ao usuário, em cujo caso poderiam aparecer os sucessores dos igualitários ou dos *diggers*[VIII] pleiteando o seu direito original.

A teoria da propriedade de Locke foi escrita em termos que dois eruditos descreveram severamente como um "vernáculo" inglês, em contraposição à tradição europeia mais rigorosa da jurisprudência natural. Ele "não observou a restrição de Grotius e Pufendorf de empregar o termo 'propriedade' apenas em seu significado moderno de direito exclusivo e absoluto de domínio".[163] Nas tradições flexíveis do direito consuetudinário inglês, o significado de propriedade continuava variável — direito absoluto, direito de uso coincidente, direito à preferência, o direito de um homem sobre sua própria vida ou privilégios. Sem dúvida, C. B. Macpherson tinha razão em mostrar a definição cada vez mais absoluta de propriedade no século XVII, e o triunfo da reivindicação por "direitos virtualmente ilimitados e vendáveis a coisas" no século XVIII.[164] Esse processo não foi talvez tão unívoco como propôs o professor Macpherson, tendo na verdade dois lados. Para os proprietários de terra, a propriedade fundiária estava "se tornando cada vez mais subordinada ao contrato, isto é [...] assumindo as qualidades e funções de capital", pela liquidez das hipotecas e pelas formas complexas de dotes de casamento, fideicomissos, vinculação de bens de raiz etc. "Porém, ao mesmo tempo, em nome da propriedade individual absoluta, os direitos comuns e de uso das 'camadas mais baixas' eram minados."[165]

Sir William Blackstone tinha uma inteligência demasiado precisa para perder tempo com especulações, embora ele endossasse, de passagem, a perspectiva lockiana de que a propriedade da terra permite supor que, em tempos pré-históricos, a terra "pertencia em geral a todo mundo, mas em particular a ninguém". Mas a sua preocupação era definir os direitos à propriedade que ele achava justificados perante a lei. E reivindicava que o direito à propriedade (e, no caso da terra, ao controle do espaço físico) fosse exclusivo e irrestrito: "[...] esse domínio único e despótico que um homem reclama e exerce sobre as coisas externas do mundo, com total exclusão do direito de qualquer outro indivíduo no universo".[166] Ele então passava a qualificar (é claro) essa definição fria e absolutista. A sua descrição dos direitos costumeiros e do aforamento é escrupulosa, e em alguns pontos (como a respiga) inclinava-se a uma visão liberal. Entretanto, esses costumes também eram considerados menos usos do que propriedades anexadas às coisas. Pelo mau gerenciamento da história, essas coisas se confundiram nas terras, e era função da lei separar cada propriedade exclusiva.

(VIII) Uma das facções populares que, no século XVII, apossou-se de terras comunais cavando e plantando. (N. R.)

A economia política ajudou e favoreceu a lei. Para Adam Smith, "a propriedade era 'perfeita' e absoluta ou não tinha valor",[167] sendo função do governo protegê-la da indignação dos pobres. Como ele escreveu em *A riqueza das nações* (1776): "Apenas sob a proteção do magistrado civil é que o dono dessa propriedade valiosa, adquirida com o trabalho de muitos anos, ou talvez de muitas gerações sucessivas, pode dormir ao menos uma noite em segurança". De algum modo a linguagem evoca a propriedade rica, os bens de raiz, a propriedade plena, enquanto o sono seguro dos *commoners* desaparece de vista. (Depois de sua mudança de opinião, Arthur Young registrou que os *commoners* pobres numa vila de Cambridgeshire consideravam a aproximação dos cercamentos "com uma espécie de terror".)[168] Foi uma proeza de Adam Smith trocar "os termos da análise de uma linguagem de direitos para uma linguagem de mercados", numa "mudança constitutiva na formação da economia política clássica".[169]

Na década de 1780, tanto a lei como a economia política consideravam as propriedades coexistentes na mesma terra com extrema impaciência. Lembramos o julgamento de Lord Loughborough de que "a natureza da propriedade [...] implica desfrute exclusivo" (p. 115). E isso era secundado pelo zelo ideológico imoderado dos propagandistas dos cercamentos. Nos folhetos, nos *Annals of Agriculture* e nos levantamentos agrícolas, perpassa monotonamente o mesmo tom impaciente. Os opositores do cercamento dos pântanos de Lincolnshire desejam "viver sem trabalhar, devorando-se, como lúcios, uns aos outros", ou esses *commoners* são "bucaneiros", que "atacam, investem, afogam ou roubam, conforme lhes apraz".[170] "A apropriação das florestas", observava Vancouver em *General view of the agriculture of Hampshire* [Uma visão geral da agricultura de Hampshire] (1810),

> Seria [...] o meio de produzir um certo número adicional de trabalhadores úteis para a agricultura, destruindo e aniquilando gradativamente esse ninho e estufa de preguiça, ociosidade e miséria, que invariavelmente se observa nas proximidades de todas as terras comunais, incultas e florestas [...].

E o superintendente expressava seu desejo honesto de que "velho como já está, ainda possa viver para ver o dia em que todo tipo de direito às terras comunais e florestas seja extinto". O vocabulário — "devorar-se", "bucaneiros", "destruindo e aniquilando" — revela uma mentalidade impermeável a definições alternativas; e, como o ponto culminante dos cercamentos coincidiu com a polarização política da década de 1790, os argumentos da propriedade e do desenvolvimento ligavam-se aos argumentos da disciplina de classe. O Parlamento e a lei impuseram definições capitalistas à propriedade rural exclusiva.

Se os parlamentares, os proprietários de terra, os juízes e muitos fiscais dos cercamentos cometiam injustiças naturais, não quero com isso dizer que estivessem plenamente cientes do que estavam fazendo. Apenas observavam as regras que eles próprios haviam formulado. Estavam tão profundamente imbuídos de preconceitos, por meio dos quais interpretavam os costumes dos pobres como direitos de propriedade de donos da terra, que realmente achavam difícil ver a questão sob outro ângulo. (Embora — é importante observar — sempre houvesse vozes contrárias, mesmo entre as suas próprias fileiras.) O que talvez dê a essa questão maior importância é que essa lei e essa mentalidade não estavam confinadas no espaço ou no tempo. O conceito de propriedade rural exclusiva, como uma norma a que outras práticas devem se adaptar, estava então se estendendo por todo o globo, como uma moeda que reduzia todas as coisas a um valor comum.

O conceito foi levado pelo Atlântico até o subcontinente indiano e penetrou no Pacífico Sul por meio dos colonizadores, administradores e advogados britânicos que, embora soubessem da força dos costumes e sistemas fundiários locais, lutavam para interpretá-los segundo sua própria medida de propriedade. É uma inversão interessante da esperada sequência de reciprocidade entre o "ser social" e a "consciência social", a qual, na tradição marxista, costumava ser apresentada em termos de "base e superestrutura". Sem dúvida, as notações capitalistas dos direitos de propriedade surgiram dos longos processos materiais de mudança agrária, quando o uso da terra se desprendeu dos imperativos de subsistência e a terra se tornou acessível ao mercado. Mas agora esses conceitos e essa lei (ou a *lex loci* daquela região chamada Inglaterra situada numa ilha europeia) eram transportados e impostos a economias distantes em várias fases de evolução. Agora era a lei (ou a "superestrutura") que se tornava o instrumento para reorganizar (ou desorganizar) os modos de produção agrários estrangeiros e, às vezes, para revolucionar a base material.

Não seria impossível escrever uma história ecológica global, com um episódio central que giraria em torno da incompatibilidade entre as noções inglesas e estrangeiras sobre a propriedade da terra, bem como sobre as tentativas imperialistas de tradução. Mesmo dentro da principal ilha da Grã-Bretanha, as emigrações sucessivas e o esvaziamento de certas regiões das terras altas da Escócia eram testemunho das decisões de uma lei que não protegia uma população expulsa de terras que ela havia pensado ser propriedade comum de seus clãs desde tempos imemoriais. Mas a lei não tomava conhecimento dessa personalidade comunal. Nem suas categorias podiam se adaptar aos costumes comunais dos povos caçadores-coletores. Em seu capítulo sobre a propriedade, Locke ruminara a respeito do "índio selvagem [...] que não conhece o cercamento, sendo ainda arrendatário em comum". Esse índio servia como paradigma de um estado original antes de a propriedade ser individuada e protegida: "No início, todo o mundo era América". Locke decidiu que o índio americano era pobre "por não desenvolver" a terra com seu trabalho. Como o trabalho (e o desenvolvimento) constituía o direito à propriedade, tanto mais fácil para os europeus despojarem os índios de seus campos de caça. Os colonos puritanos estavam inclinados a interpretar moralmente a sua apropriação das terras indígenas, referindo-se aos desígnios de Deus, no Gênesis 1, 28, para "povoar a terra e sujeitá-la"[171]

A caça, a pesca, e até mesmo a plantação de milho e abóbora em pedaços de terra não cercados estavam certamente muito longe de "sujeitar" a terra. (De qualquer modo, o trabalho ficava a cargo das mulheres.) Não podiam ser consideradas "benfeitorias", sendo, portanto, tênue a sua reivindicação de estabelecer direitos de propriedade. A mesma mentalidade empreendedora, na Velha ou na Nova Inglaterra, considerava repreensível a falta de trabalho produtivo útil, quer na floresta mal administrada, quer nos descampados, quer nos campos de caça dos índios. Tanto no colono inglês como no "índio selvagem" via-se uma submissão cultural degradante a um modo de vida picaresco, desconexo ou vadio. "As florestas e as vastas terras comunais", escreveu John Bellers, "tornam os pobres que nelas vivem muito semelhantes aos índios [...]." As terras comunais eram "um obstáculo à indústria [...] viveiros de ociosidade e insolência".[172] A segurança da propriedade só será completa quando elas forem eliminadas.

As mesmas noções de direito de propriedade acompanharam os primeiros colonizadores britânicos no Pacífico Sul. Em 1770, Cook reivindicava a costa leste de Nova Gales para a Coroa, não porque não houvesse aborígines, mas porque "nunca vimos nem uma única polegada de terra cultivada em todo o país". Portanto, o direito à terra podia se fundamentar na "descoberta", ou *vacuum domicilium*. O direito de propriedade não pôde ser reclamado tão facilmente nas terras da Nova Zelândia, nas quais tanto o povoamento como o cultivo eram bastante evidentes. O problema era que os direitos de propriedade entre os maoris não eram suficientemente individuados e absolutos. James Busby, o representante do governo britânico, admitia em 1835 que, "Pelo que se tem verificado, todo acre de terra neste país pertence a diversas tribos; e todo indivíduo na tribo tem uma participação distinta na propriedade; embora a sua posse nem sempre seja definida separadamente".[173]

Como na Nova Inglaterra, colocar a terra no mercado foi complicado por causa das reivindicações comunais em relação à propriedade. Em comparação com seus predecessores norte-americanos, os maoris tiveram a sorte de que, na época da colonização, os colonizadores pakeha foram um pouco mais escrupulosos em seus procedimentos de apropriação da terra. Os maoris eram também numerosos, além de formidáveis guerreiros. O Tratado de Waitangi (1840) foi a tentativa mais séria de combinar as noções capitalistas e comunais da propriedade rural, e a complexidade dessa tarefa é testemunhada pelo fato de que discussões a respeito da interpretação do tratado ocupam um lugar central na vida política da Nova Zelândia até os dias de hoje.

Mas embora o poder colonial fosse capaz de estabelecer tratados com as nações ou tribos nativas (o que também foi feito em muitos casos norte-americanos), a história era bem diferente quando os direitos à propriedade rural começavam a ser legalmente vendidos. Como a terra podia ser colocada no mercado quando até um hupa, ou subtribo, partilhava com centenas de pessoas os direitos comunais sobre a terra? A solução devia ser política e sociológica, ou então devia ser legal. Quanto ao primeiro caso, era necessário levar a efeito “a destribalização dos nativos — para destruir, se possível, o princípio de comunismo que impregnava todas as suas instituições [...] e que se opunha como uma barreira a todas as tentativas de amalgamar a raça nativa ao nosso sistema social e político” [174] Quanto ao segundo, a lei da Nova Zelândia tentou lidar com a questão por meio do Native Land Act de 1865, cujo objetivo era tornar o direito dos nativos à terra “o mais semelhante possível à propriedade fundiária segundo a lei britânica”. Como a lei britânica nunca poderia reconhecer uma personalidade legal comunista, o parágrafo 23 do Native Land Act determinava que os direitos comunais não poderiam ser investidos em mais de dez pessoas. Uma testemunha maori declarou: “Quando o representante da Coroa foi chamado, o tribunal mandou que saíssemos para determinar os nomes que deveriam ser incluídos. Nós saímos — éramos talvez cem. Escolhemos aqueles que deviam figurar na doação”. Esse mecanismo fraudulento foi então declarado como sendo “de acordo com o costume maori”.[175]

A noção de propriedade rural absoluta, que triunfou na Inglaterra no final do século XVIII, continha um aspecto legal e um aspecto político. A propriedade rural requeria um dono da terra, desenvolver a terra requeria trabalho, e, portanto, submeter a terra também requeria submeter o pobre trabalhador. Como Lord Goderich, o secretário colonial, observou em 1831 (com respeito aos territórios do Norte do Canadá): “Sem alguma divisão do trabalho, sem uma classe de pessoas dispostas a trabalhar por salários, como a sociedade pode deixar de cair num estado de simplicidade quase primitiva, e como se conseguem os confortos e os refinamentos da vida civilizada?”[176] Portanto, a propriedade-mais-desenvolvimento requeria o modelo do proprietário local, em que se combinava a autoridade econômica, social e talvez judicial sobre os seus trabalhadores, segundo o modelo do fidalgo rural inglês (e talvez do juiz de paz).

Os projetos mais ambiciosos de transpor tanto a lei da propriedade como o modelo sociológico do proprietário de terra para um contexto estrangeiro foram a sucessão de colônias que os administradores britânicos impuseram à Índia. A primeira dessas colônias — a Colônia Permanente de Bengala [atual Bangladesh] — oferece um paradigma dessa mentalidade que tem sido meu tema. Embora fosse finalmente formada com a proclamação do governador-geral, lorde Cornwallis (22 de março de 1793), a colônia teve, como mostrou Ranajit Guha, uma longa pré-história. [77] Em suas propostas, tanto os economistas mercantilistas como os fisiocratas e os economistas políticos smithianos, todos concordavam a respeito da necessidade de se estabelecer as garantias da propriedade, e todos convergiam para uma solução que investiria esses direitos de propriedade permanente nos *zemindares*.[IX] Alexander Dow, o autor de *The history of Hindostan* [A história do industão] (1768), duvidava do suposto direito do *zemindar* a títulos de propriedade. A terra (na sua perspectiva) era propriedade da "Coroa" ou do imperador moghul, e apesar de concedida aos *zemindares* — que na realidade eram funcionários civis e administrativos do império, coletores e fiadores de renda — não se podia dizer que fosse sua propriedade absoluta e exclusiva. Em teoria, pelo menos, a concessão podia ser revogada. Ainda assim, Dow preferia a colonização da terra pelos *zemindares*, como alternativa para o sistema corrupto e opressivo de contratar terceiros para cuidar das rendas (o que muitos observadores acreditavam ter contribuído para a terrível fome de 1770). "Uma ideia estabelecida de propriedade é a fonte de toda diligência entre os indivíduos e, sem dúvida, a fundação da prosperidade pública."

Esse argumento atribuía o direito de posse da terra à doação suposta ou real do poder moghul para a Companhia das Índias Orientais, junto com as rendas ligadas à terra. Philip Francis — talvez porque sentisse que esse título de propriedade era inseguro — contestava a "opinião errônea" de que, no Império Moghul, o poder regente fora proprietário do solo. Ele preferia exaltar os direitos de propriedade dos *zemindares,* e citava como prova "a qualidade transmissível das terras". Nesse ponto, ele tomava erroneamente o caráter transmissível do *cargo* de *zemindar* — administrar as terras e coletar as suas rendas — pela *posse* das terras. E se Francis tivesse refletido, teria encontrado muitos exemplos de direitos e reivindicações sobre a terra que podiam ser herdados embora ficassem muito aquém da propriedade absoluta, reconhecida na lei inglesa. O mais comum era o aforamento.

Não é preciso ser um especialista nas complexidades dos sistemas agrários do Sul da Ásia para perceber que esses contendores estavam tentando comprimir as suas feições numa máscara inglesa modernizadora — ou "empreendedora". Com o proprietário de terra inglês e o juiz de paz em mente, Francis escreveu que "os *zemindares* são ou devem ser os instrumentos do governo em quase todos os ramos da administração civil". Ele até comparava o *zemindar* ao senhor da herdade. Quando uma *gentry* bengali estivesse esta-

(IX) Termo originário da Índia que significa ocupante (*dar*) da terra (*Zemin*). (N. R.)

belecida, dela penderia o resto do modelo sociológico desejado — "aquelas gradações intermediárias de posição social, autoridade e responsabilidade, que mantêm coesas as grandes sociedades civis", compostas de "sucessivas posições de subordinação".[178] Isso também fazia parte da retórica consensual de todos os partidos britânicos. Entre essas vozes, apenas as de Warren Hastings e seu círculo de amigos — os mesmos sujeitos que os adeptos do desenvolvimento acusavam de serem bandidos e parasitas que se enriqueciam contratando terceiros para cuidar das rendas da companhia — sugeriam que a colonização da terra ficasse a cargo dos camponeses hindus, os verdadeiros agricultores. É provável que Hastings estivesse polemizando e não falasse a sério.

Charles Cornwallis assumiu o cargo em Bengala pouco antes da Revolução Francesa. Seria interessante saber como ele formara as suas noções sobre o que era apropriado à posse da terra. O seu pai fizera um casamento auspicioso no clã Townshend-Walpole, com quem o jovem Charles certamente não aprendera apenas sobre nabos, mas também sobre a usurpação patrícia dos direitos senhoriais. Um curto período no cargo de presidente do tribunal em Eyre, ao sul de Trent, pode ter lhe ensinado a abominar os costumes indistintos na floresta. O fato de ter servido nas guerras americanas lhe terá dado a oportunidade adequada de meditar sobre a diferença entre terras desenvolvidas e não desenvolvidas. "O desenvolvimento era uma palavra-chave que frequentemente ocorria em seus apontamentos e correspondência."[179] Nos intervalos de suas funções, o seu lugar era em Culford, Suffolk. A duas milhas de distância ficava Timworth, onde em 1787 — um ano depois de Cornwallis partir para Bengala — o flagrante desprezo de Mary Houghton pelos direitos de propriedade provocou o célebre julgamento contra a respiga. Peter King examinou os documentos das propriedades de Cornwallis, e conclui que os Houghton infratores viviam na realidade dentro das terras de Cornwallis e que haviam ofendido o seu intendente ou gerente da propriedade. Pequenos proprietários de uma choupana com direitos comuns, eles foram capazes de bloquear um acalentado plano de cercamento e reorganização das terras de Cornwallis. É possível que tenha sido essa a razão de Mary Houghton ser levada a julgamento por respigar.[180]

O dr. King não descobriu nenhuma referência à feroz Mary Houghton na correspondência remanescente de Cornwallis. Mas não precisamos supor que o governador-geral de Bengala seguisse todos os detalhes da racionalização na sua distante propriedade em Suffolk. Ele se contentava em deixar as decisões mundanas para seu irmão, o bispo de Lichfield. Sem dúvida, os irmãos partilhavam o mesmo ponto de vista *whig* e progressista. O professor Guha mostrou que uma das origens intelectuais da Colônia Permanente era o pensamento fisiocrata, mas a práxis menos teórica dos patrícios *whigs* tinha igual importância.[181] Como observou um historiador da geração de meu pai (aliás, meu próprio pai): "A mesma era que viu o camponês inglês ser expropriado de suas terras comuns viu o camponês bengali ser transformado em parasita em seu próprio país",[182] e isso foi realizado pela mesma mentalidade, pelas mesmas opiniões legais sobre o direito de propriedade absoluta, e às vezes pelos mesmos homens.

O objetivo imediato da Colônia Permanente era a conveniência de arrecadar a renda e a necessidade de impedir os abusos da arrecadação. Mas, por trás disso, havia um modelo *whig* de relações de classe, em que — como escrevera Locke — "submeter ou cultivar a terra e ter domínio, vemos que são ações conjuntas". O domínio dava segurança aos direitos exclusivos de propriedade, e a propriedade fundiária era a condição apropriada não só para plantar nabos, mas também para plantar interesses políticos. Sir Henry Strachey escrevia em 1802 que estamos ansiosos por garantir a "ajuda dos homens de posses e influência para preservar a paz por todo o país", mas esses direitos de posse deviam ser concedidos "apenas a propriedades rurais de um certo porte":

> Não há cavalheiros, em cuja honra e probidade, em cujo espírito e atividade, o governo possa depositar confiança. Não existe entre o povo e os governantes uma camada média que respeite os seus governantes e seja por eles respeitada; que [...] poderia [...] se empenhar corajosa e efetivamente, cada um em sua própria esfera, a favor do bem público. Tal conjunto de homens na sociedade é aqui desconhecido.[183]

A intenção da Colônia Permanente era estabelecer uma *gentry whig*, e esse papel foi entregue aos *zemindares* de maior importância, "para preservar a ordem na sociedade civil".[184] A medida "foi tomada para naturalizar as instituições fundiárias da Inglaterra entre os nativos de Bengala".[185] É inadequado descrever o verdadeiro status dos *zemindares* como o de "coletores de renda hereditários". Mesmo isso implica a possibilidade de uma tradução direta entre dois sistemas radicalmente incompatíveis de posse da terra. Simplesmente não havia maneira de converter as práticas e os costumes de Bengala, Biliar ou Orissa numa espécie comum que pudesse ser intercambiada com a prática inglesa e o direito consuetudinário. Como Sir William Hunter escrevera mais tarde:

> Minha própria investigação aponta para uma infinita gradação nos direitos das várias classes com interesses na terra. Em alguns distritos, o proprietário de terra era quase independente do vice-rei muçulmano [...] em outros, não passava de um intendente nomeado para receber as rendas. Em alguns distritos, novamente, os direitos dos camponeses eram reconhecidos, e o antigo sistema comunal continuava a exercer uma nítida influência; em outros, os lavradores eram simples servos. Esse é o segredo das objeções contraditórias que foram apresentadas contra a interpretação de Lord Cornwallis da lei da terra [...] Os coletores que tinham de lidar com distritos em que os proprietários de terra eram os verdadeiros donos do solo queixavam-se de que a Colônia Permanente os privara de seus direitos e os arruinara; enquanto aqueles que derivavam a sua experiência de regiões do país

em que o sistema muçulmano exterminara as antigas propriedades objetavam que Lord Cornwallis sacrificara os bens do governo e os direitos do povo, para transformar um grupo de arrecadadores de impostos e intendentes de terras numa *gentry* impostora.[186]

Isso dizia respeito à Bengala rural. Quando Hunter passou a considerar a subsequente colônia de Orissa (1804),[187] o seu relato ficou ainda mais matizado. Tomando como seu tema os "Direitos incipientes de propriedade", ele distinguia mais claramente entre um direito de "propriedade" conferido ao príncipe sob as dinastias hindus e um direito de "ocupação" conferido à comunidade ou aos lavradores. Entre esses extremos, havia uma complexa hierarquia de coletores de impostos, intendentes de terras, contadores, chegando até aos chefes, todos com status consolidado para proveito das rendas e do governo moghul:

> Uma longa cadeia de donos intermediários se formou entre o poder regente que tinha a propriedade abstrata e o lavrador que desfrutava a posse real das terras. Assim, o proprietário de terras superior (*zemindar*) recebia a renda de um subordinado com direito de posse (*talugdar*), que a recolhia dos chefes da aldeia, os quais frequentemente arrecadavam-na por meio de [...] contadores da aldeia, que a cobravam de cada lavrador. Cada um desses intermediários tinha o seu próprio conjunto independente de direitos de propriedade [...] Os seus direitos, dos mais elevados aos mais baixos, consistiam na prerrogativa de manusear os impostos sobre a terra e passá-los adiante.[188]

Mas até esse relato (alertava Hunter) era "mais claro e mais sistemático" do que as evidências indicavam, "pois as palavras inglesas que se referem aos direitos fundiários adquiriram uma fixidez e uma precisão que não podiam possuir durante um período de crescimento incipiente". O que a Colônia Permanente em Orissa tentava fazer (seguindo o exemplo de Bengala) era transformar o "cargo *quase* hereditário, *quase* transferível do *zemindar* que administrava a terra e remetia as rendas num direito de propriedade plena". Entretanto, esse direito de propriedade permanecia em certo sentido "abstrato", pois até o "direito de posse" não dava aos novos "donos" a posse ou a ocupação da terra, "pois tal coisa em geral pertencia a quem realmente a cultivava".[189] Em todos os debates da década de 1770 à década de 1790, a mentalidade britânica *whig* tinha em grande parte desconsiderado os *ryots*, os verdadeiros donos da terra.[190] Os administradores britânicos "definiam e consolidavam o direito dos proprietários de terra, deixando indeterminados os direitos dos lavradores. Os primeiros recebiam um status legislativo; os segundos, não".[191]

Sir Charles Metcalfe via a Colônia Permanente de Bengala como "o ato mais violento de opressão já cometido em qualquer país, por meio do qual toda propriedade fundiária fora transferida da classe a quem cabia por direito para um grupo de hindus anglicizados, que tinham feito fortuna por meio de suborno e corrupção". Lord Cornwallis (dizia ele) era celebrado como "o grande criador da propriedade rural privada na Índia". "Eu diria [...] que ele foi o criador da propriedade privada das rendas do Estado, e o grande destruidor da propriedade privada na Índia, destruindo centenas de milhares de proprietários para cada um que ele gratuitamente criava [...]."[192]

Metcalfe argumentava que "Os verdadeiros proprietários da terra são em geral os indivíduos das comunidades, que também são, na maioria das vezes, os ocupantes naturais e os cultivadores da terra". A injustiça fora cometida por aqueles que, "desejando defender os direitos da propriedade privada, aplicaram as ideias e os sistemas ingleses na Índia", e "colocaram os lavradores da Índia, os pobres, mas legítimos possuidores hereditários da terra, na mesma categoria dos trabalhadores da Inglaterra".[193] O que Metcalfe não percebia, nem dizia, era que a expropriação dos *commoners* da Inglaterra, bem como a insistência do direito consuetudinário inglês em que "a natureza da propriedade [ ] implica desfrute exclusivo", constituíam os modelos para a Colônia de Bengala.

Metcalfe foi talvez o mais humanitário dentre aqueles a quem Eric Stokes atribuiu a montagem de uma reação paternalista ou burkiana às medidas de Cornwallis. (Como Burke era um defensor da economia política [mais adiante, p. 252] e não se notabilizou por apoiar os direitos dos *commoners*, o adjetivo pode estar mal empregado.) As batalhas ideológicas dentro dos grupos britânicos dominantes eram travadas em terra indiana. As colônias subsequentes se afastaram do modelo *whig* simplista. Em Madrasta e Bombaim, o sistema de *ryotwar* procurava investir os direitos de propriedade numa camada de pequenos proprietários rurais ou camponeses médios. [194]

Metcalfe até procurou apoiar a propriedade comunal da aldeia. Mas as exigências inexoráveis de renda por parte da administração, bem como a sua expropriação pelos devedores relapsos, frustravam todas as intenções. Depois vieram os utilitaristas, um liberalismo urbano e modernizador composto de individualismo, moeda e mercado, que desprezavam a aristocracia rural e os costumes "bárbaros [*gothic*]" ou hindus, ansiosos (com Bentham e James Mill) por impor o despotismo administrativo ocidental ao Oriente. Mais tarde, começando por Burma e estendendo-se neste século até a África Ocidental, houve, numa série notável de inversões da ideologia *whig*, a colonização de extensas terras pertencentes ao domínio superior do Estado, combinada com medidas para inibir o crescimento da propriedade privada no campo.[195]

Mas tudo isso pertence a uma época diferente de imperialismo, mais preocupado com os direitos do capital do que com a propriedade no campo. Na África, o colonialismo aprendeu a coexistir com os usos rurais das tribos e com a lei costumeira; na verdade, aprendeu a inventar a lei costumeira, ou a codificá-la e institucionalizá-la de modo a criar uma estrutura nova e mais formal de normas.[196] Uma das consequências talvez seja o desenvolvimento de uma economia dual e de um regime dual: um lado "modernizado" e plenamente mercantilizado, o outro (normas indiretas) recluso no "costume", em que um rompimento mais suave dos laços do trabalho com a terra e a dissolução das formas tradicionais do estatuto de propriedade familiar ou comunal ficavam a cargo da penetração das forças do mercado. Os processos não têm sido (e não são) unívocos, e há uma crescente literatura especializada sobre lei costumeira que deveria alertar o novato. Tampouco devemos esperar que se possa escrever a história da propriedade no campo abordando um único tema dominante, como o triunfo do individualismo possessivo, que abrangesse todos os continentes e séculos. A Colônia Permanente de Bengala foi o zênite na longa ascensão da ideologia dos patrícios *whigs* e da grande aristocracia, a qual ainda insisto em ver como uma burguesia agrária. E pelos seus próprios excessos e impraticabilidade doutrinária, foi também o *reductio ad absurdum* dessa ideologia.

VI

Este ensaio se preocupou em explorar a interface entre a lei e as ideologias dominantes, de um lado, e os usos do direito comum e a consciência costumeira, de outro. Não procura reviver em sua antiga forma certos debates, como o efeito dos cercamentos sobre a criação do proletariado. Fico entusiasmado por ver que essas questões estão sendo retomadas (sob novas formas), mas minhas próprias evidências não chegam ao ponto de poder acrescentar alguma coisa à discussão.[197]

O costume era um território em que muitos interesses lutavam por vantagens no século XVIII. Basicamente, no momento dos cercamentos, era um território de conflito de classe incondicional. Empregava-se a lei como instrumento de capitalismo agrário, favorecendo as "razões" do agrícola. Quando se pretexta que a lei era imparcial, derivando as regras de sua própria lógica autoextrapoladora, temos de replicar que tal pretexto era uma fraude de classe.[198]

Os zelosos propagandistas dos cercamentos reservavam o papel de vilões e de inimigos do "progresso" aos colonos teimosos, aos pequenos proprietários, aos posseiros e aos "bucaneiros" das florestas e dos pântanos. Mas as classes sociais podem desempenhar papéis duplos, e esses grupos têm voltado à cena nos últimos anos como heróis e heroínas de um drama diferente. Pois esses vilões podem ser vistos como atores que desempenham um papel revolucionário no crescimento da "protoindustrialização" ou da "economia do colonato". A sua pobreza e a marginalidade de seu acesso à terra os estimulavam a realizar esforços prodigiosos para desenvolver ofícios rurais e empregos secundários industriais nas margens das terras comunais. E eles estão refluindo para a produção de artigos especializados, triunfantemente fiando ou fazendo renda, levando leite, galinhas, manteiga e queijo para os mercados urbanos, apascentando os cavalos de carga nos descampados, introduzindo os teares comuns e os teares para tecer meias, realizando as suas pilhagens nas terras comunais apenas nos intervalos de seu trabalho de fazer sapatos, tecidos, móveis ou pregos, e em geral exercendo toda e qualquer habilidade protoindustrial possível.

Não sei do que estou zombando — talvez apenas da solenidade com que, no período de uma ou duas décadas, a profissão histórica inverte as suas modas. Pois a revisão é certamente útil, e não há dúvida de que é na economia do colonato que os recursos do direito comum tinham tanta importância.[199] Um autor de folhetos das Midlands escreveu em 1767 que:

> Em todas as paróquias, há algumas pessoas que têm casas e pequenos pedaços de terra no campo, com um direito à terra comum para uma vaca ou três ou quatro ovelhas, e com a ajuda desses recursos e com os proventos de um pequeno comércio ou de seu trabalho diário, elas conseguem levar uma vida muito confortável. A terra lhes dá trigo e cevada para fazerem o pão e, em muitos lugares, vagens ou ervilhas para alimentar um ou dois porcos que lhes fornecem carne; com a palha eles fazem o telhado da choupana, e invernam a vaca, que dá o leite para o café da manhã e para a ceia de suas famílias durante nove ou dez meses no ano. Essas pessoas desaprovam os cercamentos por uma quase unanimidade.[200]

Sem dúvida, alguns dos *commoners* de Atherstone estavam entre essas pessoas. Outros estavam mais plenamente ocupados com seus ofícios: eram açougueiros, preparadores de malte, donos de cervejarias, vendedores diversos do vilarejo, ferreiros, construtores de carroças, pedreiros e construtores, aqueles que trabalhavam como carpinteiros, alfaiates, sapateiros. J. M. Martin descobriu muitos desses trabalhadores entre os *commoners* prejudicados pelos cercamentos em South Warwickshire,[201] e foi exatamente nessas "vilas mistas agrícolas e manufatureiras" que Neeson encontrou, em seu estudo de Northamptonshire, a mais forte resistência aos cercamentos.[202]

Na realidade, o acesso extensivo a uma terra comunal podia ser vital para o sustento de muitos aldeões, mesmo que eles não tivessem direito comum, pois podiam alugar nessas terras o pasto para uma vaca, ou parar e abastecer um pouco para seu transporte essencial: isto é, o pasto para um cavalo. Em Maulden (Bedfordshire), cuja extensa terra comunal foi cercada em 1797, com a ocorrência de tumultos (p. 101), Young ouviu de um colono em 1804 que "os cercamentos arruinariam a Inglaterra; eram piores que dez guerras [...]. Eu criava quatro vacas antes de a paróquia ser cercada, e agora não crio nem sequer um ganso". Em Eaton (Bedfordshire), Arthur Young registrou que "as pessoas que foram mais atingidas e prejudicadas" pelos cercamentos de 1796 foram "os vendedores ambulantes — de peixe, pão de gengibre, maçãs, transporte de aluguel etc.; esses criavam cavalos e recorriam às terras comunais sem a elas ter direito, eles se queixam, mas não têm o direito de reclamar". Em March (Cambridgeshire), cercado em 1793, havia vinte famílias de leiteiros "que ganhavam o seu sustento — criavam as suas famílias decentemente —; depois do cercamento, ficaram reduzidos ao trabalho de diaristas, ou foram forçados a emigrar. Esses homens apenas alugavam o uso da terra em comum, não tinham eles próprios direitos comuns".[203] Esse tipo de gente tem se esquivado da atenção dos historiadores, pois não eram nem agricultores, nem proletários emergentes, e não tinham importância para ninguém a não ser para eles mesmos.

Quando esbocei este ensaio pela primeira vez, mais de vinte anos atrás, rejeitei as descrições triunfais dos empreendedores e modernizadores, mas considerei que a historiografia radical — e especialmente os Hammond — também errara ao focalizar em demasia o cercamento parlamentar, apresentando-nos assim um paradigma catastrófico. Mas tal cercamento era apenas o último ato de vários séculos de capitalismo agrário, incluindo o grande número de cercamentos realizados por acordo entre os proprietários de terra. As relações na maioria dos vilarejos já estavam monetarizadas e sujeitas aos imperativos do mercado antes do ato do cercamento. Os usos do direito comum estavam presos por um fio à árvore da tradição, e muitos estavam mais do que maduros, prontos para cair. A vespa já estava dentro deles. Os foreiros tinham se tornado arrendatários que pagavam rendas extorsivas, muitos colonos tinham se tornado trabalhadores diaristas, suplementando talvez a sua remuneração com algum trabalho de fiação e a criação de alguns animais. Os direitos de pastagem tinham sido comercializados, e os portões nas terras comunais há muito tempo podiam ser alugados. Lembro-me de ensinar que, no final do século XVII, as formas comunais da vila aberta eram apenas a casca formal de uma fruta, cujo âmago já fora carcomido por dentro pelo dinheiro.

Entretanto, minha própria pesquisa e a de outros estudiosos persuadiram-me a rever o assunto. Havia muitas aldeias em que os usos do direito comum eram bem mais do que mera forma, principalmente aquelas em que os recursos das terras comunais e do descampado, a pastagem nas *lammas lands* e nas margens das veredas, o trabalho remunerado na colheita e nas épocas de maior atividade, os ofícios ou empregos secundários se suplementavam uns aos outros para criarem o sustento necessário. A subsistência não era nada além de mísera, o modo de vida podia ser instável, mas os indivíduos não estavam sujeitos a uma disciplina alienada de trabalho desde a juventude até a morte.[204] Em alguma parte de suas vidas, "os pobres" ainda sentiam que se autodeterminavam e que, nesse sentido, eram "livres". Na realidade, "os pobres" era um termo criado pela *gentry*, que às vezes mascarava um campesinato inflexível. Para John Clare, a charneca não cercada simbolizava também a "liberdade" dos pobres:

Uma liberdade ilimitada regia a cena errante
Nenhuma cerca de propriedade se insinuava
Para toldar a perspectiva do olhar curioso
Cativo apenas do céu circundante [...] [X] [205]

Além disso, mesmo nos lugares onde as formas comunais da aldeia não cercada eram apenas uma casca vazia, a própria forma ainda valia alguma coisa. A forma sancionava o costume, esse *habitus*, ou campo de ação e possibilidade, em que os interesses sabiam coexistir e brigar. E ela reproduzia uma tradição oral, uma consciência costumeira, nas quais os direitos eram reivindicados como "nossos", e não como meus ou seus. Sem dúvida, não se tratava de um espírito comunista generoso e universalista. "O céu largo e comum da natureza"[206] é também o "céu circundante": a consciência limitada, circular, ciumentamente possessiva da paróquia.[207] A economia comunal era paroquial e exclusiva: se os direitos de Weldon eram "nossos", os homens e as mulheres de Brigstock deviam ser excluídos (p. 87). Mas para aqueles que "pertenciam" à paróquia, restava o sentimento de que a "possuíam" e tinham voz em seus regulamentos.[208] Nesse sentido, quando chegava a cada uma das aldeias, o cercamento era vivenciado como catastrófico para a cultura dos costumes. No espaço de um ou dois anos, o mundo dos trabalhadores se encolhia repentinamente, passando da "nossa" paróquia para uma choupana que poderia não ser deles:

A cerca agora encontra a cerca nos terrenos dos donos
Em campos e prados do tamanho de jardins,
Pequenos pedaços de terra para agradar a mentes pequenas
Com os homens e os rebanhos presos e pouco à vontade.[XI] [209]

O cercamento era anunciado por intermédio do "sinal odiado" do proprietário privado, que ordenava aos trabalhadores (e qualquer outro estranho) que não "invadissem" suas próprias terras em comum.

Apesar da longa erosão dos usos do direito comum e da longa pré-história da penetração capitalista na economia camponesa, o cercamento parlamentar ainda "marcava um ponto decisivo na história social de muitos vilarejos ingleses", um ponto decisivo identificado muito claramente pela dra. Neeson:

(x) Unbounded freedom ruled the wandering scene/ Nor fence of ownership crept in between/ To hide the prospect of the following eye/ Its only bondage was the circling sky [...]

(xi) Fence now meets fence in owners little bounds/ Of field and meadow large as garden grounds/ In little parcels bale minds to please/ With men and flocks imprisoned ill at ease.

> Ele atingia as raízes da economia de múltiplas ocupações e ensinava aos pequenos camponeses a nova realidade das relações de classe. O ódio de John Clare ao símbolo dessa nova situação — o fazendeiro novo-rico, desejoso de ascender socialmente — ilustra a crescente separação de classes que o cercamento encarnava [...] Talvez essa separação já estivesse se desenvolvendo há muito tempo. Mas, até o cercamento, ela ficava mascarada por outras relações nascidas das normas agrícolas ditadas pelos costumes e dos direitos de uso partilhados sobre a terra. A organização do trabalho no sistema de campo aberto estimulava a cooperação; e a defesa dos direitos comuns requeria a proteção tanto dos direitos menores como dos maiores. O cercamento rasgava a máscara, não só para revelar mais claramente os interesses diferentes dos pequenos e grandes proprietários de terra, mas também para favorecer uns às expensas dos outros [...]. O cercamento tinha uma visibilidade terrível, mas instrutiva.[210]

Temos a sorte de encontrar nos textos de John Clare um registro sensível dessa consciência costumeira no momento de sua agonia. Não importa se o cercamento em Helpston teve como consequência um número maior ou menor de pequenos fazendeiros. O depauperamento dos trabalhadores rurais não estava no centro do interesse poético de Clare (embora ele não o esquecesse). O que mais o preocupava era a nova posição instrumental e exploradora, não apenas em relação ao trabalho ("essa ferramenta necessária de riqueza e orgulho"), mas também em relação ao mundo natural. Não se trata (como supõem alguns críticos) de que a motivação desse poeta camponês fosse mais "estética" que social. Clare pode ser descrito, sem percepção tardia, como um poeta do protesto ecológico. Ele não escrevia sobre o homem aqui e a natureza ali, mas lamentava o equilíbrio ameaçado em que ambos estavam envolvidos:

> *Ah, inimigos cruéis favorecidos pela fartura*
> *Tão obstinados em querer mais*
> *Devastando os prados e as pastagens*
> *De que antes se beneficiavam.*[XII][211]

O proveito mútuo, tanto dos prados e pastagens como de seus cultivadores, é sugerido "antes"; agora são devastados para o único proveito dos responsáveis pelos cercamentos.

Helpston foi cercada durante a adolescência de Clare, e desde então a Helpston pré-cercamento passou a ser recordada como um Éden, o mundo da inocência infantil perdida. Sem dúvida, o contraste tornava as suas memórias mais doces:

(XII) Ah cruel toes with plenty blest/ So ankering after more/ To lay the greens and pasture waste/ Which profitted before.

> Só me sentia livre quando estava nos campos aproveitando o meu sábado e o meu lazer com os pastores e os meninos do rebanho, quando inventava às vezes de jogar bola de gude nas trilhas de chão batido das ovelhas, ou de pular carniça entre os montículos de terra cobertos de tomilho, ora correndo entre o trigo para colher as flores vermelhas e azuis para as rosetas da brincadeira de soldado, ora correndo nos matos à procura de morangos, ora roubando ervilhas na hora da missa [...].[212]

O trecho transmite o seu sentimento de pertencer a um lugar, desde a infância — talvez especialmente na infância —, dentro de um espaço comum partilhado e "livre", um espaço encolhido entre os limites cercados da propriedade privada com a chegada do cercamento.

Não temos de procurar outras evidências para comprovar os textos de John Clare, pois os seus poemas são a evidência de uma atormentada consciência costumeira. Se Clare se tornou conhecido como o poeta de uma localidade, esse fato também faz parte dessa consciência. Há no seu texto um conjunto de normas e práticas costumeiras que vêm juntas. Há uma economia em que as trocas de serviços e favores continuam significativas, ainda lembradas pelas características locais da paisagem. Há o dialeto local — empregado com tanta eficácia no verso de Clare — que (enganosamente) parece ser um produto mais "social" do que o inglês estandardizado, dialeto que no século XVIII estava se tornando o veículo, não apenas da fala local ou regional, mas da fala *plebeia* regional, e que é, ele próprio, o sinal de um certo tipo de consciência costumeira.[213] Há as instituições locais para regulamentar os acontecimentos da comunidade, inclusive as leis de assistência aos pobres, que nos tempos pré-cercamentos ainda podiam ser administradas com uma rude amabilidade prática, mas que no ritmo do "desenvolvimento" adquiriam a sua mistura fim-de-século de indignidade, dependência e disciplina. "A paróquia", um termo que antes sugeria lar e segurança, estava se transformando em outro termo (*on the parish* — "receber auxílio da paróquia"), que conotava mesquinhez e vergonha. E, finalmente, há as formas dos passatempos tradicionais e dos rituais em que as pessoas "se entregam à recreação para se recriarem a si mesmas como comunidade".[214]

Sem dúvida, seremos alertados contra a sentimentalização dessa consciência costumeira pré-cercamentos, que era o vetor de seus próprios gêneros de estreiteza, brutalidade e superstição. É verdade, mas às vezes é a única parte da verdade que lembramos hoje em dia. As terras comunais e os descampados encolheram no século XIX, ficando reduzidos aos prados da aldeia (se é que esses sobreviveram), e o costume partilhado comunitariamente ficou reduzido aos "costumes do almanaque" e aos resíduos coligidos pelos folcloristas. Tenho tentado recordar a consciência costumeira em sentido mais amplo, quando a comunidade se sustentava com os recursos e usos existentes. O jovem Clare foi levado à fúria por um fazendeiro que trancou uma bomba de água pública:

Trancar a água — deve ser reconhecido
Entre os costumes de uma terra cristã
Como uma ação muito incomum [...] [XIII 215]

Sem dúvida, ele saboreou o sentido duplo de "incomum". A apropriação privada do mundo natural que o cercamento simbolizava, era (para Clare) uma ofensa à "natureza" e à comunidade humana, e ele identificava como inimiga de ambas uma lógica que ainda existe entre nós na agricultura industrializada e na privatização da água.

As extraordinárias elegias de Clare sobre os cercamentos, "The mores" e "Remembrances", levam-nos de volta a esse universo conceitual antes que "viessem as ilegítimas leis dos cercamentos". Depois de nos conduzir pelas memórias infantis das brincadeiras nas terras comunais, ele se vê com chocante imprevisibilidade diante do patíbulo do couteiro:

Vejo as pequenas toupeiras dependuradas balançando ao vento
No único velho salgueiro que ainda resta em todo o campo
E a natureza esconde a face enquanto elas balançam nas correntes
E num murmúrio silencioso lamenta
Aqui havia terras comuns para suas tocas, onde elas ainda buscam liberdade
Embora essas terras tenham desaparecido e se armem ciladas para matar
Os pequenos mineiros sem-teto [...][XIV]

São toupeiras de verdade, mas a imagem também se aplica aos *commoners* desalojados. Tão íntima é a imbricação ecológica mútua do humano e do natural que um pode representar o outro. E Clare se esforça para transmitir a força do sentimento de "um poeta camponês"[216] por uma localidade cujos marcos não são propriedade privada, mas ainda (num sentido partilhado) intensamente possuídos!

Pelos arbustos de Langley ando à toa, mas o mato deixou o morro
No gramado cercado me perco, é um deserto estranho e frio
E o carvalho do extenso prado fechado, antes de a velhice redigir
[seu testamento,
Pelo machado do predador e do interesse pessoal caiu vítima,

(XIII) To lock up Water — must undoubted stand/ Among the Customs of a Christian Land/ An Action quite Uncommon [...].

(XIV) I see the little mouldiwarps hang sweeing to the wind/ On the only aged willow that in all the field remains/ And nature hides her face while theyre sweeing in their chains/ And in silent murmuring complains/ Here was commons for their hills where they seek for freedom still/ Though every commons gone and though traps are set to kill/ The little homeless miners [...]

O caminho pelo outeiro e a vereda estreita dos velhos carvalhos redondos,
Com suas árvores ocas como púlpitos, nunca mais verei
O cercamento como um buonaparte nada deixou de pé
Nivelou todo arbusto e toda árvore, nivelou todo morro
Dependurou as toupeiras como traidores — e se o riacho ainda flui,
Verte uma corrente nua, fria e deprimente[XV] [217]

Os antigos marcos da inspeção da paróquia desapareceram, e todo esse universo do costume é agora apenas uma lembrança na cabeça do poeta. A *gentry* cumprira o último e mais precipitado episódio dos cercamentos durante as guerras napoleônicas, com o grito de "Bony está chegando!". Tinham destruído os opositores domésticos com as suas Associações para a Proteção da Propriedade contra os Republicanos e os Niveladores. Com a palavra *levelled* [nivelou, nivelado], Clare vira o mundo deles pelo avesso e revela a base de ganância e repressão. Como o colono de Maulden declarou a Arthur Young em 1804: "Os cercamentos eram piores do que dez guerras". E nas toupeiras, enforcadas e "balançando ao vento", há provavelmente uma alusão — pois "Remembrances" foi escrito em 1832 — aos motins de 1830 em Swing e às vítimas destinadas ao patíbulo.

Não é que John Clare, ou os *commoners* por quem ele falava, fossem comunistas primitivos. Vistas de sua perspectiva, as formas comunais expressavam uma noção alternativa de posse, por meio de direitos e usos triviais e particulares que eram transmitidos pelo costume como *propriedades* dos pobres. O direito comum, que em termos vagos era vizinho da residência, era direito *local*. Por isso, era igualmente um poder para excluir estranhos. Ao tirar as terras comunais dos pobres, os cercamentos os transformaram em estranhos em sua própria terra.

(xv) By Langley bush I roam but the bush hath left its hill/ On cowper green I stray tis a desert strange and chill/ And spreading lea close oak ere decay had penned its will/ To the axe of the spoiler and self interest fell a prey/ And crossberry way and old round oaks narrow lane/ With its hol low trees like pulpits I shall never see again/ Inclosure like a buonaparte let not a thing remain/ It levelled every bush and tree and levelled every hill/ And hung the moles for traitors — though the brook is running still/ It runs a naked stream cold and chill

4

A ECONOMIA MORAL DA MULTIDÃO INGLESA NO SÉCULO XVIII

Aquele que retém o trigo, o povo o amaldiçoará: mas que a bênção recaia sobre a cabeça de quem o vende.

Provérbios, XI, 26

I

Nos últimos anos, George Rudé e outros têm nos alertado sobre o emprego vago do termo "turba" [*mob*]. Neste capítulo, desejo estender o alerta ao termo "motim" [*riot*], especialmente no que se refere aos "motins da fome" [*food riots*] na Inglaterra do século XVIII.

Essa simples palavra de cinco letras é capaz de encobrir o que pode ser descrito como uma visão espasmódica da história popular. Segundo essa visão, dificilmente se pode tomar a gente comum como agente histórico antes da Revolução Francesa. Antes desse período, ela se intromete ocasional e espasmodicamente na cena histórica, em períodos de repentina perturbação social. Essas intromissões são antes compulsivas que conscientes ou autoativadas: não passam de reações aos estímulos econômicos. Basta mencionar uma colheita malograda ou uma tendência de baixa no mercado, e todos os requisitos da explicação histórica são satisfeitos.

Infelizmente, mesmo entre os poucos historiadores britânicos que contribuíram para o nosso conhecimento dessas ações populares, vários têm apoiado a visão espasmódica. Têm refletido de modo apenas superficial sobre os materiais que eles próprios revelam. Assim Beloff comenta os motins da fome do início do século XVIII: "esse ressentimento, quando o desemprego e os preços elevados se combinavam para tornar a situação insuportável, manifestava-se em ataques aos comerciantes de grãos e aos moleiros, ataques que devem frequentemente ter degenerado em simples desculpas para o crime."[1] Mas procuramos em vão nas suas páginas a evidência quanto à frequência dessa "degeneração". Em sua útil crônica dos distúrbios, Wearmouth se permite uma categoria explicativa: "desgraça".[2] Ashton, em seu estudo dos motins da fome entre os mineiros de carvão, traz o apoio do paternalista: "a turbulência dos mineiros de carvão certamente deve ser explicada por algo mais elementar do que a política: foi a reação instintiva da virilidade à fome".[3] Os tumultos eram "rebeliões do estômago", e sugere-se que essa é de certa forma uma explicação consoladora. A linha de análise flui assim: elementar-instintivo-fome. Charles Wilson continua a tradição: "Aumentos espasmódicos nos preços dos alimentos levaram os tripulantes de barcaças no Tyne a se rebelar em 1709, e mineiros de estanho a saquear celeiros em Falmouth em 1727". Um espasmo suscitava outro. O resultado era "pilhagem".[4]

Durante décadas, a história social sistemática tem se mantido na retaguarda da história econômica, e isso continua até os dias de hoje toda vez que se admite que uma qualificação na segunda disciplina automaticamente confere proficiência na primeira. Portanto, ninguém pode se queixar das pesquisas recentes por tenderem a sofisticar e quantificar uma evidência compreendida apenas imperfeitamente. O decano da escola espasmódica é certamente Rostow, cujo tosco "mapa da tensão social" foi apresentado pela primeira vez em 1948.[5] Segundo esse diagrama, basta reunir um índice de desemprego e outro, de preços elevados dos alimentos, para poder mapear o percurso da perturbação social. Isso contém uma verdade óbvia: as pessoas protestam quando estão com fome. Numa linha de raciocínio bem semelhante, um "diagrama da tensão sexual" mostraria que o início da maturidade sexual pode ter correlação com uma frequência mais elevada da atividade sexual. A objeção é que esse diagrama, se empregado de forma pouco inteligente, pode nos levar a concluir a investigação exatamente no ponto em que adquire interesse cultural ou sociológico sério: estando com fome (ou sendo sensuais), o que é que as pessoas fazem? Como o seu comportamento é modificado pelo costume, pela cultura e pela razão? E (tendo admitido que o estímulo primário da "desgraça" está presente) o seu comportamento não contribui para alguma função mais complexa? Função essa que, mediada pela cultura, por mais cozida que seja no fogo da análise estatística, não pode ser reduzida ao estímulo novamente.

Um número muito grande de nossos historiadores do crescimento incorre num reducionismo econômico crasso, obliterando as complexidades da motivação, comportamento e função, fato que, se percebessem no trabalho análogo de marxistas, provocaria o seu protesto. A debilidade comum a essas explicações é uma visão redutora do homem econômico. O que talvez seja motivo de surpresa é o clima intelectual esquizoide, que permite a coexistência (nos mesmos lugares e às vezes nas mesmas inteligências) dessa historiografia quantitativa com uma antropologia social que deriva de Durkheim, Weber ou Malinowski. Sabemos tudo a respeito do delicado tecido de normas e reciprocidades sociais que regula a vida dos ilhéus de Trobriand, e conhecemos as energias psíquicas envolvidas nos cultos das cargas na Melanésia; mas, em algum ponto, essa criatura social infinitamente complexa, o homem melanésio, torna-se (em nossas histórias) o mineiro de carvão da Inglaterra do século XVIII, que espasmodicamente bate a mão na barriga e reage a estímulos econômicos elementares.

Contra essa visão espasmódica, oponho minha própria visão.[6] É possível detectar em quase toda ação popular do século XVIII uma noção legitimadora. Por noção de legitimação, entendo que os homens e as mulheres da multidão estavam imbuídos da crença de que estavam defendendo direitos ou costumes tradicionais; e de que, em geral, tinham o apoio do consenso mais amplo da comunidade. De vez em quando, esse consenso popular era endossado por alguma autorização concedida pelas autoridades. O mais comum era o consenso ser tão forte a ponto de passar por cima das causas do medo ou da deferência.

O motim da fome na Inglaterra do século XVIII era uma forma altamente complexa de ação popular direta, disciplinada e com objetivos claros. Determinar até que ponto esses objetivos eram alcançados — isto é, até que ponto tal levante era uma forma "bem-sucedida" de ação — é uma questão demasiado intricada para estudar nos limites de um capítulo; mas a questão pode ao menos ser proposta (em vez de ser, como de costume, descartada com uma negativa sem passar por nenhum exame), e isso só pode ser feito quando os objetivos próprios das multidões são identificados. É certamente verdade que os motins eram provocados pelo aumento dos preços, por maus procedimentos dos comerciantes ou pela fome. Mas essas queixas operavam dentro de um consenso popular a respeito do que eram práticas legítimas e ilegítimas na atividade do mercado, dos moleiros, dos que faziam o pão etc. Isso, por sua vez, tinha como fundamento uma visão consistente tradicional das normas e obrigações sociais, das funções econômicas peculiares a vários grupos na comunidade, as quais, consideradas em conjunto, podemos dizer que constituem a economia moral dos pobres. O desrespeito a esses pressupostos morais, tanto quanto a privação real, era o motivo habitual para a ação direta.

Embora essa economia moral não possa ser descrita como "política" em nenhum sentido mais avançado, tampouco pode ser descrita como apolítica, pois supunha noções definidas, e apaixonadamente defendidas, do bem-estar comum — noções que na realidade encontravam algum apoio na tradição paternalista das autoridades; noções que o povo, por sua vez, fazia soar tão alto que as autoridades ficavam, em certa medida, reféns do povo. Assim, essa economia moral não se intrometia apenas nos momentos de perturbação social, mas incidia de forma muito geral sobre o governo e o pensamento do século XVIII. A palavra "motim" é demasiado pequena para abarcar tudo isso.

II

Assim como falamos do nexo monetário que emergiu com a Revolução Industrial, em certo sentido podemos falar do nexo do pão no século XVIII. O conflito entre o campo e a cidade era mediado pelo preço do pão. O conflito entre o tradicionalismo e a nova economia política girava em torno das Leis dos Cereais. O conflito econômico das classes na Inglaterra do século XIX encontrou sua expressão característica na questão dos salários; no século XVIII, os trabalhadores mobilizavam-se rapidamente e partiam para a ação por causa do aumento dos preços.

Essa consciência altamente sensível dos consumidores coexistiu com a grande era do desenvolvimento agrícola no cinturão graneiro do Leste e do Sul. Os anos que levaram a agricultura inglesa a um novo grau de excelência foram marcados pelos motins — ou, como os contemporâneos frequentemente os descreviam, pelas "insurreições" ou "levantes dos pobres" — de 1709, 1740, 1756-7, 1766-7, 1773, 1782 e, sobretudo, de 1795 e 1800-1. Essa vivaz indústria capitalista flutuava sobre um mercado irascível que podia a qualquer momento se dissolver em bandos saqueadores, que percorriam o campo com porretes, ou se rebelavam no mercado para "fixar o preço" das provisões num patamar popular. As fortunas das classes capitalistas mais vigorosas dependiam, em última análise, da venda de cereais, carne, lã; e os dois primeiros artigos deviam ser vendidos, com muito pouco processamento intermediário, aos milhões que constituíam os consumidores. Assim, os atritos do mercado nos conduzem a uma área central da vida da nação.

Os trabalhadores do século XVIII não viviam apenas de pão, mas (como mostram os orçamentos coligidos por Eden e David Davies) muitos deles viviam sobretudo de pão. Esse pão não era totalmente de trigo, embora até o início da década de 1790 o pão de trigo viesse ganhando terreno sobre as outras variedades. Na década de 1760, Charles Smith estimava que de uma suposta população de cerca de 6 milhões na Inglaterra e no País de Gales, 3 750 000 comiam trigo, 888 mil comiam centeio, 739 mil comiam cevada e 623 mil comiam aveia.[7] Por volta de 1790, podemos estimar que pelo menos dois terços da população estavam comendo trigo.[8] O padrão de consumo refletia, em parte, os graus relativos de pobreza e, em parte, as condições ecológicas. Os distritos com solo pouco produtivo e os distritos das regiões montanhosas (como os montes Peninos), onde o trigo não amadurece, eram os baluartes dos outros cereais. Ainda assim, na década de 1790, os mineiros de estanho da Cornualha se sustentavam principalmente com pão de cevada. Muita farinha de aveia era consumida em Lancashire e Yorkshire — e não apenas pelos pobres.[9] Os relatos de Northumberland divergem, mas aparentemente Newcastle e muitas das aldeias mineiras circundantes tinham a essa altura passado a comer pão de trigo, enquanto o campo e as cidades menores subsistiam de farinha de aveia, pão de centeio, *maslin*,[10] ou uma mistura de cevada e "ervilha cinzenta" [*gray pease*].[11]

Durante o século, o pão de trigo continuou a suplantar as variedades mais escuras de farinha integral. Tratava-se em parte dos valores de status que foram atribuídos ao pão branco, mas não era absolutamente só isso. O problema é muito complexo, mas podemos mencionar vários aspectos de forma sucinta. Vender pão branco ou farinha pura tinha vantagens para os padeiros e os moleiros, pois o lucro que podiam ganhar com essas vendas era em geral bem maior. (Ironicamente, esse fato provinha em parte da proteção paternalista ao consumidor, pois o Regulamento do Pão tinha por objetivo impedir que os padeiros lucrassem com a venda do pão aos pobres; por isso, era do interesse do padeiro fazer a menor quantidade de pão "caseiro" possível, e esse pouco ele ainda fazia mal.)[12] Nas cidades, que viviam atentas aos perigos da adulteração, suspeitava-se que o pão preto permitia encobrir com facilidade aditivos nocivos. Nas últimas décadas do século, muitos moleiros adaptaram suas máquinas e suas peneiras de pano, de modo que realmente não podiam preparar a farinha para o pão "caseiro" intermediário, produzindo apenas as qualidades mais finas de farinha para o pão branco, e o "refugo" para um pão escuro (que um observador achou "tão bolorento, causador de cólicas e pernicioso que punha em risco a saúde").[13] As tentativas das autoridades no sentido de impor, nos tempos de escassez, a fabricação de qualidades mais grosseiras de pão (ou, como em 1795, o uso geral do pão "caseiro") eram acompanhadas de muitas dificuldades, e frequentemente da resistência dos moleiros e padeiros.[14]

No fim do século, onde quer que o pão de trigo prevalecesse e fosse ameaçado por uma mistura mais grosseira, sentimentos de status estavam profundamente envolvidos. Há uma sugestão de que os trabalhadores acostumados com o pão de trigo realmente não conseguiam trabalhar — sofriam de fraqueza, indigestão ou náusea — se forçados a mudar para misturas mais grosseiras.[15] Mesmo em face dos preços abusivos de 1795 e 1800-1, a resistência de muitos trabalhadores era inflexível.[16] Em 1796, a Guilda dos Intendentes de Calne informou ao Conselho Privado [Privy Council] que pessoas "respeitáveis" estavam comendo a mistura de cevada e trigo exigida pela autoridade, e que os artesãos e operários pobres com famílias grandes

> em geral comem apenas pão de cevada. O resto, com famílias menores, talvez um terço dos artesãos pobres e outros artesãos (dizendo não conseguir nada *a não ser pão*), só têm comido, como antes da carestia, o pão do padeiro, feito com a farinha de trigo dita de segunda qualidade.[17]

O magistrado de Reigate informava, em termos semelhantes:

> [...] a respeito dos trabalhadores pobres que quase não têm outro sustento a não ser pão, e que pelo costume da região sempre têm comido pão feito apenas de trigo; entre esses não tenho forçado, nem desejado o emprego de um pão misturado, por receio de que não fiquem nutridos o suficiente para suportar o seu trabalho.

Aqueles poucos trabalhadores que tinham provado a mistura "sentiram-se fracos, quentes e incapazes de trabalhar com algum grau de vigor".[18] Quando, em dezembro de 1800, o governo estabeleceu uma lei (conhecida popularmente como a Lei do Pão Preto ou "Lei do Veneno") que proibia os moleiros de fazer qualquer outra farinha a não ser a integral, a reação do povo foi imediata. Em Horsham (Sussex),

> Um grupo de mulheres [...] foi até o moinho de vento de Gosden, onde, atacando o moleiro por lhes ter fornecido farinha escura, elas se apoderaram do pano com que ele estava peneirando a farinha segundo as instruções da Lei do Pão, e cortaram-no em mil pedaços; ameaçando fazer o mesmo com todos os utensílios similares que, em futuras tentativas, ele pudesse utilizar para o mesmo fim. Mais tarde a líder amazona dessa cavalgada de saias pagou para as companheiras um guinéu de drinques na taverna Crab Tree.

Em consequência dessas ações, a lei foi revogada em menos de dois meses.[19]

Em tempos de preços altos, mais da metade do orçamento semanal da família de um trabalhador poderia ser gasto em pão.[20] Como é que esses cereais passavam das colheitas nos campos para as casas dos trabalhadores? À primeira vista parece simples. Temos os cereais: são colhidos, debulhados, levados ao mercado, moídos no moinho, assados e comidos. Mas, em cada etapa desse processo, há complexidades irradiadoras, oportunidades de extorsão, pontos de inflamação em torno dos quais as revoltas podiam surgir. E dificilmente é possível seguir adiante sem delinear, de forma esquemática, o modelo paternalista do processo mercantil e manufatureiro — o ideal platônico tradicional a que se recorria na lei, nos folhetos ou nos movimentos de protesto — com o qual as realidades espinhosas do comércio e do consumo se chocavam.

O modelo paternalista existia no corpo desgastado da lei estatutária, bem como no direito consuetudinário e no costume. Era o modelo que frequentemente informava as ações do governo em épocas de emergência até a década de 1770; e ao qual muitos magistrados locais continuavam a recorrer. Nesse modelo, o mercado devia ser, na medida do possível, *direto*, do agricultor para o consumidor. Os agricultores deviam trazer os cereais a granel para a praça do mercado local; não deviam vendê-lo enquanto ainda estivesse no campo, nem deviam retê-lo na esperança da elevação dos preços. Os mercados deviam ser controlados; não se podia vender antes de horas determinadas, quando soava um sino; os pobres deviam ter a oportunidade de comprar primeiro os grãos, a farinha fina ou a farinha grossa, em pequenas porções, com pesos e medidas devidamente supervisionados. Numa determinada hora, quando suas necessidades estivessem atendidas, soava um segundo sino, e os comerciantes mais abastados (devidamente licenciados) podiam então fazer as suas compras. Os comerciantes eram limitados por muitas restrições, inscritas nos mofados pergaminhos das leis contra compras antecipadas [*forestalling*], compras para futura revenda [*regrating*] e açambarcamentos [*engrossing*], codificadas no reinado de Edward VI. Eles não deviam comprar (nem os fazendeiros deviam vender) por amostragem. Não deviam comprar grãos ainda não colhidos, nem podiam comprar para revender com lucro (dentro de três meses) no mesmo mercado ou em mercados vizinhos, e assim por diante. De fato, na maior parte do século XVIII, o intermediário continuava a ser legalmente suspeito, e suas operações eram, em teoria, severamente restringidas.[21]

Da supervisão dos mercados passamos para a proteção ao consumidor. Os moleiros e — num grau maior — os padeiros eram considerados criados da comunidade, pois não trabalhavam pelo lucro, mas por uma boa remuneração. Muitos dos pobres compravam os seus grãos diretamente no mercado (ou os obtinham como suplemento de salários ou na respiga); os levavam ao moinho para serem moídos, e então o moleiro podia exigir a maquia fixada pelo costume, e depois eles assavam o seu próprio pão. Em Londres e naquelas cidades grandes onde essas práticas já haviam deixado há muito tempo de ser a regra, a remuneração ou o lucro dos padeiros era calculado rigorosamente de acordo com o Regulamento do Pão, pelo qual o preço ou o peso do pão era determinado em relação ao preço do trigo em vigor.[22]

Esse modelo, é claro, afasta-se em muitos pontos das realidades do século XVIII. O mais surpreendente é observar como parcelas suas ainda operavam até quase o fim do século. Assim Aikin, em 1795, é capaz de descrever a regulamentação ordeira do mercado de Preston:

> Os mercados semanais [...] são extremamente bem regulados para impedir compras antecipadas e compras para futura revenda. Ninguém a não ser os habitantes da cidade tem permissão de comprar durante a primeira hora, que vai das oito às nove da manhã; às nove, outros podem comprar; mas nada do que ainda não foi vendido pode ser retirado do mercado até uma hora, com exceção dos peixes [...].[23]

No mesmo ano, na região Sudoeste (outra área conhecida pelo tradicionalismo), as autoridades municipais em Exeter tentaram controlar "os atravessadores, os vendedores ambulantes, os varejistas", excluindo-os do mercado entre as oito da manhã e o meio-dia, horas em que o sino da prefeitura soava.[24] O Regulamento do Pão ainda estava em vigor durante todo o século XVIII em Londres e em muitas cidades-mercados.[25] Se examinamos o caso da venda por amostragem, observamos o quanto é perigoso admitir prematuramente a dissolução das restrições impostas pelo costume.

Supõe-se frequentemente que a venda de cereais por amostras era prática geral em meados do século XVII, quando Beste descreve a prática em East Yorkshire,[26] e certamente em 1725, quando Defoe redige a sua famosa descrição do comércio de cereais.[27] Mas, embora por essa data muitos dos grandes fazendeiros vendessem sem dúvida por amostragem na maioria dos condados, as antigas praças dos mercados ainda eram comuns, e até sobreviviam nos arredores de Londres. Em 1718, um autor de panfletos descrevia o declínio dos mercados rurais como se tivesse ocorrido apenas em anos recentes:

> O que se vê não é mais do que bazares e barracas que vendem quinquilharias e badulaques [...]. As taxas são quase nulas; e se muitos habitantes ainda lembram que cem, duzentas, talvez trezentas, e, em alguns burgos, quatrocentas cargas de cereais costumavam vir à cidade num dia, agora a grama cresce na praça do mercado.

Os fazendeiros (reclamava) passaram a evitar o mercado e a negociar com intermediários e outros "atravessadores" na sua própria casa. Outros fazendeiros ainda levavam ao mercado uma única carga, "para manter as aparências no mercado e conseguir que o preço fosse estabelecido", mas o comércio principal era feito por meio de "parcelas de cereais num saco ou pano, chamadas amostras".[28]

Esse era, na verdade, o curso das coisas. Mas muitos pequenos agricultores continuavam a colocar os seus grãos no mercado como antes; e o antigo modelo se mantinha nas mentes dos homens como uma fonte de ressentimentos. Os novos procedimentos do mercado eram repetidamente contestados. Em 1710, uma petição em nome dos pobres de Stony Stratford (Buckinghamshire) reclama que os agricultores e os negociantes estavam "comprando e vendendo nos pátios das fazendas e em seus celeiros, de modo que agora os habitantes pobres não podem ter grãos a preços razoáveis para o nosso dinheiro, o que é uma grande calamidade".[29] Em 1733, vários burgos enviaram petições à Câmara dos Comuns contra a prática: Haslemere (Surrey) se queixava de que os moleiros e os farinheiros estavam açambarcando o mercado — eles "secretamente compravam grandes quantidades de cereais em pequenas amostras, recusando-se a comprar os grãos oferecidos no mercado aberto".[30] Há uma sugestão de algo fraudulento na prática e de perda de transparência nos procedimentos do mercado.

À medida que o século avança, as queixas não desaparecem, embora tendam a se mover para o Norte e para o Oeste. Na carestia de 1756, o Conselho Privado, além de reativar as antigas leis contra as compras antecipadas, lançou uma proclamação ordenando que "todos os fazendeiros, sob pena de severas punições, devem levar seus cereais ao mercado aberto, e não devem vendê-los por amostragem em suas próprias moradias".[31] Mas as autoridades não gostavam de ser muito pressionadas sobre esse ponto: em 1766 (outro ano de escassez), os magistrados de Surrey inquiriram se comprar por amostragem continuava a ser realmente um delito passível de punição, e receberam uma resposta assombrosamente evasiva — o secretário de Sua Majestade não está autorizado pelo seu cargo a interpretar as leis.[32]

Duas cartas nos ajudam a compreender a difusão das novas práticas para o Oeste. Escrevendo a Lord Shelburne em 1766, um correspondente acusava os negociantes e os moleiros em Chippenham de "conspiração":

> Ele próprio mandou alguém ao mercado comprar oito alqueires de trigo, e embora houvesse na praça muitos carregamentos, e logo soasse o sino do mercado, sempre que seu agente fazia o pedido, a resposta era "Já foi vendido". Por isso, embora [...] para evitar a punição da lei, eles levem os grãos ao mercado, a barganha é realizada antes, e o mercado não passa de uma farsa [...].[33]

(Essas práticas podiam ser o verdadeiro motivo das sedições: em junho de 1757, informava-se que "a população se rebelou em Oxford e em poucos minutos tomou e dividiu uma carga de cereais, suspeita de ter sido comprada por amostra e levada ao mercado apenas para manter as aparências".)[34] A segunda carta, de um correspondente de Dorchester em 1772, descreve uma prática diferente de fixar o preço de mercado: ele reclamava que os grandes fazendeiros se reuniam para fixar o preço antes do mercado, "e muitos desses homens não querem vender menos de quarenta alqueires, o que os pobres não podem comprar. Portanto, o moleiro, que não é inimigo do fazendeiro, fixa o preço que ele pede, e os pobres têm de aceitar as suas condições".[35]

Os paternalistas e os pobres continuavam a se queixar da extensão das práticas do mercado que nós, em retrospectiva, tendemos a admitir como inevitável e "natural".[36] Mas o que agora parece inevitável não era necessariamente aceito no século XVIII. Um folheto característico (de 1768) exclamava de modo indignado contra a suposta liberdade de cada fazendeiro fazer o que bem quisesse com o que era seu. Isso seria uma liberdade "natural", mas não "civil". "Portanto, não se pode dizer que isso seja a liberdade do cidadão, ou de quem vive sob a proteção de uma comunidade; é antes a liberdade de um selvagem; assim, quem tira partido dessa liberdade não merece a proteção conferida pelo poder da sociedade." A presença do fazendeiro no mercado é "uma parte material de seu dever; não se deve tolerar que ele esconda ou disponha de suas mercadorias em outro lugar".[37] Depois da década de 1760, entretanto, as praças de mercado desempenhavam uma função tão irrelevante na maioria das áreas do Sul e das Midlands que, nesses distritos, a queixa contra a venda por amostragem é muito menos frequente, embora a reclamação de que os pobres não possam comprar em pequenas parcelas ainda se faça escutar no final do século.[38] Em certas áreas do Norte, a história era diferente. Em 1795, uma petição dos trabalhadores de Leeds reclama dos "agentes comerciais dos cereais, dos moleiros e de um grupo de pessoas que chamamos de atravessadores e farinheiros, pessoas que têm os cereais nas mãos, podendo retê-los e vendê-los ao preço que desejarem, caso contrário não os venderão". "Os fazendeiros não levam os cereais ao mercado, a não ser aqueles que carregam no bolso como amostras [...] o que faz os pobres resmungarem muito.[39] Levou muito tempo para que um processo, frequentemente datado de pelo menos cem anos antes, se desenvolvesse.

Examinamos esse exemplo para ilustrar a densidade e a particularidade do detalhe, a diversidade das práticas locais e o modo como o ressentimento popular podia explodir quando mudavam as antigas práticas do mercado. A mesma densidade, a mesma diversidade, existe por toda a área comercial, definida dificultosamente. O modelo paternalista estava certamente se rompendo em muitos outros pontos. O Regulamento do Pão, embora eficaz em controlar os lucros dos padeiros, refletia simplesmente o preço do trigo ou da farinha em vigor, e não podia de modo algum influenciá-lo. Em Hertfordshire e no vale do Tâmisa, os moleiros eram então empresários muito ricos, que às vezes comerciavam grãos ou malte, além de beneficiar farinha em grande escala.[40] Fora dos principais distritos de cultivo dos cereais, os mercados urbanos simplesmente não podiam ser supridos sem a operação de agentes comerciais, cujas atividades teriam sido anuladas se a legislação contra os que faziam compras antecipadas tivesse sido rigorosamente posta em vigor.

Até que ponto as autoridades reconheciam que seu modelo estava se afastando da realidade? A resposta deve mudar de acordo com as autoridades em questão e com o desenrolar do século. Mas pode-se dar uma resposta geral: em sua prática normal, os paternalistas reconheciam grande parte da mudança, mas voltavam a recorrer ao modelo sempre que surgia uma emergência. Nisso eram em parte reféns do povo, que adotava partes do modelo como seu direito e herança. Chega-se a ter a impressão de que a ambiguidade era realmente bem-vinda. Em distritos atingidos por motins, ela dava aos magistrados, nos tempos de escassez, algum espaço de manobra e algum endosso às suas tentativas de reduzir os preços por persuasão. Quando o Conselho Privado autorizou (como em 1709, 1740, 1756 e 1766) a divulgação de proclamações em letras góticas ilegíveis, ameaçando com punições terríveis os que compravam os cereais de antemão, os que compravam os grãos para vendê-los em outro lugar, os que embarcavam as cargas, os atravessadores, os traficantes etc., esse recurso ajudou os magistrados a incutir o temor a Deus nos moleiros e comerciantes locais. É verdade que a legislação contra as compras antecipadas foi revogada em 1772; mas o instrumento da revogação não foi bem redigido, e durante o seguinte grande período de escassez, em 1795, Lord Kenyon, presidente do tribunal, assumiu a responsabilidade de anunciar que as compras antecipadas ainda eram um delito indiciável pelo direito consuetudinário: "embora a lei de Edward VI tenha sido revogada (se com ou sem razão, não me cabe decidir), ainda assim essa prática continua a ser um delito pelo direito consuetudinário, coevo com a constituição".[41] A torrente de acusações que pode ser observada durante todo o século — em geral de pequenos delitos, e apenas nos anos de escassez — não cessou; na realidade, houve provavelmente mais acusações em 1795 e 1800-1 do que em qualquer momento nos 25 anos anteriores.[42] Mas é claro que tinham a intenção de produzir um efeito simbólico, eram uma demonstração para os pobres de que as autoridades agiam vigilantemente para defender os seus interesses.

Assim, o modelo paternalista tinha uma existência ideal e, igualmente, uma existência real fragmentária. Nos anos de boas colheitas e preços moderados, as autoridades caíam no esquecimento. Mas se os preços subiam e os pobres se tornavam turbulentos, o modelo era ressuscitado, pelo menos para produzir o efeito simbólico.

III

Poucas vitórias intelectuais têm sido mais esmagadoras do que a conquistada pelos proponentes da nova economia política na questão da regulamentação do comércio de cereais interno. Na realidade, a vitória parece tão absoluta a alguns historiadores que eles mal escondem sua impaciência com o grupo derrotado.[43] O modelo da nova economia política pode ser convenientemente adotado como sendo o de Adam Smith, embora se possa tomar *A riqueza das nações* não só como ponto de partida, mas também como uma grande estação central para onde convergem muitas linhas importantes de discussão na metade do século XVIII (algumas delas, como o lúcido *Tracts on the corn trade* [Tratados sobre o comércio de cereais] de Charles Smith [1758-9], especificamente interessadas em demolir a antiga regulamentação paternalista do mercado). O debate entre 1767 e 1772, que culminou na revogação da legislação contra as compras antecipadas, assinalou uma vitória do *laissez-faire* nessa área, quatro anos antes de o trabalho de Adam Smith ser publicado.

Isso significava mais um antimodelo do que um modelo novo — uma negativa direta das políticas desintegradoras de "provisão" no reinado dos Tudor. "Que todo decreto que se refira às Leis dos Cereais seja revogado", escreveu Arbuthnot em 1773; "Que os cereais fluam como água, e eles encontrarão seu nível".[44] A "liberdade ilimitada e irrestrita do comércio dos cereais" era também o que Adam Smith pleiteava.[45] A nova economia trazia consigo uma desmoralização da teoria do comércio e do consumo, algo não menos importante do que a dissolução, mais amplamente discutida, das restrições à usura.[46] Por "desmoralização" não se sugere que Smith e seus colegas fossem imorais[47] ou que não se preocupassem com o bem público.[48] O que se quer dizer é, antes, que a nova economia política havia sido limpa de imperativos morais importunos. Os antigos folhetistas eram, primeiro, moralistas e, depois, economistas. Na nova teoria econômica, as questões sobre a organização política moral do mercado não têm voz a não ser como preâmbulo e epílogo.

Em termos práticos, o novo modelo funcionava da seguinte maneira. A operação natural da oferta e demanda no mercado livre maximizaria a satisfação de todos os grupos e estabeleceria o bem comum. O mercado nunca era mais bem *regulado* do que quando deixavam que se *regulasse* por si mesmo. No curso de um ano normal, o preço dos cereais se ajustaria pelo mecanismo do mercado. Logo depois da colheita, os pequenos agricultores, e todos aqueles que tinham de pagar vencimentos e rendas no dia de são Miguel (29 de setembro), debulhavam os seus cereais e os levavam ao mercado, ou então liberavam aqueles cuja venda fora pré-contratada. De setembro ao Natal, a expectativa era de preços baixos. Os fazendeiros médios retinham os seus cereais, na esperança de um mercado em elevação, até o começo da primavera; enquanto os fazendeiros mais opulentos e a *gentry* agricultora retinham parte dos seus ainda por mais tempo — de maio até agosto — na expectativa de pegar o mercado no auge. Dessa forma, as reservas de cereais da nação eram convenientemente racionadas, pelo mecanismo dos preços, num período de 52 semanas, sem nenhuma intervenção por parte do Estado. Na medida em que os intermediários intervinham e contratavam antecipadamente a venda da colheita dos fazendeiros, eles executavam esse serviço de racionamento com maior eficiência ainda. Nos anos de carestia, o preço dos grãos podia subir a alturas incômodas; mas isso era providencial, pois (além de dar um incentivo ao importador) era de novo uma forma eficaz de racionamento, sem a qual todos os estoques seriam consumidos nos primeiros nove meses do ano, e nos restantes três meses a carestia seria substituída pela fome.

A única maneira de essa economia autorreguladora entrar em colapso era pela interferência do Estado e do preconceito popular.[49] Era preciso deixar que os cereais fluíssem livremente das áreas de excedentes para as áreas de escassez.

Por isso, o intermediário desempenhava um papel necessário, produtivo e elogiável. Smith descartava sumariamente os preconceitos contra os que compravam grãos antecipadamente como superstições do nível da bruxaria. A interferência no padrão natural do comércio podia induzir períodos de escassez local ou desencorajar os agricultores a aumentar a sua produtividade. Se fossem forçadas as vendas prematuras, ou se os preços fossem limitados em tempos de carestia, os estoques excedentes poderiam ser consumidos. Se os agricultores retivessem os seus grãos por um tempo demasiado longo, provavelmente sofreriam prejuízos quando os preços despencassem. Quanto aos outros culpados populares — os moleiros, os farinheiros, os comerciantes, os padeiros —, aplicava-se grande parte da mesma lógica. Os seus ofícios eram competitivos. Na melhor das hipóteses, podiam apenas distorcer o nível natural dos preços durante curtos períodos, e frequentemente, em última instância, para seu próprio prejuízo. Quando os preços começaram a subir de modo demasiado no final do século, não se via o remédio num retorno da regulamentação do mercado, mas em mais cercamentos, cultivo dos descampados, desenvolvimento.

Não deveria ser necessário argumentar que o modelo de uma economia natural e autorreguladora, funcionando providencialmente para o bem de todos, é tão supersticioso quanto as noções que sustentavam o modelo paternalista — embora, curiosamente, seja uma superstição que alguns historiadores econômicos têm sido os últimos a abandonar. Em alguns aspectos, o modelo de Smith se adaptava mais acuradamente às realidades do século XVIII do que o modelo paternalista; e, em simetria e alcance de construção intelectual, era superior. Mas não se deve deixar de perceber o ar ilusório de validação empírica que o modelo contém. Enquanto o primeiro apela a uma norma moral — ao que *devem* ser as obrigações recíprocas dos homens —, o segundo parece dizer: "é assim que as coisas funcionam, ou funcionariam se o Estado não interferisse". Entretanto, quando se consideram essas seções de A *riqueza das nações*, elas impressionam menos como um ensaio de investigação empírica do que como um excelente ensaio de lógica que se autovalida.

Quando consideramos a organização real do comércio de cereais do século XVIII, não temos à mão a verificação empírica de nenhum dos dois modelos. Tem-se feito pouca investigação detalhada acerca do mercado;[50] não há nenhum estudo importante sobre a figura-chave do moleiro.[51] Até a primeira letra do alfabeto de Smith — o pressuposto de que os preços altos eram uma forma eficaz de racionamento — continua a não ser mais do que uma afirmação. É notório que a demanda de cereais ou de pão é altamente inelástica. Quando o pão custa caro, os pobres (como lembraram certa vez a uma observadora das altas esferas) não comem bolo. Da perspectiva de alguns observadores, quando os preços subiam, os trabalhadores talvez comessem a mesma quantidade de pão, mas cortavam outros itens nos seus orçamentos; talvez até comessem *mais* pão para compensar a perda de outros itens. De um xelim, num ano normal, seis pence seriam gastos com pão, seis pence com "carne inferior e muitos produtos da horta"; mas num ano de preços altos, todo o xelim seria gasto com pão.[52]

De qualquer modo, é bem conhecido que os movimentos dos preços dos grãos não podem ser explicados por simples mecanismos de oferta e procura; e a subvenção paga para encorajar a exportação de cereais distorcia ainda mais a questão. Ao lado do ar e da água, os cereais eram uma necessidade fundamental da vida, anormalmente sensível a qualquer carência na oferta. Em 1796, Arthur Young calculava que o déficit total de grãos de trigo era menos de 25%; mas o aumento dos preços era de 81%: o que dava (pelos seus cálculos) um lucro de 20 milhões de libras para a comunidade agrícola num ano normal.[53] Os escritores tradicionalistas se queixavam de que os agricultores e os negociantes agiam com a força do "monopólio"; eram refutados, folheto após folheto, como sendo "demasiado absurdos para serem levados a sério: o quê! mais de 200 mil pessoas [...]!".[54] Entretanto, o ponto em questão não era se este fazendeiro ou aquele negociante podia agir como "monopolista", mas se os produtores e comerciantes em conjunto podiam, com uma longa sequência contínua de circunstâncias favoráveis, tirar proveito de seu controle sobre uma necessidade fundamental da vida e aumentar o preço para o consumidor, de forma bem semelhante ao que as nações industrializadas desenvolvidas têm feito atualmente, aumentando o preço de certas mercadorias manufaturadas para as nações menos desenvolvidas.

À medida que o século avançava, os procedimentos do mercado se tornavam menos transparentes, pois os cereais passavam pelas mãos de uma rede mais complexa de intermediários. Os fazendeiros não vendiam num mercado aberto competitivo (o que, num sentido local e regional, era um objetivo que pertencia mais ao modelo paternalista que ao modelo *laissez-faire*), mas a negociantes ou moleiros que estavam em melhor posição de reter os estoques e manter o mercado em alta. Nas últimas décadas do século, com o crescimento da população, o consumo pressionava constantemente a produção, e os produtores podiam controlar de forma mais geral o mercado das vendas. Embora na verdade não inibissem significativamente a importação de grãos durante os períodos de escassez, as circunstâncias durante a guerra não deixavam de acentuar as tensões psicológicas naqueles anos.[55] O que importava na hora de estabelecer o preço pós-colheita era a expectativa do rendimento da colheita: e, nas últimas décadas do século, há evidências do desenvolvimento de um lobby dos fazendeiros, bem consciente dos fatores psicológicos implicados nos níveis dos preços pós-colheita, que assiduamente fomentava uma expectativa de escassez.[56] É notório que nos anos de carestia as faces dos agricultores se emolduravam de sorrisos,[57] enquanto nos anos de colheita abundante a generosidade irrefletida da Mãe Natureza suscitava gritos agrícolas de "desgraça". E por mais generosa que a produção pudesse parecer aos olhos do cidadão, toda colheita era acompanhada por boatos de mofo, inundações, espigas bichadas que se desfaziam em pó quando começava a debulha.

O modelo de livre mercado pressupõe uma sequência de pequenos a grandes fazendeiros, levando seus cereais para o mercado ao longo do ano; mas no final do século, quando um ano de preços altos se sucedia a outro de preços altos, era maior o número de pequenos agricultores capaz de reter a oferta até que os preços do mercado se elevassem ao valor que desejavam. (Para eles, afinal, o mercado não era uma questão de rotina, mas de interesse intenso e absorvente: o seu proveito do ano todo podia depender em grande parte do preço que três ou quatro medas de cereais conseguissem alcançar.) Se rendas tinham de ser pagas, o crescimento dos bancos rurais facilitava o atendimento das necessidades do fazendeiro.[58] Os motins de setembro ou outubro eram em geral provocados quando os preços não baixavam depois de uma colheita aparentemente abundante, indicando um confronto consciente entre o produtor relutante e o consumidor irado.

Não apresentamos esses comentários para refutar Adam Smith, mas simplesmente para assinalar pontos em que se deve ter cautela, enquanto nosso conhecimento não é mais abrangente. Do modelo *laissez-faire,* devemos dizer apenas que não é comprovado empiricamente; é inerentemente improvável; e há alguma evidência em contrário. Fomos recentemente lembrados de que "os mercadores ganhavam dinheiro no século XVIII", e que os mercadores de grãos podem ter ganho dinheiro "operando o mercado".[59] Tais operações são registradas de vez em quando, embora raramente de forma tão franca quanto no diário de um agricultor e mercador de cereais de Whittlesford (Cambridgeshire) em 1802:

> Comprei centeio para daqui a doze meses a cinquenta xelins por quarto de tonelada. Podia ter vendido a 122 xelins por quarto de tonelada. Os pobres receberam a sua farinha, centeio bom, a dois xelins e seis pence por celamim. A paróquia me pagou a diferença, que era de um xelim e nove pence por celamim. Foi uma bênção para os pobres e muito bom para mim. Comprei 320 quartos de tonelada.[60]

O lucro nessa transação foi superior a mil libras.

IV

Se é possível reconstruir modelos alternativos claros às políticas dos economistas tradicionalistas e dos economistas políticos, será possível fazer o mesmo para a economia moral da multidão? Essa tarefa é menos fácil. Somos confrontados com um conjunto complexo de análise racional, preconceito e padrões tradicionais de resposta à escassez. Tampouco é possível, em qualquer momento dado, identificar claramente os grupos que endossavam as teorias da multidão. Eles compreendem pessoas articuladas e inarticuladas, e incluem homens de educação e boas maneiras. Depois de 1750, cada ano de escassez era acompanhado por uma inundação de folhetos e cartas à imprensa, de valor desigual. Era uma queixa comum dos protagonistas do mercado livre de cereais que membros desavisados da *gentry* adicionavam combustível às chamas do descontentamento da turba.

Há verdade nisso tudo. Na realidade, a multidão tirava a sua noção de legitimação do modelo paternalista. Muitos fidalgos ainda se indignavam com o intermediário que para eles era um mercador não autorizado. Nos lugares em que os senhores das herdades conservavam os direitos do mercado, eles se ressentiam da perda de seus tributos mercantis (por causa das vendas por amostragem). Se eram senhores fazendeiros, que viam a farinha grossa ou fina ser negociada a preços desproporcionalmente elevados em relação ao que recebiam dos negociantes, eles se indignavam ainda mais com os lucros desses comerciantes comuns. O ensaísta de 1718 tem um título que é um compêndio de seu tema: *An essay to prove that regrators, engrossers, forestallers, hawkers and jobbers of corn, caule, and other marketable goods* [...] *are destructive of trade, oppressors to the poor and a common nuisance to the Kingdom in general* [Um ensaio para provar que aqueles que compram cereais, gado e outras mercadorias negociáveis para revender, para açambarcar o mercado ou para o mercado futuro, bem como os vendedores ambulantes e os intermediários desses produtos (...) destroem o comércio, oprimem os pobres e são um aborrecimento comum a todo o reino em geral]. Todos os negociantes (a não ser que fossem simples condutores de rebanho ou carreteiros, levando as provisões de um ponto a outro) pareciam a esse escritor bastante observador um "grupo vil e pernicioso". Nos termos clássicos da reprovação adotada pelos homens de patrimônio estabelecido em relação ao burguês,

> eles são uns vagabundos [...] Levam tudo o que possuem consigo, e os seus [...] recursos não são mais do que um simples hábito de montaria, um bom cavalo, uma listadas feiras e mercados, e uma quantidade prodigiosa de impudência. Eles portam a marca de Caim e, como ele, erram de lugar para lugar, realizando transações não autorizadas entre o negociante correto e o consumidor honesto.[61]

Essa hostilidade ao negociante existia até entre muitos magistrados rurais, alguns dos quais eram famosos por não fazerem nada quando os distúrbios populares varriam as áreas sob sua jurisdição. Não os incomodavam os ataques aos negociantes de cereais dissidentes ou quacres. Em 1758, um folhetista de Bristol, que é claramente um negociante de cereais, queixava-se amargamente aos juízes de paz da "vossa turba que dita as leis" — que impediram, no ano anterior, a exportação de cereais nos vales de Severn e Wye — e de "muitas petições infrutíferas a vários juízes de paz".[62] Na verdade, cresce a convicção de que o tumulto popular contra os que faziam compras antecipadas de grãos não era malvisto pelas autoridades. Desviava a atenção das pessoas dos fazendeiros e dos que viviam de rendas, enquanto as ameaças vagas das sessões trimestrais do tribunal contra os que compravam os cereais de antemão davam aos pobres a noção de que as autoridades estavam cuidando de seus interesses. As antigas leis contra as compras antecipadas, queixava-se um negociante em 1766,

> são impressas em todo jornal, expostas em todo canto, por ordem dos juízes, para intimidar os que açambarcam o mercado, contra quem se propagam muitos boatos. O povo é instruído a ter uma opinião muito elevada e reverente dessas leis [...].

Na verdade, ele acusava os juízes de encorajar "a extraordinária ficção de que o poder e o espírito da turba são necessários para executar as leis".[63] Mas se as leis eram realmente aplicadas, elas se dirigiam quase sem exceção contra os pequenos culpados — os vendedores ou mercadores locais, que embolsavam pequenos lucros em transações triviais —, enquanto os grandes negociantes e moleiros não eram atingidos.[64]

Assim, para tomar um exemplo tardio, um juiz de paz antiquado e rabugento de Middlesex, J. S. Girdler, organizou uma campanha geral de acusações contra esses infratores em 1796 e 1800, com impressos oferecendo recompensa por informações, cartas à imprensa etc. As condenações foram confirmadas em várias sessões trimestrais dos tribunais [*Quarter Sessions*], mas a quantia ganha pelos especuladores não passava de dez ou quinze xelins. Podemos imaginar que tipo de infrator as suas acusações atingiram pelo estilo literário de uma carta anônima que recebeu:

> Sabemos que você é inimigo dos fazendeiros, farinheiros, padeiros e do nosso ramo de negócios. Se não fosse por mim e por outra pessoa, você, seu filho da puta, teria sido assassinado há muito tempo por oferecer suas infelizes recompensas e por perseguir a nossa profissão. Vá para o inferno e desapareça. Você não viverá para ver outra colheita [...].[65]

Aos tradicionalistas compassivos como Girdler uniam-se cidadãos de várias posições sociais. A maioria dos londrinos suspeitava que todos os envolvidos na produção e comércio dos grãos, da farinha e do pão praticavam todo tipo de extorsão. O lobby urbano foi sem dúvida especialmente poderoso na metade do século, pressionando pelo fim da subvenção à exportação ou pela proibição de todas as exportações nos anos de carestia. Mas Londres e as cidades maiores abrigavam reservas inesgotáveis de ressentimento, e algumas das acusações mais agressivas provinham desses locais. Na década de 1750, um certo dr. Manning publicou um arrazoado declarando que o pão era adulterado, não só com alume, giz, greda branca e farinha de favas, mas também com cal extinta e chumbo branco. Causou grande sensação a sua afirmação de que os moleiros misturavam na farinha "sacos de ossos velhos moídos": "os cemitérios dos mortos são revolvidos, para acrescentar sujeira ao alimento dos vivos", ou, como dizia outro folhetista, "a era presente [está] se banqueteando com os ossos do passado".

As acusações de Manning iam muito além dos limites da credibilidade. (Um crítico computou que se estivessem usando cal na escala de seu arrazoado, mais cal seria consumida na fabricação do pão em Londres do que na indústria da construção.) Além do alume, muito usado para branquear o pão, a forma mais comum de adulteração era provavelmente a mistura de farinha velha e estragada com a nova.[67] Mas a população urbana estava pronta a acreditar que adulterações muito mais nocivas eram praticadas, e essa crença contribuiu para a "Luta de Shude-Hill" em Manchester em 1757, pois então se acreditava que um dos moleiros atacados misturava "bolotas de carvalho, favas, ossos, greda branca, palha retalhada e até esterco seco de cavalo" na sua farinha, enquanto em outro moinho a presença de agentes adulteradores perto das canouras (descobertos pela multidão) provocou a queima de peneiras e crivos, bem como a destruição de mós e rodas.[68]

Havia outras áreas, igualmente sensíveis, em que as queixas da multidão eram alimentadas pelas queixas dos tradicionalistas ou dos profissionais urbanos. Na verdade, pode-se sugerir que, se as multidões sediciosas ou fixadoras de preços agiam segundo um modelo teórico consistente, esse era uma reconstrução seletiva do paternalismo, extraindo dele todas as características que mais favoreciam os pobres e que ofereciam uma possibilidade de cereais mais baratos. Porém, era menos generalizado que a visão dos paternalistas. Os registros dos pobres revelam mais particularidades: trata-se deste moleiro, deste negociante ou daqueles agricultores que retêm os grãos, provocando indignação e ação. Tal particularidade era, entretanto, inspirada por noções gerais de direitos que só se revelam bem claramente quando se examina a multidão em ação. Pois num aspecto a economia moral da multidão rompia decisivamente com a dos paternalistas. A ética popular sancionava a ação direta coletiva, o que era categoricamente reprovado pelos valores da ordem que sustentavam o modelo paternalista.

A economia dos pobres ainda era local e regional, derivada de uma economia de subsistência. Os cereais deviam ser consumidos na região em que eram cultivados, especialmente nos tempos de escassez. A exportação em períodos de carestia despertou sentimentos profundos em vários séculos. Sobre um motim causado pela exportação em Suffolk, em 1631, um magistrado escreveu: "ver o seu pão arrancado de suas mãos e enviado a estranhos transformou a impaciência dos pobres em fúria e desespero desregrados".[69] Num relato vívido de uma rebelião no mesmo condado 78 anos mais tarde (1709), um negociante descreveu como "a turba se rebelou, ele acha que eram várias centenas de pessoas, declarando que os cereais não deviam ser levados para fora da cidade": "entre os integrantes da turba, alguns tinham alabardas, outros varapaus com ponta de ferro, e alguns maças". Ao viajar para Norwich, em vários lugares ao longo do caminho:

> ouvindo que ele ia passar com os cereais, a turba disse-lhe que não devia passar pela cidade, pois ele era um patife, um atravessador de cereais, e alguns gritavam: Vamos apedrejá-lo! — outros: Arranquem-no do cavalo! — ainda outros: Derrubem-no, e cuidem para acertá-lo em cheio; quando ele [...] lhes perguntou o que os levava a se rebelar de forma tão desumana em detrimento de si mesmos e do país, eles continuavam a gritar que ele era um patife e que ia levar os cereais para a França [...].[70]

Exceto em Westminster, nas montanhas, ou nos grandes distritos de pastagens de ovelhas, os homens nunca estavam muito longe da paisagem do trigo. A indústria manufatureira ficava dispersa pelo campo: os mineiros de carvão iam para o trabalho caminhando ao lado dos campos de trigo; os trabalhadores domésticos deixavam os seus teares e oficinas para ajudar na colheita. A sensibilidade não se limitava à exportação para o além-mar. Eram especialmente sensíveis as áreas marginais de exportação, nas quais se exportavam poucos cereais nos anos normais, mas nas quais, em tempos de escassez, os negociantes podiam esperar por um preço caído do céu em Londres, agravando com isso a carestia local.[71] Os mineiros de carvão — em Kingswood, na floresta de Dean, em Shropshire, no Nordeste — eram especialmente inclinados a agir nessas épocas. Os mineiros de estanho da Cornualha tinham fama de ter uma irascível consciência de consumidores, sempre prontos a sair para as ruas e usar a força. "Tivemos o inferno de uma revolta em Padstow", escreveu um fidalgo de Bodmin em 1773, com mal disfarçada admiração:

> Algumas pessoas andaram exagerando na exportação dos cereais [...]. Setecentos ou oitocentos mineiros de estanho foram até lá, e primeiro ofereceram aos comerciantes de cereais dezessete xelins por 24 galões de trigo; mas ao saberem que nada receberiam, arrombaram imediatamente as portas do porão e carregaram tudo o que lá havia, sem darem nenhum dinheiro ou preço.[72]

As exportações para o estrangeiro subvencionadas eram as que pior ressentimento provocavam em torno da metade do século. O estrangeiro era visto como alguém que recebia os grãos a preços às vezes mais baixos do que os praticados no mercado inglês, com a ajuda de uma subvenção paga com impostos ingleses. Por isso a extrema amargura com que às vezes se atacava o exportador, que era visto como um homem que procurava lucros privados e desonrados às custas de seu próprio povo. Um negociante de North Yorkshire, a quem mergulharam no rio em 1740, escutou que ele "não passava de um rebelde".[73] Em 1783, um aviso foi afixado na cruz do mercado em Carlisle, e começava assim:

> Peter Clemeseson & Moses Luthart, esta nota é para lhes avisar que vocês devem abandonar o seu comércio ilegal ou morrer. E que vá para o inferno a sua compra de cereais, que mata de fome os habitantes pobres da cidade e dos subúrbios de Carlisle, para mandar os grãos para a França e conseguir a subvenção dada pela lei a quem exporta os cereais para fora do país, mas por Deus Todo-poderoso nós lhe daremos uma subvenção às custas de suas vidas, malditos patifes [...].

"E se alguma taverna em Carlisle [continuava a nota] deixar você ou Luthart oferecer [...] cereais em sua casa, vai pagar por isso."[74] Esse sentimento reapareceu nos últimos anos do século, especialmente em 1795, quando se espalharam rumores por todo o país sobre exportações secretas para a França. Além disso, os anos de 1795 e 1800 viram mais uma vez o florescimento de uma consciência regional, tão vívida quanto a de cem anos antes. As estradas eram bloqueadas para impedir a exportação das mercadorias da paróquia. As carroças eram interceptadas e descarregadas nas cidades por onde passavam. O transporte dos grãos por comboio noturno assumia as proporções de uma operação militar:

> *Gemem profundas as carroças com suas pesadas cargas,*
> *Tal como seu obscuro destino, vergam-se ao longo das estradas;*
> *Roda após roda, numa lenta e terrível procissão,*
> *Com metade da colheita, a seu destino elas seguem*
> [...]
> *A expedição secreta, como a noite*
> *Que encobre seus intentos, ainda evita a luz*
> [...]
> *Enquanto o pobre lavrador, ao deixar a cama,*
> *Descobre o enorme celeiro tão vazio quanto seu barraco.*[1 75]

Ameaçava-se destruir os canais.[76] Os navios eram assaltados nos portos. Em Nook Colliery perto de Haverfordwest, os mineiros ameaçaram fechar o estuário num ponto estreito. Até as barcaças no Severn e Wye não ficaram imunes aos ataques.[77]

A indignação também podia se inflamar contra negociantes que, por um compromisso com mercados de fora, desbaratavam os suprimentos costumeiros da comunidade local. Em 1795, um agricultor e estalajadeiro rico perto de Tiverton reclamou ao Ministério da Guerra que havia reuniões de amotinados "amea-

(1) Deep groan the waggons with their pond"rous loads,/ As their dark course they bend along the roads;/ Wheel following wheel, in dread procession slow,/ With half a harvest, to their points they go [...]/ The secret expedition, like the night/ That covers its intents, still shuns the light [...]/ While the poor ploughman, when he leaves his bed,/ Sees the huge barn as empty as his shed.

çando botar abaixo ou incendiar a sua casa, porque ele recebia manteiga dos fazendeiros e produtores de leite vizinhos para enviá-la pela carroça que passa pela sua porta para [...] Londres".[78] Em Chudleigh (Devon), no mesmo ano, a multidão destruiu as máquinas de um moleiro que cessara de fornecer farinha à comunidade local, por ter um contrato de venda de farinha para os biscoitos dos navios com o Departamento de Vitualhas da Marinha: isso dera origem (diz ele numa frase reveladora) "à ideia de que pratiquei uma grande infâmia contra a comunidade".[79] Trinta anos antes, um grupo de mercadores de Londres achara necessário pedir a proteção dos militares para os seus armazéns de queijo ao longo do rio Trent:

> Os armazéns [...], em perigo por causa dos mineiros amotinados, não pertencem a monopolizadores, mas a um grande grupo de negociantes de queijo, e são absolutamente necessários para guardar o queijo recebido, a ser transportado até Hull e ali embarcado para Londres.[80]

Essas reclamações estão relacionadas com a queixa, já observada, da retirada das mercadorias do mercado aberto. À medida que os negociantes se afastavam cada vez mais de Londres e atendiam com mais frequência os mercados provincianos, eram capazes de oferecer preços e comprar em quantidades que levavam fazendeiros à impaciência com as pequenas encomendas dos pobres. "Agora está fora dos trâmites dos negócios", escreveu Davies em 1795, "que o fazendeiro venda os cereais por alqueire a este ou àquele pobre; exceto em alguns lugares particulares, como favor, para os seus próprios trabalhadores." E quando os pobres mudavam a sua demanda dos grãos para a farinha, a história era muito semelhante: "Nem o moleiro, nem o farinheiro vão vender ao trabalhador uma quantidade menor que um *saco* de farinha pelo preço de varejo nas lojas; e o bolso do pobre raramente permite que ele compre um saco inteiro de uma só vez".[81] Por isso, o trabalhador era impelido a recorrer às pequenas lojas do varejo, onde os preços eram majorados.[82] Os antigos mercados decaíam ou, onde ainda eram mantidos, mudavam de função. Se um cliente tentasse comprar um único queijo ou meia manta de toucinho, escrevia Girdler em 1800, "ele certamente ouvirá um insulto como resposta, e o vendedor lhe dirá que todo o lote foi comprado por um fornecedor de Londres".[83]

Podemos tomar como exemplo expressivo dessas queixas, que às vezes causavam revoltas, uma carta anônima deixada em 1795 junto à porta do prefeito de Salisbury:

> Cavalheiros da municipalidade, peço que acabem com a prática empregada em nossos mercados por trapaceiros e outros carregadores, prática que só é possível pela liberdade que os senhores lhes dão de limpar o mercado deixando-o sem nada, a ponto de os habitantes não poderem comprar nem um único artigo sem recorrer aos negociantes, pagando o preço extorsivo que lhes parecer apropriado, e eles até oprimem o povo, como se as pessoas não fossem dignas de um olhar. Mas o seu tempo logo chegará ao fim, assim que os soldados saírem da cidade.

Solicita-se que a municipalidade expulse os carregadores do mercado até que os cidadãos tenham sido atendidos, "e impeça os açougueiros de mandar a carne embora, a carcaça inteira de uma vez, obrigando-os a retalhar a carne no mercado e a servir primeiro a cidade". A carta informa ao prefeito que mais de trezentos cidadãos "positivamente juraram lealdade mútua com o objetivo de destruir os carregadores".[84]

Quando os trabalhadores podiam comprar cereais em pequenas parcelas, a questão dos pesos e medidas era capaz de despertar sentimentos intensos. No Evangelho de Lucas, assim somos exortados: "Dai, e ser-vos-á dado, boa medida recalcada, sacudida e transbordando, os homens vos deitarão no regaço". Essa não era, infelizmente, a prática de todos os fazendeiros e negociantes na Inglaterra protestante. A promulgação de uma lei de Charles II até concedera ao pobre o direito de *agitar* a medida, pois tão valiosos eram os cereais do pobre que uma folga na medida poderia lhe criar a diferença de um dia sem pão. A mesma lei tentara, com total insucesso, impor a medida Winchester como padrão nacional. Uma grande variedade de medidas, que até variavam dentro das fronteiras dos condados de uma cidade de mercado para outra, criava inúmeras oportunidades de pequenos lucros. As antigas medidas eram em geral maiores — às vezes muito maiores — do que a Winchester; por vezes os fazendeiros ou negociantes as preferiam, mas com mais frequência eram as preferidas dos clientes. Um observador notou que "as camadas mais baixas da população a detestam [a medida Winchester], por causa de seus conteúdos diminutos, e os negociantes [...] instigam essa tendência, pois é seu interesse manter toda incerteza a respeito de pesos e medidas".[85]

As tentativas de mudar a medida frequentemente enfrentavam resistência, e às vezes tumultos. A carta de um mineiro de Clee Hill (Shropshire) a um "irmão sofredor" declarava:

> O Parlamento, vindo em nosso auxílio, para ajudar a nos matar de fome, vai diminuir as nossas medidas e pesos de acordo com o padrão mais baixo. Somos cerca de 10 mil com juramento de lealdade mútua e prontos a agir a qualquer momento. E gostaríamos que vocês conseguissem armas e cutelos e jurassem lealdade mútua [...] Só temos uma vida a perder, e não vamos morrer de fome [...].[86]

Cartas para os agricultores em Northiam (Sussex) alertavam:

> Cavalheiros, o que esperamos é que tomem esta carta como um alerta geral, para que ponham de lado os pequenos alqueires e voltem a adotar a antiga medida, porque senão um grande grupo vai queimar as pequenas medidas. Quando estiverem todos deitados e dormindo, eles vão queimar os seus celeiros e medas, e a todos vocês junto [...].[87]

Em 1795, um colaborador de Hampshire nos *Annals of Agriculture* explicava que os pobres "ficaram com a ideia errada de que o preço dos grãos aumentou com a recente alteração do alqueire de nove galões para o Winchester, porque isso por acaso aconteceu num momento de aumento de preços do mercado, razão pela qual se paga por oito galões a mesma quantia que se costumava pagar por nove". "Confesso", continua,

> que tenho uma acentuada preferência pela medida de nove galões, por ser a medida que mais chega perto de um alqueire de farinha; por isso, o pobre se torna capaz de julgar o que ele deve pagar por um alqueire de farinha, o que, com a medida atual, requer mais aritmética do que lhe é dado dominar.[88]

Ainda assim, as noções aritméticas dos pobres talvez não estivessem tão erradas. As mudanças nas medidas, como as mudanças no sistema monetário decimal, por algum passe de mágica tendem a prejudicar o consumidor.

Se (no final do século) os pobres compravam menos cereais no mercado aberto, esse fato também apontava o aumento de importância do moleiro. Ao longo de muitos séculos, o moleiro ocupa no folclore popular um lugar tão invejável quanto não invejável. Por um lado, ele tinha a fama de ser um libertino fabulosamente bem-sucedido, cujas proezas talvez ainda sejam perpetuadas num significado em vernáculo da palavra "moer" [*grinding*]. Talvez a conveniência do moinho da aldeia, enfiado num canto isolado do rio, aonde as mulheres e as donzelas levavam seus cereais para moer; talvez igualmente o seu domínio sobre os meios de sustento; talvez o seu status na aldeia, o que o tornava um bom partido — tudo isso pode ter contribuído para a lenda:

Uma moça viva, tão viva e alegre
Ela foi *ao moinho certo dia*
[...]
Olhe, um celamim de trigo para moer,
Só posso ficar pouco tempo.
Venha se sentar, minha bela e doce amada,
Receio não poder moer o seu trigo.
A minha pedra está alta e a minha água baixa,
Não posso moer, pois o moinho não anda.
Então ela se sentou sobre um saco
E eles falaram disso e falaram daquilo
Falaram de amor, que provou ser gentil,
Ela logo descobriu que o moinho moía [...][II] [89]

(II) A brisk young lass so brisk and gay/ She went unto the mill one day [...]/ There"s a peck of corn all for to grind/ I can but stay a litle time./ Come sit you down my sweet preny dear/ I cannot grind your corn I fear/ My stones is high and my water low/ I cannot grind for the mill won"t go./ Then she sat down all on a sack/ They talked of this and they talked of that/ They talked of love, of love proved kind/ She soon found out the mill would grind [...]

Por outro lado, a reputação do moleiro era menos invejável. *"Amando!"*, exclama Nellie Dean em O *morro dos ventos uivantes*: *"Amando!* Onde já se ouviu uma coisa dessas? Também posso dizer que estou amando o moleiro que vem uma vez por ano comprar o nosso trigo". Se vamos acreditar em tudo o que foi escrito sobre ele nesses anos, a história do moleiro pouco mudara desde o *Reeve's tale* [Conto do intendente], de Chaucer. Mas se o pequeno moleiro rural era acusado de costumes pitorescamente medievais — pratos demasiado grandes de maquia, farinha escondida no revestimento das pedras etc. — o seu congênere mais desenvolvido era acusado de acrescentar peculatos novos e muito mais empreendedores:

> *Pois antes ele só roubava com gentileza,*
> *Mas agora era escandalosamente ladrão.*[III]

Num extremo, ainda temos o pequeno moinho rural, cobrando a maquia de acordo com o costume. Ela podia ser tomada em farinha (sempre da "melhor farinha e do mais fino polvilho no centro da canoura"); e como a proporção continuava a mesma, fosse qual fosse a flutuação nos preços, o moleiro saía ganhando se os preços estavam altos. Em torno dos pequenos moinhos que cobravam tributos (mesmo quando a maquia fora substituída por pagamentos em dinheiro) multiplicavam-se as queixas, e havia tentativas intermitentes de regulá-los.[90] Como os moleiros entravam cada vez mais no comércio, ou então moíam os cereais por sua própria conta para os padeiros, eles tinham pouco tempo para os pequenos clientes (com um ou dois sacos de trigo respigado). Por isso, a demora era interminável. Igualmente por essa razão, quando entregue, a farinha podia ser o produto de outros grãos, bem inferiores. (Reclamava-se que alguns moleiros compravam trigo estragado pela metade do preço, que eles então misturavam com o trigo de seus clientes.)[91] Com o passar do século, a adaptação de muitos moinhos para fins industriais deu aos pequenos moinhos ainda existentes uma posição mais vantajosa. Em 1796, as queixas repercutiam tanto a ponto de autorizar Sir Francis Bassett a apresentar o projeto de lei *Miller's toll*, que tinha como objetivo regular de forma mais rigorosa as suas práticas, pesos e medidas.[92]

Mas esses pequenos moleiros eram naturalmente a arraia-miúda do século XVIII. Os grandes moleiros do vale do Tâmisa e das grandes cidades constituíam uma espécie diferente de empresários, que negociava farinha e malte em grande escala. Os moleiros estavam fora do Regulamento do Pão, podendo repassar imediatamente qualquer aumento no preço dos cereais para o consumidor. Não tão reconhecidas, no século XVIII, a Inglaterra também teve suas

(III) For ther-biforn he stal but curteisly,/ But now he was a thief outrageously.

banalités, inclusive aquelas relíquias extraordinárias, os moinhos com direitos senhoriais [*soke mills*], que exerciam um monopólio absoluto da moagem dos grãos (e da venda da farinha) em importantes centros manufatureiros, como Manchester, Bradford e Leeds.[93] Na maioria dos casos, os senhores detentores dos direitos vendiam-nos ou arrendavam-nos a especuladores privados. Muito tempestuosa foi a história dos School Mills em Manchester, cujos direitos senhoriais foram concedidos como dotação de caridade para sustentar uma escola secundária. Dois arrendadores impopulares dos direitos inspiraram, em 1737, os versos do dr. Byrom:

> Pele e Osso, *dois moleiros magros,*
> *Querem matar de fome a cidade, ou quase;*
> *Mas que se diga bem alto, a* Pele e Osso,
> *Que a Carne e o Sangue não aguentarão.*[IV]

Quando, em 1757, novos arrendadores procuraram proibir a importação de farinha para a crescente cidade, enquanto ao mesmo tempo geriam os seus moinhos (era o que se alegava) praticando extorsão e demora de entrega, a carne e o sangue realmente não aguentaram mais. Na famosa "Luta de Shude-Hill" daquele ano, pelo menos quatro homens foram abatidos a tiros de mosquetes, mas os direitos senhoriais foram finalmente rompidos.[94] Mas até quando não apresentava nenhum direito senhorial, um moinho podia dominar uma comunidade populosa e provocar a fúria do povo por um aumento repentino no preço da farinha ou uma evidente deterioração na sua qualidade. Os moinhos foram os alvos visíveis e tangíveis de alguns dos motins urbanos mais sérios do século. Os Albion Mills em Blackfriars Bridge (os primeiros moinhos a vapor de Londres) eram geridos por uma associação quase filantrópica; entretanto, quando eles caíram em chamas em 1791, os londrinos dançaram e cantaram de alegria nas ruas.[95] O primeiro moinho a vapor em Birmingham (Snow Hill) não teve melhor sorte, pois foi alvo de um grande ataque em 1795.

À primeira vista pode parecer curioso que tanto os negociantes como os moleiros continuassem a estar entre os objetivos dos motins no final do século, pois a essa altura em muitas partes das Midlands e do Sul (e certamente nas áreas urbanas) os trabalhadores já tinham se acostumado a comprar nas padarias, em vez de comprar grãos e farinha na praça do mercado. Não temos informações suficientes para mapear a mudança com exatidão, e certamente ainda muito pão continuava a ser feito em casa.[96] Mas mesmo nos lugares em que a mudança foi completa, não se deve subestimar a sofisticação da situação e

(IV) *Bone and Skin*, two millers thin,/ Would starve the town, or near it;/ But be it known, to *Skin and Bone*,/ That Flesh and Blood can"t bear it.

dos objetivos da multidão. Havia certamente um grande número de pequenos tumultos diante das padarias, e a multidão com bastante frequência "fixava o preço" do pão. Mas, ao contrário de todos os outros que lidavam com as necessidades do povo (senhor das terras, fazendeiro, negociante, carregador, moleiro), o padeiro (cuja atividade em tempos de preços altos dificilmente seria invejável) estava em contato diário com o consumidor; e, mais do que qualquer um dos outros, ele tinha a proteção da parafernália visível do paternalismo. O Regulamento do Pão limitava clara e publicamente os seus lucros legais (com isso tendendo a deixar o comércio do pão nas mãos de inúmeros pequenos negociantes com pouco capital), e assim os protegia, em certa medida, da fúria popular. Até Charles Smith, o representante competente do livre comércio, achava que a continuação do regulamento era conveniente: "em grandes centros e cidades, sempre será necessário estabelecer o regulamento, para dar satisfações ao povo de que o preço cobrado pelos padeiros não é superior ao que os magistrados acham razoável".[97]

O efeito psicológico do regulamento era, portanto, considerável. O padeiro só podia ter esperanças de ter um rendimento maior que a remuneração calculada no regulamento lançando mão de pequenos estratagemas, alguns dos quais — o pão com menos peso, a adulteração, a mistura de farinha barata e estragada — estavam sujeitos à reparação legal ou à retaliação imediata da multidão. Na realidade, o padeiro às vezes precisava cuidar de suas relações públicas, até a ponto de recrutar a multidão para defendê-lo: quando Hannah Pain, de Kettering, reclamou aos juízes do peso do pão, o padeiro "insuflou a turba contra ela [...] e disse que ela merecia ser chicoteada, pois já havia bastante escória rastejante sobre a Terra".[98] Durante todo o século, muitas corporações faziam alarde de supervisionar os pesos e as medidas, bem como de punir os infratores.[99] O "juiz Overdo" de Ben Johnson ainda atuava nas ruas de Reading, Coventry ou Londres: "Sim, entrem em toda cervejaria, e desçam a todo porão; meçam o comprimento dos pudins [...] pesem os pães no seu dedo médio [...] deem os pudins aos pobres, o pão aos famintos, os cremes às crianças". Seguindo essa tradição, encontramos em 1795 um magistrado de Londres que, ao se deparar com uma cena de motim em Seven Dials, onde a multidão já estava demolindo uma padaria acusada de vender pão com peso indevido, interveio: pegou o estoque do padeiro, pesou os pães e, descobrindo que realmente pesavam menos do que deviam, distribuiu os pães entre a multidão.[100]

Sem dúvida, os padeiros que conheciam seus fregueses às vezes se queixavam de nada poder fazer para baixar os preços, e encaminhavam a multidão para o moinho ou para o mercado de cereais. "Depois de saquearem muitas padarias", comentava o moleiro de Snow Hill, Birmingham, sobre o ataque de 1795, "eles se voltaram em grandes números contra nós [...]."[101] Mas em muitos casos a multidão claramente selecionava os seus alvos, evitando de propósito os padeiros. Assim, em 1740, em Norwich, o povo "foi a toda padaria na cidade, afixando uma nota na porta com as seguintes palavras: *Quatro alqueires de trigo a dezesseis xelins*". No mesmo ano, em Wisbech, eles obrigaram "os mercadores a vender trigo a quatro pence por alqueire [...] não só para eles, mas também para os padeiros, pois nas padarias eles regulavam o peso e o preço do pão".[102]

Mas a essa altura é evidente que estamos lidando com um padrão muito mais complexo de ação do que aquele que se pode explicar satisfatoriamente pelo enfrentamento entre o populacho e determinados moleiros, negociantes ou padeiros. É necessário adquirir uma visão mais ampla das ações da multidão.

V

Tem-se sugerido que o termo "motim" é uma ferramenta de análise pouco afiada para tantas queixas e motivos particulares. É igualmente um termo impreciso para descrever a ação popular. Se procuramos a forma característica da ação popular, não devemos considerar bate-bocas junto às padarias de Londres, nem mesmo as grandes contendas provocadas pelo descontentamento com os grandes moleiros, mas as "rebeliões do povo" (especialmente em 1740, 1756, 1766, 1795 e 1800) nas quais se destacaram os mineiros de carvão, os mineiros de estanho, os tecelões e os trabalhadores das malharias. O notável sobre essas "insurreições" é, primeiro, a sua disciplina, e, segundo, o fato de mostrarem um padrão de comportamento cuja origem devemos buscar centenas de anos antes; um padrão que se torna mais, e não menos, sofisticado no século XVIII; que se repete, aparentemente de forma espontânea, em diferentes partes do país e depois da passagem de muitos anos tranquilos. A ação central nesse padrão não é o saque dos celeiros, nem o furto de grãos e farinha, mas "fixar o preço".

O extraordinário sobre esse padrão é que ele reproduz, às vezes com grande precisão, as medidas de emergência em tempos de escassez, cuja operação, nos anos entre 1580 e 1630, foi codificada no *Book of orders*. Essas medidas de emergência foram empregadas nas épocas de carestia nos últimos anos de Elizabeth, e acionadas, numa forma um tanto revisada, no reinado de Charles I, em 1630. No reinado de Elizabeth, os magistrados eram solicitados a cuidar dos mercados locais,

> e quando descobrir que são levadas quantidades insuficientes para suprir e servir os ditos mercados e especialmente os mais pobres, você deve acorrer logo às casas dos fazendeiros e de outros que cultivam a terra [...] para ver qual é a reserva e provisão de grãos que eles ainda têm, debulhados ou não [...].

Eles então podiam dar ordens aos fazendeiros para mandar "quantidades convenientes" ao mercado para serem vendidas "a preço razoável". Os juízes ainda tinham autorização para "fixar um certo preço pelo alqueire de todo tipo de grão".[103] A rainha e seu conselho opinavam que os preços altos eram em parte devidos aos açambarcadores, em parte ao "desejo ganancioso" dos que cultivam cereais que "não se contentam com ganhos moderados, mas procuram e inventam meios de manter os preços altos com a manifesta opressão das camadas mais pobres". As *ordens* deviam ser executadas "sem nenhuma parcialidade, sem poupar ninguém".[104]

Na essência, portanto, o *Book of orders* autorizava os magistrados (com a ajuda dos júris locais) a inspecionar os estoques de cereais nos depósitos e celeiros;[105] a especificar as quantidades a serem enviadas ao mercado; e a impor com severidade toda parte da legislação relativa ao mercado, às licenças e às compras antecipadas. Não se devia vender nenhum grão de cereal a não ser no mercado aberto, "a menos que fosse para alguns pobres artesãos, ou diaristas, dentro da paróquia em que residem os produtores de grãos, pessoas que não podem convenientemente ir até as cidades-mercados". As ordens de 1630 não autorizavam explicitamente os juízes a fixar o preço, mas mandavam-nos cuidar do mercado e assegurar que os pobres fossem "abastecidos dos cereais necessários [...] pelos preços mais favoráveis que se pudesse obter por meio da persuasão honesta dos juízes". O poder de fixar o preço dos grãos e da farinha ficava, numa emergência, a meio caminho entre a imposição e a persuasão.[106]

Essa legislação de emergência estava caindo em desuso durante as Guerras Civis.[107] Mas a memória popular, especialmente numa sociedade pré-alfabetizada, é extraordinariamente duradoura. Não há muita dúvida de que uma tradição direta se estende do *Book of orders* de 1630 às ações dos roupeiros em East Anglia e no Oeste no século XVIII. (Os alfabetizados têm memórias igualmente duradouras: o próprio *Book of orders* foi republicado, numa edição não oficial em 1662, e depois novamente em 1758, com um discurso preliminar ao leitor sobre a presente "combinação perversa para se criar escassez".)[108]

As próprias ordens eram em parte uma resposta à pressão dos pobres:

> *Os cereais estão muito caros*
> *Me pergunto se muitos vão morrer de fome este ano —*[v]

Assim rezava um aviso de versos de pé-quebrado afixado no pórtico da igreja na paróquia de Wye (Kent) em 1630:

(v) The Corne is so dear/ I dout mani will starve this yeare —

Se não cuidarem disto
Alguns de vocês vão se dar mal.
A nossa alma é valiosa,
Pelo corpo tenham algum cuidado
Antes de subirmos ao céu
Um pouco bastará
[...]
Vocês que têm a sua posição
Cuidem para não desonrar a sua profissão [...][VI][109]

Cento e trinta anos mais tarde (1768), folhas incendiárias estavam novamente sendo pregadas nas portas das igrejas (bem como nas tabuletas das estalagens) das paróquias dentro do mesmo distrito administrativo de Scray em Kent, incitando os pobres a se rebelar.[110] Podem-se observar muitas dessas continuidades de ação, embora o padrão de ação direta certamente se espalhasse para novos distritos no século XVIII. Em muitas ações, especialmente nas antigas regiões manufatureiras do Leste e do Oeste, a multidão reclamava que, como as autoridades se recusavam a executar "as leis", ela é que tinha de executá-las. Em 1693, em Banbury e Chipping Norton, a multidão "tirou os cereais das carroças à força quando esses estavam sendo carregados pelos açambarcadores, dizendo que estava decidida a executar a lei, uma vez que os magistrados a negligenciavam".[111] Durante as extensas desordens no Oeste em 1766, o xerife de Gloucestershire, um fabricante de roupas, não conseguia disfarçar seu respeito pelos amotinados que

> se dirigiam [...] a uma casa de fazenda e educadamente pediam que os donos debulhassem e levassem seu trigo ao mercado, vendendo-o por cinco xelins o alqueire. Obtida essa promessa, e eles tendo recebido algumas provisões não solicitadas, partiam sem a menor violência ou delito.

Se lemos outras passagens dos relatos do xerife, podemos encontrar a maioria das características verificadas nessas ações: "Na sexta-feira passada, ao soar das trompas, uma turba se rebelou nessa região, composta inteiramente das camadas mais baixas da população, como os tecelões, os mecânicos, os trabalhadores, os aprendizes e os garotos etc. [...]". "Eles seguiram para um moinho de cereais perto da cidade [...] cortando os sacos de farinha e dando, carregando e destruindo os cereais etc." Depois cuidaram dos principais mercados, fixando o preço dos grãos. Três dias mais tarde, ele enviou outro relatório:

(VI) If you see not to this/ Sum of you will speed amis. Our souls they are dear,/ For our bodys have sume ceare/ Before we arise/ Less will safise [...]/You that are set in place/ See that youre profesion you doe not disgrace [...]

> Eles visitaram fazendeiros, moleiros, padeiros e vendedores ambulantes, e venderam cereais, farinha, pão, queijo, manteiga e toucinho pelos preços que eles mesmos fixaram. Em geral, devolviam o produto [isto é, o dinheiro] aos proprietários ou, na sua ausência, deixavam-lhes o dinheiro; e comportavam-se com grande regularidade e decência, quando não encontravam resistência, e com insultos e violência, se havia oposição. Mas saquearam muito pouco, e para evitar esse tipo de ação, não deixam que as mulheres e os meninos os acompanhem.

Depois de visitar os moinhos e mercados ao redor de Gloucester, Stroud e Cirencester, eles se dividiram em grupos de cinquenta e cem, e visitaram as aldeias e as fazendas, pedindo que os cereais fossem levados ao mercado com preços justos, e arrombando os celeiros. Um grande grupo se dirigiu ao próprio xerife: abaixaram os cacetes enquanto ele lhes falava sobre as suas contravenções, escutaram com paciência, "gritaram alegremente Deus, Salve o Rei", e depois todos pegaram os cacetes e retomaram o trabalho de fixar os preços. O movimento teve as características de uma greve geral em todo o distrito produtor de tecidos: "os amotinados entram em nossas oficinas [...] e obrigam todos os homens, querendo ou não, a sair e a se juntar a eles".[112]

Essa foi uma ação inusitadamente disciplinada e de grande escala. Mas os relatos nos apontam características repetidamente encontradas. Por exemplo, o movimento da multidão, deslocando-se da praça do mercado para fora da vila e indo até os moinhos, e dali (como no *Book of orders*) para as fazendas, onde inspecionavam os estoques e mandavam os fazendeiros vender os grãos no mercado ao preço por eles ditado — tudo isso é comumente encontrado. Às vezes essa ação se fazia acompanhar da tradicional ronda de visitas às casas dos poderosos, em busca de contribuições, forçadas ou voluntárias. Em Norwich, em 1740, depois de forçar a queda dos preços na cidade, e tendo se apoderado de uma barcaça carregada com trigo e centeio no rio, a multidão solicitou contribuições dos ricos da cidade:

> De manhã cedo na quinta-feira, ao som de trompas, eles se encontraram de novo; e depois de curta confabulação, dividiram-se em grupos e saíram marchando da cidade por diferentes portões, com uma longa flâmula à sua frente, com a intenção de visitar os fidalgos e fazendeiros das aldeias vizinhas, a fim de extorquir deles dinheiro, cerveja etc. Em muitos lugares, onde a generosidade das pessoas não correspondia às suas expectativas, diz-se que mostravam o seu ressentimento pisoteando o trigo nos campos [...].

Multidões errantes estiveram em ação nesse ano, especialmente em Durham e Northumberland, West Riding e várias regiões do Norte do País de Gales. As manifestações contra a exportação, que começaram em Dewsbury (abril de 1740), eram lideradas por um tocador de tambor e "uma espécie de emblema ou bandeira"; os manifestantes percorriam o circuito regular dos moinhos locais, destruindo as máquinas, cortando sacos e carregando grãos e farinha. Em 1766, uma multidão errante no vale do Tâmisa deu a si mesma o nome de "os reguladores"; um fazendeiro aterrorizado permitiu que eles dormissem sobre a palha no seu pátio, e "escutou de seu quarto que eles comentavam entre si a quem haviam incutido mais medo, e onde tiveram mais sucesso". O padrão continua na década de 1790: em Ellesmere (Shropshire), a multidão interceptava o trigo que seguia para os moinhos e ameaçava os fazendeiros individualmente; na floresta de Dean, os mineiros visitavam os moinhos e as casas dos fazendeiros, e exigiam dinheiro "das pessoas que encontravam na estrada"; na região oeste da Cornualha, os mineiros de estanho visitavam as fazendas com um laço numa das mãos, e um acordo para levar o trigo ao mercado a preços reduzidos na outra.[113]

O extraordinário é mais a moderação do que a desordem; e não há dúvida de que as ações eram aprovadas por um esmagador consenso popular. Havia uma convicção profundamente arraigada de que os preços *deviam* ser regulados em tempos de escassez, e de que o aproveitador se excluía da sociedade. De vez em quando, a multidão tentava recrutar, pela persuasão ou pela força, um magistrado, o delegado da paróquia ou uma figura de autoridade, para que presidisse à *taxation populaire*. Em 1766, em Drayton (Oxfordshire), alguns membros da multidão foram à casa de John Lyfrod e "lhe perguntaram se ele era o delegado — quando ele respondeu que 'sim', disseram que ele devia acompanhá-los até a Cruz, para receber o dinheiro por três sacos de farinha que eles tinham tomado de uma certa Betty Smith e que venderiam por cinco xelins o alqueire"; a mesma multidão recrutou o delegado de Abingdon para o mesmo serviço. O delegado de Handborough (também em Oxfordshire) foi recrutado de forma semelhante em 1795; a multidão fixou o preço — bem alto — de quarenta xelins por saco para uma carroça de farinha que fora interceptada, e o dinheiro de pelo menos quinze sacos foi entregue nas suas mãos. Na ilha de Ely, no mesmo ano, "a turba insistiu em comprar carne a quatro pence por libra, e desejava que o sr. Gardner, um magistrado, supervisionasse a venda, assim como o prefeito fizera em Cambridge no sábado anterior". Ainda em 1795, as milícias ou tropas regulares em várias ocasiões supervisionaram vendas forçadas às vezes na ponta da baioneta, os oficiais olhando fixamente para o outro lado. Uma operação combinada de soldados e povo forçou o prefeito de Chichester a concordar em fixar o preço do pão. Em Wells, os homens do 122º Regimento começaram

> por vaiar aqueles que eles diziam ser os que compravam antecipadamente ou especulavam com a manteiga, a quem caçaram em diferentes partes da cidade. Apoderaram-se da manteiga — reuniram-na num só lugar — colocaram sentinelas para guardá-la — depois a lançaram e misturaram numa tina — e mais tarde dividiram a massa, pesaram os pedaços na balança e venderam-nos ao preço de

oito pence por libra [...], embora o preço comum cobrado pelos especuladores fosse bem mais que dez pence.[114]

Seria tolice sugerir que, com uma brecha tão grande no baluarte da deferência, muitos não aproveitassem a oportunidade para carregar mercadorias sem pagar. Mas há abundante evidência em contrário, e parte dessas provas é surpreendente. Por exemplo, em 1766, os arrendatários em Honiton que, tendo tomado cereais dos fazendeiros e vendido o produto a preço popular no mercado, devolveram a eles não só o dinheiro, mas também os sacos; em 1800, a multidão de Oldham que fez racionamento de cereais, dando a cada comprador apenas dois celamins por cabeça; e as muitas vezes em que carroças foram interceptadas nas estradas, seus conteúdos vendidos, e o dinheiro confiado ao carroceiro.[115]

Além disso, nos casos em que as mercadorias eram tomadas sem pagamento, ou em que se cometia violência, é prudente investigar se não há nenhum agravante particular no caso. Essa distinção é estabelecida no relato de uma ação em Portsea (Hampshire), em 1795. A multidão primeiro ofereceu aos padeiros e açougueiros o preço popular: "aqueles que aceitaram cumprir essa exigência foram escrupulosamente pagos". Mas os que se recusaram a pagar tiveram as suas lojas saqueadas "recebendo apenas o dinheiro que a turba resolveu deixar". Noutro caso no mesmo ano, os trabalhadores nas pedreiras em Port Isaac (Cornualha) tomaram a cevada armazenada para exportação, pagando o preço razoavelmente elevado de onze xelins por alqueire, ao mesmo tempo que avisavam o proprietário de que "se ele resolvesse embarcar o restante, voltariam e levariam tudo sem lhe dar nenhuma compensação". É muito frequente nas ações o motivo da punição e da vingança. O grande tumulto em Newcastle em 1740, quando mineiros e trabalhadores das barcaças invadiram a sede da Prefeitura, destruíram os livros municipais, distribuíram o dinheiro da cidade, e atiraram pedras e barro nos edis, só veio a acontecer depois de dois agravantes: primeiro, o rompimento do acordo que fixava os preços dos grãos entre os líderes dos mineiros e os mercadores (quando um edil desempenhou o papel de árbitro); segundo, as autoridades em pânico abriram fogo contra a multidão do alto dos degraus da sede da Prefeitura. Numa casa em Gloucestershire em 1766, foram disparados tiros contra a multidão, o que (escreve o xerife) "lhes causou grande indignação, e eles reagiram entrando à força na casa, destruindo toda a mobília, as janelas etc. e destelhando-a parcialmente; declararam depois que se arrependeram muito desse ato, porque não fora o dono da casa (ausente na ocasião) que atirara contra eles". Em 1795, os mineiros de estanho armaram um ataque contra um mercador de Penryn (Cornualha), contratado para lhes fornecer cevada, mas que mandara grãos estragados e germinados. Quando os moinhos eram atacados e as suas máquinas danificadas, era frequentemente para dar um alerta de longa duração ou para punir alguma prática notória.[116]

Na verdade, se quisermos questionar a visão espasmódica e unilinear dos motins da fome, basta apontar esse motivo contínuo da intimidação popular, quando homens e mulheres, quase a ponto de morrer de fome, ainda assim não atacavam os moinhos e os celeiros para roubar alimentos, mas para punir os proprietários. Reiteradas vezes, os cereais ou a farinha eram espalhados ao longo das estradas e das sebes, despejados no rio, as máquinas do moinho eram danificadas, e as suas represas escoadas. Aos exemplos desse comportamento, as autoridades reagiam com indignação e espanto. Era sintomático (assim lhes parecia) do estado de espírito "desvairado" e perturbado de um povo com o cérebro inflamado pela fome. Em 1795, tanto o presidente do tribunal como Arthur Young deram palestras para os pobres, mostrando que a destruição dos grãos não era a melhor maneira de aumentar o suprimento de pão. Hannah More contribuiu com uma pequena homilia. Um versejador anônimo de 1800 nos dá um exemplo bem mais vívido dessas admoestações às camadas mais baixas da população:

Quando com os amigos do campo passais o tempo,
E esvaziais, como de costume, o copo sempre cheio,
Quando todos ficam alegres, se por acaso escutardes
"Que são os açambarcadores que encarecem os cereais;
"Que todos devem e vão ter pão; pois já estão cheios
"De arroz e sopa, e de toda essa comida papa:
"Que vão se servir do que quiserem: e lutar a mais não poder
"Para se vingar de todos os patifes dos grãos":
John jura que lutará enquanto tiver forças,
"É melhor ser enforcado que morrer de fome:
"Vai queimar o celeiro do fidalgo Hoardum, ora se vai,
"Enforcar o velho Filchbag e destruir o seu moinho".
Agora quando preparam o garfo e o forcado
E todas as ferramentas da guerra rústica
[...]
Dizei-lhes dos males que acompanham os atos ilícitos
Atos que nascem da cólera e terminam em tristezas,
Dizei-lhes que incendiar celeiros e destruir moinhos
Não produz cereais, nem enche barrigas.[VII] [117]

Mas os pobres eram realmente tão tolos? Suspeita-se que os moleiros e os negociantes, que mantinham um olho vigilante no povo e o outro na maximização

(VII) When with your country Friends your hours you pass,/ And take, as oft you"re wont, the copious glass,/ When all grow mellow, if perchance you hear/ "That "tis th" Engrossers make the com so dear;/ "They must and will have bread; they"ve had enough/ "Of Rice and Soup, and all that squashy stuff:/ "They"ll help themselves: and strive by night and main/ "To be reveng"d

de seus ganhos, sabiam mais que os poetastros em seus *escritoires*. Pois os pobres tinham suas próprias fontes de informação. Eles trabalhavam nas docas. Deslocavam os batelões nos canais. Dirigiam as carroças e manejavam as barreiras de portagem. Trabalhavam nos moinhos e nos celeiros. Muitas vezes conheciam bem melhor os fatos locais do que a *gentry*; em várias ações, dirigiam-se certeiramente aos estoques escondidos de grãos, que os juízes de paz de boa-fé negavam existir. Se os boatos frequentemente ultrapassavam todos os limites, sempre tinham raízes em pelo menos algum fundamento precário de realidade. Os pobres sabiam que a única maneira de forçar os ricos a ceder era torcendo-lhes o braço.

VI

Quem começava os motins era, com bastante frequência, as mulheres. Sabemos que em 1693, um grande número de mulheres foi ao mercado de Northampton, "com facas enfiadas nas cintas para forçar seus próprios preços na venda de cereais". Num motim contra a exportação, em 1737, em Poole (Dorset), relata-se: "A multidão consiste em muitas mulheres, e nos homens que lhes dão apoio, e todos juram que se alguém molestar uma das mulheres com suas atitudes, vão sublevar um grande número de homens e destruir tanto os navios como as cargas". A turba foi incitada a se rebelar em Stockton (Durham), em 1740, por uma "dama com uma vara e uma trompa". Em Haverfordwest (Pembroke), em 1795, um antiquado juiz de paz que tentava, com a ajuda de seu curador, combater os mineiros de carvão, reclamou que "as mulheres estavam assumindo ares de homens, e eram perfeitas fúrias. Recebi uns golpes de algumas delas nas costas [...]". Um jornal de Birmingham descreveu os protestos de Snow Hill como a ação de "uma ralé instigada por mulheres furiosas". Em dúzias de casos, a história é sempre a mesma — as mulheres atacando um negociante impopular com as suas próprias batatas, ou combinando astuciosamente a fúria com o cálculo de que eram um pouco mais imunes do que os homens à retaliação das autoridades: "as mulheres falavam aos homens comuns", dizia o magistrado de Haverfordwest a respeito dos soldados, "que sabiam que no fundo eles lhes queriam bem e não lhes causariam dano".[118]

---

on all such rogues in grain":/ John swears he"ll fight as long as he has breath,/ "Twere better to be hang"d that starv"d to death:/ "He"ll hum Squire Hoardum"s garner, so he will,/ "Tuck up old Filchbag, and pull down his mill"./ Now when the Prong and Pitchfork they prepare/ And all the implements of rustick war [...]/ Tell them what ills unlawful deeds attend,/ Deeds, which in wrath begun, and sorrow end,/ That burning barns, and pulling down a mill,/ Will neither corn produce, nor bellies fill.

Essas mulheres parecem pertencer à pré-história de seu sexo antes da Queda, não tendo consciência de que ainda deviam esperar uns duzentos anos pela sua liberação. (Em 1807, Southey escrevia um lugar-comum: "As mulheres são mais inclinadas à rebelião; elas têm menos medo da lei, em parte por ignorância, em parte porque tiram partido do privilégio de seu sexo, e por isso em todos os tumultos públicos elas são as primeiras em violência e ferocidade".)[119] Eram naturalmente as mais envolvidas com as negociações face a face no mercado, as mais sensíveis ao significado dos preços, as mais experientes em detectar peso insuficiente ou qualidade inferior. É provável que as mulheres muito frequentemente precipitassem as ações espontâneas. Mas outras ações eram preparadas com mais cuidado. Às vezes se pregavam avisos nas portas da igreja ou da estalagem. Em 1740, "um jogo de futebol foi anunciado em Kettering com quinhentos homens de um lado, mas o objetivo era destruir os moinhos de Lady Betty Jesmaine". No final do século, a distribuição de avisos manuscritos pode ter se tornado mais comum. De Wakefield (Yorkshire), 1795:

> Avise-se
>
> A todas as mulheres e habitantes de Wakefield, que todos estão convidados a se reunir na Igreja Nova [...] na próxima sexta-feira às nove horas [...] para fixar o preço dos cereais [...]
>
> A pedido dos habitantes de Halifax
> que ali se reunirão com todos

De Stratton (Cornualha), 1801:

> A todos os trabalhadores e comerciantes no condado de Stratton que desejam salvar suas esposas e filhos do destino terrível de MORRER DE FOME imposto pelos fazendeiros insensíveis e opressores [...]. Reúnam-se todos imediatamente e marchem em terrível formação para as casas dos fazendeiros opressores. Forcem-nos a vender os seus cereais no mercado, a um preço justo e razoável [...].[120]

A ação espontânea e de pequena escala podia nascer de uma vaia ou rezinga ritualizada na frente das lojas de varejo;[121] da interceptação de uma carroça de grãos ou farinha que passava por um centro populoso; ou da simples reunião de uma multidão ameaçadora. Com grande rapidez, desenvolvia-se uma situação de negociação: o proprietário das provisões sabia muito bem que se não concordasse voluntariamente com o preço imposto pela multidão (e sua aquiescência tornava muito difícil qualquer processo subsequente), corria o risco de perder todo o seu estoque. Quando uma carroça com sacos de trigo e farinha foi interceptada em Handborough (Oxfordshire) em 1795, algumas mulheres subiram no carro e atiraram os sacos na estrada. "Algumas das pessoas reunidas disseram que dariam quarenta xelins por um saco de farinha, e que elas queriam esse preço, e não dariam mais, e que se isso não fosse aceito, elas tomariam a farinha à força." O proprietário (um "pequeno produtor rural") por fim concordou: "Se tem de ser assim, então é esse o preço". O procedimento da negociação forçada pode ser visto com igual clareza no depoimento de Thomas Smith, padeiro, que entrou a cavalo em Hadstock Essex com pão nos seus cestos (1795). Ele foi abordado na rua da vila por quarenta ou mais mulheres e crianças. Uma das mulheres (a esposa de um trabalhador) deteve o seu cavalo "e ao lhe perguntar se o preço do pão tinha abaixado, ele respondeu que não tinha ordens dos moleiros para abaixar o preço, e ela então lhe disse: 'Por Deus, se você não abaixar o preço, não vai vender nenhum pão na cidade [...]'". Várias pessoas na multidão então ofereceram nove pence por um quarto de pão, enquanto ele pedia dezenove pence. Eles então "juraram que, se ele não concordasse em vender um pão por nove pence, eles o tomariam, e antes que ele pudesse dar outra resposta, várias pessoas que estavam ao seu redor tiraram vários pães da sua sela [...]". Só então é que Smith concordou em vender o pão a nove pence. A negociação era bem compreendida por ambos os lados; e os varejistas, que tinham de conservar os seus fregueses tanto nos anos de fartura como nos anos de escassez, capitulavam frequentemente ao primeiro sinal de turbulência da multidão.[122]

Em distúrbios de maior escala, depois de formado o núcleo da multidão, o restante era frequentemente insuflado pelas trompas ou pelos tambores. "Segunda-feira passada", começa a carta de um magistrado de Shropshire em 1756, "os mineiros de carvão de Broseley etc. reuniram-se ao som das trompas e marcharam para o mercado de Wenlock [...]." O ponto decisivo era a formação de um núcleo decidido. O papel proeminente dos mineiros não se explica apenas pela sua "virilidade", nem pela sua particular exposição à exploração dos consumidores, mas também pelo número de seu contingente e pela disciplina natural da comunidade mineira. "Na manhã de quinta-feira", depôs em 1740 John Todd, mineiro da mina de Heaton, Gateshead, "na hora da mudança do turno da noite", seus colegas mineiros, "uns sessenta ou oitenta, pararam o sarilho da máquina no poço da mina [...] e foi proposto que se dirigissem a Newcastle para fixar os preços dos cereais [...]." Quando vieram da mina de Nook para Haverfordwest em 1795 (o magistrado relata que seu curador lhe disse: "Doutor, os mineiros estão chegando [...] Levantei os olhos e vi uma grande multidão de homens, mulheres e crianças armados com cacetes de carvalho, descendo a rua e gritando: 'Todos unidos — Todos unidos'"), os mineiros explicaram mais tarde que tinham vindo a pedido dos pobres da cidade, que não tinham coragem de fixar o preço por sua própria conta.[122]

A composição ocupacional da multidão não oferece muitas surpresas. Era (ao que parece) bastante representativa das ocupações das "camadas inferiores" nas áreas amotinadas. Em Witney (Oxfordshire), encontramos denúncias contra um tecelão de cobertores, um alfaiate, a esposa de um estalajadeiro e um criado; em Saffron Walden (Essex), acusações contra dois cabresteiros, um cordovaneiro, um pedreiro, um carpinteiro, um serrador, um fabricante de estame e nove trabalhadores; em várias aldeias de Devonshire (Sampford Peverell, Burlescomb, Culmstock), encontramos acusações contra uma fiandeira, dois tecelões, um cardador de lã, um cordovaneiro, um mestre em telhados e dez operários; no caso de Handborough, foram mencionados numa denúncia um carpinteiro, um pedreiro, um serrador e sete operários.[123] Havia menos acusações contra pessoas de posição social superior, por suposto incitamento à rebelião, do que Rudé e outros observaram na França,[124] embora fosse sugerido com mais frequência que eram encorajados por seus superiores a adotar um tom hostil para com os fazendeiros e os intermediários. Em 1801, um observador no Sudoeste afirmava que os tumultos eram "certamente liderados por comerciantes inferiores, cardadores de lã e dissidentes, que se mantêm à parte, mas pela sua linguagem e influência imediata dominam as camadas mais baixas".[125] Afirmava-se que de vez em quando os grandes empreiteiros encorajavam os seus próprios trabalhadores a se rebelar.[126]

Outra diferença importante em relação à França era o contraste entre a relativa inércia dos trabalhadores das fazendas na Inglaterra e a rebeldia dos *vignerons* e dos pequenos camponeses. Muitos produtores de cereais continuavam certamente a observar o costume de vender grãos baratos a seus trabalhadores enquanto os criados que viviam na fazenda partilhavam da mesa do fazendeiro. Os trabalhadores rurais participavam em motins quando outros grupos (como os mineiros de carvão) formavam o núcleo original, ou quando alguma revolta os reunia em número suficiente. Quando um grande bando de trabalhadores perambulou pelo vale do Tâmisa em 1766, a ação começara com grupos que trabalhavam numa estrada de pedágio, que disseram "a uma só voz, vamos todos juntos a Newbury tornar o pão mais barato". Uma vez na cidade, arregimentaram mais apoio desfilando na praça e dando três hurras. Em East Anglia, em 1795, encontra-se um núcleo semelhante formado por "represadores" (grupos "empregados para limpar escoadouros e construir represas"). Os represadores também eram menos sujeitos à identificação e à punição imediatas, ou às vinganças do paternalismo da aldeia, do que os trabalhadores rurais, sendo "em sua maior parte estrangeiros vindos de outros países [que] não são tão facilmente apaziguados quanto os que moram no lugar".[127]

Na verdade, o motim da fome não requeria um alto grau de organização. Requeria um consenso de apoio na comunidade e um padrão de ação herdado com seus próprios objetivos e limites. E a persistência dessa forma de ação propõe uma pergunta interessante: até que ponto ela era bem-sucedida, seja em que sentido for? Teria continuado a existir durante tantos anos, na verdade centenas de anos, se repetidamente tivesse deixado de atingir os seus objetivos, gerando nada além de alguns moinhos em ruínas e vítimas nos patíbulos? É uma pergunta difícil de responder, mas que precisa ser feita.

VII

No curto prazo, parece provável que os motins e o ato de fixar os preços anulavam seus próprios objetivos. Os fazendeiros ficavam às vezes tão intimidados que mais tarde se recusavam, durante várias semanas, a levar as mercadorias ao mercado. A interdição do deslocamento dos grãos pelo país provavelmente só agravava a escassez em outras regiões. Embora seja possível encontrar exemplos em que os protestos parecem ter como resultado a queda dos preços, bem como seu oposto, e, mais ainda, encontrar exemplos em que parece haver pouca diferença no movimento dos preços em mercados atingidos por motins ou não, nenhum desses casos — por mais que se perfaça o total ou se tire a média — revela necessariamente o efeito que a *expectativa* de motins tinha sobre a situação total do mercado.[128]

Podemos fazer uma analogia com a guerra. Os benefícios imediatos reais da guerra raramente são significativos, quer para o vencedor, quer para o derrotado. Mas os benefícios que se podem obter pela *ameaça* de guerra talvez sejam consideráveis: ainda assim a ameaça não vai inspirar terrores se nunca se fizer uso da sanção da guerra. Se a praça do mercado era uma arena da guerra de classes, tanto quanto a fábrica e a mina vieram a ser na Revolução Industrial, a ameaça de motins causaria impacto sobre toda a situação de mercado, não só nos anos de escassez, mas também nos anos de colheita moderada, não só nas cidades notórias por sua suscetibilidade a agitações, mas também nas cidades onde as autoridades queriam preservar uma tradição de paz. Entretanto, por mais cuidadosamente que se quantifiquem os dados disponíveis, eles não conseguem nos mostrar a que nível os preços teriam subido se a ameaça de tumultos tivesse sido completamente eliminada.

As autoridades em áreas propensas a agitações eram frequentemente ponderadas e competentes ao lidar com os distúrbios. Isso faz com que às vezes se esqueça que o motim era uma calamidade, resultando com frequência numa profunda perturbação das relações sociais na comunidade, cujas consequências podiam se arrastar por anos. Os magistrados das províncias estavam muitas vezes em extremo isolamento. As tropas, se recrutadas, podiam levar dois, três ou mais dias para chegar à cidade, e a multidão sabia disso muito bem. O xerife de Gloucestershire nada pôde fazer nos primeiros dias do "levante" de 1766, a não ser marcar presença no mercado de Stroud com seus "lanceiros". Em 1709, um magistrado de Suffolk se absteve de prender os líderes da revolta, porque "a turba ameaçou derrubar tanto a sua casa como a cadeia se ele punisse qualquer um dos camaradas". Outro magistrado que conduziu um *posse comitatus* esfarrapado e pouco marcial por North Yorkshire até Durham em 1740, fazendo prisioneiros pelo caminho, ficou consternado ao ver os cidadãos de Durham saírem à rua para libertar dois de seus prisioneiros no portão da prisão. (Esses resgates eram comuns.) Um exportador de grãos de Flint teve uma experiência ainda mais desagradável no mesmo ano. Os amotinados entraram na sua casa, beberam a cerveja e o vinho de suas adegas, e ficaram "com uma espada desembainhada apontada para minha filha legítima [...] Eles têm muitas armas de fogo, lanças e espadas. De cinco das lanças, disseram que quatro vão servir para carregar meus quatro membros, e a outra para carregar a minha cabeça em triunfo [...]".

A questão da ordem não era absolutamente simples. A inadequação das forças civis se combinava com a relutância em empregar a força militar. Os próprios oficiais tinham bastante humanidade, e estavam rodeados de muita ambiguidade quanto a seus poderes em confrontos civis, manifestando uma marcante falta de entusiasmo por esse "serviço odioso".[129] Se os magistrados locais convocavam as tropas, ou autorizavam o uso de armas de fogo, tinham de continuar a viver no distrito depois da saída das tropas, ficando sujeitos ao ódio da população local, talvez recebendo cartas ameaçadoras, e sendo vítimas de janelas quebradas ou até de incêndios criminosos. As tropas aquarteladas numa cidade logo se tornavam impopulares, mesmo entre os que as tinham convocado. Com regularidade incomum, os documentos do Ministério do Interior ou do Ministério da Guerra mostram que os pedidos de ajuda de reforços eram seguidos, depois de um intervalo de cinco ou seis semanas, por petições requisitando sua remoção. Uma petição lastimosa dos habitantes de Sunderland em 1800, encabeçada pelo seu pároco, pedia a retirada do 68º Regimento: "O seu principal objetivo é o roubo. Várias pessoas foram derrubadas e tiveram os relógios roubados, mas tudo isso sempre da maneira mais violenta e brutal". Um jovem sofreu fratura no crânio, o outro teve o lábio superior cortado. Os habitantes de Wantage, Farringdon e Abingdon solicitavam "em nome de Deus [...] que se retirasse deste lugar a parte do regimento de Lord Landaff, senão a consequência serão assassinatos, pois nunca entrou nesta cidade um grupo de patifes como esse". Um magistrado local, apoiando a petição, acrescentava que o "comportamento selvagem dos militares [...] exaspera o populacho no mais alto grau. Os relacionamentos normais dos fazendeiros nas feiras e mercados ficam muito prejudicados".[130]

Os motins eram uma calamidade. A "ordem" que às vezes se lhes seguia podia ser uma calamidade ainda maior. Por isso, a ansiedade das autoridades, quer para prevenir seu evento, quer para eliminá-lo logo em seus primeiros estágios, pela presença pessoal, exortação e concessão. Numa carta de 1773, o prefeito de Penryn, sitiado por mineiros de estanho enfurecidos, escreve que a cidade foi invadida por trezentos "desses bandidos, com quem fomos forçados a parlamentar e chegar a um acordo, deixando-os comprar os cereais por um terço do custo de produção para os proprietários". Essas negociações, mais ou menos relutantes, eram comuns. Um experiente magistrado de Warwickshire, Sir Roger Newdigate, observava em seu diário em 27 de setembro de 1766:

> Às 11h fui a Nuneaton [...] e com os principais habitantes da cidade fui ao encontro dos mineiros de carvão de Bedworth e da turba que vinha gritando e armada de paus. Perguntei o que queriam, prometi atender a todas as suas reclamações razoáveis se fossem pacíficos e jogassem no prado os seus paus, o que então todos fizeram; depois caminhei com eles a todas as casas que eles pensavam ter mercadorias estocadas, deixei que cinco ou seis fossem procurar os produtos e persuadi os proprietários a vender o que se encontrou de queijo [...].

Os mineiros de carvão então deixaram a cidade tranquilamente, depois que Sir Roger Newdigate e outros dois deram meio guinéu a cada um. Na realidade, eles haviam procedido conforme o *Book of orders*.[131]

Esse tipo de negociação, na fase inicial do motim, frequentemente assegurava concessões para a multidão. Mas devemos notar igualmente os esforços feitos pelos magistrados e proprietários no sentido de prevenir os distúrbios. Um magistrado de Shropshire, em 1756, descreve que os mineiros de carvão "afirmam que se os fazendeiros não levarem os cereais ao mercado, eles irão até as suas casas e debulharão os cereais": "Mandei ordens aos meus arrendatários para que cada um levasse alguma quantidade de cereais ao mercado no sábado, pois é o único meio que me ocorre de prevenir maiores violências". No mesmo ano, podemos observar esforço semelhante dos magistrados em Devon. Haviam ocorrido tumultos em Ottery, os cereais dos fazendeiros foram arrebatados e vendidos a cinco xelins por alqueire, e vários moinhos atacados. Sir George Yonge mandou seu criado afixar uma nota admoestadora e conciliatória na praça do mercado:

> A turba se reuniu, insultou o meu criado e intimidou o apregoador [...] Ao ler [a nota] eles declararam que aquilo não servia, que os fidalgos não precisavam se incomodar, pois *eles* é que fixariam o preço em quatro xelins e nove pence no próximo dia do mercado. Depois disso, fui até a cidade ontem, e declarei, tanto a gente comum como às pessoas de melhor posição social, que se os ânimos não se acalmassem, os militares deviam ser convocados [...].

Ele e dois membros da *gentry* vizinhos enviaram então os seus próprios cereais aos mercados locais:

> Dei ordens para que os meus cereais fossem vendidos para os pobres a cinco xelins e três pence e a cinco xelins e seis pence por alqueire, pois resolvemos

> praticar um preço um pouco acima daquele ditado pela turba. Vou mandar alguém falar com os moleiros para saber se eles podem distribuir alguma farinha [...].

O prefeito de Exeter respondeu a Yonge que as autoridades da cidade tinham ordenado que os cereais fossem vendidos a cinco xelins e seis pence: "Tudo se acalmou assim que os fazendeiros baixaram os preços [...]". Em Devon, ainda se tomavam medidas semelhantes em 1801, com "alguns fidalgos da melhor estirpe nos arredores de Exeter [...] dando ordens [...] a seus arrendatários para levar os cereais ao mercado, sob pena de não terem os seus arrendamentos renovados". Em 1795 e 1800- 1, era frequente em outros condados que os proprietários rurais tradicionalistas dessem tais ordens a seus arrendatários. O conde de Warwick (um arquipaternalista e defensor de uma legislação muito rigorosa para os que compravam grãos antecipadamente) visitava pessoalmente todas as suas propriedades dando esse tipo de ordem a seus arrendatários.[132]

Essas pressões, como forma de prevenir os motins, talvez fossem mais eficazes do que se tem proposto: conseguindo levar os cereais para o mercado, restringindo o aumento dos preços e intimidando certos tipos de lucratividade. Além disso, a disposição para motins certamente funcionava como um sinal para os ricos de que era preciso colocar em bom estado os mecanismos de assistência e caridade da paróquia — cereais e pão subsidiados para os pobres. Em janeiro de 1757, a municipalidade de Reading concordava "que se devia criar uma subscrição que levantasse dinheiro para comprar pão a ser distribuído entre os pobres [...] a um preço a ser fixado muito abaixo do atual preço do pão [...]". A própria municipalidade doou 21 libras.[133] Tais medidas eram imitadas com bastante frequência, a iniciativa partindo ora da municipalidade, ora de determinados membros da *gentry*, ora das sessões trimestrais dos tribunais, ora das autoridades paroquiais, ora dos empregadores — especialmente daqueles que empregavam uma substancial mão de obra (como os mineiros de chumbo) em distritos isolados.

As medidas adotadas em 1795 foram especialmente extensas, variadas e bem documentadas. Elas abrangiam desde subscrições diretas para reduzir o preço do pão (as paróquias às vezes mandavam seus próprios agentes aos portos para comprar grãos importados), a subsídios pagos com as taxas das leis de assistência aos pobres, e até o sistema *speenhamland*.[VIII] O exame dessas medidas nos levaria a analisar mais profundamente a história das leis de assistência aos pobres do que é nossa presente intenção.[134] Mas os efeitos eram às vezes curiosos. As subscrições, embora acalmassem uma determinada área, podiam provocar tumultos numa adjacente, por despertarem um agudo senso de desigualdade.

(VIII) Sistema de ajuda aos pobres adotado em 1795 e que se manteve até o início do século XIX. Para tal, ver *A formação da classe operária inglesa*, vol. 1, p. 71. (N. R.)

Em 1740, um acordo em Newcastle para reduzir os preços, acertado entre os mercadores e uma comissão de mineiros rebelados (com a mediação dos edis), resultou na afluência à cidade de "gente do campo" das aldeias distantes. Tentou-se em vão limitar a venda das mercadorias às pessoas que tinham um certificado fornecido por "um provedor, um superintendente da distribuição das mercadorias, um fiscal das filas ou um funcionário da paróquia". Pela explicação dada pelo duque de Richmond, a participação dos soldados nos motins que fixaram preços em 1795 teria sido provocada por uma desigualdade semelhante: os soldados alegavam "que se os habitantes do campo contam com o auxílio de suas paróquias e subscrições, os soldados não recebem esse benefício". Além disso, embora fossem usadas para pagar o preço pela suspensão dos motins (real ou potencial), essas subscrições tinham muitas vezes o efeito de *elevar* o preço do pão para aqueles que não recebiam o benefício da subscrição. "s Pode-se observar esse processo na região sul de Devon, onde as autoridades ainda atuavam em 1801 conforme a tradição de 1757. A multidão de Exeter protestou no mercado para conseguir trigo a dez xelins por alqueire:

> Os fidalgos e os fazendeiros se reuniram, e o povo esperou a sua decisão [...] Foram informados de que não seria aceito nenhum preço por eles determinado ou fixado, principalmente porque não se admitia o princípio de fixar o preço. Os fazendeiros então concordaram com o preço de doze xelins, e com a regra de que todo habitante poderia comprar a quantidade de cereais proporcional ao tamanho de sua família [...].
>
> Os argumentos dos descontentes em Exmouth são muito convincentes. "Dê-nos qualquer *quantidade* que o estoque à mão comportar, e ao preço que pudermos pagar, e ficaremos satisfeitos; não aceitaremos nenhuma subscrição dos fidalgos porque isso aumenta os preços, e constitui para eles um incômodo."[136]

A questão não é simplesmente que, em tempos de escassez, os preços fossem determinados por muitos outros fatores além das meras forças do mercado. Qualquer pessoa com um conhecimento (mesmo precário) das muito difamadas fontes "literárias" sabe disso. É mais importante observar o contexto socioeconômico total em que operava o mercado, bem como a lógica da pressão da multidão. Outro exemplo, desta vez de um mercado até então livre de motins, ilustra essa lógica em ação. O relato é de um relevante fazendeiro, John Toogood, em Sherborne (Dorset). O ano de 1757 começara com uma "queixa geral" dos preços elevados e relatos frequentes de protestos em outros lugares: "No dia 30 de abril, sendo dia de mercado, muitos de nossos pobres insolentes e vagabundos se reuniram e começaram um motim na casa do mercado, depois foram até o moinho Oborn e se apoderaram de vários sacos de farinha, dividindo o saque em triunfo aqui". Na segunda-feira seguinte, uma carta anônima, dirigida ao irmão de Toogood (que acabara de vender dez alqueires de trigo a catorze xelins e dez pence — "um alto preço realmente" — a um moleiro), foi encontrada na abadia:

"Meu senhor, se não levar o seu trigo ao mercado e vendê-lo a um preço razoável, os seus celeiros serão destruídos [...]".

> Como os motins são algo novo em Sherborne [...] e como as paróquias vizinhas pareciam prontas a participar desse esporte, achei que não havia tempo a perder e que convinha esmagar o mal pela raiz, e com essa finalidade tomamos as seguintes medidas.
>
> Convocada uma reunião no asilo dos pobres, acertou-se que o sr. Jeffrey e eu faríamos um levantamento de todas as famílias mais necessitadas na cidade. Feito isso, arrecadamos cerca de cem libras por meio de subscrições, e antes do dia de mercado seguinte, o nosso juiz de paz e alguns dos principais habitantes realizaram uma procissão pelas ruas e mandaram o apregoador da cidade divulgar o seguinte aviso:
>
> "Que as famílias pobres desta cidade recebam uma quantidade de trigo suficiente para o seu sustento, todas as semanas até a colheita, a uma taxa de oito xelins por alqueire, e que, se depois desse aviso público, alguma pessoa, seja quem for, empregar alguma expressão ameaçadora ou provocar algum ato de protesto ou desordem nesta cidade, o infrator será imediatamente recolhido à prisão".

Eles então contrataram a compra de trigo a dez xelins e doze xelins por alqueire, fornecendo-o a uma "Relação de Pobres" a oito xelins até a colheita. (Sessenta alqueires por semana durante esse período devem ter importado num subsídio de cem a duzentas libras.) "Por esses meios restauramos a paz, e desapontamos muitos sujeitos folgados e desordeiros das paróquias vizinhas, que apareciam no mercado com seus sacos vazios, esperando conseguir cereais sem dinheiro." Ao redigir esse relato para orientar seus filhos, John Toogood o concluiu com o seguinte conselho:

> Se circunstâncias parecidas acontecerem futuramente no tempo da sua geração, e se algum de vocês estiver envolvido na atividade agrícola, que o olhar cheio de cobiça não os tente a ser o primeiro a aumentar o preço dos cereais, mas que o comportamento de vocês demonstre compaixão e caridade para com a condição dos pobres [...].[137]

É no interior desse contexto que a função dos motins pode ser esclarecida. No curto prazo, os motins talvez fossem contraproducentes, embora isso ainda não esteja provado. Porém, uma vez mais, os distúrbios eram uma calamidade social, que devia ser evitada mesmo a um custo alto. O custo podia ser o de encontrar um meio-termo entre o preço "econômico" elevado no mercado e o preço "moral" tradicional determinado pela multidão. Esse meio-termo podia ser alcançado pela intervenção dos paternalistas, pelos prudentes limites que fazendeiros e negociantes se autoimpunham, ou pela compra do apoio de parte da multidão em troca de subsídios e caridades. Como Hannah More celebrou em rima, no personagem do sentencioso Jack Anvil, quando este tenta dissuadir Tom Hod de participar dos motins:

Vou trabalhar o dia inteiro, e aos domingos procurar
Na igreja a força para suportar as privações da semana.
Os fidalgos também vão nos dar mantimentos,
Vão fazer subscrições — e abrir mão dos pudins e das tortas.
Ai de mim.[IX] [138]

"Ai de mim", realmente, e até *tra-la-lá*! Entretanto, dada a natureza dos fidalgos, um bom motim tempestuoso na paróquia vizinha tinha mais chances de azeitar as rodas da caridade do que a visão de Jack Anvil de joelhos na igreja. Como os versos de pé-quebrado resumiram *no lado de fora* da porta da igreja em Kent, em 1630:

Antes de subirmos ao céu
Um pouco bastará.[X]

VIII

Vimos examinando um padrão de protesto social que deriva de um consenso a respeito da economia moral do bem-estar público em tempos de escassez. Em geral, não adianta examiná-lo procurando intenções políticas manifestas e articuladas, embora de vez em quando elas apareçam por pura coincidência. É possível encontrar com frequência frases rebeldes, geralmente (suspeita-se) para gelar o sangue dos ricos com seu efeito teatral. Dizia-se que os mineiros de Newcastle, animados com o sucesso de sua invasão da sede da Prefeitura, "defendiam pôr em prática os antigos princípios niveladores"; é verdade que pelo menos arrancaram os retratos de Charles II e James II da parede e despedaçaram as molduras. Em oposição, os barqueiros de Henley (Oxfordshire) gritavam em 1743: "Longa vida ao pretendente". E alguém em Woodbridge (Suffolk) pregou uma nota na praça do mercado em 1766, que o magistrado local achou "peculiarmente ousada e sediciosa, e de grande e delicada importância": "O nosso desejo [dizia] é que o nosso rei voltasse do exílio ou enviasse alguns oficiais". Talvez se tivesse em mente a mesma ameaça, no Sudoeste, em 1753, quando se gritava que "os franceses logo estarão aqui".[139]

(IX) So I"ll work the whole day, and on Sundays I"ll seek/ At Church how to bear all the wants of the week./ The gentlefolks, too, will afford us supplies./ They"ll subscribe — and They"ll give up their puddings and pies./ *Derry down*.

(X) Before we arise/ Less will safise.

Muito comuns são as ameaças gerais de "nivelação" e as imprecações contra os ricos. Uma carta em Witney (1767) assegurava aos bailios da cidade que o povo não toleraria "que esses malditos patifes gordos de barrigas roncadoras matassem os pobres de fome por esses meios infernais, para poder continuar a caçar, participar de corridas de cavalos e levar com as suas famílias uma vida de orgulho e extravagância". Uma carta na Gold Cross de Snow Hill em Birmingham (1766), assinada "Kidderminster & Stourbridge", foi talvez redigida como versos de pé-quebrado:

> [...] *somos um pequeno Exército, mais de 3 mil, todos prontos para lutar*
> *e maldito seja se não transformarmos o Exército do rei em merda,*
> *Se o rei e o Parlamento não derem melhores ordens,*
> *vamos transformar a Inglaterra em lixo*
> *e se as coisas não ficarem mais baratas,*
> *maldito seja se não destruirmos o Parlamento e melhorarmos a vida* [...].[XI]

Em 1772, uma carta em Colchester, dirigida a todos os fazendeiros, moleiros, açougueiros, lojistas e mercadores de cereais, avisava a todos os "malditos patifes" para tomarem cuidado, "pois é novembro, e temos umas duzentas ou trezentas bombas preparadas para os moleiros e todos os demais. Nada de rei, nem de Parlamento, apenas uma conspiração de pólvora por toda a nação". Em 1776, os fidalgos de Fareham (Hampshire) foram avisados de que deviam se preparar "para uma guerra civil ou sediciosa", que "derrubaria George do trono, derrotaria a casa dos patifes e destruiria as cadeiras dos legisladores". "É melhor suportar o jugo estrangeiro do que ser explorado desse modo", escrevia um aldeão perto de Hereford no ano seguinte. E assim por diante, em quase todas as regiões da Grã-Bretanha. Trata-se essencialmente de retórica, embora uma que devasta a retórica dos historiadores quanto à deferência e às solidariedades sociais da Inglaterra georgiana.[140]

Somente em 1795 e 1800-1, quando um matiz jacobino se torna frequente nessas cartas e impressos, é que temos a impressão de uma genuína corrente subterrânea de motivação política articulada. Um exemplo incisivo são uns versos de pé-quebrado endereçados "aos encrenqueiros e aos que aumentam o preço da farinha", que alarmou um magistrado de Maldon (Essex):

> *Com grãos e refugos para porcos quereis que os pobres se alimentem*
> *Embaixo da guilhotina gostaríamos de ver vossas cabeças*

(XI) [...] there is a small Army of us upwards of there thousand all ready to fight/ & I"ll be damn"d if we don"t make the King"s Army to shite/ If so be the King & Parliament don"t order better/ we will turn England into a Litter / & if so be as things don"t get cheaper/ I"ll be damd if we don"t burn down the Parliament House & make all better [...].

Pois acho que é uma vergonha tratar os pobres desse jeito —
E acho que algumas de vossas cabeças vão dar um belo espetáculo.[XII]

Um grande número dessas cartas circulava naqueles anos. De Uley (Gloucestershire), "não queremos rei mas uma constituição, abaixo, abaixo, abaixo, oh, morte aos barretes empinados e aos chapéus orgulhosos para sempre abaixo, abaixo [...]". Em Lewes (Sussex), depois que vários milicianos foram executados por terem participado do ato de fixar os preços, divulgou-se um aviso: "Às armas, soldados!".

Levantem-se e tirem a sua desforra
Nesses estúpidos sanguinários, Pitt e George,
Pois como eles já não podem mandá-los para a França
Para serem mortos como porcos, ou perfurados pela lança,
Mandam o mensageiro buscá-los com ordens de rápido retorno
Para serem fuzilados como corvos, ou enforcados por turnos [...].

Em Ramsbury (Wiltshire), em 1800, uma nota foi afixada numa árvore:

> Abaixo o governo suntuoso, o espiritual e o temporal, pois senão vocês vão morrer de fome. Eles roubaram de vocês o pão, o queijo, a carne etc. etc. etc. etc. etc. E até as suas vidas eles tomaram, de milhares nas suas expedições. Que a família Bourbon defenda a sua própria causa, e vamos nós, os verdadeiros bretões, cuidar de nossas vidas. Vamos expulsar alguns para Hanover, de onde eles vieram. Abaixo a Constituição, construam uma República, senão vocês e seus filhos vão passar fome o resto de seus dias. Caros irmãos, vocês vão se render e morrer nas mãos dos devoradores de homens, vão deixar os seus filhos nessa servidão, à mercê desse governo canalha que está agora devorando vocês?
>
> Deus Salve os Pobres e abaixo George III.[141]

Mas esses anos de crise durante as guerras napoleônicas (1800-1) exigiriam exame particular. Estamos chegando ao fim de uma tradição, e a nova tradição mal começou. Nesses anos, a forma alternativa de pressão econômica — a pressão sobre os salários — está se tornando mais vigorosa; existe algo mais do que retórica por trás da linguagem da sedição — organização de ligas clandestinas, juramentos, o obscuro "Ingleses Unidos". Em 1812, os tradicionais motins da fome coincidem em parte com o luddismo. Em 1816, os trabalhadores de East Anglia não só determinavam os preços, mas também exigiam um salário mínimo e o fim do sistema *speenhamland* de assistência aos pobres. Eles antecediam a revolta muito diferente dos trabalhadores de 1830. A forma antiga de

(XII) On Swill & Grains you wish the poor to be fed/ And underneath the Guillintine we could wish to see your heads/ For I think it is a great shame to serve the poor so —/ And I think a few of your heads will make a pretty show.

ação continua a existir na década de 1840 e até mais tarde: estava profundamente arraigada no Sudoeste.[142] Mas nos novos territórios da Revolução Industrial, ela passou gradativamente a outras formas de ação. A baixa nos preços do trigo depois das guerras facilitou a transição. Nas cidades ao norte, a luta contra os atravessadores de cereais deu lugar à luta contra as Leis dos Cereais.

Havia outra razão para que 1795 e 1800-1 nos levassem a um território histórico diferente. As formas de ação que vimos examinando dependiam de um conjunto particular de relações sociais, o equilíbrio particular entre a autoridade paternalista e a multidão. Esse equilíbrio foi quebrado durante as guerras, por duas razões. Primeiro, o agudo antijacobinismo da pequena nobreza criou um novo medo de qualquer forma de autoativação popular; os magistrados inclinavam-se a ver sinais de motim nos atos de fixar os preços, mesmo quando não havia nada; o medo da invasão deu origem aos Voluntários, e assim ofereceu aos poderes civis meios muito mais imediatos de enfrentar a multidão, não com discussões e concessões, mas com a repressão.[143] Segundo, essa repressão era legitimada, nas mentes das autoridades centrais e de muitas autoridades locais, pelo triunfo da nova ideologia da economia política.

O ministro do Interior, o duque de Portland, foi o representante secular desse triunfo celestial. Em 1800-1, ele exibia uma nova firmeza, não só em lidar com os distúrbios, mas também em controlar e advertir aquelas autoridades locais que ainda esposavam o antigo paternalismo. Em setembro de 1800, houve um episódio significativo em Oxford. Surgira algum conflito sobre o preço da manteiga no mercado, e a cavalaria apareceu na cidade (a pedido — como se veio a saber — do vice-reitor). O escrivão da cidade, por ordem do prefeito e dos magistrados, escreveu ao ministro da Guerra, expressando a sua "surpresa de que um corpo militar de cavalaria tivesse aparecido na cidade hoje de manhã cedo":

> É com grande prazer que lhe informo que o povo de Oxford até o presente momento não tem demonstrado nenhuma tendência de rebelião com exceção de levar ao mercado algumas cestas de manteiga e vender cada libra por um xelim, prestando contas do dinheiro ganho ao dono da manteiga [...].

"Apesar da extrema pressão dos tempos", as autoridades da cidade "não tinham dúvida" de que não havia "razão nesta cidade para a presença de um corpo de soldados regular", especialmente porque os magistrados andavam muito diligentes, reprimindo "o que eles consideram ser uma das principais causas da carestia, os delitos de comprar as mercadorias antecipadamente, açambarcar e comprar para futura revenda [...]".

A carta do escrivão da cidade foi enviada ao duque de Portland, e arrancou dele uma grave repreensão:

Sua Alteza [...] deseja que o senhor informe ao prefeito e aos magistrados que, como sua posição oficial lhe permite apreciar de modo mais particular a extensão dos danos públicos que devem inevitavelmente resultar da continuação dos atos de rebelião que têm ocorrido em várias partes do reino em consequência da presente escassez de provisões, ele se considera mais imediatamente obrigado a exercer o seu próprio julgamento e discernimento no sentido de indicar as medidas adequadas que devem ser tomadas para a eliminação imediata e efetiva desses atos perigosos. Por mais que Sua Alteza lamente a causa desses motins, nada é mais certo do que o fato de que eles só conseguirão agravar o mal além do que nos é dado prever. Portanto, Sua Alteza não pode deixar passar em silêncio aquela parte de sua carta que afirma "que o povo de Oxford até o presente momento não tem demonstrado nenhuma tendência aos tumultos, a não ser que se considere tumulto levar ao mercado algumas cestas de manteiga e vender cada libra por um xelim, prestando contas do dinheiro ganho ao dono da manteiga [...]".

Assim, longe de considerar essa circunstância à luz trivial com que é apresentada na sua carta (mesmo supondo que não tenha conexões com outras ações de natureza semelhante e ainda mais perigosa, o que é de recear não seja o caso), Sua Alteza a vê como um ataque violento e injustificável contra a propriedade, prenhe das consequências mais fatais para a cidade de Oxford e para os seus habitantes de todas as posições sociais; e Sua Alteza presume que o prefeito e os magistrados devem saber que têm o dever sagrado de eliminar e punir esse ataque com a imediata captura e prisão dos infratores.[144]

Durante os anos de 1800 e 1801, o duque de Portland procurou impor as mesmas doutrinas. O remédio para os distúrbios eram os militares ou os Voluntários; até as subscrições liberais deviam ser desencorajadas, pois esgotavam os estoques; persuadir os fazendeiros ou os negociantes a baixarem os preços era um delito contra a economia política. Em abril de 1801, ele escrevia ao conde Mount Edgcumbe, "Sua Excelência deve escusar a liberdade que tomo em não deixar passar sem comentário o acordo que menciona ter firmado voluntariamente com os fazendeiros na Cornualha para fornecer cereais e outras provisões aos mercados a preços reduzidos [...]". O duque tinha informações de que as autoridades do condado tinham pressionado os fazendeiros:

[...] a experiência que tenho [...] me obriga a dizer que todo empreendimento desse tipo não se justifica pela natureza das coisas, devendo, inevitavelmente e em pouco tempo, aumentar e agravar a desgraça que pretende minorar, e também me aventuro a afirmar que quanto mais geral for esse empreendimento, tanto mais prejudiciais serão as consequências que não podem deixar de acompanhá-lo, porque ele necessariamente impede o emprego do capital na atividade agrícola [...].[145]

A "natureza das coisas", que já tornara imperiosa, nos tempos de escassez, pelo menos alguma solidariedade simbólica entre os governantes e os pobres, ditava agora a solidariedade entre os governantes e "o emprego do capital". É, talvez, apropriado que o ideólogo que formulou a síntese de um antijacobinismo histérico com a nova economia política tenha sido o encarregado de assinar o certificado de óbito daquele paternalismo que, em suas passagens retóricas mais ilusórias, ele celebrara. "Os trabalhadores pobres", exclamava Burke: "Que se demonstre compaixão nos atos, mas que não se lamente a sua condição. Não é consolo para as suas circunstâncias miseráveis; é apenas um insulto à sua inteligência miserável [...] Paciência, trabalho, sobriedade, frugalidade e religião devem ser recomendados; todo o resto é *fraude* rematada".[146] Contra esse tom, o aviso em Ramsbury era a única resposta possível.

IX

Espero que um quadro um pouco diferente do habitual tenha emergido desse ensaio. Não tentei descrever um espasmo involuntário, mas um padrão de comportamento que não envergonharia um ilhéu de Trobriand.

É difícil reimaginar os pressupostos morais de outra configuração social. Temos dificuldade de conceber possível a existência de uma época, numa comunidade menor e mais integrada, quando não parecia "natural" que um homem lucrasse com as necessidades dos outros, e quando se admitia que, em tempos de escassez, os preços dos "artigos de primeira necessidade" deviam continuar no seu nível habitual, ainda que houvesse menos mercadorias por toda parte.

"Na economia do burgo medieval", escreveu R. H. Tawney, "o consumo tinha de certo modo a mesma primazia na mente pública, como árbitro inconteste da atividade econômica, que o século XIX atribuía aos lucros."[147] Sem dúvida alguma, esses pressupostos já eram vigorosamente questionados muito antes do século XVII. Mas é muito frequente, em nossas narrativas históricas, encurtar as grandes transições. Deixamos o problema das compras antecipadas de mercadorias e a doutrina do preço justo no século XIX. Tratamos da história da economia de livre mercado no século XIX. Mas a morte da antiga economia moral das provisões foi tão prolongada quanto a morte da intervenção paternalista na indústria e no comércio. O consumidor defendia suas antigas noções de direito tão teimosamente quanto o seu status profissional como artesão (o mesmo homem, talvez, em outro papel).

Essas noções de direito eram claramente articuladas. Por muito tempo, levaram o *imprimatur* da igreja. O *Book of orders* de 1630 considerava o preceito e o exemplo moral como parte integrante das medidas de emergência:

> Que todos os meios e persuasões honestos sejam empregados pelos juízes em suas várias divisões, e que se façam admoestações e exortações nos sermões das igrejas [...], para que os pobres tenham à sua disposição cereais a preços conve-

> nientes e caridosos. E para a promoção desse objetivo, que os mais ricos sejam sinceramente movidos pela caridade cristã a colocar os seus grãos à venda para os mais pobres pelos preços comuns do mercado: um ato de caridade, que sem dúvida será recompensado por Deus Todo-poderoso.

Pelo menos um desses sermões, proferido pelo reverendo Charles Fitz-Geffrey em Bodmin e Fowey (Cornualha), antes das sessões em 1630, ainda era conhecido dos leitores do século XVIII. Aqueles que retinham os cereais eram ali denunciados como

> esses que odeiam os homens, que se opõem ao bem comum, como se o mundo fosse feito apenas para eles, que querem se apoderar da terra e dos seus frutos, só para eles [...] Como as codornizes engordam com a cicuta, que é veneno para outras criaturas, assim esses prosperam com a escassez.

Eram "inimigos tanto de Deus como do homem, contrários à graça e à natureza". Quanto ao negociante, que exportava cereais em tempos de desabastecimento, "o sabor do lucro é doce para ele, embora seja recolhido no atoleiro da profissão mais suja da Europa [...]".[148]

Com o passar do século XVII, esse tipo de exortação se calou, especialmente entre os puritanos. Com Baxter, uma parte do preceito moral é diluída com uma parte de casuísmo e uma parte de prudência comercial: "assim como a justiça, a caridade deve ser exercida", e, embora as mercadorias possam ser retidas na expectativa do aumento dos preços, tal coisa não deve ser feita "em prejuízo da comunidade, como se [...] reter as mercadorias fosse a causa da carestia".[149] O antigo ensinamento moral se tornava cada vez mais dividido entre a *gentry* paternalista, de um lado, e a plebe rebelde, de outro. Na igreja em Stoneleigh (Warwickshire), há um epitáfio para Humphrey How, o porteiro de Lady Leigh, que morreu em 1688:

> *Aqui jaz um amigo leal dos pobres*
> *Que tirava grandes esmolas da despensa de seu amo*
> *Não choreis, oh pobres, embora vosso criado esteja morto*
> *O Senhor vos dará o pão de cada dia*
> *Se os mercados sobem, não reclameis de suas taxas*
> *O preço ainda é o mesmo nos portões de Stone Leigh.*[150]

Os antigos preceitos ressoavam durante todo o século XVIII. De vez em quando ainda podiam ser escutados do púlpito:

> Extorsão de qualquer tipo é vil, mas essa extorsão dos cereais é do tipo mais vil. Recai pesadamente sobre os pobres. É roubá-los por serem pobres [...] É acabar de assassinar a quem já encontram meio mortos, é saquear o barco naufragado [...] Esses são os assassinos acusados pelo filho de Sirach, quando diz: *O pão dos necessitados significa a sua vida; aquele que lhes rouba esse pão é um sanguinário* [...]

É justo chamar esses opressores de '*sanguinário*'; e certamente o sangue dos que assim morrem será cobrado de suas mãos.[151]

Mais frequentemente eram encontrados nos folhetos ou nos jornais:

Manter elevado o preço da própria matéria da vida numa transação tão extravagante, a ponto de os pobres [...] não poderem comprá-la, é a maior iniquidade de que um homem pode ser culpado; não é menos grave que assassinato, ou melhor, é o assassinato mais cruel.[152]

Às vezes em volantes e baladas:

Oh, homens ricos de coração empedernido,
Nas vossas desgraças, chorai e gemei,
O ouro corroído vai se rebelar contra vós,
E testemunhar contra vossas almas [...].[XIII] [153]

E frequentemente em cartas anônimas. "Não façam de seu dinheiro um deus", os fidalgos de Newbury eram alertados em 1772: "mas pensem nos pobres, oh grandes homens, vocês pensam em ir para o céu ou para o inferno? Pensem no sermão de 15 de março, pois ai de nós se não os obrigarmos a pensar, vocês pensam em matar os pobres de fome, seus malditos filhos da puta [...]".[154] "Mulher avara!", assim os mineiros de estanho da Cornualha se dirigiram a uma sonegadora de cereais em 1795: "Estamos [...] determinados a nos reunir e partir imediatamente até encontrarmos o seu ídolo, ou seu Deus, ou seu Moisés, a quem você assim considera, para derrubá-lo e igualmente derrubar a sua casa [...]".[155]

Hoje não damos importância aos mecanismos extorsivos de uma economia de mercado não regulado, porque causam à maioria de nós apenas inconveniências, simples incômodos. Não era o caso no século XVIII. Períodos de escassez eram realmente períodos de escassez. Os altos preços significavam barrigas inchadas e crianças doentes que tinham por alimento pão ordinário feito com farinha estragada. Não se publicou até agora nenhuma evidência que mostrasse uma clássica *crise des subsistances* na Inglaterra no século XVIII:[156] a mortalidade de 1795 certamente não chegou perto da verificada na França no mesmo ano. Mas havia o que a *gentry* descrevia como uma desgraça que era "verdadeiramente dolorosa": os preços em alta (escreveu um fidalgo) "arrancaram as roupas de suas costas, furtaram os sapatos e as meias dos seus pés e tiraram a comida de suas bocas".[157] Os levantes dos mineiros de estanho da Cornualha eram precedidos por cenas angustiantes: os homens desmaiavam no trabalho e tinham de ser carregados para casa pelos colegas, que não estavam em melhor estado. A escassez foi acompanhada de uma epidemia descrita

(XIII) Go now you hard-hearted rich men,/ In your miseries, weep and howl,/ Your canker"d gold will rise against you,/ And Witness be against your souls [...].

como "febre amarela", muito provavelmente a icterícia associada à desnutrição.[158] Num ano desses, o "mascate" de Wordsworth perambulou entre as choupanas e viu

As aflições daquela estação; muitos ricos
Afundavam como num sonho entre os pobres,
E dos pobres muitos deixavam de existir,
E o seu lugar não os reconhecia [...].[XIV 159]

Mas se o mercado era o ponto em que os trabalhadores mais frequentemente se sentiam expostos à exploração, era também o ponto — especialmente nos distritos rurais ou manufatureiros dispersos — em que eles podiam mais facilmente se organizar. Ir ao mercado (ou "fazer as compras") se torna cada vez mais impessoal na sociedade industrial desenvolvida. Na Grã-Bretanha e na França do século XVIII (e em algumas partes do Sul da Itália, no Haiti, na Índia rural ou na África da atualidade), o mercado continuava [illegible] to econômica como social. Era o lugar onde ocorriam centenas de transações: as notícias eram dadas, os rumores e os boatos corriam por toda parte, discutia-se política (se é que se discutia) nas estalagens ou vendas de vinho ao redor da praça do mercado. O mercado era o lugar onde as pessoas, por serem numerosas, sentiam por um momento que tinham grande força.[160]

Os confrontos do mercado numa sociedade "pré-industrial" são certamente mais universais do que qualquer experiência nacional. E os preceitos morais elementares do "preço razoável" são igualmente universais. Na realidade, pode-se sugerir a sobrevivência na Grã-Bretanha de um imaginário pagão que chega a níveis mais obscuros do que o simbolismo cristão. Poucos rituais populares sobreviveram com tanta força até o final do século XVIII quanto a parafernália do festejo do término da colheita, com seus amuletos e ceias, suas feiras e festivais. Mesmo nas áreas manufatureiras, o ano ainda girava no ritmo das estações, e não no ritmo dos bancos. A escassez sempre causa um profundo choque psíquico nessas comunidades. Quando é acompanhada da consciência das desigualdades, e da suspeita de ser manipulada, o choque se transforma em fúria.

Quando se abre o novo século, fica-se impressionado com o crescente simbolismo do sangue, e com sua adaptação à demanda de pão. Em Nottingham, em 1812, as mulheres desfilaram com um pão enfiado numa vara, listrado de vermelho e atado com crepe negro, emblemático da "fome sangrenta coberta com saco de aniagem". Em Yeovil (Somerset), em 1816, apareceu uma carta anônima, "Sangue, sangue, sangue, deve haver uma revolução geral [...]", e a assinatura era um coração pingando sangue. Nos motins de East An-

(XIV) The hardships of that season; many rich/ Sank down as in a dream among the poor,/ And of the poor did many cease to be,/ And their place knew them not [...].

glia do mesmo ano, surgiram expressões como "Vamos ter sangue antes da refeição". Em Plymouth, "um *pão* que fora *molhado em sangue*, com um coração ao lado, foi encontrado nas ruas". Nos grandes tumultos de Merthyr em 1831, sacrificou-se um bezerro; um pão embebido em seu sangue, espetado num mastro de bandeira, serviu de emblema da revolta.[161]

Essa fúria por cereais é um clímax curioso da era do desenvolvimento agrícola. Na década de 1790, a própria *gentry* estava um tanto perplexa. Às vezes impossibilitados pelo excesso de alimentos muito nutritivos,[162] os magistrados de vez em quando punham de lado a compilação laboriosa dos arquivos destinados aos discípulos de Sir Lewis Namier e espiavam de seus parques os campos de trigo em que os trabalhadores passavam fome. (Mais de um magistrado escreveu ao Ministério do Interior, naquela conjuntura crítica, descrevendo as medidas que tomaria contra os amotinados se não estivesse confinado em casa por causa da gota.) O campo não terá segurança na época da colheita, escreveu o governador de Cambridgeshire, "sem alguns soldados, pois ele ouvira falar que o povo pretendia se apoderar dos cereais quando o trigo estivesse maduro". Ele achava tal coisa "uma preocupação muito séria" e "muito provável de acontecer nesse campo aberto, pelo menos às escondidas".[163]

"Não deves amordaçar o boi que pisoteia o trigo." O avanço da nova economia política foi também o colapso da antiga economia moral das provisões. Depois das guerras napoleônicas, o que dela restou foi apenas a caridade — e *speenhamland*. A economia moral da multidão levou mais tempo para morrer: é adotada pelas primeiras cooperativas de moinhos de farinha, por alguns socialistas owenitas, e continuou a existir durante anos nas entranhas da Sociedade Cooperativa de Vendas por Atacado [Cooperative Wholesale Society]. Um sintoma de morte definitiva é termos sido capazes de aceitar por tanto tempo um ponto de vista "economicista" dos motins da fome, como uma reação direta, espasmódica, irracional à fome — um ponto de vista, em si, produto de uma economia política que fez do salário o nexo das reciprocidades humanas. Mais generosa, mas também mais autorizada, era a opinião do xerife de Gloucestershire em 1766. As turbas daquele ano (escreveu) tinham cometido muitos atos de violência, "alguns de dissipação e desregramento; e, em outros casos, de coragem, prudência, justiça, além de demonstrarem perseverança em procurar aquilo que professam querer alcançar".[164]

5

ECONOMIA MORAL REVISITADA

I

O capítulo anterior foi publicado pela primeira vez como artigo em *Past and Present,* em 1971. Publico-o de novo sem revisão. Não vejo razão para recuar de seus resultados. E o ensaio já entrou na corrente de pesquisas históricas subsequentes — tem sido alvo de críticas e há propostas de se aprofundarem suas teses. Eu tornaria o debate confuso se alterasse um texto ao qual os comentários estão referidos.

Mas é necessário dizer algumas palavras sobre meus comentadores. E igualmente sobre os significativos trabalhos que abordam os mesmos problemas, com pouca ou nenhuma referência ao meu artigo. Não é uma questão simples, pois o "mercado" se revela um ponto de junção entre as histórias sociais, econômicas e intelectuais, além de uma metáfora sensível para muitos tipos de intercâmbio. A "economia moral" não nos conduz a um único argumento, mas a uma confluência de raciocínios, e não será possível fazer justiça a todas as vozes.

Primeiro, uma palavra sobre meu ensaio. Embora tenha sido publicado pela primeira vez em 1971, comecei a trabalhar nele em 1963, enquanto aguardava as provas de *A formação da classe operária inglesa*. Iniciou-se então o projeto de um estudo conjunto sobre os motins da fome na Inglaterra e na França na década de 1790, em colaboração com Richard Cobb, que publicou em 1964 o seu excelente *Terreur et subsistances, 1793-1795* [Terra e subsistências, 1793-1795]. Ele estava à época em Leeds, eu em Halifax, e Gwyn A. Williams (então em Aberystwyth) também foi recrutado para colaborar no projeto. Não lembro como ou quando o projeto abortou exceto que cada um dos membros do triunvirato tomou novo rumo: Richard Cobb foi para Oxford, Gwyn Williams para York, e eu para a Universidade de Warwick. Em 1970, quando Cobb publicou *The police and the people* [A polícia e o povo], o nosso plano fora certamente abandonado. Não tenho do que me arrepender por não ter feito a minha parte para levar esse projeto a bom termo, pois Roger Wells investigou com abundantes detalhes todos os aspectos dos alimentos e suas mediações na Inglaterra da década de 1790 na sua obra *Wretched faces* [Rostos miseráveis] (1988).

Mas essa explicação serve para situar o meu ensaio, que não foi uma tarefa marginal, mas um empreendimento central para os meus interesses de pesquisa durante quase dez anos. Meus arquivos estão abarrotados de material coletado sobre moinhos, mercados e as turbas da farinha etc., mas como grande parte desse material repete as evidências citadas em meu artigo, não há razão para ser apresentado. No entanto, havia muito trabalho por baixo de minha investigação, e acho que posso ser perdoado se me impaciento com objeções triviais.

II

Talvez seja necessário reafirmar o tema de meu ensaio. Ele não tratava de *todos* os tipos de multidão, e o leitor que assim supusesse teria de ser excepcionalmente estúpido.[1] Tratava da "economia moral" da multidão no contexto definido pelo artigo. Tampouco tratava dos motins da fome na Inglaterra e no País de Gales no século XVIII — e da consequente investigação de seu onde, porquê e quando —, embora certamente lhes dissesse respeito. O meu objeto de análise era a *mentalité* ou, como prefiro dizer, a cultura política, as expectativas, as tradições e até as superstições dos trabalhadores que com mais frequência se envolviam nas ações no mercado; e as relações — às vezes negociações — entre a multidão e os governantes, denominadas pelo termo insatisfatório de "motim". Meu método foi reconstruir o modelo paternalista do mercado de alimentos, dotado de expressão institucional protetora e de rotinas de emergência em tempos de escassez, que derivava em parte das antigas políticas de abastecimento e regulação do mercado da época eduardiana e dos Tudor; contrastar esse modelo com a nova política econômica do livre mercado de grãos, associada acima de tudo com *A riqueza das nações*; e mostrar como, em tempos de preços elevados e de penúria, a multidão podia, com uma vigorosa ação direta, impor ao mercado um controle protetor e a regulação dos preços, reivindicando às vezes uma legitimidade derivada do modelo paternalista.

Para compreender as ações de qualquer multidão específica, é preciso observar praças de mercado e práticas específicas de comércio. Mas para compreender o espaço "político" em que a multidão podia agir e negociar com as autoridades, é preciso atentar para uma análise mais ampla das relações entre as duas. Os resultados de "A economia moral" não podem ser transpostos a qualquer "mercado camponês", nem a todas as praças de mercado protoindustriais, nem à França revolucionária nos anos II e III, nem à Madrasta no século XIX. Alguns dos confrontos entre agricultores, negociantes e consumidores eram visivelmente semelhantes, mas eu os descrevi como foram elaborados no campo de força determinado das relações inglesas do século XVIII.

Meu ensaio não oferecia uma visão panorâmica abrangente dos motins da fome na Inglaterra daquele século; (por exemplo) não fazia a correlação entre a incidência dos motins com os movimentos dos preços, não explicava por que a sedição era mais comum em algumas regiões do que em outras, nem tentava mapear um sem-número de outras variáveis. Muitas novas evidências têm sido apresentadas nos últimos anos, e grande parte desse material foi examinada de forma bastante proveitosa na obra de Andrew Charlesworth, *An atlas of rural protest in Britain, 1548-1900* [Um atlas dos protestos rurais na Grã-Bretanha, 1548-1900] (1983). O dr. John Stevenson reclama que "A economia moral" não nos diz "virtualmente nada sobre a razão de alguns lugares estarem quase sempre sujeitos a distúrbios, enquanto outros permaneciam quase inteiramente livres de tumultos",[2] mas não era esse o objeto do ensaio. Nem há razão para que as descobertas de pesquisadores (como o dr. Stevenson) que têm estudado esses temas contradigam necessariamente as minhas ou venham a competir com os meus resultados. Os historiadores sociais e econômicos não atuam como rivais em contendas político-partidárias, embora às vezes se possa fazer essa ideia. O estudo dos salários e preços e o estudo das normas e expectativas podem ser complementares.

Ainda existem alguns positivistas ineducáveis que, mais do que discordar dos resultados dos historiadores sociais, desejam desautorizar suas perguntas. Eles propõem que basta um único conjunto de explicações diretamente econômicas dos motins da fome — questões relativas ao comércio dos grãos, às colheitas, aos preços do mercado etc. —, ou até que essas são as únicas perguntas apropriadas. Um exemplo singular é um pequeno ensaio publicado por Dale Williams em 1976, intitulado "Were 'hunger' rioters really hungry?" [Os amotinados da "fome" realmente tinham fome?].[3] Nesse ensaio, ele descreve a minha "economia moral" como um conceito que pretende "substituir" a abordagem econômica ou quantitativa. De alguma forma, pôs na cabeça que os motins devem ser sobre a fome *ou* sobre "questões sociais que envolvem usos locais e direitos tradicionais". Mas será lembrado que alerto precisamente contra essa confusão no início de meu ensaio, usando a analogia de um diagrama da tensão sexual: "a objeção é que esse diagrama, se empregado de forma pouco inteligente, pode nos levar a concluir a investigação exatamente no ponto em que adquire interesse cultural ou sociológico sério: estando com fome (ou sendo sensuais), o que as pessoas fazem?" (p. 187). *É claro* que os amotinados tinham fome —

chegando às vezes ao ponto de morrer de fome. Mas isso não nos informa sobre como o seu comportamento é "modificado pelo costume, cultura e razão".

No entanto, isso ilustra um ponto que damos por certo com demasiada facilidade. O estudo comparado dos motins da fome tem sido feito, inevitavelmente, na história das nações que os *tiveram*. Há pouca reflexão comparada sobre histórias nacionais que apresentam evidências — e às vezes evidências tristemente abundantes — de escassez que se transforma em extrema penúria sem passar por nenhuma fase em que se tenham observado revoltas do tipo dos europeus ocidentais. A fome foi experimentada no passado (como na Irlanda e na Índia) e ainda é experimentada hoje em dia em várias partes da África, como revela a televisão, com um fatalismo às vezes interpretado equivocadamente como apatia ou resignação. Não se trata apenas de que além de um certo ponto o desnutrido não tem forças físicas ou emocionais para se rebelar. (Por essa razão, o levante deve ocorrer *antes* que as pessoas fiquem muito enfraquecidas, o que talvez pressuponha uma estimativa prévia e vigilante do abastecimento e dos preços do mercado.) Importa igualmente que a sedição é a resposta de um grupo, comunidade ou classe a uma crise; não está no raio de ação de alguns indivíduos o poder de amotinar-se. Nem a rebelião precisa ser a única ou a mais óbvia forma de ação coletiva — pode haver alternativas, como petições em massa junto às autoridades, jejuns, sacrifícios e orações, inspeções até as casas dos ricos ou a migração de aldeias inteiras.

As revoltas não são necessariamente prestigiadas na cultura dos pobres. Podem provocar os deuses (que já mandaram a escassez como "castigo") e podem certamente indispor os governantes ou os ricos, os únicos de quem poderia vir algum auxílio. Um prenúncio de fracasso na colheita era aguardado com medo e terror. "A fome emprega seus próprios batedores. Aqueles que já a experimentaram podem vê-la anunciada, não só no céu, mas também nos campos, examinados todos os anos com crescente ansiedade, semana após semana, durante os meses quentes do verão [...].[4] No século XVIII, a Grã-Bretanha mal estava saindo do "*ancien régime* demográfico" e suas periódicas aflições de fome e pragas, e a escassez ressuscitava memórias e medos acumulados ao longo de eras. A fome podia abalar toda a ordem social, e os governantes eram testados pela forma como reagiam a essa situação. Na realidade, por meio de esforços visíveis e bem divulgados, os governantes eram realmente capazes de reforçar sua autoridade durante os períodos de escassez, como John Walter e Keith Wrightson têm afirmado com base em exemplos do século XVII. O governo central, ao emitir decretos, invocar as sucessivas regulamentações que se tornaram conhecidas como o *Book of orders* e proclamar dias nacionais de jejum; bem como as autoridades locais, ao criarem uma azáfama altamente visível contra os pequenos infratores (que abrangiam desde os vendedores ambulantes de grãos, os atravessadores e os especuladores, até bêbados, blasfemadores, violadores do descanso dominical, jogadores e patifes), podiam realmente ganhar credibilidade junto àquela parte da população convicta de que a escassez era uma sentença de Deus.[5] No pior dos casos, as autoridades demonstravam publicamente sua preocupação. Na melhor das hipóteses, podiam coibir a alta dos preços ou persuadir os agricultores a liberar os estoques para o mercado aberto.

Os motins podem até ser um sinal do ocaso do *ancien régime*, pois, nos barracões, celeiros ou barcaças, há alimentos que a população pode tomar para si ou levar ao mercado, sendo possível negociar seu preço. A verdadeira penúria (quando não existe realmente nenhum estoque de alimentos) raramente se faz acompanhar de atos de protesto, pois há poucos alvos racionais para os amotinados. Na região pastoril do Noroeste da Inglaterra, ainda nas décadas de 1590 e 1620, a população parece ter sofrido com a mortalidade por desnutrição. Mas "os pobres [...] morriam de fome silenciosamente e não criavam problemas de ordem pública para os seus governantes".[6] Na fome irlandesa de 1845-7, houve alguns motins contra exportações nas primeiras fases,[7] mas a rainha pôde congratular o povo irlandês, em seu discurso de 1847, por ter sofrido com "paciência e resignação". Os motins são geralmente uma resposta racional, que não acontece entre os indefesos ou sem esperança, mas entre aqueles grupos que se sentem com um pouco de poder para tomar os víveres de que precisam quando os preços vão às alturas, os empregos desaparecem e eles veem o seu suprimento de alimentos básicos ser exportado.

A passividade das vítimas da fome é também observada na Ásia. Sob o *ancien régime* da fome no Oriente (como na terrível fome de Orissa em 1770), a população dos distritos diminuiu devido às mortes e fugas. Os camponeses fugiam da terra a que estavam ligados. "Noite e dia, uma torrente de miseráveis famintos e doentes se despejava nas grandes cidades." Aqueles que permaneciam na terra "vendiam seu gado, vendiam seus implementos agrícolas, devoravam as sementes, vendiam os filhos e as filhas, até que por fim não conseguiam encontrar quem comprasse crianças; comiam as folhas das árvores e o capim dos campos [...]". Mas eles não se rebelavam (no sentido que estamos empregando). Tampouco se rebelaram na fome de Bengala em 1866, quando "muitas famílias rurais morreram lentamente de fome sem soltar uma queixa nem dar um sinal", assim como há histórias sobre o Oeste da Irlanda em 1847, quando famílias inteiras se enclausuraram nas suas cabanas para morrer.[8]

Na fome de Bengala de 1873-4, o povo recorria ao governo como o único possível abastecedor. Mais de 400 mil pessoas se estabeleciam ao longo das filas de assistência nas estradas, pleiteando ajuda e trabalho: "eles temiam abandonar a estrada, que imaginavam ser o único lugar em que podiam conseguir seu sustento". Em determinado ponto, a fileira de carroças trazendo as vítimas da fome das aldeias se prolongava por vinte milhas. A princípio, havia gritos de mulheres e crianças, e súplicas por moedas ou grãos. Mais tarde, as pessoas ficavam "sentadas no chão, fila após fila, multidão após multidão, em silêncio [...]".[9]

Não há uma única reação simples, "animal", à fome. Até em Bengala, as evidências são contraditórias e difíceis de interpretar. Há algumas evidências de que os homens chefes de família abandonavam os seus (p. 263), ao lado de outros relatos de intensa solidariedade familiar e de abnegação. Em 1915, um assistente social na zona rural de Bengala nos conta uma história bastante comum:

> Ao meio-dia, eu me sentava ao pé de uma árvore para almoçar [...]. As pessoas me descobriam, e, muito antes de eu terminar a refeição, havia uma multidão de gente faminta ao meu redor. Eu não comia tudo. Ficava com pão e [...] dava o resto para as crianças. Um pequeno pegou a sua parte e imediatamente a partiu em quatro pedaços, para a mãe, as duas irmãs e para si mesmo, reservando o pedaço bem menor para si.[10]

Essa é uma resposta (ensinada) à fome que até as crianças pequenas conhecem. Esmolar, tarefa em que as crianças tinham igualmente o seu papel, é outra resposta ensinada, ou uma estratégia. O que também podem ser as ameaças aos ricos ou o roubo de alimentos.[11]

O "motim" — um termo, em si, canhestro, que talvez mais oculte do que revele — não é uma resposta "natural" ou "óbvia" à fome, mas um padrão sofisticado de comportamento coletivo, uma alternativa coletiva a estratégias individualistas e familiares de sobrevivência. Não há dúvida de que os amotinados tinham fome, mas a fome não prescreve que eles devam se rebelar nem determina as formas da revolta.

Em 1984, Dale E. Williams lançou um ataque direto à "economia moral" num artigo em *Past and Present* intitulado "Morals, markets and the English crowd in 1766" [Moral, mercados e multidão inglesa em 1766].[12] O artigo se baseia um pouco na sua alentada tese de doutorado, "English hunger riots in 1766" [Motins da fome ingleses em 1766], apresentada em 1978. Mas sua intenção é principalmente polêmica, e é tedioso ser convidado, depois de quase duas décadas, a voltar à estaca zero e discutir tudo de novo.

Andrew Charlesworth e Adrian Randall fizeram a gentileza de corrigir registros e indicar as contradições de Williams.[13] À crítica deles acrescentarei apenas que várias das investidas de Williams parecem ser dirigidas contra as próprias conclusões da sua tese. Longe de refutar minha descrição das normas e comportamento, a multidão na tese de Williams se ajusta ao relato apresentado em "A economia moral". Devido aos preços elevados e aos prenúncios de escassez, os roupeiros do Oeste da Inglaterra inibiam novas exportações de grãos no distrito, regulavam os mercados com inusitada disciplina, forçavam os fazendeiros a vender as mercadorias para o mercado, transformavam por algum tempo certas autoridades — inclusive o sr. Dalloway, o xerife de Gloucestershire — em "prisioneiros" de suas demandas, estimulavam as medidas locais de caridade e assistência aos pobres, e (se interpreto corretamente o dr. Williams) talvez tenham impedido que a escassez se transformasse em fome e penúria. E se Dale Williams quer exemplos de multidões preocupadas com "os usos locais e os direitos tradicionais", ele só precisa recorrer à tese de Dale Williams, onde encontrará exemplos suficientes, como a multidão destruindo as máquinas de peneirar a farinha para punir os moleiros, além de um Apêndice de cartas anônimas cheias de ameaças contra os atravessadores, os especuladores, os açambarcadores, os que vendiam por amostragem, e assim por diante.[14]

O dr. Williams não traz questões de princípio ao debate, está simplesmente confuso a respeito das perguntas que levanta. Talvez haja também um pouco de pressão ideológica por trás de sua polêmica. Quando publiquei pela primeira vez "A economia moral", "o mercado" não andava tão alto no firmamento ideológico como hoje em dia. Na década de 1970, uma escola chamada "teoria da modernização" empolgou algumas mentes indefesas nas academias ocidentais, e mais tarde a celebração da "economia de mercado" se tornou triunfante e quase universal. Essa renovada confiança no "mercado" pode ser encontrada no artigo do dr. Williams, no qual sou repreendido por deixar de prestar "suficiente atenção aos *sistemas* que produzem riqueza". "Os grupos amotinados de 1766 [...] participavam todos de um sistema capitalista de mercado que, na década de 1760, atingiu um grau de refinamento sem paralelo em outras partes do mundo." "A economia moral" se tornou suspeita porque investigava com simpatia imperativos econômicos alternativos aos do "sistema" capitalista de mercado... e oferecia um ou dois comentários céticos sobre a infalibilidade de Adam Smith.

Questões semelhantes preocuparam críticos mais corteses pouco depois da publicação de "A economia moral": os professores A. W. Coats e Elizabeth Fox-Genovese. Não respondi a nenhum dos dois comentários, pois as flechas passaram de raspão pelas minhas orelhas. O professor Coats[15] usou o seu comentário para apresentar a doutrina smithiana sobre o comércio interno dos grãos nos termos de sua coerência lógica (mas sem recorrer à confirmação empírica), e repetiu de forma acrítica a afirmação de que "os preços altos resultavam principalmente de carências físicas", como se essa explicação dos movimentos dos preços fosse suficiente para todos os casos. Como veremos (pp. 220-3), ela não basta. Depois Coats debateu a minha noção de "desmoralização da teoria do comércio e consumo" implícita no modelo da nova economia política. O que digo (p. 161) é o seguinte:

> Por "desmoralização" não se sugere que Smith e seus colegas fossem imorais ou que não se preocupassem com o bem público. O que se quer dizer é, antes, que a

> nova economia política havia sido limpa de imperativos morais importunos. Os antigos folhetistas eram, primeiro, moralistas e, depois, economistas. Na nova teoria econômica, as questões sobre a organização política moral do mercado não têm vez a não ser como preâmbulo e epílogo.

Coats vê nessa passagem uma aceitação, de minha parte, das credenciais da economia "positiva" como uma ciência purgada de normas, e ele me lembra o "fundo moral e as implicações da análise econômica de Smith". Mas eu não me esquecera de que Smith também escreveu *Theory of moral sentiments* [Teoria dos sentimentos morais] (1759). Supus que a observação de Coats fora resolvida numa nota (nº 48 deste capítulo) em que eu admitia a intenção de Smith de servir ao bem público, mas acrescentava que a "intenção não é uma boa forma de medir o interesse ideológico e as consequências históricas". É perfeitamente possível que as doutrinas do *laissez-faire* a respeito do comércio de alimentos tenham sido normativas quanto à intenção (isto é, Adam Smith acreditava que encorajariam alimentos baratos e abundantes) *e* ideológicas quanto ao resultado (isto é, no efeito causado, o cientificismo supostamente desmoralizado das doutrinas era empregado para mascarar e desculpar outras operações de interesse próprio).

Pensava que minhas opiniões fossem lugares-comuns. Em um sentido moderno, as políticas Tudor de "abastecimento" não podem ser vistas apenas como uma estratégia "econômica": dependiam igualmente de teorias do Estado, das obrigações e deveres recíprocos dos governantes e governados em tempos de escassez, das teorias do controle social paternalista. No início do século XVII, elas ainda tinham fortes componentes religiosos ou mágicos. No período de 1700-60, com a predominância da teoria mercantilista, encontramos uma espécie de passagem teórica intermediária. Os componentes mágicos se enfraqueciam, e a localização social da teoria se tornava mais ambígua; embora alguns membros da *gentry* e magistrados tradicionalistas a invocassem em tempos de escassez, a autoridade da teoria como descrição aceitável da prática normal de mercado deteriorava-se rapidamente. As obrigações paternalistas de "abastecimento" não se harmonizavam com o imperativo mercantilista de maximizar a exportação dos grãos. Ao mesmo tempo, havia uma certa migração da teoria — dos governantes para a multidão.

Ainda assim, a forma de grande parte da discussão econômica continuava a ser (em todos os lados) moralista: na maioria dos casos, ela se validava com referência a imperativos morais (as obrigações que o Estado, os proprietários de terra ou os negociantes *deviam* cumprir). Tais imperativos permeavam o pensamento econômico de forma bastante ampla, o que é familiar a qualquer estudioso do pensamento econômico. Um historiador escreveu que

> A teoria econômica deve seu presente desenvolvimento ao fato de que alguns homens, ao pensar sobre os fenômenos econômicos, suspendiam obrigatoriamente todos os julgamentos de teologia, moralidade e justiça, dispunham-se a considerar a economia apenas como um intricado mecanismo, abstendo-se por algum tempo de perguntar se o mecanismo funcionava para o bem ou para o mal.[16]

Joyce Appleby mostrou que a economia moral estava "em retirada" na metade do século XVII, mas a tensão entre as normas e o "mecanismo" voltou a se tornar pronunciada no século XVIII. Um *locus classicus* é o escândalo provocado pela publicação de *Fable of the bees* [Fábula das abelhas] de Mandeville, que, com a sua equação vícios privados = benefícios públicos, procurava exatamente separar os imperativos morais, de um lado, e o processo econômico, de outro. Isso era sentido por alguns como um insulto à moralidade oficial; ao desmistificar o processo econômico, privava a autoridade de sua legitimidade paternalista. Em 1723, o livro foi considerado pelo Grande Júri de Middlesex prejudicial aos interesses públicos.

Assim, a noção de "economia" como objeto não normativo de estudo, dotado de um mecanismo objetivo independente de imperativos morais, estava separando-se da teoria tradicionalista durante o período mercantilista, mas com grande dificuldade; em algumas áreas, encontrava menos obstáculos (na escrituração nacional, nas discussões sobre comércio e ouro), mas, em áreas relacionadas com a distribuição interna das primeiras necessidades básicas, as dificuldades eram imensas. Pois, se os governantes fossem negar seus próprios deveres e funções de proteger os pobres em tempos de escassez, poderiam desvalorizar a legitimidade de seu governo. Essa opinião era defendida com tanta tenacidade e força que ainda em 1800 Lord Kenyon, o presidente do Supremo Tribunal, declarava que o fato de que atravessar mercadorias continuasse sendo um delito perante o direito consuetudinário "é uma medida essencial para a existência do país". "Quando as pessoas sabem que há uma lei a que recorrer, isso acalma suas mentes" e acaba com a ameaça de "insurreição".[17] Esse não é um argumento da economia, nem mesmo da lei, mas das mais altas razões de Estado.

A "moralidade" de Adam Smith jamais foi o ponto em discussão, mas constituía — em relação ao comércio interno dos grãos — os termos e o vocabulário, na verdade a problemática da argumentação. "A economia de mercado criou novos problemas morais", escreveu o professor Atiyah, e "talvez não fosse tão óbvio, na época, como se tornou mais tarde; porém, mais do que separar a moralidade e a economia, ela significava adotar um tipo particular de moralidade no interesse de um tipo particular de economia."[18] Talvez eu pudesse ter deixado mais claro que "preâmbulo e epílogo" tinham real significado nas intenções dos economistas políticos clássicos: eram mais do que recursos retóricos. A advertência do professor Coats de que a economia smithiana "estava solidamente fundamentada na filosofia liberal-moral do Iluminismo do século XVIII" se tornou nos últimos anos um ponto de intenso interesse acadêmico, e voltaremos à questão.

Talvez o problema esteja na palavra "moral". O adjetivo "moral" é um sinal que leva um polêmico afluxo de sangue às mentes acadêmicas. Nada deixou meus críticos mais zangados do que a ideia de que um amotinado pudesse ter agido de forma mais "moral" do que um discípulo do dr. Adam Smith. Mas não era isso o que eu queria dizer (qualquer que seja o julgamento aos olhos de Deus). Eu estava discriminando dois conjuntos diferentes de pressupostos, dois discursos distintos, e as evidências de diferenciação são abundantes. Escrevi sobre "uma visão consistente tradicional das normas e obrigações sociais, das funções econômicas peculiares a vários grupos na comunidade, as quais, consideradas em conjunto, podemos dizer que constituem a economia moral dos pobres" (acima, p. 152). A isso era acrescentado um denso tecido de precedentes e práticas na sequência do comércio de alimentos. Poderia ter empregado, talvez, o termo "economia sociológica", uma economia em seu significado original *(oeconomia)* como a organização adequada de uma família, em que cada parte está relacionada ao todo e cada membro reconhece as suas várias obrigações e deveres. Isso, na verdade, é tão ou mais "político" do que "economia política", mas os economistas clássicos venceram pelo cansaço.

A flecha de Elizabeth Fox-Genovese passa de raspão pela minha orelha por razão muito semelhante.[19] Ela acha que tanto a economia tradicional como a clássica podem ser consideradas "morais" (pelo menos, na imagem que fazem de si mesmas) e também que ambas eram "parte de ideologias mais abrangentes das classes dominantes". Nessas declarações, não vejo muita coisa que entre em conflito com a minha argumentação, ou sequer a ataque, e talvez a real diferença de ênfase esteja na ideia de Genovese de que eu "me inclino a ter uma visão romântica dos tradicionalistas". Minha tendência "a favorecer os paternalistas" me leva a negligenciar que, "se o surgimento de uma sociedade de mercado provocou horrores indiscutíveis, enfatizou igualmente a liberdade individual de opção, o direito ao desenvolvimento pessoal e, finalmente, a oportunidade de participação política".

É também o que nos asseguram — ou costumavam assegurar — os teóricos da modernização. E, *claro*, os amotinados já estavam profundamente envolvidos, em alguma parte de suas vidas, com as trocas de trabalho, serviços e mercadorias de uma economia de mercado. (Vou me abster de citar aqueles críticos que apresentaram a ideia estúpida de que propus uma segregação absoluta entre a economia moral e a economia de mercado, para lhes poupar o constrangimento.)[20] Mas antes de passarmos a considerar todos esses bens humanos inquestionáveis, devemos tratar do mercado como o provedor de subsistência em tempos de escassez, que é por si só o único ponto de relevo para o meu tema. Pois, apesar de todo o discurso existente sobre "o mercado" ou "as relações do mercado", o interesse historiográfico pelo comércio real dos grãos, da farinha ou do pão não é muito mais evidente hoje em dia do que era em 1971.[21]

O mercado é *um* mercado ou é uma metáfora? É claro que pode ser ambas as coisas, mas muito frequentemente o discurso sobre "o mercado" transmite a impressão de algo definido — um espaço ou instituição de permutas (quem sabe a Bolsa de Cereais de Londres em Mark Lane?) —, quando, na verdade, às vezes sem que o orador o saiba, o termo é empregado como uma metáfora do processo econômico ou como uma idealização ou abstração desse processo. Talvez para reconhecer esse segundo uso, Burke às vezes empregava a palavra sem o artigo definido:

> Mercado é a reunião e o encontro do *consumidor* e do *produtor*, quando eles mutuamente descobrem as necessidades um do outro. Ninguém, acredito, observou com alguma ponderação o que é mercado sem ficar espantado com a verdade, correção, civilidade, equidade geral com que o equilíbrio das necessidades é estabelecido [...]. No momento em que o governo se intromete no mercado, todos os princípios deste são subvertidos.[22]

Isso é linguagem circular: todos os argumentos se autoconfirmam. E muito desse mesmo raciocínio circular está sendo empregado hoje em dia na teorização mais avançada das relações de mercado. A economia política tem as suas genealogias intelectuais sofisticadas, e a história da economia política é um discurso acadêmico de grande força com suas próprias revistas, controvérsias e conferências, nas quais se anunciam com repicar de sinos as mudanças sobre temas aprovados: Pufendorf, virtude, lei natural, Pocock, Grotius, os fisiocratas, Pocock, Adam Smith. Essas badaladas têm o seu fascínio e, para os que tocam os sinos, são um admirável exercício mental, mas o repique pode se tornar tão imperioso que abafa os outros sons. A história intelectual, assim como a história econômica antes dela, torna-se imperialista e procura invadir toda a vida social. É necessário fazer uma pausa, de tempos em tempos, para lembrar que o modo como as pessoas conceberam o seu tempo não é necessariamente o modo como ocorreram os acontecimentos da época. E o modo como algumas pessoas conceberam o "mercado" não é prova de que o mercado tenha se comportado dessa maneira. O fato de Adam Smith ter fornecido "uma clara demonstração analítica de como os mercados dos produtos de subsistência e da força de trabalho podiam se equilibrar de maneira coerente com a justiça estrita e a lei natural da humanidade"[23] não prova que qualquer mercado empiricamente observável funcionasse dessa maneira. Tampouco nos diz como a justiça estrita em relação aos direitos de propriedade podia se equilibrar com o sentimento de humanidade natural para com os trabalhadores.

Durante a realização de um prestigioso projeto de pesquisa sobre "Economia política e sociedade, 1750-1850" em King's College, Universidade de Cambridge, os srs. Hont e Ignatieff encontraram por acaso o meu artigo sobre "A economia moral"; eles o censuram por não se adequar aos parâmetros do pensamento político de Cambridge:

> Ao recuperar a economia moral dos pobres e o sistema regulador a que esses apelavam, Thompson pôs em evidência a iconoclastia da posição smithiana, atribuindo-lhe a primazia teórica na revogação da responsabilidade social tradicionalmente ligada à propriedade. Porém, a antinomia — economia moral *versus* economia política — torna caricatas ambas as posições. Uma se transforma num moralismo tradicional, residual, a outra numa ciência "limpa de imperativos morais importunos". Na medida em que se pode chamar de imperativo moral o apoio a uma subsistência adequada para os pobres, esse era um imperativo partilhado tanto pelos paternalistas como pelos economistas políticos [...] Por outro lado, chamar a economia moral de tradicionalista é descrevê-la simplesmente como um conjunto de preferências morais residuais, privado de argumentos substantivos sobre o funcionamento dos mercados. Na verdade, os assim chamados tradicionalistas eram bem capazes de defender a sua posição no mesmo terreno que seus opositores, os economistas políticos. Sem dúvida, e esse é o ponto crucial, o debate sobre as estratégias do mercado ou da "política" para prover a subsistência dos pobres não dividia menos profundamente os filósofos e os economistas políticos entre si do que dividia a multidão e Smith. Na verdade, não faz sentido tomar Smith como representativo do espectro de opiniões existente no campo do Iluminismo europeu. Isso fica evidente se formos além do contexto inglês, em que Thompson confina a sua discussão, e considerarmos o debate no cenário europeu global. O contexto crucial da "Digressão sobre os grãos" de Smith não era o confronto com a multidão inglesa ou escocesa, mas os debates franceses sobre a liberalização do comércio interno em 1764-6, que ocorreram [...] quando o próprio Smith estava na França.[24]

Há algumas confusões propositais nesse trecho. O primeiro ponto a observar é que, assim como acontece com os positivistas ineducáveis, mais do que debater as minhas opiniões, os autores procuram desautorizar as minhas perguntas. Hont e Ignatieff preferem operar numa disciplina que estuda as ideias e retórica políticas de forma neutra. Não desejam saber como as ideias se apresentavam como atores na praça do mercado, entre os produtores, os intermediários e os consumidores, e supõem que não é apropriado vê-las sob essa luz. "O ponto crucial" pode ser, para Hont e Ignatieff, que o debate sobre as estratégias do mercado não dividia menos profundamente os filósofos entre si do que dividia a multidão e Smith; porém meu ensaio não é sobre filósofos, mas sobre a multidão. Hont e Ignatieff censuram-me por escrever um ensaio sobre história social e cultura popular, em vez de um ensaio sobre temas aprovados em Cambridge. Eu devia ter agarrado a corda do sino e feito repicar Quesnay, junto com Pufendorf, Pocock, Grotius, Hume e o resto.

Mesmo assim, o caso merecia censuras menos desleixadas do que as apresentadas por Hont e Ignatieff. Longe de "atribuir" a Adam Smith "a primazia teórica na revogação da responsabilidade social tradicionalmente ligada à propriedade" (palavras deles, não minhas), eu me dou ao trabalho de observar o oposto, descrevendo *A riqueza das nações* "não só como ponto de partida, mas também como uma grande estação central para onde convergem muitas linhas importantes de discussão na metade do século XVIII [...]" (p. 160). Hont e Ignatieff, e não Thompson, é que escrevem que "em 1776, Smith continuava a ser o único porta-estandarte da 'liberdade natural' no comércio dos grãos",[25] um equívoco espetacular em que incorreram por confundir o contexto britânico com o contexto francês nos efeitos da *guerre des farines*. Quanto a descrever a "economia moral" como "um conjunto de preferências morais residuais, privado de argumentos substantivos sobre o funcionamento dos mercados", o problema é, mais uma vez, a vulgaridade da multidão. Não eram filósofos. Como mostra meu ensaio, eles certamente tinham argumentos substantivos e inteligentes sobre o funcionamento dos mercados, mas sobre mercados reais, e não sobre relações de mercado teorizadas. Não estou convencido de que Hont e Ignatieff conhecem em profundidade os folhetos e os jornais — quanto mais as relações da multidão — em que se encontrarão esses argumentos, e não sei que interesse eles têm em rebaixar a mim ou a multidão.

É claro que não considerei Smith como "representativo do espectro de opiniões existente no campo do Iluminismo europeu". Considerei a "Digressão sobre o comércio dos cereais" no Livro IV, capítulo 5, de *A riqueza das nações*, como a expressão mais lúcida, em língua inglesa, da perspectiva da nova economia política sobre as relações de mercado no que dizia respeito às mercadorias de subsistência. Nesses termos, teve profunda influência nos círculos governamentais britânicos, e alguns capítulos podem ter exercido uma influência mais palpável sobre certas políticas, ou podem ter sido empregados mais extensivamente para justificar políticas que já estavam em vigor. Pitt e Grenville o leram juntos na década de 1780 e converteram-se completamente; quando Pitt vacilou no ano de crise de 1800, Grenville o chamou de volta ao antigo credo.[26] Burke era um adepto ardoroso, que chegara a posições semelhantes por si mesmo; fora um dos principais responsáveis pelo repúdio à antiga legislação contra as compras antecipadas de grãos em 1772 e devia dar um sentimento moral às "leis" da economia política, lançando-as como candidatas a divinas.[27] No século XIX, várias equipes de administradores foram enviadas à Índia, plenamente doutrinadas pela "Digressão" de Smith em Haileybury College, preparadas para reagir às imensas exigências da fome indiana com firme resistência a qualquer intervenção imprópria na livre operação do mercado. T. R. Malthus, nomeado professor de economia política em Haileybury em 1805, foi um instrutor competente entre os primeiros professores.

Hont e Ignatieff sabem que "o contexto crucial" da digressão de Smith "não foi o confronto com a multidão inglesa ou escocesa, mas os debates franceses sobre a liberalização do comércio interno em 1764-6". Eu me pergunto como é que eles sabem. Uma influência filosófica francesa é mais respeitável do que a multidão inglesa ou escocesa, e sem dúvida Adam Smith fora profundamente influenciado pelo pensamento fisiocrata. A influência dos "debates franceses" pode ser conjeturada, mas não é evidente nas poucas páginas da digressão de Smith. O debate sobre a liberalização do comércio também ocorrera na Inglaterra e na Escócia, tornando-se mais acalorado no período de desabastecimento de 1756-7, quando muitas autoridades inglesas locais tinham simbolicamente imposto parte da antiga legislação protetora.[28] Acontece que a única autoridade citada por Smith em sua digressão não é um fisiocrata francês, mas Charles Smith, cuja obra *Three tracts on the core trade* [Três tratados sobre o comércio de cereais] foi publicada em 1758 (p. 160). É provável que a experiência escocesa, assim como a francesa, tenha influenciado as teorias de mercado de Adam Smith, mas a argumentação da digressão é quase inteiramente em termos das práticas e leis inglesas.[29]

Alguns consideraram o meu ensaio depreciativo em relação a Adam Smith e ao "livre mercado", que é um grande personagem nos dias de hoje. Mas meus comentários foram deferentes, suaves e agnósticos. Eram apresentados não

> para refutar Adam Smith, mas simplesmente para assinalar pontos em que se deve ter cautela, enquanto nosso conhecimento não é mais abrangente. Do modelo *laissez-faire*, devemos dizer apenas que não é comprovado empiricamente; é inerentemente improvável; e há alguma evidência em contrário [p. 164].

Não há nenhum veredicto histórico final depois de mais de duzentos anos: Adam Smith teorizou um estado de competição perfeita, e o mundo ainda está esperando por esse estado.

Porém, ainda que supuséssemos condições de mercado perfeitas, há peculiaridades no mercado dos artigos de primeira necessidade que criam seus próprios problemas teóricos. A questão não é se, no longo prazo, será vantajoso para todos os lados que as comunicações sejam aprimoradas e que sejam formados os mercados nacionais e, por fim, internacionais de grãos e arroz. Assim que se propõe tal questão, a resposta é evidente... e entramos num raciocínio circular. A obstrução direta desse fluxo, quer pelas autoridades locais, quer pela multidão, pode ser claramente reacionária. Mas a escassez e a fome ocorrem sempre no curto prazo, e não no longo prazo. E Adam Smith só tem remédios de longo prazo (como o fato de os preços altos estimularem o desmembramento de mais acres para os grãos) para crises de curto prazo. Em 1776, quando da publicação de *A riqueza das nações*, a conveniência de um comércio nacional de grãos mais fluente se tornara um truísmo. O que se discutia (na França como na Inglaterra) eram as medidas que as autoridades podiam ou deviam tomar em tempos de carestia e escassez. Sobre esse ponto havia grandes discordâncias, não apenas entre os tradicionalistas (e, sem dúvida, a multidão) e os economistas políticos, mas também — como Hont e Ignatieff mostram muito prestativamente — dentro das fileiras dos economistas políticos.[30]

Em relação a muitos de seus colegas, Adam Smith adotou uma posição mais rigorosa e mais doutrinária quanto à inviolabilidade do *laissez-faire* mesmo em tempos de escassez. Ele insistia em que os interesses dos negociantes (do interior) e do "grande conjunto das pessoas" eram "exatamente os mesmos", "*mesmo nos anos da pior carestia*". "A liberdade ilimitada, irrestrita do comércio de cereais, assim como é a única forma efetiva de prevenir as misérias da fome, é também o melhor paliativo para as inconveniências de um período de escassez."[31] Smith não era "o único porta-estandarte da 'liberdade natural' no comércio dos grãos", mas era um dos defensores mais extremados de deixar essa liberdade sem controle mesmo em tempos de grande escassez. E ele devia saber muito bem que o ponto mais controverso era exatamente as medidas de emergência em períodos de desabastecimento. Seu notável precursor na elaboração da *Political oeconomy* [Economia política], Sir James Steuart, tinha se recusado a entrar nesse debate e defendera a estocagem de grãos em celeiros públicos para serem vendidos em tempos de carência.[32] O sucessor de Smith e seu biógrafo, Dugald Stewart, foi um verdadeiro executor testamentário quando fez preleções em termos irrestritos sobre a "ilimitada liberdade do comércio de cereais" durante o ano de crise de 1800.[33] Sobre essa questão, Adam Smith não foi nem "vulgarizado" nem "mal compreendido".

O que está em questão não é (como alguns textos sugerem) toda a estrutura teórica de *A riqueza das nações*, mas as poucas páginas da digressão de Smith sobre o comércio de cereais naquele tratado. Essas páginas adquiriram autoridade oracular, e, em todos os episódios de escassez de alimentos — na Grã-Bretanha em 1795 e 1800, na Irlanda, na Índia e no Império Colonial durante grande parte do século XIX —, foram esses os argumentos apresentados pelos políticos e administradores. Na Grã-Bretanha na década de 1790, tanto o governo como a oposição liderada por Fox endossavam esses argumentos, e quando o ministro do Interior, o duque de Portland, atormentava os governadores dos condados, os magistrados e as autoridades locais com homilias sobre economia política e instruções para preservar a liberdade dos mercados, não estava vulgarizando as opiniões do dr. Smith, mas impondo-as com todo o rigor.

Assim, quando a municipalidade de Nottingham endossou a atitude da multidão de impor tetos aos preços e pressionou os fazendeiros locais a suprir o mercado usando esses valores, Portland insistiu, em termos smithianos, que "sempre que se reduziu o preço de uma mercadoria por intimidação, isso nunca teve longa duração e, além do mais, ao se conseguir as coisas fora de seu curso natural e ordenado, acontece quase necessariamente de o mal, em vez de ser remediado, retornar com violência dobrada".[34] A isso Portland acrescentava, mas com sua veemência especial, o tema smithiano da justiça natural em relação aos direitos de propriedade: devia haver um "cumprimento religioso do respeito [...] devido à propriedade privada", e o governador de Oxfordshire, o duque de Malborough — tradicionalista e paternalista — foi instruído de que,

> Se o emprego da propriedade não é seguro, se todo homem não sente que tem o poder de reter o que possui enquanto desejar e de se desfazer de propriedade na época, maneira e pelo preço que achar conveniente, isso representa o fim da confiança no trabalho e em todos os esforços valiosos e virtuosos de qualquer natureza [...] toda a ordem das coisas é subvertida e destruída.

Todos devem "manter o princípio da perfeita liberdade de propriedade".[35]

Foi a esse mesmo princípio e a essa mesma autoridade que se apelou durante os períodos de fome na Índia Ocidental em 1812. O juiz e magistrado de Kaira pedira ao governo que interviesse importando grãos e vendendo os cereais aos varejistas por uma quantia pouco maior do que o preço de custo. A proposta foi rejeitada:

> O Excelentíssimo governador, de comum acordo com o conselho, prefere pensar [...] que aqueles princípios aprovados e reconhecidos [...], que prescrevem uma liberdade total e irrestrita no comércio de grãos como a melhor forma de atenuar qualquer escassez existente e prevenir a fome, são particularmente aplicáveis aos negociantes de grãos na província de Goozerat [...]. A digressão do célebre autor de *A riqueza das nações* sobre o comércio de cereais [...], particularmente no que diz respeito ao *comerciante*, é forçosa e irresistivelmente aplicável a todo estado de sociedade em que estejam estabelecidos os mercadores ou os negociantes de grãos.[36]

Homilias semelhantes constavam das ordens do governo de Madrasta em 1833, em que se argumentava que os preços altos constituíam a melhor segurança contra a fome: "A interferência do governo nessas emergências [...] perturba o curso natural (quando o comércio é livre, a demanda de qualquer mercadoria certamente encontrará, na medida permitida pelas circunstâncias, uma oferta correspondente) e tende a converter uma temporada de escassez num período de fome absoluta".[37]

Apesar do exemplo estarrecedor da grande fome irlandesa, os imperativos smithianos continuavam a instruir as políticas na Índia durante a penúria das décadas de 1860 e 1870. Ao informar sobre a fome de 1860-1, Baird Smith aplaudia os princípios não intervencionistas de *A riqueza das nações* e advertia que o remédio para a carestia devia ser deixado a cargo da "ordem da natureza [que] se de vez em quando produz sofrimentos terríveis, em geral também fornece os meios mais eficazes de mitigá-los".[38] (Somente em Orissa, em 1860, as mortes por desnutrição foram estimadas em 1 364 529.)[39] Tem-se sugerido que alguns administradores se sentiam mais seguros de suas políticas de não interferência por aceitarem literalmente as doutrinas malthusianas.[40] O governador-geral advertiu o magistrado em Patna de que, embora estivesse "fora do poder [...] das autoridades públicas remediar a infeliz escassez de grãos", ainda assim os magistrados podiam "fazer muita coisa para atenuar a desgraça e acalmar a irritação do povo": "Manifestando simpatia pelos seus sofrimentos, escutando compassiva, paciente e indulgentemente as suas queixas, encorajando-os a esperarem pela próxima colheita [...], é possível persuadi-los a suportar com resignação as calamidades inevitáveis de que são vítimas".[41] Isso nos remete não só a Smith e a Malthus, mas também a *Thoughts on scarcity* [Reflexões sobre a escassez] de Edmund Burke.

O que a economia política proibia era qualquer "interferência violenta no curso do mercado", inclusive a instauração de processos contra os exploradores ou açambarcadores, o estabelecimento de preços máximos e a intervenção do governo no comércio de grãos ou arroz.[42] As práticas assistenciais deviam assumir a forma de distribuir uma mesada insignificante para compras (qualquer que fosse a altura a que os preços tivessem chegado pela "ordem da natureza") a todos aqueles cuja miséria era comprovada no exame para trabalhar em obras de assistência pública.[43] Essas políticas, ou negativas em lugar de políticas, baseavam-se em teorias que — embora elaboradas por outros autores — tinham seu fundamento nas poucas páginas da digressão de Adam Smith.

Essas páginas estavam, portanto, entre os escritos mais influentes na história, com uma influência global que era às vezes nociva. Seus argumentos desacreditavam ou desautorizavam as intervenções protetoras tradicionais em tempos de escassez, eram usados para justificar a exploração e o açambarcamento, e serviam como desculpa para acalmar as consciências perturbadas das autoridades, recomendando a inércia como a economia política correta. Dois economistas indianos que cometeram a temeridade de questionar a complacência habitual de sua profissão em relação às opiniões de Smith sobre o comércio dos grãos recebem uma altiva repreensão de Hont e Ignatieff: eles "negligenciaram "a teoria tradicional da justiça que estrutura o discurso de Smith sobre o livre mercado dos bens de subsistência durante os períodos de escassez e fome". E citam a seguinte passagem da digressão:

> Impedir [...] o agricultor de mandar as suas mercadorias sempre ao melhor mercado é evidentemente sacrificar as leis ordinárias da justiça a uma ideia de utilidade pública, a uma espécie de razão de Estado — um ato da autoridade legislativa que só deve ser exercido, que só pode ser perdoado nos casos de mais urgente necessidade.

E de alguma maneira Hont e Ignatieff consideram que essa passagem endossa a sua conclusão de que "o discurso de Smith não era sobre as condições dos verdadeiros períodos de fome, pois esses pertenciam ao discurso sobre a grave necessidade que 'rompe todas as leis'". No entanto, procura-se em vão na digressão ou em qualquer outra parte de *A riqueza das nações* esse "discurso sobre a grave necessidade". O que é pretensiosamente chamado de "discurso" consiste, quando muito, numa breve ressalva (medidas "que só podem ser perdoadas nos casos de mais urgente necessidade") e num prolongado silêncio quanto ao que poderiam ser essas medidas.[44]

Quanto à "teoria tradicional da justiça que estrutura o discurso de Smith sobre o livre mercado", a justiça é para os direitos de propriedade. Como Hont e Ignatieff reconhecem em outra parte, Smith "insistia na quase absoluta prioridade dos direitos de propriedade dos fazendeiros e mercadores de grãos no que toca às reclamações de privações apresentadas pelos trabalhadores pobres". Essa posição era mais extrema do que a de muitos economistas políticos e fisiocratas de então; na verdade, Diderot considerava que privilegiar a propriedade privada acima das privações em tempos de fome era um "princípio canibal".[45]

(Acontece que) meu argumento não pretende mostrar que o dr. Adam Smith era um canibal. A defesa smithiana do livre mercado de grãos tinha evidentes virtudes no longo prazo, mas possuía apenas relevância negativa em tempos de crise, porque os seus remédios, como o aumento da produção de cereais, eram de longo prazo ou, como os preços muito altos, não eram de modo algum remédios. Entre as deficiências da doutrina smithiana estavam: 1) o fato de *ser* doutrinária e contrária à experiência. Não queria saber como funcionavam os mercados reais, o que seus discípulos tampouco querem saber hoje em dia. Enquanto dogma servia como apologia para a inércia, o que foi exemplificado em vários desastres irlandeses e indianos. 2) O fato de promover a noção de que os preços altos eram um remédio (doloroso) para a escassez, pois atraíam alimentos para a região afligida pela escassez. Mas o que atrai os alimentos não são os preços altos, mas as pessoas com suficiente dinheiro nos bolsos para pagar por eles. Um fenômeno característico dos tempos de desabastecimento é que ele gera desemprego e bolsos vazios; ao comprar os gêneros necessários a preços inflacionados, as pessoas deixam de comprar artigos não essenciais; e o sapateiro, o tecelão, o fabricante de meias, o pescador, o barbeiro, o trabalhador dos transportes e muitos outros experimentam tempos difíceis.[46] Por isso, o número daqueles que são capazes de pagar pelos preços inflacionados declina na região afetada, e os alimentos podem ser exportados para regiões vizinhas menos afetadas, onde o emprego se mantém e os consumidores ainda têm dinheiro para gastar. Nessa sequência, os preços altos podem realmente tirar alimentos das regiões mais afetadas. Uma importante autoridade em períodos recentes de fome, o dr. Amartya Sen, observa que, num colapso, a fome e até a morte pela fome têm "pouca atração de mercado", e que em muitos períodos de escassez exportavam-se alimentos do país ou região atingido pela fome. Foi o que aconteceu notoriamente na Irlanda da década de 1840, sendo também observado nas fomes indianas:

> Na verdade, a proposição de Adam Smith diz respeito à eficiência em satisfazer a demanda do mercado, mas nada diz sobre satisfazer uma necessidade que não foi traduzida em demanda efetiva pela ausência de um direito à subsistência baseado no mercado e pela depreciação do poder de compra.[47]

3) O erro mais infeliz de Smith decorre de sua metáfora do preço como meio de racionamento. Smith argumenta que os preços elevados desencorajam o consumo, transformando "mais ou menos todo mundo, mas particularmente as camadas inferiores da sociedade, em seres econômicos e bons administradores". Ao comparar o negociante que aumenta os preços ao "prudente comandante de um navio" que restringe a sua tripulação, Smith sugere persuasivamente uma distribuição justa de recursos limitados. Esses recursos serão racionados não somente entre os consumidores individuais, mas também ao longo do tempo, dividindo "as inconveniências" da escassez "da maneira mais uniforme possível entre todos os diferentes meses, semanas e dias do ano".

Por mais persuasiva que seja a metáfora, há uma elisão das relações reais determinadas pelo preço, o que sugere — pois o argumento tem sido repetido desde então e ainda pode ser escutado hoje em dia — prestidigitação ideológica. O racionamento por meio do preço não aloca os recursos de forma uniforme entre os que passam necessidade; reserva os alimentos àqueles que podem pagar o preço e exclui os que não podem. Talvez um quinto ou um quarto da população inglesa no século XVIII se mantivesse com dificuldade no limite da mera subsistência, correndo ainda o risco de cair abaixo desse patamar sempre que os preços aumentavam. Num recente e competente estudo, mostra-se que "nos anos difíceis, talvez 20% da população não pudessem, sem ajuda, comprar uma quantidade suficiente de pão, ainda que fossem capazes de eliminar todos os outros gastos; e [...] num ano muito difícil, 45% de toda a população podiam ser lançados nesse estado de privação".[48] O que Hay descobre sobre a Inglaterra do século XVIII, Sir William Hunter e outros observadores descobriram sobre a Índia do século XIX. Mesmo em anos normais, um quinto da população "sobrevivia sem ter alimentos suficientes".[49] O aumento dos preços durante a escassez podia "racioná-los", tirando-os completamente do mercado.

Esse aspecto é algo que se deve ter sempre em mente. Os altos preços do pão tinham pouca importância para os ricos, eram inconvenientes para as camadas médias, angustiavam os trabalhadores com emprego fixo, mas podiam ameaçar a sobrevivência dos pobres. É por isso que se tornavam imediatamente uma questão de "política". Era contra esse "racionamento" financeiro socialmente desigual que os motins da fome constituíam um protesto e talvez um remédio.

Isso talvez nos lembre que o mundo ainda não deu um fim à escassez de víveres ou à fome. O problema ocupa muitas mentes capazes, e, como era de se esperar, alguns dos trabalhos mais relevantes são de economistas e historiadores indianos, que compartilham com a Grã-Bretanha algumas histórias de administração, lei e ideologia, mas para quem a fome não é um problema assim tão distante. Uma abordagem interessante é a de Amartya Sen, que emprega, em seu *Poverty and famines* [Pobreza e fome] (1981), a "teoria do direito à subsistência" e também um aparato estatístico avançado. O "direito à subsistência" aponta todos os diversos meios pelos quais as pessoas têm acesso aos alimentos essenciais, quer diretamente, pela agricultura de subsistência, quer pelas provisões fornecidas pelo empregador ou senhor (em sua casa), quer pela compra dos produtos no mercado. Um período de fome é provocado pelo colapso desse direito à subsistência, e o mérito dessa abordagem é que não só nos informa que diminuiu a quantidade de alimentos disponíveis, mas também examina "por que alguns grupos tinham de morrer de fome, enquanto outros podiam se alimentar [...]. O que permite que um grupo, e não outro, se apodere dos alimentos existentes?".[50]

O dr. Sen examina os períodos de fome do século XX na Ásia e na África, cujos dados estatísticos são mais confiáveis do que os registrados no século XVIII, e conclui que, na maioria dos casos examinados, a fome não pode ser simplesmente atribuída à "diminuição de alimentos disponíveis". Onde se tinha verificado uma colheita fracassada, "uma queda moderada na *produção*" é "traduzida por uma queda excepcional na *oferta no mercado*". *O* mercado não pode ser isolado e abstraído da rede de relações políticas, sociais e legais em que está situado. Quando se entra na espiral descendente da fome, o processo pode ser cumulativo, e "seja qual for a *causa* da fome, os métodos para vencê-la exigem um grande suprimento de alimentos no sistema público de distribuição".[51]

Essa abordagem também é relevante para os períodos de escassez na Europa do século XVIII,[52] sendo preferível à outra, mais comumente adotada, que enfoca as colheitas fracassadas como se elas fornecessem uma explicação não só necessária, mas também suficiente de tudo o que se seguiria. O dr. Sen argumenta que essa abordagem "FAD" *(food availability decline* — declínio dos alimentos disponíveis) "fornece poucas pistas sobre o mecanismo causal da fome, pois não examina a *relação* das pessoas com os alimentos. Qualquer que possa ser o poder oracular da visão FAD, ela é certamente délfica nas suas reticências".[53] Em geral, os ingleses pobres do século XVIII eram protegidos da subnutrição pelas leis de assistência aos pobres e pela caridade, mas o argumento do dr. Sen continua válido. As explicações smithianas e malthusianas dos anos de escassez se baseiam pesadamente no fracasso das colheitas (FAD) e continuam "délficas" quanto à relação das pessoas com os alimentos e ao seu direito socialmente diferente de obtê-los.

A "relação das pessoas com os alimentos" envolve sistemas de poder, propriedade e leis. O conflito sobre o direito de acesso aos alimentos no mercado poderia ser visto como um fórum de luta de classes se a maioria dos historiadores não fosse hoje demasiado afetada para usar o termo. Também pode ser visto como um fórum para o conflito de interesses, "cidade" *versus* "campo", quando os trabalhadores das manufaturas e dos lanifícios ou os mineiros de carvão se confrontavam com os fazendeiros e os negociantes.

Ambas as formas de conflito podem ser observadas na Inglaterra durante os anos de carestia das Guerras Napoleônicas; e quando o governo intervinha com a doutrina e com as forças armadas para apoiar a operação sem travas do capitalismo agrário, não há dúvida quanto às classes e aos interesses que saíam vencedores. O professor Mingay estimou que, nas áreas que investigou, os arrendamentos subiram entre 40% e 50% entre 1750 e 1790; e entre 1790 e 1815, os arrendamentos subiram mais 80% a 90%.[54] Ao mesmo tempo (como as casas de fazenda abastadas daquele período estão aí para testemunhar), os grandes e médios fazendeiros eram capazes de pagar esses arrendamentos majorados, prosperando e assumindo status social mais elevado. O arrendamento era o meio pelo qual os proprietários de terra voltavam a pôr as garras nos lucros da agricultura. Esses arrendamentos indicavam um aumento considerável de riqueza das classes agrárias capitalistas (cuja afluência os trabalhadores rurais não partilhavam), e isso era sustentado, por sua vez, pela venda dos alimentos — e especialmente dos cereais — aos consumidores da "cidade". A riqueza dos proprietários de terra apoiava-se ainda nos cercamentos, que atingiram o clímax nos anos de guerra, quando 3 milhões de acres, ou 9% da área rural da Inglaterra, passaram pelo cercamento parlamentar, e grande parte dessa área começou a ser arada para o cultivo de cereais.[55]

Essa prosperidade não passava despercebida aos trabalhadores "perto-industriais" das manufaturas, dos lanifícios e aos mineiros de carvão que viviam perto das áreas rurais ricas. É nesse contexto que os confrontos de 1795-6 e 1800-1 devem ser vistos. *Wretched faces* (1988), do dr. Roger Wells, é o estudo mais copiosamente documentado que temos ou provavelmente teremos sobre todos os aspectos desses anos de escassez, e devemos lhe ser gratos pelo trabalho de arquivista e pela iluminação que flui de muitas de suas páginas. Entretanto, algumas de suas conclusões parecem ser teimosas e contestáveis pelas suas próprias evidências, e a razão é que talvez até o dr. Wells tenha sido indevidamente influenciado pelo aparente senso comum da abordagem smithiana (FAD).

Houve certamente sérios fracassos nas colheitas daqueles anos, e o país poderia ter enfrentado condições reais de fome se não tivessem ocorrido importações consideráveis do exterior.[56] Mas quando Roger Wells escreve que a implementação da "economia moral" era "uma receita para o desastre",[57] ele está considerando a questão sob um ponto de vista demasiado estreito. O seu ataque à "economia moral" — um termo que serve para tudo e que ele emprega durante todo o seu estudo principal para indicar *toda e qualquer* medida tomada pelas autoridades ou imposta pelo povo para proteger o consumidor, regular os mercados ou controlar os preços — é às vezes tão alarmista quanto o de Edmund Burke ou do duque de Portland. Ele afirma que os distúrbios no mercado "dizimavam o abastecimento futuro e com isso aceleravam a inflação", que "o controle dos preços agravava o impacto da violência", que "os estragos eram grandes onde o Regulamento do Pão estava em vigor", e que a economia moral "estimulava diretamente uma intervenção populista violenta, enquanto ao mesmo tempo enfraquecia a determinação comunitária de conter a desordem".[58] E ele invoca visões de um círculo vicioso em que "os motins tolhiam o abastecimento, os mercados vazios estimulavam nova violência, e outros distúrbios aniquilavam a confiança comercial":

> Em última análise, de uma ampla perspectiva, todo o país seria afetado. Nesse contexto, os aspectos "positivos" da intervenção popular, desencorajando as más práticas mercantis, militando contra a exploração máxima, atraindo a atenção pública para a situação difícil dos pobres e dando nova vida a medidas de assistência, têm menor importância. Pois essas últimas características de protesto, embora importantes, eram essencialmente localizadas. Ao avaliar os motins da fome, o historiador também deve adotar os critérios do governo. O exame macroeconômico do comércio dos grãos, em oposição ao microeconômico, revela os perigos do protesto para a subsistência nacional em geral, e para os centros consumidores em particular. Evitar a fome nas localidades mais vulneráveis exigia a mais rápida supressão dos motins.[59]

O problema é que, em geral, a fome é "localizada" (no estômago). As mortes por desnutrição aparecem como micropontos localizados. Roger Wells andou lendo muitos documentos da administração de guerra de Pitt e ficou preso em seus raciocínios circulares. Além disso, em sua linguagem exagerada ("desastre", "dizimavam", "violência", "intervenção populista violenta", "aniquilando"), afastamo-nos bastante das ações diretas autodisciplinadas e frequentemente incruentas da multidão, com o seu "protocolo" e sua "desordem ordeira" (que a historiografia recente revelou e que as próprias pesquisas do dr.

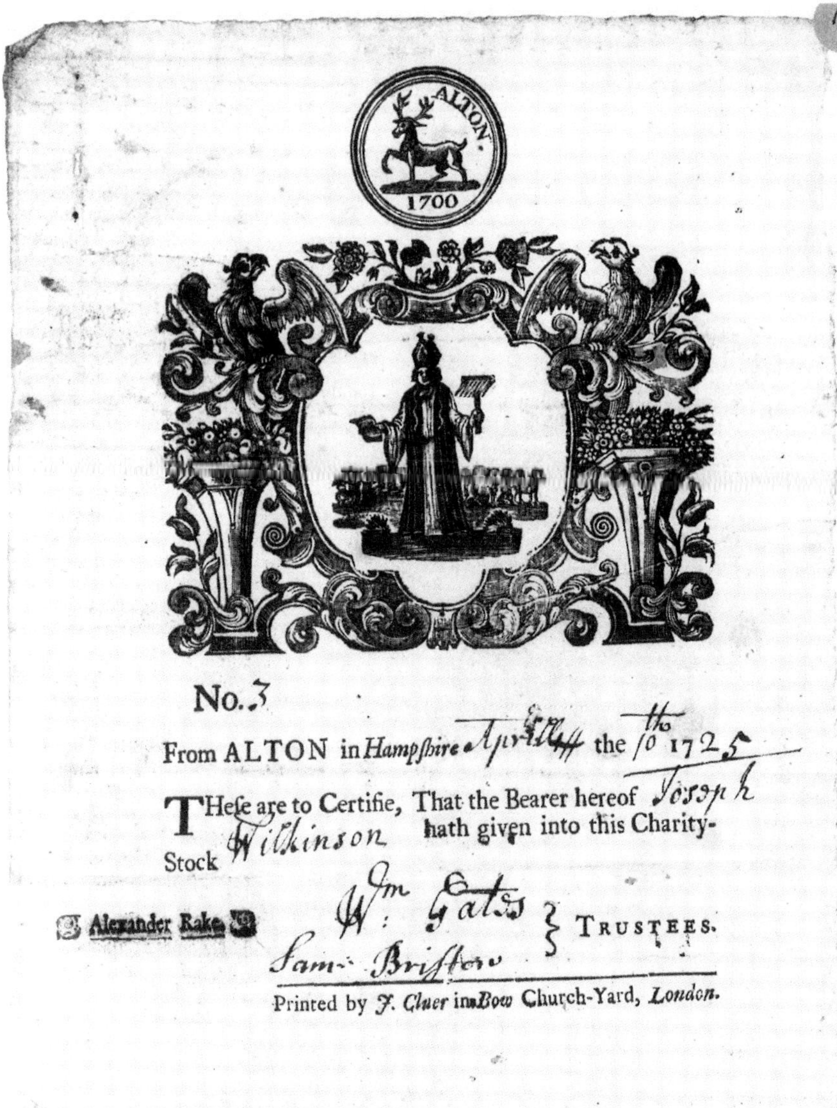

ALTON

1700

No. 3

From ALTON in *Hampſhire* April the 10th 1725

THeſe are to Certifie, That the Bearer hereof Joseph Wilkinson hath given into this Charity-Stock

Alexander Rake

Wm: Gates } TRUSTEES.

Sam: Bristow

Printed by *J. Cluer* in *Bow* Church-Yard, *London.*

1. Um dos mais antigos cartões de associação de trabalhadores ainda existente, arquivado entre os documentos da Coroa quando os cardadores foram processados em Alton, Hants, em 1725 (ver p. 58). Note-se que a associação tem impressor londrino e alega ter sido fundada em 1700. O bispo Blaize, patrono dos cardadores, está no centro.

THE

PILLORY IN ITS GLORY,

With the Eloquent Speech it made ſoon after WILLIAMS had left it.
To which is added, an Antient Prophecy of MERLIN'S

On the JACK-BOOT.

We hear that WILLIAM'S Pillory (ſuppoſed to be made of the Deſcendants of the Oaks of Dodona, which formerly ſpoke Prophetic) made a Speech as ſoon as he had left it to the following Purport:

GENTLEMEN,

" THE very favourable Treatment I have juſt now met with from you calls immediate Thanks. I have been accuſtomed to Uſage of a very different nature: for ſeldom have I ſhewn my Face but Filth of every kind hath been thrown againſt it.---But ſuch is the preſent Occaſion, and ſuch your juſt Opinion of it, that now you have been pleaſed to decorate me with Laurels, and honour me with your Acclamations. Such univerſal Applauſe makes me ſomething proud of myſelf and induces me to think I am not unwortny of having Perſons of higher Rank ſtand upon me. Perhaps I ſoon may, as Matters go on; And I muſt own to you, I ſhould be glad to experience your Behaviour towards me, when Criminals of a ſuperior Station peep thro' my wooden Windows. Indeed I heartily wiſh they ſoon may: ſuch with Gentlemen is no Libel; nor can the DOUBLE FEED Advocate by all his Art in Inuendo's, make it ſo. Why ſhould not great Villains ſtand upon me as well as little ones? If any Lawer, in that place I now look upon, ſhould dare to attempt to pervert the Laws of this Land, and undermine the Liberties of the People, why ſhould not I expoſe him to your View and Contempt? or if any Perſon ſhould take a private Bribe to betray a public Truſt, why ſhould not I lift up the Raſcal to your Reſentment? I would haxe every Man meet with his due Reward: or if he deſerves Halters or Axes let them have them: or, if any ſhall merit only a Poſt upon me, your grateful Servant is very ready to exalt them, tho' loads of Dirt and rotten Eggs, inſtead of Laurels and Acclamations ſhould be my Lot."

An antient Prophecy of MERLIN'S.

WHEN from the North a cruel Bird call'd ---,
Shall fly o'er ENGLAND and devour its Fruit,
Shall o'er this Land his baneful Pinions ſpread.
And from their Months ſhall take the Children's Bread;
Shall, Cuckoo-like, make other Neſts his own,
And caſt his filthy Eggs behind the ----
Then Magna Charta to Excise ſhall turn;
The Apple be caſt off, the Merchant mourn;
Then ſhall pack'd Juries try the Fact alone,
And under J---- the Bench ſhall groan,
Then Pillories into Repute ſhall come,
And the Preſs, ENGLAND'S Bulwark, be ſtruck dumb,

4. Este panfleto combina formas literárias e visuais com a antiga forma oral das "profecias" rimadas. Williams, livreiro, foi condenado ao pelourinho por republicar North Briton *de Wilkes, nº. 45. Ele foi aplaudido pela multidão, que "ergueu um patíbulo com escadas de mão, no qual dependuraram uma bota de cano alto [símbolo do favorito do rei, o conde de Bute], um machado e um gorro escocês, artigos que depois de um tempo foram retirados; o cano da bota foi cortado com o machado e, mais tarde, tanto a bota como o gorro foram jogados numa grande fogueira".*
(*Thomas Wright,* Caricature history of the Georges. *Londres, 1867, p. 300*).

ANTICIPATION

OF THE

Death-bed Confeſſion.

OF A

NOTORIOUS SINNER.

MY Father was a celebrated Cocker, my Mother the Daughter of a Fiddler, and previous to her Marriage, had employed her Charms to ſome advantage. By theſe laudible means my Parents were poſſeſſed of ſome wealth: no expence was ſpared to give me an Education, and the accompliſhment of a Gentleman; but alas, my ſteril nature was never able to abide the firſt rudiments of a ſcholar, and all my attempts at gentility only ſerved to make me rediculous.

How I have fulfilled the duties of the cloth, my Charity towards the poor Cottagers will evince, and having obtained the rank of a Magiſtrate, I unbluſhingly firſt exerciſed my authority in convicting and ſending to priſon a poor honeſt man, the father of a large family, for ſelling ale without a licence; though all my neighbours knew it was through my influence alone that a licence had been refuſed him; I was induced to commit this act of meanneſs and wanton cruelty, only becauſe he was the Tenant of a reſpectable gentleman, richer and more reſpectable than myſelf, whom I hated for obliging me ſtrictly to obſerve the pious duties I had undertaken, and was amply paid for, but had no inclination to perform.

Manifold have been my Sins, and at the awful moment of diſſolution their horrid deformity preſents itſelf to my diſturbed mind. I humbly aſk forgiveneſs of the numbers I have oppreſſed, and hope theſe my laſt words may be publiſhed as a warning to thoſe of mean extraction, who, like me, may become poſſeſſed of ſome little power, and employ it to the injury of their fellow-creatures.

A Penitent SINNER.

5. Uma sátira a um magistrado clerical (ver p. 388). Em 1796-1800, dois cavalheiros de Staffordshire estavam atacando o fidalgo John Gough e o juiz de paz rev. Thomas Lane, pároco de Handsworth, a quem são atribuídas estas últimas palavras. John Gough estava tentando atrair seus arrendatários para a briga, e habilmente combinou a sátira visual com uma forma literária mais popular, as "últimas palavras" do condenado.

6. Em 1800, Isaac Emmerton, proprietário de um viveiro de plantas, foi processado devido a esses panfletos satíricos e por erguer um patíbulo de três metros de altura, com uma efígie que ridicularizava o juiz de paz rev. C. J. Cottrell, o pároco de Handley, Middlesex, presidente dos fiscais de impostos locais (ver p. 362).

Tim Bobbin Inv.t et pinx.t Lancashire — Price 6.d plain 1.s Colour'd

THE PLURALIST AND OLD SOLDIER

A Soldier once and in the Beggar's list
Did thus address a well-fed Pluralist.

Soldier.

At Guardalupe my Leg, and Thigh I lost;
No Pension have I, tho' its right I boast.
Your Rev.ce please, some Charity bestow,
Heav'n will pay double, when you're there, you know.

Pluralist.

Heav'n pay me double—! Vagrant; know that I
Ne'er give to Strolers, they're so apt to lie:
Your Parish, and some work wou'd you become,
So haste away—or Constable's your doom.

Soldier.

May't please your Rev.ce hear my case, and then,
You'll say I'm poorer than the most of Men.
When Marlbro Sieged Lisle I first drew breath,
And there my father met untimely Death:
My Mother follow'd of a broken heart:
So Ive no friend, or Parish, for my part.

Pluralist.

I say begone—with that he loudly knocks
And Timber-toe, begun to smell the Stocks:
Away he stumps—but in a Rood or two
Thrice clear'd his Wezon, and his tho.ts broke thro

Soldier.

Thus tis to beg of those who (Sometimes) *Preach*
Up Charity, and all the Virtues teach:
But their disguise, to Common-Sense is thin,
A Pocket button'd—. Hypocrite within—.
Send me kind Heav'n the well-tann'd Cap.ts Face,
Who gives me Twelvepence, and a Curse with Grace
But let me not, in House, or Lane, or Street
These Treble-pension'd Parsons ever meet:
And when I die, may I still number'd be
With the rough Soldier to eternity.

Pub.d according to Act of Parl.t by M. Darly facing New Round Court the Strand 1766

7. Este panfleto de 1766, redigido por John Collier (ou "Tim Bobbin"), o famoso caricaturista de Lancashire, combina o apelo popular ao patriotismo com a hostilidade popular ao clero pluralista, que gozava de mais de um benefício.

8. *A obra de J. Penkethman,* Artachthos: authentic accounts of the history and price of wheat, bread, malt &c, *foi publicada em 1638 e republicada em 1765. Este frontispício traz na parte inferior: "Das tabelas originais, outrora no Tesouro do Ministério da Fazenda em Westminster, e agora na posse do Excelentíssimo Edward, conde de Oxford". Mostra a regulação cuidadosa dos pesos e medidas do trigo e a punição aplicada aos estoques dos que compravam os cereais de antemão e para especular.*

9. Os paroquianos, conduzidos por seu vigário, percorrem as fronteiras de sua paróquia e afirmam seu direito de passagem por Richmond Park derrubando o muro (ver. p. 96).

10. Quando os preços começaram a cair, em 1801, os caricaturistas zombavam dos açambarcadores de cereais que ainda tinham estoques nas mãos. O trabalhador agrícola é apresentado (à direita) como inocente.

11. *Baseado num incidente em Bishop's-Clyst, Devon, em agosto de 1800. Em Devon, havia uma longa tradição de multidões que percorriam o campo e visitavam os fazendeiros que tinham fama de açambarcar os cereais, ameaçando-os com a forca. Nesta ação, mostra-se a proeminência das mulheres.*

12. "Um método legal de discutir os grãos" — um tributo a Lord Kenyon, presidente do Supremo Tribunal de Justiça, que presidira ao julgamento e à condenação de Rusby, negociante de cereais, por comprar aveia para revenda (julho de 1800), e que procurava ressuscitar as antigas leis contra compras antecipadas, &c., sob o pretexto de que — apesar de sua rejeição — elas continuavam a ser reconhecidas pelo direito consuetudinário.

13. Durante a crise dos grãos de 1800-1, o ministro do Interior, duque de Portland, apoiou ativamente o laissez-faire *e, em março de 1801, emitiu uma carta circular aos governadores dos condados censurando as autoridades locais que andavam revivendo as antigas leis contra a venda por amostragem.*

14. Visão urbana do proprietário e do fazendeiro conspirando juntos para aumentar os preços durante a crise dos grãos de 1801.

MONOPOLIZERS caught in thier own TRAP or a COMPANION to the FARMERS TOAST.

15. Os monopolizadores ficam com cereais encalhados, maio de 1801. O prefeito está estabelecendo o Regulamento do Pão. O trabalhador agrícola olha pela janela e diz: "Como se eu não soubesse que isso ia acontecer!".

16. Os preços realmente caem no outono de 1801.

17. (ao lado). A Butter Cross em Witney, Oxon, foi construída em 1683 e reformada em 1811. Muitos prédios de mercado foram construídos no século XVII e ainda atestam o vigor dos controles do mercado. (abaixo). O mercado de cereais em Ledbury, Herefordshire, foi construído pouco depois de 1617. Uns cinquenta anos mais tarde, depósitos de cereais foram acrescentados na parte superior, onde se mantinham quaisquer grãos não vendidos até o próximo dia de mercado. Como os cereais passaram a ser vendidos por amostragem no século seguinte, as câmaras foram alugadas, e um mercado de aves e manteiga continuou a funcionar no andar de baixo.

18. O tempo, o trabalho e a mortalidade são invocados em Neptune Yard, Walker, Newcastle-upon-Tyne.

19. Este painel de gesso está no Grande Salão, em Montacute House, perto de Yeovil, Somerset, e data aproximadamente de 1601. O marido, que ficara encarregado do bebê, é surpreendido pela esposa quando sub-repticiamente tomava cerveja. Ela bate na cabeça dele com o sapato, o que é testemunhado por um vizinho (atrás).

20. À direita deste painel de Montacute, o marido ou um seu representante é obrigado a montar numa vara. Esse costume é frequentemente descrito como desfile da vara, mas um "verdadeiro" desfile tem dois cavaleiros, um representa a mulher que espanca o marido e o outro é o marido que monta virado para o rabo do cavalo ou do burro. (*Ver o desfile de Hogarth, ilustração nº 23*) *A procissão de Montacute podia ser igualmente o cavalgar da vara do Norte da Inglaterra ou o* cool-staffing *do West Country.*

21. Na ilustração de Hogarth para "Hudibras", mostrando a queima dos remanescentes do Parlamento em Temple Bar, vê-se o teatro de rua da política londrina e a preparação das efígies para a fogueira.

22. A ilustração de Hogarth para "Hudibras" mostra um desfile.

23. *O* "Skimerton" [*corruptela de* Skimmington, *desfile*] *de Rowlandson* (*tirado de ilustrações para "Dr. Syntax"*) *revela todo o simbolismo e a parafernália de um carnaval de maridos enganados, além de mostrar uma participação mais ativa das mulheres do que faz Hogarth.*

24. Uma convocação para a Feira dos Chifres em Charlton (Norte de Blackheath). Alegando grande antiguidade, esse carnaval de maridos enganados era patrocinado, no século XVIII, por muitos jovens fidalgos, mascarados e travestidos, e com muitos chifres em evidência.

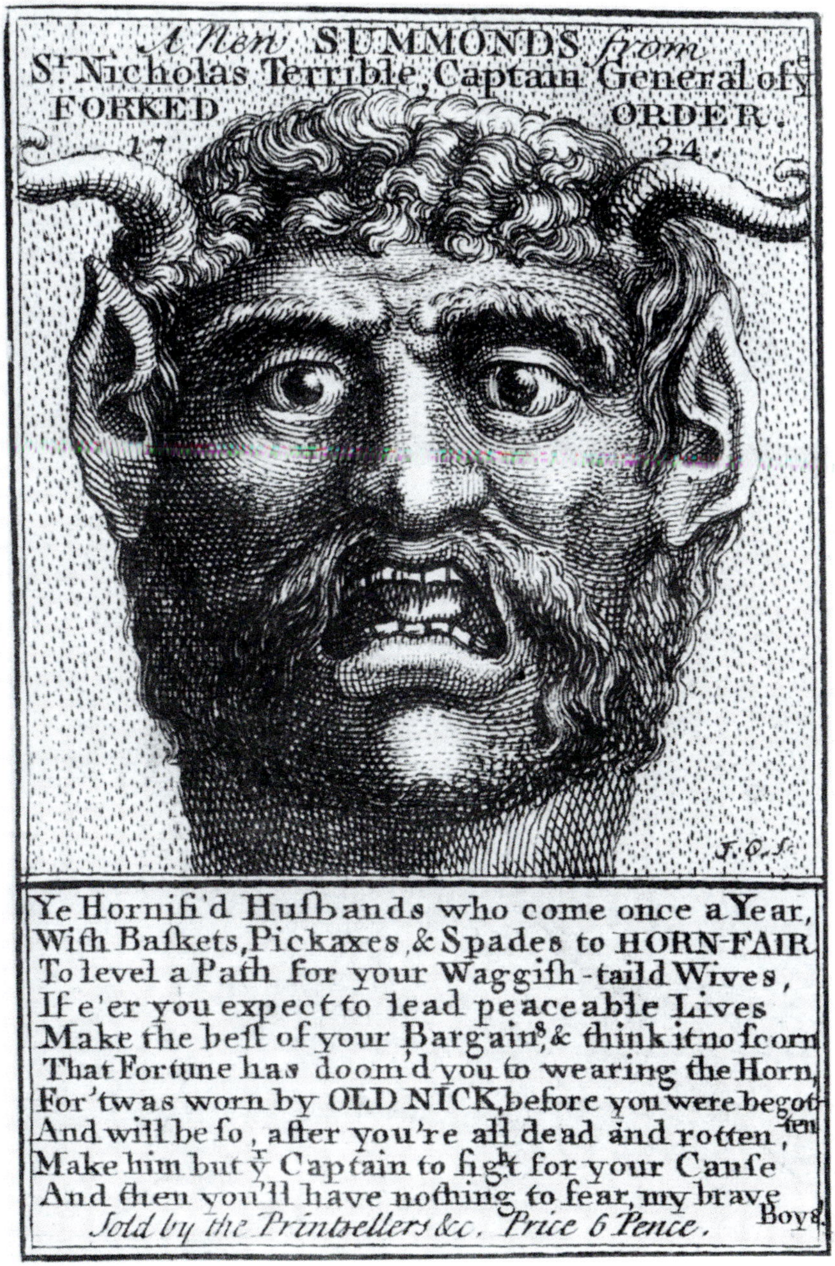

25. O impressor T. Batchelar usou este preâmbulo entre 1817 e 1828 (informação de Roy Palmer), de modo que esta "Convocação" amplia a iconografia dos maridos enganados e dos desfiles, que perdurou século XIX adentro.

26. Esta máscara diabólica, conhecida como "Ooser", era mantida numa fazenda em Melbury Osmond, Dorset, mas atualmente se perdeu. O maxilar inferior era móvel e funcionava por meio de um cordão; nos seus últimos anos, supostamente era usada para assustar crianças desordeiras.

CHAPTER VIII.

OLD SHOPS, OLD HOUSES, AND OLD INHABITANTS.

As a picture of the past, and one that had never been altered for many long years, I shall now endeavour to bring before the eye the trades and shops, odd characters, and old houses, ancient lanes, yards, and 'twitchells,' in some such order as they stood, and with the old names by which the trades were

27. Esta reconstrução do cavalgar da vara deriva de uma história local de Grimsby, publicada em 1857. Um representante (ou vizinho?) é transportado, com algum conforto, enquanto a vítima observa apreensiva da janela.

32. A "fisiologia do namoro" de Punch*: a intenção é tipificar a maneira inglesa de namorar, assim como aparece aos olhos dos franceses e alemães. A cena é o mercado de Smithfield: à direita, "o Excelentíssimo Sir Brown (filho mais velho do prefeito) está fazendo, à maneira fria e formal de seus compatriotas, uma declaração de seus sentimentos a uma jovem senhorita, filha de um duque". À esquerda "pode-se perceber um dignitário da Igreja, num acesso de mau humor, vendendo a esposa, por dinheiro vivo, a um marechal de campo — resultado triste, mas bastante frequente, de nossa insular incompatibilidade de gênios".*

Wells confirmam), e deparamo-nos com a velha e má escola que registrava toda multidão como uma "turba" violenta e simplória.

Há alguma verdade na argumentação de Wells, que soa mais forte quando ele cita — especialmente no verão de 1795 — os vários bloqueios populares ao transporte de grãos pelos cursos de água ou pela estrada. Esse embargo poderia ter precipitado o desastre em grandes centros consumidores como Birmingham, Nottingham e Leicester, embora nada disso tenha acontecido. Em outras questões, Wells (atipicamente) fornece evidências ralas e incertas. Seus poucos exemplos não convencem que a regulamentação dos preços sempre "dizimava" o futuro abastecimento dos mercados. Onde as cidades ou os distritos manufatureiros dependiam do abastecimento local, os fazendeiros também dependiam dos costumes locais; e a multidão podia visitar os fazendeiros com ameaças para exigir os alimentos. No final, os fazendeiros deviam voltar ao mercado, e havia uma complexidade de influências sobre o seu comportamento: relações com os consumidores, com seus senhores, com suas próprias consciências.

Roger Wells comprova sua afirmativa de que "os estragos eram grandes onde o Regulamento do Pão estava em vigor" por meio de uma única história de Oxfordshire em 1800. Mas acontece que Oxford é o único centro sobre o qual temos um estudo cuidadoso do funcionamento de um regulamento desses no século XVIII, e esse estudo de modo algum confirma a acusação de "estragos". A pesquisa da dra. Wendy Thwaites sugere que o funcionamento do regulamento em Oxford pode ter aumentado o preço do pão marginalmente nos anos normais, mas restringia o aumento nos anos de escassez. Dava às autoridades do mercado, aos padeiros e aos consumidores "um senso de segurança em suas relações mútuas",[61] e de qualquer modo o regulamento não deve ser considerado isoladamente, mas como parte de uma regulamentação mais abrangente, que incluía o controle de peso e qualidade. Londres também pôs em vigor um Regulamento do Pão durante todo o século XVIII, porém, longe de provocar "estragos", os motins eram raros na capital.[62]

Roger Wells estabelece um equilíbrio demasiado unilateral. É verdade que Pickard, o maior moleiro-mercador de Birmingham, foi forçado a abandonar seu negócio pela hostilidade do povo em setembro de 1800.[63] Mas isso não deixou Birmingham sem provisões. Havia outro moinho a vapor, o Union Mill, embora esse fornecesse pão principalmente para os seus numerosos comerciantes e contribuintes a preço de custo — talvez uma tradução dos princípios da "economia moral" numa cooperativa primitiva.[64] E o moinho de Pickard não foi fechado: foi alugado a uma nova companhia como medida de emergência para assegurar a continuação do abastecimento da cidade. O filho de Pickard, Edward, registrou as flutuações erráticas nas fortunas dessa companhia emergencial de "fidalgos benévolos":

> Um dos cavalheiros esteve em Hull logo depois do início do primeiro termo [do aluguel de seis meses] e, tendo deixado Birmingham com a impressão receosa de que a cidade ficaria realmente sem abastecimento de alimentos, arriscou-se a comprar uma quantidade muito grande de trigo [...] que acabara de chegar do Báltico, mandando-o para Birmingham por conta dessa nova companhia. O modo como o trigo foi pago ou por quem, não sei: imagino que o seu banqueiro lhes providenciou o dinheiro [...] Por mais exorbitante que fosse o preço do trigo naquela época, inesperadamente aumentou ainda mais: e embora a companhia estivesse capacitada a fornecer semanalmente uma grande quantidade de farinha aos pobres a um preço mais baixo do que o dos negociantes comuns, ainda assim, no final dos primeiros seis meses, eles acharam seus lucros tão elevados que ficaram com medo de uma indignação popular caso mostrassem a sua contabilidade. Por isso, pediram a meu pai que prolongasse o termo do contrato, o que ele fez, para lhes dar a possibilidade de efetuar, como diziam, uma redução nos seus ganhos e, assim, apresentar ao público uma declaração de contas mais satisfatória. Perto do período da renovação do termo, o preço do trigo começou a ceder e continuou a cair até o final do prazo: em consequência disso, e também por causa de perdas continuadas em outras grandes compras que tinham novamente feito no início do seu último termo, esses homens bondosos perderam não só todos os lucros dos primeiros seis meses, mas também todo o capital que tinham investido.[65]

Essa história não se ajusta nem às propriedades da doutrina smithiana nem às da "economia moral". Sugere que, naquelas excêntricas condições de guerra, todos os grupos no mercado de grãos estavam brincando de cabra-cega. De qualquer modo, é arriscado fazer generalizações sobre as características e funções dos motins da fome tomando apenas o que aconteceu naqueles anos de guerra, pois esse período é um caso especial: o clímax e o término da tradição da sedição, num contexto de guerra e medo de invasões, com a *gentry* e seus servidores em armas (milícias a cavalo) e num estado de pânico antijacobino. Esses últimos anos do século XVIII foram também um divisor de águas na clientela e nas práticas do mercado, estando a meio caminho entre os mercados localmente abastecidos — onde os consumidores e os fazendeiros, os magistrados e os negociantes, todos se conheciam um pouco, podiam se encontrar pessoalmente e "negociar" os preços, ainda que por meio dos "motins" — e as relações mais impessoais dos grandes mercados urbanos, que os fazendeiros raramente visitavam, abastecidos por negociantes que compravam em mercados distantes.[66] Além disso, a experiência da década de 1790 se torna ainda mais complicada pelas profundas divisões internas entre as autoridades predominantes, pois o governo central impunha dogmas de *laissez-faire*, mas algumas autoridades locais e alguns proprietários de terra tradicionalistas tentavam controlar os preços por meio da persuasão, acenando e piscando o olho para a multidão. Nessas condições confusas, é provável que nos deparemos com descobertas contraditórias e com alguns exemplos de "estragos".

É com base numa longa visão panorâmica dos séculos XVII e XVIII que se pode fazer a defesa mais forte do "sucesso" dos motins. Dois historiadores especialistas em século XVII concluem que os motins eram "invariavelmente bem-sucedidos em estimular ações das autoridades para atenuar as queixas".[67] Em geral, isso também vale para o século XVIII. A regulação dos preços podia até ser bem-sucedida, e a análise mais persuasiva do sucesso do povo será encontrada no capítulo de John Bohstedt sobre "Os tumultos clássicos de Devon" em sua obra *Riots and community politics in England and Wales, 1790-1810* [Motins e política comunitária na Inglaterra e no País de Gales, 1790-1810] (1983). Ele mostra que a cidade-mercado pequena ou de tamanho médio era o local clássico da ação direta da multidão (secundada pela visita aos fazendeiros da vizinhança), e sugere que essas ações eram apoiadas por redes de relações tanto horizontais como verticais dentro de comunidades que tinham suas próprias tradições e lembravam seus próprios precedentes. Nas relações verticais, ele sugere que "o patronado social" talvez seja um termo mais útil que "paternalismo", um patronado que, no entanto, acarretava deveres e obrigações recíprocas. Embora os motins, ou a ação direta para abaixar os preços, não fossem absolutamente legítimos, tanto as autoridades como a multidão se sujeitavam a um reconhecido "protocolo". Os amotinados "não desafiavam diretamente todo o sistema de propriedade e poder" e, desde que observassem esses limites e evitassem a violência, as autoridades ficavam às vezes cúmplices da determinação dos preços, reconhecendo que "a paz social era mais importante que os direitos absolutos da propriedade ou, melhor, os direitos do lucro". Por isso, os amotinados "modificavam os direitos de propriedade dos fazendeiros e negociantes de alimentos [...], e sua ação pela força na margem da legitimidade e da ilegalidade era um exercício real, ainda que limitado, de poder político". Na verdade, "os motins eram um momento constituinte dinâmico no sistema de propriedade e poder".[68]

John Bohstedt afirma com confiança que os amotinados de Devon foram bem-sucedidos: "os levantes não teriam sido tão frequentes, nem tão ordeiros, se não tivesse havido nenhuma compensação". Os motins da fome também aparecem em outras histórias nacionais, primeiro na Europa e na China,[69] depois na Índia e em outros lugares. Há uma sugestão de que eles marcam uma fase de transição entre o *ancien régime* demográfico baseado na região, com crises independentes de subsistência, e o "moderno mercado livre" nacional, regulado apenas pelos preços e pela polícia.[70] É improvável que os motins tivessem aparecido de forma tão universal se não tivessem produzido nenhuma "compensação", um espaço onde a ação direta fosse uma proteção contra os apetites recém-liberados dos interesses agrários, um alerta aos especuladores e exploradores, e um sinal de alarme para que as autoridades acionassem as medidas de emergência e a caridade. Tal ação podia (e pode) tomar muitas formas, desde petições humildes a cartas ameaçadoras e incêndios criminosos,[71] ou a bloqueios e ataques aos moinhos, mas era sempre um acontecimento profundamente político e econômico.

Os motins, como "um momento constituinte dinâmico no sistema de propriedade e poder", evidentemente adotaram formas e significados diferentes em diferentes histórias nacionais e, no caso inglês, devem ser vistos dentro da estrutura particular das relações entre patrícios e plebeus que examinamos no capítulo 2, com seus limites e seu espaço para a desordem. Mas vamos voltar a examinar a evidência inglesa à luz do que aconteceu na Índia e na Irlanda. Num estudo lúcido, David Arnold investigou a emergência de uma tradição do motino de fome na Índia, que se iniciou talvez no distrito de Madrasta em 1876. Uns 120 incidentes varreram o Sul da Índia em 1918-9, com características e objetivos semelhantes aos dos movimentos equivalentes na Inglaterra e na França do século XVIII: impedir as exportações, forçar a queda dos preços e pressionar os funcionários locais a tomar medidas para assegurar as provisões. Assim como na Inglaterra dois séculos antes, o "saque" aos armazéns geralmente não resultava em roubo, mas na destruição das mercadorias, e sua intenção era humilhar os negociantes que a multidão considerava culpados de lucrarem e acumularem riquezas num tempo de extrema dificuldade. Dessa forma, uma das funções dos motins era moderar o apetite de lucro desencadeado pelo "livre mercado" em desenvolvimento, e Arnold relaciona sua afirmação ao momento de transição entre os mercados baseados na localidade e um emergente mercado nacional de grãos — uma transição acompanhada de repentinas flutuações de preço, de exportação dos grãos nas áreas afetadas pela escassez e de rupturas dos canais costumeiros de comunicação. Ele também sugere que, pelo menos no curto prazo, os motins tinham sucesso em relação a seus próprios objetivos.[72] O que isso pode indicar é a funcionalidade dos motins, sendo de esperar que ela se manifeste no mesmo momento de transição na história de muitos países.

Por que então ela não se afirma na história irlandesa? Houve sérios episódios de fome na Irlanda no século XVIII e no início do XIX, muito antes da "Grande Fome". Mas o caso irlandês não é tão claro como às vezes tem sido apresentado. Afirma-se frequentemente que não há uma tradição de motins da fome na Irlanda.[73] No entanto, durante a séria fome de 1740-1, o jornal de Dublin, *Pue's Occurrences*, noticiava que o povo da cidade abrira à força os estabelecimentos dos padeiros e farinheiros, que um navio no Liffey fora abordado (junho de 1740), que um motim contra as exportações fora reprimido pelo Exército (agosto), que haviam ocorrido distúrbios para evitar exportações e determinar preços em Youghal e de modo geral em Munster (dezembro), que armazéns foram arrombados em Limerick (março de 1741) e que um barco carregado de aveia para Waterford fora interceptado no rio em Carrick-on--Suir, com as tropas atirando na multidão (abril de 1741).[74] Isso não se parece com uma nação sem tradição de motins da fome. Em 1757, registrava-se a presença de mulheres entre os amotinados em Wexford,[75] e, em 1758, John Wesley encontrou "a turba" em ação no porto de Sligo, descarregando cereais de um navio holandês (que tinham sido comprados de antemão) "para matar o povo de fome" — a turba levou toda a carga para o mercado e "vendeu os cereais para os donos pelo preço comum. O que fizeram com toda a calma e compostura possível, sem atacar nem machucar ninguém".[76]

Assim, o motim de fome "clássico" era certamente conhecido dos irlandeses do século XVIII, sendo talvez subabordado nas histórias gerais. Se os motins da fome não conseguiam impedir as exportações e atenuar a fome (como em 1740-1), seu fracasso talvez explique o enfraquecimento da tradição à medida que o século avançava.[77] E podemos apenas especular sobre as razões das tradições nacionais divergentes. Talvez os amotinados tivessem um alvo menos "político" na Irlanda, pois não ameaçavam da mesma forma direta a estabilidade e a "cara" de uma *gentry* residente no poder. Tampouco (na ausência de leis de assistência aos pobres) estimulavam da mesma maneira os mecanismos de assistência, nem mesmo (apesar de alguns exemplos) a caridade da *gentry*.[78]

Com efeito, na Irlanda os motins da fome não "funcionaram" em parte porque não havia espaço político (como na Inglaterra) no qual os plebeus pudessem exercer pressão sobre seus governantes. Argumentando retrospectivamente a partir desses casos, é possível revisar mais uma vez as evidências inglesas. Há vinte anos, a sugestão de que os motins da fome poderiam ter uma função positiva mal despertaria a atenção dos historiadores. A doutrina smithiana os via como exemplo de disfunção social, enquanto postulava ao mesmo tempo que o fracasso da colheita (FAD) era uma explicação suficiente para a maioria das ondas de aumento do preço dos grãos. O que um pesquisador chamou de "uma leitura anacrônica dos primórdios da sociedade moderna como uma sociedade de mercado marcada pelo triunfo do individualismo econômico" tem dado credibilidade a "um modelo malthusiano de mudança social e econômica", que propõe uma relação não problemática e não mediada entre a colheita, o preço e (até o século XVII) a mortalidade.[79]

Mas progressos recentes em demografia histórica estão agora nos mostrando um conjunto mais complexo de fatos. A. B. Appleby identificou claramente fome regional no Noroeste em 1596-7 e 1622-3, e propôs de várias maneiras interessantes a questão de saber por que o resto da Inglaterra conseguira escapar da fome. Têm-se apresentado várias razões convincentes para a diferença na "ecologia da fome" entre o Noroeste e o Sul. E a essas razões pode ser acrescentada a eficácia diferenciada das medidas de assistência, que asseguravam que o pequeno excedente de grãos fosse levado ao mercado ou transferido a preços subsidiados aos mais necessitados. O *Book of orders* pode ter exercido mais do que funções simbólicas e (com a ajuda da assistência aos pobres e da caridade) talvez tenha atenuado os efeitos da escassez no Sul, enquanto a região do Noroeste não só era pastoril e pobre em cereais como também não possuía estruturas administrativas e financeiras capazes de acionar o *Book of orders*.[80]

O importante trabalho de Wrigley e Schofield, *Population history of England* [História populacional da Inglaterra], nos permite levar avante o exame desses argumentos. Embora geralmente se afirme que a ameaça de fome já não existia na Inglaterra em 1650, é possível mostrar uma fraca relação entre os preços dos grãos e a mortalidade até 1745. Uma fraca relação (quando generalizada por toda a nação) pode mascarar crises locais agudas, ou uma mortalidade diferenciada, em que o maior número de mortes se situava principalmente entre "os pobres" ou certos grupos mais expostos às dificuldades. Além disso, a ameaça de fome não se afastara para muito longe. Wrigley e Schofield examinam um universo de 404 paróquias entre 1541 e 1871, procurando os anos em que a taxa de mortalidade em muitas paróquias estava acentuadamente acima da tendência geral; 1727-9 e 1741-2, que são anos de escassez e motins, aparecem no alto da tabela (com taxas de mortalidade de 30 a 40% acima da tendência geral), embora isso não aconteça com outros anos de motins — 1709, 1757 e 1795.[81] Mas esses dados não podem ser identificados com segurança como crises de subsistência locais, pois as epidemias podem ter causado a alta taxa de mortalidade.[82]

Essas questões são complexas. Para os fins de nossa argumentação, basta notar que as crises locais persistem no século XVIII, que o fracasso da colheita ou os preços altos têm um impacto diferenciado sobre comunidades diferentes (embora vizinhas) e que movimentos pouco significativos na série estatística nacional podem mascarar sofrimentos locais muito agudos. Além do mais, "a incidência global mais elevada de mortalidade em crises [locais] ocorreu no Sudoeste, numa área que se estende do Sul de Gloucestershire ao Oeste de Wiltshire, passando por Dorset a Devon": isto é, precisamente numa das áreas de maior incidência dos motins da fome no século XVIII.[83]

Isso sugere que os amotinados tinham boas razões para preocupação e para ações de autodefesa. E que, nos anos de preços altos, eles eram empurrados para uma existência marginal, de modo que até pequenas modificações de sua situação no mercado podiam fazer uma diferença mortal. Havia muitas maneiras de se ganhar o sustento, nem todas dependiam do mercado,[84] e, numa emergência, "os pobres" não ficavam completamente sem recursos. Escrevendo de “uma região manufatureira” no Oeste numa época de poucos empregos e preços altos (1741), um correspondente concluía:

> Os pobres ficam mais pobres a cada mês, pois as suas roupas aparentemente se desfazem em farrapos e eles não têm como comprar outras novas. Já venderam quase todos os seus pequenos objetos supérfluos, talvez um tivesse um anel de ouro, o outro dois ou três pratos de estanho, um terceiro uma panela ou chaleira de latão; disso eles têm se desfeito para comprar pão para si mesmos e suas famílias [...].[85]

Não é uma crise de subsistência (ainda), mas é o contexto para má nutrição crônica.

Não devemos interpretar erroneamente a “teoria do direito à subsistência” e concluir que não havia colheitas fracassadas e que todo período de escassez é fruto da ação humana. O que Sen mostra é que, dada uma colheita fracassada, o modo de distribuição do estoque de grãos entre os grupos sociais é decisivamente fruto da ação humana, dependendo de escolhas entre os meios de alocação dos recursos, e o preço de mercado é apenas um desses muitos meios. Mesmo em tempos de escassez sempre havia algum estoque, e o problema era como retirar esse excedente dos celeiros e depósitos e direcioná-lo aos mais necessitados.[86] As medidas compreendidas no *Book of orders* funcionavam razoavelmente bem, e não é claro por que elas caíram em desuso depois de 1630. Num ensaio de argumentação bem clara, o dr. Outhwaite sugere que a complexidade e a ineficiência de seu funcionamento resultaram em “desapontamento”[87] Mas também se poderia atribuir um papel ao interesse e à ideologia, pois as classes fundiárias orientadas para o mercado e para o cultivo de cereais se tornavam mais influentes no Estado. Durante longos períodos depois de 1660, o problema não foi a escassez, mas a produção abundante, os preços baixos e os aluguéis atrasados, e a teoria mercantilista se preocupava com as exportações de cereais (e as subvenções oficiais). Nessas condições, as medidas de abastecimento da época Tudor ficavam em suspenso, embora não fossem esquecidas nos anos de preços altos. Em 1693, em Oxfordshire, a multidão se apoderou dos cereais “que estavam sendo arrebatados pelos açambarcadores do mercado, dizendo-se decididos a executar a lei uma vez que os magistrados a negligenciavam”.[88] “Alguns de nossos amotinados” (escrevia um negociante em 1766) “têm se mostrado obcecados a ponto de pensar que estão apenas ajudando a executar leis benéficas [...].”[89]

O que pode ter facilitado a revogação do *Book of orders* foi a eficácia crescente das leis de assistência aos pobres em providenciar uma rede de segurança institucional para aqueles que tinham residência fixa. A responsabilidade, que as autoridades centrais se recusavam a assumir, voltava à paróquia ou à municipalidade. E além dessa assistência limitada, nos períodos de escassez as tradições locais de caridade tinham mais vitalidade do que às vezes se lhes atribui. Em certo sentido, as práticas Tudor de “economia doméstica" e hospitalidade se prolongavam na luta do proprietário rural fidalgo do século XVIII, que buscava exercer influência na região por meio de grandes gestos de "liberalidade".[90]

Em todo ano de preços elevados — pelo menos até a década de 1760 — os ricos proprietários de terra se manifestavam na maior parte do país, enviando cereais a preços reduzidos ao mercado para dar exemplo aos outros, vendendo grãos baratos nos seus portões, dando ordens a seus arrendatários para suprir o mercado a preços moderados, participando de acordos do condado para reduzir os preços e processar aqueles que vendiam por amostragem, que compravam antecipadamente e assim por diante. (Nas décadas de 1780 e 1790, a opinião estava mais dividida, e aqueles — como o conde de Warwick — que continuavam a ter os antigos gestos caridosos tendiam a se distinguir como paternalistas *tory* tradicionais.) Essa tradição de caridade altamente visível pode ser em parte atribuída a motivos humanitários e a uma autoimagem positiva da *gentry* como protetora dos pobres, em oposição aos empregadores desumanos, aos mesquinhos superintendentes das paróquias e aos intermediários gananciosos. Mas era igualmente uma atitude calculada na aliança culturalmente construída entre os patrícios e os plebeus contra as camadas médias, desviando a atenção da prosperidade dos proprietários de terra para os dissidentes e quacres ilustres entre os negociantes de gêneros alimentícios aproveitadores.[91]

Vistas a partir desse aspecto, as leis de assistência aos pobres e as caridades de emergência eram elementos constituintes do sistema de propriedade e poder. Na verdade, os subsídios e as subscrições podem ser vistos muitas vezes como iniciativas diretas de comprar a não deflagração de protestos, ou até como uma recompensa pela inexistência de motins.[92] John Bohstedt nos alertou:

> Não é historicamente útil separar o humanitarismo inconteste dessas caridades e a sua função de preservar o domínio de classe. A miséria plebeia assaltava a consciência dos ricos e desafiava a sua capacidade de remediar a situação, assim como ameaçava assaltar as suas propriedades e questionava a legitimidade de seu monopólio político.

Na década de 1790, "um 'paternalismo' em declínio [...] era apenas uma autopreservação mal disfarçada".[93]

Era o que acontecia a partir da década de 1790, e a suposta ameaça de "jacobinismo" providenciou um ímpeto adicional. Mas nas décadas anteriores é possível perceber um tipo de negociação social, menos calculista e mais inconsciente — uma espécie de tributo obrigatório para o exercício diário da hegemonia. Isso dava a uma parte da *gentry* interiorana um caráter de liberalidade que permite que se lhes perdoem outros pecados. "Nesse sentido", escreveu John Walter, “os anos de escassez continuavam a forjar uma arena em que as responsabilidades sociais entre os pobres e seus superiores podiam ser continuamente renegociadas.” Mas, no longo prazo, o que se percebia como deveres recíprocos (e pelos trabalhadores como direitos) era redefinido como “caridade discriminatória e discricionária”. Se “os pobres” escapavam da “vulnerabilidade a crises de subsubsistência”, era às custas de se verem “enredados numa teia de deferência e dependência”.[94] Porém, se isso é verdade sobre a Inglaterra rural — e talvez sobre algumas cidades —, os registros dos motins da fome mostram uma alternativa.

De qualquer modo, as medidas de assistência não podem ser descartadas com um dar de ombros, como se fossem apenas uma questão de gesto ou um exercício de controle social. Há razões para supor que elas podem ter mitigado as crises de subsistência. Se a margem entre uma subsistência pobre e a fome (para os grupos de risco) era pequena, a redistribuição marginal dos alimentos para os mais necessitados pode ter sido o bastante para mudar um dígito demográfico. Mesmo entre cidades vizinhas, o perfil diferente de motim/assistência pode ter influenciado a mortalidade. A colcha de leis de assistência aos pobres, caridades, subsídios — até mesmo medidas pequenas como limites à maltagem, a proibição do pó para cabelo ou a recomendação de dietas austeras para as diferentes camadas médias — pode ter acrescentado a sua migalha à sobrevivência de alguém.

Isso é apenas para mostrar que o abastecimento de víveres (e até a demografia) tem a sua própria política, à luz da qual os protestos podem ser vistos como um agente racional e eficaz. Se não tivessem ocorrido motins da fome, toda essa elaborada colcha de proteção talvez não tivesse sido criada. Se dizemos, com Roger Wells, que “evitar a fome nas localidades mais vulneráveis exigia a mais rápida supressão dos motins”, estamos adotando uma visão de curto prazo que prescreve, numa emergência, a necessidade de se forçar o comércio de grãos a romper o bloqueio popular. Na perspectiva mais longa de dois ou mais séculos, os motins e sua ameaça podem ter afastado a fome, às vezes forçando realmente a queda dos preços, mas, de modo mais geral, obrigando o governo a cuidar da situação difícil dos pobres e estimulando a assistência da paróquia e a caridade local. Portanto, a tese deve ser a de que as solidariedades e as ações coletivas dos trabalhadores das cidades e dos distritos manufatureiros e mineradores contribuíram para pôr fim à crise de subsistência. E, inversamente — mas como hipótese mais conjetural —, é possível que a relativa *ausência* de sublevações na Irlanda e na Índia no século XIX tenha sido um fator responsável (entre outros) pela transformação da escassez em fome. Se for esse o caso, a melhor coisa que nós, em nossa abastança, podemos fazer para ajudar as nações famintas é enviar-lhes especialistas em promover revoltas.[95]

Falo só em parte por brincadeira, pois o que está em jogo são as defesas da comunidade e a influência política dos trabalhadores. Na pior das hipóteses, é provável que os governantes se ocupem mais da assistência aos pobres caso temam que, do contrário, seu governo poderá ser ameaçado por protestos. Certamente não suponho que houvesse (e haja) um conjunto alternativo e universal de remédios — "a economia moral" — para vencer a escassez e prevenir a fome. É exatamente contra esse dogma universalista (o "livre mercado") que tenho argumentado. Talvez o que se possa esperar em tempos de crise é apenas uma improvisação enérgica, usando todos os recursos e opções que estiverem disponíveis. Se a economia política se apoia em metáforas persuasivas, mas desorientadoras (tais como a do "racionamento"), a economia moral nutria seus próprios irracionalismos e superstições, como a convicção popular de que toda escassez de víveres era consequência de açambarcamento e especulação, de "uma escassez artificial", ou até um malévolo *pacte de famine*.

É sempre possível defender os dois lados da questão. A punição exemplar de aproveitadores[96] ou negociantes fraudulentos teve às vezes efeito benéfico sobre os preços, mas a imposição draconiana de tetos de preços gerou outras vezes mercados paralelos ou greves dos produtores (com os camponeses retendo os gêneros alimentícios), com resultados não menos nocivos do que os do doutrinário *laissez-faire*. A mentalidade dos revolucionários urbanos tem sido às vezes profundamente hostil ao campesinato, e, no século XX, os Estados coletivistas provocaram fomes tão estarrecedoras como as presididas pela economia política complacente. Alguns teóricos estão hoje interessados em lembrar as primeiras e esquecer as segundas, que são afastadas como indignas de menção em pequenos exercícios de pensamento político. Por isso restabeleci os relatos, para mostrar que os amotinados tinham as suas razões.

E (em conclusão) seria apropriado ter mais cautela com o emprego do termo "mercado". Volto à minha pergunta anterior: o mercado é um mercado real ou uma metáfora? Nos dias de hoje, ouvimos todo mundo falar de uma "economia de mercado". Quando isso é contrastado com o governo centralizado dos Estados coletivistas de velho estilo, compreende-se o que está sendo descrito. E, com bastante certeza, o "mercado" é nesse caso benéfico, podendo ser também democrático ao estimular a variedade e expressar a escolha do consumidor. Mas não posso dizer claramente o que era "uma economia de mercado" na Inglaterra do século XVIII; ou, melhor, não encontro uma economia de não mercado que lhe sirva de contraste. Não se pode pensar numa economia sem mercado; e até os mais zelosos dos amotinados, como os mineiros de estanho da Cornualha, os mineiros de Kingswood ou os roupeiros do Oeste da Inglaterra,[97] estavam inextricavelmente comprometidos com o mercado, como produtores e como consumidores. Como poderiam ter vivido um mês ou uma semana sem o mercado? O que se pode encontrar são modos diferentes de regular o mercado ou de manipular as trocas entre produtores e consumidores, para o benefício de um ou de outro grupo. É com o caso especial do mercado de "artigos de primeira necessidade" em tempos de desabastecimento que temos nos preocupado, e o modelo preferido da multidão era precisamente o "mercado aberto", no qual os pequenos produtores competiam livremente, e não o mercado fechado, no qual os grandes negociantes fechavam negócios privados por amostragem nas salas do fundo das tavernas.[98]

Suspeito que a "economia de mercado" é muitas vezes uma metáfora (ou máscara) do processo capitalista. Pode inclusive ser empregada como um mito. A forma mais ideologicamente convincente do mito está na noção de que o mercado seria uma entidade supostamente neutra, mas (por acaso) benéfica; ou, se não é uma entidade (pois não se pode encontrá-lo em nenhum lugar a não ser na mente), seria um espírito energizador de diferenciação, mobilidade social, individualização, inovação, crescimento, liberdade —, como uma espécie de estação de triagem postal com poderes mágicos amplificados, que transformasse cada carta num pacote, e cada pacote numa carga. Esse "mercado" pode ser projetado como uma força consensual benéfica, que involuntariamente maximiza os melhores interesses da nação. Pode até parecer que é o "sistema de mercado" que "produz" a riqueza da nação — quem sabe não foi "o mercado" que cultivou todos os grãos?

Com todos os conflitos e contradições afastados do raio de visão, o mercado é, na verdade, para as energias liberadas e para as novas necessidades (e opções) abertas pelas formas capitalistas de troca, uma soberba e mistificadora metáfora. Quando visto sob esse aspecto, o mercado é uma máscara usada pelos interesses particulares que não coincidem com os da "nação" ou da "comunidade", mas que querem, acima de tudo, ser confundidos com esses interesses coletivos. Aos historiadores que supõem ser realmente possível encontrar esse mercado, cabe a tarefa de nos mostrar as evidências nas fontes. Uma metáfora, por mais grandioso que seja seu pedigree intelectual, não é o suficiente.

III

Vamos considerar a seguir a questão do papel das mulheres nos motins da fome. Em 1982, Jennifer Grimmett e M. I. Thomis publicaram um ensaio útil sobre o tema,[99] em que propunham, mas deixavam sem resposta, a questão de qual dos dois sexos predominava nesse tipo de protesto. Num estudo sobre "as turbas da farinha" na Escócia, Kenneth Logue descobriu que as mulheres eram muito ativas, embora representassem apenas 28% dos acusados perante os tribunais. Mas é possível que a razão esteja no fato de "ser menos provável que elas fossem acusadas do que seus parceiros homens", de modo que, mais uma vez, a questão fica em aberto.[100] Em 1988, John Bohstedt procurou dar uma resposta conclusiva num artigo substancial que se propõe a demolir "o mito do motim feminino".[101]

As conclusões de Bohstedt são as seguintes:

> As mulheres não dominavam os motins da fome; esses tumultos não eram um território marcantemente feminino [...]. Caracteristicamente, as mulheres se juntavam aos homens nos motins da fome [...]. A cooperação das mulheres com os homens é muito mais significativa do que o monopólio sugerido pela visão mais antiga. As mulheres eram parceiras importantes para os homens nas lutas pelo pão, em parte porque eram essenciais como provedoras do sustento na economia doméstica da sociedade pré-industrial, e em parte porque os motins por pão ainda eram uma política eficaz em cidades tradicionais estáveis de pequeno a médio porte.

Essas conclusões são fundamentadas de duas maneiras. Primeiro, John Bohstedt apresenta o que pretende ser uma estatística refinada de todos os motins na Inglaterra e no País de Gales entre 1790 e 1810. Segundo, ele introduz algumas páginas de hipóteses quanto à função do gênero na economia doméstica protoindustrial.

Já manifestei minha admiração pelo principal estudo de Bohstedt sobre os motins. E há material interessante nesse novo artigo. Mas o ensaio obscurece tanto quanto revela. A primeira dificuldade é que não existe nenhum "mito do motim feminino" para demolir. Ninguém, nenhum historiador jamais sugeriu que os motins da fome fossem "monopólio" das mulheres ou fossem predominantemente femininos, e Bohstedt não consegue apresentar nenhum nome. O máximo que ele consegue fazer é censurar Barbara e J. L. Hammond por escreverem (em 1911) que o ano de crise de 1795 foi o ano da "revolta das donas de casa", por causa do "papel notável desempenhado pelas mulheres" nos motins da fome causados pelos preços dos alimentos.[102] Como isso não constitui um "mito", estamos sendo induzidos a entrar numa polêmica espúria. Talvez os historiadores anteriores nem sempre tivessem dado bastante atenção ao papel das mulheres nas sublevações, mas a maioria concordou que as mulheres eram altamente visíveis nos distúrbios e estavam frequentemente envolvidas. Como todos os historiadores apresentam ações em que os homens também eram altamente visíveis, ou em que os homens e as mulheres agiam juntos, ninguém sugeriu que os motins da fome fossem "um território marcantemente feminino".

Na sua ânsia de afastar esse opositor mítico do campo de batalha, Bohstedt introduz as suas tabelas. Ele reuniu com grande trabalho um "universo" de 617 motins entre 1790 e 1810, dados que disciplinou por meio de várias manobras estatísticas. Ora, não sei o que dizer a respeito. Há momentos em que seus números são úteis — por exemplo, ao mostrar uma divisão rudimentar entre os diferentes motivos dos motins. E Bohstedt é um pesquisador cuidadoso que às vezes se lembra das limitações de suas evidências. Mas a sua história em geral perde credibilidade quando ele se rende mais a seus próprios números e quando se afasta mais das fontes "literárias" e contextuais. Isso acontece porque grande parte das evidências é demasiado "sinuosa" para ser introduzida nas definições rígidas de uma tabela. E quando se observam algumas das quantificações de John Bohstedt, os itens em debate podem parecer absurdos. Dentre os seus 617 levantes, ele é capaz de identificar 240 como sendo motins da fome causados por alimentos. Esses dados são ainda mais refinados da seguinte maneira:

A. Predomínio de mulheres	B. Mulheres e homens	C. Apenas homens	D. Gênero desconhecido
35	42	81	82

Se deduzimos (D) e somamos (A) e (B), 77 dentre 158, ou 49%, desses tumultos tiveram participação feminina, enquanto 51% não apresentaram tal característica. Por isso, se alguém quisesse afirmar que as mulheres participaram da "maioria" dos motins da fome, incorreria num erro de 2%. Somando (B) e (C), porém, descobriríamos que 123 dentre 158, ou 78%, tiveram participação masculina — o que poderia ser um passo rumo ao mito do motim masculino, a ser demolido por uma subsequente geração de computadores.

Quando Bohstedt procura disciplinar esses números por meio de manobras mais refinadas (como os quocientes de violência e desordem), deve provocar risos em qualquer pessoa familiarizada com o material por ele empregado como fonte. Deixem-me explicar algumas das dificuldades. Em primeiro lugar, existem as dificuldades de se chegar a um total confiável. Essas são conhecidas e foram frequentemente discutidas.[103] A amostra de Bohstedt é tirada do *Annual Register*, de dois jornais londrinos e das cartas ao Ministério do Interior (HO 42) a respeito das desordens. É um amplo levantamento, mas a cobertura provinciana da imprensa londrina era irregular, os juízes de paz nem sempre estavam dispostos a informar os casos locais às autoridades centrais, a amostra tende a superestimar os conflitos dramáticos ou violentos e a subestimar os episódios mais calmos (por isso, talvez subestimando a participação das mulheres) e assim por diante. Quando comparada com os estudos regionais que se fundamentam em fontes locais, a amostra de Bohstedt apresenta uma séria deficiência na quantificação. Um estudo muito completo sobre os motins da fome no Noroeste da Inglaterra feito por Alan Booth lista para os mesmos anos 46 motins, dos quais apenas doze estão na amostra de Bohstedt. Booth acrescenta que, "na maioria das revoltas em que se registrou a composição sexual, as mulheres parecem ter sido mais numerosas e particularmente ativas", e cita treze exemplos. Assim, os exemplos de Booth (que ele não sugere que sejam exaustivos) excedem o total do número de motins da fome de Bohstedt em todas as categorias, o que *deve* subestimar a presença feminina.[104]

A seguir, devemos considerar a natureza das evidências que estão sendo usadas. De que forma se determina que em 82 casos (ou mais do que um terço da amostra) o sexo dos amotinados é desconhecido, e qual o rigor ou a imprecisão das evidências nos 81 casos em que estavam envolvidos apenas homens? As evidências frequentemente apresentam um vocabulário indeterminado quanto ao sexo: "os amotinados", "a turba", "os pobres", "os habitantes", "o populacho". Vamos tomar uma carta de Norwich, publicada no *Ipswich Journal*, de 12 de julho de 1740, que descreve um protesto criado pelas "pessoas comuns", pelos "mais humildes", pela "multidão":

> Em torno das oito da noite, o prefeito prendeu três dos quatro sujeitos desordeiros; e esse ato inflamou a turba de tal modo que eles arrombaram as portas da prisão, libertaram os companheiros e não deixaram quase nenhuma vidraça inteira em toda a prisão [...]. Depois desses desmandos da turba, diz-se que um cavalheiro tirou o mosquete das mãos de um cavalariano e atirou na cabeça de um homem. Imaginem como isso não enfureceu o populacho; e a consequência dos acontecimentos daquela noite foi que três homens, um menino e duas mulheres foram mortos [...].[105]

Esse relato começa indeterminado (D), torna-se masculino (C) ao falar de "sujeitos desordeiros", e passa abruptamente para (B) — homens e mulheres — apenas quando os cavalarianos, ao atirarem à queima-roupa no povo, criam uma amostra aleatória. Entre todos os vocábulos indeterminados ("turba", "populacho") e masculinos, a primeira menção às mulheres, nesse longo relato, se dá quando duas delas são mortas. Em 1757, uma multidão semelhante, sexualmente indeterminada, atacou um moleiro de Hereford e insistiu em procurar grãos na sua casa e moinho. O moleiro se recusou: "Mas eles persistiam em querer outra busca, dizendo que, se ele não tinha grãos, teria algum dinheiro, e depois dessa declaração tornou-se necessário atirar neles, quando quatro mulheres e dois homens foram feridos, o que fez os outros se dispersarem".[106]

Repetidas vezes os relatos sobre "turbas" as deixam sexualmente indeterminadas até o momento em que uma ação ou prisões tornam os indivíduos visíveis. Não se trata de um indício de viés sexista no trabalho do repórter. É mais provável que o viés (se existir) esteja na mente do historiador ou leitor do século XX, pois, ao lerem sobre as "turbas", eles esperam que as multidões sejam compostas de homens e leem os relatos com essa expectativa. Quem sabe se, no final do século XIX, "a turba" não tenha se tornado um substantivo masculino. Mas a imagem que esses substantivos coletivos evocavam na mente do século XVIII era muito diferente — para eles uma "turba" sugeria mulheres, homens e (frequentemente) crianças mais velhas, especialmente meninos. Acho provável que a tabela de Bohstedt seja desorientadora e que muitos motins na coluna (D) (gênero desconhecido) e alguns na (C) (apenas homens) fossem eventos mistos.

Além disso, esses números que entram nas tabelas, quer derivados da imprensa, quer tirados de uma carta ao Ministério do Interior, em geral relatam um momento particular do motim — talvez a sua crise — e raramente descrevem a sua evolução. Mas um motim pode passar por fases: por exemplo, pode começar com ações de mulheres, receber a ajuda de homens e terminar apenas com homens. Na minha opinião, há duas situações em que podemos contar com uma multidão predominantemente masculina. Primeiro, quando grupos de trabalho masculinos e disciplinados, acostumados a agir em conjunto, são a ponta de lança de um levante: é o que pode ter acontecido com os mineiros de carvão, os barqueiros, os mineiros de estanho da Cornualha e os marinheiros. No segundo caso, quando se espera um conflito pesado com as autoridades, as mulheres às vezes parecem recuar — ou talvez recuem a pedido dos homens.

Mas as evidências não são tão ordenadas assim. Os mineiros e os funileiros eram amotinados masculinos arquetípicos, mas é também notório que toda a comunidade participava de seu movimento. A "turba" de Kingswood é em geral considerada masculina, por exemplo, quando destruía pedágios e barreiras. Mas às vezes a sua resistência à autoridade era um levante de todo o distrito. Durante as revoltas contra o imposto da cidra de 1738, os coletores do imposto "enfrentaram a resistência daquele bando selvagem com armas de fogo": "existem agora na floresta nada menos que mil homens, mulheres e meninos armados, destruindo tudo que encontram pela frente [...]".[107] Em 1740, os mineiros de carvão de Kingswood entraram em Bristol e protestaram contra o preço dos cereais na Assembleia, sem "o seu costumeiro arsenal de paus e bastões", mas acompanhados por "alguns tecelões, as esposas dos mineiros e muitas outras mulheres".[108] Tanto a ausência do "arsenal" como a presença de mulheres sugerem (nessa ocasião) um compromisso com ações pacíficas.

Em 1740, o Nordeste foi varrido por motins da fome que culminaram no saque da Prefeitura de Newcastle (ver anteriormente, pp. 67 e 181). Os mineiros e os barqueiros tiveram papel proeminente nesses motins, e numa visão superficial eles poderiam parecer masculinos. Mas uma visão mais profunda e minuciosa revelará uma alternância de presenças masculina e feminina. As ações regionais contra a exportação foram provocadas pela primeira vez em Stockton por "uma dama com uma vara e uma trompa" (ver acima, p. 183). Tanto mulheres como homens participaram da abordagem de barcos carregados de cereais, forçando-os a descarregarem os grãos na praia para a multidão.[109] Quando — depois de três semanas de embargo popular das exportações — o xerife convocou a posse *comitatus* contra o populacho, o povo de Stockton, em número de 3 mil, "mandou buscar os mineiros de carvão de Ederly e Caterhorn".[110] Enquanto isso, haviam ocorrido pequenos distúrbios em Newcastle-on-Tyne, com a participação de um grupo de mulheres "incitadas por uma líder que se denominava 'general' ou Jane Bogey, e elas tocavam sinos e impediam a passagem dos cavalos que carregavam os grãos pela cidade".[111] Depois que cinco mulheres foram presas,[112] as agitações em Newcastle amainaram, só para recomeçarem em escala muito maior na metade de junho, com a participação dos barqueiros e mineiros (que atacaram os seus poços). Na primeira fase, "um grupo de trezentos ou quatrocentos homens, mulheres e crianças" entrou na cidade e exigiu os cereais a preço baixo; os celeiros foram arrombados, e a multidão desfilou pelas ruas em triunfo, gritando e soprando trompas. Os magistrados então convocaram e armaram a guarda, e fizeram alguns prisioneiros; a partir desse momento, a multidão aparece nos relatos como um grupo cada vez mais masculino, com "mineiros de carvão, carroceiros, ferreiros e outros trabalhadores comuns", bem armados com porretes, arrombando a prisão e libertando os prisioneiros, e marchando com grande disciplina pela cidade ao som de tambores, gaitas de foles e imitações de estandartes.[113]

Seguiram-se outros episódios, inclusive o tiroteio na multidão e um ataque à Prefeitura. A minha intenção é ilustrar a evolução de uma multidão amotinada, que num momento pode ser incitada por mulheres, passando depois a ser um conjunto de sexos e idades misturados, transformando-se então (quando o objetivo é o resgate e o confronto) num grupo predominantemente masculino. Mas nada disso deve ser estereotipado. O historiador mais cuidadoso do caso observa que o papel das mulheres e crianças foi reduzido nas investigações subsequentes e que o dos mineiros foi exagerado. As mulheres contribuíram para episódios de violência física e verbal, invadindo celeiros, uma delas ajoelhando-se diante dos magistrados e gritando: "Sangue por sangue!".[114] As autoridades reprimiram violentamente as mulheres que tinham descarregado o trigo de um barco em Stockton,[115] enquanto em Newcastle selecionaram os mineiros para serem indiciados, deixando as mulheres em paz.

Isso mostra comunidades inteiras em ação, com um ou outro dos sexos em maior evidência, em que cada um assume um papel diferente. O episódio podia entrar em qualquer uma das categorias de John Bohstedt segundo o momento em que fosse relatado. Mostra também que a multidão podia ser composta de elementos diferentes, desempenhando conscientemente papéis diferentes em cooperação mútua. Há outras ocasiões em que se menciona que o "povo" mandou chamar os mineiros para ajudá-lo. Nos tumultos contra a exportação em St. Asaph (Flint), em 1740, dizia-se que "aos homens, mulheres e crianças" se juntaram "vários mineiros de carvão e outros mineiros"; não só isso, alegava-se também que os mineiros de carvão "pertencentes" a Sir Thomas Mostyn foram deliberadamente dispensados, armados com porretes e encorajados a participar. No tumulto, eles dominaram completamente a situação, marchando juntos sob o estandarte de Mostyn e gritando "Mostyn!".[116] Em Coventry (1756), os pobres — presumivelmente de ambos os sexos — "deram palmadas amistosas nas costas dos mineiros de carvão e pediram com insistência que acabassem o que eles haviam começado".[117] E em Nottingham, no mesmo ano, os mineiros de carvão negociaram um acordo com o prefeito e, depois, quando estavam saindo da cidade, "um grupo de mulheres [...] lhes deu dinheiro para que voltassem, mostrando-lhes um moinho de vento [...] que tinha mós francesas". Os mineiros de carvão cortesmente destruíram vários moinhos na vizinhança.[118] Nos motins contra exportação em Poole (Dorset) em 1737, as mulheres (ao contrário) empreenderam a ação, com os homens apoiando o tumulto e jurando que "se alguém tentasse molestar qualquer uma das mulheres com seus atos", eles sublevariam um grande número de homens e destruiriam tanto os navios como as cargas" (p. 183).[119]

Dois exemplos inusitados de ações coadjuvantes de gênero vêm da Escócia. Em janeiro de 1813, em Monrose, os magistrados tentaram obrigar os carroceiros da cidade a embarcar os grãos nos navios, e os carroceiros relutantemente prometeram que assim fariam; mas (surpresa!), ao voltarem para casa, descobriram que não poderiam cumprir a promessa, porque suas mulheres tinham trancado os estábulos ou mandado os cavalos embora. Em 1801, em Errol, os Voluntários foram convocados para uma possível incursão contra uma "turba da farinha". "Como eles iriam desfilar, algumas das mulheres, principalmente as esposas e as mães dos Voluntários, arrancaram-lhes as armas, mas logo as devolveram." A multidão então apedrejou uma taverna impunemente, e, sugere Kenneth Logue, "é possível que as mulheres tenham simplesmente retirado parte dos mecanismos de disparo, inutilizando as armas e poupando os Voluntários da tarefa ingrata de atirar no povo de sua própria cidade".[120]

Uma série mais elaborada de ações foi descrita em Exeter, em 1757:

> No último dia de mercado, alguns fazendeiros exigiam onze xelins por alqueire de trigo, e combinavam elevar o preço até quinze xelins e mantê-lo nesse patamar. Mas, ao ficarem sabendo desse complô, os gregos (como são chamados os habitantes de St. Sidwell's) mandaram as esposas em grande número para o mercado, decidindo não dar mais que seis xelins por alqueire e, se eles não vendessem o trigo a esse preço, instruíram-nas a tomá-lo à força; as esposas que não obedecessem a esse acordo seriam bem açoitadas pelos seus companheiros. Determinado o plano de ação, elas foram ao mercado de cereais e tanto arengaram com os fazendeiros que eles baixaram o preço para oito xelins e seis pence. Vieram os padeiros e teriam carregado todo o trigo a esse preço, mas as amazonas juraram que levariam ao prefeito o primeiro homem que tentasse tal coisa, e, com isso, os fazendeiros juraram que não trariam mais cereais ao mercado; mas as

ardentes amazonas os ameaçaram, afirmando que, se eles retivessem os cereais, elas iriam retirá-los à força de suas medas. Os fazendeiros se renderam e venderam o trigo a seis pence, o que contentou os pobres tecelões e cardadores.[121]

Pode-se duvidar que os "gregos" pudessem "mandar as esposas" realizar uma sequência tão habilmente disciplinada de ações se os homens e as mulheres não estivessem mutuamente de acordo quanto a seus papéis de gênero: o que (nesse caso) deixava a ação e o pensar a cargo das mulheres, e apenas o ato de comer a cargo dos homens.

Outra dificuldade (insuperável) é que as evidências dos anos 1790-1810, por mais habilmente que sejam quantificadas, não conseguem fundamentar generalizações quanto à presença feminina nos motins da fome, que se estenderam por um período de bem mais de duzentos anos. Depois de 1812, as agitações deram lugar a outros tipos de protesto (político, sindical) na maior parte do país. Por isso, os dados quantitativos de John Bohstedt são tirados das últimas fases dos motins tradicionais, quando — como ele próprio afirma — o papel das mulheres pode ter sofrido mudanças. No mínimo, as generalizações teriam de ser fundamentadas numa revisão das evidências ao longo dos séculos XVII e XVIII.[122]

Em vez de tentar essa tarefa, John Bohstedt pula para outra linha de argumentação. Levanta dúvidas quanto à importância do papel das mulheres no mercado. Na verdade, seguindo a tática, bastante em voga nos meios acadêmicos ocidentais, de se mostrar o-mais-feminista-de-todos, ele sugere que apresentar as mulheres como frequentadoras do mercado é típico de quem vende estereótipos sexistas. Sou um dos alvos de seu sarcasmo, pois em meu ensaio, ao chamar atenção especial para o papel muito ativo desempenhado pelas mulheres, eu sugerira que uma das possíveis razões era o fato de serem "as mais envolvidas nas negociações face a face no mercado, as mais sensíveis aos significados dos preços, as mais experientes em detectar peso insuficiente ou qualidade inferior" (p. 184). Bohstedt questiona minha afirmação: "É um erro anacrônico supor que o papel das mulheres nos motins da fome tenha surgido do papel feminino especial de fazer as compras para a família. Não há, em nenhum lugar, evidências que comprovem a frequente suposição de que nesse período as mulheres é que faziam as compras [...]". "As plebeias eram produtoras de renda e provedoras do sustento, não eram donas de casa ou encarregadas das compras sem remuneração, confinadas pelo gênero ao papel mais moderno de 'administradora do lar'."[123] Na verdade, ele fica indignado com o estereótipo de sua própria invenção: "As mulheres não eram simplesmente fúrias domésticas, secando as mãos e partindo para o mercado, ou ali inflamando-se em uma multidão de compradoras". Ele não tenta mostrar quem comprava os víveres, nem como,[124] mas desenvolve hipóteses quanto às relações de "quase igualdade" entre as mulheres e os homens na economia doméstica protoindustrial.

Concordo que "donas de casa" e "fazer compras" são (em seu uso corrente) termos anacrônicos, embora eu não tenha usado nenhum dos dois. Tenho um pouco de dificuldade a esse respeito, porque não considero desimportante e inferior o talento de fazer compras ou administrar um lar, muito embora seja verdade que as culturas dominadas pelos homens possam criar essa impressão ao tentar confinar as mulheres em papéis "inferiores". Mas há realmente duas questões nesse ponto: uma questão empírica — quem fazia as compras e como? — e uma questão teórica sobre a economia doméstica protoindustrial. Vamos examiná-las nessa ordem.

Não existe nem uma única fonte a que se possa recorrer para estabelecer os papéis de gênero na praça do mercado. As mulheres estavam certamente presentes como vendedoras de bens alimentícios, embora poucas fossem comerciantes licenciadas.[125] Numa cidade-mercado, era de esperar que se encontrasse uma aglomeração de vendedores de galinha, ovos, manteiga, legumes, frutas e outros produtos cultivados na região, e a maioria desses vendedores era de mulheres: as esposas, filhas e criadas dos fazendeiros locais, embora outras fossem pequenas vendedoras da classe trabalhadora. Num mercado regido por normas estritas, algumas talvez pagassem imposto pelo local de vendas — por exemplo, em Butter Cross (ver ilustração nº 17a) —, mas era mais comum que oferecessem as suas mercadorias na periferia.[126] Em 1816, um historiador local descreveu o mercado de Bicester: "Ouvi muitos dos velhos habitantes afirmarem que antigamente viam todo o morro do mercado coberto de sacos de cereais etc.; as avenidas que conduziam até a praça ficavam apinhadas de esposas dos agricultores e suas cestas de manteiga, ovos e galinha [...]".[127]

Na realidade, o mercado de aves, frutas e legumes era às vezes conhecido como "o mercado das mulheres". Olhando retrospectivamente para a década de 1760, um negociante experiente descrevia o próspero mercado turístico de Bath, que "o fazendeiro, sua esposa, filha ou criada" percorriam a pé, vendendo "a melhor manteiga, coalhada, queijos [...], porcos assados [...], toucinho cevado [...], bolos, muita banha de porco, tripas bem limpas, tudo feito pela mão de uma asseada criada de leitaria; variedade de aves [...], ovos frescos [...], frutas, flores, ervas, mel e favos de mel etc. etc. etc.".[128] Na década de 1790, esse comércio foi encampado pelos "comerciantes, vendedores ambulantes etc.",[129] e, como os fazendeiros se tornavam mais prósperos, era comum a queixa de que eles "agora compravam pianos para as filhas, em vez de levarem a manteiga e os ovos para o mercado".[130]

É menos fácil identificar os fregueses, embora fossem certamente de ambos os sexos. Oxford, um mercado de cereais bem regulado no século XVIII, tem poucos registros de pequenas compras, e esses registros mostram que os principais compradores eram os padeiros, os moleiros e os negociantes. Mas as pequenas compras podem ter acontecido sem ser registradas. Ou talvez os trabalhadores não comprassem frequentemente um saco de trigo ou um alqueire de farinha.[131] Uma investigação sobre Ruth Pierce, que morreu em circunstâncias bizarras no mercado de Devizes em 1753, mostra que ela tinha se juntado com três outras mulheres para comprar um saco de trigo de um fazendeiro.[132] As regiões tinham práticas diferentes, mas na metade do século os trabalhadores estavam comprando farinha ou pão, e não trigo, em muitas regiões do Sul e das Midlands.[133] Cinco casos envolvendo delitos contra o Regulamento do Pão (peso insuficiente etc.) foram ajuizados nas sessões trimestrais do Tribunal de Oxfordshire, Epifania de 1758, procedentes do condado de Ploughley, e quatro dos compradores que prestaram juramento eram mulheres.[134] Em 1766, o acórdão da Coroa contra Hester Pitt e Jane Pitt mostra que elas detiveram Mary Cooke em Ruscombe, perto de Stroud, quando ela carregava a cavalo dezesseis dúzias de pães, derrubaram-na da montaria e levaram os pães.[135] Isso nos lembra que na segunda metade do século padarias e barracas eram cada vez mais comuns, que o pão podia ser distribuído a cavalo ou numa carroça, e que os protestos podiam ser de mulheres contra mulheres.

As evidências sugerem que, na década de 1790, os trabalhadores não compravam trigo, farinha ou pão no mercado das feiras, mas adquiriam essas mercadorias em outro lugar, nas tavernas, vendas ou padarias. Em 1792, Catherine Phillips nos diz que "antigamente era costume das mulheres dos trabalhadores e artesãos comprar, nos dias de mercado, dois ou três galões de malte, que talvez dessem para preparar uma cerveja razoável para a semana", mas que agora já não seguiam esse costume, pois o imposto do malte aumentara muito o preço.[136] Nos lugares em que as pessoas vinham dos arredores para o mercado urbano, é provável que arrumassem algum meio de transporte em que se amontoavam todos, mulheres, homens e crianças; sem dúvida, o marido e a esposa davam em geral juntos uma volta pelo mercado. Em 1800, um observador notou um casal que entrava numa taverna para comprar um celamim de trigo, e, "depois que o trigo foi medido, a mulher disse para o marido: 'John, quero dinheiro para comprar um pouco de chá, açúcar e manteiga no armazém'".[137] Nessa divisão dos papéis de gênero, o dela era acabar de fazer as compras e o dele (sem dúvida) era ficar na taverna e beber.

Todas as idades, formas, tamanhos e sexos se aglomeravam num mercado em funcionamento. Os fidalgos desapareceram com o passar do século; não gostavam de ser espremidos entre a massa plebeia e enviavam os criados em seu lugar. (É mais provável que enviassem a cozinheira ou a copeira do que o lacaio para comprar os víveres.) As esposas e filhas dos colonos podiam permanecer no mercado para gastar com tecidos, fitas ou utensílios domésticos o pouco que ganhavam vendendo ovos ou cerejas. (O dinheiro ganho com esse tipo de produtos pertencia ao "lado feminino" do orçamento da família.) Alguns fazendeiros ficavam no mercado, embebedavam-se e tinham de ser recolhidos pelas esposas.[138] Havia carroceiros e palafreneiros, vendedores de baladas, talvez um ou dois rabequistas e um batoteiro. Havia crianças de olhos arregalados, esperando devorar uma maçã. Havia casais de namorados, no único dia fora de casa em que se viam. Padeiros e moleiros, comerciantes e vendedores ambulantes, funcionários do mercado. E uma multidão de fregueses, muitos dos quais eram mulheres. Em geral, era tarefa da mulher assar o pão, fermentar a cerveja e cozinhar — em 1739, Mary Collier, a lavadeira, revelava eloquentemente a dupla função da mulher como provedora do sustento e trabalhadora doméstica[139] — e há muito tempo se supõe que as mulheres tinham o papel principal nas compras de provisões. Essa matéria não foi plenamente comprovada, mas, se for objeto de pesquisa, não tenho dúvidas quanto a seus resultados.

De qualquer modo, o mercado era uma grande ocasião de sociabilidade. Será que ninguém ousa sugerir que o dia do mercado podia ser realmente divertido? Se as mulheres tinham um papel tão importante na criação das redes de relações entre as famílias na comunidade, como é que não tomariam parte numa ocasião tão importante para a socialização da comunidade (e para as fofocas) como o mercado? Bohstedt não nos dá nenhuma evidência, mas sugere que tanto a renda familiar como as compras necessárias eram "provavelmente adquiridas pelo homem na sua ida semanal ao armazém e ao mercado". Ele está pensando num roupeiro ou produtor de pregos "protoindustrial", que trabalha na sua própria casa, mas tem de coletar a matéria-prima e entregar o produto acabado a quem o encomendou. Mas o dia para entregar o seu "produto" muitas vezes não era o dia do mercado. Na maioria das famílias, a fiação era o esteio do trabalho das mulheres até a década de 1790 ou até ainda mais tarde, e as mulheres (esposas ou fiandeiras) tinham de visitar o seu empreiteiro ou o lojista, atuavam como agente comercial, com igual frequência. Um panfleto de 1741 mostra mulheres em Hampshire, Wiltshire e Dorset entrando no mercado nas carroças dos fazendeiros, levando o seu fio aos roupeiros: "elas então compram as poucas coisas que desejam e voltam à taverna para serem levadas de volta para casa". (Talvez houvesse até trezentos ou quatrocentos pobres, principalmente mulheres, fazendo exatamente a mesma coisa no mercado.)[140] Em 1794, um observador bem informado escreveu sobre a consternação de um trabalhador, "cuja mulher e filhos retornaram da cidade-mercado mais próxima com a triste notícia de que o negociante de lã não encomenda mais trabalhos feitos à mão [...]".[141]

Se as mulheres em geral cozinhavam na economia doméstica, e se alguns (mas nem todos) motins da fome de mulheres tinham alvos na praça do mercado, o senso comum sugere que as mulheres tinham um bom conhecimento do mercado de alimentos. É a impressão que os registros frequentemente passam. Em 1740, em Newport Pagnell (numa época em que a multidão estava bloqueando as exportações), os fazendeiros venderam duas carroças de trigo para agentes comerciais. O trigo foi camuflado ao ser empacotado como queijo, mas "algumas velhas astutas" suspeitaram do logro, pararam as carroças e (junto com outras trezentas mulheres) entabularam uma longa e bem-sucedida negociação com os agricultores.[142] John Bohstedt quer diminuir a importância desse papel feminino no mercado, porque deseja enfatizar o papel produtivo das mulheres na família protoindustrial, que as tornava "virtualmente iguais aos homens na economia e política da comunidade". As mulheres participavam dos tumultos, "não como donas de casa, mas como perfeitas contribuintes da renda familiar". "Devem ser vistas como protocidadãs e membros constituintes da política e economia locais, quase iguais aos homens na reivindicação de seus direitos a um pão de preço acessível."

Não desejo contestar a importância do trabalho das mulheres na confecção doméstica das roupas e metais. Mas não há razão para que elas também não tivessem sido as principais encarregadas de fazer as compras no mercado, assim como os homens talvez lidassem com mais frequência com as ferramentas e os materiais de seu ofício. O que pode ser desorientador são as noções de "igualdade" e status atribuídas a essas tarefas por nossa sociedade contratual e status sapiente. Essas mulheres (e esses homens) não existiam para nós, mas para si mesmos: eles eram protonada. Não ficavam irritados com noções de igualdade, num sentido competitivo, pois estavam profundamente habituados a aceitar a diferença entre os papéis do homem e da mulher, bem como o fato de que nenhum dos dois era superior ou inferior por causa disso. Havia certamente áreas de intersecção e também ocasiões em que cada sexo (as mulheres com mais frequência do que os homens) participava do trabalho do outro. Mas Bohstedt exagera na sua tentativa louvável de enfatizar a posição independente das mulheres ao sugerir que os papéis do homem e da mulher na economia do lar ou da choupana eram quase indistinguíveis.[143]

Pelo contrário, os diferentes papéis de gênero eram demarcados com firmeza, talvez com uma firmeza tanto maior porque a esfera de responsabilidade de cada sexo tinha o respeito do outro. Uma fonte enfaticamente literária é o poema que "descreve os costumes dos roupeiros" no West Riding de Yorkshire em torno de 1730. É exatamente uma comédia de costumes sobre os papéis de gênero num lar "protoindustrial", embora o status familiar não seja o de um artesão, mas o de um pequeno mestre. Nessa casa, as refeições são certamente preparadas pela senhora, com a ajuda da "aprendiz Bess": incluem sopa, bolos de aveia, carneiro, pão (assado em casa), *dumplins* [pudins simples ou com frutas] e cerveja feita em casa. O "mestre" cuida das necessidades do seu ofício de tecelão; ele ou os filhos (ou os aprendizes) vão buscar lã em Wolds, entregá-la às fiandeiras, comprar goma, tintura e assim por diante. A senhora deve se encarregar de comprar fermento (talvez de um vizinho), malte e lúpulo para a cerveja, sabão e "anil". Ela e Bess também devem "sentar-se à roda de tecer", tingir, lavar as roupas (e lavar a louça), levar e buscar as crianças na escola e supervisionar os trabalhadores quando o mestre não está em casa. E uma série de outras coisas.[144]

Eram exatamente a extensão e a importância manifesta do papel das mulheres e as suas múltiplas responsabilidades, cada uma exigindo talentos especializados, que lhes davam autoridade na casa e respeito na comunidade. O seu trabalho era indispensável, e elas sabiam disso muito bem. Não tem sentido tentar classificar as esferas de trabalho feminina e masculina com graus de "quase igualdade". Na esfera pública da lei, da religião e da propriedade, a mulher estava certamente numa posição subalterna. Mas, na economia doméstica, os termos que precisamos empregar são "autoridade", "valor" e "respeito": talvez a paridade e a interdependência mútua de dois seres diferentes.[145]

Se as mulheres tinham especial proeminência nos motins da fome de regiões em que era forte a economia doméstica manufatureira, era em parte porque o seu papel nessa economia lhes assegurava autoridade e autoconfiança. Mas tal não se dava porque os papéis de gênero fossem quase indistinguíveis. A esfera da autoridade feminina provavelmente se encarregava da maior parte das compras de alimentos, e dentro da casa era responsabilidade das mulheres assar o pão, preparar a cerveja e cuidar da alimentação da família. Elas eram, portanto, especialmente sensíveis ao preço e à qualidade das mercadorias, e as primeiras a terem de elaborar economias e estratégias de sobrevivência diante da ameaça de desabastecimento. Esse papel as tornava guardiãs da sobrevivência da família em pé de igualdade com os homens, que talvez ganhassem a maior parte da renda familiar. Discutiam os seus problemas, raivas ou ansiedades com as outras mulheres, não apenas no dia do mercado, mas diariamente nos encontros cotidianos. Isso favorecia — Alice Clark escreveu há muito tempo — "a formação de uma opinião pública feminina sobre os acontecimentos presentes". As famílias eram assim unidas, e preparava-se o núcleo para as ações diretas.[146]

Ao não dar relevo a esse papel e ao fixar a sua análise no papel das mulheres como provedoras do sustento na família manufatureira, Bohstedt — bem contra as suas próprias intenções — nos dá uma descrição quase condescendente das mulheres amotinadas: "Era típico das mulheres *se juntarem* aos homens nos motins da fome" (adiante, p. 306, o grifo é meu). Transmite-se a sugestão de que as mulheres expressavam a sua solidariedade *aos* homens, como suas "quase iguais". Mas as evidências não parecem comprová-la. A respeito dessas questões, as mulheres eram frequentemente as formadoras de opinião na comunidade e aquelas que começavam as ações; às vezes eram as únicas que as criavam, e os homens participavam em solidariedade às mulheres, assim como elas frequentemente uniam-se aos homens.

Em 1766 e mais tarde, houve menos ações espontâneas da multidão na praça do mercado, porque se vendiam menos grãos no local. As vendas estavam se deslocando para as tavernas, e o mercado aberto chegava ao fim em alguns lugares. Os trabalhadores no Sul e nas Midlands cada vez mais compravam pão. Esse podia variar de preço ou (se o preço permanecesse constante) de peso, o que era mais difícil de avaliar. Nos anos de carestia da década de 1790, os imensos pães que pesavam quatro ou duas libras, assados geralmente em muitas cidades, ficavam fora do alcance dos "pobres", que "eram obrigados a comprar fragmentos de pão, com várias superfícies expostas ao sol, ao ar, às moscas, à poeira e a todas as contingências de uma barraca de um mascate".[147] Mas o produto final numa dessas tendas era um alvo inútil para aqueles que desejavam baixar o preço dos grãos. Por isso, o povo tinha de planejar com mais cuidado e selecionar alvos muitas vezes fora da praça do mercado, como tavernas, canais, desembarcadouros, celeiros, fazendas, moinhos, carroças na estrada. Essas ações em torno do trigo ou farinha se seguiam a discussões (e a boatos de retenção de estoques ou especulação) no interior da comunidade dos trabalhadores.

As ações espontâneas das mulheres na praça do mercado foram mais frequentes na primeira metade do século porque o trigo e a farinha ainda estavam no mercado aberto. Assim, em Oxford, em 1693, encontramos mulheres no mercado "atirando pedras nos moleiros, farinheiros, padeiros etc.";[148] em 1740, a maioria dos tumultos era contra as exportações, mas também se registram agitações na praça do mercado, como o de Peterborough, quando "um grupo de mulheres se rebelou de forma tumultuosa no dia da feira, arrancando os sacos dos fazendeiros e espalhando os cereais pela rua".[149] Em 1757, outras ações semelhantes de mulheres na praça do mercado são registradas em Bewdley, Worcester, Taunton, Newcastle-under-Lyme e Salisbury, ao passo que em 1766, em Kidderminster, quando algumas mulheres pobres estavam negociando o preço de um saco de trigo no mercado de cereais e um padeiro ofereceu-se para pagar mais, "o povo imediatamente mostrou-se rebelde".[150] Se esse tipo de caso então desapareceu, as mulheres ainda podiam começar ações espontâneas na praça do mercado a respeito de outros gêneros alimentícios, como batatas ou carne (e o faziam). Em Ashby-de-la-Zouche, em 1766, quando um agricultor aumentou o preço da manteiga para dois pence por libra, "uma velha pôs uma das mãos ao redor da sua nuca e com a outra besuntou a cara dele com manteiga".[151]

Não é significativo saber se as mulheres participaram em mais ou menos de 50% dos motins registrados. O que continua a ser significativo — e na verdade extraordinário — é a extensa evidência do papel ativo das mulheres nos motins da fome durante um período de mais de duzentos anos em muitas regiões da Grã-Bretanha.[152] Nenhuma outra questão mereceu o apoio das mulheres de forma tão entusiasmada e consistente, pelo menos na Inglaterra.[153] Numa revisão dos indiciamentos no perímetro do Tribunal do Oeste e de Oxford na segunda metade do século XVIII, há alguns casos do que parece ser defesa comunitária de práticas trabalhistas (mas não de um sindicalismo formal), outros casos de resistência a cercamentos, de *rough music* e de política cívica nas antigas cidades de manufatura de roupas, e todos parecem ter um significativo envolvimento das mulheres. Mas os motins da fome são as acusações em que se encontram as mulheres com mais frequência. Há alguns indiciamentos só contra homens,[154] assim como havia alguns só contra mulheres.[155] Há denúncias em que parece haver a seleção de uma mulher-símbolo,[156] assim como parece haver igualmente homens-símbolo.[157] Há outros casos em que a acusação parece ser imparcial em punir os dois sexos.[158] Mas os indiciamentos atestam a presença vigorosa das mulheres.

Ainda há espaço para outras pesquisas nesse campo, pois até agora ninguém parece ter investigado sistematicamente os registros legais durante um longo período. Tampouco devemos esperar que apareçam respostas uniformes. John Bohstedt nota que dos 54 amotinados levados a julgamento em Devon em 1795 e 1801, apenas sete eram mulheres; mas que em Manchester, em 1795, das doze pessoas acusadas de revoltar-se por causa dos alimentos, nove eram mulheres.[159] Minhas próprias pesquisas em processos de tribunais (*Assize*) revelam uma discrepância similar entre o perímetro do Oeste (incluindo os distúrbios de Devon, Wiltshire, Dorset e Somerset em 1765-72), com 114 homens e apenas catorze mulheres indiciados; e o circuito de Oxford (incluindo acusações contra amotinados em Herefordshire, Worcestershire e Shropshire no período de 1767 a 1774), onde há vinte mulheres e apenas cinco homens.[160] Esses números indicam comportamento diferenciado de gênero ou práticas diferenciadas de policiamento e acusação?[161]

Não sabemos até que ponto as autoridades estavam dispostas a processar as mulheres e os homens, nem se as mulheres deviam ter cometido "delitos" específicos antes de serem indiciadas.[162] Algumas evidências sugerem que na região profundamente tradicional do Oeste da Inglaterra, onde os motins da fome eram quase um modo tolerado de "negociação", as autoridades achavam desagradável indiciar mulheres amotinadas. Em 1765, Tiverton foi abalada por protestos da comunidade e dos ofícios contra o prefeito e a municipalidade, nos quais (segundo a evidência literária) as mulheres tiveram um papel proeminente, lançando-se sobre o prefeito pelas janelas de uma taverna, arrancando-lhe a peruca e ameaçando matá-lo se ele não assinasse um documento. Mas dos 26 indiciados por esses tumultos, apenas seis eram mulheres.[163] Qual era então a função da acusação? No perímetro do Oeste, a acusação dos amotinados parece ter sido um processo fortuito e frequentemente tolerante. Era muitas vezes difícil persuadir o júri de instrução a encontrar provas suficientes para levar a denúncia contra os amotinados perante o juiz, e (se encontradas) o júri ordinário podia não condenar. Em 1767, por ocasião de um ataque a um moinho para peneirar farinha em Devon, 21 amotinados foram liberados, e, em dois casos, o júri de instrução "não conseguiu encontrar" provas para levar a denúncia ao juiz. Num outro ataque a um moinho, *todos* os dezesseis indiciados em Ottery St. Mary "não puderam ser julgados".[164] E assim por diante. Demonstrou-se um pouco mais de zelo em 1795 e 1800-1, mas uma venda forçada em Devon, em 1801, resultou na absolvição de cinco homens acusados e em nenhum processo contra a única mulher, enquanto se revogava o processo contra dois homens indiciados por aterrorizar um fazendeiro (com uma corda ao redor do pescoço) para forçá-lo a assinar um documento. Por outro lado, quatro mulheres de Montacute (Somerset) foram acusadas de um roubo de grande monta por forçarem Elizabeth Hopkins a vender 72 pães a um preço inferior àquele que ela estava disposta a aceitar, e Mary Gard e Sarah Baker foram condenadas.[165]

Em vários outros casos, tanto no perímetro do Oeste como no de Oxford, os infratores eram intimados a pagar a multa de um xelim ou se viam liberados como "indigentes".[166] Isso sugere que a função da acusação era inspirar um terror momentâneo até que a ordem fosse restaurada, até que a ansiedade e o incômodo do próprio julgamento levasse os acusados a um devido estado de contrição. O processo era acompanhado de dificuldades — a seleção dos infratores, o exame das testemunhas relutantes, o ódio ligado ao promotor —, e os magistrados locais (notoriamente no Oeste) relutavam em dar início ao processo.[167] Como a acusação era seletiva e incerta — isto é, era feita para dar um "exemplo", mas não tinha necessariamente nenhuma relação direta com a incidência das agitações — não se pode supor que fosse cega quanto ao gênero. Exceto nos casos em que as mulheres eram manifestamente predominantes nos distúrbios, as autoridades talvez achassem mais conveniente dar um exemplo com os homens.

É até possível que houvesse uma hierarquia de níveis de acusação, com proporções diferentes de gênero em cada nível. No topo da hierarquia estariam as Comissões Especiais de Oyer e Terminer, que o governo instituiu ainda em 1766 com o objetivo de dar "exemplos" nos distritos mais sediciosos. Nesse nível, aqueles que iam a julgamento eram predominantemente homens: treze homens, em Berkshire, e nenhuma mulher; quinze homens, em Wiltshire, e quatro mulheres; e, em Gloucestershire, 54 homens e doze mulheres.[168] Talvez os magistrados relutassem em lançar as mulheres num processo que poderia terminar com a sua execução,[169] mas, uma vez iniciado o processo, é difícil dizer se elas recebiam tratamento especial dos tribunais.[170] Das mulheres de Wiltshire, Priscilla Jenkins foi condenada à morte por roubo numa residência (pena comutada para degredo perpétuo), Elizabeth Moody e Mary Nash foram condenadas a sete anos de degredo por roubarem objetos no valor de um xelim e sete pence de uma residência, e Sarah Pane, uma viúva, condenada por roubar farinha no valor de seis pence, foi açoitada em particular e liberada. O desfecho parece bastante severo. Mas foram esses os artigos da acusação que levaram os júris a condenar. Numa visão mais detalhada, esses casos parecem ter sido pronunciados, porque todos menos o de Sarah Pane foram além do "motim da fome", passando ao roubo nas casas dos fazendeiros ou negociantes. Priscilla Jenkins supostamente roubou uma manta de toucinho defumado, um par de botas, um monte de coisas amarradas com um lenço sobre a cabeça [...] e uma arma. Elizabeth Moody e Mary Nash não eram delinquentes tão temerárias, mas foram acusadas de arrombar uma casa, despedaçar as vidraças e parte do mobiliário, e roubar a roupa da família.[171]

Pode-se levar um pouco mais a fundo a investigação sobre os acusados de Gloucestershire.[172] Em Gloucester, a Comissão Especial era refreada por um júri de instrução que se recusava a referendar os pareceres de forma automática, e talvez por um relutante júri ordinário. Das 21 mulheres que estavam sendo preparadas para julgamento, uma não foi indicada, presumivelmente por ser *femme couvert*. Mais da metade das restantes foram absolvidas (oito) ou liberadas porque a conclusão do júri de instrução foi "*ignoramus*" (três). Dos 75 prisioneiros, mais ou menos a mesma proporção foi liberada, com dezoito absolvições e vinte "evidências insuficientes". E não há grande diferença na taxa de condenações: sete das 21 mulheres contra 35 dos 75 homens. A diferença marcante está na severidade das condenações e nas penas. Dezesseis dos homens foram condenados por crimes, dezenove por contravenção, enquanto apenas duas das mulheres foram consideradas criminosas e cinco culpadas de contravenção. Nove amotinados foram condenados à morte — todos homens, embora em seis casos a pena tivesse sido comutada — e nove foram condenados a sete anos de degredo, dentre os quais dois eram mulheres.

Uma visão mais detalhada dos casos não nos diz grande coisa. Seis das absolvições das mulheres foram por causa de uma rixa a respeito de queijo em Farmer Collett's, pelo qual um homem também foi absolvido e outro condenado. Mary Hillier correu atrás da turba em Minchinhampton e "contou-lhes que o sr. Butt chegara em casa, disparara um fuzil, matara duas crianças, e ela desejava que eles voltassem e destruíssem a casa". O júri de instrução não encontrou evidências suficientes. Elizabeth Rackley e Elizabeth Witts, ambas condenadas ao degredo, foram declaradas culpadas de roubar dez pence de farinha, mas como parte de várias invasões noturnas no moinho de Richard Norris. Foi o ato de arrombar e invadir o moinho à noite que fez da infração um crime.[173] O caso mais claro de discriminação de gênero dizia respeito a John Franklyn e Sarah Franklyn, sua mulher, presos juntos por entrarem numa loja em Stroud e saírem levando no colo sabão, cola e outros artigos. Sarah não foi indiciada, presumivelmente porque, ao agir com o marido, segundo a doutrina legal da *femme couvert*, ela não era responsável por suas ações. Foi a sua sorte, porque John Franklyn foi considerado culpado de roubo vultoso e degredado por sete anos.[174]

Isso sugere que as práticas mais severas dos tribunais podiam ser menos rigorosas para as mulheres. Mas as práticas mais leves não demonstram necessariamente a mesma inflexão de gênero. Os magistrados usavam as prisões sumárias em cadeias ou as condenações por pequenas infrações da ordem pública para acalmar a multidão, sem levar em conta as diferenças de sexo. Por exemplo, uma carta de Lincolnshire observa, em 1740, que "tivemos um tumulto da turba em Bourn. Eles cortaram alguns sacos de trigo no barco e obstruíram a sua passagem para Spalding por algum tempo, mas foram aquietados oportunamente pelos funcionários da cidade, e cinco mulheres foram presas na casa de correção".[175] É improvável que esses episódios tenham deixado vestígios nos registros nacionais, embora depois da década de 1760 fosse mais provável o seu julgamento nas sessões trimestrais dos tribunais.[176]

John Bohstedt nos diz que "a repressão não conhecia gênero", e ele tem razão quando afirma que as tropas frequentemente recebiam ordens para atirar em multidões mistas. De Anne Carter em Maldon, Essex, 1629, a Hannah Smith em Manchester, 1812, uma série de vítimas e heroínas foi enviada à prisão, enquanto outras eram condenadas ao degredo.[177] No entanto, continuo indeciso; se os magistrados davam "exemplos" de tempos em tempos, é possível que os exemplos com as mulheres fossem mais raros, que elas às vezes desfrutassem o "privilégio de seu sexo", e que muito dependesse do lugar, do tempo e do humor das autoridades.

Se as autoridades centrais insistiam na necessidade dos exemplos, o gênero não importava. Em 1766, o governo e os magistrados pressionavam para que fossem pronunciados os delinquentes capitais, e o procurador do Tesouro lamentava que "em Leicester são muito frágeis as evidências contra uma mulher acusada de atirar todo o queijo de uma carroça para a turba, o que, se não for assalto na estrada, não é delito capital".[178] (Hannah Smith foi condenada por assalto na estrada, quase cinquenta anos mais tarde, porque vendeu manteiga barata ao povo.) No final, nenhuma mulher foi enforcada pelos levantes de 1766, embora Sarah Hemmings fosse condenada à morte por ter participado de um motim em Wolverhampton: a cidade entrou com uma petição pela sua vida, e a sentença foi comutada para degredo perpétuo.[179] Em

1800, o correspondente do *The Times* em Nottingham e seus arredores lamentava que "não houvesse nenhuma perspectiva de as agitações amainarem", devido à não prisão das mulheres, que eram "as principais agressoras".[180] No século XVI e início do XVII, as mulheres amotinadas tinham sido tratadas de modo liminar com um "status legal ambivalente nas margens da competência da lei". Afirmava-se, nos motins anticercamento, "que as mulheres eram desordeiras e não estavam sujeitas às leis do reino como os homens, mas podiam [...] cometer delitos sem medo, nem punição da lei".[181] Se o sexo perdera essa ilusão no século XVII, talvez alguma noção do "privilégio", tanto entre os infratores como entre os acusadores, tivesse sobrevivido em regiões como o Oeste.

Havia outras peculiaridades introduzidas pelo sexo feminino nos motins da fome? Duvido do valor de tabular a desordem e a violência segundo o gênero, em parte por causa da natureza imperfeita das evidências, em parte porque todo motim deve implicar algum tipo de desordem e violência. Quando um caso envolvia confronto direto, com bastões contra armas de fogo — o ataque a um moinho, a invasão de um cárcere para resgatar prisioneiros —, o sexo predominante era o masculino. Os relatos mais comuns sobre as mulheres as retratam atirando projéteis — pedras ou batatas —, e, numa certa ocasião nas Midlands, em 1766, "dispostas em filas de cinco ou seis", elas defenderam uma ponte jogando pedras e pedaços de tijolos contra os cavalarianos.[182] Quaisquer que sejam as nossas conclusões sobre as reciprocidades de gênero e o respeito entre as mulheres e os homens nessas comunidades, seria tolice supor que isso dissolvesse as diferenças sexuais. Sem dúvida, o confronto físico de homens e mulheres, de soldados e multidão, despertava tensões sexuais, talvez expressas na linguagem irreverente das mulheres e no conflito das forças masculinas da "ordem" entre a repressão da violência e a agressão eivada de excitação sexual.[183] Às vezes os militares fingiam desprezo pelas mulheres. Em 1795, o comandante das tropas enviadas para lidar com um motim em Bromsgrove reclamava altivamente que a causa de tudo era "um grupo de velhas [...] como em todas as pretensas revoltas nesta região do país". Mas esse grupo de mulheres (nem todas velhas) soubera dar conta do recado, pois umas setenta interceptaram uma carroça e seis cavalos e se apoderaram de 29 sacos de farinha de trigo.[184]

Quando as mulheres se sublevavam, não procuravam disfarçar o seu sexo, nem desculpar-se pela ação. Na minha opinião, havia poucos travestidos nos motins da fome, embora uma ou duas vezes houvesse relatos não confirmados de homens vestidos com roupas femininas.[185] Esses "ritos de inversão", talvez simples exercícios com o disfarce que estava mais à mão, eram mais comumente encontrados em motins antipedágio, nos protestos de "carnaval" e, mais tarde, no ludismo.[186] Mas a inversão, intencional ou não, era exatamente o que as mulheres *não* queriam realizar. Longe de quererem aparentar uma imagem andrógina sinistra, elas procuravam apresentar o seu direito particular, segundo a tradição e o papel do gênero, de serem as guardiãs dos filhos, da casa e da vida na comunidade. O simbolismo — os pães ensanguentados nas pontas de varas, os panelaços — pertencia especialmente aos protestos das mulheres. Evidenciava o que Temma Kaplan chamou de "consciência feminina", e não feminista, fundamentada na "aceitação da divisão sexual do trabalho", que "atribui às mulheres a responsabilidade de preservar a vida". "Vivenciando a reciprocidade entre si e a capacidade de preservar a vida, as mulheres ficam imbuídas da noção de seu direito coletivo a administrar a vida diária, mesmo que tenham de desafiar a autoridade para atingir esse fim."[187]

Nada agradava mais às amotinadas do que a humilhação da afetada "irritação" masculina. Em 1754, num motim em Tiverton, um certo tenente Suttie atraiu a atenção da multidão pelo seu zelo. Ouviram-no dizer a um juiz de paz: "Autorize-me, senhor, a mandar os homens atirarem e verá esses sujeitos pularem como ervilhas". Deslanchada a tropa sobre a multidão, os milicianos "passaram pelas ruas a cavalo, retalhando as pessoas com as espadas e apunhalando-as com as baionetas":

> Enquanto os soldados arremetiam contra a multidão, executando as ordens, algumas mulheres agarraram o tenente Suttie pelo colarinho e tiraram-lhe a espada, que ele nunca recuperou. Foi um golpe duro no seu orgulho, e um motivo predileto de caçoada por parte dos amigos, que, cruelmente, não deixavam que ele esquecesse as suas escaramuças com as mulheres e a perda inglória da sua arma.[188]

Não foi a primeira nem a última vez em que desarmar simbolizou a castração.

As autoridades ainda temiam a violência e a provocação da língua feminina (pp. 376), e as mulheres às vezes conseguiam atingir seus objetivos pela zombaria, pelo insulto ou cobrindo os fazendeiros ou negociantes de vergonha com as suas queixas. Em 1767, Susannah Soons foi condenada em Norwich por "fazer vários discursos escandalosos e inflamados", e Mary Watts em Leicester por "atacar" os magistrados "com linguagem e gestos indecentes e insultantes".[189] Montrose, em 1812, enquanto a Lei do Motim era lida e os militares já estavam a postos para dispersar a multidão, Elizabeth Beattie gritou: "Ninguém vai tirar esse papel da mão dele?". E ela mesma tentou arrancar a lei do magistrado.[190]

Elizabeth Beattie sabia o que estava fazendo. Mas Arme Carte também o sabia em 1629. Ela claramente menosprezou a pompa das autoridades locais, chamando um dos principais magistrados de Maldon, em 1622, de "sanguessuga e [...] muitos outros termos indecentes". Quando o bailio lhe perguntou sobre a sua ausência na igreja, ela respondeu "que, se ele arrumasse alguém para fazer o seu trabalho, ela iria". Nos tumultos, ela se descrevia como "capitão", gritando: "Vamos, meus bravos de Maldon, serei sua líder para não morrermos de fome".[191] Em Newcastle, em 1740, "a general Jane Bogey" sabia o que estava fazendo, assim como "Lady Ludd", título reivindicado pelas líderes dos motins em 1812, tanto em Nottingham como em Leeds.[192] Hannah Smith, de 52 anos, sabia igualmente o que estava fazendo quando "liderou a turba" por alguns dias em Manchester no mesmo ano, baixando o preço das batatas, manteiga e leite, e vangloriando-se de que podia sublevar a multidão em apenas um minuto.[193] Foi tanto a falta de deferência como a participação em motins que levou Arme Carter e Hannah Smith à forca. Que clérigo daria uma referência de caráter, que nobre intercederia a favor dessas viragos?

Os motins femininos podem não apresentar o mesmo quociente de violência dos masculinos, mas não eram ocorrências recatadas, tímidas. Em geral atingiam o clímax quando as mulheres dominavam os cavalos dianteiros, subiam nas carroças e jogavam os sacos para as companheiras; às vezes soltavam os cavalos e elas próprias empurravam a carroça para um lugar onde pudessem distribuir convenientemente a sua carga.[194] No confronto em Newport Pagnell em 1740 (pp. 245-6), as mulheres lutaram com os fazendeiros por bastante tempo, declarando que "não queriam que tanto trigo saísse do reino, enquanto precisassem de pão, [e] juravam que perderiam a vida antes de abrir mão do trigo". Por fim, "com grandes aclamações de alegria as carroças foram descarregadas". O repórter do *Northampton Mercury* achou que o episódio merecia um pequeno comentário: "As conquistadoras estão agora reunidas num grande conselho para considerar o que fazer com o trigo. Tal bravura e resolução incomum aflorando no sexo suave e terno é uma surpresa para aqueles que se denominam seus soberanos despóticos e os senhores da criação".[195]

Tal bravura não era incomum. Repetidas vezes, as mulheres enfrentavam tropas e tiroteio. Numa das únicas cartas que restou de um amotinado, ele falava de um grande levante em Nottingham (1800): "vocês teriam sentido uma dor no coração ao ver as mulheres exigindo pão e declarando que preferiam lutar até morrer a continuar a ser maltratadas daquela maneira [...], a conduta do povo [...], que enfrentou o tiroteio da milícia a cavalo com uma coragem tão destemida que espantou os cavalheiros, pois choviam pedras sobre eles de todas as direções, a ponto de impedir que recarregassem as armas depois dos disparos [...]".[196]

Talvez os pobres de ambos os sexos fossem parceiros melhores nos tempos difíceis do que supomos. Talvez os homens tivessem papel mais proeminente nos motins da fome do que as mulheres, talvez não.[197] Mas se computarmos tudo o que já se conhece (e ainda há muito a descobrir), havia um grande número de mulheres envolvidas nesses motins, às vezes lutando sozinhas, mais frequentemente no meio de confrontos mistos em que havia uma leal parceria de gênero.

Durante duzentos e tantos anos, esses motins da fome foram as expressões mais visíveis e públicas da falta de deferência das trabalhadoras e de seu protesto contra as autoridades. Nessa qualidade, tais evidências contestam, por sua vez, os estereótipos da submissão feminina, timidez ou confinamento no mundo privado do lar. Robert Southey (p. 184) talvez não fosse afinal tão tolo. Na verdade, uma vez provocadas, as mulheres podem ter sido mais apaixonadas do que os homens na sua eloquência, menos cautelosas com as consequências e, no seu papel de guardiãs da família, mais determinadas a conseguir resultados rápidos.[198] Talvez — como sugere John Bohstedt — muitas mulheres estivessem mais imersas do que os homens "na economia moral e menos imersas na economia do mercado", e talvez tenham sido das últimas pessoas a abandonar as práticas da economia moral.[199]

Essa não é toda a verdade sobre as mulheres e a autoridade, mas os motins da fome nos fornecem um conjunto importante e ponderável de evidências, que não deve ser varrido para debaixo do tapete. Pode ampliar a nossa noção das possibilidades da "natureza" feminina. A questão mais difícil talvez não seja determinar por que as mulheres às vezes participavam dos levantes e rixas, mas por que, na metade do século XIX, a tradição de protesto público se enfraqueceu muito, e as mulheres recuaram para o mundo novelesco da privacidade dos lares.[200] Quem sabe (em oposição ao que veio depois) o "mito do motim da fome feminino" não deveria ser afinal reabilitado?

IV

Não sei até que ponto é preciso retroceder para descobrir a origem do termo "economia moral". Acho que a expressão é do final do século XVIII, mas agora não encontro referências. Era certamente empregada na década de 1830[201] e foi usada por Bronterre O'Brien, o Cartista, em 1837, numa polêmica contra os economistas políticos:

> A verdadeira economia política é como a verdadeira economia doméstica, não consiste unicamente em escravizar e poupar. Assim como existe uma economia política, há igualmente uma economia moral [...] Esses impostores arruínam os afetos em troca de produção e acumulação incessantes [...] Na verdade, é a economia moral que eles sempre mantêm fora de seu campo de visão. Quando falam sobre a tendência das grandes quantidades de capital, da divisão do trabalho, de aumentar a produção e baratear as mercadorias, não nos falam do ser humano inferior que uma ocupação única e fixa deve necessariamente produzir.[202]

Esse uso diretamente anticapitalista se aproxima daquele que introduzo em *A formação da classe operária inglesa*, quando dizia que os motins de fome eram "legitimados pelos pressupostos de uma economia moral mais antiga, que denunciava a imoralidade de [...] lucrar com as necessidades do povo". E eu passava a descrever os motins de 1795 como "uma última tentativa desesperada" de voltar a impor a "antiga economia moral paternalista", em contraposição à economia do livre mercado.[203]

Mais tarde defini o termo com mais cuidado, as práticas a ele associadas, bem como os elementos contraditórios do controle paternalista e da rebelião da multidão. A razão para essa investigação retrospectiva é que a teoria de uma economia moral passou a ser empregada em mais de uma direção e em vários campos de estudo especializado, e meu ensaio é às vezes citado como fonte autorizada. Mas embora o termo esteja à disposição de todo desenvolvimento que possa ser justificado, eu próprio tenho limitado o seu emprego aos confrontos na praça do mercado a respeito do acesso (ou direito de acesso) aos "artigos de primeira necessidade"— aos gêneros essenciais. A questão não é apenas que seja conveniente reunir num termo comum o feixe identificável de crenças, usos e formas associados com a venda de alimentos em tempos de escassez, mas também que as profundas emoções despertadas pelo desabastecimento, as reivindicações populares junto às autoridades nessas crises e a afronta provocada por alguém a lucrar em situações de emergência que ameaçam a vida, conferem um peso "moral" particular ao protesto. Tudo isso, considerado em conjunto, é o que entendo por economia moral.[204]

Se estendido a outros contextos, o termo deve ser redefinido para não haver perda de foco. Adrian Randall o redefiniu, ao aplicá-lo no seu ensaio "A economia moral industrial dos tecelões de Gloucestershire" no século XVIII.[205] As mesmas comunidades de tecelões que se envolviam em motins da fome (1766) participavam de ações industriais (1756); estavam imbuídas dos mesmos valores, demonstravam as mesmas solidariedades e sanções comunitárias (como a *rough music* contra os que violavam as normas do ofício), apelavam igualmente ao costume e à lei estatutária dos Tudor e dos Stuart (quando isso protegia seus interesses) e também insistiam em que as forças do mercado e os lucros dos indivíduos se submetessem ao costume nas questões relativas ao bem-estar econômico da comunidade. Além disso, Randall mostra que os trabalhadores industriais também procuravam pressionar a *gentry* a adotar o papel de conciliadores e árbitros, de modo que "a economia moral era a contrapartida do modelo paternalista".

Esse argumento me convence bastante. Nessas cidades de manufatura de roupas do Oeste da Inglaterra, havia uma densa textura de rituais profissionais e usos consagrados pelo costume, endossados por sanções da comunidade, que podem ser vistos como o lado plebeu inferior e teimoso da indústria mercantilista. É claro que esses trabalhadores estavam acostumados a uma economia com mercados, mas mercados organizados segundo normas ditadas pelo costume. Em tempos de conflito, eles afirmavam as prioridades do "ofício" ou colocavam a defesa dos interesses da comunidade trabalhadora acima dos lucros de uns poucos. E se o termo "economia moral" nos ajuda a identificar essas normas e práticas, então que seja usado; ele sem dúvida nos ajuda a ver a natureza fortemente defensiva e, nesse sentido, conservadora dessa cultura plebeia.

Mas onde devemos traçar a linha divisória? Os piratas tinham usos e costumes solidamente transmitidos: eles teriam uma economia moral?[206] Keith Snell sugere que o direito dos pobres à habitação "era parte consistente dos valores da 'economia moral'" que tenho analisado. E ele amplia a lista de candidatos a entrar nessa economia moral, incluindo as leis de assistência aos pobres em geral, os contratos de trabalho anuais e os "salários justos", até "o consumo, a moda [e] as atividades de lazer populares". *Então*, ele se vira e me censura pelo "caráter amorfo" da minha economia moral.[207]

Admiro o trabalho do dr. Snell, mas nessa ocasião fiquei perplexo, porque não vejo muitos indícios de que ele tenha grandes conhecimentos sobre as tensões em torno do nexo da comida em tempos de escassez. O que é "amorfo" é a sua própria ampliação do uso do termo, e isso deriva do erro de supor que o ponto em discussão são os "*valores* da economia moral". Mas se os valores, por si só, constituem uma *economia* moral, vamos encontrar economias morais por toda parte. Minha própria noção da economia moral da multidão no mercado de alimentos inclui modelos ideais ou uma ideologia (exatamente como faz a economia política), que atribuem papéis econômicos e que endossam práticas costumeiras (uma "economia" alternativa), num equilíbrio particular de forças sociais ou de classes. É por tirar os "valores" ou as "atitudes morais" do contexto de uma formação histórica particular que Snell obtém os seus resultados amorfos.

Entretanto, não tenho direito de patentear o termo. Alguns historiadores preferem um uso mais descritivo e menos rigoroso. Nenhum outro termo parece se oferecer na hora de descrever a maneira como muitas relações "econômicas" são reguladas segundo normas não monetárias nas comunidades industriais e camponesas. Essas normas existem como um tecido de costumes e usos, até serem ameaçadas pelas racionalizações monetárias e adquirirem a autoconsciência de ser uma "economia moral". Nesse sentido, a economia moral é invocada como resistência à economia do "livre mercado".[208] Como Charlesworth e Randall argumentaram: "A base da economia moral era esse próprio sentido comunitário gerado pela experiência comum da indústria capitalista".[209] As racionalizações ou "modernizações" do mercado capitalista afrontavam as normas da comunidade e criavam ininterruptamente um antagonista "moral".

Essa é uma ampliação do termo que William Reddy generalizou ainda mais em *The rise of market culture* [A ascensão da cultura de mercado]. Para ele, a economia moral é "um conjunto de valores e padrões morais que foi violado pela mudança técnica e comercial": "A defesa desses padrões morais não precisa ser motivada pela memória do passado. A inadequação da linguagem do mercado era constantemente lembrada aos trabalhadores pelas próprias condições de trabalho". E Reddy conclui que "alguma coisa semelhante a uma economia moral deve aparecer em qualquer lugar que se expande pela ação do capitalismo industrial".[210] Isso tem a vantagem de descartar a noção de que a "economia moral" deve ser sempre tradicional, "voltada para o passado" etc.; pelo contrário, ela continuamente se regenera como crítica anticapitalista, como movimento de resistência.[211] Estamos perto da linguagem de Bronterre O'Brien. Mas o que o termo ganha em amplitude perde em foco, e em mãos inábeis pode se esvaziar, tornando-se uma retórica moralista sem contexto.[212]

Esse perigo é menor nas perspicazes discussões teóricas que ocorrem na área dos estudos camponeses, onde a "teoria da economia moral" está agora no centro das controvérsias. Tal se dá graças a James C. Scott, cuja obra *The moral economy of the peasant* [A economia moral dos campos] (1976) generalizou uma argumentação derivada de estudos na Birmânia do Sul e no Vietnã. O termo é tirado de meu ensaio, mas aplicado às "concepções camponesas de justiça social, direitos e obrigações, reciprocidade". Porém, o que distingue o emprego de Scott é que o termo vai muito além de descrições de "valores" ou "atitudes morais". Como para os camponeses a subsistência depende do acesso à terra, o que está no centro da análise, mais do que a venda de alimentos, são os costumes relativos ao uso da terra e ao direito de acesso aos seus produtos. E o costume é visto (contra um pano de fundo de memórias da fome) como algo que perpetua imperativos de subsistência e usos que protegem a comunidade contra riscos. Esses imperativos são também expressos em relações protetoras de senhor-arrendatário (ou benfeitor-cliente) e em resistências às inovações técnicas e às racionalizações do mercado, no qual elas poderiam acarretar riscos em caso de crise. Scott analisa as instituições redistributivas e as obrigações religiosas caritativas, mostrando que "há boas razões para ver a norma da reciprocidade e o direito à subsistência como elementos morais genuínos da 'pequena tradição' [...]" — isto é, na cultura camponesa, de modo universal. A ameaça a essas instituições e normas, associada com a expansão europeia e com as racionalizações do mercado, provocou muitas vezes a participação dos camponeses em movimentos revolucionários.[213]

Nesse ponto, há alguma semelhança com a economia moral da multidão inglesa do século XVIII, embora Scott não elabore a comparação e, na verdade, esteja mais interessado nas relações benfeitor-cliente na aldeia do que nesses confrontos ou negociações que marcam a tradição europeia dos motins da fome.[214] Como era previsível, as suas teorias têm sido vigorosamente contestadas pelos protagonistas das "forças do mercado", e Samuel L. Popkin entabulou uma polêmica contra os que foram rotulados de "economistas morais" em *The rational peasant* [O camponês racional] (1979). Essa obra apresentava o camponês típico como um ator racional, ajustando-se com sagacidade à economia de mercado de um modo satisfatoriamente desprovido de normas e condizente com seus interesses pessoais. Assim parecia provável que o velho debate entre os economistas políticos e os morais fosse mais uma vez encenado a respeito dos arrozais do Sudeste asiático — um debate em que seria tolice de minha parte intervir, embora minhas simpatias estejam certamente com James Scott.

Entretanto, o professor Scott levou o debate para mais adiante (e para os flancos) em sua obra *Weapons of the weak* [Armas dos fracos], entrando num território no qual as comparações podem ser examinadas com proveito. Esse território não é apenas o das formas tenazes de resistência ao poder que os fracos e os pobres possuem: "o ridículo, a truculência, a ironia, os pequenos atos de não submissão, a dissimulação [...], a descrença nas homilias da elite, os esforços contínuos e dolorosos de defender o que é seu contra desvantagens esmagadoras".[215] É, igualmente e ao mesmo tempo, os limites que os fracos podem impor ao poder. Como Barrington Moore afirmou em *Injustiça*:

> Em qualquer sociedade estratificada [...] há uma série de limites para o que governantes e governados, grupos dominantes e subordinados podem fazer. Há também uma série de obrigações mútuas que unem os dois. Esses limites e obrigações não são registrados em constituições ou contratos formais escritos [...].

Existe (antes) "uma série não verbalizada de entendimentos mútuos", e "o que acontece é uma constante sondagem da parte dos governantes e dos governados para ver o que podem fazer sem incorrer em sanções, para testar e *descobrir* os limites da obediência e desobediência". Por meio do conceito da reciprocidade social, ou, como prefere Moore, obrigação mútua ("um termo que não implica igualdade de responsabilidades ou obrigações"),[216] voltamos à "economia moral", no sentido de equilíbrio ou "campo de força" que examinei no capítulo 1, e na negociação entre forças sociais desiguais em que os mais fracos ainda têm direitos reconhecidos sobre os mais fortes. Dentre aqueles que têm desenvolvido essas ideias, simpatizo particularmente com Michael Watts, cuja obra *Silent violence* [Violência silenciosa] examina os alimentos e a fome entre os hauça no Norte da Nigéria. Ele vê o universo camponês impregnado de normas e práticas de uma ética imperiosa de subsistência coletiva, mas ele vê tal fenômeno sem sentimentalismos:

A economia moral não era especialmente moral, nem o califado era um universo rousseauniano de bem-estar camponês e patronos benevolentes. A economia moral era necessária para a sobrevivência do governante e do governado, e os blocos de poder dominantes pagavam o preço para a manutenção e reprodução das relações sociais de produção eivadas de relações exploradoras e lutas de classe.

"Não há necessidade de sobrecarregar a economia moral com o legado de Durkheim, Rousseau e Ruskin."[217]

Grande parte do debate altamente interessante que se desenvolve atualmente, sob a rubrica de "economia moral", desde estudos africanos e asiáticos a latino-americanos[218] ou irlandeses, tem pouco a ver com o meu emprego do ter mo em 1971, referindo-se antes à dialética social da mutualidade desigual (necessidade e obrigação) que jaz no centro da maioria das sociedades. O termo "economia moral" ganhou aceitação porque é menos incômodo do que outros termos (como "reciprocidade assimétrica dialética") com os quais poderíamos ser atormentados. Quando um historiador irlandês escreve sobre a "economia moral", ele está escrevendo sobre o paternalismo do século XVIII, a deferência e as "práticas agrícolas complacentes" não econômicas (isto é, não lucrativas), como aluguéis baixos e tolerância nas contas atrasadas.[219] Ao escrever sobre a fome de Bengala de 1943-4, um pesquisador (Paul Greenough) tem uma definição ainda mais ampla:

> Por "economia moral" entendo a série de relações de troca entre grupos sociais e entre pessoas, nas quais o bem-estar e o mérito de ambos os interessados têm precedência sobre outras considerações como o lucro de um ou outro.[220]

Essas definições amplas certamente admitirão muitas coisas que talvez venhamos a introduzir, e se o termo estimular os historiadores a descobrir e comentar todas aquelas áreas do intercâmbio humano a que a economia ortodoxa foi outrora cega, será um ganho.

Se empregamos a terminologia de classe, a "economia moral" então pode se referir nessa definição ao modo como as relações de classe são negociadas. Ela mostra como a hegemonia não é apenas imposta (ou contestada), mas também articulada nas relações diárias de uma comunidade, sendo mantida apenas por concessão e proteção (nos bons tempos) e, pelo menos, por gestos de amparo nos tempos difíceis.[221] Dos dois elementos do termo, "economia" é provavelmente capaz de cuidar de si mesma, pois será definida na prática de cada pesquisador. É o elemento "moral" que talvez exija mais atenção. Uma vantagem resultante do transporte do termo para os estudos camponeses é a possibilidade de vê-lo em operação dentro de culturas cujas premissas morais não são idênticas às da herança judaico-cristã.[222]

Ninguém explicitou esse ponto com mais clareza do que o professor Greenough em seu estudo da fome de Bengala, e ele o fez pela comparação direta da crise de subsistência. Greenough apresenta um resumo do sistema de valor dos camponeses bengalis,[223] não o deduzindo (como faz Scott) das lembranças de escassez e das estratégias para se evitar riscos, mas, ao contrário, da tradição bengali da abundância. No centro desse sistema de valor está *Laksmi*, uma concepção de ordem e abundância, bem como uma benevolente deusa da prosperidade. A prosperidade flui de cima, de *Laksmi*, ou dos "reis", benfeitores ou pais. Em sua forma mais simples, existem apenas duas situações: os que dão e os que recebem arroz, e nos tempos de crise a ação automática dos camponeses é procurar refúgio na relação benfeitor-cliente, buscar novos patronos, ou esperar com paciência que os dons de *Laksmi* sejam restaurados. Greenough também identifica "uma inflexível antipatia bengali para com a afirmação individual": "A arte dos templos, os textos eruditos e os aforismos populares reiteram que todo e qualquer sucesso só é alcançado por meio de uma benevolência superior [...] Não há nenhum credo amplamente aceito da acumulação comercial". [224]

Esse breve resumo cumprirá sua função se nos deixar com a expectativa de que "dar" e implorar "proteção" sejam pontos cruciais no discurso camponês da crise, mais do que "deveres" ou "direitos". Greenough vê nisso uma explicação para a resposta bengali à fome. Nas condições estarrecedoras de 1943-4, os ataques a celeiros ou armazéns eram raros. "Exibiam-se alimentos de toda espécie diante de seus olhos", enquanto o povo morria de fome nas ruas de Calcutá, "mas ninguém tentava tomá-los à força." A atitude do povo era de "completa resignação", e "eles atribuem a sua miséria somente ao destino e ao *karma* [...]". Um oficial inglês médico comparou essa situação ao Punjab ou às Províncias Unidas, onde "teriam ocorrido motins terríveis":

> Os maridos e irmãos teriam arrombado esses armazéns, mas em Bengala eles morriam diante de vendas abarrotadas de alimentos.
> P. Abarrotadas de grãos?
> R. Sim, eles morriam nas ruas diante de vendas abarrotadas de grãos.
> P. E a razão era que eles não podiam comprar?
> R. Sim, e foi por causa da atitude passiva e fatalista desse povo que não houve protestos [...].[225]

Um influente comunista bengali escreveu com admiração sobre esses aldeões, "saturados de amor pela paz e pela honestidade", afastando-se do caminho do saque e, com "ilimitada fortaleza [...], ocupando seu lugar na fila da morte".[226] E, a respeito dessa evidência, Greenough conclui que esse comportamento representava, "na crise, o prolongamento da aceitação dos mesmos valores que até então tinham sustentado as vítimas":

> As vítimas abandonadas não podiam fazer nada mais do que dramatizar a sua impotência, na esperança de estimular novamente o fluxo de benevolência. A mendicância, os gritos e os gemidos, os gestos de súplica, a exposição dos mortos ou de crianças moribundas — tudo fazia parte das tentativas dos miseráveis que procuravam suscitar a caridade e transferir a responsabilidade pela sua nutrição aos novos "provedores indicados pelo destino".[227]

A intervenção do professor Greenough é muito bem-vinda. Mas apresenta certas dificuldades. Uma série dessas dificuldades provém da sua interpretação de evidências complexas. Sua reconstrução do sistema de valor dos camponeses bengalis traz a marca de uma certa escola de antropologia holística e não deixa espaço para a variedade e a contradição. Isso fica muito evidente na sua discussão sobre a desmoralização induzida pela escassez prolongada, o colapso das famílias e o abandono das mulheres e crianças pelo pai. Greenough conclui que "a desintegração familiar não ocorria por acaso, mas parecia ser resultado do ato intencional de excluir da subsistência doméstica os membros menos valorizados da família". Essa exclusão era "um ato de desespero, mas não era repreensível", era "explicável em termos das concepções morais dos bengalis". O membro mais favorecido da família (nessa descrição) é o chefe de família masculino, que poderia — mesmo que fosse o único sobrevivente — reconstituir a linhagem familiar. Esses valores patriarcais estavam tão profundamente internalizados que os abandonados consentiam passivamente com seu próprio abandono.[228]

Isso pode ser verdade ou parte da verdade.[229] Mas Greenough baseia o seu aparato interpretativo em evidências tênues — alguns relatos de "expulsão de esposas" ou deserção de famílias — , e as interpretações alternativas não são testadas.[230] E ele afirma as suas conclusões de forma cada vez mais confiante, como se fossem descobertas incontestáveis. O que era, numa página, medidas "desesperadas", transforma-se, cinquenta páginas mais adiante, na afirmativa indiscriminada de que "as figuras de autoridade nos lares camponeses abandonavam inúmeros dependentes considerados não essenciais para a reconstituição da família e da sociedade no período pós-crise".[231] O que foi verificado em situações extremas é agora apresentado como se fosse a norma: "maridos e chefes de família se apropriavam dos bens domésticos e abandonavam as esposas, e os pais vendiam os filhos para conseguir dinheiro".[232]

Devemos deixar essas questões para os especialistas em cultura bengali. Mas elas têm forte influência sobre os resultados comparativos de Greenough sobre os motins:

> Esse padrão de vitimização nada tem em comum com as tradições de fúria e revolta na Europa. Na fome europeia, a violência se voltava "para fora" e "para cima", contra os senhores, os mercadores e os funcionários infratores; em Bengala,

> a tradição era voltar a violência "para dentro" e "para baixo", contra os clientes e os dependentes. Era a violência fria do abandono, do ato de parar de alimentar, em vez da violência quente do derramamento de sangue e da sedição.[233]

A comparação seria mais convincente se Greenough não tivesse interpretado equivocadamente as evidências europeias, acentuando a violência dessa tradição. Ele prefere uma carta emocionante do Abbé Raynal, em que os amotinados europeus na década de 1780 são apresentados como revoltados que se perseguem uns aos outros com punhais nas mãos, "massacrando-se entre si", "rasgando e devorando seus próprios membros" etc., às conclusões menos sensacionalistas dos historiadores dos motins.[234] Essa manipulação das evidências, em que sofredores submissos são contrastados com "saqueadores irados", desvaloriza o seu estudo comparado.

Resta, entretanto, a investigação significativa das premissas "morais" com respeito à subsistência em culturas diferentes. Ao criticar *The moral economy of the peasant*, Greenough afirma que:

> O modelo de Scott da economia moral [...] é essencialmente legal em qualquer lugar. Scott diz que os camponeses em toda parte reivindicam o *direito* à subsistência, que essa reivindicação é considerada *justa*, e que ela nasce de uma norma de reciprocidade; além disso, é *dever* das elites cuidar do sustento de seus camponeses, e qualquer fracasso nesse sentido acarreta uma perda de sua *legitimidade*. Essa terminologia latina é derivada do estudo dos inúmeros motins da fome que irromperam na Europa Ocidental nos séculos XVII e XVIII; a sua adequação para explicar as condições bengalis é duvidosa. Os bengalis em crise falam de sua necessidade de "dádivas" (*bar*), "ajuda" (*sahajya*) e "presentes" (*dan*), mas raramente de seus "direitos"; falam de "indulgência", mas não de "reciprocidade"; falam de *dharma* régio [...] mas raramente de um "dever" de classe a ser cumprido.

Isso não é apenas "uma questão estrita de terminologia, mas diz respeito às estruturas cognitivas e aos caminhos habituais de ação que são invocados pelo uso desses termos".[235]

Trata-se em parte de um jogo de linguagem acadêmico, infelizmente manipulado mais uma vez para tirar pontos de Scott. Pois Greenough confundiu a linguagem (e as estruturas cognitivas) dos temas históricos com a(s) do intérprete acadêmico. Nem os amotinados ingleses, nem os camponeses bengalis agiam com um vocabulário de "normas", "reciprocidade" ou "legitimidade" nos lábios; e a terminologia interpretativa do professor Greenough ("cosmologia", "hierárquico", "antropomorfo") pode ser tão latina (ou helênica) quanto a de Scott, sendo talvez até menos provável nos lábios de um camponês de Bengala.

Mas vamos esquecer o seu zelo polêmico. Pois ele nos lembrou dois pontos importantes. O primeiro é que até a fome extrema e até o ato mais simples de preparar a comida podem ter expressões culturais diferentes: "cultivar, cozinhar, partilhar e comer arroz em Bengala é executar uma série de rituais [...]. Dissecar uma área da atividade econômica e chamá-la de 'subsistência' é separar as ligações sociais, sacras e até cósmicas" que o preparo das refeições e a comensalidade podem representar. Por essas razões, Greenough suspeita que "a economia moral do arroz em grande parte da Ásia é mais verdadeiramente moral, mais fértil de implicações, do que os historiadores econômicos e políticos têm se disposto a admitir".[236] Mas não há razão para restringir essas ideias à Ásia ou ao arroz. O pão, que é "o esteio da vida", tem papel importante no Pai-Nosso; pão e sal eram os presentes com que os camponeses europeus acolhiam outrora os visitantes; e a hóstia do sacramento da eucaristia era feita de pão ázimo.

Somos igualmente lembrados de que sempre corremos o risco de confundir as evidências históricas com os termos interpretativos que nós próprios introduzimos. Os amotinados às vezes pediam justiça (ou preços "justos") e certamente protestavam contra práticas injustas; mas a linguagem de "deveres", "obrigações", "reciprocidade" e até "direitos" é criada principalmente por nós. Os acusados de práticas desonestas no mercado eram chamados de "patifes" pelos amotinados, e, no teatro da confrontação, os escritores de cartas anônimas elaboravam uma retórica da ameaça — assassinato, incêndio criminoso, até revolta.[237] Entretanto, se tivéssemos meios de investigar a estrutura cognitiva dos amotinados, poderíamos encontrar certas premissas essenciais, quer expressas por termos bíblicos mais simples como "amor" e "caridade", quer pelas noções do que os seres humanos "devem" uns aos outros em tempos difíceis, noções que podem ter pouco a ver com a instrução cristã, mas que nascem das trocas elementares da vida material.

Havia um "discurso" plebeu aqui, quase abaixo do nível da articulação, apelando a solidariedades tão profundamente assumidas que eram quase inominadas, e que só de vez em quando encontravam expressão no registro (muito imperfeito) que temos. Alegava-se que Walter Stephens, acusado de sedição perante a Comissão Especial de Gloucestershire em dezembro de 1766, teria declarado que "era certo e justificável o que a turba fizera, e que, apesar dos atos de todos os juízes, eles em breve nivelariam todos os homens".[238] Não é certamente um pensamento político respeitável, nem seria admitido em King's College, Cambridge. Mas Walter Stephens fez essa declaração numa época em que corria o risco de ser condenado à morte por essas opiniões (o que, no momento atual, não é o caso — que eu saiba — de nenhum membro de King's), e suas ideias merecem o nosso respeito.

A investigação comparativa do que é "a moral" (quer como norma, quer como estrutura cognitiva) nos ajudará a compreender essas ideias. Ela constitui uma agenda para a pesquisa futura. Seria uma lástima deixar os futuros historiadores sem nada para fazer. De qualquer forma, se eu realmente fui o pai da expressão "economia moral" no discurso acadêmico corrente, o termo há muito tempo esqueceu a sua filiação. Não o renego, mas ele já atingiu sua maioridade, e não sou mais responsável por suas ações. Será interessante ver como isso vai continuar.

6

TEMPO, DISCIPLINA DE TRABALHO E CAPITALISMO INDUSTRIAL

Mantínhamos um velho criado, cujo nome era Wright, trabalhando todos os dias, embora fosse pago por semana, mas ele fazia rodas por ofício [...]. *Certa manhã aconteceu que, tendo uma carroça quebrado na estrada* [...], *o velho foi chamado para consertá-la no lugar em que o veículo se encontrava; enquanto ele estava ocupado fazendo o seu trabalho, passou um camponês que o conhecia, e o saudou com o cumprimento de costume:* Bom dia, velho Wright, que Deus o ajude a terminar logo o seu trabalho. O *velho levantou os olhos para ele* [...] *e, com uma grosseria divertida, respondeu*: Pouco me importa se ele ajudar ou não, trabalho por dia.

Daniel Defoe, The great law of subordination considered; or the insolence and insufferable behaviour of SERVANTS in England duly enquired into (1724)

Para a camada superior da humanidade, o tempo é um inimigo, e [...] *a sua principal atividade é matá-lo; ao passo que, para os outros, tempo e dinheiro são quase sinônimos.*

Henry Fielding, An enquiry into the causes of the late increase of robbers (1751)

Tess [...] *começou a subir a alameda ou rua escura e torta que não fora feita para um caminhar apressado; uma rua traçada antes que pequenos pedaços de terra tivessem valor, e quando os relógios de um só ponteiro bastavam para subdividir o dia.*

Thomas Hardy

I

É lugar-comum que os anos entre 1300 e 1650 presenciaram mudanças importantes na percepção do tempo no âmbito da cultura intelectual da Europa Ocidental.[1] Nos *Contos de Canterbury*, o galo ainda aparece no seu papel imemorial de relógio da natureza: Chantecler

> *Levantou o olhar para o sol brilhante*
> *Que no signo de Touro percorrera*
> *Vinte e tantos graus, e um pouco mais,*
> *Ele sabia pela natureza, e por nenhuma outra ciência,*
> *Que amanhecia, e cantou com voz alegre* [...][I]

Mas, embora "Pela natureza ele conhecesse cada ascensão/ Do equinócio naquela cidade", o contraste entre o tempo da "natureza" e o tempo do relógio é apontado na imagem —

> *Bem mais confiável era o seu canto no poleiro*
> *Do que um relógio, ou o relógio da abadia.*[II]

Esse é um relógio muito primitivo: Chaucer (ao contrário de Chantecler) era londrino, ciente dos horários da Corte, da organização urbana e do "tempo do mercador" que Jacques le Goff, num artigo sugestivo em *Annales*, contrapôs ao tempo da Igreja medieval.[2]

Não desejo discutir até que ponto a mudança foi causada pela difusão de relógios a partir do século XIV em diante, até que ponto foi ela própria o sintoma de uma nova disciplina puritana e exatidão burguesa. Seja qual for o modo de a considerarmos, a mudança certamente existe. O relógio sobe no palco elisabetano, transformando o último solilóquio de Fausto num diálogo com o tempo: "as estrelas se movem silenciosas, o tempo corre, o relógio vai bater as horas". O tempo sideral, presente desde o início da literatura, com um único passo abandonou o céu para entrar nos lares. A mortalidade e o amor são sentidos de modo mais pungente quando o "progresso vagaroso do ponteiro em movimento"[3] cruza o mostrador. Quando se usa o relógio ao redor do pescoço, ele fica próximo às batidas menos regulares do coração. São bastante antigas as imagens elisabetanas do tempo como devorador, desfigurador, tirano sangrento, ceifeiro, mas há um novo senso de imediatismo e insistência.[4]

À medida que o século XVII avança, a imagem do mecanismo do relógio

(I) Caste up his eyen to the brighte sonne,/ That in the signe of Taurus hadde yronne/ Twenty degrees and oon, and somwhat moore,/ He knew by kynde, and by noon oother loore/ That it was pryme, and crew with blisful stevene [...].

(II) Wel sikerer was his crowyng in his logge/ Than is a clokke, or an abbey orlogge.

se expande, até que, com Newton, toma conta do universo. E pela metade do século XVIII (se confiarmos em Sterne) o relógio já alcançara níveis mais íntimos. Pois o pai de Tristram Shandy — "um dos homens mais regrados em tudo o que fazia [...] que já existiram" — "criara um hábito durante muitos anos de sua vida — na noite do primeiro domingo de cada mês [...], ele dava corda a um grande relógio que tínhamos no topo da escada dos fundos". "Aos poucos também transferira alguns outros pequenos interesses familiares para o mesmo período", o que tornou Tristram capaz de precisar a data de sua concepção. Provocou também *The clockmaker's outcry against the author* [O protesto do relojoeiro contra o autor]:

> As minhas encomendas de vários relógios para o interior foram canceladas; porque agora nenhuma dama recatada ousa falar em dar corda a um relógio sem se expor aos olhares maliciosos e às piadas da família [...]. Sim, agora a expressão comum das prostitutas é: "Meu senhor, não quer dar corda ao seu relógio?"

As matronas virtuosas (reclamava o "relojoeiro") estão enfiando os relógios nos quartos de trastes velhos, porque eles "provocam atos carnais".[5]

Entretanto, é improvável que esse impressionismo grosseiro faça avançar a presente investigação: até que ponto, e de que maneira, essa mudança no senso de tempo afetou a disciplina de trabalho, e até que ponto influenciou a percepção interna de tempo dos trabalhadores? Se a transição para a sociedade industrial madura acarretou uma reestruturação rigorosa dos hábitos de trabalho — novas disciplinas, novos estímulos, e uma nova natureza humana em que esses estímulos atuassem efetivamente —, até que ponto tudo isso se relaciona com mudanças na notação interna do tempo?

II

É bem conhecido que, entre os povos primitivos, a medição do tempo está comumente relacionada com os processos familiares no ciclo do trabalho ou das tarefas domésticas. Evans-Pritchard analisou o senso de tempo dos nuer: "O relógio diário é o do gado, a rotina das tarefas pastorais, e para um nuer as horas do dia e a passagem do tempo são basicamente a sucessão dessas tarefas e a sua relação mútua". Entre os nandi, a definição ocupacional do tempo evoluiu, abrangendo não apenas cada hora, mas cada meia hora do dia — às 5h30 da manhã os bois já foram para o pasto, às 6 h as ovelhas foram soltas, às 6h30 o sol nasceu, às 7 h tornou-se quente, às 7h30 os bodes já foram para o pasto etc. — uma economia inusitadamente bem regulada. De modo semelhante, os termos evoluem para a medição de intervalos de tempo. Em Madagáscar, o tempo podia ser medido pelo "cozimento do arroz" (cerca de meia hora) ou pelo "fritar de um gafanhoto" (um momento). Registrou-se que os nativos de Cross River dizem: "o homem morreu em menos tempo do que leva o milho para assar" (menos de quinze minutos).[6]

Não é difícil encontrar exemplos dessa atitude mais próximos de nós em termos de tempo cultural. Assim, no Chile do século XVII, o tempo era frequentemente medido em "Credos": um terremoto foi descrito em 1647 como tendo durado o tempo de dois credos; enquanto o cozimento de um ovo podia ser estimado por uma Ave-Maria rezada em voz alta. Na Birmânia,[III] em tempos recentes, os monges levantavam ao amanhecer, "quando há bastante luz para ver as veias na mão".[7] O *Oxford English dictionary* nos dá exemplos ingleses — *pater noster wyle* [a duração do Pai-Nosso], *miserere whyle* [a duração do Miserere] (1450), e (no *New English dictionary*, mas não no *Oxford English dictionary*) *pissing while* [o tempo de uma mijada] — uma medição um tanto arbitrária.

Pierre Bourdieu investigou mais detalhadamente as atitudes dos camponeses cabilas (na Argélia) com relação ao tempo em anos recentes: "Uma atitude de submissão e de indiferença imperturbável em relação à passagem do tempo, que ninguém sonha em controlar, empregar ou poupar... A pressa é vista como uma falta de compostura combinada com ambição diabólica". O relógio é às vezes conhecido como "a oficina do diabo"; não há horas precisas de refeições; "a noção de um compromisso com hora marcada é desconhecida; eles apenas combinam de se encontrar 'no próximo mercado'". Uma canção popular diz:

É inútil correr atrás do mundo, Ninguém jamais o alcançará.[8]

Em sua descrição bem observada da ilha Aran, Synge nos dá um exemplo clássico:

> Enquanto caminho com Michael, alguém muitas vezes vem falar comigo para perguntar que horas são. No entanto, poucas pessoas têm bastante familiaridade com a noção moderna de tempo para compreender de forma menos vaga a convenção das horas, e quando lhes informo a hora do meu relógio, eles não ficam satisfeitos e querem saber quanto tempo ainda lhes resta até o crepúsculo.[9]
>
> Na ilha, o conhecimento geral do tempo depende, bastante curiosamente, da direção do vento. Quase todas as cabanas são construídas [...] com duas portas uma em frente da outra, e a mais abrigada das duas fica aberta durante todo o dia para deixar entrar luz no interior. Se o vento é norte, a porta do sul fica aberta, e o movimento da sombra do umbral sobre o chão da cozinha indica a hora; porém, assim que o vento muda para o sul, a outra porta é aberta, e as pessoas, que jamais pensam em fazer um relógio de sol primitivo, ficam perdidas [...].

(III) Atual Myanmar.

> Quando o vento é do norte, a velha senhora prepara as minhas refeições com bastante regularidade; mas, nos outros dias, ela frequentemente prepara o meu chá às três horas em vez das seis [...].[10]

Sem dúvida, esse descaso pelo tempo do relógio só é possível numa comunidade de pequenos agricultores e pescadores, cuja estrutura de mercado e administração é mínima, e na qual as tarefas diárias (que podem variar da pesca ao plantio, construção de casas, remendo das redes, feitura dos telhados, de um berço ou de um caixão) parecem se desenrolar, pela lógica da necessidade, diante dos olhos do pequeno lavrador.[11] Mas a descrição de Synge serve para enfatizar o condicionamento essencial em diferentes notações do tempo geradas por diferentes situações de trabalho, e sua relação com os ritmos "naturais". É óbvio que os caçadores devem aproveitar certas horas da noite para colocar as suas armadilhas. Os pescadores e os navegantes devem integrar as suas vidas com as marés. Em 1800, uma petição de Sunderland inclui as seguintes palavras: "considerando que este é um porto marítimo em que muitas pessoas são obrigadas a ficar acordadas durante toda a noite para cuidar das marés e de suas atividades no rio".[12] A expressão operacional é "cuidar das marés": a padronização do tempo social no porto marítimo observa os ritmos do mar; e isso parece natural e compreensível para os pescadores ou navegadores: a compulsão é própria da natureza.

Da mesma forma, o trabalho do amanhecer até o crepúsculo pode parecer "natural" numa comunidade de agricultores, especialmente nos meses da colheita: a natureza exige que o grão seja colhido antes que comecem as tempestades. E observamos ritmos de trabalho "naturais" semelhantes acompanhando outras ocupações rurais ou industriais: deve-se cuidar das ovelhas na época do parto e protegê-las dos predadores; as vacas devem ser ordenhadas; deve-se cuidar do fogo e não deixar que se espalhe pelas turfas (e os que queimam carvão devem dormir ao lado); quando o ferro está sendo feito, as fornalhas não podem apagar.

A notação do tempo que surge nesses contextos tem sido descrita como orientação pelas tarefas. Talvez seja a orientação mais eficaz nas sociedades camponesas, e continua a ser importante nas atividades domésticas e dos vilarejos. Não perdeu de modo algum toda a sua importância nas regiões rurais da Grã-Bretanha de hoje. É possível propor três questões sobre a orientação pelas tarefas. Primeiro, há a interpretação de que é mais humanamente compreensível do que o trabalho de horário marcado. O camponês ou trabalhador parece cuidar do que é uma necessidade. Segundo, na comunidade em que a orientação pelas tarefas é comum parece haver pouca separação entre "o trabalho" e "a vida". As relações sociais e o trabalho são misturados — o dia de trabalho se prolonga ou se contrai segundo a tarefa — e não há grande senso de conflito entre o trabalho e "passar do dia". Terceiro, aos homens acostumados com o trabalho marcado pelo relógio, essa atitude para com o trabalho parece perdulária e carente de urgência.[13]

Sem dúvida, essa distinção tão clara pressupõe, como referencial, o camponês ou artesão independente. Mas a questão da orientação pelas tarefas se torna muito mais complexa na situação em que se emprega mão de obra. Toda a economia familiar do pequeno agricultor pode ser orientada pelas tarefas; mas em seu interior pode haver divisão de trabalho, alocação de papéis e a disciplina de uma relação de empregador-empregado entre o agricultor e seus filhos. Mesmo nesse caso, o tempo está começando a se transformar em dinheiro, o dinheiro do empregador. Assim que se contrata mão de obra real, é visível a transformação da orientação pelas tarefas no trabalho de horário marcado. É verdade que a regulação do tempo de trabalho pode ser feita independentemente de qualquer relógio — e, na verdade, precede a difusão desse mecanismo. Ainda assim, na metade do século XVII, os fazendeiros ricos calculavam as suas expectativas da mão de obra contratada em "dias de trabalho" (como fazia Henry Best) — "Cunnigarth, com suas terras de aluvião, requer quatro grandes dias de trabalho para um bom ceifeiro", "Spellowe exige quatro dias de trabalho indiferentes" etc.[14] e o que Best fazia para a sua própria fazenda, Markham tentou apresentar de forma geral:

> Um homem [...] pode ceifar um acre e meio de cereais, como cevada e aveia, se as plantas forem grossas, pouco elásticas e rentes ao chão, e se ele trabalhar bem, sem cortar as cabeças das espigas e deixando os talos ainda plantados, num dia de trabalho; mas se as plantas forem boas, grossas e bastante eretas, ele pode ceifar dois acres ou dois acres e meio num dia; agora se as plantas forem curtas e finas, ele pode ceifar três e às vezes quatro acres num dia, sem ficar estafado [...].[15]

O cálculo é difícil, depende de muitas variáveis. Sem dúvida, uma medição direta do tempo era mais conveniente.[16]

Essa medição incorpora uma relação simples. Aqueles que são contratados experienciam uma distinção entre o tempo do empregador e o seu "próprio" tempo. E o empregador deve *usar* o tempo de sua mão de obra e cuidar para que não seja desperdiçado: o que predomina não é a tarefa, mas o valor do tempo quando reduzido a dinheiro. O tempo é agora moeda: ninguém passa o tempo, e sim o gasta.

Podemos observar um pouco desse contraste, nas atitudes para com o tempo e o trabalho, em duas passagens do poema de Stephen Duck, "The thresher's labour" [A lida do debulhador].[17] A primeira descreve uma situação de trabalho que passamos a ver como norma nos séculos XIX e XX:

Nas tábuas fortes ressoam os bastões de macieira,
E os celeiros devolvem o eco dos estrépitos.
Ora no ar voam nossas armas nodosas,
Ora com igual força lá de cima caem:
Para baixo, para cima, criam o ritmo tão bem,
Os martelos dos ciclopes melhor não soariam
[...]

Em torrentes salgadas nosso suor acelerado desce,
Cai dos anéis dos cabelos, ou escorre pela face.
Não temos pausa em nosso trabalho;
A sala barulhenta da debulha não pode parar.
Se o mestre se ausenta, os outros brincam a salvo;
Mas a sala adormecida da debulha se trai.
Nem para se distrair do trabalho tedioso,
E fazer sorrir docemente os minutos que passam,
Podemos, como os pastores, contar uma história alegre.
A voz se perde, afogada pelo mangual barulhento
[...]

Semana após semana fazemos essa tarefa monótona,
Exceto quando os dias de joeirar criam outra nova;
Nova realmente, mas em geral pior,
A sala da debulha só se submete às pragas do mestre:
Ele conta os alqueires, conta a quantidade do dia,
Depois pragueja que vadiamos metade do tempo.
Olhem aqui, seus patifes! Acham que isso basta?
Os seus vizinhos debulham duas vezes mais que vocês.[IV]

A passagem parece descrever a monotonia, a alienação do prazer em trabalhar, e o antagonismo de interesses comumente atribuídos ao sistema das fábricas. A segunda passagem descreve a colheita:

(IV) From the strong Planks our Crab-Tree Staves rebound,/ And echoing Barns retum the rattling Sound./ Now in the Air our knotty Weapons Fly;/ And now with equal Force descend from high:/ Down one, one up, so well they keep the Time,/ The *Cyclops* Hammers could no truer chime [...]// In briny Streams our Sweat descends apace,/ Drops from our Locks, or trickles down our Face./ No intermission in our Work we know;/ The noisy Threshall must for ever go./ Their Master absent, others safely play;/ The sleeping Threshall doth itself betray./ Nor yet the tedious Labour to beguile,/ And make the passing Minutes sweetly smile,/ Can we, like Shepherds, tell a merry Tale?/ The Voice is lost, drown'd by the noisy Flail [...]// Week after Week we this dull Task pursue,/ Unless when winnowing Days produce a new;/ A new indeed, but frequently a worse,/ The Threshall yields but to the Master's Curse:/ He counts the Bushels, counts how much a Day,/ Then swears we've idled half our Time away./ Why look ye, Rogues! D'ye think that this will do?/ Your Neighbours thresh as much again as you.

Por fim, em fileiras, os cereais bem secados,
Uma cena aprazível, tudo pronto para o celeiro.
Nosso mestre satisfeito considera a visão com alegria,
E nós, para carregar os grãos, usamos toda a nossa força.
A confusão logo toma conta de todo o campo,
Os clamores atordoam os ouvidos dos trabalhadores;
Os sinos e os golpes dos chicotes alternam os sons,
E as carroças estrepitosas estrondam sobre a terra.
O trigo já entrou no celeiro, as ervilhas e outros grãos
Têm o mesmo destino, e logo deixam o campo vazio:
Em triunfo clamoroso, a última carga se move,
E um grande alarido de hurras proclama o fim da colheita.[V]

Essa é certamente uma composição convencional, obrigatória na poesia rural do século XVIII. E também não deixa de ser verdade que o moral elevado dos trabalhadores era sustentado pelos altos ganhos na colheita. Mas seria um erro ver a situação da colheita como resposta direta a estímulos econômicos. É igualmente um momento em que os ritmos coletivos mais antigos irrompem em meio aos novos, e uma porção do folclore e dos costumes rurais pode ser invocada como evidência comprovadora da satisfação psíquica e das funções rituais — por exemplo, a obliteração momentânea das distinções sociais — da festa do fim da colheita. "Como são poucos os que ainda sabem", escreve M. K. Ashby, "o que era trabalhar numa colheita há noventa anos! Embora os deserdados não tivessem grande participação nos frutos, eles ainda assim partilhavam a realização, o profundo envolvimento e a alegria do trabalho."[18]

III

Não é absolutamente claro até que ponto se podia dispor de hora precisa, marcada pelo relógio, na época da Revolução Industrial. Do século XLV em diante, construíram-se relógios de igreja e relógios públicos nas cidades e nas grandes cidades-mercados. A maioria das paróquias inglesas devia possuir relógios de igreja no final do século XVI.[19] Mas a exatidão

(v) At length in Rows stands up the well-dry'd Com,/ A grateful Scene, and ready for the Bam./ Our well-pleas'd Master views the Sight with joy,/ And we for carrying all our Force employ./ Confusion soon o'er all the Field appears,/ And stunning Clamours fill the Workmens Ears;/ The Bells, and clashing Whips, alternate sound,/ And rattling Waggons thunder o'er the Ground./ The Wheat got in, the Pease, and other Grain,/ Share the same Fate, and soon leave bare the Plain:/ In noisy Triumph the last Load moves on,/ And loud Huzza's proclaim the Harvest done.

desses relógios é motivo de discussão; e o relógio de sol continuava em uso (em parte para acertar o relógio) nos séculos XVII, XVIII e XIX.[20]

No século XVII, continuavam a ser feitas doações generosas (às vezes dispostas como *clockland* [terra para o relógio], *ding dong land* [terra para o ding dong] ou *curfew bell land* [terra para o toque de recolher]) para que soassem os sinos da manhã e os sinos de recolher.[21] Assim, em 1664, Richard Palmer de Wokingham (Berkshire) doou terras a serem administradas com a finalidade de pagar o sacristão, para que tocasse o grande sino durante meia hora, todas as noites às oito horas e todas as manhãs às quatro horas, ou tão próximo dessas horas quanto possível, de 10 de setembro a 11 de março de cada ano,

> não só para que todos os que morassem ao alcance do soar do sino pudessem ser com isso induzidos a repousar a uma hora conveniente da noite, e a levantar cedo de manhã para os trabalhos e deveres de suas várias profissões (horários geralmente observados e recompensados com economia e competência no trabalho) [...],

mas também para que os forasteiros e outros que escutassem o som do sino nas noites de inverno "pudessem ficar sabendo a hora da noite e ter alguma orientação para acertarem o seu caminho". Esses "fins racionais", pensava ele, "só podiam ser apreciados por uma pessoa judiciosa, a mesma prática sendo observada e aprovada na maioria das cidades e cidades-mercados, e em muitos outros lugares do reino [...]". O sino também lembraria aos homens a sua morte, a Ressurreição e o Juízo Final.[22] O som era mais eficaz que a visão, especialmente nos distritos manufatureiros em desenvolvimento. Nos distritos produtores de roupas de West Riding, nos Potteries[VI] (e provavelmente em outros distritos), ainda se empregava a trompa para acordar as pessoas de manhã.[23] De vez em quando o fazendeiro despertava os seus trabalhadores nas choupanas; e sem dúvida o costume de bater à porta para acordar os moradores terá começado com os primeiros moinhos.

Um grande progresso na exatidão dos relógios caseiros veio com o uso do pêndulo após 1658. Os relógios de pêndulo começaram a se espalhar a partir da década de 1660, mas os relógios com os ponteiros dos minutos (além dos ponteiros das horas) só se tornaram comuns depois dessa época.[24] Quanto a modelos mais portáteis, a exatidão do relógio de bolso era duvidosa antes de se aprimorar o mecanismo de escape e de se introduzir o "cabelo" (mola helicoidal), o que só aconteceu depois de 1674.[25] Ainda se preferia o formato ornado e rico à simples funcionalidade. Um diarista de Sussex observa em 1688: "comprei [...] um relógio de bolso com caixa de prata, que me custou três libras [...]. Esse relógio

(VI) Distrito oleiro em Staffordshire. (N. R.)

marca a hora do dia, o mês do ano, a fase da lua e o fluxo e o refluxo das marés; e funciona trinta horas sem precisar de corda".[26]

O professor Cipolla sugere 1680 como a data em que a fabricação de relógios portáteis e não portáteis ingleses suplantou (por quase um século) a dos concorrentes europeus.[27] A fabricação dos relógios nascera das habilidades do ferreiro,[28] e a afinidade ainda podia ser observada nas centenas de relojoeiros independentes, trabalhando para atender encomendas locais em suas próprias oficinas, dispersas pelas cidades-mercados e até pelas grandes vilas da Inglaterra, Escócia e País de Gales no século XVIII.[29] Embora muitos deles não aspirassem a nada mais refinado do que o prosaico relógio de pêndulo da casa da fazenda, havia entre eles artesãos de talento. John Harrison, relojoeiro e antigo carpinteiro de Barton-on-Humber (Lincolnshire), criou um cronômetro marítimo, e em 1730 podia afirmar que

> conseguira fazer com que um relógio chegasse mais perto da verdade do que se imaginaria possível, considerando a enorme quantidade de segundos que existe num mês, espaço de tempo em que ele não varia mais de um segundo [...]. Tenho certeza de que posso fazê-lo atingir uma precisão de dois ou três segundos num ano.[30]

Em 1810, John Tibbot, um relojoeiro de Newtown (Montgomeryshire), criara um relógio que (afirmava ele) raramente variava mais de um segundo em dois anos.[31] Entre esses extremos, havia os inúmeros artesãos engenhosos e altamente competentes que desempenharam um papel crucialmente importante na inovação técnica durante as primeiras fases da Revolução Industrial. Na verdade, a descoberta dessa questão não foi deixada a cargo dos historiadores, pois ela era forçosamente discutida nas petições dos relojoeiros contra os impostos diretos em fevereiro de 1798. Assim, a petição de Carlisle:

> [...] as manufaturas de algodão e lã são inteiramente gratas aos relojoeiros pelo estado de perfeição de sua maquinaria, pois, nos últimos anos, grandes números desses relojoeiros [...] têm sido empregados para inventar e construir, bem como para supervisionar essa maquinaria [...].[32]

A fabricação de relógios não portáteis nas pequenas cidades sobreviveu até o século XVII, embora se tornasse comum nos primeiros anos desse século que o relojoeiro local comprasse as peças já prontas em Birmingham, montando-as depois em sua própria oficina. Ao contrário, a fabricação de relógios portáteis, desde os primeiros anos do século XVIII, estava concentrada em alguns centros, dentre os quais os mais importantes eram Londres, Coventry, Prescot e Liverpool.[33] Uma subdivisão pormenorizada do trabalho ocorreu cedo nessa atividade, facilitando a produção em grande escala e a redução dos preços: a produção anual da indústria no seu auge (1796) era variadamente estimada em 120 mil e

191 678, sendo uma parte substancial para o mercado de exportação.[34] Embora tenha durado apenas de julho de 1797 a março de 1798, a tentativa desavisada de Pitt de taxar os relógios portáteis e não portáteis foi um marco decisivo no destino da indústria. Em 1796, os profissionais já reclamavam da competição dos relógios portáteis franceses e suíços; as queixas continuam a crescer nos primeiros anos do século XIX. Em 1813, a Companhia dos Relojoeiros alegava que o contrabando de relógios de ouro baratos assumira proporções alarmantes, e eram as joalherias, os armarinhos, as chapelarias, as lojas de moda, os bazares, as perfumarias etc. que os vendiam, "quase inteiramente para o uso das *classes mais altas da sociedade*". Ao mesmo tempo, mercadorias baratas contrabandeadas, vendidas por penhoristas ou caixeiros-viajantes, deviam chegar às classes mais pobres. [35]

É claro que havia muitos relógios portáteis e não portáteis por volta de 1800. Mas não é tão claro quem os possuía. A dra. Dorothy George, escrevendo sobre a metade do século XVIII, sugere que "os trabalhadores, assim como os artesãos, frequentemente possuíam relógios de prata", mas a afirmação é indefinida quanto à data e apenas ligeiramente documentada.[36] O preço médio dos relógios de pêndulo simples, fabricados localmente em Wrexham entre 1755 e 1774, era de duas libras a duas libras e quinze xelins; em 1795, uma lista de preços de Leicester para relógios não portáteis novos, sem caixas, vai de três a cinco libras. Um bom relógio portátil certamente não custaria menos.[37] Diante das circunstâncias, nenhum dos trabalhadores cujo orçamento foi registrado por Eden ou David Davies poderia ter cogitado esses preços, apenas o artesão urbano mais bem pago. Na metade do século, o tempo marcado pelo relógio (suspeita-se) ainda pertencia à *gentry*, aos mestres, aos fazendeiros e aos comerciantes; e talvez a complexidade do formato e a preferência pelo metal precioso fossem uma maneira deliberada de acentuar o seu simbolismo de status.

Mas a situação também parecia estar mudando nas últimas décadas do século. O debate provocado pela tentativa de se taxar todos os tipos de relógio em 1797-8 fornece algumas evidências. Talvez tenha sido o mais impopular e certamente o mais fracassado de todos os impostos diretos de Pitt:

Se ele te rouba o dinheiro — ora, as calças ainda te restam;
E as fraldas da camisa, se ele ficar com as calças;
E a pele, se te roubar a camisa; e os pés descalços, se te roubar os sapatos.
Portanto, esqueça os impostos — Nós derrotamos a frota holandesa! [VII] [38]

(VII) If your Money he take — why your Breeches remain;/ And the flaps of your Shias, if your Breeches he gain;/ And your Skin, if your Shirts; and if Shoes, your bare feet./ Then, never mind TAXES — *We've beat the Dutch fleet!*

Os impostos eram de dois xelins e seis pence sobre cada relógio portátil de metal ou prata; dez xelins sobre cada relógio de ouro; e cinco xelins sobre cada relógio não portátil. Nos debates sobre o imposto, as declarações dos ministros só eram notáveis pelas suas contradições. Pitt declarou esperar que o imposto produzisse 200 mil libras por ano: "Na verdade, ele pensava que como havia 700 mil casas que pagavam imposto, e como em toda casa havia provavelmente uma pessoa que usava relógio portátil, só o imposto sobre os relógios portáteis produziria esse valor". Ao mesmo tempo, em resposta às críticas, os ministros afirmavam que a posse de relógios portáteis e não portáteis era um sinal de luxo. O ministro do Tesouro via os dois lados da questão: os relógios portáteis e não portáteis "eram certamente artigos de conveniência, mas eram também artigos de luxo [...] geralmente em mãos de pessoas que tinham capacidade de pagar [...]". "Entretanto, ele pretendia isentar os relógios não portáteis de tipo mais simples que estavam em geral nas mãos das classes mais pobres."[39] O ministro claramente considerava o imposto uma espécie de baú da sorte; suas estimativas eram três vezes maiores que as de seu mentor:

TABELA DE ESTIMATIVAS

Artigos	*Imposto*	*Estimativa do ministro*	*Significaria*
Relógios portáteis de prata e metal barato	dois xelins e seis pence	10 mil libras	800 mil relógios portáteis
Relógios portáteis de ouro	dez xelins	200 mil libras	400 mil relógios portáteis
Relógios não portáteis	cinco xelins	3 ou 4 mil libras	em torno de 1 400 000 relógios não portáteis

Com os olhos brilhando à perspectiva do aumento de renda, Pitt revisou as suas definições: era possível possuir um único relógio portátil (ou cachorro) como artigo de conveniência — mais do que isso eram "padrões de riqueza".[40]

Infelizmente para os que quantificam o crescimento econômico, uma questão não foi levada em conta. O imposto era impossível de ser arrecadado.[41] Todos os chefes de família receberam ordens de enviar a lista dos relógios portáteis e não portáteis existentes nas suas casas, sob pena de severas sanções. As declarações dos valores para tributação deviam ser trimestrais:

> O Sr. Pitt tem ideias muito apropriadas sobre as demais finanças do país. Está determinado que o imposto *de meia coroa* sobre os relógios portáteis seja coletado *trimestralmente*. É grandioso e digno. Confere ao homem um ar de importância pagar *sete pence e meio* para sustentar a *religião*, a *propriedade* e a *ordem social*.[42]

Na verdade, o imposto era considerado loucura, criador de um sistema de espionagem, e um golpe contra a classe média.[43] Houve uma greve dos consumidores. Os proprietários de relógios de ouro fundiam as tampas e trocavam-nas por prata ou metal barato.[44] Os centros de comércio se viram mergulhados em crise e depressão.[45] Ao revogar a lei em março de 1798, Pitt disse tristemente que a arrecadação do imposto *teria* ultrapassado os cálculos originalmente feitos; mas não fica claro se ele se referia à sua própria estimativa (200 mil libras) ou à do ministro do Tesouro (700 mil libras).[46]

Ainda continuamos sem saber (mas em boa companhia). Havia muitos relógios no país na década de 1790: a ênfase estava mudando do "luxo" para a "conveniência"; até os colonos podiam ter relógios de madeira que custavam menos de vinte xelins. Na verdade (como seria de esperar), ocorria uma difusão geral de relógios portáteis e não portáteis no exato momento em que a Revolução Industrial requeria maior sincronização do trabalho.

Embora começassem a aparecer alguns relógios muito baratos — e de qualidade inferior —, os preços dos relógios eficientes continuaram ainda por várias décadas fora do alcance do artesão.[47] Mas não devemos deixar que preferências econômicas normais nos desorientem. O pequeno instrumento que regulava os novos ritmos da vida industrial era ao mesmo tempo uma das mais urgentes dentre as novas necessidades que o capitalismo industrial exigia para impulsionar o seu avanço. Um relógio não era apenas útil; conferia prestígio ao seu dono, e um homem podia se dispor a fazer economia para comprar um. Havia várias fontes, várias oportunidades. Durante décadas, uma série de relógios bons mas baratos passou das mãos do batedor de carteira para o receptador, a casa de penhores, a taverna.[48] Até os trabalhadores, uma ou duas vezes na vida, podiam ter um ganho inesperado e gastá-lo comprando um relógio: a gratificação da milícia,[49] os rendimentos da colheita ou os salários anuais do criado.[50] Em algumas partes do país, fundaram-se Clubes do Relógio — para compras em prestações coletivas.[51] Além disso, o relógio era o banco do pobre, o investimento das poupanças: nos tempos difíceis, podia ser vendido ou posto no prego.[52] "Este relógio aqui", dizia um tipógrafo cockney na década de 1820, "me custou apenas uma nota de cinco libras quando o comprei, e já o empenhei mais de vinte vezes, ao todo consegui mais de quarenta libras com ele. É um anjo da guarda para um sujeito, é um bom guarda [relógio] quando se está quebrado."[53]

Sempre que um grupo de trabalhadores entrava numa fase de melhoria do padrão de vida, a aquisição de relógios era uma das primeiras mudanças notadas pelos observadores. Na famosa descrição de Radcliffe sobre a idade de ouro dos tecelões manuais de Lancashire na década de 1790, os homens tinham "todos um relógio no bolso", e toda casa era "bem equipada com um relógio numa caixa de mogno elegante ou refinada".[54] Em Manchester, cinquenta anos mais tarde, o mesmo ponto atraiu a atenção de um repórter:

> Nenhum trabalhador de Manchester ficará sem relógio nem um minuto a mais do que puder evitar. Vê-se, aqui e ali, nas melhores casas, aqueles relógios antiquados de mostrador metálico e corda para oito dias; mas o artigo mais comum é de longe a pequena máquina holandesa, com seu pêndulo agitado balançando aberta e candidamente diante de todo mundo.[55]

Trinta anos mais tarde, o símbolo do próspero líder do sindicato Lib-La[VIII] era a dupla corrente de ouro de seu relógio; e por cinquenta anos de servidão disciplinada ao trabalho, o empregador esclarecido dava ao seu empregado um relógio de ouro gravado.

IV

Vamos voltar do relógio para a tarefa. A atenção ao tempo no trabalho depende em grande parte da necessidade de sincronização do trabalho. Mas na medida em que a manufatura continuava a ser gerida em escala doméstica ou na pequena oficina, sem subdivisão complexa dos processos, o grau de sincronização exigido era pequeno, e a orientação pelas tarefas ainda prevalecia.[56] O sistema de trabalho em domicílio [*putting-out system*] exigia muita busca, transporte e espera de materiais. O mau tempo podia prejudicar não só a agricultura, a construção e o transporte, mas também a tecelagem, pois as peças prontas tinham de ser estendidas sobre a rama para secar. Quando examinamos cada tarefa mais detalhadamente, ficamos surpresos com a multiplicidade de tarefas subsidiárias que o mesmo trabalhador ou grupo de família devia realizar numa única choupana ou oficina. Mesmo em oficinas maiores, os homens às vezes continuavam a realizar tarefas distintas nas suas bancadas ou teares, e — exceto quando o receio de desvio de materiais impunha supervisão mais rigorosa — demonstravam alguma flexibilidade no ir e vir.

Daí temos a irregularidade característica dos padrões de trabalho antes da introdução da indústria em grande escala movida a máquinas. Segundo as exigências gerais das tarefas semanais ou quinzenais — a peça de tecido, tantos pregos ou pares de sapatos —, o dia de trabalho podia ser prolongado ou reduzido. Além disso, nos primeiros desenvolvimentos da manufatura e da mineração, ainda existiam muitas ocupações mistas: os mineiros de estanho da Cornualha também participavam da pesca da sardinha; os mineiros de chumbo do

(VIII) Aliança política entre o Partido Liberal e o Partido Trabalhista. (N. R.)

Norte eram igualmente pequenos proprietários de terra; os artesãos da vila se dedicavam a várias tarefas na construção, transporte de carroça, carpintaria; os trabalhadores domésticos deixavam o seu trabalho para ajudar na colheita; o pequeno fazendeiro/tecelão dos Peninos.

É da natureza desse tipo de trabalho não admitir cronogramas precisos e representativos. Mas alguns trechos do diário de um tecelão agricultor metódico em 1782-3 podem nos dar uma ideia da variedade das tarefas. Em outubro de 1782, ele ainda estava trabalhando na colheita e na debulha, além de fazer seu trabalho de tecelão. Num dia chuvoso, ele podia tecer 8,5 ou nove jardas; no dia 14 de outubro, ele entregou a peça de tecido pronta, e por isso teceu apenas 4,75 jardas; no dia 23, ele "trabalhou fora de casa" até as três horas, teceu duas horas antes do anoitecer, "remendou o casaco à noite". No dia 24 de dezembro, "teci duas jardas antes das onze horas. Empilhei o carvão, limpei o telhado e as paredes da cozinha, e adubei a terra até as dez horas da noite". Além de trabalhar na colheita e na debulha, fazer manteiga, cavar vala e cuidar do jardim, temos as seguintes entradas:

18 de janeiro de 1783	Estive preparando o estábulo de um bezerro e buscando as copas de três árvores que cresciam na vereda e naquele dia foram derrubadas e vendidas para John Blagbrough.
21 de janeiro	Teci 2,75 jardas, pois, como a vaca teve bezerro, exigia muitos cuidados. (No dia seguinte, ele caminhou até Halifax para comprar remédio para a vaca.)

No dia 25 de janeiro, ele teceu duas jardas, caminhou até uma vila vizinha, realizou "diversos trabalhos na roda do tear e no quintal, e à noite escreveu uma carta". Outras ocupações compreendiam vender mercadorias com um cavalo e uma carroça, colher cerejas, trabalhar na represa de um moinho, assistir à reunião de uma associação batista e a um enforcamento público.[57]

Essa irregularidade geral deve ser situada no âmbito do ciclo irregular da semana de trabalho (e, na verdade, do ano de trabalho) que provocava tantas lamentações por parte dos moralistas e mercantilistas do século XVII. Um poema publicado em 1639 nos dá uma versão satírica:

Sabemos que a segunda-feira é irmã do domingo;
A terça-feira também;
Na quarta-feira temos de ir à igreja e rezar;
A quinta-feira é meio-feriado;
Na sexta-feira é tarde demais para começar a fiar;
O sábado é outra vez meio-feriado.[IX 58]

(IX) You know that Munday is Sundayes brother;/ Tuesday is such another;/ Wednesday you must go to Church and pray;/ Thursday is half-holiday;/ On Friday it is too late to begin to spin;/ The Saturday is half-holiday again.

Em 1681, John Houghton nos dá a versão indignada:

> Quando os fabricantes de malhas ou de meias de seda conseguiam um bom preço pelo seu trabalho, observava-se que raramente trabalhavam nas segundas-feiras e nas terças-feiras, mas passavam a maior parte de seu tempo na cervejaria ou no boliche [...]. Quanto aos tecelões, é comum vê-los bêbados nas segundas-feiras, com dor de cabeça nas terças, e com as ferramentas estragadas nas quartas. Quanto aos sapateiros, eles preferem ser enforcados a esquecerem são Crispim na segunda-feira [...] e isso geralmente se prolonga enquanto têm no bolso uma moeda de um penny ou crédito no valor de um penny.[59]

O padrão de trabalho sempre alternava momentos de atividade intensa e de ociosidade quando os homens detinham o controle de sua vida produtiva. (O padrão persiste ainda hoje entre os autônomos — artistas, escritores, pequenos agricultores e talvez até estudantes — e propõe a questão de saber se não é um ritmo "natural" de trabalho humano.) Na segunda-feira e na terça-feira, segundo a tradição, o tear manual seguia o canto de *Plen-ty of Time, Plen-ty of Time* [*Tempo de sobra, Tempo de sobra*]*;* na quinta e na sexta, A *day t'lat,* A *day t'lat* [*Um dia atrasado, Um dia atrasado*].[60] A tentação de dormir uma hora a mais de manhã esticava o trabalho até a noite, horas iluminadas pelas velas.[61] São poucos os ofícios que não respeitam a Santa Segunda-Feira: sapateiros, alfaiates, mineiros de carvão, tipógrafos, oleiros, tecelões, fabricantes de malhas, cuteleiros, todos os cockneys. Apesar do emprego pleno de muitos profissionais londrinos durante as Guerras Napoleônicas, uma testemunha reclamava que "vemos a Santa Segunda-Feira tão religiosamente observada nesta grande cidade [...] em geral também seguida por uma Santa Terça-Feira".[62] Se dermos crédito a "The jovial cutlers", uma canção de Sheffield do final do século XVIV, essa prática não se dava sem tensões domésticas:

Quando numa boa Santa Segunda-Feira,
Sentados à beira do fogo da forja,
Contando o que se fez no domingo,
Com alegria jovial conspiramos,
Logo escuto a porta do alçapão se erguer,
Na escada está minha mulher:
"Ao diabo, Jack, vou bater na tua cara,
Tu levas uma vida de bêbado irritante,
Ficas aí sentado em vez de trabalhar,
Com o cântaro sobre o joelho;
Maldito, tudo contigo é sorrateiro.
E eu a trabalhar para ti como uma escrava".[X]

(x) How upon a good Saint Monday,/ Sitting by the smithy fire,/ Telling what's been done o't Sunday,/ And in cheerful mirth conspire,/ Soon I hear the trap-door rise up,/ On the ladder stands my wife:/ "Damn thee, Jack, I'll dust they eyes up,/ Thou leads a plaguy drunken life;/ Here thou sits instead of working,/ Wi' thy pitcher on thy knee;/ Curse thee, thou'd be always lurking./ And I may slave myself for thee".

A mulher continua, falando "mais rápido/ Do que minha broca em ritmo de sexta-feira", para demonstrar a demanda efetiva do consumidor:

"Olha só o espartilho que tenho,
Olha o meu par de sapatos,
Vestido e saia meio esfarrapados,
Nenhum ponto inteiro na malha da minha meia [...]".[XI]

Para dar o aviso de uma greve geral:

"Sabes que odeio discussões e brigas,
Mas não tenho nem sabão, nem chá;
Ou te endireita, Jack, abandona o barril,
Ou nunca mais vais dormir comigo."[XII][63]

A Santa Segunda-Feira parece ter sido observada quase universalmente em todos os lugares em que existiam indústrias de pequena escala, domésticas e fora da fábrica. Essa tradição era geralmente encontrada nos poços das minas, e às vezes continuava na manufatura e na indústria pesada.[64] Perpetuou-se na Inglaterra até o século XIX — e, na verdade, até o século XX[65] — por complexas razões econômicas e sociais. Em alguns ofícios, os próprios pequenos mestres aceitavam a instituição e usavam a segunda-feira para receber ou entregar encomendas. Em Sheffield, onde os cuteleiros tenazmente observaram o feriado durante séculos, ele se tornara "um hábito e costume estabelecido" que até as usinas siderúrgicas observavam (1874): "Em alguns casos, essa ociosidade naseg unda-feira é imposta pelo fato de que a segunda-feira é o dia reservado para os consertos das máquinas nas grandes siderúrgicas".[66] Onde o costume estava profundamente estabelecido, a segunda-feira era o dia reservado para fazer compras e para os negócios pessoais. Igualmente, como Duveau sugere a respeito dos trabalhadores franceses, "le dimanche est le jour de la famille, le lundi celui de l'amitié" [o domingo é o dia da família, a segunda-feira, o da amizade]; e à medida que avançava o século XIX, a celebração desse dia era uma espécie de privilégio de status do artesão mais bem pago.[67]

É no relato de "O velho oleiro", publicado ainda em 1903, que temos algumas das observações mais perspicazes sobre os ritmos irregulares de trabalho que continuavam a existir nas olarias mais antigas até a metade do século. Os oleiros (nas décadas de 1830 e 1840) "tinham um respeito devoto pela Santa Segunda-Feira". Embora prevalecesse o costume do contrato anual, a

(XI) "See thee, look what stays I've gotten,/ See thee, what a pair of shoes;/ Gown and petticoat half rotten,/ Ne'er a whole stitch in my hose [...]"

(XII) "Thou knows I hate to broil and quarrel,/ But I've neither soap nor tea;/ Od burn thee, Jack, forsake thy barrel,/ Or nevermore thou'st lie wi' me."

remuneração semanal era pelo número de peças, e os oleiros qualificados empregavam as crianças e trabalhavam, com pouca supervisão, no seu próprio ritmo. As crianças e as mulheres vinham trabalhar na segunda-feira e na terça-feira, mas predominava "um sentimento de feriado" e o dia de trabalho era mais curto que o normal, pois os oleiros se ausentavam a maior parte do tempo, bebendo o que tinham ganho na semana anterior. Entretanto, as crianças tinham de preparar trabalho para o oleiro (por exemplo, as asas dos potes que ele iria moldar), e todos sofriam com a jornada excepcionalmente longa (catorze e às vezes dezesseis horas por dia) que cumpriam de quarta-feira a sábado: "Penso desde então que, se não fosse o alívio no começo da semana com a ajuda das mulheres e dos meninos no trabalho da olaria, o esforço mortal dos últimos quatro dias não poderia ser mantido". "O velho oleiro", um pregador metodista leigo de visão liberal-radical, via esses costumes (que ele deplorava) como consequência da falta de mecanização das olarias; e insistia que a mesma indisciplina no trabalho diário influenciava toda a vida e as organizações da classe trabalhadora dos Potteries. "As máquinas significam disciplina nas operações industriais":

> Se uma máquina a vapor começasse a funcionar todas as segundas-feiras de manhã às seis horas, os trabalhadores se disciplinariam com o hábito do trabalho regular e contínuo [...]. Também observei que as máquinas parecem inculcar o hábito do cálculo. Os trabalhadores dos Potteries eram lamentavelmente deficientes a esse respeito; viviam como crianças, sem nenhuma previsão calculada de seu trabalho ou de seu resultado. Em alguns dos condados mais ao norte, esse hábito de calcular o trabalho os tornou agudamente sagazes de muitas maneiras bem visíveis. Suas grandes sociedades cooperativas nunca teriam surgido, nem se desenvolvido de modo tão imenso e frutífero, se não fosse o cálculo induzido pelo uso da máquina. Uma máquina em operação durante tantas horas na semana produzia tantos metros de fio ou tecido. Os minutos eram experienciados como fatores influentes nesses resultados, enquanto nos Potteries as horas, ou às vezes até os dias, mal eram experienciados como fatores influentes. Havia sempre as manhãs e as noites dos últimos dias da semana, com as quais sempre se contava para compensar a perda devido à negligência do início da semana.[68]

Esse ritmo irregular é comumente associado com bebedeiras no fim de semana: a Santa Segunda-Feira é o alvo em muitos folhetos vitorianos sobre a temperança. Mas até o mais sóbrio e disciplinado dos artesãos podia sentir a necessidade dessas alternâncias de ritmo. "Não sei como descrever a aversão e o nojo que às vezes toma conta do trabalhador, incapacitando-o completamente a realizar as tarefas habituais durante um período mais longo ou mais curto", escreveu Francis Place em 1829; e acrescentou uma nota de rodapé com seu testemunho pessoal:

Por quase seis anos, trabalhando, quando tinha alguma coisa a fazer, de doze a dezoito horas por dia; quando, pela causa acima mencionada, já não conseguia continuar trabalhando, costumava fugir o mais rápido possível para Highgate, Hampstead, Muswell-hill ou Norwood, e depois "retornava a meu vômito" [...]. Isso acontece com todos os trabalhadores que conheço; e quanto mais sem esperança é o caso de um homem, mais frequentes serão esses acessos e de maior duração.[69]

Por fim, podemos notar que a irregularidade do dia e da semana de trabalho estava estruturada, até as primeiras décadas do século XIX, no âmbito da irregularidade mais abrangente do ano de trabalho, pontuado pelos seus feriados e feiras tradicionais. Ainda assim, apesar do triunfo do sábado sobre os antigos dias dos santos no século XVII,[70] o povo se agarrava tenazmente às suas festas e cerimônias consagradas pelo costume na paróquia, e até pode lhes ter dado maior vigor e dimensão.[71]

Até que ponto esse argumento pode ser estendido da manufatura aos trabalhadores rurais? Diante das circunstâncias, parece haver trabalho diário e semanal implacável nessa área: o trabalhador rural não tinha Santa Segunda-Feira. Mas ainda falta uma discriminação detalhada das diferentes situações de trabalho. A aldeia do século XVII (e XIX) tinha seus próprios artesãos independentes, bem como muitos que eram empregados para fazer tarefas irregulares.[72] Além disso, na área rural sem cercamentos, o argumento clássico contra o campo aberto e as terras comunais era a sua ineficiência e desperdício de tempo, porque o pequeno agricultor ou colono:

> [...] se lhes oferecem trabalho, eles respondem que têm de ir cuidar das suas ovelhas, cortar tojo, tirar a vaca do curral, ou, talvez, dizem que têm de mandar ferrar o cavalo, para que ele possa levá-los a uma corrida de cavalos ou a uma partida de críquete. [Arbuthnot, 1773]

> Ao perambular atrás de seu gado, ele adquire um hábito de indolência. Um quarto do dia, a metade do dia e às vezes os dias inteiros são imperceptivelmente perdidos. O trabalho diário se torna desagradável [...]. [Relatório sobre Somerset, 1795]

> Quando o trabalhador se torna dono de mais terras do que ele e a sua família conseguem cultivar à tarde [...] o fazendeiro já não pode depender dele para trabalho constante [...]. [*Commercial & Agricultural Magazine*, 1800][73]

A isso devemos acrescentar as queixas frequentes dos adeptos do aprimoramento agrícola a respeito do tempo desperdiçado, tanto nas feiras sazonais como (antes da introdução do armazém da aldeia) nos dias de mercado semanais.[74]

O criado da fazenda, ou o trabalhador rural regular e remunerado, que trabalhava, impecavelmente, todas as horas regulamentares ou até mais, que não tinha direitos ou terra comuns, e que (se não morasse na casa do patrão) vivia numa choupana a ela vinculado, estava sem dúvida sujeito a uma intensa disciplina de trabalho, tanto no século XVII como no XIX. Markham descreveu espirituosamente o dia de um lavrador (que morava na casa do patrão) em 1636: "[...] o lavrador deve se levantar antes das quatro horas da madrugada, e depois de dar graças a Deus pelo seu descanso e orar pelo sucesso de seu trabalho, deve entrar no estábulo [...]". Depois de limpar o estábulo, tratar dos cavalos, alimentá-los e preparar os seus apetrechos, ele talvez tomasse o café da manhã (às seis ou seis e meia da manhã) e devia arar até as duas ou três horas da tarde, quando tirava meia hora para o almoço; devia cuidar dos cavalos etc. até as seis e meia da tarde, quando então podia entrar para o jantar:

> [...] e depois do jantar, ele devia consertar os sapatos à beira do fogo, tanto os seus como os da família, bater o cânhamo ou o linho, colher e esmagar maçãs silvestres para fazer cidra ou suco de frutas, ou então moer o malte no moedor manual, colher junco para fazer velas, ou realizar alguma tarefa doméstica dentro de casa até baterem as oito horas [...].[XIII]

Então ele devia mais uma vez cuidar de seu gado e ("dando graças a Deus pelos benefícios recebidos naquele dia") podia ir dormir.[75]

Mesmo assim, temos direito a demonstrar um certo ceticismo. Há dificuldades óbvias na natureza da ocupação. Arar não é uma tarefa feita o ano inteiro. As horas e as tarefas devem flutuar com o tempo. Os cavalos (se não os homens) devem descansar. Há dificuldade de supervisão: os relatos de Robert Loder indicam que os criados (quando fora da vista dos patrões) nem sempre estavam de joelhos agradecendo a Deus pelos seus benefícios: "os homens trabalham quando lhes apraz, e por isso podem vadiar".[76] O próprio fazendeiro devia fazer horas extras se quisesse manter todos os seus trabalhadores sempre ocupados.[77] E o criado da fazenda podia reivindicar o seu direito anual de partir se o trabalho não lhe agradasse.

Assim, tanto os cercamentos como o desenvolvimento agrícola se preocupavam, em certo sentido, com a administração eficiente do tempo da força de trabalho. Os cercamentos e o excedente cada vez maior de mão de obra no final do século XVIII arrochavam a vida daqueles que tinham um emprego regular. Eles se viam diante da seguinte alternativa: emprego parcial e assistência aos pobres, ou submissão a uma disciplina de trabalho mais exigente. Não é uma questão de técnicas novas, mas de uma percepção mais aguçada dos empregadores capitalistas empreendedores quanto ao uso parcimonioso do tem-

(XIII) [...] and after supper, hee shall either by the tire side mend shoes both for himselfe and their Family, or beat and knock Hemp or Flax, or picke and stamp Apples or Crabs, for Cyder or Verdjuyce, or else grind malt on the qurnes, pick candle rushes, or doe some Husbandly office within doors till it be full eight a clock [...].

po. Isso se revela no debate entre os defensores da mão de obra remunerada com emprego regular e os defensores do "trabalho por empreitada" (isto é, trabalhadores empregados para tarefas específicas e pagos pelo trabalho executado). Na década de 1790, Sir Mordaunt Martin desaprovou o recurso ao trabalho por empreitada

> que as pessoas aprovam, para não ter o trabalho de vigiar os seus empregados: o resultado é que o trabalho é malfeito, os trabalhadores se vangloriam na cervejaria do que eles podem gastar numa "mijada contra a parede", criando descontentamento entre os homens com remunerações moderadas.

"Um fazendeiro" se opõe a essa visão com o argumento de que o trabalho por empreitada e o trabalho remunerado regular podiam ser judiciosamente misturados:

> Dois trabalhadores se comprometem a cortar a grama de um pedaço de terra, cobrando dois xelins ou meia coroa por acre; mando ao campo, com as suas foices, dois de meus criados domésticos; sei que posso contar com o fato de que seus companheiros os farão acompanhar o ritmo de trabalho; e assim eu ganho [...] de meus criados domésticos as mesmas horas adicionais de trabalho que meus criados contratados voluntariamente lhe dedicam.[78]

No século XIX, o debate foi em grande parte decidido a favor do trabalho remunerado semanalmente, suplementado pelo trabalho por tarefas quando havia necessidade. O dia do trabalhador de Wiltshire, descrito por Richard Jefferies na década de 1830, não era menos longo do que o descrito por Markham. Talvez por opor resistência a esse labutar implacável, esse trabalhador se distinguia pelo "caminhar desajeitado" e pela "lentidão mortal que parece impregnar tudo o que ele faz".[79]

O trabalho mais árduo e prolongado de todos era o da mulher do trabalhador na economia rural. Parte desse trabalho — especialmente o cuidado dos bebês — era o mais orientado pelas tarefas. Outra parte se dava nos campos, de onde ela retornava para novas tarefas domésticas. Como Mary Collier reclamou numa réplica inteligente a Stephen Duck:

> [...] *e quando chegamos em casa,*
> *Ai de nós! vemos que nosso trabalho mal começou;*
> *Tantas coisas exigem a nossa atenção,*
> *Tivéssemos dez mãos, nós as usaríamos todas.*
> *Depois de pôr as crianças na cama, com o maior carinho*
> *Preparamos tudo para a volta dos homens ao lar:*
> *Eles jantam e vão para a cama sem demora,*
> *E descansam bem até o dia seguinte;*
> *Enquanto nós, ai! só podemos ter um pouco de sono*
> *Porque os filhos teimosos choram e gritam*
> [...]

Em todo trabalho (nós) temos nossa devida parte;
E desde o tempo em que a colheita se inicia
Até o trigo ser cortado e armazenado,
Nossa labuta é todos os dias tão extrema
Que quase nunca há tempo para sonhar. [XIV] [80]

Esse ritmo só era tolerável porque parte do trabalho, com as crianças e em casa, se revelava necessário e inevitável, e não uma imposição externa. Isso continua a ser verdade até os dias de hoje, e, apesar do tempo da escola e do tempo da televisão, o ritmo do trabalho feminino em casa não se afina totalmente com a medição do relógio. A mãe de crianças pequenas tem uma percepção imperfeita do tempo e segue outros ritmos humanos. Ela ainda não abandonou de todo as convenções da sociedade "pré-industrial".

V

Coloquei "pré-industrial" entre aspas: e por uma razão. É verdade que a transição para a sociedade industrial desenvolvida requer uma análise tanto sociológica como econômica. Conceitos como "preferência de tempo" e "curva da oferta de mão de obra de inclinação retrógrada" são, muito frequentemente, tentativas desajeitadas de encontrar termos econômicos para descrever problemas sociológicos. Mas, da mesma forma, é suspeita a tentativa de fornecer modelos simples para um processo único, supostamente neutro, tecnologicamente determinado, conhecido como "industrialização".[81]

Não se trata apenas de que as manufaturas altamente desenvolvidas e tecnicamente ativas (e o modo de vida por elas sustentado) na França e na Inglaterra do século XVIII só possam ser descritas como "pré-industriais" por meio de tortura semântica. (E tal descrição abre a porta para infindáveis analogias falsas entre sociedades que se encontram em níveis econômicos muito diferentes.) Trata-se também de que nunca houve nenhum tipo isolado de "transição". A ênfase da transição recai sobre toda a cultura: a resistência à mudança e sua aceitação nascem de toda a cultura. Essa cultura expressa os sistemas de poder, as relações de propriedade, as instituições religiosas etc., e não atentar para es-

(XIV) [...] when we Home are come,/ Alas! we find our Work but just begun;/ So many Things for our Attendance call,/ Has we ten Hands, we could employ them all Our Children put to Bed, with greatest Care/ We all Things for your coming Home prepare:/ You sup, and go to Bed without delay,/ And rest yourselves till the ensuing day;/ While we, alas! but little Sleep can have,/ Because our froward Children cry and rave [...]// In ev'ry Work (we) take our proper Share;/ And from the Time that Harvest doth begin/ Until the Com be cut and carry'd in,/ Our Toil and Labour's daily so extreme,/ That we have hardly ever Time to dream.

ses fatores simplesmente produz uma visão pouco profunda dos fenômenos e torna a análise trivial. Acima de tudo, a transição não é para o "industrialismo" *tout court*, mas para o capitalismo industrial ou (no século XX) para sistemas alternativos cujas características ainda são indistintas. O que estamos examinando neste ponto não são apenas mudanças na técnica de manufatura que exigem maior sincronização de trabalho e maior exatidão nas rotinas do tempo em *qualquer* sociedade, mas essas mudanças como são experienciadas na sociedade capitalista industrial nascente. Estamos preocupados simultaneamente com a percepção do tempo em seu condicionamento tecnológico e com a medição do tempo como meio de exploração da mão de obra.

Há razões para a transição ter sido peculiarmente demorada e carregada de conflitos na Inglaterra. Entre as que são frequentemente observadas, podemos citar: a primeira Revolução Industrial ocorreu na Inglaterra, e não havia Cadillacs, siderúrgicas ou aparelhos de televisão para servir de demonstração do objetivo da operação. Além disso, as preliminares da Revolução Industrial foram tão longas que se desenvolvera, nos distritos manufatureiros no início do século XVIII, uma cultura popular vigorosa e reconhecida, que os propagandistas da disciplina consideravam com aflição. Josiah Tucker, o deão de Gloucester, declarou em 1745 que "as pessoas das classes inferiores" eram totalmente degeneradas. Os estrangeiros (pregava) consideravam "as *pessoas comuns* de nossas *cidades populosas* os miseráveis mais *dissolutos* e *depravados* na face da Terra": "Tanta brutalidade e insolência, tanta libertinagem e extravagância, tanta ociosidade, falta de religião, blasfêmias e pragas, tanto desprezo por tudo quanto é regra e autoridade [...]. O nosso povo *se embebedou com a taça da liberdade*".[82]

Os ritmos irregulares do trabalho descritos na seção anterior nos ajudam a compreender a severidade das doutrinas mercantilistas quanto à necessidade de manter os salários baixos para prevenir o ócio, e apenas na segunda metade do século XVIII os incentivos salariais "normais" do capitalismo parecem ter começado a se tornar amplamente efetivos.[83] Os confrontos a respeito da disciplina já foram examinados por outros estudiosos.[84] A minha intenção é abordar mais particularmente várias questões que dizem respeito à disciplina de trabalho. A primeira é encontrada no extraordinário *Law book* [Livro de leis] da Siderúrgica Crowley. No próprio nascimento da unidade manufatureira de grande escala, o velho autocrata Crowley achava necessário projetar todo um código civil e penal, que chegava a mais de 100 mil palavras, para governar e regular a sua força de trabalho rebelde. Os preâmbulos às Normas 40 (sobre o diretor da fábrica) e 103 (sobre o supervisor) tocam na nota predominante da fiscalização moralmente justa. Da Norma 40:

> Tenho sido horrivelmente enganado, com a conivência dos funcionários do escritório, por várias pessoas que trabalham por dia, e tenho pago por muito mais

> tempo de trabalho do que em sã consciência devia pagar, e tal é a vileza e a traição de vários empregados do escritório que eles ocultam a preguiça e a negligência dos que são pagos por dia [...].

E da Norma 103:

> Alguns têm alegado uma espécie de direito à ociosidade, pensando que pela sua presteza e capacidade fazem o suficiente em menos tempo do que os outros. Outros têm sido bastante tolos a ponto de pensar que a simples presença no local de trabalho sem nada fazer já é suficiente [...]. Outros ainda são tão desavergonhados que se orgulham de sua vileza e reprovam a diligência dos demais [...].
>
> Com a finalidade de detectar a preguiça e a vilania, bem como recompensar os justos e diligentes, achei conveniente criar um registro de tempo feito por um supervisor; assim determino, e fica pelo presente determinado, que das cinco às oito horas e das sete às dez horas são quinze horas, das quais se tira 1,5 para o café da manhã, o almoço etc. Haverá portanto treze horas e um serviço semirregular [...].

Esse serviço deve ser calculado "depois de descontadas todas as idas às tavernas, cervejarias, cafés, o tempo tirado para o café da manhã, almoço, brincadeiras, sonecas, fumo, cantorias, leitura de notícias, brigas, lutas, disputas ou qualquer coisa alheia ao meu negócio, e outra forma qualquer de vadiagem".

O supervisor e o diretor da fábrica tinham ordens para manter uma folha de controle do tempo de cada diarista, com registros anotados com precisão de minutos, informando "Entrada" e "Saída". Na norma do supervisor, a Instrução 31 (uma adição posterior) declara:

> Considerando as informações que tenho recebido de que vários empregados do escritório são tão injustos a ponto de calcular o tempo pelos relógios que andam mais rápido, o sino tocando antes da hora do fim do expediente, e pelos relógios que andam mais devagar, o sino tocando depois da hora do início do expediente, e que esses dois traidores Fowell e Skellerne têm conscientemente permitido tal coisa; fica determinado que a esse respeito nenhuma pessoa deve calcular o tempo por nenhum outro relógio de parede, sino, portátil ou relógio de sol que não seja o do supervisor, o qual só deve ser alterado pelo guarda do relógio [...].

O diretor da fábrica tinha ordens para manter o relógio de pulso "trancado a sete chaves a fim de impedir que outra pessoa o alterasse". Os seus deveres eram também definidos na Instrução 8:

> Toda manhã, às cinco horas, o diretor deve tocar o sino para o início do trabalho, às oito horas para o café da manhã, depois de meia hora para o retorno ao trabalho, ao meio-dia para o almoço, a uma hora para o trabalho e às oito para o fim do expediente, quando tudo deve ser trancado.

O seu livro do registro do tempo devia ser entregue todas as terças-feiras com a seguinte declaração: "Este registro do tempo é feito sem favorecimento, nem simpatia, má vontade ou ódio, e realmente acredito que as pessoas acima mencionadas trabalharam no serviço do cavalheiro John Crowley as horas acima debitadas".[85]

Nesse ponto, já em 1700, estamos entrando na paisagem familiar do capitalismo industrial disciplinado, com a folha de controle do tempo, o controlador do tempo, os delatores e as multas. Uns setenta anos mais tarde, a mesma disciplina deveria ser imposta nas algodoarias primitivas (embora as próprias máquinas fossem um poderoso complemento ao controlador do tempo). Sem a ajuda das máquinas para regular o ritmo de trabalho nas olarias, esse disciplinador supostamente formidável, Josiah Wedgwood, ficava reduzido a tentar impor a disciplina aos oleiros em termos surpreendentemente ineficientes. Os deveres do secretário da fábrica eram:

> Ser o primeiro a estar na fábrica de manhã e acomodar as pessoas em suas atividades à medida que chegam para o trabalho — estimular aqueles que chegam regularmente na hora, dando-lhes a entender que sua regularidade é devidamente registrada, e distinguindo-os, com repetidos sinais de aprovação, do grupo menos ordeiro dos trabalhadores, por meio de presentes ou outras distinções apropriadas à sua faixa etária etc.
>
> Aqueles que chegam mais tarde do que a hora determinada devem ser notificados, e se depois de repetidos sinais de desaprovação eles não chegam na hora devida, deve-se fazer um registro do tempo que deixaram de trabalhar, e cortar a quantia correspondente de seus salários na hora do pagamento, se forem assalariados, e, se forem pagos pelo número de peças feitas, devem ser mandados de volta, depois de frequentes avisos, na hora da primeira refeição.[86]

Esses regulamentos tornaram-se depois um tanto mais rigorosos: "Qualquer trabalhador que forçar a entrada pelo cubículo do porteiro depois da hora permitida pelo mestre paga uma multa de 2/-d".[87] McKendrick mostrou como Wedgwood lutou com o problema da fábrica Etruria e introduziu o primeiro sistema registrado de relógio de ponto.[88] Mas assim que a presença forte do próprio Josiah desaparecia de vista, os incorrigíveis oleiros pareciam voltar a muitos de seus antigos hábitos.

É demasiado fácil, entretanto, ver esse problema apenas como uma questão de disciplina na fábrica ou na oficina, e podemos examinar rapidamente a tentativa de se impor o "uso-econômico-do-tempo" nos distritos manufatureiros domésticos, bem como o choque dessas medidas com a vida social e doméstica. Quase tudo o que os mestres *queriam* ver imposto pode ser encontrado nos limites de um único folheto, *Friendly advice to the poor* [Conselho amigável aos pobres], do rev. J. Clayton, "escrito e publicado a pedido dos antigos e atuais funcionários da cidade de Manchester" em 1755. "Se o *preguiçoso esconde as mãos* no colo, em vez de aplicá-las ao trabalho; se ele gasta o seu tempo em passeios, prejudica a sua constituição pela preguiça, e entorpece o seu espírito pela indolência [...]", então ele só pode esperar a pobreza como recompensa. O trabalhador não deve flanar na praça do mercado, nem perder tempo fazendo compras. Clayton reclama que "as igrejas e as ruas [estão] apinhadas de inúmeros espectadores" nos casamentos e funerais, "os quais apesar da miséria de sua condição faminta [...] não têm escrúpulos em desperdiçar as melhores horas do dia só para admirar o espetáculo [...]". A mesa do chá é "esse vergonhoso devorador de tempo e dinheiro". Julgamento que também se aplica às festas da paróquia, aos feriados e às festas anuais das sociedades de amigos. E também "esse hábito preguiçoso de passar a manhã na cama": "A necessidade de levantar cedo forçaria o pobre a ir para a cama cedo; e com isso impediria o perigo de folias à meia-noite". O hábito de levantar cedo também "introduziria uma regularidade rigorosa nas famílias, uma ordem maravilhosa na sua economia".

O catálogo é familiar, e poderia ser igualmente tirado de Baxter no século anterior. Se podemos confiar em *Early days* [Primeiros tempos] de Bamford, Clayton não conseguiu convencer muitos tecelões a abandonar o seu antigo modo de vida. Ainda assim, o longo coro matinal dos moralistas é um prelúdio ao ataque muito contundente aos costumes, esportes e feriados populares, feito nos últimos anos do século XVIII e nos primeiros anos do século XIX.

Havia outra instituição não industrial que podia ser usada para inculcar o "uso-econômico-do-tempo": a escola. Clayton reclamava que as ruas de Manchester viviam cheias de "crianças vadias esfarrapadas; que estão não só desperdiçando o seu tempo, mas também aprendendo hábitos de jogo" etc. Ele elogiava as escolas de caridade por ensinarem o trabalho, a frugalidade, a ordem e a regularidade: "os estudantes ali são obrigados a levantar cedo e a observar as horas com grande pontualidade".[89] Ao advogar, em 1770, que as crianças pobres fossem enviadas com quatro anos aos asilos de pobres, onde seriam empregadas nas manufaturas e teriam duas horas de aulas por dia, William Temple foi explícito sobre a influência socializadora do processo:

> É considerável a utilidade de estarem constantemente empregadas, de algum modo, pelo menos durante doze horas por dia, ganhando o seu sustento ou não; pois, por esse meio, esperamos que a nova geração fique tão acostumada com o trabalho constante que ele acabe por se revelar uma ocupação agradável e divertida para eles [...].[90]

Em 1772, Powell também via a educação como um treinamento para adquirir o "hábito do trabalho"; quando a criança atingia os seis ou sete anos, devia estar "habituada, para não dizer familiarizada, com o trabalho e a fadiga".[91] Escrevendo de Newcastle em 1786, o rev. William Turner recomendava as escolas de

Raikes como "um espetáculo de ordem e regularidade", e citava um fabricante de cânhamo e linho de Gloucester que teria afirmado que as escolas haviam produzido uma mudança extraordinária: "eles se tornaram [...] mais tratáveis e obedientes, e menos briguentos e vingativos".[92] Exortações à pontualidade e à regularidade estão inscritas nos regulamentos de todas as pré-escolas: "Toda estudante deve estar na sala de aula aos domingos, às nove horas da manhã e a uma e meia da tarde, senão ela perderá o seu lugar no domingo seguinte e ficará no fim da fila".[93] Uma vez dentro dos portões da escola, a criança entrava no novo universo do tempo disciplinado. Nas escolas dominicais metodistas em York, os professores eram multados por impontualidade. A primeira regra que o estudante devia aprender era: "Devo estar presente na escola [...] alguns minutos antes das nove e meia [...]". Uma vez na escola, obedeciam a regras militares:

> O supervisor deve tocar o sino mais uma vez quando, a um sinal de sua mão, toda a escola deve levantar de seus assentos; a um segundo sinal, os estudantes se viram; a um terceiro, movem-se lenta e silenciosamente para o lugar indicado onde devem recitar suas lições — ele então pronuncia a palavra "Comecem" [...].[94]

A investida, vinda de tantas direções, contra os antigos hábitos de trabalho do povo não ficou certamente sem contestações. Na primeira etapa, encontramos a simples resistência.[95] Mas, na etapa seguinte, quando é imposta a nova disciplina de trabalho, os trabalhadores começam a lutar, não contra o tempo, mas sobre ele. As evidências nesse ponto não são completamente claras. Mas nos ofícios artesanais mais bem organizados, especialmente em Londres, não há dúvida de que as horas eram progressivamente reduzidas à medida que avançavam as associações. Lipson cita o caso dos alfaiates de Londres que tiveram suas horas reduzidas em 1721, e mais uma vez em 1768; em ambas as ocasiões, os intervalos no meio do dia para almoçar e beber também foram reduzidos — o dia foi comprimido.[96] No final do século XVIII, há alguma evidência de que alguns ofícios favorecidos tinham ganho algo em torno de dez horas por dia.

Essa situação só podia persistir em ofícios excepcionais e num mercado de mão de obra favorável. Uma referência num panfleto de 1827 ao "sistema inglês de trabalhar das seis da manhã às seis da tarde"[97] pode ser uma indicação mais confiável da expectativa geral quanto às horas dos artesãos e artífices fora de Londres na década de 1820. Nos ofícios desprezíveis e nos trabalhos fora da fábrica, as horas (quando havia trabalho) estavam provavelmente seguindo tendência oposta.

Era exatamente naquelas atividades — as fábricas têxteis e as oficinas — em que se impunha rigorosamente a nova disciplina de tempo que a disputa sobre o tempo se tornava mais intensa. No princípio, os piores mestres tentavam expropriar os trabalhadores de todo conhecimento sobre o tempo. "Eu trabalhava na fábrica do sr. Braid", declarou uma testemunha:

> Ali trabalhávamos enquanto ainda podíamos enxergar no verão, e não saberia dizer a que hora parávamos de trabalhar. Ninguém a não ser o mestre e o filho do mestre tinha relógio, e nunca sabíamos que horas eram. Havia um homem que tinha relógio [...]. Foi-lhe tirado e entregue à custódia do mestre, porque ele informara aos homens a hora do dia [...].[98]

Uma testemunha de Dundee dá um depoimento bastante semelhante:

> [...] na realidade não havia horas regulares: os mestres e os gerentes faziam conosco o que desejavam. Os relógios nas fábricas eram frequentemente adiantados de manhã e atrasados à noite; em vez de serem instrumentos para medir o tempo, eram usados como disfarces para encobrir o engano e a opressão. Embora isso fosse do conhecimento dos trabalhadores, todos tinham medo de falar, e o trabalhador tinha medo de usar relógio, pois não era incomum despedirem aqueles que ousavam saber demais sobre a ciência das horas.[99]

Pequenos truques eram usados para diminuir a hora do almoço e aumentar o dia. "Todo industrial quer logo ser um cavalheiro", disse uma testemunha perante a Comissão de Sadler:

> e eles desejam se apossar de tudo o que for possível, assim o sino toca para a saída dos trabalhadores meio minuto depois da hora, e eles querem que todos entrem na fábrica dois minutos antes do tempo [...]. Se o relógio é como costumava ser, o ponteiro dos minutos é controlado pelo peso, de modo que, ao passar pelo ponto da gravidade, ele cai três minutos de uma só vez, o que lhes concede apenas 27 minutos, em vez de trinta.[100]

Um cartaz grevista de Todmorden, mais ou menos do mesmo período, emprega palavras mais grosseiras: "se esse porco sujo, 'o encarregado das máquinas do velho Robertshaw', não cuidar da sua vida e nos deixar em paz, vamos só lhe perguntar há quanto tempo ele não recebe um copo de cerveja por trabalhar dez minutos fora do expediente".[101] A primeira geração de trabalhadores nas fábricas aprendeu com seus mestres a importância do tempo; a segunda geração formou os seus comitês em prol de menos tempo de trabalho no movimento pela jornada de dez horas; a terceira geração fez greves pelas horas extras ou pelo pagamento de um percentual adicional (1,5%) pelas horas trabalhadas fora do expediente. Eles tinham aceito as categorias de seus empregadores e aprendido a revidar os golpes dentro desses preceitos. Haviam aprendido muito bem a sua lição, a de que tempo é dinheiro.[102]

VI

Vimos até agora um pouco das pressões externas que impuseram essa disciplina. Mas que dizer da internalização dessa disciplina? Até que ponto era imposta, até que ponto assumida? Devemos, talvez, virar o problema ao contrário mais uma vez, e situá-lo dentro da evolução da ética puritana. Não se pode afirmar que haja algo radicalmente novo na pregação da diligência ou na crítica moral da ociosidade. Mas há talvez um novo tom de insistência, uma inflexão mais firme, quando esses moralistas que já tinham aceito a nova disciplina para si mesmos passaram a impô-la aos trabalhadores. Muito antes de o relógio portátil ter chegado ao alcance do artesão, Baxter e seus colegas ofereciam a cada homem o seu próprio relógio moral interior.[103] Assim Baxter, em seu *Christian directory* [Guia cristão], apresenta muitas variações sobre o tema de Redimir o Tempo: "empregar todo o tempo para o dever". As imagens do tempo como dinheiro são fortemente acentuadas, pois Baxter parecia ter em mente uma audiência de mercadores e comerciantes: "Lembrai-vos de que Redimir o Tempo é lucrativo [...] no comércio ou em qualquer negócio; na administração ou qualquer atividade lucrativa, costumamos dizer, de um homem que ficou rico com o seu trabalho, que ele fez bom uso de seu tempo".[104] Oliver Heywood, em *Youth's monitor* [Guia da juventude] (1689), está se dirigindo à mesma audiência:

> Observai o tempo do comércio, atentai para vossos mercados; há certas estações especiais, que se mostrarão favoráveis a que executeis as vossas atividades com facilidade e sucesso; há momentos precisos, em que, se vossas ações acontecem, elas podem acelerar vosso passo: estações de fazer ou receber o bem não duram para sempre; a feira não continua o ano todo [...].[105]

A retórica moral transita rapidamente entre dois polos. De um lado, apóstrofes à brevidade da vida mortal quando colocada ao lado da certeza do Juízo Final. Assim *Meetness for Heaven* [Pronto para o Paraíso] de Heywood (1690):

> O tempo não perdura, mas voa célere; porém, o que é eterno dele depende. Neste mundo, ganhamos ou perdemos a felicidade eterna. O grande peso da eternidade pende do pequeno e frágil fio da vida [...]. Este é o nosso dia de trabalho, o nosso tempo de mercado [...]. Oh, meus senhores, se dormirem agora, vão despertar no inferno, onde não há redenção.

Ou mais uma vez do *Youth's monitor*: o tempo "é uma mercadoria demasiado preciosa para ser subestimada [...]. É a corrente de ouro da qual pende uma sólida eternidade; a perda de tempo é intolerável, porque irrecuperável".[106] Ou do *Directory* de Baxter: "Oh, onde está a mente desses homens, e de que metal são feitos seus corações empedernidos, esses que podem vadiar e com brincadeiras desperdiçar o tempo, esse pouco tempo, esse único tempo, que lhes é dado para a salvação eterna de suas almas?".[107]

Por outro lado, temos as admoestações mais rudes e mundanas sobre a administração do tempo. Assim Baxter, em *The poor man's family book* [O livro de farmácia do pobre], aconselha: "Que o tempo de seu sono seja apenas o que a saúde exige, pois o tempo precioso não deve ser desperdiçado com preguiça desnecessária"; "vista-se rapidamente"; "e faça as suas atividades com diligência constante".[108] Ambas as tradições se estenderam, por meio do *Serious call* [Vocação] de Law, até John Wesley. O próprio nome de "metodistas" enfatiza essa administração do tempo. Em Wesley, temos igualmente esses dois extremos — a estocada no nervo da mortalidade, a homilia prática. Foi a primeira (e não os terrores do fogo do inferno) que emprestou às vezes uma força histérica a seus sermões e provocou em seus prosélitos uma repentina consciência do pecado. Ele também continua as imagens de tempo-dinheiro, mas de forma menos explícita como tempo do mercador ou do mercado:

> Cuide para andar de forma circunspecta, diz o apóstolo [...] redimindo o tempo; poupando todo o tempo possível para os melhores propósitos; arrebatando todo momento fugaz das mãos do pecado e de Satã, das mãos da preguiça, da indolência, do prazer, dos negócios mundanos [...].

Wesley, que nunca se poupou, e até os oitenta anos se levantava todos os dias às quatro da madrugada (ele deu ordens para que os meninos de Kingswood School fizessem o mesmo), publicou em 1786 uma brochura com o seu sermão *The duty and advantage of early rising* [O dever e as vantagens de levantar cedo]: "*Ficando de molho* [...] tanto tempo entre os lençóis quentes, a carne é como que escaldada, e torna-se macia e flácida. Os nervos, nesse meio-tempo, ficam bem debilitados". Isso nos lembra a voz do vadio de Isaac Watts. Sempre que Watts olhava para a natureza, a "abelhinha diligente" ou o sol nascendo à "hora apropriada", ele lia a mesma lição para o homem irregenerado.[109] Ao lado dos metodistas, os evangélicos adotaram o tema. Hannah More contribuiu com versos imortais em seu "Early rising" [Acordar cedo]:

> *Assassino calado, oh preguiça,*
> *Pare de aprisionar minha mente;*
> *E que eu não perca outra hora*
> *Contigo, oh sono perverso.* [XV] [110]

Em uma de suas brochuras, *The two wealthy farmers* [Os dois fazendeiros ricos], ela consegue introduzir as imagens de tempo-dinheiro no mercado de mão de obra:

> Quando mando meus trabalhadores entrarem sábado à noite para pagá-los, lembro-me frequentemente do grande dia da prestação geral de contas, quando eu, você e todos nós seremos convocados para o nosso grandioso e terrível ajuste

(xv) Thou silent murderer, Sloth, no more/ My mind imprison'd keep;/ Nor let me waste another hour/ With thee, thou felon Sleep.

> de contas [...]. Quando percebo que um de meus homens não fez jus ao salário que devia receber, porque andou vadiando numa feira; que outro perdeu um dia por bebedeira [...] não posso deixar de dizer para mim mesmo, chegou a noite; chegou a noite de sábado. Nenhum arrependimento, nenhuma diligência da parte desses pobres homens podem agora compensar o mau trabalho de uma semana. Essa semana passou para a eternidade.[111]

Muito antes da época de Hannah More, entretanto, o tema da administração zelosa do tempo deixara de ser exclusivo das tradições puritanas, wesleyanas ou evangélicas. Foi Benjamin Franklin, que durante toda a vida alimentou um interesse técnico por relógios e que contava entre seus conhecidos John Whitedurst, de Derby, o inventor do relógio "automático", quem deu ao tema a sua expressão secular mais inequívoca:

> Como o nosso tempo é reduzido a um padrão, e o ouro do dia cunhado em horas, aqueles que trabalham sabem como empregar cada unidade de tempo com real proveito em suas diferentes profissões: e quem é pródigo com as suas horas esbanja na realidade dinheiro. Lembro-me de uma mulher notável, que tinha uma noção perfeita do valor intrínseco do *tempo*. Seu marido era sapateiro, excelente artesão, mas nunca prestava atenção aos minutos que passavam. Em vão ela tentou inculcar nele *que tempo é dinheiro*. Ele era brincalhão demais para compreender o que ela dizia, o que veio a ser a causa de sua ruína. Na cervejaria, entre os companheiros de lazer, se alguém observava que o relógio dera onze horas, ele dizia: *Que significa isso para nós?* Se ela mandava o menino avisá-lo que já eram doze horas: *Diga para ela não se preocupar, não pode ser mais que isso*. Se ele avisava que batera uma hora: *Que ela se console, pois não pode ser menos que isso*.[112]

A lembrança provém diretamente de Londres (suspeita-se), onde Franklin trabalhou como tipógrafo na década de 1720 — mas jamais seguindo o exemplo de seus colegas de trabalho que observavam a Santa Segunda-Feira, ele nos assegura em sua *Autobiography*. Em certo sentido, é apropriado que o ideólogo que deu a Weber o texto central para ilustrar a ética capitalista[113] não viesse do Velho Mundo, mas do Novo — o mundo que devia inventar o relógio de ponto, preparar o caminho para o estudo de tempo-e-movimento, e atingir o seu apogeu com Henry Ford.[114]

VII

Por meio de tudo isso — pela divisão de trabalho, supervisão do trabalho, multas, sinos e relógios, incentivos em dinheiro, pregações e ensino, supressão das feiras e dos esportes — formaram-se novos hábitos de trabalho e impôs-se uma nova disciplina de tempo. A mudança levou às vezes várias gerações para se concretizar (como nos Potteries), sendo possível duvidar até que ponto foi plenamente realizada: ritmos de trabalho irregulares foram perpetuados (e até institucionalizados) no século atual, especialmente em Londres e nos grandes portos.[115]

Durante todo o século XIX, a propaganda do uso-econômico-do-tempo continuou a ser dirigida aos trabalhadores, a retórica tornando-se mais aviltada, as apóstrofes à eternidade tornando-se mais gastas, as homilias mais mesquinhas e banais. Quando se examinam os primeiros panfletos e textos vitorianos dirigidos às massas, fica-se engasgado com a quantidade de material. Mas a eternidade se transformou nesses infindáveis relatos piedosos de leitos de moribundos (ou de pecadores atingidos por um raio), enquanto as homilias se tornaram pequenos fragmentos a Samuel Smiles sobre homens humildes que tiveram sucesso porque se levantavam cedo e trabalhavam diligentemente. As classes ociosas começaram a descobrir o "problema" (sobre o qual muito se discute hoje em dia) do lazer das massas. Depois de concluir o seu trabalho, uma considerável quantidade de trabalhadores manuais (descobriu alarmado um moralista) ficava com

> várias horas do dia para serem gastas quase como se lhe aprouvesse. E de que maneira [...] é esse tempo precioso empregado por aqueles que não têm cultura? [...] Nós os vemos muitas vezes apenas matando essas porções de tempo. Durante uma hora, ou horas a fio [...] eles ficam sentados num banco, ou se deitam sobre a ribanceira ou o morro, [...] totalmente entregues à ociosidade e ao torpor [...] ou reúnem-se em grupos à margem da estrada, prontos para descobrir motivos de risos grosseiros em tudo o que passar; dando mostras de impertinência, falando palavrões e zombando de tudo, à custa dos passantes [...].[116]

Sem dúvida, isso era pior que o bingo: uma não produtividade, combinada com impertinência. Na sociedade capitalista madura, todo o tempo deve ser consumido, negociado, *utilizado*; é uma ofensa que a força de trabalho meramente "passe o tempo".

Mas até que ponto essa propaganda realmente teve sucesso? Até que ponto temos o direito de falar de uma reestruturação radical da natureza social do homem e de seus hábitos de trabalho? Apresentei em outro trabalho algumas razões para supor que essa disciplina foi realmente internalizada, e que podemos ver nas seitas metodistas do início do século XIX uma representação figurativa da crise psíquica por ela causada.[117] Assim como a nova percepção do tempo desenvolvida pelos mercadores e pela *gentry* na Renascença parece encontrar expressão na consciência intensificada da mortalidade, assim também — é possível afirmar — o fato de essa percepção se estender até os trabalhadores durante a Revolução Industrial ajuda a explicar (junto com o acaso e a alta mortalidade da época) a ênfase obsessiva na morte encontrada em todos os sermões e brochuras destinados ao consumo da classe trabalhadora. Ou (de um ponto de vista positivo) pode-se notar que, à medida que a Revolução Industrial avança, os incentivos salariais e as campanhas de expansão do consumo — as recompensas palpáveis pelo consumo produtivo do tempo e a prova de novas atitudes "proféticas" para com o futuro[118] — são claramente eficientes. Por volta das décadas de 1830 e 1840, observava-se comumente que o trabalhador industrial inglês se distinguia de seu colega irlandês, não só pela maior capacidade de trabalho, mas pela regularidade, pelo dispêndio metódico de energia, e talvez também pela repressão, não dos divertimentos, mas da capacidade de relaxar segundo os antigos hábitos desinibidos.

Não há como quantificar a percepção de tempo de um trabalhador, nem a de milhões de trabalhadores. Mas é possível oferecer uma prova de tipo comparativo. Pois o que os moralistas mercantilistas disseram sobre o fato de os ingleses pobres do século XVIII não reagirem aos incentivos e às disciplinas é frequentemente repetido, por observadores e por teóricos do crescimento econômico, a respeito dos povos dos países em desenvolvimento na época atual. Assim os peões mexicanos nos primeiros anos deste século eram considerados um "povo indolente e infantil". O mineiro mexicano tinha o costume de voltar à sua vila para o plantio e a colheita de cereais:

> A sua falta de iniciativa, sua incapacidade de poupar, suas ausências para celebrar muitos feriados, sua disposição para trabalhar apenas três ou quatro dias por semana se isso satisfizesse as suas necessidades, seu desejo insaciável por bebidas alcoólicas — tudo era apontado como prova de uma inferioridade natural.

Ele não respondia a incentivos diretos no pagamento do dia de trabalho, e (como o mineiro inglês de carvão ou estanho do século XVIII) reagia melhor aos sistemas de empreitada ou subempreitada:

> Dado um contrato de trabalho e a segurança de que receberá determinada quantia de dinheiro por cada tonelada de minério que minerar, e a certeza de que não importa quanto tempo ele vai levar para fazer o trabalho, ou quantas vezes vai se sentar para contemplar a vida, ele trabalhará com um vigor extraordinário.[119]

Em generalizações fundamentadas por outro estudo das condições mexicanas de trabalho, Wilbert Moore observa: "O trabalho é quase sempre orientado para tarefas nas sociedades não industriais [...] e [...] talvez seja apropriado vincular os salários às tarefas, e não diretamente ao tempo, nas áreas de desenvolvimento recente".[120]

O problema se repete sob inúmeras formas na literatura da "industrialização". Para o engenheiro do crescimento econômico, ele pode tomar a forma do absenteísmo — como a companhia deve lidar com o trabalhador impenitente na plantação de Camarões que declara: “Como poderia um homem trabalhar desse jeito, dia após dia, sem faltar nunca? Ele não morreria?”.[121]

> [...] todos os costumes da vida africana contribuem para que um nível elevado e sustentado de esforço numa determinada jornada de trabalho se transforme numa carga física e psicologicamente mais pesada do que na Europa.[122]

> Os compromissos de tempo no Oriente Médio ou na América Latina são frequentemente tratados bastante negligentemente segundo os padrões europeus; os novos trabalhadores industriais só se acostumam gradativamente a observar um horário regular, a presença regular e um ritmo regular de trabalho; os horários do transporte ou a entrega de materiais nem sempre são confiáveis [...].[123]

O problema pode tomar a forma de adaptar os ritmos sazonais do campo, com seus festivais e feriados religiosos, às necessidades da produção industrial:

> O ano de trabalho da fábrica se adapta necessariamente às necessidades dos trabalhadores, em vez de ser um modelo ideal do ponto de vista da produção mais eficiente. Várias tentativas dos gerentes no sentido de alterar o padrão de trabalho não deram em nada. A fábrica volta a um horário aceitável para o cantelano.[124]

Ou talvez adote a forma, como nos primeiros anos dos cotonifícios de Bombaim, de manter uma força de trabalho à custa de perpetuar métodos ineficientes de produção — horários flexíveis, intervalos e horas de refeição irregulares etc. É muito comum que, nos países onde os vínculos da nova classe proletária da fábrica com seus parentes (e talvez com propriedades de terra ou direitos à terra) nas vilas são muito mais estreitos — e mantidos por muito mais tempo — do que na experiência inglesa, o problema pareça ser o de disciplinar uma força de trabalho que está apenas parcial e temporariamente “comprometida” com o modo de vida industrial.[125]

As evidências são abundantes e nos lembram, pelo método do contraste, até que ponto nos habituamos a diferentes disciplinas. Sociedades industriais maduras de todos os tipos são marcadas pela administração do tempo e por uma clara demarcação entre o “trabalho” e a “vida”.[126] Mas, depois de levarmos tão longe o exame do problema, podemos nos permitir, à maneira do século XVIII, um pouco de moralização sobre nós mesmos. O ponto em discussão não é o do “padrão de vida”. Se os teóricos do crescimento querem de nós essa afirmação, podemos aceitar que a cultura popular mais antiga era sob muitos aspectos ociosa, intelectualmente vazia, desprovida de espírito e, na verdade, terrivelmente pobre. Sem a disciplina do tempo, não teríamos as energias persistentes do homem industrial; e adotando as formas do metodismo, do stalinismo ou do nacionalismo, essa disciplina chegará ao mundo em desenvolvimento.

O que precisa ser dito não é que um modo de vida seja melhor do que o outro, mas que esse é um ponto de conflito de enorme alcance; que o registro histórico não acusa simplesmente uma mudança tecnológica neutra e inevitável, mas também a exploração e a resistência à exploração; e que os valores resistem a ser perdidos bem como a ser ganhos. A literatura rapidamente crescente da sociologia da industrialização é como uma paisagem que foi devastada por anos de seca moral: é preciso viajar por dezenas de milhares de palavras crestadas pela abstração a-histórica entre cada oásis de realidade humana. Muitos dos engenheiros ocidentais do crescimento parecem totalmente presunçosos a respeito das dádivas de formação de caráter que trazem nas mãos para seus irmãos atrasados. A "estruturação de uma força de trabalho", dizem Kerr e Siegel:

> [...] implica o estabelecimento de regras sobre o tempo de trabalhar e de não trabalhar, sobre o método e a importância do pagamento, sobre o movimento de entrada e saída do trabalho e de uma posição para outra. Implica regras pertinentes à manutenção da continuidade no processo de trabalho [...], a tentativa de minimizar a revolta individual ou organizada, o fornecimento de uma visão de mundo, de orientações ideológicas, de crenças [...].[127]

Wilbert Moore chegou até a redigir uma lista de compras dos "valores difundidos e das orientações normativas de alta relevância para o objetivo do desenvolvimento social" — "as seguintes mudanças de atitude e opinião são 'necessárias' se quisermos atingir um rápido desenvolvimento econômico e social":

> Impessoalidade: julgamento do mérito e do desempenho, e não dos antecedentes sociais ou de qualidades irrelevantes.
> Especificidade de relações em termos de contexto e de limites de interação.
> Racionalidade e capacidade de resolver problemas.
> Pontualidade.
> Reconhecimento da interdependência individualmente limitada, mas sistematicamente conectada.
> Disciplina, deferência para com a autoridade legítima.
> Respeito pelos direitos de propriedade [...].

Esses itens, junto com "a realização pessoal e as aspirações a uma mobilidade social", não são, como nos assegura o professor Moore, "sugeridos como uma lista abrangente dos méritos do homem moderno [...]. O 'homem integral' também amará a sua família, cultuará o seu Deus e saberá expressar os seus dons estéticos. Mas ele manterá cada uma dessas outras orientações 'no seu devido lugar'".[128] Não deve causar-nos surpresa que essa "provisão de orientações ideológicas", fornecida pelos Baxters do século XX, tenha recebido boa acolhida na Fundação Ford. Que elas tenham aparecido tão frequentemente em publicações patrocinadas pela UNESCO, é mais difícil de explicar.

Esse é um problema que os povos do mundo em desenvolvimento devem enfrentar em sua vida e em seu crescimento. Espera-se que eles tomem cuidado com modelos convenientes e manipuladores, que apresentam as massas trabalhadoras apenas como uma força inerte de trabalho. E surge também nos países industriais avançados a percepção de que esse deixou de ser um problema situado no passado. Pois estamos agora num ponto em que os sociólogos passaram a discutir o "problema" do lazer. E uma parte do problema é: como o lazer se tornou um problema? O puritanismo, com seu casamento de conveniência com o capitalismo industrial, foi o agente que converteu as pessoas a novas avaliações do tempo; que ensinou as crianças a valorizar cada hora luminosa desde os primeiros anos de vida; e que saturou as mentes das pessoas com a equação "tempo é dinheiro".[129] Um tipo recorrente de revolta no capitalismo industrial ocidental, a rebeldia da boêmia ou dos beatniks, assume frequentemente a forma de zombar da premência dos valores de tempo respeitáveis. E surge uma questão interessante: se o puritanismo era uma parte necessária do *éthos* do trabalho que deu ao mundo industrializado a capacidade de se libertar das economias do passado afligidas pela pobreza, a avaliação puritana do tempo começa a se deteriorar quando se abrandam as pressões da pobreza? Já está se deteriorando? As pessoas vão começar a perder aquela premência inquieta, aquele desejo de consumir o tempo de forma útil, que a maioria leva consigo assim como usa um relógio no pulso?

Se vamos ter mais tempo de lazer no futuro automatizado, o problema não é "como as pessoas vão conseguir *consumir* todas essas unidades adicionais de tempo de lazer?", mas "que capacidade para a experiência terão as pessoas com esse tempo livre?". Se mantemos uma avaliação de tempo puritana, uma avaliação de mercadoria, a questão é como *empregar* esse tempo, ou como será aproveitado pelas indústrias de entretenimento. Mas se a notação útil do emprego do tempo se torna menos compulsiva, as pessoas talvez tenham de reaprender algumas das artes de viver que foram perdidas na Revolução Industrial: como preencher os interstícios de seu dia com relações sociais e pessoais mais enriquecedoras e descompromissadas; como derrubar mais uma vez as barreiras entre o trabalho e a vida. Nasceria então uma nova dialética em que algumas das antigas energias e disciplinas migrariam para as nações em processo de industrialização recente, enquanto as antigas nações industrializadas procuram redescobrir modos de experiência esquecidos antes do início da história escrita:

> [...] os nuer não têm expressão equivalente a "tempo" na nossa língua, e assim não podem, como nós, falar do tempo como se fosse algo real, que passa, que pode ser

> desperdiçado, poupado e assim por diante. Acho que jamais experienciam o mesmo sentimento de lutar contra o tempo ou de ter que coordenar as atividades com a passagem abstrata do tempo, porque seus pontos de referência são basicamente as próprias atividades, que têm em geral caráter de lazer. Os acontecimentos seguem uma ordem lógica, mas não são controlados por um sistema abstrato, não havendo pontos de referência autônomos a que as atividades tenham de se ajustar com precisão. Os nuer são felizes.[130]

Sem dúvida, nenhuma cultura reaparece da mesma forma. Se as pessoas vão ter de satisfazer ao mesmo tempo as exigências de uma indústria automatizada altamente sincronizada e de áreas muito ampliadas de "tempo livre", devem de algum modo combinar numa nova síntese elementos do velho e do novo, descobrindo um imaginário que não se baseie nas estações, nem no mercado, mas nas necessidades humanas. A pontualidade no horário de trabalho expressaria respeito pelos colegas. E passar o tempo à toa seria comportamento culturalmente aceito.

Isso dificilmente encontra aprovação entre aqueles que veem a história da "industrialização" — em termos aparentemente neutros, mas, na realidade, profundamente carregados de valores — como a história da crescente racionalização a serviço do crescimento econômico. O argumento é pelo menos tão velho quanto a Revolução Industrial. Dickens via o símbolo de Thomas Gradgrind ("sempre pronto para pesar e medir cada fardo humano e dizer exatamente o resultado obtido") no "relógio estatístico mortal" em seu observatório, "que media todo segundo com uma batida semelhante a uma pancada seca na tampa do caixão". Mas o racionalismo desenvolveu novas dimensões sociológicas desde a época de Gradgrind. Usando a mesma imagem favorita do relojoeiro, foi Werner Sombart quem substituiu o Deus do materialismo mecânico pelo empresário: "Se o racionalismo moderno é semelhante ao mecanismo de um relógio, deve existir alguém para lhe dar corda".[131] As universidades do Ocidente estão hoje apinhadas de relojoeiros acadêmicos, ansiosos por patentear novas soluções. Mas até agora poucos têm ido tão longe quanto Thomas Wedgwood, o filho de Josiah, que traçou um plano para introduzir o tempo e a disciplina de trabalho da fábrica Etruria nas próprias oficinas de formação da consciência da criança:

> Meu objetivo é elevado — tenho procurado realizar um golpe de mestre que deve antecipar em um ou dois séculos o progresso veloz do desenvolvimento humano. Quase todo passo anterior a esse progresso pode ser atribuído à influência de personalidades superiores. Ora, é minha opinião que, na educação das maiores dessas personalidades, não mais que uma em dez horas tem sido posta a serviço da formação daquelas qualidades de que depende essa influência. Vamos supor que tivéssemos uma descrição detalhada dos primeiros vinte anos de vida de

alguns gênios extraordinários. Que caos de percepções! [...] Quantas horas, dias, meses prodigamente desperdiçados em ocupações improdutivas! Que abundância de impressões formadas pela metade e de concepções frustradas fundidas numa massa de confusão [...].

Na mente mais bem regulada dos dias de hoje, não houve e não há todos os dias algumas horas gastas em fantasias, pensamentos desgovernados e sem rumo?[132]

O plano de Wedgwood era projetar um novo sistema de educação rigoroso, racional, teórico: Wordsworth foi proposto como um possível superintendente. Sua resposta foi escrever "The prelude" [O prelúdio] — um ensaio sobre o desenvolvimento da consciência de um poeta que era, ao mesmo tempo, uma polêmica contra:

Os guias, os guardas de nossas faculdades
E intendentes de nosso trabalho, homens vigilantes
E hábeis com a usura do tempo,
Sábios, que na sua presciência controlariam
Todos os acasos, e ao caminho
Que criaram nos confinariam,
Como máquinas [...][XVI 133]

Pois não existe desenvolvimento econômico que não seja ao mesmo tempo desenvolvimento ou mudança de uma cultura. E o desenvolvimento da consciência social, como o desenvolvimento da mente de um poeta, jamais pode ser, em última análise, planejado.

(XVI) The Guides, The Wardens of our faculties,/ And Stewards of our labour, watchful men/ And skilful in the usury of time,/ Sages, who in their prescience would controul/ All accidents, and to the very road/ Which they have fashion'd would confine us down,/ Like engines [...]

7
A VENDA DE ESPOSAS

I

Até poucos anos atrás a memória histórica da venda de esposas na Inglaterra seria mais bem descrita como amnésia. Quem iria querer lembrar práticas tão bárbaras? Por volta da década de 1850, quase todos os comentadores admitiam a visão de que a prática era a) extremamente rara, e b) totalmente ofensiva à moralidade (embora, de forma a se justificar, alguns folcloristas começassem a brincar com a noção de resíduos pagãos).

O tom do *The book of days* (1878) de Chambers é representativo. O quadro "é simplesmente um atentado à decência [...]. Só pode ser considerado como prova da ignorância apatetada e dos sentimentos brutais de parte de nossa população rural". E o mais importante era repudiar e denunciar a prática, porque os "vizinhos continentais" da Grã-Bretanha tinham notado os "casos fortuitos de venda de esposas", e "acreditam seriamente que é um hábito de todas as classes de nosso povo, citando-o constantemente como evidência de nossa civilização inferior".[1] Com sua habitual frivolidade rancorosa, os franceses eram os mais agressivos a esse respeito: milorde John Bull[I] era representado, de botas e esporas, no mercado de Smithfield, gritando "*à quinze livres ma femme!*" [minha mulher por quinze libras!], enquanto a senhora, presa por uma corda, se mantinha de pé num pequeno cercado.[2]

The book of days conseguiu reunir apenas oito casos, entre 1815 e 1839, e esses casos, junto com mais três ou quatro, foram postos em circulação, sem maiores investigações, por meio de relatos de jornais ou de antiquários durante cinquenta anos ou mais. À medida que crescia o esclarecimento, a curiosidade diminuía. Na primeira metade deste século, a memória histórica geralmente se

(I) Personificação do inglês típico. (N. R.)

satisfazia com referências fortuitas insignificantes em descrições populares dos costumes do povo no século XVIII. Essas eram comumente oferecidas como um elemento colorido dentro de uma liturgia antitética que contrastava a cultura animalesca dos pobres (Gin Lane, Tyburn[II] and Mother Proctor's Pews [a vida do gim, cadafalso de Tyburn e os bancos da madre inspetora], a prática de açular cães contra touros, os rojões atados em animais, o pugilismo com botas pregadas no chão, as corridas nuas, as vendas de esposas) com qualquer forma esclarecida que supostamente as teria substituído.[3]

Contra esse fundo de indiferença, uma poderosa influência se afirmou: a reconstrução cuidadosa da venda de uma esposa, num contexto humano verossímil, assumindo um lugar significativo na estrutura do enredo de um romance importante, *The mayor of Casterbridge*. Thomas Hardy foi um observador extremamente perspicaz dos costumes populares, e raramente seu traço é mais seguro do que nesse romance. Mas no episódio em que Michael Henchard vende sua esposa Susan numa feira de beira de estrada a um marinheiro que passava, Hardy não parece ter se apoiado na observação (nem na tradição oral direta), mas em fontes jornalísticas. Essas fontes (como veremos) são geralmente enigmáticas e opacas. E o episódio, assim como está delineado no romance, com sua origem aparentemente casual e sua expressão brutal, não se ajusta às evidências mais "típicas". O leilão de Susan Henchard não tem características rituais; o comprador aparece fortuitamente e faz sua oferta no impulso do momento. Hardy consegue reconstruir o episódio e desvendar as suas consequências de forma admirável, ao apresentar o consenso popular geral quanto à legitimidade da transação e quanto a seu caráter irrevogável — uma convicção certamente partilhada por Susan Henchard.[4] Mas, em última análise, a apresentação de Hardy ainda recaía no mesmo estereótipo do *The book of days*. "De minha parte", diz o bêbado Henchard, "não vejo por que os homens que têm mulheres e já não as querem não deveriam se ver livres delas, como esses ciganos fazem com os cavalos velhos [...]. Por que não deveriam oferecê-las e vendê-las em leilão a homens que estão precisando desse tipo de artigo?"

O pressuposto subjacente a ambos os relatos é que a venda da esposa era uma compra direta de um bem. E uma vez estabelecido o estereótipo, é demasiado fácil interpretar a evidência por meio do clichê. Pode-se então admitir que a esposa era leiloada como um animal ou mercadoria, talvez contra a sua vontade, seja porque o marido queria se ver livre dela, seja por motivos puramente mercenários. Como tal, o costume desautorizava qualquer exame escrupuloso. Podia

(II) Tyburn foi, até 1783, o principal local de execuções públicas em Londres. "Gin Lane", quadro de W. Hogarth (1697-1764) representando a degradação dos pobres alcoolizados pelo gim que incentivou a aprovação do Gin Act em 1751, taxando a bebida para inibir seu consumo. (N. R.)

ser tomado como um exemplo melancólico de abjeta opressão feminina, ou como ilustração da leviandade com que os homens pobres consideravam o casamento.

Mas é esse estereótipo — e não o fato de que as esposas eram ocasionalmente vendidas — que requer investigação. De qualquer modo, parecia aconselhável coletar alguns dados antes de apresentar explicações seguras. Na década de 1960, com muita ajuda de amigos e correspondentes, comecei a formar arquivos sobre as vendas "rituais" nos séculos XVIII e XIX; e no final da década de 1960 e durante toda a década de 1970, infligi esboços deste capítulo a muitas audiências na Grã-Bretanha e nos Estados Unidos. Em 1977, já tinha uns trezentos casos em minhas fichas, embora pelo menos cinquenta sejam demasiado vagos ou duvidosos para serem tomados como evidência. Nesse meio-tempo, adiava a publicação de minhas conclusões, embora elas fossem sucintamente relatadas no trabalho de outros pesquisadores.[5] Novo adiamento fez com que minha pesquisa se tornasse ultrapassada, pois em 1981 foi publicado um volume substancial, *Wives for sale* [Esposas à venda], escrito por Samuel Pyeatt Menefee.

O estudo etnográfico do sr. Menefee foi realizado como dissertação junto ao Departamento de Antropologia Social na Universidade de Oxford, e o assunto talvez tenha chegado ao conhecimento desse departamento quando dei uma palestra sobre o tema num de seus seminários. Não podia reivindicar direitos autorais sobre o tópico, e na realidade a minha intenção fora despertar o interesse histórico e antropológico. Ainda assim, minha primeira reação foi considerar que meu trabalho se tornara redundante pela ação de terceiros. O sr. Menefee investigara o tema com grande diligência; pesquisara em muitas bibliotecas e repartições de registros civis; reunira material muito curioso e às vezes relevante; e ultrapassara minhas próprias contas, com um apêndice de 387 casos. Além disso, ele partilhava minha redefinição do ritual ao dar a seu volume o subtítulo "Um estudo etnográfico do divórcio popular britânico". Com um pouco de tristeza — pois o tema me preocupara por alguns anos — deixei meu ensaio de lado.

Retomo agora o estudo, apresentando-o tardiamente ao público, porque não acho afinal que o sr. Menefee e eu tenhamos nos repetido, nem que as nossas investigações se reportem às mesmas questões. O sr. Menefee escreveu o texto como aprendiz de etnógrafo, e seu conhecimento da história social britânica e de suas disciplinas era básico. Por isso, tinha pouco discernimento do contexto social, poucos critérios para distinguir entre a evidência confiável e a adulterada, e seus exemplos fascinantes aparecem no meio de uma mistura de material irrelevante e interpretações contraditórias. Seu livro é muito meticuloso e cuidadosamente documentado, ao que devemos agradecer, mas ele não pode ser tomado como a palavra final sobre a venda das esposas.

O ritual talvez tenha interesse apenas marginal, e pouca relevância geral para o comportamento sexual ou as normas conjugais. Abre apenas uma pequena janela para essas questões. Entretanto, não há muitas dessas janelas, e nunca teremos uma visão panorâmica até que todas as cortinas sejam abertas e as perspectivas se cruzem. Dessa evidência fragmentária e enigmática, devemos extrair todas as percepções possíveis sobre as normas e a sensibilidade de uma cultura perdida, bem como sobre as crises internas aos pobres.

II

As evidências quantitativas a respeito da venda de esposas e sua frequência são, sob muitos aspectos, as menos satisfatórias a serem oferecidas neste capítulo, por isso começaremos por elas. Coletei cerca de trezentos casos, dentre os quais rejeitei cinquenta por serem duvidosos. Menefee lista 387 casos, mas esse número inclui muitos casos vagos e duvidosos, frequente contagem dupla do mesmo caso, e casos que não são vendas rituais "verdadeiras". Vamos dizer que tenho 250 casos autênticos, e que Menefee tem trezentos. Mas cerca de 150 casos aparecem em ambas as listas — casos coligidos em fontes evidentes como *Notes and Queries*, os arquivos do *The Times*, compilações de folclore etc. Portanto, juntos coletamos uns quatrocentos exemplos.

Ainda assim, achei necessário podar esse material, especialmente nos primeiros anos (antes de 1760) e naqueles depois de 1880. A venda ou troca de esposa, para serviços domésticos ou sexuais, parece ter ocorrido ocasionalmente na maioria dos lugares e épocas. Pode ser apenas uma transação aberrante, com ou sem pretensa base contratual — é registrada, às vezes, ainda hoje em dia. Infelizmente, alguns dos primeiros exemplos não fornecem quase nenhuma evidência quanto à natureza da prática. Assim, o registro de um historiador local "baseado num antigo documento relativo a Bilston" — "Novembro de 1692. John, o filho de Nathan Whitehouse, de Tipton, vendeu sua mulher ao sr. Bracegirdle" — pode não possuir, sem outras evidências, a pertinência para ser contado como um caso de venda ritual de esposa.[6] Mas alguns dos exemplos posteriores, embora mais bem documentados, também apresentam dificuldades. Assim, em 1913, uma jovem casada afirmou num tribunal de pequenas contravenções de Leeds (num caso de reivindicação de sustento) que o marido a vendera por uma libra a um colega de trabalho que morava na rua vizinha. O filho foi adotado pelo segundo homem: ele o aceitou por seis semanas, e depois mandou que ela afogasse a criança. Mas esse homem já era casado, e mais tarde voltou à sua mulher.[7] Se esse caso foi uma venda de esposa, o costume já estava num avançado estado de decomposição, e a prática se afastando do uso anteriormente aceito.

Há alguns casos antes de 1760 e depois de 1880 que fornecem melhores evidências. Mas, para fins de contagem, decidi deixar os casos antes de 1760 para historiadores mais bem qualificados para interpretar a evidência, e ignorar aqueles depois de 1880. Isso me reduziu a 218 casos que posso aceitar como autênticos entre 1760 e 1880:[8]

Vendas de esposas: casos visíveis	
1760-1800	42
1800-1840	121
1840-1880	55

Os casos vieram de todas as regiões da Inglaterra, mas só tenho um caso da Escócia nesse período e bem poucos casos do País de Gales. Os condados com dez ou mais exemplos são: Derbyshire (10), Devon (12), Kent (10), Lancashire (12), Lincolnshire (14), Middlesex e Londres (19), Nottinghamshire (13), Staffordshire (16), Warwickshire (10), e (bem no topo da tabela) Yorkshire (44).

Esses números mostram pouca coisa, exceto que a prática certamente ocorria, e em muitas regiões da Inglaterra. Os números são de casos *visíveis*, e a visibilidade deve ser considerada em pelo menos três sentidos. Primeiro, são ocorrências cujos vestígios por acaso se tornaram claros para mim. Embora Menefee e eu apresentemos o mesmo perfil geral, em certo sentido ambos dependemos do que chamou a atenção dos folcloristas ou do que foi registrado pelos jornais metropolitanos. Não existem fontes das quais se possa extrair uma amostra sistemática, e apenas uma pesquisa detalhada nos jornais provincianos de todas as regiões poderia pretender criar tal amostra.[9] Segundo, havia ocorrências que tinham de adquirir uma certa notoriedade para deixar algum tipo de vestígio nos registros. Uma venda ritual na praça do mercado de uma cidade relativamente grande poderia ter esse efeito, mas tal não aconteceria necessariamente com uma venda privada numa taverna, a não ser que fosse acompanhada de alguma circunstância inusitada. Como a segunda forma era a preferida em alguns distritos, e geralmente substituiu a primeira forma depois de 1830 ou 1840, não há esperança de recuperar quantidades precisas.

Mas é a visibilidade num terceiro sentido a que tem mais importância, a que oferece restrições mais amplas a quaisquer quantificações, e a que ilustra a natureza escorregadia das evidências com que devemos lidar. Pois quando foi que a venda de esposas se tornou visível a um público refinado ou de classe média, sendo assim digna de uma nota na imprensa? A resposta deve estar relacionada com mudanças indistintas na consciência social, nos padrões morais e nos valores das notícias. A prática se tornou tema de reportagem e comentários mais frequentes no início do século XIX. Durante grande parte do século XVIII, porém os jornais não se prestavam a veicular comentários sociais ou domésticos desse tipo. Há boas razões para se supor que as vendas de esposas fossem amplamente praticadas bem antes de 1790. O costume foi pouco noticiado, porque não era considerado digno de registro, a menos que alguma circunstância adicional (cômica, dramática, trágica, escandalosa) lhe conferisse interesse. Esse silêncio pode ter acontecido por vários motivos: ignorância polida (a distância entre a cultura do público de jornais e a dos pobres), indiferença a um costume tão comum que não exigia comentários, ou aversão. As vendas de esposas tornaram-se dignas de menção na imprensa junto com o reflorescimento evangélico, que, ao elevar o limiar da tolerância da classe média, redefiniu uma questão de "ignorância" popular como uma questão de escândalo público.

Isso tem consequências infelizes. Pois embora a prática seja às vezes relatada depois de 1790 como comédia ou caso de interesse humano, é mais frequentemente noticiada num tom de desaprovação moral tão forte a ponto de obliterar aquela evidência que só a objetividade poderia ter produzido. As vendas de esposas mostravam que um "sistema de comércio de carne humana" não estava "confinado às praias da África"; a corda que prendia a esposa poderia ser mais bem empregada para enforcar ou chicotear as partes interessadas na transação; e (comumente) era "uma cena muito desagradável e vergonhosa" (Smithfield, 1832), "uma dessas cenas revoltantes que são uma desgraça para a sociedade civilizada" (Norwich, 1823), "uma transação indecente e degradante" (York, 1820). O marido que vendia a esposa era "um animal em forma humana" (Nottingham, 1844), e a própria esposa era uma "vagabunda desavergonhada", ou objeto de piedade sentimental.

Isso dificulta a investigação. Um cômputo por década dos casos visíveis entre 1800 e 1860 revela: 1800-9, 22; 1810-9, 32; 1820-9, 33; 1830-9, 47; 1840-9, 22; 1850-9, 14.[10] Se traçado num gráfico, esse cômputo mostraria uma curva ascendente de vendas, atingindo o clímax no início da década de 1830 (nove vendas em 1833) e depois caindo abruptamente. Mas um gráfico das vendas reais poderia se contrapor a um gráfico das vendas visíveis. Pois esse último não revela as vendas, mas a afronta moral provocada pelas vendas. Essa afronta era acompanhada de uma crescente ação contra as vendas por parte de magistrados, policiais, funcionários do mercado e moralistas. Era também associada a uma corrente cada vez mais forte de desaprovação no âmbito da própria cultura popular, alimentada por fontes evangélicas, racionalistas e radicais ou sindicais. É bem possível que as vendas reais tenham atingido o clímax em algum ponto no século XVIII ou bem no início do século XIX, e a publicidade dada às vendas entre 1820 e 1850 pode ter revelado resíduos tardios e um tanto envergonhados de uma prática já em declínio. Essa publicidade, por sua vez, pode ter ajudado a expulsar a venda de esposas da praça do mercado, fazendo com que a prática adotasse formas mais discretas.

Algumas evidências literárias confirmam essa sugestão. Assim há uma clara descrição de venda ritual da esposa, com leilão público e com entrega da mulher presa por uma corda, num tratado legal primoroso sobre *The laws respecting women as they regard their natural rights* [As leis concernentes às mulheres no que diz respeito a seus direitos naturais], publicado em 1777. Nem eu, nem Menefee temos muitos casos antes de 1777 que indiquem claramente uma venda ritual, mas o autor desse tratado não teria motivos para inventar a questão. Em seu *Observations on popular antiquities* [Observações sobre antiguidades populares], John Brand também relata a prática em termos que sugerem resíduos de uma tradição mais vigorosa: "Uma superstição extraordinária ainda prevalece entre os mais baixos dentre os vulgares, a de que um homem pode vender legalmente a sua mulher para outro, desde que ele a entregue com uma corda ao redor do pescoço".[11] Com base nessas referências, poderíamos supor que a venda ritual da esposa era lugar-comum em 1777, dificilmente digna de comentário, e que assim o fora por um século ou mais. Acho tal coisa improvável, e o tom dos relatos na imprensa sugere uma evolução diferente. Assim, um caso de Oxford em 1789 é registrado como "o modo vulgar de *divórcio* adotado ultimamente"; em 1790, um relato de Derbyshire falava da entrega da mulher presa numa corda "na forma habitual que tem sido praticada nos últimos tempos", e no mesmo ano jornais de Derby e Birmingham acharam necessário observar que, "como casos de venda de esposas vinham ocorrendo com frequência entre a classe mais baixa do povo", essas vendas eram "ilegais e sem efeito".[12] Isso poderia sugerir que a venda de esposas, na sua forma ritual do leilão na praça do mercado e da mulher presa por uma corda, embora difundida em algumas regiões do país, estava em 1777 apenas lentamente se espalhando para outras regiões.[13] Por volta da década de 1800, os jornais se referem a vendas "no estilo habitual" e a "cenas vergonhosas que ultimamente têm se tornado comuns"[14]. Mas a evidência a respeito dessa evolução é incerta, e a questão deve ficar em aberto.

É sempre incerto se os casos relatados são a ponta de um iceberg ou um índice verdadeiro de frequência.[15] Em qualquer momento antes de 1790-1830, a visibilidade não pode ser tomada como indicador da natureza excepcional do caso. Quando em 1819 o pároco de Clipsham em Rutland acusou um paroquiano de comprar a esposa, observou-se que "o comprador foi escolhido para ser punido por ser o mais rico e o mais apropriado para servir de exemplo" — mas Clipsham naquela época tinha apenas 33 casas e 173 habitantes.[16] Nas décadas de 1830 e 1840, entretanto, há mais sugestões de que os casos visíveis eram considerados inusitados ou resíduos de costumes antigos. Em 1839, uma venda em Witney foi vista como "uma dessas ocorrências vergonhosas, felizmente pouco [...] frequentes"; enquanto uma venda em Bridlington no ano anterior foi comparada a "uma transação semelhante" ocorrida na mesma cidade dez anos antes.[17]

O consenso da opinião esclarecida na metade do século XIX era o de que a prática existia apenas entre os estratos mais inferiores dos trabalhadores, especialmente nas zonas rurais mais afastadas: como Brand dissera, "os mais baixos dentre os vulgares". Isso pode ser verificado pelas ocupações atribuídas ao marido ou ao comprador na minha amostra. Embora a natureza dos relatos não garanta precisão de informações, são atribuídas ocupações em 158 casos:

Vendas de esposas: ocupações atribuídas ao marido ou ao comprador

15 Trabalhadores

8 Mineiros de carvão (incluindo os mineiros e os trabalhadores nos poços das minas)

7 Operários em escavações (incluindo os que construíam valas e diques)

6 Cocheiros (incluindo postilhões e cavalariços)

5 Ferreiros; agricultores; trabalhadores da fazenda ou "homens do campo"; sapateiros; soldados; alfaiates

4 Limpadores de chaminé; jardineiros

3 Assentadores de tijolo; fabricantes de tijolo; açougueiros; carpinteiros ou marceneiros; operários da fábrica; negociantes de cavalos ou gado; fabricantes de pregos; latoeiros

2 Padeiros; escreventes; condutores de burros; lixeiros; cavalheiros; invernadores de gado; moleiros; trabalhadores em ferro; marinheiros; fabricantes de malhas; barqueiros; tecelões

1 Fabricante de cestas; vendedor ambulante de cobertores; fabricante de calças; botoeiro; carroceiro; limpador de cinzas; fabricante de lã; carvoeiro; cavador; peleiro; vendedor ambulante de bolo de gengibre; chapeleiro; vendedor de feno; condutor de porcos; acendedor de lampiões; pedreiro; fabricante de colchões; funcionário; pintor; taverneiro; mercador de trapos; carregador de areia; serrador; aceiro; cortador de pedra; cortador de palha; negociante; guarda-florestal

Designados antes pelo cargo, situação de vida etc., do que pela ocupação: mendigos (2); pensionistas (2); recém-chegados do exílio (2); caçador ilegal (1); e Henry Brydges, 22º duque de Chandos.

Deve-se acrescentar a essas sugestões gerais (mas imprecisas) que a venda de esposas era predominante entre certos grupos ocupacionais, como operários de ferrovias, barqueiros, funileiros ambulantes ou viajantes. Mas ocupações altamente picarescas, com grande mobilidade e muitos acasos da sorte, parecem ter encorajado — como acontece com os marinheiros e os soldados — notações diferentes de "casamento", que era visto por ambos os lados como um arranjo mais transitório.

Essa tabela de ocupações traz poucas surpresas (à exceção do duque de Chandos).[18] Há um grande grupo (19) envolvido de alguma maneira com o comércio de gado e transporte, frequentadores provavelmente assíduos dos mercados de gado. Outro grupo (14) vem dos ofícios de construção, que partilhava com os trabalhadores em escavações uma grande mobilidade. Os restantes são os de status social mais elevado. Dos dois reputados cavalheiros, um comprou a mulher de um fabricante de lã em Midsomer Norton, Somerset, por seis guinéus em 1766; não é mencionado nenhum ritual público, a venda foi por contrato particular, e, pelas declarações da esposa, ela não foi consultada (ver p. 249-50). No outro caso, em Plymouth em 1822, o cavalheiro era o marido e o vendedor da esposa: voltaremos a esse caso inusitadamente bem documentado (pp. 233-4). Ainda outro caso, em Smithfield em 1813, chamou a atenção precisamente por causa da riqueza e status das partes envolvidas: o marido era invernador de gado, o comprador um "famoso negociante de cavalos", o preço da compra era elevado (cinquenta guinéus e "um cavalo valioso que servia de montaria ao comprador"), e "a dama (o objeto da venda), jovem, bela e elegantemente vestida, foi levada ao mercado numa carruagem, e exposta aos olhos do comprador com uma corda de seda ao redor dos ombros, que estavam cobertos por um rico véu de renda branca". Observou-se na imprensa em tom de reprovação que "até então só víamos aqueles que pertencem às classes mais baixas da sociedade degradando-se desse jeito".[19]

O perfil ocupacional sugerido por essa amostra não é o dos ofícios de luxo, nem o dos artesãos qualificados, mas o da cultura plebeia mais antiga que os precedeu e por muito tempo com eles coexistiu. Os trabalhadores na indústria produtora de fibra têxtil, tecidos, estão bem pouco representados; embora Yorkshire forneça mais exemplos do que qualquer outro condado, Yorkshire apresenta mineiros de carvão e ofícios não qualificados, mas nenhum tosquiador ou cardador, e apenas dois tecelões. Há ferreiros na amostra, mas nenhum engenheiro ou fabricante de instrumentos; há operários em escavações, mas nenhum trabalhador do estaleiro; e apenas três trabalhadores de moinho ou operários de fábrica. Por serem casadas, as mulheres são descritas pela sua aparência, comportamento ou suposta conduta moral, mas muito raramente pela ocupação. Mas sabemos que havia duas empregadas de minas; pelo menos duas eram mendigas, vendidas para poupar as taxas assistenciais da paróquia; uma era operária de fábrica, e outra fazia novelos numa fiação.

Seria vão (por razões que se tornarão evidentes) quantificar a elevação ou a queda do preço das esposas. No topo da lista (um caso insatisfatório), um carvoeiro de Wolverhampton, em 1865, teria supostamente vendido a esposa para um marinheiro americano por cem libras, mais 25 libras por cada uma das duas crianças.[20] No outro extremo, as esposas eram entregues de graça ou por um copo de cerveja; o valor mais baixo negociado foi três farthings. Talvez o preço médio estivesse na faixa de dois xelins e seis pence a cinco xelins, embora muitos exemplos fiquem acima ou abaixo desse valor. Mas o marido frequentemente exigia uma tigela de ponche ou um galão de cerveja além do preço da compra, e às vezes algum outro artigo — um relógio de pulso, uma peça de roupa, uma porção de tabaco. Um condutor de burros de Westminster vendeu a esposa para outro condutor por treze xelins e um burro. Num caso muito citado em Carlisle (1832), um agricultor, que arrendava 42 acres, vendeu a esposa para um pensionista por vinte xelins e um grande cachorro terra-nova. Ele retirou do pescoço da mulher a corda de palha com que a conduzira no mercado, e colocando-a ao redor do pescoço de sua nova aquisição, dirigiu-se à taverna mais próxima.[21]

III

Isso é bom para aqueles que gostam de fofocas quantitativas, mas devemos agora empreender trabalho sério e questionar: qual é o significado da forma de comportamento que tentamos calcular? O material aparece na imprensa com bastante frequência, de forma abreviada ou de vez em quando sensacionalista, opaca à investigação. A notícia pode ser brevíssima: "Na terça-feira, 25 de fevereiro, um certo Hudson levou a sua mulher para o mercado de Stafford e vendeu-a em leilão público, depois de muitas ofertas, por cinco xelins e cinco pence".[22] "Um sujeito chamado Jackson vendeu a sua mulher por dez xelins e seis pence em Retford, semana passada, no mercado público."[23] Ou a notícia podia ter um tom mais jocoso:

> Segunda-feira passada, Jonathan Heard, jardineiro em Witham, vendeu a mulher e o filho, uma ave e onze porcos, por seis guinéus, para um assentador de tijolos da mesma localidade. Hoje ele os pediu de volta e os recebeu de braços abertos no meio de uma enorme multidão. Os mais bem informados acham que o assentador de tijolos fez um péssimo negócio.[24]

Ou a notícia podia ser bem mais completa. Em 1841, o *Derby Mercury* descreveu uma "cena vergonhosa" no mercado de Stafford:

> Um trabalhador de hábitos vadios e dissolutos chamado Rodney Hall, domiciliado em Dunstone Heath, perto de Penkbridge, conduziu sua mulher para a cidade com uma corda presa ao redor de seu corpo, com o objetivo de vendê-la no mercado público a quem fizesse a melhor oferta. Depois de levá-la ao mercado e pagar o imposto, ele a fez desfilar duas vezes pela praça, quando veio ao seu en-

> contro um homem chamado Barlow, do mesmo tipo de vida, que a comprou por dezoito pence e uma quarta de cerveja, e ela foi formalmente entregue ao comprador. As partes foram então ao Blue Post Inn para ratificar a transferência [...].[25]

Outro exemplo diz respeito a Barton-upon-Humber (Lincolnshire), 1847:

> Na quarta-feira [...], o apregoador anunciou que a esposa de Geo. Wray, de Barrow [...], seria leiloada na praça do mercado de Barton às onze horas; [...] pontualmente na hora marcada o comerciante apareceu com a dama, esta tendo uma corda nova atada ao redor da cintura. Entre os gritos dos espectadores, o artigo foi posto em leilão e [...] arrematado por Wm. Harwood, barqueiro, pela soma de um xelim, com devolução de três meio pence "para dar sorte". Harwood saiu de braços dados com sua sorridente aquisição, tão tranquilo como se tivesse comprado um novo casaco ou chapéu.[26]

Esse é em geral todo o material que temos. Apenas em poucas vendas — por exemplo, quando algum caso chega aos tribunais — conseguimos mais informações. Mas o material não é sem valor e, quando examinado, aparecem certos padrões. A venda de uma esposa não era de modo algum um caso fortuito, sendo raramente um evento cômico. Era altamente ritualizada: devia ser realizada em público e com um cerimonial estabelecido. É possível que houvesse duas formas de venda de esposa, preferidas em regiões diferentes do país e coincidentes em certos pontos, o que confunde o quadro: 1) a forma que requer a publicidade na praça do mercado e o uso da corda; chamo a essa forma de "verdadeira" venda ritual da esposa; 2) a forma que envolve um contrato de venda, firmado na presença de testemunhas, e um ritual abreviado de "entrega" num bar público. Dentre meus 218 casos, a venda na praça do mercado é indicada em 121, a venda dentro de uma taverna (perante testemunhas) em dez casos, e um contrato privado (sem menção à taverna) em cinco casos. A corda é mencionada em 108 casos, em geral na praça do mercado, mas de vez em quando dentro da taverna. Não há evidência quanto à forma (mercado, taverna ou corda) nos restantes 82 casos.

Na verdadeira venda de esposa, o ritual prescrevia algumas das seguintes formas, embora houvesse variações regionais e nem todas as formas discutidas abaixo precisassem ser observadas num caso específico.

a) A venda devia ocorrer numa praça de mercado reconhecida ou outro local semelhante de comércio. A antiguidade ou a familiaridade influenciavam a escolha. Frequentemente as partes interessadas se posicionavam diante da antiga "cruz" do mercado ou algum marco importante: em Preston (1817), o obelisco; em Bolton (1835), o novo "poste do gás".[27] Se a venda ocorria numa grande vila sem mercado, as partes interessadas executavam a cerimônia na frente da taverna principal ou em qualquer lugar onde em geral ocorriam as transações públicas. Mas essas vendas nas vilas parecem ter sido raras, e até em grandes vilas as partes interessadas em geral se dirigiam à cidade de mercado, caminhando quilômetros até alcançar seu objetivo.[28]

De vez em quando o cenário da venda era alguma outra praça ou local de comércio: em Dartmouth (1817), o cais[29] ou, como no romance de Hardy, uma feira. A opinião popular tinha dúvidas quanto à legitimidade dessas transações. Num confuso caso no mercado de Bath (1833), uma dama "vistosamente trajada" e presa por uma corda de seda foi posta à venda, embora já tivesse sido vendida noutro dia da semana, por dois xelins e seis pence, na feira de Lansdown, "mas o negócio não fora considerado legal; primeiro, porque a venda não foi feita num mercado público e, segundo, porque o comprador já tinha uma esposa".[30] A segunda razão foi provavelmente a que mais pesou, pois certamente ocorriam vendas de esposas em outras feiras.[31]

b) A venda era às vezes precedida por um anúncio público ou reclame. Podia-se usar o apregoador ou o sineiro da cidade para dar a notícia, ou o marido podia andar pelo mercado carregando um cartaz com um aviso da pretendida venda. Baring-Gould registra a história de um taverneiro de Devonshire que afixou um —

> AVISO
>
> Este é para informar ao público que James Cole está disposto a vender sua mulher em leilão. Ela é uma mulher decente e limpa, com 25 anos. A venda deve ocorrer em New Inn, na próxima quinta-feira, às sete horas.[III]

A história (e sua ortografia propositadamente cômica) não nos satisfaz, mesmo que Baring-Gould insistisse em contá-la e afirmasse que a mulher ainda era viva na época em que redigia seu manuscrito (1908).[32] Mas sem dúvida ocorriam alguns anúncios prévios.

c) A corda era essencial para o ritual. A mulher era levada ao mercado presa por uma corda, em geral amarrada ao redor do pescoço, às vezes ao redor da cintura. Era geralmente nova e feita de corda mesmo (custava em torno de seis pence), mas havia cordas de seda, cordas decoradas com fitas, tranças de palha e simples "tinas que custavam um penny".

O simbolismo da corda pode ter passado por alguma evolução. O termo decisivo talvez seja "entrega". Alguns dos primeiros relatos sugerem que de vez em quando o marido e o comprador chegavam primeiro a um acordo de venda (que poderia ser redigido num documento), e que só então, no dia ou na semana seguinte, a esposa era publicamente "entregue" ao comprador presa por uma corda. Num exemplo tardio (Stockport, 1831), temos a forma das

(III) NOTICE This here be to hinform the publick as how James Cole be dispozed to sell his wife by Auction. Her be a dacent, clanely woman, and be of age twenty-five ears. The sale be to take place in the New Inn, Thursday next, at seven o'clock.

palavras escritas. O marido firmou um acordo de vender a esposa para um açougueiro, Booth Milward: "Eu, Booth Milward, comprei de William Clayton a sua mulher por cinco xelins, a ser entregue no dia 25 de março de 1831, presa por uma corda, na casa do sr. Jn. Lomax". O acordo, redigido numa cervejaria, era firmado pelo marido e três testemunhas.[33]

Mas "entregue" ainda não adquirira o sentido casual de entregar mercadorias ou uma mensagem. Antes de 1800, em seu uso comum, significava "liberar, renunciar inteiramente a, ceder, transferir para a posse ou a guarda de outro" (*Oxford English dictionary*). Assim, entregar alguém preso por uma corda simbolizava a entrega da esposa à posse de outro, e a importância do ritual residia exatamente na demonstração pública de que o marido era um participante voluntário (ou resignado) desse ato de renúncia. Essa publicidade era também essencial porque revelava o consentimento da esposa — ou dava-lhe meios de repudiar um contrato firmado entre o marido e outro homem sem o consentimento dela.

Seja qual for o modo e a época em que surgiu, no final do século XVIII o ritual da corda era considerado em muitas regiões do país como um elemento essencial de uma transferência "legal". Em Thame, ocorreu a revenda de uma esposa em 1789: um homem que vendera a esposa dois ou três anos antes por meio guinéu foi informado pelos vizinhos de que "o negócio não era válido, pois ela não foi vendida no mercado público". Por isso, ele "a conduziu sete milhas puxada por uma corda até o mercado de Thame, onde a vendeu por dois xelins e seis pence, e pagou *quatro pence de imposto*".[34]

A esposa podia ser levada ao mercado puxada por uma corda, ou a corda podia aparecer no momento da venda. (Se a mulher fosse tímida, talvez preferisse que ela fosse amarrada embaixo da roupa, ao redor da cintura, mantendo a corda de reserva no bolso: quando começava o leilão, o marido segurava a ponta da corda.) E um ritual desse tipo tende a gerar seus próprios refinamentos e superstições locais. Em alguns casos, achava-se necessário fazer a mulher desfilar pelo mercado o número mágico de três vezes.[35] Em outros casos, a esposa era puxada por uma corda durante todo o caminho da sua casa até o mercado, e depois conduzida da mesma maneira para o seu novo lar.[36] O simbolismo era obviamente derivado do mercado de animais, e aqui e ali inventavam-se formas mais elaboradas para confirmar a simulação de que a mulher era um animal. Seria talvez, sob uma antiga forma popular, a brincadeira de passar a perna no diabo (ou em Deus)? Os elementos adicionais mais frequentes eram atar a mulher na cerca do mercado, prendê-la num cercado de ovelhas, fazê-la passar pelos portões do pedágio (de vez em quando, novamente as mágicas três vezes) e, muito frequentemente, pagar aos funcionários do mercado a taxa pela venda de um animal. E parece ter sido prática aceita em alguns mercados — inclusive, por algum tempo, em Smithfield — que os funcionários recebessem essa taxa.[37]

d) No mercado, alguém devia fazer as vezes de leiloeiro, e devia haver pelo menos a aparência de um leilão público. Na maioria dos casos, o marido leiloava a mulher, mas de vez em quando alguém de status oficial — um funcionário do mercado, um empregado da assistência social, um leiloeiro ou um negociante de gado — desempenhava o papel.

Exibia-se considerável talento em adotar o estilo de um leiloeiro qualificado. Em seu aspecto mais melancólico, temos as lembranças de um velho cronista de Gloucester que, ainda menino no ano de 1838, estava andando à toa pelo mercado de animais quando ele e seus companheiros viram um lavrador puxando "por uma corda uma mulher cansada, coberta de poeira":

> Um velho e brincalhão negociante de porcos exclamou: "Olá, meu velho. O que se passa? O que vais fazer com a velha, afogá-la, enforcá-la, ou o quê?". "Não, vou vendê-la", foi a resposta. Houve um coro de risos. "Quem é ela?", perguntou o negociante de porcos. "É a minha esposa", respondeu o lavrador, sobriamente, "e uma das criaturas mais ordeiras, sérias, diligentes e trabalhadoras que já surgiu. É tão limpa e arrumada como uma flor, e é mão-fechada, faz qualquer coisa para poupar seis pence; mas tem uma língua e tanto, fica me incomodando da manhã até a meia-noite. Não tenho um momento de paz por causa da sua língua, por isso concordamos em nos separar, e ela concordou em partir com aquele que fizesse a oferta mais alta no mercado [...]" "Você está disposta a ser vendida, minha senhora?", perguntou alguém. "Sim, estou", ela respondeu mordazmente. "Então", disse o homem, "quanto me dão por ela?" Fez-se uma pausa, então um velho tocador de vacas, com uma vara de freixo na mão, berrou: "Seis pence por ela!". Segurando a corda numa das mãos e levantando a outra, o marido gritou no estilo estereotipado: "Está em seis pence, quem dá um xelim?". Houve outra pausa prolongada, então eu, um jovem vivaz [...], imprudentemente exclamei: "Um xelim!". "Está em um xelim. Ninguém dá mais?", gritou o marido [...]. Os espectadores riram e caçoaram, um chegou a exclamar: "O lance é seu, meu jovem! Ela vai ser arrematada por ti!". Eu suava de apreensão [...]. Com renovada seriedade, o vendedor gritou mais uma vez: "Quem dá dezoito pence, pois ela é uma excelente mulher que sabe assar uma fornada de pão ou fazer bolinhos como ninguém". Para meu grande alívio, um homem bem arrumado e de ar respeitável fez a oferta, e o marido, batendo as mãos, exclamou: "Ela é sua, meu caro. Você ganhou a pechincha e uma boa mulher, em tudo a não ser a sua língua. Cuide bem dela". O comprador pegou a ponta da corda depois de pagar os dezoito pence, e levou a mulher embora.[38]

O relato desperta suspeitas, com sua recordação literal de conversas de cinquenta anos antes. Sem dúvida, a história foi floreada ao ser contada, mas o episódio inclui características rituais encontradas na maioria das vendas: o consentimento público da mulher ("Você está disposta a ser vendida, minha senhora?", "Sim, estou"), o leilão formal, a entrega da corda. O marido passa por cima da oferta frívola do menino, mas aceita logo uma oferta séria (que possivelmente teria vindo de alguém esperado).

Os elogios elaborados do leiloeiro sobre as qualidades do artigo à venda ("ela é tão limpa e arrumada como uma flor") eram também esperados pelo povo. Era uma transação altamente teatral, e o marido às vezes representava a sua parte com uma bravata cômica, entretendo os espectadores com uma arenga que era em parte tradicional, em parte cuidadosamente ensaiada. (Essa era talvez a forma de enfrentar uma situação de exposição pública.) Não se pode confiar muito nos relatos de jornais romanceados para os leitores,[39] e menos ainda nas baladas e folhetos sobre a venda de esposas, que eram repertório-padrão dos impressores.[40] Mas "Samuel Lett", uma balada de Bilston (Staffordshire), transmite pelo menos um sentido autêntico das expectativas humorísticas — uma alternância chistosa de elogios e difamações — provocadas pelo leilão:

Este é para dar o aviso
De que o Lett das pernas tortas
Vai vender a sua esposa Sally
Pelo preço que conseguir.

Às doze horas em ponto
A venda vai começar.
Vocês todos, rapazes alegres,
Estejam lá com o dinheiro.

Pois Sally é bonita
E forte como um touro,
Quem já a conhece
Sabe disso muito bem.

Ela sabe fazer pão
E come o pão inteiro;
Faz cerveja como ninguém,
E bebe todas as taças.[IV 41]

Um leilão público era, portanto, central para o ritual, mas a forma permitia improvisações e variedade. E nem sempre era bem-humorada. Podia ser degradante para todas as partes envolvidas, e principalmente para a esposa.

(IV) This is ter gie notice/ That bandy legged Lett/ Will sell his wife Sally/ For what he can get.//At 12 o'clock sertin/The sale'll begin./ So all yer gay fellers/ Be there wi' yur tin.// For Sally's good lookin'/And sound as a bell,/ If you'n ony once heerd her/You'n know that quite well.// Her bakes bread quite handy/An' eats it all up;/ Brews beer, like a good 'un,/ An' drinks every cup.

e) O ritual exigia a troca de algum dinheiro. Era em geral um xelim ou mais que isso, embora às vezes se desse menos. O comprador comumente concordava em pagar uma quantidade de bebida além do preço da compra, e às vezes acrescentava-se uma soma adicional pela corda. O marido frequentemente devolvia ao comprador uma pequena fração do dinheiro da compra "para dar sorte": nisso, as partes seguiam a forma antiga — e ainda em vigor — dos mercados de cavalos e gado, a devolução do "dinheiro da sorte".

f) O momento real da entrega da corda era às vezes solenizado pela troca de juramentos análogos aos de uma cerimônia de casamento: "'Você está disposta a me aceitar, minha senhora, e a me acompanhar nas boas e nas más horas?' 'Estou', diz ela. 'E você está disposto a vendê-la pelo que eu oferecer, meu senhor?' 'Estou', diz ele, 'e lhe darei a corda como parte do negócio'".[42] De vez em quando o relato anota que a esposa devolveu o antigo anel ao marido e recebeu um novo do comprador. A transferência da ponta da corda do vendedor para o comprador também poderia ser acompanhada de uma declaração pública por parte do primeiro, afirmando que renunciava à mulher e não seria mais responsável pelas dívidas e atos dela. Também podia ser um momento para despedidas sentimentais, como num registro de Spalding (Lincolnshire) em 1786:

> Hand [pegou] a corda e [a] colocou sobre a mulher, depois a entregou a Hardy, pronunciando as seguintes palavras: "Eu agora, minha querida, a entrego nas mãos de Thomas Hardy, rezando para que as bênçãos de Deus os acompanhem, com toda a felicidade". Hardy respondeu: "Eu agora, minha querida, a recebo com as bênçãos de Deus, rezando pela felicidade" etc. E retirou a corda, dizendo: "Venha, minha querida, eu a recebo com um beijo; e você, Hand, terá um beijo de despedida".[43]

A entrega e a troca podiam ser o fim da cerimônia, o par recém-casado saindo rapidamente de cena. Mas às vezes a cerimônia era também seguida pela ida de todos os três envolvidos, com testemunhas e amigos, à taverna mais próxima, onde a venda podia ser "ratificada" pela assinatura de documentos. É claro, haveria também novos juramentos com drinques (que, como vimos, estavam às vezes incluídos no dinheiro da compra ou na devolução por parte do vendedor para "dar sorte").

Quando a troca era pré-arranjada, essa parte do procedimento dependia presumivelmente da quantidade de boa vontade ou má vontade no ar. Quando os sentimentos hostis predominavam, mas era necessário um "documento", esse podia ser redigido antes do leilão público, e com a venda marido e esposa se separavam para sempre. Quando havia boa vontade, todos os interessados bebiam e redigiam o documento juntos. Ainda existem alguns exemplos desses "contratos", e o mais frequentemente citado é uma entrada no livro das mercadorias de Bell Inn, Edgbaston Street, Birmingham: "31 de agosto de 1773. Samuel Whitehouse, da paróquia de Willenhall [...] vendeu hoje a sua mulher, Mary Whitehouse, no mercado aberto, para Thomas Griffith, de Birmingham, valor, um xelim. Aceitou-a com todos os seus defeitos". Seguiam-se as assinaturas de Samuel e Mary Whitehouse, e a de uma testemunha.[44] Uns oitenta anos mais tarde, temos um exemplo de Worcester:

> Thomas Middleton entregou sua mulher Mary Middleton para Philip Rostins por um xelim e uma quarta de cerveja; e o casal se separou definitivamente para sempre, para nunca mais se atormentarem um ao outro.
>
> Testemunha. Thomas × Middleton, sua marca
> Testemunha. Mary Middleton, sua mulher
> Testemunha. Philip × Rostins, sua marca
> Testemunha. S. H. Stone, Crown Inn, Friar St.[45]

Presumivelmente S. H. Stone era o dono da taverna, onde o documento foi redigido. É interessante notar que, dos três interessados, apenas Mary Middleton sabia assinar o nome.

Esses documentos eram guardados como "certidões de casamento", como uma prova de respeitabilidade. Assim uma certa sra. Dunn, de Ripon, foi citada em 1881 como tendo dito: "Sim, eu *fui* casada com outro homem, mas ele me vendeu para Dunn por 25 xelins, e tenho tudo no papel para mostrar, com selo de recibo, pois não queria que as pessoas dissessem que estava vivendo em adultério".[46] Tão convencidas estavam as pessoas quanto à legalidade do procedimento que tentavam conseguir a ajuda de um advogado para redigir esses documentos, ou certificavam-no com selos oficiais. Em Bolton (1833), depois do leilão na praça do mercado, as três partes interessadas foram para a taverna One Horse Shoe, onde "o preço da compra foi pago depois de ter sido fornecido um recibo com selo" e a esposa foi então "devidamente entregue". "O grupo mais tarde comeu alguns bifes juntos, como uma refeição de despedida, e pagou por duas quartas de cerveja [...]."[47] O marido e a mulher tinham vindo de uma vila a cinco milhas de distância, e o comprador era um vizinho do mesmo lugar. Vê-se que o que poderia parecer, em uma notícia mais breve ou sensacionalista, um leilão aberto e desestruturado, fora cuidadosamente planejado.

Isso abrange as principais características da "verdadeira" venda ritual de esposas: o mercado aberto, a publicidade, a corda, a forma de leilão, a troca de dinheiro, a transferência solene e, de vez em quando, a ratificação em documentos. Encontram-se às vezes elaborações ou formas mais exóticas (como calçar os sapatos do primeiro marido).[48] Mas a única forma alternativa significativa que deixou evidências claras foi a da transação mais privada no balcão público de uma taverna. Embora se desse perante testemunhas, era uma forma que evitava o clarão da publicidade da venda no mercado público, e por isso pode ter sido seriamente mal noticiada.[49] Muito frequentemente os casos vinham à luz quando alguma outra questão (residência com direito às leis de assistência aos pobres ou guarda dos filhos) os levava perante as autoridades.

Em 1828, as três partes interessadas numa dessas vendas foram ajuizadas nas sessões trimestrais do Tribunal de West Kent, acusadas de contravenção, e o processo do tribunal lança um pouco de luz sobre a forma da venda e sobre as opiniões a seu respeito. Os três interessados partilhavam uma choupana da paróquia (concedida segundo as leis de assistência aos pobres) em Speldurst, e combinaram se encontrar na taverna George and Dragon na vizinha Tonbridge. O taverneiro depôs:

> Skinner chegou em primeiro lugar e pediu uma caneca de cerveja; sentou-se na cozinha; então veio a sua esposa, e pouco depois Savage entrou; todos beberam juntos, e dali a pouco Savage saiu; logo voltou, e Skinner então lhe disse: "Quer comprar a minha mulher?". Ele respondeu: "Quanto quer por ela?". Skinner disse: "Um xelim e uma caneca de cerveja". Savage então lhe ofereceu meia coroa, e Skinner lhe entregou a mulher; eles beberam juntos, e depois foram embora; havia umas quatro pessoas presentes; antes de saírem, a mulher tirou um lenço do bolso, que parecia ter sido atado ao redor da sua cintura, e Skinner o tomou e disse: "Agora não tenho mais nada a ver com você, pode ir com Savage".

Nesse caso, também sabemos um pouco sobre as razões da venda. Corriam muitos boatos na vila de que a sra. Skinner tomara Savage como amante. Por isso, os fiscais dos pobres (que eram os donos da choupana) ordenaram que Skinner mandasse Savage embora, senão ele também seria expulso de casa. Na sua simplicidade, os três parecem ter imaginado que com a venda (ou ato de divórcio e novo casamento) as autoridades da paróquia permitiriam que Savage e a nova sra. Savage continuassem a arrendar a choupana sem problemas. Mas o conselho paroquial de Tonbridge não foi aplacado tão facilmente. Talvez todos os três tenham sido despejados assim que a venda se tornou pública. Ou talvez Skinner tenha seguido seu caminho solitário da George and Dragon para o asilo público, onde ele residia na época do processo no tribunal.

Ao julgar todos os três, o "muito erudito" presidente do tribunal se permitiu um pouco de humor insípido ("a dama certamente não tinha o seu próprio valor em alta estima, pois uma caneca de cerveja e um xelim foi a única importância oferecida por essa mercadoria valiosa"), antes de passar a níveis mais elevados de exortação moral fiscalizadora. A prática de vender a esposa era "altamente imoral e ilegal" e "tinha uma tendência a menosprezar o santo sacramento do matrimônio". Mas "o crime" teria sido pior se tivesse sido cometido no mercado aberto. Levando também em consideração o fato de que o delito fora cometido "num estado de ignorância", ele achou que bastava a sentença de um ano de prisão para cada um dos envolvidos. Não há registros para saber se as acomodações na cadeia local eram mais ou menos salubres do que as do asilo local. Os infratores condenados não tinham quase nada a dizer em sua defesa. A sra. Skinner declarou: "Meu marido não satisfazia meus desejos, e por essa razão quis me separar" [um riso].[50]

IV

Fica claro — embora não o fosse na década de 1960, quando comecei a coletar esses dados — que temos de retirar a venda das esposas da categoria de uma brutal venda de gado e colocá-la na do divórcio seguido de novo casamento. Isso ainda pode despertar expectativas impróprias, pois o que está envolvido é a troca de uma mulher entre dois homens num ritual que humilha a mulher tratando-a como a um animal. Mas o simbolismo não pode ser interpretado apenas dessa maneira, pois a importância da publicidade da praça do mercado e da "entrega" por uma corda também introduz nas evidências assim fornecidas o fato de que todos os três interessados concordavam com a troca. O consentimento da esposa é uma condição necessária para a venda. Isso não quer dizer que o seu consentimento não pudesse ser obtido sob coerção — afinal, um marido que desejava (ou ameaçava) vender a mulher não era grande coisa como consorte. Uma esposa que foi vendida em Redruth (1820) e que foi levada, com seu comprador, perante as sessões trimestrais do tribunal em Truro, "declarou que o marido a maltratara tantas vezes, e expressara a sua intenção de vendê-la, que ela fora induzida a se submeter à vergonha pública para se ver livre dele". Isso deve ter ocorrido em alguns casos. Mas não era, talvez, toda a verdade nesse caso de Redruth, pois a esposa depois admitiu "que vivera com [...] o seu comprador antes de lhe ser publicamente vendida".[51] Em muitas vendas, mesmo quando havia a aparência de um leilão aberto e lances públicos, o comprador fora predeterminado e já era o amante da esposa.

Recuperar a "verdade" sobre qualquer história conjugal não é fácil: tentar recuperá-la, a partir de recortes de jornais, depois de 150 anos, é empreender uma tarefa infrutífera. Mesmo quando há afirmativas diretas sobre a "má conduta" da mulher antes da venda, o que nos é fornecido são apenas as evidências dos boatos ou do escândalo. Mas essas evidências não nos dizem absolutamente nada — vamos examinar três casos, todos do ano de 1837.

O primeiro diz respeito a uma venda no mercado de manteiga em Bradford (West Yorkshire). O relato afirma: "O motivo alegado da separação era a falta de moderação da esposa, cujos afetos teriam sido roubados por um velho cavador, que de vez em quando almoçava na residência do casal". Quando o marido começou o leilão, "o primeiro e único lance *bona fide*" foi um soberano do cavador. "Foi imediatamente aceito, e, depois de paga a quantia, o novo casal saiu caminhando em meio às imprecações do povo."[52]

O segundo caso ocorreu no mercado de Walsall. Um homem trouxe a mulher puxada por uma corda de uma vila a oito ou nove milhas de distância, e vendeu-a em poucos minutos por dois xelins e seis pence. O comprador era um fabricante de pregos, que viera da mesma vila. Segundo os relatos, todos os três interessados ficaram satisfeitos. Na realidade, a esposa vivera com o comprador durante os últimos três anos.[53]

O terceiro caso ocorreu em Wirksworth, Derbyshire. A esposa de John Allen fugira com James Taylor no verão anterior. Ao saber que o casal estava em Whaley Bridge, o "marido magoado" foi até lá e encontrou-os juntos num alojamento. "Ele exigiu três libras pelas roupas dela, o que Taylor disse que pagaria sob a condição de que ele os acompanhasse a Wirksworth no dia do mercado, para entregá-la, segundo suas palavras, de acordo com a lei." Aqui temos um caso claro de "entrega": Allen passou a ponta da corda para Taylor, e redigiu uma declaração formal.

> "Eu, John Allen, tive minha esposa roubada por James Taylor, de Shottle, no último dia 11 de julho. Eu a trouxe até este mercado para vendê-la por três xelins e seis pence. Você quer comprá-la, James?" James respondeu: "Quero, aqui está o dinheiro, e você é testemunha, Thomas Riley" — chamando o caixeiro da taverna que fora indicado para esse fim.
>
> Depois que o anel foi entregue a Allen, junto com três soberanos e três xelins e seis pence, ele apertou a mão da esposa e do amante dela, desejando-lhes toda a sorte do mundo.[54]

É possível afirmar que o primeiro exemplo não oferece nada além de boatos, mas o segundo e o terceiro casos não podem ser desconsiderados tão facilmente. Um comprador não chega por acaso da mesma vila, a oito milhas de distância, no momento da venda: tudo foi pré-arranjado. Nem é provável que um repórter tivesse inventado a história da fuga e coabitação prévias. Na verdade, a frequência dos casos em que a esposa foi vendida a um homem com quem ela já estava vivendo — e, em alguns casos, vivera por três, quatro ou cinco anos[55] — propõe uma pergunta muito diferente: se tanto a esposa como o marido podiam de vez em quando recorrer à fuga e ao abandono do lar, por que os dois ainda achavam necessário passar pelo ritual público (e vergonhoso) da venda?

Voltarei a essa pergunta perscrutadora, embora a resposta afinal só possa ser encontrada na história pessoal inacessível de cada caso. A dificuldade com esse material não é apenas que a evidência seja muito insatisfatória, mas também que não se pode apresentar definitivamente nenhum caso como "representativo". O imperativo metodológico obrigatório dos dias de hoje é quantificar, mas as complexidades das relações pessoais são especialmente resistentes a essa prática. E o "típico" relato curto de jornal não nos dá nenhuma informação sobre os motivos das partes interessadas — não passa do relato árido de uma venda.

Entretanto, tentei comprimir os dados em classificações grosseiras, com o seguinte resultado:

Vendas e tentativas de venda, 1760-1880: consentimento da esposa

Sem informação	123
Com o consentimento da esposa	41
Esposa vendida para o amante	40
Divórcio arranjado	10
Sem consentimento da esposa	4
	218

Como "sem informação" significa nenhuma informação a respeito do ponto em questão, a tabela mostra 91 casos que têm o consentimento ou a participação ativa da esposa contra quatro sem esse consentimento. Se examinamos as vendas entre 1831 e 1850 (a época em que os relatos dos jornais tendem a ser mais completos), encontramos:

Vendas, 1831-50: consentimento da esposa

Sem informação	27
Com o consentimento da esposa	10
Esposa vendida para o amante	19
Divórcio arranjado	4
Sem o consentimento da esposa	-
	60

Considero esses números evidência literária e impressionista, em oposição à evidência "sólida" deste capítulo, que é a investigação minuciosa dos textos e contextos. As classificações não se aplicam com precisão. Vamos examinar cada uma por sua vez.

Sem o consentimento da esposa. As notas moralistas na época, bem como grande parte dos comentários históricos subsequentes, sugerem que a esposa era um bem passivo ou alguém que se opunha à transação. Na realidade, três dos quatro casos na primeira tabela não resultaram em vendas. Em cada um desses casos, temos a informação de que o negócio foi realizado privadamente entre o marido e o comprador, porém mais tarde renegado pela esposa.

A exceção se encontra numa carta dirigida por Ann Parsons a um magistrado de Somerset, em 9 de janeiro de 1768:

> Sou a filha de Ann Collier, que morava ao pé de Rush Hill, e na primeira parte da minha vida, para minha grande mortificação, fui casada com um homem que não tinha consideração por si mesmo, nem pelo meu sustento e pelo de meus filhos. No início da última guerra, ele entrou para o serviço do rei, e, meu senhor, não posso lhe

> relatar nem a décima parte dos abusos que dele recebi antes de sua admissão e depois de seu retorno do Exército. Por fim, para sustentar os seus caprichos, ele me pôs à venda e me vendeu por seis libras e seis xelins, e eu de nada sabia até que ele me contou o que tinha feito. Ao mesmo tempo, ele me pediu que ficasse com a criança pequena [...].

Para confirmar o seu relato, ela enviava em anexo uma certidão da venda realizada entre o marido, John Parsons de Midsomer Norton, fabricante de lã, e John Tooker da mesma paróquia, cavalheiro: o documento transferia e passava Ann Parsons "com todos e quaisquer direitos de propriedade" a John Tooker.

A história é bastante clara. Mas Ann Parsons passava então a se queixar — não de que a venda tivesse ocorrido, mas de que o marido não tivesse acatado o acordo. Três meses depois da venda (que ocorreu em 24 de outubro de 1766), o marido "me visitou e me pediu mais dinheiro, tratando a mim e ao homem para quem ele me vendeu com grande violência, arrombando a porta da casa, jurando que nos mataria aos dois", e continuou com esse comportamento importuno, até que ela pediu proteção a um magistrado que prendeu John Parsons em Shepton Mallet. A prisão se dera no dia de são Miguel, e Ann Parsons agora temia a vingança que ele poderia cometer quando fosse posto em liberdade. A razão de sua petição ao magistrado era assegurar que o marido continuasse detido. Não é fácil saber o que fazer desse caso. Ann Parsons pode ter sido vendida (conforme seu testemunho) sem o seu conhecimento e consentimento; ou pode ter achado que essa seria a melhor história para contar ao juiz de paz a quem estava pedindo proteção. Uma vez vendida — e (note-se) para um homem de status social mais elevado —, é certo que ela desejava que o contrato fosse acatado, e estava exercendo a sua vingança contra o ex-marido com talento e sucesso.[56]

Nos outros casos de não consentimento, há menos dados para explorar. Num dos casos (North Bovey, Devon, por volta de 1866), diz-se que o marido fez um acordo privado com o comprador para vender a mulher por 1/4 de galão de cerveja. Ela repudiou o acordo, levou os dois filhos para Exeter, e só voltou a North Bovey para o funeral do marido.[57] Outro caso veio à luz num julgamento por bigamia em Birmingham em 1823. Alegou-se que John Homer, ex-soldado, teria tratado a mulher brutalmente e por fim a teria vendido contra a sua vontade, presa por uma corda, no mercado. Mas o comprador era o irmão da mulher, que por três xelins comprou a possibilidade de ela "sair" do casamento ou sua "redenção". (Não se sabe se esse caso deve ser classificado como sem consentimento ou como divórcio arranjado.) Homer então supôs que estava livre para se casar de novo, e cometeu o erro de passar por uma cerimônia formal na igreja. Foi condenado por bigamia a sete anos de degredo.[58] No outro caso, na feira de Swindon em 1775, dizia-se que um "ilustre sapateiro" de Wootton Bassett fechou um acordo formal com um negociante de gado para que lhe vendesse a mulher por cinquenta libras, "entregando-a a pedido do comprador na manhã seguinte" — "Satisfeito com o negócio, o comprador partiu numa diligência acompanhado por muitos de seus amigos, enfeitados com penachos, para demandar o objeto da compra, quando, para desapontamento de todos, nem Crispim, nem Crispiniana [...] puderam ser encontrados".[59]

Esses casos não contradizem a regra, anotada por alguns contemporâneos, de que o consentimento da esposa era essencial. Tal regra é confirmada pelas ocasiões em que a esposa repudia com vigor a tentativa de venda. No mercado de Smithfield em 1817, um visitante viu um homem lutando para colocar uma corda ao redor do pescoço de uma jovem de extraordinária beleza. No meio de uma grande e crescente multidão, a esposa resistia à tentativa com todas as suas forças. O povo e os policiais intervieram, e o casal foi levado perante um magistrado. O marido explicou que a mulher fora infiel, e que ele estava exercendo o seu direito de vendê-la.[60] Na resistência da esposa ao uso da corda, temos a confirmação de que tanto a corda como o seu consentimento eram essenciais para conferir legitimidade à transação. Mesmo quando o comprador não era pré-arranjado, quando havia um leilão autêntico com lances do público, a esposa podia exercer o veto. Assim um relato de Manchester (1824) afirma que, "depois de vários lances, ela foi arrematada por cinco xelins; mas, como não gostou do comprador, foi novamente leiloada por três xelins e 1/4 de galão de cerveja".[61] Num caso mais duvidoso em Bristol (1823), a esposa estava "bem satisfeita" com o seu comprador, o qual, no entanto, revendeu-a a outro; "como a dama [...] não gostou da mudança, foi embora com a mãe", recusando-se a ser reclamada pelo segundo comprador, a não ser "por ordem de um magistrado, que encerrou o caso".[62]

Devem ter ocorrido casos de venda forçada de esposas em que a mulher consentiu porque estava aterrorizada, ou porque era demasiado simplória ou não tinha amigos para poder resistir.[63] E devem ter ocorrido outros casos nas tavernas que eram desordens de bêbados. No poema "Os prazeres do matrimônio", William Hutton reconstruiu um desses casos, que talvez tenha servido de modelo para a venda em *The mayor of Casterbridge*. A esposa entrou na cervejaria para buscar o marido e levá-lo para casa, pois precisava de ajuda para cuidar do "bando de crianças"; o marido ficou fora de si de raiva (embora "ele gastasse o dinheiro que ela ganhava") e vendeu-a para um colega de taverna — William Martin, fabricante de meias — por uma caneca de cerveja:

A caneca foi pedida, o negócio fechado,
E nada devolvido para dar sorte.
Os dois pensaram na corda,
Mas descobriram que custaria quatro pence.

A ideia da corda foi logo abandonada,
Por ser duas vezes o que Hannah custava,

Pela mesma razão nenhum dos dois quis
Pagar os quatro pence de imposto.[V]

Mas um documento da venda foi redigido e assinado entre os dois homens, com os dois filhos do casamento divididos — a criança maior ficaria com o pai, o bebê de colo com a mãe. Durante tudo isso, a esposa é descrita como alguém que não está de acordo com a venda. Mas ela acaba partindo com o jovem fabricante de meias, e perambula com ele de Hinckley a Loughborough: eles se apaixonam, vivem felizes por um ano e ficam desolados quando o marido se arrepende e envia fiscais de Hinckley para trazê-la de volta —

Ela partiu, mas de angústia chorava,
Oh, que o laço pudesse ser desatado.[VI 64]

O poema não é evidência, mas também não é de todo ficção, pois se baseia nas experiências do poeta quando esse foi aprendiz numa fábrica de meias na década de 1740, e o comprador, William Martin, era seu amigo. Mas o poema fora escrito (ou reescrito) em 1793, e foi certamente reinventado a partir de lembranças remotas.[65] Não estou sugerindo que as esposas não fossem às vezes vendidas sob coerção, mas que, se elas claramente repudiavam a transação, a venda não era considerada válida de acordo com a tradição e a sanção dos costumes. A visão alternativa — da venda da esposa como uma compra de gado contra a vontade da mulher — apresenta dificuldades muito sérias. Pois teria significado infração da lei em vários pontos, e muito provavelmente caberia uma ação por estupro. Algumas esposas podiam ser demasiado ignorantes para recorrer à lei, sem parentes que viessem em sua defesa. Porém, mesmo no século XVIII, os aldeões sabiam o caminho para bater à porta do magistrado, do pároco ou do funcionário da paróquia, e foge a toda probabilidade que nenhum caso desses jamais tivesse ocorrido. Se algum desses casos tivesse chegado aos tribunais, os juízes — em qualquer época depois de 1815 — teriam aplicado uma punição exemplar e com o máximo de publicidade, pois a opinião educada passara a abominar a prática, e os juízes de paz e os policiais frequentemente procuravam intervir para evitá-la. Mas nenhum registro de ação desse tipo, por iniciativa da esposa, ou por parte de seus parentes ou amigos, veio à luz.

Com o consentimento da esposa. Essa é a categoria menos satisfatória. A evidência é derivada de alguma referência explícita ao consentimento na fon-

(v) The pint was order'd, bargain struck,/ And nothing back return'd for luck./ The parties of a halter thought,/ But this they found would cost a groat.// The halter scheme was instant lost,/ As being twice what Hannah cost,/ For that same reason neither would/ Pay fourpence that she might be toll'd.

(vi) She follow'd, but in anguish cried,/ O that the knot could be untied.

te, ou então a alguma expressão como: a esposa partiu com o comprador "em grande júbilo", parecia "muito feliz", "muito satisfeita", ou "ansiosa". Incluem-se alguns outros casos, em que as indicações do consentimento são tão fortes que não permitem nenhuma outra inferência: como, por exemplo, quando o primeiro casamento era apenas pelo direito consuetudinário e quando a venda era seguida imediatamente por um segundo casamento na igreja ou no cartório, ou naqueles casos em que o marido logo se arrependia da venda, tentava fazer com que a esposa voltasse para ele, mas ela recusava.

Sem informações. Nesses casos, as fontes não dão nenhuma informação quanto ao consentimento da esposa. Mas a leitura foi rigorosa. Em vários casos, seria possível inferir o consentimento da esposa a partir de evidências circunstanciais: assim, quando todos os três interessados percorrem várias milhas para ir de uma vila a uma cidade-mercado; quando a esposa assina o documento da venda, quando a esposa é vendida a um inquilino ou vizinho; casos em que o marido vende (ou dá) os seus animais ou ferramentas de trabalho junto com a mulher (sugerindo com isso que está transferindo ao novo casal o seu meio de vida); casos em que o marido manifesta ciúme agudo, ou em que dá mostras de generosidade inusitada para com o novo casal; ou um punhado de casos registrados por historiadores locais, que ainda acrescentam que o segundo casamento foi feliz e duradouro. Admito pessoalmente que, em muitos desses casos, a esposa participou ativamente da troca, mas, como a evidência é tênue, resisti à tentação de retirá-los da presente classificação.

Divórcio arranjado. Esse pequeno grupo inclui quatro casos em que a esposa foi vendida para seus parentes — para o irmão, para a mãe, e (dois casos) para o cunhado. O que isso indica é que a venda talvez não fosse apenas uma troca entre maridos; poderia ser igualmente um artifício pelo qual a esposa conseguia anular o casamento existente, ou "se ver livre de seu casamento ao ser comprada". Marido e mulher sentiam-se então livres para adotar um novo cônjuge. Se o marido estava tornando a vida intolerável para a mulher, ela podia concordar com a venda e fazer seus próprios arranjos para a "compra".[66] Em pelo menos um desses casos, ela é indicada como sua própria compradora, e veremos como isso foi possível, examinando um notório caso em Plymouth (p. 253). Também parece que o comprador (no leilão público) não precisava ser o homem com quem a esposa esperava viver, pois a venda podia ser efetuada para um "agente" que atuava em nome do homem (ou até da própria esposa).[67] Finalmente, esse grupo inclui dois casos em que somos simplesmente informados de que a venda foi realizada por um "arranjo prévio". E, em três casos, a esposa foi vendida por funcionários da assistência aos pobres.[68]

Num desses casos, revelado no *Second annual report of the poor law commissioners* (1836), vê-se que as instituições oficiais (o asilo, os fiscais dos pobres, o conselho paroquial, a igreja) coexistiam com ritos não oficiais. Em 1814, Henry Cook, um mendigo com residência em Effingham, Surrey, foi "detido pelos funcionários da paróquia de Slinford, Sussex, por ser o pai do filho ilegítimo" de uma mulher de Slinford. "De acordo com o antigo sistema, foi realizado um casamento forçado", mas é possível inferir que o casal não viveu junto, pois seis meses mais tarde a sra. Cook e o filho estavam no asilo para pobres de Effingham. O chefe do asilo, que contratava a administração da casa por uma soma anual fixa, reclamou da despesa dos recém-chegados. Por isso, os fiscais dos pobres lhe disseram para levar a sra. Cook (com o consentimento de Henry Cook) a Croydon, onde ela foi devidamente vendida no mercado, presa por uma corda, a John Earl, da paróquia de Dorking, Surrey. Não é informado se Earl era o amante da sra. Cook ou não, nem como e por que ele entrou na história. Tudo o que sabemos é que o xelim do pagamento foi providenciado pelo chefe do asilo de Effingham, que evidentemente estava muito ansioso por se ver livre desses encargos. Redigiu-se um recibo com um selo de cinco xelins, e o chefe do asilo foi uma das testemunhas do documento. O novo casal retornou então ao asilo de Effingham para a noite de núpcias, antes de ser enviado no dia seguinte para Dorking, onde (depois da devida leitura das proclamas) passou pela cerimônia de casamento na igreja: "nessa ocasião os funcionários da paróquia de Effingham lhes providenciaram uma perna de carneiro como ceia de casamento". Todas as despesas dessas transações foram registradas na contabilidade da paróquia e "regularmente aprovadas no conselho paroquial". A história de começo infeliz terminou da mesma maneira, pois a sra. Earl (então com sete ou oito filhos) foi abandonada por Earl (que "verificara" que o seu casamento "não era válido", presumivelmente porque a sra. Cook-Earl fora forçada por esses augustos conspiradores — os fiscais, o chefe do asilo e o conselho paroquial — a viver em bigamia) e levada de volta a Effingham para ficar à mercê dos funcionários da assistência aos pobres.

Não se pode realmente depreender nada a respeito da intimidade desse caso. A paternidade do primeiro filho atribuída a Cook era falsa? Earl era amante da sra. Cook? A única coisa certa é que a história conjugal dos três foi muito influenciada por funcionários preocupados com questões financeiras; e que, em 1814-5, a legitimidade da venda ritual das esposas continuava inquestionável nas paróquias de Effingham e Dorking.

Esposa vendida ao amante. Não se incluiu nenhum caso nesse grupo, a não ser que houvesse uma alegação explicita a esse respeito na fonte. Seria certamente possível acrescentar muitos outros casos tirados das categorias de "com o consentimento" e "sem informações". Essa prática pode ser confirmada por uma evidência literária. Um dos relatos mais completos do costume é do general de divisão Pillet, que viajou pela Inglaterra como prisioneiro de guerra (sob palavra de honra) durante as Guerras Napoleônicas. O seu capítulo sobre o assunto é intitulado "Divórcios entre os plebeus", e no seu relato a venda sempre contava com o consentimento da mulher, ocorrendo em geral depois de sua "má conduta". O comprador devia ser solteiro, e "geralmente é o amante da mercadoria vendida, sendo bem familiarizado com ela. Ela só é levada ao mercado por uma questão de formalidade".[69] De qualquer modo, a venda só ocorria — como observou um folclorista de Devon — "quando o matrimônio enfrentava uma crise".[70]

Como se davam essas crises... Neste ponto, devemos abandonar toda e qualquer busca pelo típico. Não encontrei nenhum caso em que a evidência permita reconstruir uma história conjugal detalhada. Mas há dois casos em que, por razões acidentais, algumas informações sobreviveram. No primeiro, havia uma disputa de residência entre as paróquias de Spaxton e Stogumber em Somerset. Em 1745, quando tinha quinze anos, William Bacon obtivera a residência em Stogumber ao se empregar por um ano de serviço. Três anos mais tarde (1748), ele foi "detido" como o pai de uma criança bastarda de que Mary Gadd, da mesma paróquia, estava então grávida. O casal foi forçado a se casar, embora William Bacon tenha declarado mais tarde que só soube de seu casamento pelos comentários, pois foi "carregado para a igreja de Stogumber pelos funcionários da paróquia", e "como estava muito bêbado, não sabe se realmente se casou ou não". O casal nunca viveu junto: William deixou Mary em Stogumber e encontrou trabalho em Bridgewater, a algumas milhas de distância. Mary deu à luz a filha, Betty, em dezembro de 1748 (na ausência de William); vários anos mais tarde, ela estava morando com Robert Jones, com quem teve mais dez filhos entre 1757 e 1775. Nos anos que se seguiram, William viveu com outra mulher, com quem teve vários filhos.

Tudo isso se passara sem nenhum ritual de venda de esposa até 1784, quando tanto William como Mary já deviam estar na faixa dos cinquenta anos. Então os funcionários da assistência aos pobres de Stogumber intervieram mais uma vez nos seus assuntos conjugais (ou extraconjugais). William Bacon melhorara um pouco a sua posição social, tornando-se o arrendatário de uns moinhos de cereais na paróquia de Spaxton, a dezesseis guinéus por ano. Assim Spaxton se tornou a sua paróquia de residência. Enquanto isso, parece que Mary e seus quatro filhos menores se tornariam mendigos no futuro, e um dos filhos — a jovem Mary — estava "grávida de uma criança". Ela tinha cerca de vinte anos, e a sua gravidez foi a razão da ordem de remoção solicitada pelos funcionários da paróquia de Stogumber, "para não deixar que ela tivesse o filho na paróquia, pois seria um bastardo". No dia 18 de dezembro de 1784, William Bacon foi arrastado para Stogumber e interrogado quanto à sua residência perante dois magistrados. A ordem de remoção fora redigida, não apenas para a jovem Mary, mas também para a mãe e os três irmãos, embora nenhum deles fosse então um ônus para a paróquia. O despotismo administrativo das leis de assistência aos pobres estava prestes a cair sobre as duas famílias. Mary (a mãe) e seus quatro filhos menores seriam separados de Robert Jones (o pai das crianças) e mandados para Spaxton, onde deveriam ser sustentados pelo moleiro e sua família — e tudo isso depois de 36 anos! Dois dias mais tarde (20 de dezembro), William Bacon veio à praça do mercado de Stogumber para vender Mary e as crianças; pediu cinco xelins por eles (isto é, um xelim por cabeça), e Robert Jones "aceitou pagar esse preço". Isso aconteceu no mesmo dia em que foi executada a ordem de remoção — para expulsar todos os cinco para Spaxton, e a venda foi usada pelas duas famílias como um artifício para desafiar a remoção.[71]

Esse caso não é representativo de coisa alguma, a não ser da enorme mesquinhez dos funcionários que aplicavam a Lei dos Pobres. Nem William, nem Mary parecem ter sentido necessidade de um ritual de "divórcio" até o momento em que os fiscais tentaram desfazer os seus lares reais (se não legais). (Seria a venda de esposas uma inovação bastante recente em Somerset?) Outro caso ocorreu em Plymouth em 1822, tendo atraído atenção inusitada devido à riqueza e status dos interessados. A esse caso, somos capazes de acrescentar alguns detalhes, a respeito dos quais o marido e a mulher concordaram — ou não se contradisseram. Correu o anúncio de que uma bela e jovem dama, que logo receberia uma herança de seiscentas libras, desfilaria pela cidade montada em seu próprio cavalo, para ser vendida no mercado de gado. Ela chegou pontualmente, acompanhada pelo palafreneiro da taverna Lord Exmouth, foi recebida pelo marido, e o leilão já atingira a soma de três libras (um lance do palafreneiro) quando os policiais intervieram, e marido e mulher foram levados à presença do prefeito na sede da prefeitura.

Interrogado, o marido declarou que não pensava que houvesse "algum dano" em vender a mulher. Ele e a esposa não viviam juntos havia bastante tempo; foram casados durante dois anos e meio, e ela lhe deu um filho três meses depois do casamento, uma criança sobre a qual (a inocência aqui sugerida é surpreendente) "até o nascimento ele nada sabia". O bebê morreu pouco depois — "Ele arrumou um caixão para o bebê, pagou as despesas do funeral, e afastou-o tranquilamente de seu caminho, sem jamais censurar a esposa por sua conduta; mas tudo isso foi em vão. Ela logo o abandonou [...]" — e foi viver com outro homem, de quem desde então tivera um filho e estava esperando outro. A venda fora arranjada a pedido da mulher: ela dissera que alguém estava disposto a dar vinte libras por ela — três libras na hora da compra e dezessete libras no Natal. Ele anunciara a venda em Modbury em três dias diferentes de mercado, e viera até Plymouth a pedido da esposa. A mulher confirmou o seu relato, acrescentando que, como não sabia ao certo se o amante cumpriria a promessa de comprá-la no leilão, contratara o cavalariço da Lord Exmouth para libertá-la do casamento, comprando-a com o seu próprio dinheiro, desde que o preço não ultrapassasse vinte libras. Ambos admitiam a legitimidade do ritual. O marido disse que "muitas pessoas do campo lhe disseram que poderia vender a mulher", e a esposa acrescentou que "várias pessoas lhe tinham informado que tal coisa podia ser realizada, por venda pública na praça num dia de mercado". "Não havia nada de escuso na venda", declarou o marido.[72]

O caso é bem atípico. O vocabulário do ritual de venda podia ser torcido para muitos fins. Mas o caso ilustra claramente esse vocabulário, bem como o apoio popular à legitimidade da prática. É um exemplo interessante da desassociação de culturas coexistentes, o que permitia que muitas pessoas tivessem acesso a algumas das formas e sanções da lei e da Igreja, mas que ainda assim aprovassem costumes que as ignoravam de vez em quando. "Que Deus abençoe Vossa Excelência", disse um homem de West Country ao rev. Baring-Gould, "o senhor pode perguntar a qualquer um se isto não é um casamento, bom, sólido e cristão, e todos lhe dirão que é."[73]

V

O ritual da venda da esposa era provavelmente uma "tradição inventada".[74] Talvez só tenha sido inventada no final do século XVII, e possivelmente até mais tarde. Sem dúvida, havia exemplos de venda de esposas antes de 1660, mas não sei de nenhum caso que forneça evidência clara do leilão público e da corda.[75]

O simbolismo era derivado do mercado, mas não necessariamente (a princípio) do mercado de animais. Vários casos anteriores são de venda por peso, e o mais bem documentado (que está registrado em queixas formais de fabricários ao bispo) vem de Chinnor (Oxfordshire) em 1696, quando Thomas Heath, um vendedor de malte, foi denunciado (e cumpriu pena) por ter vendido a esposa por "2/4 de pence" a libra.[76] Isso sugere que a transação primeiro tomou emprestadas as formas do mercado de malte, queijo ou manteiga, e só mais tarde (a corda, o leilão, os portões de pedágio, os impostos, os cercados) os do mercado de gado ou da feira de cavalos.

Isso não sugere um costume antigo de origem esquecida ao longo dos séculos, mas a pressão de novas necessidades que buscavam um ritual para se expressarem. Uma explicação, sugerida por observadores do século XIX, era que a venda de esposas surgira como consequência das guerras, com a separação e as novas ligações amorosas que daí advinham. Fato especialmente notado no final das Guerras Napoleônicas: "Nos distritos manufatureiros, em 1815 e 1816, dificilmente se passava um dia de mercado sem vendas desse tipo mês após mês.

As autoridades fechavam os olhos na época, e as pessoas ficavam convencidas da perfeita legalidade do procedimento”.[77]

Há alguma evidência quanto a vendas desse tipo quando um marido há muito tempo ausente (ou supostamente morto) voltava do mar ou das guerras para encontrar a esposa com um novo marido e nova família.[78] As Guerras Napoleônicas, quando multidões foram erradicadas das paróquias, teriam multiplicado essas ocasiões. Muitas esposas, como Margaret em “The ruined cottage” [A choupana devastada] de Wordsworth, teriam sido abandonadas sem notícias —

> *Ela não tivera*
> *Notícias de seu marido; se vivia,*
> *Ela não sabia que vivia; se morrera,*
> *Ela não sabia que morrera.*”[VII]

Mas esses casos são apenas uma pequena minoria dentro de nosso conjunto. A maioria das vendas de esposa não foi causada por guerras.

O principal motivo era o colapso dos casamentos, sendo a venda um artifício que tornava possível o divórcio público e um novo casamento pela troca de uma esposa (e não de qualquer mulher) entre dois homens. Para que esse artifício fosse eficaz, eram necessárias certas condições: o declínio da vigilância punitiva da Igreja e seus tribunais sobre a conduta sexual; o consentimento da comunidade e uma certa autonomia da cultura plebeia em relação à culta; uma autoridade civil distanciada, desatenta ou tolerante. Essas condições existiam na Inglaterra durante grande parte do século XVIII, quando o ritual deitou raízes e se tornou uma prática estabelecida.

Não é preciso explicar que casamentos entram em crise e que alguma forma de divórcio é uma conveniência. Nessa época, não havia divórcio possível para o povo inglês ou galês. A alternativa talvez fossem as trocas informais e as coabitações. Na prática, a ausência de formalidades tinha em geral favorecido o parceiro masculino, que — como mostram os registros das leis de assistência aos pobres e das sessões trimestrais dos tribunais — encontrava mais facilidade em abandonar a mulher e os filhos do que ela em abandoná-los. O homem podia levar consigo um ofício; uma vez escondido na cidade, a salvo dos fiscais dos pobres, ele podia se estabelecer com uma nova parceira pelo direito consuetudinário. A mulher normalmente saía de um casamento impossível ou violento para a casa dos pais ou parentes — a não ser que já tivesse encontrado um novo amante.

(VII) She had leamed/ No tidings of her husband; if he lived,/ She knew not that he lived; if he were dead,/ She knew not he was dead.

Entre os historiadores que escreveram há cinquenta anos, havia sugestões de que uma grande parte dos trabalhadores do século XVIII vivia numa promiscuidade animal sem normas e formalidades, e embora essa acusação tenha sido bastante revista, dela ainda restam alguns ecos. Por vezes a venda da esposa tem sido apresentada como um exemplo dessa brutalidade. Mas, claro, isso é exatamente o que ela não é. Se o comportamento sexual e as normas conjugais não fossem estruturadas, qual teria sido a necessidade desse rito público tão espalhafatoso? A venda da esposa foi inventada numa cultura plebeia, que era às vezes crédula ou supersticiosa, mas que tinha em alta conta os rituais e as formalidades.

Já observamos os baluartes desse tipo de cultura — aquelas comunidades, às vezes descritas como protoindustriais, densamente unidas por laços de parentesco e atividade econômica: os mineiros de carvão, os cuteleiros, os fabricantes de malha, os fabricantes de meias, os ferreiros do Black Country, os tecelões, os que atuavam nos mercados e nos transportes. Não importa se os casamentos na igreja ou perante o direito consuetudinário fossem preferidos nesta ou naquela comunidade,[80] nem se as taxas de filhos bastardos e concepção pré-nupcial estivessem em elevação. Esses índices não nos dizem tudo o que podemos querer saber sobre as normas, as expectativas, as reciprocidades conjugais e os papéis do casal, quando comprometido com um lar e filhos. O casamento (formal ou pelo direito consuetudinário) implica coações dos parentes, dos vizinhos, dos colegas de trabalho; envolve muitos outros interesses emocionais além dos sentimentos das duas pessoas primariamente comprometidas. Quando considerarmos a *rough music*, veremos que as expectativas da comunidade penetravam no lar da família, orientando e às vezes restringindo a conduta conjugal. Os olhos vigilantes dos parentes e dos vizinhos tornavam improvável que os delitos conjugais passassem despercebidos na comunidade mais ampla. As disputas conjugais eram frequentemente levadas para fora de casa e representadas como teatro de rua, com um apelo loquaz aos vizinhos que atuavam como uma audiência de jurados.

Não era uma cultura puritana, e os metodistas e os reformadores evangélicos ficavam chocados com a licenciosidade que lhe atribuíam, e especialmente com a liberdade sexual dos jovens e solteiros. Mas há muitas evidências de que o consenso dessas comunidades era capaz de impor certas convenções e normas, além de defender a instituição do próprio casamento, ou da unidade familiar [*household*].

Essa unidade era não só doméstica como econômica. Na verdade, é impossível indicar onde as relações "econômicas" terminavam e onde começavam as relações "pessoais", pois ambas estavam imbricadas no mesmo contexto geral. Quando os namorados se cortejavam, eles eram "meu amor", mas quando se estabeleciam na nova unidade familiar, passavam a ser o "companheiro" um do outro, uma palavra que traz em seu bojo, em doses iguais, o sentimento e a função doméstica ou papel econômico. É errado supor que, como os homens e as mulheres tinham necessidade de apoio econômico mútuo, ou da ajuda dos filhos no trabalho diário da casa, isso necessariamente excluía o afeto e gerava um instrumentalismo insensível. "Os sentimentos podem ser mais, e não menos, ternos ou intensos pelo fato de as relações serem 'econômicas' e cruciais para a sobrevivência mútua."[81]

Nessas comunidades, era impossível mudar de parceiro conjugal — e passar para um novo lar na próxima rua ou no próximo vilarejo — sem ser motivo de escândalo diário e contínuo. A separação, especialmente se houvesse filhos, rasgava a rede de parentescos e perturbava a vizinhança trabalhadora.[82] Parecia ameaçar os outros lares. Mas o novo casal talvez não pudesse adotar a saída mais fácil, migrando para a cidade mais próxima e sua "anonimidade" mais tolerante, simplesmente porque isso não era fácil. O ofício (fabricação de pregos, manufatura de malhas, mineração de carvão) podia ser local, talvez não houvesse nenhum outro empregador, nenhuma outra choupana para alugar. Se ficassem na sua própria comunidade, era preciso encontrar algum ritual que reconhecesse a transação.

Concordo com o mais cuidadoso historiador do casamento popular britânico — John Gillis — que a venda da esposa era vigorosamente apoiada nessas comunidades plebeias ou protoindustriais; que em geral não era um costume camponês, e que "o próprio rito não se destinava a lidar com casamentos em que houvesse propriedades e bens";[83] que a sua frequência declinava nas grandes cidades, "onde as pessoas podiam se separar e casar de novo, sem que ninguém ficasse sabendo ou se importasse" — uma afirmação exagerada, pois em qualquer rua de uma cidade as pessoas sabiam ou faziam questão de descobrir o que estava acontecendo. Em suma, passamos de uma economia do uso da terra para uma economia da moeda: o casamento com residência é estabelecido com as poupanças conjuntas do noivo e da noiva (talvez como criados ou aprendizes), e não com dotes ou direitos fundiários. Mas ainda estamos num mundo comunal de uma região trabalhadora com seu nexo de mercado. E se a comunidade é unida pelos laços de parentesco e pelo trabalho comum, possui igualmente elementos de cultura comum, feitos de fortes tradições orais (que são essenciais para transmitir os rituais populares) e de uma herança de costumes e histórias frequentemente codificados no dialeto do povo.

Outra razão para a possível necessidade do rito que marcava o divórcio nessas comunidades poderia levar ao exame dos recursos psíquicos desses homens e mulheres mais a fundo do que nos permite a nossa capacidade de análise. Mas pode-se arriscar que, mesmo quando o casal trocava de parceiros e se mudava para outro distrito, os mais "simplórios" (como Hardy descreveu Susan Henchard) continuariam a sentir um desconforto moral agudo, se não houvesse algum rito que os liberasse da fidelidade ou juramentos anteriores. Um juramento podia causar uma sanção terrível, uma obrigação inexorável, aos homens e às mulheres daquela época; e os votos de casamento continham toda uma carga de saber tradicional.

Tudo isso afirma a necessidade de algum rito, e o próprio rito foi suficientemente descrito. Pode ser visto como uma transação soturna, como teatro de rua, ou como um ritual de humilhação. A descrição mais densa que temos de todo o ritual é a reconstituição feita por um jornalista observador, que o viu como uma comédia de costumes no Black Country (Apêndice, pp. 349-52). Mas a forma era bastante flexível para comportar diferentes mensagens, segundo as pessoas envolvidas e o julgamento do público.

Isso pode ser ilustrado pela função do dinheiro pago na troca. A soma paga variava da mais simples formalidade a preços substanciais. Eis alguns exemplos tirados de minhas anotações. Em Stowmarket, em 1787, um fazendeiro vendeu a esposa por cinco guinéus. Depois ele lhe deu de presente um guinéu para comprar um vestido novo, e mandou que os sinos repicassem para celebrar a ocasião.[84] Em Sheffield, em 1796, um marido vendeu a esposa por seis pence. Depois pagou um guinéu para que uma carruagem a levasse junto com o comprador até Manchester.[85] Em Hull, em 1806, um homem vendeu a mulher por vinte guinéus a um sujeito que fora inquilino do casal durante quatro anos: parece um preço punitivo.[86] Em Smithfield, em 1832, a esposa foi vendida por dez xelins, com dois xelins de comissão para o negociante de gado. A esposa pôde sair do cercado na frente da taverna Half Moon, onde os três interessados então entraram, tendo o primeiro marido gasto a maior parte do dinheiro da compra com água e conhaque.[87] Em Boston (Lincolnshire), 1821, o preço pago foi um xelim, tendo o marido devolvido onze pence ao comprador "para dar sorte".[88] Mas no mesmo lugar, em 1817, uma esposa fora vendida por três farthings, e o marido "entregou na barganha toda a parafernália da esposa, o quarto dianteiro de um carneiro, uma cesta etc.".[89]

Que era um ritual de humilhação para a esposa, está explícito no simbolismo. A maioria das esposas (como a de "Rough Moey", no Apêndice) em algum momento se desmanchava em lágrimas. Mas só porque dizia-se que a esposa "mal podia ser carregada por causa dos desmaios", enquanto estava sendo "arrastada" por uma corda até o mercado (Dartmouth, 1817), não podemos necessariamente inferir que ela era uma participante contrária à troca. Sabemos, naquele caso, que ela foi vendida ao "seu primeiro amor", e a sua relutância podia igualmente provir da humilhação da exposição pública.[90] A vergonha também podia se estender ao marido que estava admitindo que fora enganado. Se o relato é confiável, Jonathan Jowett, um fazendeiro perto de Rotherham (1775), enfrentou os trâmites da transação com uma "brincadeira ridícula". Concordou em vender a mulher por 21 guinéus para William Taylor, oleiro, que ele suspeitava ser o amante da esposa, e entregou-a devidamente com uma "procissão ordeira":

> Jowett seguia à frente, com a cabeça ornamentada, por sua própria vontade, com um grande par de chifres de carneiro dourados, diante dos quais estava escrita com letras douradas a seguinte sentença, "corneado por William Taylor"; uma grande coleira fora colocada ao redor de seu pescoço, com um anel e uma corda nela afixados, pelos quais um dos vizinhos o puxava. E a esposa com uma corda ao redor do pescoço foi levada pelo marido ao lugar marcado em meio aos gritos de encorajamento de mil espectadores — Jowett devolveu ao comprador um guinéu para dar sorte, e ambas as partes pareciam satisfeitas com a barganha.[91]

O caso estava sendo representado aos olhos do público. Assim como o condenado antes da execução, as partes desempenhavam os papéis esperados. Mas tinham licença para improvisar as suas próprias falas. Para o marido, o teatro providenciava a oportunidade de salvar a sua dignidade. Ele podia ridicularizar e humilhar a esposa com a arenga do leiloeiro; ou podia sugerir que estava feliz por se ver livre dela pedindo um preço ridículo; ou podia querer conquistar uma reputação de generosidade, mostrando a sua boa vontade ao mandar que os sinos repicassem, ao despejar presentes sobre o novo casal, ou ao alugar uma carruagem. Ou podia, como "Rough Moey", demonstrar uma resignação cômica: "Todos nós sabemos em que pé está a situação. Não há nada a fazer, por isso não adianta ser bárbaro".

Nem todas as separações eram suaves. Em alguns casos, comenta-se que o marido teria manifestado raiva ou ciúme em relação ao rival. Em outros casos, ele "se arrependia" da venda e atormentava o novo casal. Um tecelão de meias em Ansty (Leicestershire) vendeu a mulher para outro fabricante de meias em 1829. Algumas semanas depois, ao passar pela casa do novo casal, ele "viu a mulher trabalhando no tear, aparentemente bem satisfeita". Essa visão de sua antiga companheira ajudando o seu rival o enfureceu de ciúme, ele voltou com uma arma carregada e já estava mirando a ex-esposa pela janela quando um transeunte interveio.[92] Outro caso que terminou em separação infeliz ocorreu no mercado de Goole (1849). Um barqueiro chamado Ashton fora internado no hospital de Hull com uma infecção no joelho; enquanto isso (segundo a notícia) a mulher fugiu com seu amante, levando grande parte dos objetos do marido. Ao receber alta do hospital, Ashton descobriu o paradeiro do casal, e os três acertaram a venda da esposa. A mulher foi obrigada a subir numa cadeira na praça do mercado com uma corda ao redor da cintura. Depois de alguns lances "animados",

> A mulher foi finalmente arrematada pelo amante por cinco xelins e nove pence, quando, estalando os dedos na cara do marido, ela exclamou: "Está vendo, seu imprestável, isso é mais do que você conseguiria". E partiu, aparentemente com grande alegria, ao lado de seu novo senhor e mestre, o marido lhe estendendo a mão quando passaram por ele e dizendo: "Um aperto de mão, minha velha, antes de nos separarmos".[93]

Mas o caso não é assim tão "bárbaro", e sem dúvida alguma é menos bárbaro do que as cenas que comumente ocorrem nos tribunais de divórcio do século XX. Na verdade, é a linguagem dos repórteres moralistas que por vezes parece mais bárbara do que o comportamento relatado. Como exemplo, eis uma notícia de um jornal de Yorkshire em 1829:

> Segundo o costume habitual [o marido] comprou uma corda nova, pela qual pagou seis pence, e tendo-a amarrado ao redor do pescoço da mulher, obrigou-a a desfilar pela rua, a sirigaita impudente não se vexando dessa exibição pública de seus atrativos. Logo apareceu um comprador, que ofereceu dezoito pence pela mulher e a corda, e o marido não demorou a aceitar a proposta. A barganha foi realizada, e os três desavergonhados se retiraram em meio aos gritos da multidão para uma taverna, onde o dinheiro foi gasto, e o antigo proprietário da vagabunda bebeu à saúde do comprador, tendo a vadia declarado que estava bem satisfeita com a mudança, pois tinha "conseguido o homem que ela amava".[94]

Sob essa linguagem estropiada, pode-se detectar humor, generosidade e mentes independentes.

Quando a venda se transformava em teatro de rua, qual era o papel do público? As multidões eram às vezes numerosas — mencionava-se de vez em quando "muitas centenas de pessoas" —, mas o mais comum era a aglomeração do dia do mercado. Tanto quanto se pode inferir, a resposta do povo era ditada pela sua opinião sobre os acertos e erros do caso conjugal específico representado à sua frente. Quando se sabia que o marido maltratava a esposa, o novo casal podia ser aplaudido ao passar; quando o marido era popular e achava-se que ele fora traído pela mulher e seu amante, a multidão podia assistir à cena com vaias e pragas. Em Ferrybridge (Yorkshire), em 1815, o povo atirou bolas de neve e lama no comprador e na esposa.[95] Um caso em North Yorkshire, quando o público achou que um velho fora traído pela jovem mulher, resultou na queima das efígies do novo casal no prado da aldeia.[96] E há outros casos de *rough music* contra o novo casal, a maioria depois de 1850, quando o rito estava caindo em desuso.[97] Em outras ocasiões, o público parece ter defendido o direito de os interessados realizarem a venda. Em Ashburn (Derbyshire), durante as Guerras Napoleônicas, o general Pillet assistiu a um episódio em que um juiz de paz tentou impedir a venda e os policiais foram atacados e apedrejados pela multidão. De forma semelhante, o povo protegeu a venda da intervenção das autoridades em Bolton (1835).[98]

Tem-se a impressão de que, até o início do século XIX, nem as autoridades seculares, nem as clericais demonstravam grande zelo em censurar qualquer uma das partes interessadas. Alguns clérigos e magistrados rurais tinham conhecimento da prática, sendo possível encontrar entradas nos registros de batismo: "Amie, filha de Moses Stebbing, com uma esposa comprada que lhe foi entregue presa por uma corda" (Perleigh, Essex, 1782).[99] O magistrado que tentou em vão intervir em Ashburn confessou ao general que os motivos de sua ação eram incertos. Ele podia tomar medidas contra as partes interessadas por perturbarem a paz ("entrando no mercado em meio a uma espécie de tumulto"), mas "quanto ao ato da venda em si, acho que não tenho o direito de impedi-la [...] porque está fundamentada num costume preservado pelo povo, do qual seria talvez perigoso privá-lo".[100] Um tom disciplinar se torna mais evidente depois das guerras, com fortes e indignadas censuras dos tribunais e da imprensa, as vendas sendo interrompidas por policiais e os participantes arrastados para o tribunal.[101] Mas não era de todo claro o que os tribunais podiam fazer com eles.[102] Pois, aos olhos da lei, o rito da venda da esposa não era um fato. (Se fosse aceito como fato, a consequência seria bigamia.) Legalmente, os interessados podiam ter participado de uma pantomima. Na verdade, quando uma disputa entre duas paróquias sobre a guarda de três crianças chegou perante as sessões em Boston (Lincolnshire) em 1819, considerou-se que, pela lei, a paternidade *devia* ser atribuída ao marido legal da mulher, John Forman, mesmo que ele a tivesse vendido para outro homem, Joseph Holmes, dezessete anos antes, não coabitasse com ela, e dois dos três filhos (o mais velho tinha doze anos) tivessem sido registrados no batismo como filhos de Joseph e Prudence Holmes. Os advogados argumentaram que a venda da esposa era "uma ação escandalosa", que se deviam considerar legítimos os filhos de pais unidos legalmente pelo matrimônio, e que "seria monstruoso admitir que um marido tomasse a iniciativa de transformar os filhos da própria mulher em bastardos". O tribunal ratificou essas opiniões.[103]

Como todos concordavam que as vendas de esposa eram "monstruosas" e "escandalosas", os tribunais podiam instaurar processo por contravenção, mas não por delito grave. Já acompanhamos o destino dos infelizes Charles e Mary Skinner e John Savage, que saíram da choupana da assistência aos pobres ou do asilo para a prisão, via taverna George and Dragon em Tonbridge (pp. 322-3). Foram levados à prisão por uma acusação grandiosa, redigida (*vi et armis*) à maneira do Tribunal Superior de Justiça –

> Sendo pessoas de mente perversa e depravada, completamente desprovidas de um devido senso de decência, moralidade e religião [...], eles, pela força das armas,

> associaram-se, coligaram-se e fizeram um acordo para desrespeitar o sagrado estado do matrimônio [...], para corromper a moral dos súditos leais de Sua Majestade, e para estimular o estado de adultério, perversidade e devassidão [...] isso e aquilo [...] vendeu todos os seus direitos conjugais [...] etc. etc. [...] por um certo preço valioso, (a saber) a soma de um xelim e uma caneca de cerveja [...] etc. e tal [...] para o grande desprazer de Deus Todo-Poderoso, para o grande escândalo e subversão do sagrado estado do matrimônio, da religião, da moralidade, da decência e boa ordem, em desrespeito ao rei, nosso soberano etc.[104]

Esses vilões monstruosos foram privilegiados em seu indiciamento. Um comprador de Rutland teve de se contentar com a acusação de ser "uma pessoa de mente e índole perversa, indecente, lasciva, depravada e dissoluta, e completamente desprovida de qualquer senso de decência, moralidade e religião", razão pela qual teve de pagar a multa de um xelim.[105] Era menos comum que as esposas fossem incomodadas pelos tribunais, pois a lei supunha que agissem sob as ordens ou controle dos maridos. Como Menefee demonstrou, a questão só entrou nos manuais de consulta dos magistrados na década de 1830, época em que foram impostas sentenças de prisão (de um, três, e até de seis meses).[106]

Isso pode ter contribuído para "diminuir as vendas de esposas", embora seja mais provável que as tenha expulsado da praça do mercado para as tavernas. A maior influência no declínio do ritual terá sido o declínio de sua legitimidade no consenso popular — a antiga cultura plebeia estava perdendo rapidamente a sua autoridade, tendo de lidar com críticas internas e com incerteza quanto às suas próprias sanções e códigos. A imprensa radical e cartista via a prática como escandalosa.[107] Até Eliza Sharples, a esposa "moral" (isto é, pelo direito consuetudinário) de Richard Carlile, que reconhecia a função da venda como divórcio, achava a prática ofensiva e brutal: "Seria muito melhor uma separação discreta, cada um podendo fazer uma nova e livre escolha. Enquanto as mulheres consentirem em ser tratadas como inferiores aos homens, é de esperar que os homens sejam brutos".[108]

Pela metade do século, na agitação que provocou a Lei das Causas Matrimoniais de 1857 (a que estabeleceu pela primeira vez processos de divórcio secular), havia comentários mais frequentes sobre o duplo padrão que permitia um divórcio difícil e dispendioso para os ricos, por meio dos tribunais eclesiásticos e da Câmara dos Lordes, mas que o negava aos pobres. Embora — como apontava *Punch* — o mesmo processo também fosse permitido aos pobres:

> No Tribunal Central, um certo Stephen Cummins, pintor, é julgado culpado de bigamia. Ele vende a mulher por seis xelins, mais "um xelim para beber à saúde". Para que a transação tenha a forma devida, Cummins dá um recibo. Ao condenar Cummins à prisão e aos trabalhos forçados durante um ano, o juiz declara: "Em qualquer circunstância, seria um grande delito público um homem realizar a ce-

rimônia de casamento com outra mulher, enquanto sua esposa ainda fosse viva". Mas o problema é que os pobres são tão depravados — tão analfabetos! Eles não procuram o Tribunal Eclesiástico — eles não recorrem à Câmara dos Lordes. Sempre é possível obter uma separação legal, que confere o direito de casamento futuro, com a apresentação de evidências apropriadas — porém, os pobres não querem comprar o seu remédio.[109]

Caroline Norton propôs o mesmo argumento em termos igualmente irados. Desde a época de Henry VIII, o método inglês de divórcio "continua uma indulgência consagrada à aristocracia":

> As classes mais pobres não têm nenhuma forma de divórcio. O homem rico realiza um novo casamento, depois de se divorciar da esposa na Câmara dos Lordes: o seu novo casamento é legal, os filhos são legítimos [...]. O homem pobre realiza um novo casamento, sem ter se divorciado da esposa na Câmara dos Lordes; o seu novo casamento é nulo, os filhos são bastardos, e ele próprio está sujeito a ser julgado por bigamia [...]. Eles nem sempre infringem a lei com conhecimento de causa — pois nada é maior do que a ignorância dos pobres a esse respeito. Eles acreditam que um magistrado pode divorciá-los, que uma ausência de sete anos constitui uma anulação dos laços matrimoniais, ou que podem dar um ao outro permissão recíproca para se divorciar. E entre parte das populações rurais prevalece a crença mais grosseira, de que um homem pode legalmente vender a esposa, e assim romper os laços da união! Eles acreditam em qualquer coisa, menos no que é fato — isto é, que eles não podem fazer legalmente o que sabem ser legalmente feito nas classes superiores [...].[110]

Na década de 1850, a venda da esposa era um resíduo nos bolsões onde a antiga cultura "plebeia" ainda persistia. Há um caso tardio de 1858, em Bradford (Yorkshire), que sugere um momento de insegurança cultural, quando a transmissão oral das formas já está se deteriorando. Hartley Thompson pôs à venda a esposa, "de aparência atraente", na frente de uma cervejaria num subúrbio de Bradford. Segundo um relato, os cônjuges, ambos operários de uma fábrica, "tinham se cansado mutuamente um do outro, e, era o que se dizia, tinham sido mutuamente infiéis a seus votos de casamento". Acontecera uma venda (não é explicado de que forma) para o amante da mulher, Ike Duncan, também operário da fábrica. "Entretanto, descobriu-se mais tarde que alguma formalidade, considerada essencial, não fora observada." Nessa nova ocasião, cuidou-se de toda possível formalidade. O apregoador foi enviado pela cidade para anunciar a venda. A esposa apareceu com uma corda nova, enfeitada com bandeirolas vermelhas, brancas e azuis. Arrumou-se um leiloeiro a cavalo. Uma grande multidão se formou. Mas os donos da fábrica onde os três trabalhavam impediram a venda, ameaçando despedir quem participasse do ritual. Ike Duncan não teve permissão para deixar o trabalho, e a esposa declarou que "não seria vendida para nenhuma outra pessoa [...] a não ser Ike". A venda foi cancelada.[111]

Da década de 1850 em diante, a prática recuou para as formas mais discretas de contratos assinados perante testemunhas no bar. O caso mais tardio na minha série de exemplos, em que se menciona especificamente uma corda, é o de Hucknall Torkard, perto de Sheffield, 1889, quando "um membro ilustre do Exército da Salvação" vendeu a esposa para um amigo por um xelim e conduziu-a amarrada por uma corda até a casa do comprador.[112] Os contratos assinados vêm à luz com mais frequência: um aldeão de Lincolnshire foi à repartição do selo para colocar um selo no seu documento.[113] As trocas eram casos tristes e às vezes furtivos, fora ou dentro das tavernas. Uma testemunha lembrou uma venda diante de uma taverna em Whitechapel: o marido, "um sujeito de aparência miserável"; a esposa, "uma mulher vestida respeitavelmente, mais ou menos com trinta anos", o senhorio fazendo às vezes de leiloeiro, e um jovem que "todos sabiam que seria o autor do maior lance". O par recém-unido saiu caminhando, "o homem com um ar de bravata, e a mulher com o nariz no ar", enquanto o ex-marido "parecia triste, e os vizinhos [dele] não demonstravam nem pena, nem aprovação".[114] Nas Midlands e no Norte, dizia-se que ocorriam vendas entre trabalhadores de escavações, alguns mineiros de carvão, barqueiros, alguns trabalhadores. Publicidade era tudo o que o ritual então parecia exigir. A imprensa noticiou (1882) que uma mulher fora vendida pelo marido por um copo de cerveja numa taverna em Alfreton num sábado à noite. "Diante de uma sala repleta de homens, ele propôs vendê-la por um copo de cerveja, e como a oferta foi aceita por um jovem, ela prontamente concordou, tirou a aliança, e daquele momento em diante considerou-se propriedade do comprador."[115]

Os folcloristas e os jornalistas nas décadas de 1870 e 1880 indicam que persistia o senso de legitimidade da prática. No *Standard*, um editorial afirmava em 1881 que ainda ocorriam vendas nos Potteries, em certos distritos mineradores, e em Sheffield entre os aceiros. A corda era raramente usada. "O vendedor", escrevia o editorialista, "a 'cabeça de gado' e o comprador, todos acreditam firmemente que estão participando de um ato de divórcio e de novo casamento perfeitamente legal."[116] No mesmo dia, o ministro do Interior, Sir William Harcourt, foi questionado sobre a questão na Câmara dos Comuns por um nacionalista irlandês membro do Parlamento. A sua resposta foi seca: "Todo mundo sabe que essa prática não existe. ['Oh!'] Bem, se os excelentíssimos cavalheiros da Irlanda acham que o caso é diferente com referência àquele país, nada tenho a dizer [...]". Mas, na opinião do ministro do Interior, a prática era "desconhecida" na Inglaterra.[117]

As vendas de esposas serviram para inspirar eloquentes exercícios de moralismo. No século XIX, os franceses e outros vizinhos continentais usaram as vendas para atacar os ingleses com indignação ou zombaria. Também os norte-americanos (escreveu a feminista Caroline Dall) "estão ansiosos por compreender essa afronta. Será possível que um governo que proíbe a venda de um negro não possa proibir a venda de uma esposa saxônica?".[118] Até a comunidade anglo-indiana ou "eurasiana", despeitada pelo declínio de seu status racial, trazia o tema à baila acusadoramente.[119] As classes educadas da Inglaterra — como vimos em muitos exemplos — acusavam por sua vez os trabalhadores pobres brutalizados.

Como a escassa evidência não "parecia" apontar exatamente nessa direção, comecei a minha pesquisa e, no seu devido tempo, passei a divulgar os rascunhos deste capítulo em palestras eventuais. No fim da década de 1970, eu já lamentava a minha escolha, e teria parado de apresentar o tema em conferências, mesmo que não tivesse a atenção desviada para outras questões. Pois algumas feministas decidiram que a minha palestra era uma leitura masculina das evidências, e que era ofensivo corrigir visões da "história das mulheres". As feministas norte-americanas da tradição de Caroline Dall foram as que manifestaram mais fortemente essa crítica. Numa universidade que possui alguma reputação (Yale), quando saí da sala de conferências, uma professora gritou que a minha palestra fora "um truque sujo". Em outra ocasião, uma pesquisadora por quem tenho grande respeito me acusou de suprimir o fato de que a esposa, quando vendida, estava sendo roubada de seu dote e dos direitos apensos. Mas evidências nesse sentido ainda não me chegaram às mãos.[120]

Em suma, espalhou-se o rumor de que eu estava apresentando uma palestra antifeminista, e recepções eram preparadas. Embora as plateias britânicas fossem mais bem-humoradas, eu me cansei do tom hostil das perguntas — como se eu estivesse tentando impingir uma fraude ao público — e também fiquei um pouco magoado, pois tinha suposto estar do lado dos direitos das mulheres (uma suposição que minhas questionadoras desejavam ansiosamente contradizer). Por isso deixei a palestra de lado. Esse tipo de *charivari* intelectual é de se esperar depois de muitas gerações de história com inflexão masculina. É merecido, um preço pequeno a pagar pelo rápido avanço nas leituras e definições femininas.

O meu erro foi despertar certas expectativas, e depois desapontá-las. O meu título, "A venda de esposas", levara o público a esperar uma pesquisa erudita sobre mais um exemplo da miserável opressão das mulheres. Mas o meu material não se ajustava (e não se ajusta) exatamente a esse estereótipo.

Na verdade, a minha intenção era decodificar o comportamento (e até as relações interpessoais) que tinha sido estereotipado pelos moralistas da classe média (principalmente masculinos). A questão da opressão feminina era um tema subordinado.

Talvez demasiado subordinado. Talvez não tenha sido suficientemente reconhecido neste capítulo. Não se pode estar sempre reiterando a organização elementar da sociedade e suas relações de gênero, assim como não se pode estar sempre analisando os elementos do discurso, pois isso impede que se ouça o sentido da frase. Se apenas vemos patriarcado nas relações entre os homens e as mulheres, podemos estar perdendo outros dados importantes — e importantes tanto para as mulheres como para os homens. A venda da esposa certamente nos fala de dominação masculina, mas isso é algo que já conhecemos. O que não podíamos saber, sem a pesquisa, é o pequeno espaço para afirmação pessoal que a prática podia proporcionar à esposa.

Admitamos, sem nenhuma reserva, que a venda de esposas ocorria numa sociedade em que a lei, a Igreja, a economia e o costume atribuíam à mulher uma posição inferior ou (formalmente) impotente. Se quisermos, podemos dar a esse fato o nome de patriarcado, embora um homem não tivesse de ser chefe de família para estar numa posição privilegiada em relação à maioria das mulheres (de sua própria classe). Os homens de todas as classes usavam um vocabulário de autoridade e propriedade com respeito às esposas e aos filhos, e a Igreja e a lei encorajavam essa atitude. A venda das esposas, portanto, aparece como um exemplo extremo do caso geral. A esposa é vendida como um bem, e o ritual, que a transformava numa égua ou numa vaca, era degradante e tinha a intenção de degradar. Ela ficava exposta, no que dizia respeito à sua natureza sexual, aos olhos e às brincadeiras rudes de uma multidão desconhecida. Embora fosse vendida com o seu próprio consentimento, era uma experiência profundamente humilhante, que às vezes provocava raiva[121] nas outras mulheres, e às vezes invocava a sua simpatia: "Não faz mal, Sal, coragem, levante a cabeça, não desanime nunca!" (p. 350).

Mesmo se redefinimos a venda das esposas como divórcio consentido, era a troca de uma mulher entre dois homens,[122] e não a de um homem entre duas mulheres. (Há na verdade registros de vendas de maridos, mas eles podem ser contados nos dedos de uma das mãos.)[123] Não se põe em dúvida o fato de que o ritual ocorria no âmbito das formas e vocabulário de uma sociedade em que as relações de gênero eram estruturadas em modos de dominação/subordinação.

Mas havia algo em funcionamento no interior da forma que às vezes contradizia a sua intenção. As vendas não precisavam favorecer o marido. Nem devemos supor que as normas desses trabalhadores fossem idênticas àquelas prescritas pela Igreja e pela lei — o que provoca erros graves de interpretação.

Nessas comunidades trabalhadoras "protoindustriais", as relações entre os sexos estavam passando por mudanças. Ainda não é apropriado usar um vocabulário de "direitos"; talvez "valor" ou "respeito" sejam os termos de que precisemos. O valor das mulheres nesses lares de muito trabalho era substancial, assim como era a sua responsabilidade, criando uma área de correspondente autoridade e independência. Quando considerarmos a *rough music*, vou sugerir que a insegurança masculina em face dessa crescente independência talvez explique alguns dos "desfiles" [*skimmingtons*] no Oeste tradicional, com a sua obsessão pelos cornos e o seu medo das mulheres "em posição superior". E as mulheres robustas que vimos à frente dos motins da fome dificilmente se adaptam ao papel de vítimas abjetas — um papel que lhes foi atribuído há alguns anos pela ortodoxia de certas feministas acadêmicas.

Ler a história das mulheres como uma história de vítimas absolutas, como se qualquer coisa antes de 1970 fosse pré-história feminina, pode dar uma boa polêmica. Mas não é elogio para as mulheres. Fui alertado sobre esse erro logo no início de minha carreira, quando, como professor de adultos, falava numa escola diurna da Associação Educacional dos Trabalhadores numa cidade mercado na região norte de Lincolnshire, e me deixava arrebatar por uma eloquência condescendente sobre a opressão das mulheres. Uma aldeã idosa e autodidata, com um rosto perspicaz marcado pelo tempo, ficou tensa e por fim explodiu: "Nós mulheres conhecíamos os nossos direitos, sabe. Sabíamos o que nos era devido". E compreendi com embaraço que ela e outros membros da plateia tinham escutado a minha ênfase inexperiente sobre o caráter de vítima das mulheres como um insulto. Elas me instruíram que as trabalhadoras haviam criado seus próprios espaços culturais, possuíam meios de fazer valer as suas normas, e cuidavam para receber o que lhes era "devido". Talvez não fossem os "direitos" de hoje em dia, mas elas não eram sujeitos passivos da história.

Muitos anos mais tarde, estava numa conferência em algum lugar na Nova Inglaterra quando um conferencista começou a denunciar com grande vivacidade, e muitos aplausos, os pecados do autor de *A formação da classe operária inglesa* "masculina entre aspas", indicando as minhas omissões. Eram comentários justos, mas meu amigo, o falecido Herbert Gutman, achou que eu precisava de algum apoio e sussurrou no meu ouvido: "Sabe, essa gente está fazendo o mesmo erro de alguns historiadores dos negros. Eles sempre queriam mostrar os sujeitos como vítimas. Negavam-lhes atividade própria".[124] Como o sussurro de Herb foi mais um resmungo, o seu comentário perturbou cinco ou seis fileiras na frente e atrás de nós. Não faz mal, ele tinha razão.

A venda da esposa era uma ação possível (ainda que extrema) na política da vida pessoal dos trabalhadores do século XVIII. Sim, as regras dessa política serviam à dominação masculina, embora as mulheres na comunidade fossem as guardiãs particulares das instituições da família. Mas de vez em quando as mulheres pareciam ter o dom de alterar os lances em proveito próprio. Não vejo razão para que essa conclusão seja considerada "antifeminista".

Há certamente vítimas entre as esposas vendidas,[125] mas é muito mais frequente que os relatos sugiram a sua independência e vitalidade sexual. As mulheres são descritas como "belas", "viçosas", "de boa aparência", "uma garota bonita do campo", ou como alguém que estava "gostando muito do divertimento e da brincadeira".[126] Sally, na balada de "Samuel Lett" de Bilston, nos dá o tipo popular da esposa que poderia ser vendida:

Ela é que manda na casa
É o que todo mundo diz:
Mas Lett não devia deixá-la
Fazer tudo o que quer.

Ela pragueja como um soldado
E briga como um galo,
E já deu no seu velho camarada
Muitos golpes violentos.[VIII] [127]

E podemos identificar pelo menos uma esposa vendida (no mercado de Hereford bem no início do século XIX) que corresponde a esse tipo:

> Ela era a mulher que carregava o pão ensanguentado nos motins do pão. Vi tudo. Eu a vi à frente das mulheres, incitando-as a se apoderarem da carga de grãos. O velho dr. Symonds lhe disse para tirar a liga da perna direita, amarrá-la no cavalo dianteiro, e deixar a parelha avançar. Foi o que fizeram [...]. Eles compuseram uma bela canção sobre todo o grupo, que começava assim —
>
> *Você não ouviu falar de nossas mulheres de Herefordshire?*
> *De como elas saíam correndo e deixavam a roca de fiar —*
> *De como saíam correndo sem chapéu, nem plumas*
> *Para lutar por pão, lutavam sob qualquer tempo —*
> *Oh, as nossas bravas mulheres de Herefordshire!*[IX] [128]

Não temos meios de saber se ela foi vendida antes ou depois desse confronto.[129] Mas ela não parece alguém que seria vendida contra a sua vontade.

(VIII) Her wears men's breeches/ So all the folks say:/ But Lett shouldna let her/ Have all her own way.// Her swears like a trooper/ And fights like a cock,/ And has gin her old feller/ Many a hard knock.

(IX) Have you not heard of our Herefordshire women?/ How they ran and left their spinning —/ How they ran without hat or feather/ To fight for bread, 'twas through all weather —/ Oh, our brave Herefordshire women!

Outra esposa, vendida no mercado de Wenlock por dois xelins e seis pence na década de 1830, tinha posição bem definida sobre a questão. Quando chegou à "praça do mercado, o marido ficou tímido e tentou sair da história, mas Mattie fez com que mantivesse a venda. Deu um piparote na cara do bom homem, e disse: 'Deixa, seu patife. Eu vou ser vendida. Quero uma mudança'".[130]

APÊNDICE

O seguinte relato é tirado da obra de Frederick W. Hackwood, *Staffordshire customs, superstitions and folklore* [Costumes, superstições e folclore de Staffordshire] (Lichfield, 1924), pp. 71-3. Ele o apresenta como "um relato descritivo de uma venda de esposa em Wednesbury, há mais de um século, redigido e publicado por um espectador", mas não fornece outros detalhes sobre a fonte.

Colocando-se diante de uma taverna humilde, o apregoador da cidade toca o sino para atrair a atenção, e depois dá a notícia com frases lentas, deliberadas, de que "uma mulher — e seu bebê — serão postos — à venda — na praça do mercado — hoje à tarde — pelo marido — Moses Maggs".

A notícia foi recebida com grandes gargalhadas, seguidas por gritos de "hurra", pois o herói nomeado era um dos personagens mais notórios da cidade, comumente conhecido como Rough Moey. Era um sujeito forte, corpulento, de uns 45 anos. O rosto apresentava outrora profundos buracos de varíola, mas as marcas da doença foram literalmente apagadas por sulcos azuis-escuros, o resultado de uma explosão no poço da mina. Ele perdera um dos olhos, e o lugar de uma perna fora suprido por um toco de madeira. Nem suas feições nem sua figura eram atraentes.

Os lojistas vieram até a porta das lojas para comentar a notícia do apregoador, e as mulheres com as mãos na cintura se reuniam na rua em grupos de duas ou três para mexericar sobre o assunto. Outros vagabundos interessados levaram a discussão para o bar mais próximo. O apregoador se afastou para repetir a notícia em outro lugar, seguido por uma multidão de moleques esfarrapados.

Pouco antes da hora marcada, formou-se uma multidão na praça do mercado, na frente da White Lion, uma taverna bem frequentada, onde quatro sujeitos altos, armados com porretes, abriram espaço e impediam que os espectadores curiosos esmagassem um homem, uma mulher e um bebê — os heróis do dia.

A mulher era mais jovem que o homem, provavelmente 23 anos, e tinha uma aparência tão bela quanto lhe permitia a sua situação na vida, casada ou "alugada" para um homem como o seu companheiro. Nos braços, ela tinha um bebê de uns doze meses, que não se perturbava com a balbúrdia ao redor. A mulher estava evidentemente com suas melhores roupas, o rosto bem lavado, o cabelo preso atrás da cabeça e atado por um pedaço de fita azul, cujas pontas flutuavam como bandeirolas graciosas, sem dúvida em honra da ocasião.

Embora uma corda comum de cânhamo pendesse frouxamente ao redor do pescoço da esposa, e o marido e senhor segurasse na mão a ponta dessa corda, a mulher — a julgar pela sua aparência — não estava achando a situação penosa ou desagradável. E aos gritos de apoio como "Não faz mal, Sal, coragem, levante a cabeça, não desanime nunca!", ela respondia com um riso alegre e com alguns comentários que asseguravam aos ouvintes que ela ficaria feliz de se ver livre do velho patife, e que era bem-feito por ter se casado com um velho vagabundo.

Depois que se fez alguma ordem, mandou-se buscar a cerveja. Quatro sujeitos fortes trouxeram duas tinas para fora e as viraram de cabeça para baixo. Numa delas montaram a mulher e o bebê, e na outra o marido tomou o seu lugar. Enquanto os participantes bebiam a cerveja, convocou-se um rabequista para animar o espetáculo com uma ou duas melodias alegres.

Durante o interlúdio, as informações que o inspetor de registros colheu entre a multidão trouxeram à tona os seguintes fatos. Que Rough Moey dera a uma forte moça da mina, que tinha mais ou menos a metade da sua idade, um vestido novo e outros artigos de vestuário, junto com uma festa de duas semanas, para que ela se casasse com ele. Que depois de algum tempo ela transferira o seu afeto para um jovem mineiro de bela aparência; o que naturalmente provocou o ciúme do marido, que começou a bater na mulher. Em vez de curá-la, isso só despertou pensamentos de retaliação; e, como Moey em geral chegava em casa de noite num estado de irremediável embriaguez, ela gentilmente desatava a perna de pau do bêbado adormecido e batia no marido até ficar satisfeita. Por fim, cansado dessa situação, o marido contrariado resolvera acabar com o problema pela única maneira que conhecia, a de realizar a transferência "legal" de uma esposa indesejada, vendendo-a ao seu admirador no mercado aberto.

A música cessara, a atenção da multidão estava concentrada nos principais atores da cena. Com a corda na mão esquerda, o homem levantou bem alto com a outra mão uma grande caneca cheia de cerveja, e com uma piscadela maliciosa do único olho, disse com uma voz rouca e forte: "Senhoras e senhores, um brinde à sua saúde!". E tomando um gole bem demorado, terminou com um longo suspiro de satisfação: "Ah-h-h!", enquanto virava a caneca para mostrar que estava vazia. Alguns de seus amigos (ou "camaradas", como ele os chamava) responderam com "Obrigado, Moey", enquanto algumas das mulheres gritavam: "Ótimo, meu velho!".

Perto da mulher estava um jovem robusto, evidentemente o futuro comprador, que lhe servia cerveja. Ela estava mantendo uma conversa animada com as mulheres ao redor; mas, apesar dessa atitude de desafio, todos viram que seus olhos então se encheram de lágrimas, e os seios começaram a arfar como se o coração estivesse batendo furiosamente sob a tensão da emoção reprimida. Sua voz vacilou, e entregando rapidamente a criança nas mãos do jovem, ela se sentou sobre a tina, enterrou o rosto nas mãos e chorou amargamente. No mesmo instante, todos os risos cessaram, o clamor foi abafado, e um ar de indignação se espalhou pelos semblantes de todas as mulheres. Até alguns dos homens pareciam incapazes de reprimir uma sensação de afronta, a que o futuro comprador deu voz, imprecando com voz furiosa: "Vamos, camarada, acabe com essa palhaçada e comece a venda!".

Assim o velho Rough Moey começou no seguinte estilo: "Senhoras e senhores", disse ele, "todos nós sabemos em que pé está a situação. Não há nada a fazer, por isso não adianta ser bárbaro". Depois, fortalecendo-se com outro gole e piscando medonhamente o olho que lhe restava, continuou: "Senhoras e senhores, peço permissão para lhes apresentar uma jovem muito bela, e um bonito bebê, que pertence a mim ou a algum outro". Nesse ponto, todos riram, o bom humor crescia novamente entre os espectadores.

"Ela é uma boa criatura", continuou o leiloeiro amador, "e trabalha muito bem, com algumas chicotadas. Sabe cozinhar uma cabeça de ovelha como um cristão, e fazer uma sopa tão boa quanto Lord Dartmouth. Consegue carregar 150 pedaços de carvão da mina por umas boas três milhas; sabe vender bem, e comer o que ganhou em menos de três minutos."

Esse chiste provocou novos risos, e o orador foi recompensado com mais cerveja. Assim reanimado, Moey prosseguiu: "Agora, meus camaradas, cheguem mais perto, e façam seus lances com animação. Está tudo certo de acordo com a lei. Eu a fiz passar pelos portões do pedágio, e paguei ao homem o tributo por ela. Eu a trouxe puxada pela corda, e mandei que a venda fosse anunciada; assim está tudo direito de acordo com a lei, e não há nada a pagar. Vamos ver os seus lances, e se me derem um bom preço pela mulher, o bebê entra de graça na barganha. Agora, cavalheiros, quem vai fazer um lance? Quem dá mais, quem dá mais, quem dá mais? Não posso ficar esperando — como diz o leiloeiro, não posso perder tempo só com este lote!".

O orador parou de falar, e aplausos recompensaram os seus esforços. Uma voz dentre a multidão gritou "dezoito pence".

"Dezoito pence", repetiu Moey, "só dezoito pence por uma jovem forte e bem desenvolvida! Ora, você teria de pagar ao pároco sete ou seis para se casar, eu lhe ofereço uma esposa já pronta nas suas mãos — e você faz um lance de apenas dezoito pence!"

"Eu lhe dou meia coroa, velho bruto", foi a proposta do jovem que todos sabiam que seria o comprador.

"Vou lhe dizer uma coisa, Jack", disse Moey, "se você inteirar três galões de bebida, ela é sua, não vou pedir nada pelo bebê, e a corda vale uma quarta. Vamos, diga seis xelins!"

Depois de regatear um pouco, o jovem concordou em pagar três galões de cerveja, que se estipulou fossem logo servidos, para que a esposa recém-comprada, o próprio jovem, e alguns "camaradas" escolhidos, sem esquecer o amável rabequista, participassem do brinde ratificador.

Assim concluída a barganha, a corda foi colocada na mão do jovem, e a moça recebeu os cumprimentos de numerosas matronas encardidas. Ela limpou os olhos e sorriu alegremente; o novo marido lhe pespegou um beijo bem estalado na bochecha redonda à guisa de ratificação, e quando o novo casal se afastou, a multidão se desfez e lentamente se dispersou. A tragicomédia da vida rude do Black Country estava finda.

8
ROUGH MUSIC

I

Rough music é o termo que tem sido comumente usado na Inglaterra, desde o fim do século XVIII, para denotar uma cacofonia rude, com ou sem ritual mais elaborado, empregada em geral para dirigir zombarias ou hostilidades contra indivíduos que desrespeitam certas normas da comunidade.[1]

Parece corresponder, em geral, ao *charivari* na França, ao *scampanate* italiano, e a vários costumes alemães — *haberfeldtreiben*, *thierjagen* e *katzenmusik*.[2] Há, na realidade, uma família de formas de rituais, bastante antiga e espalhada por toda a Europa, mas seu grau de parentesco está aberto a investigações.[3]

Nos estudos acadêmicos internacionais, o termo *charivari* ganhou aceitação como aquele que descreve todo esse gênero. Em 1972, segui esse exemplo ao dar a um estudo publicado na França o título de "'Rough music': le charivari anglais".[4] A dificuldade dessa assimilação logo se tornou aparente. Pois o próprio termo *charivari* desperta expectativas despropositadas e constrói o tema segundo uma problemática francesa, com sua ênfase forte sobre o *charivari* provocado por segundos casamentos, e também sobre o papel dos jovens solteiros. Quando uma mesa-redonda de estudiosos sobre *charivari* se reuniu em Paris em 1977, alguns visitantes da Grã-Bretanha, Alemanha e Itália tiveram razões para sentir que os termos do discurso eram "francocêntricos" e impróprios às evidências das suas nações. Entretanto, não há outro termo genérico de alcance internacional, e dizer que uma tipologia francesa se tornou dominante fora das fronteiras da França — sendo exportada com a palavra — é também uma homenagem às fortes tradições da França no tocante ao folclore, à etnologia e à antropologia.[5] Não era possível imaginar, na década de 1970, a realização de uma mesa-redonda de especialistas internacionais numa universidade britânica para discutir a *rough music*, e deve-se aplaudir a iniciativa intelectual francesa.

Mas, embora aplaudindo, deve-se resistir a construções impróprias. Para a maioria dos fins, não se deveria resistir ao termo *charivari* (a menos que se esteja trabalhando com materiais franceses) e manter-se fiel à *rough music* para os materiais ingleses?

Rough music é igualmente um termo genérico, e, mesmo nas ilhas britânicas, as formas do ritual eram tão variadas a ponto de ser possível vê-las como espécies distintas. No entanto, por baixo de todas as elaborações do ritual, encontram-se certas propriedades humanas básicas: o barulho estridente e ensurdecedor, o riso desapiedado e as mímicas obscenas. Na descrição de Thomas Hardy, o ritual se apoiava numa "barulhada de cutelos, tenazes, tamborins, violinos pequenos, rabecas antigas, instrumentos desafinados, serpentões, chifres de carneiro, e outras formas históricas de música".[6] Mas se esses instrumentos "históricos" não estivessem à mão, o barulho de pedras rolando dentro de uma chaleira de lata — ou qualquer improvisação de latas de água e pás — serviria. Num glossário do dialeto de Lincolnshire (1877), a definição é: "O bater de potes e panelas. Às vezes executado quando uma pessoa muito impopular está deixando a vila ou indo para a prisão".[7]

Mas não é *apenas* o barulho, embora o barulho satírico (suave ou selvagem) sempre estivesse presente. O barulho fazia parte de uma expressão ritualizada de hostilidade, mesmo que nas formas (talvez adulteradas?) registradas em exemplos do final de século XIX o ritual fosse atenuado, passando a ser alguns fragmentos de versos quebrados ou a repetição da "música" em noites sucessivas. Em outros casos, o ritual podia ser elaborado, incluindo o desfile da vítima (ou de um substituto) montada numa vara ou num burro; máscaras e danças; recitativos elaborados; pantomimas rudes ou caçadas; ou (frequentemente) o desfile e a queima de efígies; ou, ainda, combinações variadas de todos esses elementos.

Na Grã-Bretanha, os rituais abrangiam todo o espectro, desde brincadeiras bem-humoradas com os recém-casados até sátiras da maior brutalidade. Os *shallals* da Cornualha podiam ser apenas um comentário brando da comunidade sobre a noiva ou o noivo — sobre a sua reputação sexual antes do casamento, ou sobre o novo par formado, se era considerado um casal adequado ou não.[8] Esses rituais, semelhantes aos *polter-abends* da Saxônia,[9] atravessaram o Atlântico e sobreviveram por muito tempo em regiões dos Estados Unidos sob a forma de *shivarees*.[10]

No outro extremo do espectro, talvez um dos rituais mais brutais em termos psicológicos fosse o da caçada ao veado [*stag-hunt*] de Devon. Nesse ritual, um jovem vestido de chifres (e às vezes de peles) servia de substituto para a vítima. Tudo combinado de antemão, ele era "descoberto", talvez numa mata perto da vila, e caçado pelos "cães" (os jovens da vila) nas ruas, quintais, jardins, sendo perseguido e forçado a sair de aleias e estábulos. A caça continuava por uma hora ou mais, e, com um refinamento psicológico sádico, o "veado" evitava, até o golpe final, chegar demasiado perto da casa da futura vítima. Finalmente ocorria o golpe mortal — lento, brutal e realista. O "veado" era capturado nos degraus da porta da casa, a faca de um caçador perfurava a bexiga com sangue de boi que ele carregava sobre o peito, e o sangue se derramava sobre as pedras diante da casa da vítima.[11]

Nessa descrição, nota-se a caçada ritual com meios-tons diabólicos.[12] A manifestação da *wooset-hunting*, a ser encontrada ainda em Wiltshire no século XIX, tinha um simbolismo semelhante. Numa vila de Wiltshire na década de 1830, um observador encontrou uma procissão, acompanhada pelo barulho de gente batendo em frigideiras, chacoalhando chaleiras com pedras, soprando chifres de carneiros e fazendo soar sinos de ovelhas. Quatro homens carregavam sobre longas varas nabos ocos com velas no interior:

> Esses eram seguidos por uma pessoa que carregava uma cruz de madeira [...] com sete pés de altura. Nos braços da cruz fora colocada uma camisa feminina, e sobre a ponta superior o crânio de um cavalo, que tinha afixado nos lados um par de chifres de veado, como se ali tivessem crescido. E, na parte inferior do crânio, o maxilar inferior fora colocado de tal modo que, puxando-se um cordão, os maxilares se fechavam batendo, como se o crânio estivesse mordendo o freio. Esse efeito era usado para produzir o barulho de um estalo durante as pausas na música.

A procissão, "organizada pelos rapazes da vila", passava diante da casa ou casas das vítimas por três noites consecutivas, em três ocasiões consecutivas, com intervalos entre cada grupo de três: isto é, por nove noites ao todo. Era empregada (diz o observador) contra a "infidelidade conjugal".[13]

Seria possível citar outros rituais regionais refinados. Mas podemos dizer que a maioria das outras formas se divide em quatro grupos, embora esses possam ter características coincidentes ou emprestadas uns dos outros. Esses grupos são: a) o *ceffyl pren* (o termo galês para "cavalo de madeira") associado com os "motins de Rebecca" [*Rebecca's riots*] em várias regiões do País de Gales; b) o "cavalgar da vara" [*riding the stang*], muito difundido na Baixa Escócia e no Norte da Inglaterra; c) o desfile [*skimmington*] ou a procissão do *skimmety*, ainda entrincheirado, no século XIX, no West Country, mas conservando-se em outras regiões no Sul; e d) a simples *rough music*, sem nenhuma procissão, embora frequentemente acompanhada da queima das efígies das vítimas, encontrada em quase toda parte e sendo muito comum nas Midlands e no Sul. Na verdade, não é claro se a *rough music* sem adornos é uma forma distinta ou simplesmente vestígio de um ritual que ainda sobrevive no século

XIX e começo do século XX, depois que as elaborações do ritual mais antigo desapareceram. Assim, em Cambridgeshire na primeira década deste século, latas batendo e chaleiras chacoalhando é tudo o que sobrou do ritual.[14]

Voltaremos ao *ceffyl pren*. As formas da *rough music* simples (d) se tornarão bastante evidentes quando descrevermos as ocasiões particulares. O "cavalgar da vara" (b) e o desfile (c) requerem alguma descrição formal.

No "cavalgar da vara", o infrator, ou aquele que o representava (às vezes um vizinho próximo, às vezes um jovem), era carregado sobre um longo poste, ou vara, acompanhado por um bando turbulento, ou um "enxame de crianças gritando hurras e atirando todo tipo de porcaria".[15] Se era a vítima em pessoa que participava do desfile, a procissão podia terminar com ela sendo atirada num lago ou numa vala cheia de água.[16] Às vezes uma escada ou um burro podia substituir a vara, mais frequentemente usava-se uma efígie numa carroça.[17] Se o papel era representado por um substituto, um recitativo tradicional ou *nominy*[I] era gritado em diferentes partes da cidade ou vila:

Aqui estamos nós, com o ran a dan dan;
Não é por minha causa, nem por tua causa
Que eu desfilo nesta vara
Mas é por Jack Nelson, o homem de nariz romano.
Venha, toda a boa gente que mora nesta rua,
Que todos fiquem avisados, pois esta é a nossa lei;
Se alguns dos maridos batem nas suas boas mulheres
Que venham até nós, e lhes faremos um cavalgar a vara.
Ele a surrou, espancou, espancou de verdade;
Ele a espancou antes que ela jamais precisasse.
Ele não a surrou com vara, pedra, ferro ou estaca,
Mas ergueu um banco de três pés e lhe desancou as costas.
Lá em cima atrás da cama
Que tumulto eles criaram!
Lá embaixo, atrás da porta
Ele a socou enquanto a fazia praguejar.
Agora, se este bom homem não corrigir os seus modos,
A pele do seu traseiro irá para o curtidor,
E se o curtidor não a curtir bem,
Ele vai montar numa vara de portão;
E se a vara por acaso rachar,
Ele vai montar nas costas do diabo;
E se o diabo por acaso correr,
Vamos acertá-lo com o fuzil dos gansos selvagens,

(I) Fórmula convencional de versos quebrados, um discurso longo e sem nexo. (N.T.)

E se o fuzil por acaso negar fogo,
Eu lhes desejo boa-noite, pois estou quase cansado.[II 18]

O procedimento era repetido, às vezes em várias paróquias, às vezes em três noites. Se levavam uma efígie, ela era fuzilada, enterrada ou, mais comumente, queimada.

Esses versos ou *nominy* — o exemplo é de Hedon, no East Riding de Yorkshire — permitiam que se acrescentassem improvisações apropriadas à vítima e à ocasião.[19] O nome do infrator podia ser gritado, embora em algumas regiões fosse ocultado para evitar uma ação por difamação,[20] ou ligeiramente disfarçado num jogo de palavras. Quando uma mulher bateu no marido chamado Lamb [cordeiro], um representante desfilou no seu lugar com uma *nominy* semelhante à de Hedon, mas cujo terceiro verso dizia: "Mas é pela velha loba que massacra o pobre cordeiro".[21] Variantes dos versos apresentam uma ampla dispersão geográfica pelo Norte e pelas Midlands. Em Grassington,

Ele não pegou pedaço de pau, vara ou estaca
Mas levantou o punho e nela bateu por toda a parte
Os golpes foram tão fortes e tão profundos
Que o sangue corria como de ovelha recém-sangrada.[III 22]

Os elementos essenciais da *nominy* parecem ter sido memorizados tão indelevelmente como as rimas infantis, e os compiladores têm encontrado informantes ido-sos que sabem recitá-los sem errar nenhuma palavra. Os vocábulos nas compilações de folclore impressas talvez tenham sido um pouco atenuados, pelos compiladores ou pelos informantes. Há cinquenta anos, um compilador norte-americano preservou uma versão dos últimos dois versos da *nominy* que é mais verossímil (e também rima melhor) do que a versão de Hedon preservada por essa excelente compiladora, a sra. Gutch:

(II) Here we cum, wiv a ran a dan dan;/ It's neather fo' mah cause nor tha cause/ that Ah ride this stang/ But it is fo' Jack Nelson, that Roman-nooased man./ Cum all you good people that live i' this raw,/Ah'd he' ya tak wahnin, for this is oor law;/ If onny o' you husbans your gud wives do bang/ Let em cum to uz, an we'll ride em the stang./ He beat her, he bang'd her, he bang'd her indeed;/ He bang'd her afooar sha ivver stood need./ He bang'd her wi neather stich, steean, iron nor stower,/ But he up wiv a there-legged stool an knockt her backwards ower./ Upstairs aback o' bed/ Sike a racket there they led./ Doon stairs, aback o'door/ He buncht her whahl he meead her sweear./ Noo if this good man dizzant mend his manners,/ The skin of his hide sal gan ti the tanner's,/ An if the tanner dizzant tan it well,/ He sal ride upon a gate spell;/ An if the spell sud happen to crack,/ He sal ride upon the devil's back;/An if the devil sud happen ti run,/ We'll shut him wiv a wahld-goose gun;/An if the gun sud happen tu missfire,/Ah'll bid y good neet, for Ah's ommast tired.

(III) He neither took stick staff nor stoure/ But he up with his fist and he knocked her owre/ He struck so hard and it sank so deep/ The blood ran down like a new sticked sheep.

Se o fuzil por acaso negar fogo,
Vamos escaldá-lo até a morte com um barril de mijo quente. [IV 23]

Quando uma amiga minha, professora primária num vilarejo em North Yorkshire, registrou a narrativa de um "cavalgar da vara", o seu informante — um homem de cerca de sessenta anos — se recusou a lhe repetir as palavras, e só concordou em batê-las na máquina de escrever quando ela saiu da sala.

A forma do "cavalgar da vara" é quase imperceptivelmente mesclada com a do desfile, e em regiões das Midlands nem faz sentido distingui-los. Os versos empregados no "cavalgar da vara" em East Riding (acima) e num desfile em West Somerset têm claramente origem comum:

Agora, Jimsy Hart, se você não corrigir seus modos,
A pele do seu traseiro, mandaremos para o curtidor;
E se o curtidor não a curtir bem,
Vamos pendurar você num prego no inferno;
E se o prego começar a rebentar,
Vamos pendurar você nas costas do diabo;
E se o diabo for embora,
Vamos pendurar você ali algum outro dia. [V 24]

Alguns registros folclóricos do "cavalgar da vara" se parecem muito com os desfiles, como este de Northenden em Cheshire. Por volta de 1790, Alice Evans, esposa de um tecelão e mulher forte e atlética, "castigou o seu próprio senhor e mestre por algum ato de intolerância ou desleixo no trabalho" —

> Essa conduta [dela] os senhores da vizinhança estavam determinados a punir, temendo que suas esposas pudessem assumir a mesma autoridade. Assim eles obrigaram um membro de seu grupo, vestido com roupas femininas, a montar num velho burro, o homem segurando uma roda de fiar no colo e com as costas viradas para a cabeça do animal. Dois homens conduziram o animal pelas redondezas, seguidos por muitos meninos e vadios, que batiam em chaleiras e frigideiras, sopravam chifres de vaca e criavam uma algazarra medonha, parando de vez em quando para que o homem exposto sobre o burro fizesse a seguinte proclamação:
>
> *Ran a dan, ran a dan, ran a dan,*
> *A sra. Alice Evans bateu no seu bom marido;*
> *Não foi com espada, lança, pistola, nem faca*
> *Mas foi com uma tenaz que ela quis lhe tirar a vida* [...].[25]

(IV) If the gun should happen to miss,/ We'll scale him to death with a barrel o' red-hot piss.

(V) Now Jimsy Hart, if thee disn mend thy manners,/ The skin of thy ass we'll send to the tanner's;/And if the tanner, he on't tan un well,/ We'll hang un 'pon a naail in hell;/And if the naail beginth to crack,/ We'll hang un 'pon the devil's back;/ And if the devil urnth away,/ We'll hang un there another day.

Na forma em que sobreviveu no West Country durante o século XIX, o desfile se distinguia por duas características: a elaboração do ritual e a frequência com que a vítima satirizada continuava a ser (como acontecera dois ou três séculos antes)[26] a mulher em desacordo com os valores da sociedade patriarcal: a mulher ranzinza, a que bate no marido, a megera. Os registros das sessões trimestrais do Tribunal de Wiltshire de 1618 nos dão uma ideia da possível elaboração:

> Por volta do meio-dia, outro tocador de tambor veio de Calne para Quemerford [...] e com ele trezentos ou quatrocentos homens, alguns semelhantes a soldados, equipados com armas de fogo e de outro tipo, e um homem montado a cavalo, com uma touca de dormir branca sobre a cabeça, duas calçadeiras dependuradas nas orelhas, uma barba postiça feita de rabo de veado sobre o queixo, uma camisa de mulher em cima da vestimenta, e ele desfilava num cavalo vermelho com dois potes embaixo dele, e nesses potes havia uma porção de grãos fermentando [...].

Chegando à casa das vítimas (Thomas Mills, cuteleiro, e sua mulher Agnes), os caçadores dispararam as armas, "fizeram soar flautas e trompas, junto com sinos pequenos e outros ainda menores [...] e chifres de carneiros e de cervos [...]". As portas e as janelas da casa foram apedrejadas, Agnes foi arrastada para fora de seu quarto, jogada na lama, espancada e ameaçada de ser levada a Calne para o suplício da *cucking-stool* [cadeira em que se amarravam mulheres turbulentas, para serem apedrejadas ou mergulhadas na água].[27]

Dois séculos e tanto depois dessa cena, ainda eram registrados desfiles no West Country que, se não tinham a mesma escala, continuavam a requerer preparação elaborada. Em Uphill (Somerset) em 1888, 270 anos depois de Agnes ser a vítima em Quemerford, uma carroça foi puxada pelas ruas ao entardecer:

> À sua frente ia uma banda de músicos variados, criando um rufo contínuo e temível com baldes velhos, frigideiras, chaleiras e latas de estanho. Montados em cavalos, e desfilando com solenidade ridícula ao lado da carroça, seguia uma escolta de seis cavaleiros grotescamente vestidos. Erguidas sobre uma plataforma na carroça, duas efígies.

A procissão deu uma volta pela aldeia, e depois entrou num campo, onde as efígies foram queimadas ao som da "Marcha fúnebre".[28]

O ritual tinha muitas variantes e permitia muita improvisação, invenção e enfeites. Quando a vítima satirizada era uma mulher mandona ou que batia no marido, dois substitutos podiam vir sentados na carroça, ou um de frente para o outro em cima de um burro, golpeando-se furiosamente com armas culinárias, ou um de costas para o outro, com o homem segurando o rabo do animal.[29] Quando o motivo era a suposta infidelidade da esposa, uma saia ou camisa de mulher seria levada na procissão, junto com chifres, grãos fermentados e outros símbolos dos cornudos (ver ilustração nº 23).[30] Numa ocasião, registrada tardiamente em Dorset em 1884, três personagens foram satirizadas, um homem e duas mulheres: ambas as mulheres seguiam montadas num burro, e uma delas "era representada com uma língua extraordinariamente longa, amarrada atrás da sua nuca, enquanto numa das mãos ela segurava um papel para notas, e na outra pena e porta-penas".[31]

É o suficiente sobre as formas. Mais poderia ser dito. E mais tem sido dito. Infelizmente, os folcloristas do século XIX, a quem devemos muitas das melhores narrativas desses rituais, estavam interessados, sobretudo, nas próprias formas; e se fossem além, era em geral para especular sobre a sua origem e relações, classificá-las segundo uma espécie de botânica humana. Narrativas repletas de observações admiráveis talvez contenham apenas as alusões mais fortuitas e descartáveis ao motivo do ritual: o status das vítimas, seu suposto delito, a consequência da *rough music*.

Ainda assim, antes de prosseguir, vamos ver que evidências as próprias formas nos oferecem.

1) As formas são dramáticas: uma espécie de "teatro de rua". Nessa condição, são imediatamente adaptadas à função de divulgar o escândalo. Além disso, as formas são comumente processionais. Talvez se devesse dizer que elas são *anti*processionais, no sentido de que os cavaleiros, os tocadores de tambor, as bandeiras, os carregadores de lanternas, as efígies em carroças etc. parodiam, numa espécie de antífona consciente, o cerimonial das procissões do Estado, da lei, das cerimônias cívicas, da guilda e da Igreja.

Mas elas não zombam *apenas*. A relação entre as formas satíricas da *rough music* e as formas dignas da sociedade que as abrigam não é de modo algum simples. Num certo sentido, a procissão talvez procure afirmar a legitimidade da autoridade. E, em certos casos, essa intenção pode ser extraordinariamente direta. Pois as formas da *rough music* e do *charivari* são parte do vocabulário simbólico expressivo de um certo tipo de sociedade — um vocabulário disponível a todos e que serve para a enunciação de muitas sentenças diferentes. É um discurso que (embora frequentemente coincida com a linguagem escrita) deriva seus recursos da transmissão oral, numa sociedade que regula muitas de suas ocorrências — relativas à autoridade e à conduta moral — por meio dessas formas teatrais como a procissão solene, o cortejo cívico, o espetáculo público da justiça ou da caridade, a punição pública, a exibição de emblemas e distintivos etc.[32]

A continuidade das formas é às vezes surpreendente. O desfile nu ou a "carreata" de mulheres lascivas ou de prostitutas era um castigo outrora imposto pelas autoridades eclesiásticas e civis. Assim, na diocese de Lincoln em 1556, Emma Kerkebie foi condenada à penitência pública por adultério: "Que a dita Emma deve desfilar pela cidade e pelo mercado numa carroça, e ser *ronge out with basons*": isto é, ser alvo da *rough music*.[33] Em 1642, oficiais das forças parlamentares aplicaram um castigo semelhante a "uma prostituta, que vinha seguindo o nosso acampamento desde Londres". Ela "primeiro teve de desfilar pela cidade, depois foi colocada no pelourinho, mais tarde na gaiola, então atirada no rio e, por fim, banida da cidade".[34] E desfilar numa vara ou num "cavalo de madeira" era um castigo militar reconhecido, aplicado aos soldados cujo comportamento (assaltos, pequenos roubos) punha em perigo as relações com o populacho civil. Assim, em 1686, uma corte marcial condenou um soldado infrator, acusado do roubo de duas taças de prata, "a desfilar no cavalo de madeira no próximo dia de mercado na praça do mercado público [...] pelo espaço de duas horas com um cartaz no peito indicando o seu delito".[35] A punição humilhava o infrator na frente do populacho, e com isso supostamente reparava o dano feito às relações militares-civis.[36]

Pelas normas do Exército, a punição ainda podia ser aplicada até o início do século XIX. Em 1845, em Yeovil, a mesma punição se tornara uma instituição informal, sendo noticiado que —

> O castigo quase obsoleto do "cavalgar da vara", ou cavalo de madeira, foi ressuscitado nesta cidade por alguns construtores que, suspeitando que um membro de seu grupo roubara o almoço dos camaradas, prenderam os seus braços e fizeram-no desfilar pelas ruas sobre um pedaço de madeira com a palavra "ladrão" rabiscada a giz nas suas costas. Para refinar a crueldade do castigo, os linchadores tiveram a ideia de fazer uma ponta no caibro em que o infeliz estava montado, e denteá-lo em vários lugares. Na sexta-feira, ele teve de ser levado para sua casa em Bradford Abbas numa carroça, pois de tão machucado não conseguia caminhar.[37]

Não sei se a aplicação formal (legal) desses castigos coincidia com a informal (costumária) no foral da Idade Média e início da era moderna, ou se as formas populares autorreguladoras (que eram muitas vezes organizadas independentemente de qualquer autoridade, sendo de vez em quando utilizadas de modo a ridicularizar as autoridades) davam novas funções a formas que as autoridades estavam deixando de usar. A resposta pode ser "as duas coisas". Até o início do século XIX, a publicidade fazia parte da essência da punição. Nos delitos leves, a intenção era humilhar o infrator diante de seus vizinhos, e nos delitos mais sérios, castigá-lo para que servisse de exemplo. O simbolismo da execução pública se irradiava sobre a cultura popular do século XVIII, tendo contribuído para o vocabulário da *rough music*.[38] As efígies elaboradas dos infratores que desfilavam pela comunidade em carroças ou no dorso de animais sempre acabavam enforcadas ou queimadas — o que lembrava a queima dos hereges. Em casos extremos, realizava-se uma paródia de cerimônia fúnebre para a efígie antes de um "enterro". Quem visse nisso tudo apenas uma brincadeira grotesca se equivocaria. Queimar, enterrar ou celebrar as exéquias de alguém ainda vivo era um terrível julgamento da comunidade, que transformava a vítima num proscrito, numa pessoa já considerada morta.[39] Era o grau máximo da excomunhão.

A queima de efígies não pertence apenas à *rough music*. Na Grã-Bretanha e na América do Norte, pode-se encontrar essa prática separada de outras formas de *rough music*, e ela certamente tem sido e continua essencial para o Dia de Guy Fawkes.[VI] [40] Cinco de novembro era um dia em que a queima de efígies e a *rough music* se fundiam, e quando as desavenças locais ou públicas tinham frequentemente o seu acerto de contas.[41] E havia efígies apropriadas para cada tipo de demonstração política e religiosa. Elas eram simplesmente um elemento (efetivo e duradouro) do vocabulário simbólico disponível, que podia ser empregado em combinação com outros elementos (barulho, panfletos satíricos, obscenidades), ou estar completamente desligado de tudo isso. Inúmeros exemplos — ofensas políticas, industriais e particulares — podem ser encontrados em qualquer localidade.

Com o número cada vez maior de alfabetizados, era possível usar uma combinação de efígies, sátiras em verso, e cartas ou papéis anônimos afixados nas portas ou portões das igrejas. Em 1800, o reverendo Charles Jeffrys Cottrell, juiz de paz, o pároco de Hadley em Middlesex, foi obrigado a recorrer a uma ação legal quando recebeu pelo correio o retrato de um pároco enforcado com a genitália exposta, tendo a seguinte inscrição: "Oh que merda de bobo pedante dogmático fedorento e miserável pareço ser" (ver ilustração nº 6). Pelos depoimentos que acompanham o caso, o principal responsável pela campanha contra o pároco parece ter sido Isaac Emmerton, dono de sementeira e viveiro, que já erguera nas suas próprias terras, que davam para a Great North Road, uma forca de três metros de altura, da qual pendia uma efígie enfiada num casaco preto que ele conseguira com um agente funerário local. Cottrell era presidente dos fiscais de impostos locais, contra quem Emmerton tinha uma queixa. Mas não há dúvida de que esse "pároco e burro" era impopular, e as pessoas na vizinha Barnet

(VI) Conspiradores planejaram explodir o Parlamento (com o rei James I em seu interior) no dia 5 de novembro de 1605. Em um porão sob a Câmara dos Lordes, acumularam barris de pólvora, mas seus planos foram revelados por uma carta anônima enviada a um membro do Parlamento católico. Guy Fawkes (1570-1606) estava no porão e foi o único dos conspiradores a ser preso no local. Torturado, revelou o nome dos demais, sendo em seguida executado. Na Inglaterra, na data de 5 de novembro queimam-se fogos de artifício e efígies de Guy Fawkes em comemoração à data do atentado frustrado. (N. R.)

se divertiam com alguns "desenhos burlescos" semelhantes aos que estavam sendo distribuídos. Isaac Emmerton explicou, muito razoavelmente, que a efígie era um espantalho para proteger algumas "sementes raras" e que, para esse fim, "nada serviria a não ser um casaco preto".[42]

Isso nos fez desviar um pouco de nosso caminho. Mas o exame, até de um elemento tão comum do vocabulário simbólico como a efígie, reforça a ideia de que o simbolismo deve muito à pompa de temor e justiça da autoridade, e que a *rough music* pode ser ambivalente, movendo-se entre a zombaria e a aprovação da autoridade, o apelo à tradição e a ameaça de rebelião. No século XVIII, a *rough music* era normalmente — mas nem sempre — organizada sem a participação de pessoas investidas de autoridade ou com status de nobreza, sendo às vezes realizada em oposição a esse tipo de gente. Como os tribunais da Igreja estavam em declínio na Inglaterra desde o final do século XVII, exercendo com menos eficácia os seus poderes de aplicar penalidades por delitos domésticos e sexuais, é tentador sugerir que o vigor da *rough music* no século XVIII assinalava a substituição da regulação eclesiástica pela autorregulação comunitária no que dizia respeito a esses casos. Mas essa hipótese não foi seriamente testada. Ou, se vemos uma antífona entre as formas das autoridades e as do populacho, podemos perguntar se o elemento antiprocessional satírico nas formas populares não experimentou uma diminuição proporcional ao declínio do ritual e dos cânticos das procissões na Inglaterra protestante? Nas sociedades católicas, que mantinham as procissões e os festivais da Igreja e do Estado com mais vigor, as paródias dos cânticos processionais conservaram por mais tempo a sua elaboração?

2) As formas são maleáveis. Na realidade, elas têm grande flexibilidade. Até numa mesma região, é possível usar formas semelhantes para expressar uma brincadeira bem-humorada ou para invocar o antagonismo inexorável da comunidade. Desfiles de grande elaboração eram às vezes montados como brincadeiras da comunidade — em 1817, por exemplo, realizou-se em Exeter um desfile com cavaleiros, banda, 24 burros e muita parafernália, para ridicularizar o segundo casamento de um seleiro local que se tornara antipático por viver se gabando e alardeando patriotismo durante as Guerras Napoleônicas.[43] Em Barnsley, em 1844, o casamento de dois personagens locais, considerados por alguma razão cômicos, foi "divulgado" por meio de um desfile elaborado de tecelões de tear mecânico. Dois sujeitos puxavam a procissão, um vestido com peles, o outro com uma bandeira em que se lia "Corram ao casamento"; a seguir, vinha uma carroça puxada por uma mula com um rabequista nela montado, e os ocupantes da carroça apitavam e batiam latas.[44] Brincadeiras desse tipo podiam facilmente se tornar amargas. Quando, na ilha de Wight, em Newport, um açougueiro se casou com "uma dama já entrada em anos e dona de

boa fortuna" (1782), seus colegas foram celebrar o evento com ossos e cutelos. O noivo perdeu as estribeiras e mandou-os embora:

> Eles tinham esperado obséquios, em vez de ameaças de prisão como se fossem uma turba amotinada. Retornaram, cada um com um par de chifres de carneiro na cabeça, e um tocador de tambor que tinham contratado [...] batendo o ritmo da marcha dos cornos. Insultado, o noivo atirou nos colegas, matando um deles e ferindo dois.[45]

Numa de suas variantes, o desfile também podia ser usado para estabelecer o que era conhecido como a "feira do chifre" — em Devon, se um desfile percorria inconteste uma cidade e pregava um par de chifres na porta da igreja, estava feita (e confirmada) a reivindicação de se estabelecer uma feira de gado.[46] "Devido a uma mulher em Calstock ter batido no marido", escreveu um correspondente ao duque de Portland em 1800, "os mineiros fizeram uma procissão pela vizinhança e por várias cidades de mercado, para estabelecerem, como dizem, uma Feira de Chifres ou Cornos na cidade de Calstock; a primeira dessas feiras deve ser realizada ali na próxima terça-feira." Temiam-se "consequências turbulentas", pois havia entre os participantes "vários malfeitores bem conhecidos".[47] A mais famosa das Feiras do Chifre, que talvez tivesse origem semelhante, era a de Charlton na zona de Londres contígua a Kent. No século XVII, transformara-se num carnaval anual, realizado no dia de são Lucas. No século XVIII, era proclamada por meio de convocações impressas (ver ilustração nº 24) e consistia numa "turba amotinada, que [...] se reúne no Ponto dos Cornos, perto de Deptford, e marcha dali em procissão, pela cidade e Greenwich, até Charlton, com chifres de diferentes tipos sobre as cabeças; e na feira [...] até as figuras dos bolos de gengibre têm chifres".[48] A participação nesse evento supostamente devasso e báquico não estava confinada aos plebeus — os jovens da *gentry* também podiam tomar parte, com máscaras e fantasias do sexo oposto — e com isso se mantinha vigorosamente vivo todo o vocabulário simbólico dos *skimmingtons* e dos cornudos (ver ilustração nº 15).[49]

Quanto mais se examina a diversidade da evidência, mais difícil é definir exatamente o que era a *rough music*. Às vezes nada mais temos que uma algazarra divertida e embriagada na frente da choupana na noite de núpcias de um casal — embora dificilmente sem tom satírico — armada pelos jovens solteiros da comunidade.[50] Algumas formas eram também empregadas como jogos em festivais ou como ritos de iniciação nos ofícios.[51] Na região Nordeste, no século XVIII e início do século XIX, quando o trabalhador do poço de minas se casava, os colegas o obrigavam a participar do "cavalgar da vara", sendo carregado sobre um poste até a taverna, onde se esperava que pagasse drinques aos companheiros:

Eles me obrigaram a desfilar sobre a vara,
Assim que mostrei a cara de novo no trabalho.[VII 52]

Era um costume bem-humorado que servia unicamente para conseguir bebida paga às custas da vítima. Mas, na mesma região e no mesmo período, o "cavalgar da vara" podia ser um castigo severo e às vezes mutilador, que os trabalhadores das minas e os marinheiros aplicavam aos que furavam uma greve, aos que delatavam ou aos que recrutavam marinheiros à força.[53]

3) Mesmo quando a *rough music* expressava a hostilidade mais absoluta da comunidade, quando sua intenção era lançar no ostracismo ou expulsar um infrator, o ritual era visto como um elemento que canalizava e controlava essa hostilidade. Parece ter ocorrido um distanciamento progressivo da violência física direta, embora a evidência seja inconclusiva. O dr. Martin Ingram nos mostra vizinhos de porta no século XVII servindo de substitutos das vítimas nos desfiles, sendo igualmente frequente encontrar substitutos no século XIX. Mas assim como Agnes Mills de Quemerford foi fisicamente atacada e jogada na lama em 1618, é possível encontrar exemplos de tais ataques — ou de "cavalgar a vara" terminando no monte de lixo ou no lago — duzentos anos mais tarde.[54] E a vara, como vimos, podia ser empregada como um instrumento mutilador. Em Galloway, os maridos que batiam nas mulheres eram forçados a desfilar ao som dos versos:

O que é certo não será errado,
Quem bate na mulher cavalga a vara.
Ao ouvir as palavras "mulher" e "vara", eles o erguiam tão alto quanto possível, e depois deixavam-no cair de novo; e toda vez que vinha abaixo, ele dava uma pancada sobre algumas das pontas dos ramos que eles tinham deixado salientes para o seu bem, e as suas esfoladuras eram terríveis.
A vara passava entre as suas pernas, sabe.[VIII 55]

Assim, toda generalização deve ter limites. Um desfile ou um "cavalgar da vara" podiam sair fora do controle, e se a vítima oferecesse resistência, ou fosse tão imprudente a ponto de sair correndo da sua residência na hora em que o substituto ou a efígie fosse exibido diante da casa, era provável que sucedesse alguma violência. Mas ao mesmo tempo a *rough music* era um modo permitido de dar vazão a hostilidades que do contrário poderiam explodir fora de qualquer controle. Um pesquisador que estudou tanto os *charivaris* como os

(VII) They myed me ride the stang, as suin/ As aw show'd fyece at wark agyen.

(VIII) Ocht yt's richt'll no be wrang,/ Lick the wife an ride the stang./ At the words "wife" and "stang" they lifit it as heich as they could, an/ then loot it suddenly fal' again; and he came doon wi' a thud every time on some o' the ens o' the brenches yt had been left sticking oot for his benefit, an the scraichs o' him wus fearfu./The stang wus through atween his legs, ye ken.

linchamentos no tradicional Sul dos Estados Unidos sugere que "o ritual apenas afrouxa parcialmente os controles sociais; apenas circunscreve até onde os participantes podem ir, preservando desse modo a estabilidade e a ordem".[56] Em contraposição a um linchamento, essa afirmação pode ser verdade, embora a Ku Klux Klan também tenha ritualizado o linchamento.

O argumento de que os rituais da *rough music* eram uma forma de *deslocamento* da violência — representada, não sobre a pessoa da vítima, mas de forma simbólica — contém alguma verdade. Tenho a impressão de que na Inglaterra do século XIX o substituto ou a efígie em geral faziam as vezes do infrator.[57] A *rough music* não só dava voz a um conflito dentro da comunidade, como regulava esse conflito no âmbito de formas que estabeleciam limites e impunham restrições. É (mais uma vez) minha impressão que a desordem da *rough music* era muito "ordeira" nos lugares em que as formas rituais ainda se mantinham vivas na tradição oral, ao passo que a violência era com mais frequência o resultado quando as formas migravam pelo Atlântico para serem reencenadas com incerteza numa sociedade com livre acesso às armas de fogo.[58] Até o *shivaree* suavizado, que no Canadá pode ser mais atribuído à influência francesa que à inglesa, e que era frequentemente empregado por ocasião de um segundo casamento, podia com uma pequena mudança de forma assumir uma expressão mais brutal. Um autor descreveu um *charivari* realizado por "alguns dos jovens cavalheiros na cidade" por ocasião do casamento de um negro fugido (um barbeiro) com uma irlandesa. Sem dúvida, o racismo adicionou um tom perverso ao ritual. O jovem foi tirado da cama e forçado a montar num varão de grade, quase nu, numa noite de inverno, tendo morrido em consequência desse tratamento.[59]

4) O que se anuncia — quando o veado cai com a sua bexiga de sangue perfurada sobre os degraus da porta, quando as efígies são queimadas na frente da choupana, quando a banda barulhenta e desafinada desfila noite após noite enquanto a vítima a escuta dentro de casa — é a total desonra pública. É verdade que as formas da *rough music* são às vezes ritualizadas até o ponto do anonimato ou da impessoalidade. De vez em quando os participantes usam máscaras ou disfarces, mais frequentemente aparecem à noite. Mas isso não mitiga de modo algum a desonra: na realidade, a *rough music* anuncia a desonra, não como uma briga eventual com vizinhos, mas como o julgamento da comunidade. Os mexericos ou olhares hostis tornam-se comuns e manifestos, despidos dos disfarces que, por mais frágeis e artificiais que fossem, faziam parte da moeda corrente das relações cotidianas.

Talvez estejamos mais protegidos uns dos outros por artifícios do que percebemos. Dois grupos com aspirações sociais, mesmo quando cada um sabe muito bem o que o outro está pretendendo, são ainda assim capazes de coexistir por meio desse artifício. Até a hipocrisia é uma bruma que tolda o brilho ofuscante da hostilidade mútua. Mas a *rough music* é dizer em público o que já foi dito antes em particular. Depois disso, não há mais bruma. A vítima deve sair e enfrentar a comunidade no dia seguinte, sabendo que aos olhos de todo vizinho e de toda criança é uma pessoa desonrada.

Portanto, não surpreende que a *rough music*, exceto em suas formas mais leves, conferisse à vítima um estigma duradouro. Os observadores frequentemente notaram tal fato. A intenção da *rough music*, especialmente quando repetida noite após noite, era, para sermos exatos, "expulsar ao som dos tambores" a(s) vítima(s) da vizinhança. "Um desfile na vara [*skimmington riding*] provoca muitos risos", notou um observador, "mas os grupos que são alvo dos tambores jamais perdem o ridículo e a desonra que ele confere."[60] "Em geral", notava outro observador do "cavalgar da vara", "os culpados não conseguiam no futuro suportar o ódio assim lançado sobre eles, por isso 'partiam à luz da lua', isto é, deixavam a vila clandestinamente."[61] Sobre a *rough music* em Woking (Surrey), observou-se que "trazia consigo o ostracismo local": "Em mais de um caso, o culpado não conseguia emprego regular, e não era incomum que os donos de mercearias e outros não quisessem fazer negócio com ele".[62] De vez em quando, a *rough music* podia levar à morte, pela humilhação (como Hardy sugere em *The mayor of Casterbridge*) ou pelo suicídio.[63]

Nem todos os casos, talvez nem a maioria deles era alvo de uma *rough music* assim tão brutal; as vítimas comuns do século XIX, o casal que vivia brigando ou o marido que batia na mulher, eram em geral tratadas de forma um tanto mais leve. No caso de alguns delitos, se os culpados pagassem a penalidade da humilhação, a comunidade podia considerar que eles tinham expiado o seu erro, deixando-os em paz daí em diante.[64] Mas alguns tipos de delitos sexuais não eram perdoados; e, a esse respeito, deve-se sugerir que os culpados ficavam sujeitos a uma hostilidade de dimensões mágicas, uma caçada ritual. A comunidade definia os limites do comportamento permitido, expulsando o perseguido da sua proteção.

Nesse ponto, pensamos na comunidade da aldeia ou da cidade pequena, ou ainda no bairro urbano compacto. Pois não só os indivíduos ou as famílias, mas também as comunidades têm reputações a manter. Há vilas ou ruas que adquirem a reputação de serem "violentas".[65] Os vizinhos dentro de uma comunidade podem ser censurados pelo seu comportamento — "Eles vão pensar que somos todos selvagens". Essa comunidade pode responder qualquer pergunta de investigadores estranhos com extrema reticência, protegendo os "seus". Mesmo o comportamento intolerável é tolerado, ou mantido fora das vistas dos forasteiro[66] — até que ou a menos que o delito seja tão grave que receba a marca da *rough music*, o que significa que os infratores são expulsos e seus vizinhos (e talvez até seus parentes) já não os "reconhecem como seus".[67]

5) Em alguns relatos, há uma sugestão de que a *rough music* era realizada para executar um julgamento deliberativo, ainda que obscuro, da comunidade local. "O *Vehm-Gericht* institui a si mesmo, realiza sessões na taverna, e pronuncia a sua sentença sem convocar ou ouvir o acusado" — assim um observador se manifestou sobre a caçada do veado em Devon.[68] Numa vila em Staffordshire, "formava-se um comitê para examinar o caso. Depois se encomendava ao poeta da vila a narração em verso da ocorrência".[69] Em algumas regiões no Sul do País de Gales, havia o tribunal "Coolstrin", que às vezes intimava os infratores a se apresentarem perante sua lei, e que tinha um presidente coroado com a clavícula de um cavalo. Em Woking (Surrey), onde a *rough music* parece ter sido institucionalizada com inusitada força, era conhecida a existência de um "tribunal" da aldeia que "se materializava numa cervejaria [...] mas quando, por quem e como, ninguém sabia, era um profundo segredo".[70] Thomas Hardy sugere um desses tribunais na taverna Peter's Finger, onde "ex-ladrões de caça e ex-couteiros, a quem fidalgos tinham perseguido sem razão, se acotovelavam".[71] Em julgamentos menos formais, pressupunha-se o apoio da comunidade: as mulheres emprestavam os seus utensílios de cozinha, os homens se cotizavam para arrumar os pence para a cerveja da banda.[72]

Mesmo onde não havia nenhum "tribunal" de julgamento, o atributo essencial da *rough music* parecia ser o de que só funciona *se* funciona: isto é, (primeiro) se a vítima é suficientemente "da" comunidade para ser vulnerável à desonra, para *sofrer* com o tratamento; e (segundo) se a música na verdade expressa o consenso da comunidade[73] — ou pelo menos de grande parte dela (apoiada, como quase sempre acontecia, pelos meninos, que encontravam no desfile uma ocasião maravilhosa para dar vazão a sentimentos e agressões legitimados, dirigidos contra os adultos), um grupo que fosse suficientemente numeroso e influente para acovardar ou silenciar aqueles outros que — embora talvez desaprovando o ritual — partilhavam em algum grau a mesma desaprovação em relação à vítima.

Hardy ilustra esse ponto maravilhosamente em *The mayor of Casterbridge*. Há alguns, como Longways, que, ao escutarem rumores do desfile iminente, sentem que "é uma brincadeira demasiado violenta e capaz de provocar agitação nas cidades". Mas ninguém toma medidas enérgicas para evitá-la, e, no dia marcado, as autoridades não são avisadas de antemão, os policiais se escondem da multidão numa viela e enfiam seus bastões num cano d'água, os cidadãos discretos não saem de casa. Quando a autoridade chega por fim ao local, ninguém viu o desfile, ninguém dá informações sobre quem tomou parte. Na rua, onde apenas alguns minutos antes a procissão abrira caminho com seu clamor rouco, "as chamas dos lampiões ondulavam, as árvores do passeio sussurravam, uns poucos vadios andavam por ali com as mãos nos bolsos [...]. Efígies, burro, lanternas, banda, tudo desaparecera como Comus e seu bando".

II

E, como o bando de Comus, eles também desapareceram da produção histórica britânica no século XX, para retornarem apenas na década passada.[74] Se quisermos investigar a *rough music* e suas funções, devemos voltar aos folcloristas e observadores do século XIX, eles próprios talvez paternalistas, observando as "antiguidades populares" de uma cultura alienígena através de uma grande distância social.

Os seus comentários sobre a *rough music* eram frequentemente reticentes e contraditórios. Assim, sobre a caçada ao veado de Devon, um observador nos diz que podia ser realizada "apenas quando *duas* pessoas *casadas* eram reconhecidamente culpadas". Noutra região de Devon, "não se aplicava aos casados", mas aos jovens "culpados de grave ofensa moral"; ainda noutra região, a vítima era "um pervertido". Outra testemunha nos dá mais uma definição: "A caçada ao veado é realizada na noite de núpcias de um homem que se casou com uma garota de caráter leviano, ou quando há suspeitas de que a mulher traiu o marido".[75] Um conflito semelhante de evidências aparece com o desfile e o "cavalgar da vara". Alguns observadores supunham que o desfile tinha apenas um único alvo: "envergonhar as famílias em que a senhora se apoderara da autoridade do senhor"; outros enfatizam o adultério como o motivo; ainda outros discriminam entre duas formas variantes — o *skimmington* e o *skimmerton*[IX] — aplicadas para fins diferentes.[76]

As definições mais úteis talvez sejam aquelas que são menos exatas e que sugerem uma fluidez de função. Assim Roberts identificou vários motivos para o *riding the skimmerton*: 1) quando o homem e a mulher brigam, e ele se rende à esposa; 2) quando a mulher é infiel ao marido, e ele se submete pacientemente, sem se indignar com a conduta da esposa; 3) qualquer conduta descaradamente depravada por parte de pessoas casadas.[77] Com o "cavalgar da vara", em que há um conflito semelhante de evidências, a observação de Brockett é útil. O ritual era "aplicado a fornicadores, adúlteros, maridos severos e àquelas pessoas que não interrompem as suas ocupações durante determinados festivais ou feriados, quando há uma pausa no trabalho ou combinação entre os trabalhadores".[78] Outro relato é igualmente flexível: o ritual "promulgava a reprovação pública de certas ações vergonhosas como, por exemplo, os pecados contra o sétimo man-

(IX) Variante do desfile [*skimmington*]. (N. R.)

damento, a crueldade em relação às mulheres, especialmente quando eram espancadas pelos maridos, a deslealdade dos trabalhadores para com os colegas durante uma greve, e os truques desonestos no comércio".[79]

Mesmo se arbitrário, vale a pena dividir esses motivos em dois grupos, que podem ser descritos como "doméstico" e "público", e examinar cada um deles em separado. Vamos examinar o grupo "público" mais tarde. Sobre o grupo doméstico, tomando como base muitas ocorrências, podemos tentar uma subdivisão preliminar dos delitos que provocavam a *rough music*.

1) Delitos específicos contra uma notação patriarcal de papéis conjugais. Esse grupo abrange mulheres que espancam ou atacam os maridos; a matrona, a megera, a esposa "dominadora" ou irritante e o marido submisso; brigas notórias entre um casal; e o corno manso ou *mari complaisant*. Em todos esses casos, embora a mulher tivesse causado a ofensa, ambas as partes eram satirizadas no ritual de desonra pública, pois o marido deixara de estabelecer a sua autoridade patriarcal.

2) Embora às vezes de caráter bem mais leve, a *rough music* podia ser realizada contra um novo casamento de viúvos ou viúvas; e contra casamentos que a comunidade considerava de algum modo mal arranjados, grotescos, tendo por base a ganância, exibindo uma grande disparidade de idade ou até de tamanho, ou quando pelo menos um dos cônjuges tinha uma viva reputação sexual pré-conjugal.

3) Várias ofensas sexuais podiam provocar a *rough music*. Infelizmente, a definição contemporânea da ofensa é em geral evasiva e carece de especificidade. Muito frequentemente, o motivo parece ter sido o adultério entre duas pessoas casadas. Um conhecido sedutor de moças (especialmente se ele próprio fosse casado) podia ser a vítima. De vez em quando, a homossexualidade ou outro comportamento "inominável", tido como perversão, era o objeto. Um casamento rompido ou a venda da esposa podia ter (mas em geral não tinha) a *rough music* como resultado.

4) O espancamento ou outros maus-tratos da esposa pelo marido; e a crueldade para com as crianças.

Antes de continuar o exame desses motivos, será interessante observar os resultados de outros estudos que não se baseiam em materiais ingleses, mas em dados franceses e europeus. Violet Alford, que alegava ter mais de 250 exemplos de *charivari* "em suas mãos", apresentou a seguinte análise:

77 Novo casamento de viúvos ou viúvas
49 Esposas que batem nos maridos
35 Adultério
24 Para recém-casados
89 "Outras causas" (algumas delas podem estar na minha categoria de "público")

Os seus exemplos são interessantes, mas como derivam do Sul, Centro e Oeste da Europa, e são selecionados dentre o material de talvez oito séculos, carecem necessariamente de especificidade de contexto.[80]

O erudito folclorista francês, Arnold van Gennep, não tentou nenhuma tabulação dos dados que encontrou, mas sugeriu que o principal motivo para a realização do *charivari* na França foi, durante vários séculos, o casamento do viúvo ou da viúva. O *charivari* tem sido igualmente aplicado —

> aos maridos espancados pela esposa; aos avaros, especialmente desde o período infantil, aos padrinhos e madrinhas pães-duros que não dão balas nem moedas; aos estranhos que, mesmo se instalando de passagem, não pagam a boa acolhida; às garotas que são loucas por seu corpo; às mulheres adúlteras; aos bêbados inveterados, brutais e turbulentos; aos delatores e caluniadores; aos maridos que andam muito na farra, em suma, a todos aqueles que, de uma ou de outra maneira, provocam contra si mesmos a opinião pública da comunidade local.[X][81]

Aos motivos sexuais, ainda se podem acrescentar garotas que recusam um pretendente de boa fama na comunidade por causa de outro que é mais rico, demasiado velho ou estrangeiro; noivas grávidas que se casam de vestido branco; um jovem que se "vende" a uma mulher pelo dinheiro que ela possui; casamentos que não respeitam os graus proibidos de parentesco; garotas que tomam como amante um homem casado; *maris complaisants*, ou maridos que "se conduisent dans leur ménage d'une manière plutôt féminine que masculine" [se comportam em casa de uma maneira mais feminina que masculina].[82] Todos esses infratores (se excetuarmos certos casos que poderiam entrar na categoria "público") parecem estar nas minhas divisões 1, 2 e 3. Van Gennep parece citar apenas um caso de espancamento de esposa.[83]

Com base em resultados inéditos de P. Fortier-Beaulieu, Lévi-Strauss afirmou que 92,5% dos casos examinados eram motivados por um segundo casamento, acompanhado por disparidade de idade ou riqueza; ou entre indivíduos que são velhos; ou depois de conduta imprópria durante a viuvez.[84] Infelizmente, esses resultados eram baseados num levantamento realizado em 1937, a respeito (precisamente) de manifestações por ocasião de um novo casamento do viúvo ou da viúva, e por isso traziam embutida a tendência de confirmar a teori-

(x) aux mais battus par leur femme; aux avares, notamment dès la période enfantine, aux parrains et marraines chiches de dragées et de sous; aux étrangers qui, venus s'installer aux même de passage, ne paient pas la *bienvenue*; aux filies folies de leur corps; aux femmes adultères; aux ivrognes invétérés, brutaux et tapageurs; aux dénonciateurs et calomniateurs; aux maris qui courent trop le guilledou; bref, à tous ceux qui, d'une manière ou d'une autre, excitent contre eux l'opinion publique de la communauté locale.

zação de Lévi-Strauss que define o *charivari* como o ritual que assinala uma fratura "na continuidade ideal da cadeia das alianças matrimoniais".[85]

Em seu importante estudo, Natalie Davis examinou alguns aspectos do *charivari* na França do século XVI. As suas conclusões sugerem que a esmagadora maioria dos casos estavam nas categorias 1 e 2, e que os segundos casamentos eram um alvo primário dos rituais. O motivo mais frequente do *charivari* nos vilarejos (escreve ela):

> tinha relação com os segundos casamentos, especialmente quando havia uma grande disparidade de idade entre a noiva e o noivo. Então os jovens mascarados com suas panelas, tamborins, sinos, chocalhos e trompas criavam um grande alarido na frente da casa das vítimas durante uma semana, até que elas concordavam em pagar uma multa.

No contexto urbano, ela detecta uma mudança; os segundos casamentos recebem menos atenção, enquanto a esposa que bate no marido e o marido espancado atraem mais os olhares, "pois segundo a disposição da lei divina e civil, a esposa é subordinada ao marido; e se os maridos se deixam governar pelas esposas, bem que poderiam ser conduzidos ao pasto". Os adultérios parecem atrair as atenções, bem como diversos *faits vicieux* [fatos viciosos] — roubos, assassinatos, casamentos bizarros, seduções; mas quase nunca maridos que batiam nas esposas.[86]

Outras pesquisas posteriores, realizadas por Davis e outros, têm refinado essas opiniões e acrescentado novos motivos, mas não os têm seriamente revisado.[87] O trabalho de Martin Ingram sobre a *rough music* nos primórdios da Inglaterra moderna sugere tanto paralelos como divergências. Ainda não há provas de que se tenha encontrado na Inglaterra o papel institucional ou quase institucional dos jovens solteiros, ou das comunidades da juventude francesa.[88] Ingram acha que "as situações domésticas, especialmente a dominação feminina, eram os motivos mais comuns dos *charivaris* nos primórdios da Inglaterra moderna", assim como podiam ocasionar *charivaris* na Lyon e na Genebra do século XVII.[89] Cria-se a impressão de que, ao longo de vários séculos, a *rough music* inglesa foi talvez mais abrasiva e retaliativa do que o *charivari* francês; embora não seja impossível que, até recentemente, o *charivari* tenha sido um pouco suavizado e apresentado como um costume pitoresco na tradição *folklorique* francesa.[90] Os compiladores dos séculos XIX e XX estavam familiarizados com grupos alegres que irrompiam num casamento e faziam serenatas para o casal, até serem pagos com dinheiro ou drinques:

Vem cá, velha carcaça,
Não queres nos pagar
A dízima das tuas núpcias
Para as crianças do bairro?

Se te fazes de rebelde
Aqui estamos para te advertir,
Que durante a semana
Vamos bater o charivari![XI] [91]

Isso se tornara, na expectativa de todos, o que *era* um *charivari,* e o ritual foi teorizado de acordo com essa visão. E via-se nas serenatas feitas por ocasião do novo casamento do viúvo ou da viúva o paradigma do *charivari.*

Mas as evidências existentes na Alemanha, em algumas regiões da Europa Central e Oriental, e na América do Norte, não dão a mesma prioridade aos segundos casamentos. Na Baviera, o punitivo *haberfeldtreiben* passava por fases, mas era basicamente dirigido aos transgressores das normas sexuais,[92] enquanto os motivos da *katzenmusik* na Alemanha Ocidental parecem ter sido tão variados quanto os motivos dos desfiles e dos "cavalgar da vara".[93] Mas entre esses motivos, raramente é mencionado o segundo casamento, que também não aparece na Romênia, onde se encontram outros atributos da *rough music* — demonstrações barulhentas e mascaradas com efígies e versos obscenos.[94] Ele não aparece nem mesmo na Hungria, que até bem pouco tempo tinha um grupo de práticas coloridas e às vezes vingativas que envolviam *rough music* (com relhas de arados atadas e algazarra), disfarces de animais, paródias de cerimônia de casamento, tribunais obscuros de lei popular (como na Baviera) e sátiras.[95] Os segundos casamentos aparecem realmente como motivo para *charivaris* na América do Norte, especialmente nas regiões de forte influência francesa, mas a evidência é tão variada quanto a britânica.[96]

Por enquanto, vamos nos contentar em dizer que a evidência é desordenada. Ela sequer nos mostra se o *charivari* francês ou a *rough music* inglesa é a forma mutante de alguma linhagem europeia comum; ou ainda se, nos seus elementos mais simples de barulho e ridículo, ambos não são universais.

O novo casamento de um viúvo ou viúva podia provocar *rough music* na Inglaterra se for acompanhado de outras circunstâncias, como a disparidade de idades ou a suposta cobiça da jovem noiva por um viúvo velho e rico. Mas os exemplos são poucos. Até o século XIX, a *rough music* — e especialmente o desfile — era dirigida contra os que tinham desrespeitado as normas e os imperativos da dominação masculina (grupo 1). O desfile:

É apenas uma cavalgada, que se usa, é claro,
Quando a égua cinzenta é o melhor cavalo;

(XI) Dis donc vieille carcasse/ Veux-tu pas nous payer/ La dime de tes noces/ Aux enfants du quartier.// Si tu fais la rebelle/ On vient t'avertir,/ Que pendant la semaine/ On battre Charivari!

Quando as mulheres gananciosas pelo poder das calças
Lutam, para estender seu vasto domínio. [XII] [97]

Ou em *Last instructions to a painter*, de Andrew Marvell:

Um castigo inventado primeiro para amedrontar
As esposas masculinas, que transgridem a lei natural.
Pois quando a mulher forte desobedece,
E bate no marido até ele implorar paz;
O júri *interessado não admite o dano a ele feito,*
A justiça *parcial não coíbe o comportamento dela;*
Mas a rua justa invade a casa ao lado,
Fazendo o casal vizinho montar no cavalo magro.
Bate a roca de fiar, os grãos voam do caldeirão,
E os meninos e as meninas ao redor vaiando correm [...].[XIII]

Ainda assim, no século XVIII e em algumas regiões no século XIX, a humilhação "patriarcal" das mulheres rebeldes continua a ser um tema predominante; ou a humilhação daquelas famílias em que (conforme a expressão) "a égua cinzenta é o melhor cavalo".[98] Quando Henri Misson encontrou nas ruas de Londres uma mulher carregando uma efígie de palha coroada por um belo par de chifres, "precedida por um tambor e seguida por uma turba que fazia um barulho muito desagradável com tenazes, ferros de grades, frigideiras etc.", foi informado de que "uma mulher dera uma boa surra no marido porque ele a acusara de corneá-lo, e que por esse motivo os bondosos vizinhos da *pobre e inocente criatura caluniada* [la pauvre Calomniée] realizavam aquela cerimônia".[99] Era, presumivelmente, o desfile atenuado de Londres, e a zombaria se dirigia não só contra o marido, mas também contra a esposa. Entretanto, no ano tardio de 1838, a sra. Gaskell (uma observadora confiável) escrevia a Mary Howitt sobre o "cavalgar da vara" como "um costume existente em todo o condado de Cheshire", e na sua forma mais antiga de dominação masculina:

> Quando qualquer mulher, mais especificamente uma esposa, ralha, espanca ou de algum outro modo maltrata o outro sexo, e todos ficam sabendo, ela é forçada a participar do "cavalgar da vara". Uma multidão se reúne depois do trabalho perto do anoitecer, em torno de um cavalo velho, miserável e alquebrado. Eles saem à

(XII) Is but a riding, used of course/ When the grey mare's the better horse;/ When o'er the breeches greedy women/ Fight, to extend their vast dominion.

(XIII) A Punishment invented first to awe/ Masculine Wives, transgressing Natures Law. Where when the brawny Female disobeys,/ And beats the Husband till forpeacehe prays;/ No concern'd Jury for him Damage finds,/ No partial Justice her Behaviour binds;/ But the just Street does the next House invade,/ Mounting the neighbour Couple on lean Jade./ The Distaff knocks, the Grains from Kettle fly,/And Boys and Girls in Troops run houting by...

caça da delinquente [...] e obrigam-na a montar no seu Rocinante [...] escarranchada no animal, com o rosto virado para o rabo. Assim eles a fazem desfilar pela aldeia ou cidade mais próxima, abafando os seus xingamentos e gritos com o barulho de frigideiras etc., como se afugentassem um enxame de abelhas. Embora eu tenha conhecimento de muitos desses casos, nunca soube que a mulher tivesse procurado reparação, nem que os vingadores tivessem adotado alguma conduta mais desordeira, depois de terem feito a culpada participar do "cavalgar da vara".[100]

Coloquei "patriarcal" entre aspas, porque o termo pode nos causar dificuldades. As teóricas feministas, que conferem um lugar central ao patriarcado, raramente são historiadoras e por vezes se impacientam com as objeções dos historiadores. Por essa razão, o "patriarcado" é invocado indiscriminadamente, para abranger toda situação e instituição de dominação masculina. O "problema com o patriarcado" (como Sheila Rowbotham alertou há muito tempo) não é apenas que o termo generaliza um conjunto muito específico de teorias e instituições em que o monarca ou o chefe da família tinha autoridade sobre os súditos, a esposa, os filhos, os aprendizes, os criados etc. — teorias e instituições em questionamento no século XVII e já começando a se deteriorar —, mas também que o termo é tão pouco discriminador que não fornece um vocabulário para expressar as diferenças de grau e até de qualidade na dominação masculina. Como Rowbotham alertava:

O "patriarcado" implica uma estrutura que é fixa, e não o caleidoscópio de formas em cujo âmbito as mulheres e os homens têm se enfrentado. Não contém nenhuma noção de como as mulheres poderiam agir para transformar a sua situação de gênero. Nem sequer dá uma ideia de como as mulheres têm resolutamente manobrado para conseguir uma posição melhor dentro do contexto geral de subordinação [...].

Além disso, "alguns aspectos das relações masculino-femininas não são evidentemente apenas opressivos, mas incluem graus variados de ajuda mútua. O conceito de 'patriarcado' não tem lugar para essas sutilezas". "O 'patriarcado' sugere uma submissão fatalista que não deixa espaço para as complexidades da rebeldia feminina",[101] e se assim é — e no uso ideológico difundido é o que acontece — ele não ilumina a história das mulheres, mas obscurece e até confisca parte dessa história.

Não se discute a dominação masculina, mas ela pode se configurar tanto nos atos de irmãos, vizinhos, empregadores, nas estruturas da lei ou da religião, quanto nas atitudes do chefe de família implícito na teoria patriarcal de Filmer.[102] Além disso, o "patriarcado" nos dá um vocabulário pobre para expressar as grandes modificações nas formas de dominação e controle masculino, na alienação de gênero ou (de vez em quando) na parceria entre gêneros. Ambos os sexos podiam se ver confinados na casa de correção por um delito tão pouco específico quanto o de serem "pessoas imorais e desordeiras".[103] Mas em regiões atrasadas ou "tradicionais", as mulheres eram presumivelmente "imorais e desordeiras" se fossem trabalhadoras e não tivessem nenhuma estrutura masculina de controle e proteção. Esses pressupostos encontram clara expressão numa declaração juramentada (1704) de Thomas Sexton, um agricultor de Suffolk, que estava se defendendo de uma acusação de agressão apresentada por Joanna Box, fiandeira:

> As ditas Joanna e Mary Box são duas jovens fortes, vivem bem e com fartura, não trabalham fora, mas moram com a sua referida mãe numa pequena casa e não ocupam nenhum pedaço de terra, nem têm nenhuma propriedade ou animais visíveis com que se sustentar de modo honesto, a não ser a fiação que é um ofício miserável desde as guerras; nenhum homem ou mulher mora com elas, exceto quando alguns homens de reputação duvidosa as visitam e andam na sua companhia.[104]

A mãe de Joanna e Mary era casada com um limpador de chaminés, mas tinham se separado. Esse agricultor de Suffolk achava que podia insinuar que mulheres assim tão sem dono eram prostitutas.

Essas atitudes verdadeiramente "patriarcais" persistem no século XIX (e, na verdade, no século XX). O suplício da *ducking-stool* ainda era empregado contra as mulheres ranzinzas (quase sempre contra a língua feminina) no século XVIII,[105] ocorrendo até casos do uso de mordaça para as megeras perversas no início do século XIX. Encontramos uma extraordinária reminiscência desse costume na pequena cidade profundamente tradicional de Wenlock, em Shropshire. Os castigos públicos — as chicotadas, o tronco, a mordaça da megera — eram aplicados nas segundas-feiras, o dia do mercado: "Muitas vezes vi a pobre Judy Cookson forçada a desfilar pela cidade com a mordaça da megera. Dizia-se que ela era a mais violenta do bairro, que ela praguejava contra qualquer um por três meios pence — esse era o preço".[XIV] A mordaça "punia um cristão de um modo terrível", "o sangue correndo pela face da pobre criatura", e dois dentes caíram quando se retirou a mordaça:

> Judy costumava atacar o agente de Sir Watkins de uma forma terrível, aquele a quem chamavam de "Rei Collin", pois fazia o que queria e ninguém ousava lhe dizer não. Ela era uma temível arruaceira, é verdade, assim era Judy, mas nunca soube que a mordaça lhe tivesse feito algum bem. Fico atordoada [...] só de pensar naquelas segundas-feiras, os parentes todos praguejando e gritando, os

(XIV) Often have 1 seen poor Judy Cookson walked round the town in the shrew's bridle. 'Er was said to be the best abuser in the borough, and 'er wud go and curse anybody for three-ha'pence — that was the fee.

rapazes rindo e zombando, e os advogados observando para ver como era executada a lei deles.[XV 106]

Não pude deixar de examinar essa extraordinária reminiscência, que lança luz sobre as funções do ralho e da praga — uma intrépida "arruaceira" como Judy estava assumindo a função de defender a maioria intimidada. Da mesma fonte, devo citar também outra reminiscência, que ilustra como os controles tradicionais sobre a conduta sexual podiam oprimir (na verdade, sempre oprimiam) as mulheres. Até bem tarde no século XIX, o clero mais tradicionalista impunha aos membros da congregação acusados de ofensas sexuais (inclusive a concepção de filhos antes do casamento) a penitência de se postarem junto à porta da igreja cobertos por um lençol branco. Em Wenlock, esse castigo era aplicado especialmente às garotas que "perderam o seu bom nome". Certo dia, uma vizinha encontrou Betty Beaman na bomba de água da vila:

> Enquanto eu segurava o balde, ela bombeava a água. Começou a chorar, pois estava pensando, pobre criatura, na sua juventude. Disse: "Sally, já não sou, nem jamais voltarei a ser, o que eu era antes de pagar a penitência. Isso foi há muito tempo, mas ficar ali parada com aquele lençol branco tirou algo de mim que nunca vou reaver. O espírito me deixou, e desde então, embora coma os alimentos regularmente, de certa maneira tenho vivido como morta".[XVI 107]

O castigo para a bastardia era sempre mais flagrantemente sexista. As mães solteiras, especialmente se fossem "reincidentes", podiam ser confinadas numa casa de correção por um ano, passando a pão e água. Um magistrado reformista registrou que

> Uma mulher [...] presa [...] por causa de seu primeiro filho um mês depois do nascimento da criança — me perguntou pertinentemente por que o homem que a seduzira não fora preso como ela. Só pude responder: "Porque as mulheres não são legisladoras e os homens são funcionários da paróquia".[XVII 108]

(XV) Judy used to abuse Sir Watkins agent something terrible, 'im as they called "King Collins", for 'e did what 'e listed and none durst say 'im nay. She was a fearsome pelrollick, it is true, was Judy, but I never knowed the bridle did 'er any good. It makes me swimmy-headed... only to think of those Mondays, with the relatives all cursing and crying, the lads laughing and jesting, and lawyer men looking on to see as their law was carried out.

(XVI) As I was holding the pail, she was a-pumping in. 'Er burst into tears, for'er was a-thinking, poor critur, of'er young days. 'Er said, "Sally I bain't what I was, and never shall be, afore I paid penance. That's many a year agone, but standing' up in that there white sheet a' took some thing out of me that'll never come back. The spirit left me, and even sin', though I can eat my wittles regler, somehow I'ave a-lived like in the dust".

(XVII) A woman [...] committed [...] on account ofher first child within a month after it was borth — asked me pertinenny, "Why the man who had seduced her was not to be imprisoned as well as herself?" I could only answer, "Because women were not legislators and men were parish officers".

Agrada-me chamar esses controles de "patriarcais", embora o termo não ajude. Essas ofensas e humilhações não eram impostas por "patriarcas", mas por vizinhos, magistrados, funcionários da assistência social, intendentes de propriedades, o clero indiscreto. Mas era improvável encontrar práticas como a mordaça da megera, a *ducking-stool* e a penitência ainda vivas em Manchester, Leeds ou Gloucester no século XVIII.[109] E isso pode ser de grande relevância para a interpretação do significado da *rough music* e dos desfiles. Num ensaio importante, David Underdown chamou atenção para um sentido geral de insegurança nas relações de gênero entre 1560 e 1660, que se manifestava nas acusações de bruxaria, no castigo mais severo da megera, e na elaboração e prática de formas de *rough music*.[110] E ele observou que, no Oeste da Inglaterra, esses fenômenos devem ser encontrados menos nos vilarejos agrícolas de campos aráveis do que nos distritos de florestas e pastagens — as regiões em que estavam assentadas as indústrias de laticínios e de roupas. Ambas as indústrias davam emprego e (no caso da indústria de laticínios) papéis de responsabilidade para as mulheres, e Underdown sugere que as modificações das "mulheres mandonas" (tanto por rituais oficiais de humilhação — a *ducking-stool* e a mordaça da megera — como por rituais não oficiais — os *skimmingtons*) não devem ser apenas atribuídas ao "tradicionalismo" do West Country, mas podem ao contrário expressar a crescente insegurança masculina num momento em que as mulheres estavam realmente se tornando mais independentes e afirmativas.[111] O que podia ser verificado precisamente naquelas "comunidades muito sujeitas aos efeitos desestabilizadores da mudança econômica".[112] E quando chegamos ao final do século XVII e ao século XVIII, também devemos levar em conta a suposta tendência de relações de gênero mais igualitárias nas regiões protoindustriais (entre as quais se inclui a indústria de lã do West Country). Já discutimos esse aspecto em relação ao papel das mulheres nos motins causados pela escassez de alimentos (pp. 196-8). Sem dúvida, precisamos de um vocabulário mais flexível do que "patriarcado" para explorar as contradições e analisar as flutuações e as modificações nas relações de gênero em ocupações e comunidades que estavam se modificando. A *rough music* contra os maridos que batiam nas mulheres impunha normas e valores diferentes dos impostos pelos desfiles contra as mulheres que "usavam calças". Se tentamos colocar ambos nas categorias de patriarcado, vamos acabar sem explicar nada.

É possível dar muitos exemplos de *rough music* causada por ofensas dos grupos 2 e 3. Há registros de sátira contra casamentos arruinados. Em 1737, o casamento de um homem na faixa dos setenta anos com uma menina de dezoito provocou em Charing Cross, Londres, "um grandioso desfile à maneira de *Hudibras*, composto por liteiros e outros dessa classe".[113] Ainda se registram de tempos em tempos no século XIX exemplos de *rough music* realizada contra megeras e também contra mulheres que batiam nos maridos.[114] E continuam os casos contra os adúlteros, os sedutores de moças, e outros tipos de ofensores sexuais (em geral inominados).[115] *Rough musics* irônicas recepcionam os casais fugidos ou os pares que se separaram e tornam a viver juntos, e as vendas de esposas, quando afrontam a opinião da vizinhança em algum aspecto particular, podem acabar em queima de efígies e *ran-tanning* (p. 339).[116] Entretanto, há uma mudança significativa nessas razões nos primeiros anos do século XIX: o rápido aumento da predominância dos ofensores no grupo 4, os maridos que batiam nas mulheres. Ainda não se têm registros para saber se ocorreu crescimento semelhante em outras regiões da Europa.

Tão grande foi essa mudança que a maioria dos colaboradores de *Notes and Queries* da década de 1850, e dos comentadores e editores das compilações de folclore regional e dos glossários de dialeto na mesma época, admite que a proibição do espancamento das mulheres é a função primária da *rough music*. Muitas evidências nos asseguram que essa tese não era invenção dos folcloristas; e alguns de seus relatos sugerem observação acurada. De uma vila em Surrey ou Sussex (década de 1840?):

> Assim que anoiteceu, formou-se uma procissão. Primeiro vinham dois homens com imensos chifres de vaca; depois outro com uma grande e velha panela de peixe ao redor do pescoço [...]. A seguir, o orador do grupo, e depois um aglomerado de gente com sinos de mão, gongos, chifres de vaca, apitos, chaleiras, chocalhos, ossos, frigideiras [...]. A um dado sinal todos paravam, e o orador começava a recitar uma porção de versos quebrados [...] que se iniciavam assim:
>
> *"Há um homem neste lugar*
> *Que bateu na sua mulher!* (forte: *uma pausa*)
> *Que bateu na sua mulher!* (fortissimo)
> *É uma vergonha e uma desonra muito grande*
> *Para todos os que moram neste lugar,*
> *É uma vergonha, pela minha vida!"*

A banda desafinada então começava a tocar todos os instrumentos, acompanhada de uivos e vaias. "Acendeu-se uma fogueira, ao redor da qual todos dançaram como se estivessem loucos." O barulho podia ser escutado a duas milhas de distância. Depois de meia hora, ordenou-se silêncio, e o orador mais uma vez se acercou da casa e expressou a esperança de que não tivesse de retornar para cobrar do marido uma reforma moral.[117]

As reportagens dos jornais ou os documentos legais nos capacitam a examinar mais de perto esses incidentes. Numa substancial *rough music* em Waddesdon (Buckinghamshire) em 1878, quando mais de duzentos homens, mulheres e crianças fizeram serenata para um certo Joseph Fowler em pelo menos duas ocasiões, Fowler explicou (no tribunal) que "a causa do tumulto era que ele tinha um filho ilegítimo, e não achava que o filho fosse bem tratado, por isso tinha dado na mulher três chicotadas".[118] Deve-se notar que isso não sugere apenas uma ocorrência (espancamento da esposa), mas uma ocorrência com uma *história*, bem conhecida da comunidade. A vítima (Fowler) parecia ser um homem que, na opinião de todos, maltratava a mulher de várias maneiras e já por algum tempo; embora ela tivesse acolhido na casa o filho ilegítimo, ele continuava a maltratá-la.

Num caso de 1839, em Berkshire, temos ainda mais detalhes. A história imediata da ocorrência é a seguinte. A vítima, William Goble, era um pequeno fazendeiro que morava numa choupana com alguns acres de terra; era rendeiro do sr. John Walter, mas a sua fazenda ficava no meio da propriedade de um dono de terras vizinho, o sr. Simmonds. No sábado, 17 de agosto, ele e a mulher tiveram uma briga que "acabou em pancadaria". Na segunda-feira, dia 19, a sra. Goble estava "muito indisposta", e chamou-se um médico de Wokingham. Naquela noite ocorreu a primeira manifestação de *rough music*, dezesseis ou dezoito homens e meninos com bandeiras, chifres etc., desfilando diante da casa. A algazarra foi repetida, com um número maior de participantes, em não menos que oito ocasiões. Na sexta ocasião, o filho do sr. Walter (isto é, o filho do senhorio), o seu jardineiro e vários outros criados foram socorrer Goble, e houve uma luta entre os dois grupos, que resultou numa ação legal.

Sob muitos aspectos, esse caso parece ser *rough music* típica. Os adultos envolvidos com mais frequência incluíam oito operários, dois carpinteiros, um serrador, um ferreiro, um sapateiro, um assentador de tijolos, além do cavalariço, do cocheiro, do couteiro e do moleiro do sr. Simmonds. O elemento inusitado é o envolvimento da família e dos criados de duas propriedades rivais; no litígio subsequente, considerou-se plausível que o sr. Simmonds tivesse ajudado e encorajado a *rough music* (prolongada por um número incomum de dias) na esperança de forçar Goble (cujas terras estavam inconvenientemente no meio de sua propriedade) a abrir mão do seu arrendamento. E por baixo da rivalidade dos dois fidalgos, encontramos outra camada de rivalidade, entre as famílias, os criados e os jovens ligados à propriedade de Walter (Bearwood) e à propriedade de Simmonds (Aborfield). Durante o desenrolar do caso, o jardineiro de Bearwood (que estava entre os que foram socorrer Goble) recebeu uma carta anônima, acusando os homens de Bearwood de serem parasitas, e comparando o mordomo de Bearwood a "um passarinho em cima de um monte de carne". A carta concluía: "Se eu fosse tua mulher, não terias nem um pouquinho de açúcar no teu chá, eu poria um pedaço de excremento para ver se isso o adoçaria [...]".[119]

Um caso insatisfatório. Mas se conhecêssemos melhor a situação, qualquer um dos casos poderia se revelar igualmente insatisfatório. O exemplo enfatiza que o contexto é em geral mais denso e mais complexo do que parece a uma visão superficial. O espancamento da esposa é uma explicação simples: mas, em qualquer comunidade, tanto o marido e a mulher como a sua história conjugal são conhecidos dos vizinhos; e até o mais "doméstico" dos incidentes ocorre dentro do contexto de outras tensões e alianças. Assim, nesse caso, parecemos ter um episódio conjugal que provoca a resposta tradicional em algumas pessoas, mas que serve de pretexto para outras. A vítima é, num certo sentido, um "forasteiro" numa fronteira: suas terras estão dentro de outra propriedade. E sua ofensa precipita a rivalidade entre dois fidalgos vizinhos, e também entre as famílias, os criados e os jovens de duas comunidades rurais adjacentes.

Um terceiro exemplo deve bastar: é de Cambridgeshire em 1904. Nesse caso, a *rough music* era dirigida contra um homem com quem uma moça da aldeia se casara quando estava trabalhando em Londres:

> O casamento não fora um sucesso, por isso a moça voltara para casa, onde, depois de algum tempo, foi descoberta pelo marido, um bêbado inveterado. Começaram a correr boatos de que ele maltratava a esposa, que frequentemente aparecia na aldeia com um olho preto ou um corte na face. Numa noite de inverno, ele chegou em casa bêbado, arrastou-a para fora da cama e expulsou-a de casa.

Dois vizinhos a socorreram, bateram no marido e o amarraram com uma corda. Depois dessa noite, ele ficou quieto por algum tempo. Mas então recomeçou a beber e a maltratar a esposa. Finalmente, ocorreu a *rough music:* duas horas de algazarra com chaleiras e panelas, aos gritos de "Fora! Fora!". Na manhã seguinte, o marido partiu para Londres.[120] O incidente novamente enfatiza que não estamos lidando com um episódio isolado, mas com um acontecimento cuja história era bem conhecida; e, mais uma vez, temos o elemento de uma comunidade local fechando-se contra um "forasteiro".

Não é tão simples como parece à primeira vista decifrar o significado dessas *rough musics*. Até o clássico *charivari* dos segundos casamentos continua a inspirar explicações conflitantes (mas persuasivas). A diversidade das formas e motivos da *rough music* deveria desencorajar qualquer tentativa de propor uma função isolada como *a* função do desfile ou do "cavalgar da vara". Como sugeri, essas formas faziam parte do vocabulário simbólico da época, capaz de ser expresso em frases com significados diferentes. Mas não era apenas *qualquer* vocabulário, pois cada símbolo evocava um significado por sua própria conta: o homem sentado em silêncio com a roca de fiar nas mãos, sendo espancado por um homem vestido de mulher; o simbolismo das efígies e do patíbulo; as metáforas da caçada. Se temos razão em nos opor à análise estruturalista, em que os elementos míticos dos quais o *charivari* teria se originado assumem ascendência sobre o processo social e o substituem pela lógica formal, devemos também nos prevenir contra a desintegração das propriedades míticas num empirismo variável de um caso a outro, definidos apenas pelas suas funções manifestas. Entre o mito, de um lado, e a função, de outro, existe — como nos lembrou Carlo Ginzburg — a posição intermediária dos *ritos* representados e transmitidos.[121] Aqueles que representam esses ritos podem ter esquecido há muito tempo as suas origens míticas. Entretanto, os próprios ritos evocam poderosamente os significados míticos, mesmo que esses sejam compreendidos de modo apenas fragmentário e parcialmente consciente. A *rough music* é um vocabulário que, num extremo, toca o carnaval e, no outro, o patíbulo; que fala de cruzar fronteiras proibidas ou misturar categorias estranhas; que lida com transvestidos e inversão; que acende fogueiras brilhantes que podem lembrar os hereges ou até o inferno, com o diabo chifrudo evocando o cornudo que é alvo da zombaria. Ainda assim, nos primeiros anos deste século, um menino (a quem conheci mais tarde como homem robusto) presenciou uma *rough music* no Yorkshire industrial, e disse que era "como magia do demônio" (ver p. 399).

Mas esse vocabulário não era reinterpretado involuntariamente pelos campônios da aldeia, como se fossem sonâmbulos possuídos pela "memória popular". Se devemos sempre rejeitar os significados que os próprios participantes dão a um evento, e procurar um significado ulterior mais em conformidade com a estrutura do mito, essa atitude acaba diminuindo a racionalidade e a estatura dos atores e subestimando a autoconsciência dos iletrados. Eles talvez não tivessem lido *Mitologias*, mas tinham suas próprias noções sobre o que estavam fazendo.

Esse "povo" não era perfeito, nem bonito, nem desprovido de todas as normas. Empregavam o vocabulário herdado seletivamente, por razões próprias. A importância da *rough music* para o historiador talvez não esteja em nenhuma função isolada ou grupo de funções, mas no fato de que os episódios são — se for possível conhecer por dentro os motivos dos atores — um indicador muito sensível das notações variáveis das normas sexuais ou dos papéis conjugais. Evidencia igualmente as maneiras pelas quais até a relação mais privada ou "pessoal" é condicionada pelas normas e papéis impostos pela sociedade em que o casal atua, briga ou ama. A sociedade é quem hospeda, mas o casal fica refém de sua opinião. A esposa que é espancada ou traída pelo marido talvez seja igualmente filha, sobrinha, irmã, prima de outras pessoas na comunidade. A esposa que xinga e intimida o marido, que assume a responsabilidade das atividades financeiras e comerciais do esposo, ameaça com seu exemplo não censurado o equilíbrio conjugal de seus vizinhos. Um participante de um desfile em Suffolk, em 1604, dirigido contra uma mulher que batera no marido, explicou que o objetivo "não era apenas desonrar a mulher que cometera a ofensa [...] mas com a sua desonra advertir às outras mulheres que não deviam cometer ofensas semelhantes".[122] Os ritos talvez sejam menos interessantes em si mesmos do que como ferramentas para desvendar os segredos do código moral de uma comunidade. Pois a *rough music* vigorosa pode nos mostrar a fronteira entre o tolerado e o intolerável.

O fato de o principal alvo da *rough music* na Grã-Bretanha do século XIX ser o marido que batia na mulher pode ser um sinal de profundas mudanças nas relações de gênero. Sugere, com o correspondente enfraquecimento dos desfiles, uma certa decomposição da estrutura "patriarcal" mais antiga. Embora essas *rough musics* fossem em geral comandadas por homens ou jovens,[123] com crianças (frequentemente de ambos os sexos) logo atrás, alguns fragmentos de evidência sugerem que de vez em quando as mulheres lideravam a ação ou dela tiravam proveito.[124]

Em Glamorgan, no início do século XIX, conta-se a história de que as mulheres numa certa comunidade se recusaram a apoiar a procissão de *rough music* que se realizava contra um casal, porque a esposa batera no marido. Elas ficaram dentro de casa e "zombavam dos [homens] pelas janelas", enquanto algumas "se reuniam para fazer chacota" na casa das vítimas e "criavam uma algazarra de vaias e gritos" para abafar a banda da *rough music*.[125] É de se perguntar se outras comunidades não presenciaram uma mudança semelhante de maré? Numa variante de Lincolnshire dos versos do "cavalgar da vara" (lembrada pela metade?), as mulheres são incitadas a lidar à sua maneira com as esposas que batem no marido:

Ran, tan, tan!
O sinal da velha chaleira e da velha panela.

O velho Abraham Higback tem castigado a boa mulher;
Mas ele não a castigou por isso ou por aquilo,
Apenas levantou o punho e lhe deu um olho preto.

Agora vocês, mulheres, e mulheres bondosas,
Reúnam-se e estejam de acordo;
Agarrem-no pela gola, levem-no ao banheiro,
E o mergulhem na merda até o topo da cabeça.

Agora se isso não corrigir os seus modos,
A pele do seu traseiro deve ir aos curtidores;
E se isso não corrigir os seus modos,
Levem-no e pendurem-no num prego no inferno.

E se o prego por acaso rachar,
Abaixem as fraldas, e mijem nele. [xviii] [126]

(XVIII) Ran, tan, tan!/ The sign of the old tin kettle, and the old tin pan.// Old Abraham Higback has been paying his good woman;/ But he neither paid her for what or for why,/ But he up with his fist, and blacked her eye.// Now all ye old women, and old women kind,/ Get together, and be in

Podemos ver nesses versos encantadores a evidência do refinamento e da "modernização".

Assim, é possível que a *rough music* para os maridos que batiam nas mulheres indique alguma "reforma" das maneiras populares ou uma melhora da sorte das esposas. Mas não partilho a confiança de Edward Shorter, que, citando meu artigo anterior, afirmou que a evidência confirma "a precoce modernização das relações domésticas na Inglaterra": "À medida que se espalhavam as relações igualitárias entre marido e mulher, a comunidade começou a achar intoleráveis vestígios da antiga autoridade patriarcal como o direito de bater a torto e a direito na mulher; e assim passou a censurar os maridos que batiam nas esposas".[127]

Não conheço nenhuma evidência sólida de que "as relações igualitárias" entre o marido e a mulher estavam se espalhando na Inglaterra por volta de 1850. Alguns historiadores observaram um declínio do respeito devido às mulheres durante a Revolução Industrial. Repito meu alerta anterior: o aumento de casos de *rough music* contra maridos que batiam nas mulheres podia com igual razão ser interpretado como um indicador da crescente brutalidade de que algumas mulheres eram vítimas, ou da perda de outras "defesas" tradicionais nessa situação. Não é sequer claro que a "autoridade patriarcal" da tradição antiga aprovasse os maridos que "batiam nas mulheres a torto e a direito", pois, num código masculino de honra e vergonha mais antigo, as mulheres estavam protegidas da violência masculina pela noção de que esses ataques não eram "dignos de um homem". Na maioria das sociedades tradicionais, a defesa da esposa maltratada é responsabilidade de seus parentes masculinos, seus irmãos em primeiro lugar. Essa defesa podia ser suplementada pela intervenção do padre. Na Inglaterra, entre 1800 e 1850, vários fatores podem ter contribuído para provocar um novo tipo de crise. A mobilidade geográfica pode ter tirado muitas esposas da proteção de suas famílias. O clero inglês não tinha papel confessional e muito pouco desempenho pastoral — eles não visitavam com frequência as casas dos trabalhadores. A lei dava pouca proteção à esposa tratada com brutalidade. Não é possível que houvesse exemplos mais frequentes de que a repressão da violência conjugal masculina estava se enfraquecendo — repressão que na comunidade antiga teria sido mantida pela opinião da vizinhança ou pelos parentes? Nessas circunstâncias, a comunidade pode ter aproveitado as antigas formas de *rough music* para novos fins.

---

a mind;/ Collar him, and take him to the shit-house,/ And shove him over head.// Now if that does not mend his manners,/ The skin of his arse must go to the tanners;/ And if that does not mend his manners,/ Take him and hing on a nail in Hell.// And if the nail happens to crack,/ Down with you flaps, and at him piss.

De qualquer modo, a *rough music* não era automática, e nem sempre acontecia depois de uma agressão. Não temos uma "sociedade pré-industrial" em que "as normas da comunidade se impunham com força de aço", como se cumprissem uma programação cultural herdada, até "a modernização" trazer o esclarecimento.[128] Nem todos os maridos que batiam nas mulheres eram alvo do *ran tan tan* ou tinham suas efígies queimadas, e em certos casos a *rough music* pode ter sido uma desculpa para "um pouco de diversão inocente" ou um pretexto para "saciar [...] maldades ou vinganças pessoais" provocadas por uma história de conflitos: "Alguns talvez alimentem a noção de que estão contribuindo para proteger os fracos e indefesos [...] [mas] o que acontece com demasiada frequência é que estão se prestando inconscientemente a ser os instrumentos para satisfazer ressentimentos privados [...]".[129]

Acontece o mesmo quando os transgressores sexuais são o alvo. Pelo fato de certos adúlteros serem alvo da *rough music*, não podemos pressupor que estamos diante de uma comunidade de puritanos pagãos, para quem a fidelidade conjugal era um imperativo. Sem dúvida, os rituais enfatizam que os trabalhadores não viviam numa promiscuidade fortuita e desestruturada. Mesmo nos lugares em que os ritos matrimoniais da Igreja eram ignorados, ou em que havia uma grande tolerância quanto a relações sexuais pré-conjugais, a sociedade mantinha normas claras de comportamento sexual.

No entanto, essas normas não devem ser propostas como absolutas. Ao contrário, suspeito que toda vez que os adúlteros e outros transgressores semelhantes se viam submetidos à *rough music*, o ataque era resultado de uma história conhecida; que mais evidências nos levariam a agravantes particulares de uma ofensa que, em outros casos, poderia passar despercebida — ou apenas comentada nos mexericos da aldeia. O que invocava a desonra pública não precisava ser o adultério em si, mas o modo como certos adúlteros (talvez já impopulares por outras razões) "se comportavam".

Quando o adultério era o alvo evidente, é possível que a comunidade se exasperasse a esse grau, não tanto pelo fato em si, mas pelo "tom de escândalo" com que era cometido, e que poderia ameaçar a própria instituição do casamento, como quando uma pessoa casada fugia com outro parceiro também casado,[130] ou quando dois casais (ou dois parceiros) tentavam trocar de esposas e continuar vivendo na mesma pequena comunidade,[131] ou um *ménage-à-trois*.[132] Na vila de Lark Rise, os filhos ilegítimos eram aceitos, mas o adultério da esposa de um trabalhador com um hóspede, na própria casa do trabalhador, provocou a *rough music* que expulsou todos os três da paróquia.[133]

Os ritos da *rough music* faziam parte dos recursos daquilo que é agora obrigatório chamar de o "discurso" da sociedade. Eram às vezes empregados com inteligência e espirituosidade, e em outras ocasiões com preconceito (contra inovadores, "desviantes", forasteiros) e rancor.[134] Os ritos são como um teclado que pode ser tocado de forma leve, satírica, ou martelado brutalmente. A *rough music* pode ser empregada nos conflitos entre as facções de uma comunidade. Não há nada automático no processo; muito depende do equilíbrio de forças dentro de uma comunidade, das redes familiares, das histórias pessoais, da espirituosidade ou da estupidez dos líderes naturais.

Determinar se os infratores já não eram impopulares por outras razões pode ser o fator decisivo. Um informante de Somerset me contou a história de um homem que fora alvo de *rough music*, porque a comunidade tinha descoberto que mantinha uma jovem (a quem conhecera numa feira) como sua amante secreta. Mas o caso não demonstrava que todas as relações desse tipo provocassem *rough music* naquela vila industrial. Pois esse infrator era impopular por outras razões: ele morava numa choupana isolada, e era um metodista abstêmio professo, que ganhava a vida entregando cidra nas tavernas. Todos o consideravam um estranho e um hipócrita, que vivia criticando tudo. Sem dúvida, a *rough music* foi planejada na taverna local, cujos clientes gostaram de divulgar o escândalo de seu adversário abstêmio.[135]

Por isso, a compilação das ocorrências da *rough music* não basta. Precisamos, mais ainda, de uma história interna detalhada de alguns incidentes particulares, e de recuperar os seus contextos. É por isso que o notável estudo de David Rollison sobre um *groaning* [rezinga] em 1716, no vilarejo de Westonbirt em Gloucestershire, é uma contribuição tão importante.[136] Esse *groaning* foi uma peça de teatro de rua, a que todo mundo foi convidado para zombar selvagemente de um rico fazendeiro e intendente acusado de sodomia; empregava elementos do vocabulário da *rough music* — transformismo, blasfêmia, obscenidade e drama. Mas ele não prova que todos os homossexuais fossem alvo de *rough music*. Ao recuperar o episódio, Rollison teve a ajuda de um arquivo inusitadamente rico de cartas entre o vilarejo e seu proprietário de terras ausente (mas vigilante), que se sentia escandalizado e que via no insulto ao seu intendente uma zombaria da boa ordem e da religião estabelecida. O episódio nasceu de uma história, e o suposto transgressor era decididamente impopular por outras razões. O *groaning* tem o seu significado ampliado e a sua complexidade enriquecida quando inserido nesse contexto, e ao mesmo tempo ele inunda o contexto com sua luz excêntrica e estranha. É um estudo exemplar, que pode ser colocado ao lado do desfile de *The mayor of Casterbridge* de Hardy — que também adquire seu significado de um contexto e de uma história.

III

Flexíveis nos contextos "domésticos", as formas também podiam ser adaptadas às "ocasiões públicas" — e talvez sempre tivessem sido: em 1628-31, um líder do "Rising in the West" [Levante no Oeste] respondia supostamente pelo nome de "Lady Skimmington" [Senhora Desfile].[137] A *rough music* era aplicada para muitos fins. Pequenos roubos entre vizinhos parece ter sido um desses motivos. Em 1691, num vilarejo de Warwickshire, dois infratores foram vítimas de uma *rough music* armada pelo ferreiro (vestido como uma velha) e um fazendeiro (com chifres de gamo) à frente de uma centena de outros que "tumultuosa e sediciosamente dançaram para cima e para baixo da cidade [...] durante o intervalo de três horas", gritando em coro diante da casa das vítimas: "Pague a madeira que você roubou, seu patife, seu cachorro cornudo", e "pague os pintos e os patos, sua puta".[138] Mas a *rough music* também podia ser empregada numa direção completamente diferente, "para demonstrar desaprovação em relação à decisão de um magistrado",[139] ou a um processo rigoroso ou severo. Em 1878, o acusador de um menino (que andara roubando ovos) em Iver (Buckinghamshire) atraiu *rough music* sobre a própria cabeça: a sua efígie foi queimada ao som de gritos de "quack, quack".[140] Mais séria e prolongada foi uma revolta em Ampthill (Bedfordshire) em 1817, depois da condenação e execução de um homem da região por estupro. Cerca de duzentas pessoas se reuniram em noites sucessivas diante da casa da acusadora, exibindo efígies obscenas dela, de seu pai e de sua mãe, apedrejando a casa, e "gritando e acusando a família de ter enforcado o homem". Os distúrbios só terminaram quando quatro dos presentes foram presos.[141]

A *rough music* também era empregada contra funcionários impopulares. Em 1797, um fabricante de sebo de vela, um pequeno proprietário rural e cinco trabalhadores foram indiciados por sua participação num caso em Belchamp St. Paul's (Essex); eles colocaram sobre um burro a efígie de um fiscal de impostos residente na aldeia, levaram-na a desfilar diante da casa da vítima, atiraram na efígie e a queimaram numa fogueira sobre o prado — em três ocasiões diferentes.[142] É possível encontrar exemplos de *rough music* empregada contra a polícia;[143] contra delatores;[144] contra ladrões de cadáveres;[145] contra os que recrutavam à força; contra pregadores impopulares[146] e mórmons;[147] contra a demissão injusta de um criado, contra o despejo de uma família da choupana do empregador, e contra os couteiros. Num caso bem noticiado em Chilton (Buckinghamshire) em 1878, um grupo de uns vinte ou trinta homens e meninos realizaram *rough music* (pela terceira vez) contra o sr. Augustus Campbell de Chilton House, contra o seu couteiro e o seu cocheiro. É claro que os aldeões acreditavam que o couteiro, cumprindo ordens de Campbell, estava matando a tiro ou envenenando seus cachorros quando andassem pela propriedade. Quem realizou a *rough music* nessa ocasião foi um fazendeiro que tinha terras adjacentes às de Campbell, pois dois de seus cachorrinhos tinham se envolvido num incidente no dia anterior. Mas o proprietário e seus criados talvez fossem impopulares por outras razões. Campbell viera de Berkshire, e o povo cantava diante de sua porta: "O homem mais mesquinho, mais miserável, mais vulgar que já existiu em Berkshire". Diante da casa do cocheiro, eles gritavam: "Quem roubou os cachorros?" e "Corvo!". Diante da casa do couteiro, berravam: "Vá para casa, couteiro ladrão" e "Rei dos ladrões!".[148]

Mesmo assim, no século XIX, os ricos podiam empregar a *rough music* e as formas do ridículo para se atacar mutuamente, às vezes instigando gente mais humilde a realizar toda a balbúrdia e escondendo-se atrás dessa fachada. Em 1805, um carroceiro em Tewkesbury foi usado para levar certas efígies ridículas em "procissão" pela cidade; ele alegou que não sabia que as figuras representavam o fiscal e o inspetor dos impostos.[149] Na década de 1790, desenvolveu-se um conflito longo e amargo entre dois proprietários de terra vizinhos perto de Handsworth (Staffordshire). As hostilidades, que envolviam disputas sobre caça, mas que se estendiam a várias outras questões, também atraíram o cunhado de um proprietário de terras, o reverendo Thomas Lane, pároco de Handsworth. Ele era claramente impopular, pois andara envolvido com a destruição de choupanas e o fechamento de cervejarias. Seu adversário o atacou com o vocabulário da *rough music*, persuadindo seus próprios rendeiros em Handsworth a exibir efígies e panfletos ofensivos (ver ilustração nº 5).[150] Mas o envolvimento da *gentry* estava se tornando incomum, e a *rough music* era considerada plebeia e, por essa razão, potencialmente subversiva.

Em Woking, a *rough music* era usada para defender os direitos comuns, além de ser empregada contra os que abarrotavam as terras comunais com gado ou cortavam demais as turfas e os feixes de ramos para lenha.[151] E se devemos supor que a queima de efígies pertence à mesma família de rituais (e a maioria deles se fazia acompanhar de um barulho estridente e procissões), a lista pode se estender indefinidamente: contra um fiscal da dízima dos arenques, contra um senhorio demasiado zeloso por ampliar seus direitos de pesca, contra os cercamentos e contra qualquer pessoa que desrespeitasse o costume local. O pastor Woodforde registra uma disputa entre o juiz Creed e seus encarregados sobre o balcão da igreja, que o juiz queria pôr abaixo e que os cantores desejavam preservar. Por meio de uma briga na igreja, a disputa chegou ao tribunal, e a efígie do magistrado "foi carregada pelas ruas de Castle Cary [...] sobre o aparelho, e depois levada até o parque e queimada numa fogueira bem na frente da casa do juiz [...]. Toda a paróquia está contra o juiz".[152]

Qualquer historiador com blocos cheios de anotações pode compilar sua própria lista. A *rough music* era comumente adaptada ao conflito industrial. No West Country, os tecelões aplicavam o *cool-staffing* (ou *cowl-staffing)* aos que furavam greves, isto é, forçavam-nos a desfilar sobre um poste ("cajado frio" ou cajado de capuz principal) até o lago,[153] assim como a vara era usada da mesma maneira pelos mineiros e marinheiros no Nordeste. O uso era especialmente difundido no Oeste, a região do "desfile", e o vocabulário do ritual era igualmente empregado em ações contra *workhouses* e barreiras de pedágio.[154] Em Londres, um carrinho de mão podia substituir a vara: foi usado em 1696 contra um chapeleiro diarista que trabalhava por valor abaixo do preço praticado.[155] Tingidores de chapéu em Southwark, em 1770,

> prenderam um de seus colegas diaristas, a quem acusavam de trabalhar horas extras sem o devido pagamento e de trabalhar por um preço abaixo do fixado. Eles o obrigaram a montar num burro e a desfilar por todas as partes do bairro onde se empregavam chapeleiros [...], à sua frente alguém carregava uma vara com um rótulo que denunciava o seu delito; e vários meninos participavam com pás, tocando a *rough music*. Em todas as lojas de seu ramo de atividade que encontraram, eles obrigaram os homens a fazer greve, para que seus salários fossem aumentados.[156]

Um caso semelhante de *donkeying* (passeio no burro) ocorreu em Coventry em 1818, durante uma greve dos tecelões de fitas, mas nessa ocasião a vítima no desfile era um idoso fabricante de fitas.[157] Até o final do século XIX, a *rough music* foi empregada várias vezes em Londres — especialmente na área contígua a Kent. Em 1870, foi realizada com grande cerimônia em Woolwich, contra um barqueiro condenado por levar mais passageiros do que tinha licença para carregar. Nesse caso, os colegas barqueiros, acompanhados por uma banda de *rough music*, desfilaram com a efígie da vítima, que foi mais tarde colocada numa barcaça, atirada no Tâmisa, fuzilada e, por fim, queimada.[158]

Seria possível citar muitos outros exemplos. Eram lugar-comum nos conflitos industriais pelo menos até o início do século XIX, e o *ran-tanning* dos que furavam as greves continua século XX adentro. Mas parece ter havido apenas uma ocasião, na Grã-Bretanha, em que as formas rituais se viram profundamente envolvidas com uma atividade que tinha dimensão de massas. Os casos ocorreram no País de Gales no início do século XIX, estando associados com o *ceffyl pren*.

A forma desse ritual correspondia muito de perto ao do "cavalgar da vara":

> a imagem de um cavalo é levada à noite, em meio a uma turba com as faces pintadas de preto e tochas nas mãos, até a porta de qualquer pessoa que por sua conduta doméstica tenha se exposto à censura dos vizinhos, ou que se tornou impopular por delatar alguém e por contribuir para que a lei fosse cumprida. Sobre o cavalo

> vai montado alguém que, quando a procissão se detém diante da residência [...], faz um discurso para a turba sobre a causa daquela reunião [...].

Quando atacava os infratores "domésticos", o desfile era acompanhado "das indecências mais grosseiras". Nas décadas de 1820 e 1830, em regiões do Sul do País de Gales, o *ceffyl pren* era cada vez mais empregado contra infratores "públicos" — nos conflitos agrários, contra os acusadores em casos de pequenos roubos, contra os funcionários municipais impopulares etc. As autoridades viam com ansiedade essa tradução do ritual — do domínio privado para o público:

> O direito que se arrogam de julgar [...] a conduta doméstica de outro homem é certamente característico de um estado rudimentar de sociedade; quando as mesmas medidas são aplicadas a [...] impedir o funcionamento das leis do país, elas adquirem uma importância muito mais séria. O princípio é perfeitamente irlandês e [...] contém o germe da resistência à ordem legal.[159]

Essa última observação foi confirmada pelo uso do *ceffyl pren* nos "motins de Rebecca" contra os impostos das barreiras de pedágio no Sul do País de Gales, na década de 1840. Os "distúrbios Scotch Cattle", nas áreas mineradoras do início da década de 1820 (principalmente em Monmouthshire), já tinham evidenciado elementos rituais: homens com as faces pintadas de preto, vestidos como mulheres; fantasias de animais com chifres, peles e máscaras; o soprar das trompas, mugidos, o chacoalhar de correntes e o disparo de fuzis diante das casas dos fura-greves ou delatores.[160]

Na década de 1830 e parte da década de 1840, as práticas do *ceffyl pren* se espalharam por Carmarthenshire, até que as "leis do país" se renderam à lei de "Rebecca", a líder mítica (bem como o *nom-de-plume)* dos rebeldes agrários.[161] No auge dos distúrbios, "Rebecca" estendeu sua autoridade simultaneamente aos domínios privado e público. Os seus seguidores entregavam crianças nas portas de seus supostos pais, ameaçavam os jovens que se recusavam a casar com as moças que tinham "enganado", advertiam os maridos para que parassem de bater nas mulheres, e reconciliaram à força o espantado vigário de Bangor Teify e sua esposa então separados, enquanto ao mesmo tempo prosseguiam com sua campanha contra as barreiras de pedágio, articulando conflitos agrários e intimidando os delatores que eram contra a sua lei.

Algumas de suas ações eram curiosas, mas também profundamente reveladoras. Uns três anos antes, ao voltar de um casamento num estado de "alegria embriagada", um jovem trabalhador encontrara na estrada uma dama proprietária de terras, solteira, e a beijara. Por essa ofensa — muito mais contra o status do que contra a honra — recebera uma multa de vinte xelins. Os seguidores de "Rebecca" exigiram então a devolução da multa; quando as autoridades se recusaram a devolver o dinheiro, eles não só estragaram as plantações do magistrado ofensor que aplicara a multa, mas também as da dama ofendida. "Isso mostra", comentou outro fidalgo local, "que as noções de justiça do público estão pervertidas, o que do ponto de vista político é algo muito mais difícil de enfrentar do que *banditti* saqueadores." Mostra, acrescentaríamos, o combustível de que se alimentavam os conflitos populares, e por quanto tempo as brasas podiam se manter acesas. Mostra igualmente que, por alguns poucos meses, até os mais pobres e os mais desprezados da população de Carmarthenshire vislumbraram um ideal de justiça verdadeiramente popular. Duas semanas mais tarde, o mesmo fidalgo escreveu que "uma pobre menina idiota" batera à sua porta para pedir esmola. Quando ele se recusou a lhe dar qualquer coisa, mandando-a procurar os odiados funcionários da assistência social, "ela calmamente disse que contaria a 'Becca'": "Eu lhe disse que, se ela não se comportasse bem e continuasse a usar aquela ameaça, seria mandada para a prisão — a sua única resposta foi murmurar (em galês): 'Vou contar a 'Becca''".[162]

Por fim, Rebecca abriu mão de sua autoridade temporal, mas a sua ditadura espiritual sobreviveu sem dúvida por muito mais tempo, e de um modo que somente um historiador com domínio do idioma galês será capaz de revelar. Ainda em 1898, há um relato de Llanbister, em Radnorshire, descrevendo o ataque de uma gangue de "Rebecca", todos com as faces pintadas de preto, às casas (separadas) de um homem e de uma mulher que tinham "violado as leis da moralidade". Ambos, quase nus (era janeiro), foram forçados a caminhar de um lado para o outro numa corrente durante vinte minutos, e depois a correr para cima e para baixo no campo, enquanto eram espancados com tiras e varas. Foram então reconduzidos à casa do homem, onde "Rebecca" presidiu o julgamento que os condenou a mais chicotadas e a andar de um lado para o outro no campo de mãos dadas. Cortaram-lhes o cabelo e ameaçaram submetê-los à tortura do piche e penas (o que afinal não foi usado).[163] O incidente nos lembra que os rituais da *rough music* e do *charivari*, transpostos para o outro lado do Atlântico, não só contribuíram para o bem-humorado *shivaree*, mas também podem ter fornecido alguns elementos para os linchamentos e para a Ku Klux Klan.[164] E sugere, finalmente, que deveríamos reexaminar certas manifestações de castigo popular no século XX, para ver se elementos rituais semelhantes não estariam também presentes nos episódios de humilhação pública imposta (depois da liberação dos países europeus) às mulheres que tinham mantido contato com as forças de ocupação durante a Segunda Guerra Mundial ou presentes nos ritos praticados durante a Revolução Cultural na China.

IV

A *rough music* "pública" apresenta poucos problemas de análise. Em suas formas industriais, é bastante claro o tipo de ofensa que os fura-greves tinham cometido e de quem era a "lei" popular que estava sendo imposta. À medida que aumenta nosso conhecimento sobre a dimensão popular da política do século XVIII em Londres e nas cidades, os elementos do vocabulário da *rough music* — zombaria, obscenidades e os emblemas dos cornudos — provam estar por toda parte. São empregados pelos *tories*, pelos *whigs*, pelos seguidores de Wilkes e também pela "turba" indisciplinada. Seria tolice até começar a citar exemplos, pois esses símbolos eram o veículo do discurso, e às vezes da negociação, entre os plebeus e os patrícios. As ações do povo às vezes não passavam de uma manipulação desses símbolos, na tentativa de desmistificar a autoridade ou ridicularizar os adversários políticos (ver pp. 65-6 e ilustração nº 21).[165]

É duvidosa a utilidade de discutir se a *rough music* pertencia a uma tradição plebeia, em contraste com uma tradição consensual. Certamente, até o final do século XVIII, o vocabulário era bastante bem compreendido por todas as classes sociais. A *rough music* doméstica era socialmente conservadora, no sentido de que defendia o costume e a tradição de dominação masculina, e Ingram tem argumentado que a elite não via grande ameaça nas práticas, sendo displicente nas suas tentativas de reprimi-las. Por outro lado, a *rough music* era sempre potencialmente subversiva, com seus ritos de inversão, suas blasfêmias e obscenidades, e, como Rollison demonstrou em seu estudo do *groaning* em Westonbirt, podia rapidamente adquirir um significado social polêmico. No século XVIII, quando se alargou a distância entre a cultura dos patrícios e a dos plebeus, a *rough music* se tornou mais claramente uma forma plebeia. Prosperou como meio de autorregulação, sobretudo em certos tipos de comunidade "camponesa" e protoindustrial.[166] Mas não se pode dizer que a *rough music* seja uma tradição da "classe trabalhadora", pois as formas não se integravam perfeitamente nos primeiros momentos do movimento operário. O sucesso do luddismo dependia da ágil movimentação de pequenos grupos de homens em silêncio; os juramentos e as cerimônias de sindicatos ilegais se originaram de um grupo diferente de rituais. E desde então parece ser verdade que quanto mais sofisticado, organizado e politicamente consciente é o movimento, menos contribuições deve às formas tradicionais de violência popular. Os cartistas de Monmouthshire deixaram para trás as formas do "Scotch Cattle".[167]

A queima de efígies, acompanhada de tumulto e procissão, parece ser uma exceção a essa generalização. Essa prática continuou a ser usada com vigor até o presente século (e não está de modo algum extinta nos dias de hoje), sendo frequentemente usada pelos "radicais". Foi empregada (entre muitos outros exemplos) pelos reformadores "jacobinos" ingleses da década de 1790; contra os magistrados e os pequenos proprietários rurais depois de "Peterloo" em 1819; durante as agitações pela *Reform Bill* de 1832; e contra proprietários de terra ou fazendeiros impopulares durante a agitação dos trabalhadores na década de 1870 nos condados do Leste.

Mas a queima de efígies não é um método conhecido dos cartistas, nem das agitações da reforma e dos sindicatos em geral. Talvez porque os reformadores sentiam, nas próprias formas, uma disposição que favorecia o ânimo tradicional — ou até atávico — do povo. Pois a queima de efígies era uma forma que os tradicionalistas empregavam, muito conscientemente, contra os reformadores ou grupos externos. Depois de Guy Fawkes, o homem que teve a sua efígie mais queimada na história britânica foi sem dúvida Tom Paine. Nunca se computaram o número e a distribuição das queimas da efígie de Paine realizadas por inspiração oficial, do tipo "Igreja e rei", especialmente no período de 1790-3. Mas era enorme, incluindo quase toda cidade e muitos vilarejos na Inglaterra. Sem dúvida, muitos desses casos recorriam aos rituais da *rough music*. Em Heck-mondwike (Yorkshire), um homem que personificava Tom Paine foi "descoberto" entre alguns poços de minas, lendo *Rights of man*. Foi agarrado, cobriram a sua face com uma máscara terrível, e ele teve de percorrer toda a praça do mercado puxado por uma corda. Depois transferiram habilmente a máscara para uma efígie de palha, que foi encostada contra um lampião e fuzilada, ao som de tremendas vaias e gritos de "Igreja e rei".[168]

Em algumas cidades, os reformadores eram fortes o suficiente para responder na mesma moeda. O bispo Horsley recebeu uma bem merecida queima de efígie na sua própria diocese de Rochester, depois de ter declarado, na Câmara dos Lordes, que "a massa do povo não tinha nada a fazer com as leis, a não ser obedecê-las".[169] Mas os reformadores eram mais frequentemente os alvos desses tumultos, e eles criaram uma aversão pelas suas características de "turba". Onde os ritos da *rough music* sobrevivem depois de 1815, eles parecem ter um caráter cada vez mais conservador em termos sociais.

Tudo isso é fácil de estabelecer: e talvez signifique menos do que parece significar. Pois não é absolutamente fácil identificar o tipo de comunidade do século XIX em que a *rough music* sobreviveu por mais tempo. Enquanto as formas elaboradas do ritual claramente encantavam os folcloristas, enquanto formas como o *wooset-hunting* e a caçada ao veado eram registradas em aldeias isoladas do West Country que tinham nomes como Ogburne St. George, Whitechurch Canonicorum e Okeford Fitzpaine, podendo ser vistas como vestígios etnológicos animados, exóticas moscas varejeiras em âmbar rural, a boa e antiquada *rough music* continuava com todo vigor no contexto urbano e industrial. Nós a observamos na Londres contígua a Kent; era vigorosa na Huddersfield ou na Pudsey da metade do século XIX, no cinturão industrial de West Yorkshire;[170] e em Gorton, perto de Manchester, quando a vítima foi um médico casado que fugira com a esposa de um paciente, as algodoarias de Gorton foram fechadas durante a metade do dia para que oitocentos operários pudessem participar.[171]

Mesmo nesses casos, tem-se a impressão de que a *rough music* pertencia de algum modo às partes "mais antigas", "mais rudes" da cidade; mas é difícil detectar exatamente o que essas descrições significam, exceto a tautologia de que os lugares em que a *rough music* persistia deviam ser rudes [*rough*]. Thomas Hardy sugere que o seu "desfile" surgiu no distrito de Mixen Lane —

> a Odolam de todas as aldeias ao redor. Era o esconderijo dos que passavam dificuldades, estavam endividados, e às voltas com todo tipo de encrencas. Os trabalhadores rurais e outros camponeses, que combinavam um pouco de roubo de caça com a lavoura, e um pouco de briga e bebedeira com o roubo de caça, se viam mais cedo ou mais tarde em Mixen Lane. Mecânicos rurais, preguiçosos demais para mecanizar o trabalho, criados rurais, rebeldes demais para servir, eram levados pelo acaso ou forçados a seguir para Mixen Lane.

Mas a evidência não confirma totalmente a caracterização de Hardy. A vigorosa *rough music* descrita no Apêndice I ocorreu no início deste século em Siddal, um distrito de Halifax dominado por um grande lanifício, e com alguma atividade de mineração, extração de pedras e manufatura de tijolos. Um distrito certamente tradicional e de classe trabalhadora, Siddal foi também um dos primeiros lugares onde foram eleitos representantes do Independent London Party (ILP) (em 1892). É claro que a "antiga cultura" da *rough music* podia sobreviver com grande tenacidade ao lado de formas mais "modernas", com elas coexistindo. Mas isso não acontece em toda parte, e deve-se procurar explicações adicionais para essa coexistência. Na década de 1860, Munby encontrou formas antigas sobrevivendo juntas em Surrey, Ripley: "Eles ainda jogam futebol na rua na quinta-feira de Carnaval, e no dia de Guy Fawkes saem numa longa procissão de máscaras e mascarados: eles ainda perseguem todo marido cruel com a Nêmesis dos ossos e cutelos".

No May Day, meninas vestidas de musselina ainda levavam mastros enfeitados com flores de casa em casa. Mas Munby não conseguiu sugerir nenhuma outra razão para esses resíduos a não ser o isolamento da aldeia — a seis milhas de uma estação ferroviária e sem outro intercâmbio com Londres além de um carro de transportadora semanal.[172]

No mesmo ano em que Munby visitou Ripley, a *rough music* foi um pouco desencorajada por uma decisão legal que definia a caçada ao veado como "um jogo", conforme o significado de 5 & 6 Will. IV, c. 50, e consequentemente proibida nas ruas.[173] Depois disso, afirmava-se que toda *rough music* nas ruas eram "jogos" proibidos. É questionável se isso teve grande influência no declínio da *rough music*, que era inexorável, mas muito lento. Em 1930, noticiou-se no *Evening Standard* que

> Mulheres grisalhas, os cabelos ondulando na brisa, dançavam solenemente de mãos dadas ao redor de uma fogueira, onde as efígies de três pessoas estavam em chamas. Não havia sorriso nas suas faces, e de seus lábios vertiam pragas sobre um jovem marido. Todos ao seu redor, uma multidão de homens, mulheres e crianças, cantavam monotonamente e batiam latas, velhas chaleiras e sinos quebrados.

Esse *hussitting* no vilarejo de Woodley, em Berkshire, era dirigido a um homem que fora intimado pela esposa a responder perante a lei por crueldade, e também contra a sua mãe e irmã que tinham tomado o partido do marido contra a esposa: "Já faz trinta anos desde a última vez que fizemos *rough music* para alguém", disse um dos aldeões mais velhos. "Naquela ocasião era um homem casado que andara incomodando as garotas."[174]

Eu me arriscaria a dizer que pode haver uma relação entre a continuidade da *rough music* e a continuidade do dialeto local. (O *ceffyl pren* persistiu com mais vigor em regiões de fala galesa, como Carmarthen.) Os ritos pertencem a uma cultura oralmente transmitida, e a força do dialeto também indica a tenacidade de uma consciência tradicional, mantida (talvez) em vilarejos como Ripley e Woodley por laços estreitos de parentesco. Tanto o dialeto como os costumes podem se reproduzir e persistir por muito tempo em uma sociedade industrial madura. Mas, num certo ponto, os motores da aceleração cultural, a alfabetização e a educação formal, unem-se à crescente imigração e mobilidade geral para "saturar" a antiga cultura, para dispersá-la como prática viva, para acabar com a antiga sensibilidade, não deixando senão resíduos para antiquários.

O que então pode sobreviver, em bolsões nos distritos urbanos e mais frequentemente no distante interior, são certas tradições antigas, às vezes preservadas por grupos de determinadas ocupações que não se ajustam às normas modernas mais polidas e que são vistos pelos vizinhos como "rudes" [*rough*] ou "valentões" [*ruffians*] (isto é, "os que são rudes" [*rough 'uns*]). Na vila de Kirkby Malzeard em North Yorkshire, o "cavalgar da vara" ainda era praticado no final do século passado, com uma variante de antigos versos. Sempre começava na taverna. "Tudo começava na taverna naqueles dias. Eles eram todos 'líderes'", lembrou um informante em 1971. Os organizadores eram um pequeno grupo de homens: operários da construção, um ferreiro, trabalhadores itinerantes que faziam serviços variados, trabalhando em propriedades, nos locais das feiras, construindo muros e diques no inverno; "eram tipos brutos", ladrões de caça, bêbados inveterados — "se achavam que podiam conseguir um copo de cerveja, eles urravam". Mas foram também os que preservaram o

"Plough Stots" e a complexa dança da espada de Kirkby Malzeard, executando-a por dinheiro ou bebida nas feiras e nas exposições de flores:

> Esses tipos costumavam fazer a dança da espada — mas tinham por hábito gastar o dinheiro com cerveja e dormir ao relento na mata [...]. Mas a vara era diferente. Eles o realizavam porque os trabalhadores são mais fiéis às esposas do que os esnobes. E qualquer um que bate na esposa e nos filhos não presta. Eles realmente tinham de ter sentimentos muito, muito fortes sobre esse comportamento indecente. Aí era uma grande desgraça, tudo vinha a público. Eles não o faziam só por farra.

O último "cavalgar da vara" realizado em Kirkby Malzeard foi por causa de um trabalhador que andara batendo na mulher: "Ele tinha uma casa cheia de crianças — dez ou doze filhos. Correu o rumor de que ele andava batendo na mulher — quando chegava em casa da taverna, lá estava ela rodeada de crianças, e ele então começava a lhe dar pancada por todo lado". Eles arrumaram uma grande efígie que amarraram num carrinho de mão, "e esses grandes sujeitos barulhentos foram até a casa da vítima e bateram com força na porta". Enquanto percorriam a rua da aldeia, eles tocavam um grande sino e recitavam "a cantiga". "Costumavam criar tanta algazarra e tumulto que as pessoas pagavam qualquer coisa para que fossem embora."[175]

Isso soa amistoso e até tranquilizador. Mas a *rough music* também podia ser uma desculpa para orgias embriagadas ou para chantagem. Podia legitimar a agressão dos jovens, e (se podemos sussurrar tal coisa) esses nem sempre são, em todo contexto histórico, os protagonistas da racionalidade ou da mudança. Defendo esse ponto com vigor, discutindo num certo sentido com parte de mim mesmo, pois encontro muita coisa que me atrai na *rough music*. Ela é propriedade de uma sociedade em que a justiça não é inteiramente delegada ou especialidade de poucos, mas estabelecida e determinada pela comunidade. Quando é decretada contra um evidente malfeitor — alguma figura pública intrometida ou um marido brutal que bate na mulher — fica-se tentado a lamentar o desaparecimento dos ritos. Mas as vítimas não eram todas desse tipo. Também podiam ser alguns não conformistas sexuais, Sue Bridehead e Jude Fawley vivendo juntos fora dos laços sagrados do casamento. E o terrorismo psíquico que podia ser empregado contra eles era verdadeiramente aterrorizador: as labaredas e as efígies de tamanho natural, com suas antigas associações com as fogueiras dos hereges e a mutilação de imagens; a atratividade mágica ou demoníaca das máscaras e das fantasias de animais; a exibição de obscenidades; a expulsão dos espíritos maus por meio do barulho.

A *rough music* pertence a um modo de vida em que parte da lei ainda pertence à comunidade, cabendo aos seus membros a responsabilidade de executá-la. Com isso podemos concordar. Indica modos de autocontrole social e o disciplinamento de certos tipos de violência e ofensas antissociais (insultos às mulheres, abuso infantil, espancamento das esposas) que nas cidades de hoje podem estar diminuindo. Mas, quando consideramos as sociedades que têm sido objeto de nosso estudo, deve-se acrescentar um ponto. Só porque a lei pertence ao povo, não sendo alienada ou delegada, ela não se torna necessariamente mais "agradável" e tolerante, mais cômoda e amigável. É apenas tão agradável e tolerante quanto os preconceitos e as normas do povo permitem. Algumas formas de *rough music* desapareceram da história em cumplicidade obscura com o fanatismo, o chauvinismo e coisas piores. Em Sussex, a *rough music* foi empregada contra "pró-Boers", inclusive contra o amigo íntimo de William Morris, Georgie Burne-Jones. Na Baviera, as últimas manifestações do *haberfeldtreiben* estavam ligadas a chantagens mafiosas, ao antissemitismo e, no estágio final, ao nazismo em ascensão.[176] Algumas de suas vítimas devem ter sentido a chegada de uma lei distanciada (ainda que alienada) e de uma polícia burocratizada como uma liberação da tirania dos "seus".

APÊNDICE I

O falecido sr. Hanson Halstead nasceu em Siddal, Halifax, no final do século passado. Ele foi por alguns anos engenheiro, sindicalista e socialista ativo, e membro do NCLC; entretanto, parecia mais um camponês, falava um dialeto carregado e, nos seus últimos anos, adquiriu uma pequena propriedade onde criava porcos. No fim de sua vida, no início da década de 1960, começou a anotar reminiscências num diário comprado nas lojas Boots (que me confiou). O episódio abaixo não tem data, mas é provavelmente dos primeiros anos do século atual.

A queima da megera

Quando Mary chegou em casa do trabalho, estava cheia de novidades. Falou:

— Você já sabe, Bill, que Jack fulano de tal foi morar com a senhorita fulana de tal em Jubilee Road?

— Ora, com os diabos. Os que não têm problemas parecem criar alguns para os seus filhos.

— Sim, mas ainda não lhe contei tudo.

— Bem, o que há mais para contar?

— Amanhã à noite eles vão queimá-los.

— Então vamos ter um pouco de diversão, hein?

— Sim, alguns deles estão fazendo dois bonecos, cheios de serragem e querosene, que vão ficar de frente um para o outro num poste longo, e vai haver uma procissão pelo vilarejo que terminará em Jubilee Road.

Muitos estavam aguardando ansiosamente o espetáculo, muitos que também não eram boa coisa. Na noite marcada, quando escureceu, eles foram buscar os bonecos, e parecia mágica do diabo. Saíram a caminhar pela aldeia, e a procissão foi crescendo e crescendo — gente com sinos e latas d'água, fôrmas de bolo, com os quais faziam muito barulho; era uma barulhada quase tão boa quanto a que uma banda de jazz no rádio pode fazer com 2 mil libras de instrumentos. A procissão andou pela aldeia e parou em Jubilee Road. E falam de propaganda! A polícia estava lá e, diabos, eles tiveram de lutar para abrir caminho, para os bonecos. Havia mais gente apinhada em Jubilee Road do que vivendo em Siddal, e tudo sem propaganda. Bem, os bonecos passaram. A polícia tentou capturá-los, mas as mulheres dançavam à sua frente, sentavam-se na rua diante dos policiais para detê-los. Mas a procissão continuou, subiu os degraus de Scarhall e desceu Backhold Lane, dando a volta até Jubilee Road. Foi então que os incendiaram, e quando chegaram na frente da casa, o fogo já ardendo como o inferno, a polícia estava protegendo a casa. Os bonecos foram jogados em cima deles. Dois dias mais tarde, eles partiram, e o povo os expulsou sem cerimônia batendo nas fôrmas de bolo e nas latas d'água. Mas aquela multidão! Podia-se caminhar sobre as suas cabeças. Nunca vai haver outra multidão como aquela de Jubilee Road, e tudo sem propaganda. (Um pouco de selvageria.) Não pense que estou fazendo de Siddal um lugar justo e de boa moral. Não estou. Era um lugar como outro qualquer, igual ao ovo do cura.

APÊNDICE II

Observou-se (ver anteriormente, p. 371) que Lévi-Strauss cita em O *cru e o cozido* um levantamento inédito da prática do *charivari* realizado por P. Fortier-Beaulieu, do qual ele tirou a conclusão de que, em 92,5% dos casos examinados, o motivo do *charivari* era um segundo casamento.

Alguns trechos do levantamento de Fortier-Beaulieu foram publicados na *Revue de folklore française et de folklore colonial,* XI (1940). As respostas originais ao seu questionário permanecem nos arquivos do Museu Nacional de Artes e Tradições Populares (ver MS B 19, 1 a 620, e MS 44,390), e sou muito grato ao senhor curador e à equipe do museu pela sua gentileza e assistência ao me permitirem consultar os arquivos.

O levantamento foi realizado entre junho e agosto de 1937, sob a forma de um questionário submetido às prefeituras por P. Fortier-Beaulieu, naquela época secretário de Propaganda da Sociedade do Folclore. Na realidade, o questionário não faz referência ao *charivari*, mas é intitulado simplesmente "Manifestation à l'occasion du remariage d'un veuf ou d'une veuve" [Manifestação por ocasião do novo casamento de um viúvo ou viúva]. Pedia-se uma resposta urgente, para que Fortier-Beaulieu pudesse preparar um relatório sobre "Veuvage et le remariage" [Viuvez e o novo casamento] para o seguinte Congresso Internacional do Folclore.

Assim a investigação não foi realizada sobre a prática do *charivari*, mas sobre qualquer tipo de manifestação por ocasião de um segundo casamento. Portanto, o surpreendente não é que 92,5% das respostas citem o segundo casamento como o motivo do *charivari*, mas que o número não chegue a 100%. Mas, de qualquer modo, as respostas não são do tipo que possa ser submetido a um exercício sério de quantificação. Dentre as 307 respostas, 123 assinalaram algum tipo de manifestação por ocasião de um segundo casamento (geralmente *charivari*), 113 assinalaram nenhuma manifestação, 42 assinalaram que essas manifestações não ocorriam mais, e 29 assinalaram *néant* [nada]. Dentre as 123 respostas afirmativas, talvez metade era descuidada e completada às pressas (*oui*, *non*), enquanto umas trinta ou quarenta foram respondidas escrupulosa e detalhadamente. Exceto em alguns casos, em que o prefeito passou o questionário para um folclorista ou historiador local, os entrevistados não tinham qualificações especiais para responder as perguntas. Deduz-se que o formulário era frequentemente passado para um secretário na prefeitura, embora, em algumas ocasiões afortunadas, o prefeito fosse um homem observador de grande conhecimento local e sentisse prazer em realizar uma tarefa incomum entre as suas atividades de rotina.

Assim, o valor do levantamento não reside em nenhuma dedução quantitativa do tipo mais elementar, mas no material apresentado nas cerca de trinta respostas mais conscienciosas. Antes de examiná-las, devemos fazer uma advertência. Em 1937, o levantamento não está tratando de um costume em pleno vigor, mas de vestígios e resíduos. Por isso, não podemos deduzir corretamente desse material funções que pertencem ao costume na sua maturidade. "Hoje esse costume que só existe no campo é uma brincadeira e um divertimento para os jovens" (Rodez, Aveyron); ele sobreviveu, se é que realmente ainda existe, como uma forma bem-humorada de chantagem, para arrumar alguns *sous pour boire* [algumas moedas para beber].

Na medida em que esses vestígios podem nos fornecer alguma evidência, há respostas que confirmam a maioria das hipóteses debatidas pelos estudiosos do *charivari*. De Brive (Corrèze): "A viúva que se casa de novo já não goza do mesmo respeito, por ter se tornado infiel à memória do falecido marido"; ou, ainda, "porque o casamento é considerado um sacramento e os cônjuges não têm o direito de rompê-lo nem mesmo depois da morte" (Castillon, Ariège). Algumas respostas indicam de alguma maneira a representação do espírito do cônjuge morto no *charivari*: "evoca-se a vida passada dos esposos, os seus costumes, a sua vida amorosa, às vezes é bem escabroso" (Donzers, Drôme). O ridículo sexual dos idosos, e principalmente da disparidade de idades, é frequentemente mencionado. Uma explicação apresentada apenas uma vez é "para afugentar os maus espíritos" (Aups, Var). Aparece igualmente a teoria de um "número de pretendentes" limitado — se o segundo casamento "significa para os outros uma possibilidade a menos de escolha" (Séez, Savoie). O ciúme dos amigos, vizinhos, pais (ou dos pais do cônjuge morto) e dos filhos recebe menção mais frequente. Um *charivari* em Hyères (Var) foi organizado pelo filho adulto do viúvo. A função era proteger "os interesses dos filhos do primeiro casamento" (Remiremont, Vosges); "os filhos do primeiro casamento tendo frequentemente de sofrer com o segundo casamento — por isso o pejorativo: madras" (Cahors, Lot). Que eu saiba, a relação do *charivari* com diversos costumes relativos à herança é uma questão que ainda não foi adequadamente pesquisada.

Embora a maioria das respostas admita que os promotores do *charivari* eram "jovens", algumas sugerem maior especificidade: os organizadores são descritos, numa das respostas, como "os vizinhos inimigos e mais particularmente os pais descontentes com a união" (Uzès, Gard). Quaisquer que fossem os organizadores, o *charivari* era apoiado — como a maioria das respostas deixa claro — por "quase todo mundo da classe baixa" (Burzet, Ardèche); embora em algumas regiões houvesse alguma distinção entre os atores: "Certos casos em que a diferença de idade é muito acentuada (um velho se casando com uma jovem), as mulheres manifestam mais que os homens — aversão, talvez, e mais frequentemente inveja, se o homem tem fortuna" (Castillon, Ariège).

É claro que um segundo casamento *em si* raramente provocava o *charivari*; havia em geral alguma outra circunstância presente. Em certas regiões, é verdade, havia uma acentuada disposição para desaprovar segundos casamentos e (consequentemente) para honrar a viuvez: "A viúva que respeita a sua viuvez é muito bem-vista na aldeia. Os vizinhos a ajudam a cuidar da casa, e domingo de manhã os homens formam turmas de voluntários para lhe cortar a lenha, ceifar o prado e lavrar o campo" (Castillon, Ariège). Em outras regiões, pelo contrário, como observou um entrevistado perspicaz, a natureza econômica da família tornava o segundo casamento essencial. Assim, não havia manifestações contra segundos casamentos em Nibelle-St. Saveur (Loiret), numa comuna "composta em grande parte de pequenos proprietários rurais que cultivam a terra com as próprias mãos, a vida em família é uma necessidade. Consequentemente, os viúvos e as viúvas [...] em geral se casam de novo em pouco tempo [...]". Talvez a resposta mais refletida tenha vindo de Dax (Landes).[XIX] O *calhibari* era frequentemente ocasionado por um segundo casamento, "mas é preciso, além disso, uma circunstância que torne o novo casamento grotesco, odioso ou antipático". Essa circunstância poderia ser: 1) a diferença de idade do casal; 2) a diferença de sua posição social, como no caso de "um senhor proprietário que se casa com uma jovem camponesa"; 3) a diferença de fortunas que sugeria a possibilidade de um dos cônjuges estar se casando por dinheiro; 4) o estado de fraqueza da viúva ou do viúvo, "o que sempre supõe a *venda* de si mesmo"; 5) a conduta sexual anterior dos dois cônjuges, como, por exemplo, "se existe a suspeita de que eles viviam felizes juntos quando o morto ou a morta ainda eram vivos" (isso podia provocar os *charivaris* mais violentos); 6) a possibilidade de ambos os cônjuges serem velhos.

(XIX) Do dr. Aparisi-Serres, secrétaire général de la Société de "Borda", ver *Revue de folklore* [...], XI (1940), pp. 17-9. (N. A.)

A sugestão de que era necessário alguma circunstância agravante está presente em muitas respostas: "quando ela se acrescenta à disparidade de idade" (Moulins, Allier); "quando os futuros esposos — viúvos ou viúvas — se expõem um pouco à crítica e ao ridículo" (Burzet, Ardèche); "de preferência à viúva de má conduta que se casa de novo" (Ruffec, Charente); "um velho rico que se casa com uma jovem pobre [...] sobretudo se existem filhos já grandes de um primeiro casamento" (Brioude, Haute Loire). Sem esses agravantes, era possível que os casados pela segunda vez evitassem os cumprimentos do *charivari*, até num distrito em que a prática era endêmica. O entrevistado de Vico (Córsega) respondeu num tom inesperadamente pessoal: "Levam-se em conta as situações particulares: o autor dessas informações é um viúvo casado pela segunda vez que não teve a honra do *campanaccio* [*charivari*] por ser professor na comuna e ter se casado com uma professora".

Uma resposta fornecia material para um valioso estudo de caso dessa particularidade. O *charivari* mais recente em Abzac (Gironde) "era dirigido a um homem de meia-idade que ia se casar com uma jovem que todos sabiam estar grávida e que tinha uma conduta mais que duvidosa". Realizou-se uma procissão, na qual havia três carroças puxadas por burros. Na primeira, seguia um bode, com o slogan: "Carne a preço baixo"; na segunda, "um velho completamente percluso"; na terceira, "um jovem fantasiado de ama de leite fazia de conta que amamentava um enorme bebê e com uma palha de centeio rachada imitava os gritos do recém-nascido". Se o *charivari* podia atingir tais alturas na década de 1930, não causa surpresa que o fato de acabar às vezes em violência fosse assinalado em cerca de 16% das respostas: por exemplo, Dax (Landes), Thèze (Basses Pyrénées), Conques (Aveyron), Remiremont (Vosges). É de se perguntar qual teria sido a percentagem em 1837.

Isso é o suficiente sobre o segundo casamento. E que dizer dos 7,5% dos casos que (pelo visto) ficavam fora dessa categoria? Devem simplesmente indicar aquele punhado de respostas, em que o entrevistado ia além das perguntas do questionário, acrescentando informações não solicitadas. De Conques: "quando uma mulher feriu o marido no rosto, levam-se todos os burros ou mulos da região em procissão pelas ruas da localidade". Realizavam-se *charivaris* em Echire (Deux-Sèvres) onde um dos noivos "cometera certos delitos no tocante a namoros, filho natural etc.". De Dampniet (Corrèze) veio um valioso estudo de caso:

> Na aldeia de Jubertie, uma família composta de pai, mãe e filho vivia com algum conforto. Apareceu uma sexagenária que perturbou essa felicidade tranquila. O pai ficou louco de paixão. Mas, como não podia se casar com "a bela", resolveu casá-la com seu próprio filho de 26 anos e de espírito um pouco simplório. Esse aceitou se casar com a sexagenária.

Esse *charivari* teve tons violentos e trágicos: o pai tentou se afogar, e (não conseguindo) provocou um incêndio contra um dos organizadores. Embora não se ajustasse aos termos do questionário, o assunto certamente se impôs ao entrevistado, pois ocorrera apenas dois meses antes — em abril de 1937 — causando ao prefeito grandes preocupações.

Mais uma resposta merece citação — uma resposta lançada, talvez, como segunda reflexão: "Às vezes se realiza o '*callabari*' para outras pessoas além de viúvos e viúvas — por exemplo, para os curas, mestres-escolas, funcionários públicos que moram nas aldeias, quando a população tem queixas contra eles" (Tarbes, Hautes Pyrénées). Essa evidência demole a suposta estatística de "92,5%".

NOTAS

ALGUMAS DAS SIGLAS UTILIZADAS

PRO: Public Record Office
HO: Home Office
CRO: County Record Office
WO: War Office
PP: Parlamentary Papers
MS: manuscrito
MSS: manuscritos
KB: Court of King's Bench

1. *INTRODUÇÃO: COSTUME E CULTURA* (pp. 13-24)

(1) John Brand e Henry Ellis, *Observations on popular antiquities* (1813), vol. I, p. XXI. (O prefácio de Brand data de 1795.)

(2) P. H. Ditchfield, *Old English customs extant at the present time* (1896), Prefácio.

(3) Bernard Mandeville, *The fable of the bees* (Harmondsworth, 1970), p. 191 e também p. 334.

(4) Ibid., p. 294.

(5) Em *Byrite* (1982), Bob Bushaway faz um excelente levantamento dos costumes no período entre 1700 e 1880. Ver também, de R. W. Malcolmson, *Life and labour in England, 1700-1780* (1981), cap. 4, "Beliefs, customs and identities".

(6) "O costume ou a prescrição são nulos contra o estatuto", afirma Richard Burn, abrindo contudo uma exceção para as medidas locais relacionadas com o cultivo de cereais, caso em que "diz-se que [...] o costume local deve ser observado, se datar de tempos imemoriais e houver sido respeitado sem qualquer interrupção conhecida". Richard Burn, *The justice of the peace and parish officer* (14ª edição, 1780), vol. I, p. 408.

(7) Em *Custom, work and market capitalism* (1981), C. Fisher relata o desaparecimento do costume na floresta de Dean. Será possível que "Dennis" seja uma corruptela do Estatuto de De Donis (1285?).

(8) Vários dos estudos reunidos em *Labouring men* (1964), de E. J. Hobsbawm, se referem essencialmente ao costume. Ver também John Rule, *The experience of labour in eighteenth-century industry* (1981), esp. cap. 8, "Costume, cultura e consciência".

(9) John Rule, op. cit., pp. 194, 196.

(10) Em 1837, um lojista de Woolwich se queixou de que, no dia de são Clemente (23 de novembro), "uma procissão organizada por aprendizes de ferreiros passou pelas ruas principais

da cidade, acompanhada por uma grande turba, alguns carregando tochas, outros soltando fogos de artifício em profusão da maneira mais temerária, e com isso os cavalos ligados a um dos bondes do sr. Wheatley [...] ficaram tão aterrorizados que [...] saíram correndo e fizeram o timão do bonde atravessar a vitrine do memorialista". Memorial de Robert Wollett de Woolwich, 27 de novembro de 1837, em PRO, HO 73.2.

(11) William Hone, *Every-day book* (1826), vol. I, col. 1499; F. E. Sawyer, "Old clem celebrations and blacksmiths lore", *Folk Lore Journal*, II, 1884, p. 321; G. P. G. Hills, "Notes on some blacksmiths' legends and the observante of St. Clement's Day", *Proceedings of the Hampshire Field Club*, vol. VIII, 1917-9, pp. 65-82.

(12) Com respeito à polarização das culturas no século XVII, ver a introdução dos editores em *Order and disorder in early modern England*, de Anthony Fletcher e John Stevenson (eds.) (Cambridge, 1985). E com respeito à "importante divisão" entre a cultura patrícia e a plebeia, ver *Prophecy and power: astrology in early modern England* (Oxford, 1989), de Patrick Curry, esp. cap. 7.

(13) G. L. Gomme, *Encyclopaedia of Religion and Ethics* (Edimburgo, 1913), verbete sobre folclore, pp. 57-9, citado por Bushaway, op. cit., pp. 10-1.

(14) P. Burke, *Popular culture in early modern Europe* (1978), Prefácio, citando A. L. Kroeber e C. Kluckhohn, *Culture: a critical review of concepts and definitions* (Nova York, 1952).

(15) Dois estudos interessantes sobre as restrições que o costume pode impor às expectativas materiais são: G. M. Foster, "Peasant society and the image of limited good", *American anthropologist*, abril de 1965; Daniel Vickers, "Competency and competition: economic culture in early America", *William and Mary Quarterly*, 3ª série, vol. XLVII, nº 1, janeiro de 1990.

(16) Ver Hans Medick, "Plebeian culture in the transition to capitalism", in R. Samuel e G. Stedman Jones (eds), *Culture, ideology and politics* (1982).

(17) Ver Antonio Gramsci, *Selections from the prison notebooks* (1971), pp. 419-25; Bushaway, op. cit., pp. 11-2; T. J. Jackson Lears, "The concept of cultural hegemony: problems and possibilities", *American Hist. Rev.*, 90, 1985.

(18) Os historiadores sociais têm recorrido muito pouco aos estudos de dialetos, inclusive ao *English dialect dictionary* de Joseph Wright, em seis volumes (1898-1905), que está repleto de indicações sobre o uso funcional dos dialetos.

(19) Ver o meu ensaio "Folklore, anthropology, and social history", *Indian Hist. Rev.*, vol. III, nº 2, janeiro de 1977, p. 265.

(20) Ver, por exemplo, Adrian J. Randall, "Work, culture and resistance to machinery in the West of England woollen industry", in Pat Hudson (ed), *Regions and industries: a perspective on the Industrial Revolution in Britain* (Cambridge, 1989).

(21) Exemplos extremos de vida picaresca aparecem em *Between the devil and the deep blue sea*, de Marcus Rediker (Cambridge, 1987), e em *The London hanged*, de Peter Linebaugh (Harmondsworth, 1991).

(22) Gerald M. Sider, *Culture and class in anthropology and history* (Cambridge, 1986), p. 940.

(23) Mandeville, op. cit., pp. 292-3.

2. *PATRÍCIOS E PLEBEUS* (pp. 25-85)

(1) *The life of William Hutton* (1817), p. 177.

(2) Jeanette Neeson me passou o termo "criado pela *gentry*" no que diz respeito a "os pobres".

(3) F. M. L. Thompson, *English landed society in the nineteenth century* (1963), p. 16.

(4) Ver John Barrell, *The dark side of the landscape* (Cambridge, 1980).

(5) M. K. Asby, *Joseph Ashby of Tysoe* (Cambridge, 1961, e Londres, 1974).

(6) Ver o meu *Whigs and hunters* (Londres e Nova York, 1975), e D. Hay, P. Linebaugh e E. P. Thompson (orgs.), *Albion's fatal tree* (Londres e Nova York, 1975).

(7) P. Langford, *A polite and commercial people: England 1727-1783* (Oxford, 1989).

(8) O termo "protoindustrial" introduz novas dificuldades, mas é um conceito mais preciso do que "pré-industrial", sendo preferível para fins descritivos.

(9) Essa impressão foi criada em *The world we have lost* (1965) de Peter Laslett. Encontra-se uma visão mais estrita das teorias do patriarcado em *Patriarchalism in political thought* (Nova York, 1975) de G. Schochet.

(10) Esse trecho é tirado de uma passagem muito geral em *The German ideology* (1845). Ver Marx e Engels, *Collected works* (1976), v, pp. 65-7. Sobre as dificuldades causadas pela apropriação de significados um tanto diferentes do termo "patriarcado" na teoria feminista, ver pp. 374-8.

(11) Harold Perkin, *The origins of modern English society 1780-1800* (1969), p. 42; Alexander Marchant, "Colonial Brazil", in H. V. Livermore (ed.), *Portugal and Brazil: an introduction* (Oxford, 1953), p. 297.

(12) Ver Eugene D. Genovese, *The world the slaveholders made* (Nova York, 1969), esp. p. 96.

(13) Talvez ficassem surpresos ao saber que pertenciam a uma "sociedade de consumidores".

(14) Ver Laslett, ibid., p. 21.

(15) Ver Raymond Williams, *The country and the city* (Oxford, 1973), passim.

(16) Ver os casos instrutivos da entrada de Walpole em Richmond Park, e da expulsão do general Pepper de Enfield Chase, em meu *Whigs and hunters*, cap. 8.

(17) Não devemos esquecer que a grande investigação de Namier sobre o caráter do sistema parlamentar começou como um estudo sobre "O problema imperial durante a Revolução Americana". Ver *The structure of politics at the accession of George III*, Prefácio da 1ª edição (1928).

(18) Manuscrito de Blenheim (Sunderland), D, II, 8.

(19) J. H. Plumb, *Sir Robert Walpole* (1960), II, pp. 168-9.

(20) P. Langford, "William Pitt and public opinion, 1757", *English Historical Review*, CCCXLVI (1973). Mas quando no poder, o "patriotismo" de Pitt se limitou apenas à ala direita do governo. A ala esquerda, Newcastle, "assumiu o tesouro, as concessões de cargos civis e eclesiásticos e o uso daquela parte do dinheiro do serviço secreto que era empregada para subornar membros do Parlamento. Pitt era o secretário de Estado, com o comando da guerra e das relações exteriores. Assim, a sujeira de todos os esgotos ruidosos e pestilentos do governo era despejada num único canal. Pelo outro, passava apenas o que era brilhante e imaculado" (T. B. Macaulay, *Critical and historical essays* [1880]), p. 747.

(21) Ibid., p. 746.

(22) Devo enfatizar que essa é uma percepção do Estado visto de "dentro". De "fora", na sua efetiva presença militar, naval, fiscal, diplomática e imperial, direta ou indiretamente (como na paraestatal Companhia das Índias Orientais), ele deve ser visto sob um aspecto muito mais agressivo. Em *The sinews of power* (1989), John Brewer nos presta um grande auxílio ao analisar a sua força militar, bem como a eficiência de sua organização fiscal e sua burocracia tributária — os departamentos do Tesouro e os extensivos serviços aduaneiros eram relativamente isentos de corrupção e favores endêmicos em outros órgãos do governo. Essa mistura de fraqueza interna e força externa, e o equilíbrio entre as duas (nas políticas de "paz" e "guerra"), nos conduzem à maioria das reais questões de princípio discutidas na alta política da metade do

século XVIII. Quando as fraquezas inerentes ao parasitismo interno tiraram as suas vinganças nas derrotas externas (a perda de Minorca e o sacrifício ritual do almirante Byng, o desastre americano), é que membros da classe dominante foram arrancados do mero facciosismo e passaram a ter uma política de princípios de classe.

(23) Mas tem havido uma mudança significativa na historiografia recente, a de levar mais a sério as relações entre os políticos e a nação política "*without doors*". Ver J. H. Plumb, "Political man", in James L. Clifford (org.), *Man versus society in eighteenth-century Britain* (Cambridge, 1968); John Brewer, *Party ideology and popular politics at the accession of George III* (Cambridge, 1976); e Linda Colley, *In defence of oligarchy: the Tory Party, 1714-1760* (Cambridge, 1982).

(24) "Na nossa época, a oposição está entre uma Corte corrupta, acompanhada de uma numerosa multidão de todas as posições sociais comprada com dinheiro público, e a parte independente da nação" (*Political disquisitions or an enquiry into public errors, defects, and abuses* [1774]). Essa é também a crítica da antiga oposição "Country" a Walpole.

(25) C. F. Burgess (org.), *Letters of John Gay* (Oxford, 1966), p. 45.

(26) Mas note-se a relevante discussão em John Cannon, *Parliamentary reform, 1640-1832* (Cambridge, 1973), p. 49, nota 1.

(27) Esse é um tema consistente e persuasivo de Paul Langford, *A polite and commercial people*, op. cit., esp. cap. 2.

(28) Ver Nicholas Rogers, *Whigs and cities* (Cambridge, 1989).

(29) Ver esp. P. Corfield, *The impact of English towns, 1700-1800* (Oxford, 1982); P. Borsay, *The English urban renaissance* (Oxford, 1989); P. Clark (ed.), *The transformation of English provincial towns, 1600-1800* (1984).

(30) Nicholas Rogers, "Aristocratic clientage, trade and independency: popular politics in pre-radical Westminster", *Past and Present*, 61, 1973.

(31) "11 de abril de 1779 [...] Havia carruagens na igreja. Logo depois da cerimônia, o sr. Custance veio falar comigo, para me dizer que desejava que eu aceitasse um pequeno presente. Estava embrulhado num pedaço de papel branco muito fino, e ao abri-lo, descobri que continha nada menos que a soma de 4. 4. 0. Ele também deu ao clérigo 0. 10. 6." (*The diary of a country parson* [1963], p. 152).

(32) "A caixa de correio de cada membro do Parlamento que tivesse as mais ínfimas pretensões a exercer alguma influência estava sempre cheia de pleitos e demandas dos eleitores para si mesmos, seus parentes ou dependentes. Postos na alfândega e na aduana, no Exército e na Marinha, na Igreja, nas Companhias das Índias Orientais, da África e do Levante, em todos os departamentos do Estado, desde porteiros a escrivães: empregos na Corte para a *gentry* real ou sinecuras na Irlanda, no corpo diplomático, ou em qualquer outro lugar onde as tarefas fossem leves e os salários estáveis" (J. H. Plumb, "Political man", p. 6).

(33) Daí a nota zangada de Blake a Sir Joshua Reynolds: "Generosidade! Não queremos generosidade. Queremos um preço justo, um valor proporcional e uma demanda geral para a arte" (Geoffrey Keynes [org.], *The complete writings of William Blake* [1957], p. 446).

(34) Sobre os comentários selvagens de Place a respeito de deferência e independência, ver Mary Thale (org.), *The autobiography of Francis Place* (Cambridge, 1972), pp. 216-8, 250.

(35) Embora a oposição "Country" a Walpole tivesse demandas centrais que eram democráticas na forma (parlamentos anuais, restrições a cargos públicos e corrupção, nenhum exército permanente etc.), a democracia exigida era certamente limitada, em geral, para a *gentry* proprietária de terras (em oposição à Corte e aos interesses do dinheiro), como fica claro pelo continuado apoio *tory* ao requisito de propriedade de terra para os membros do Parlamento. Ver a proveitosa discussão de Quentin Skinner (que, entretanto, negligencia a dimensão da nação política "*without doors*", a que Bolingbroke apelava). "The principles and practice of opposition: the case of Bo-

lingbroke versus Walpole", in Neil McKendrick (ed.), *Historical perspectives* (1974); H. T. Dickinson, "The eighteenth-century debate on the 'Glorious Revolution'", *History,* vol. LXI, 201 (fevereiro de 1976), pp. 36-40; e (sobre a continuidade entre a plataforma do antigo Country Party e os novos *whigs* radicais) Brewer, op. cit., pp. 19, 253-5. Os *whigs* hanoverianos também endossavam o requisito de grande propriedade para os membros do Parlamento: Cannon, op. cit., p. 36.

(36) Ver Brewer, op. cit., cap. 8. Encontra-se um exemplo de sua extensão provinciana em John Money, "Taverns, coffee houses and clubs local politics and popular articulacy in the Birmingham area in the age of the American Revolution", *Historical Journal* (1971), vol. XIV, 1.

(37) Defoe, *The great law of subordination consider'd* (1724), p. 80. Ver Christopher Hill, "Pottage for freeborn Englishmen: attittudes to wage labour in sixteenth and seventeenth century England", in C. Feinstein (ed.), *Socialism, capitalism and economic growth* (Cambridge, 1964).

(38) Ver A. Kussmaul, *Servants in husbandry in early modern England* (Cambridge, 1981); R. W. Malcolmson, *Life and labour in England, 1700-1780* (1981), pp. 71-4; Michael Roberts, "'Waiting upon Chance': English Hiring Fairs", *Journal of Historical Sociology,* vol. I (1988).

(39) Defoe, op. cit., p. 97.

(40) Hants, CRO, Ecles., II, 415809, E/B12. Ver também *Whigs and hunters*, pp. 126-30.

(41) Em *Artisans and sansculottes* (1968), Gwyn Williams escreve sobre "o mundo breve, devasso, violento, colorido, caleidoscópico e picaresco da sociedade pré-industrial, quando de um terço à metade da população não vivia somente na linha da subsistência, mas fora da lei e às vezes contra a lei". Essa é uma maneira de ver parte dessa população: e isso fica confirmado por vários estudos em P. Linebaugh, *The London hanged* (1991). Entretanto, outra parte dessa população não deve ser estereotipada como devassa, colorida e criminosa: revisões que têm aumentado os números de pessoas empregadas na indústria (inclusive indústrias rurais) — ver esp. P. H. Lindert, "English occupations, 1670-1811", *J. Econ. Hist.*, 40 (1980) — a redescoberta da "economia da choupana" e de um campesinato inglês — ver David Levine, *Reproducing families* (Cambridge, 1987) e abaixo p. 142-3 — e todos os trabalhos e discussões em torno da "protoindustrialização" têm servido para enfatizar o setor substancial e crescente da economia que era independente do controle da *gentry* no século XVIII.

(42) J. Mathews, *Remarks on the cause and progress of the scarcity and dearness of cattle* (1797), p. 33.

(43) Exposição de John Hale, escrivão do Tribunal Senhorial de Enfield, para George II, s.d., Cambridge Univ. Lib., Cholmondeley (Houghton), MSS, 45/40.

(44) *Herald, or patriot-proclaimer*, 24 de setembro de 1757. Mesmo dentro dos portões do parque, a *gentry* se queixava de indisciplina. Assim, os criados na casa-grande eram acusados de intimidar os convidados, perfilando-se no saguão à sua saída para pedir gorjetas ou "favores": ver *A letter from a gentleman to his friend, concerning the custom of giving and taking vails* (1767).

(45) Até no Oeste da Inglaterra, onde os fabricantes de roupas estavam se tornando fidalgos, um forte senso de distinção ainda se fazia sentir na primeira metade do século. Em 1738, um "inglês" escreveu a Lord Harrington para se queixar dos "artifícios e do orgulho dos fabricantes de roupa, como o fato de viverem luxuosamente, negligenciarem o seu negócio, deixarem o trabalho a cargo dos criados", "baixando os salários dos pobres", e pagando-os em gêneros. O remédio (sugeria) estava numa comissão de inquérito, composta de "homens de grande fortuna", que seria suficientemente independente para acatar as evidências dos pobres tecelões: PRO, SP 36.47.

(46) Ibid.

(47) Langhorne, *The country justice* (1774).

(48) Como exemplo, no casamento de Sir Wilham Blacket com Lady Barbara Vilers, em 1725, grande parte de Northumberland estava arrolada nas celebrações. Em Newcastle, acen-

deram-se fogueiras por dois dias, e os sinos e os canhões soaram. O grande sino em Hexham estalou com os toques retumbantes. Em Wellington, os penhascos foram iluminados, e numa grande poncheira cortada na rocha foi despejado o ponche etc. *Newcastle Weekly Courant,* 2 de outubro de 1725.

(49) *London Magazine*, VIII, 1738, pp. 139-40. Meus agradecimentos a Robert Malcolmson.

(50) Douglas Hay, "Property, authority and the Criminal Law", in Hay et al., *Albion's fatal tree* (1975).

(51) Montagu a Newcastle, 19 e 22 de março de 1727/8, PRO, SP 36.5, fls. 218-9, 230-1.

(52) Ver Peter Linebaugh, *The London Hanged,* op. cit. A afirmação de Thomas Laqueur de que as autoridades não tinham controle "autoral" sobre as execuções é confirmada por evidências anedóticas do tipo do *Newgate Calendar* (exemplos da gritaria que incitava os carrascos em Tyburn, copiada diligentemente nas crônicas populares), mas não pela pesquisa nas fontes (documentos do Estado, documentos legais e militares etc.) relevantes para esse julgamento. As execuções não eram, como supõe Laqueur, "mais risíveis que solenes", e apresentar a multidão de Tyburn como um "bando de carnaval" é compreender erroneamente a multidão e difamar o "carnaval". Os dias de enforcamento em Tyburn frequentemente representavam o conflito entre roteiros alternativos — o das autoridades e o da multidão ressentida e brutalizada de Tyburn. Esse tipo de multidão que se aglomerava ao redor das execuções era *uma multidão para execução* (e nada tinha de carnaval). Foi um dos fenômenos mais brutalizados da história, e os historiadores deviam dizê-lo: ver Laqueur, "Crowds, carnaval and the state of English executions, 1604-1868", in Beier et al., *The first modern society* (Cambridge, 1989). Às vezes a multidão podia expressar outros tipos de solidariedade com os condenados: ver Linebaugh, "The Tyburn riots against the surgeons", in Hay et al., op. cit.

(53) John Brand e Henry Ellis, op. cit., vol. I, p. XVII.

(54) Biblioteca Bodleian, MSS diários de Hearne, p. 175.

(55) R. W. Malcolmson, "Popular recreations in English society, 1700-1850" (Tese de Ph. D., Univ. de Warwick, 1970), pp. 11-7.

(56) P. H. Ditchfield, *Old English customs* (1896), p. 125.

(57) Paul Bois, *Paysans de l'Ouest* (Paris, 1960), p. 307.

(58) Defoe, op. cit., p. 62.

(59) J. Horsfall Turner (org.), *The Rev. Oliver Heywood, B.A.* (Brighouse, 1881), vol. II, pp. 294, 271.

(60) Ibid., pp. 264, 294.

(61) J. Benson, *Life of the Reverend John William de la Flechere* (1805:1835 edn.), p. 78, descrevendo a festa de Madeley Wake em 1761. (Meus agradecimentos a Barrie Trinder.)

(62) *An enquiry into the causes of the late increase of robbers* (1751), in Henry Fielding, *Complete works* (1967), vol. XIII, p. 11. Conferir Bernard Mandeville, *The fable of the bees* (Penguin, 1970), pp. 257, 292-3.

(63) Ibid., p. 164.

(64) L. Brentano, *On the history and development of guilds and the origin of trade unions* (1870).

(65) Sidney e Beatrice Webb, *The history of trade unionism* (1894/1920), cap. 1.

(66) Essa questão foi reaberta por E. J. Hobsbawn, "The machine breakers", in *Labouring men* (1964), publicado pela primeira vez em *Past and Present* em 1952.

(67) Sobre a organização sindical local e da comunidade, ver Adrian Randall, "The industrial moral economy of the Gloucestershire weavers in the eighteenth century", in John G. Rule (ed.), *British Trade Unionism, 1750-1850* (1988), esp. pp. 20-35.

(68) Assim, na sua proveitosa compilação sobre *British Trade Unionism: the Formative Years,* John Rule toma 1750 como a data inicial. C. R. Dobson, *Masters and journeymen: A prehistory of industrial relations* (1980), cobre as datas de 1717-1800. Ver também o ensaio valioso de R. W. Malcolmson, "Workers' combinations in eighteenth-century England", in M. e J. Jacob (orgs.), *The origins of Anglo-American Radicalism* (1984). Na p. 160, nota 38, ele apresenta um agrupamento de tecelões em Bristol em 1727. John Rule discute a questão mais detalhadamente em *The experience of labour in eighteenth-century industry* (1981), esp. pp. 151-4. Nenhum desses autores parece mencionar a extensa organização dos tecelões de Essex em Colchester e sua região, o que muito preocupou o Conselho Privado em 1715. Quando o prefeito de Colchester prendeu alguns de seus porta-vozes, os colegas os resgataram e "muitas centenas deles marcharam cidade adentro, todos armados com pistolas, espadas ou cacetes [...]", e também com uma declaração clara de suas queixas e demandas: ver extensa documentação em PRO, PC, 1.14. 101, partes II e III.

(69) Depoimentos e interrogatórios em PRO, KB 1.3. Os infratores, que devem ter passado alguns meses na prisão, foram obrigados a pagar oitenta libras ao acusador (seu mestre): *British Journal*, 19 de fevereiro de 1726; *Newcastle Weekly Courant*, 19 de fevereiro de 1726; *Ipswich-Journal*, 7 de agosto de 1725, citado por Malcolmson, op. cit., p. 160 (nota 39), p. 157.

(70) *A particular account of the processions of the different trades, in Manchester, on the day of the Coronation of their Majesties, King George the Third and Queen Charlotte* (22 de setembro de 1761), fólio de folha única, Bib. Ref. de Manchester.

(71) J. M. Fewster, "The Keelmen of Tyneside in the eighteenth century", *Durham University Journal*, s.n., vol. 19, 1957-8.

(72) *HMC Var. Coll.* (1913), p. 581.

(73) *Report of the trial of Alexander Wadsworth against Peter Laurie before Lord Ellenborough, 18 May 1811* (1811), na Bib. Univ. Columbia, Coleção Seligman, vol. XII.

(74) *HMC Var. Coll.* VIII (1913), pp. 578-84.

(75) Os srs. Bytterwood, Cook e Bradshaw ao duque de Portland, 24 de fevereiro de 1799, PRO, Ho, 42.46. Os magistrados reclamaram que os militares (em Hampton Court) não os ajudaram a reprimir o futebol ou a fazer cumprir o Riot Act, tendo o oficial comandante se ausentado do local da ação (apesar de previamente avisado). O duque de Portland comentou a queixa: "Esses cavalheiros não parecem ter cuidado do caso da melhor forma possível, mas o seu crédito, como magistrados, torna necessário que se dê atenção à sua queixa".

(76) Impropriamente, tirei os versos de duas versões diferentes: Jon Raven, *The urban and industrial songs of the Black Country and Birmingham* (Wolverhampton, 1977), versão (b) p. 50, e Roy Palmer (ed.), *Songs of the Midlands* (Wakefield, 1972), p. 88.

(77) Ver meu ensaio "O crime do anonimato", in Hay et al., op. cit.

(78) Sobre o calendário do simbolismo político popular (jacobita e hanoveriano), ver esp. Rogers, *Whigs and cities*, pp. 354-8.

(79) Apesar dos progressos substanciais nos estudos históricos jacobitas, a evidência quanto às dimensões do apoio popular continua fluida. Encontra-se uma excelente avaliação em Nicholas Rogers, "Riot and popular jacobitism in early hanoverian England", in Eveline Cruikshanks (ed.), *Ideology and conspiracy: aspects of jacobitism, 1689-1759* (Edimburgo, 1982). O professor Rogers mostra que o volume considerável de manifestações anti-hanoverianas e jacobitas (especialmente entre 1714 e 1725) não pode ser tomado como uma indicação de compromisso organizado ou de intento insurrecionário, mas deve ser considerado um escárnio simbólico dos governantes hanoverianos. As manifestações eram "provocadoras, desafiadoras, derrisórias" — mas nem por isso menos importantes. Rogers desenvolveu essas percepções em *Whigs and cities*, passim, obra em que especula (pp. 378-82) sobre as razões para o marcado declínio de simpatia jacobita entre as multidões urbanas inglesas entre 1715 e 1745.

(80) Interrogatórios e depoimentos em PRO, SP, 44.124, fls. 116-132.

(81) O prefeito e as autoridades municipais ao "Senhor", 7 de julho de 1772, PRO, WO 40.17.

(82) O prefeito de Newcastle-upon-Tyne ao duque de Newcastle, 27 de junho de 1740, PRO, SP 36.51.

(83) Ridley, membro do conselho administrativo da cidade, "Relatório dos Tumultos", Northumberland CRO, 2 RI 27/8.

(84) PRO, WO 1.989.

(85) Encontra-se uma tradução ligeiramente diferente em *Grundrisse* (Penguin, 1973), pp. 106-7. Mesmo aqui, entretanto, a metáfora de Marx não se relaciona com as formas sociais ou de classe, mas com as relações econômicas dominantes e subordinadas coexistentes.

(86) Estou defendendo nesse ponto o argumento de Gerald M. Sider, "Christmas mumming and the New Year in outport Newfoundland", *Past and Present* (maio de 1976).

(87) HMC, MSS Portland, pp. VII, 245-6.

(88) PRO, KB 2 (1), declarações juramentadas, Páscoa 10 G I, relativas a Henstridge, Somerset, 1724. Na ascensão de George ao trono, o povo de Bedford "enlutou o mastro de maio", e um oficial militar o derrubou. Em agosto de 1725, houve um confronto a respeito de um mastro de maio em Barford (Wilts.) entre os habitantes e um cavalheiro que suspeitava ter sido o mastro roubado de suas matas (o que era provavelmente verdade). O cavalheiro convocou uma milícia para ajudá-lo, mas os habitantes ganharam: sobre Bedford, *An account of the riots, tumults and other treasonable practices since His Majesty's Accession to the Throne* (1715), p. 12; sobre Barford, *Mist's Weekly Journal*, 28 de agosto de 1725.

(89) Entretanto, os episódios do mastro de maio nos lembram que a tradição paternalista *tory*, que se volta retrospectivamente para o *Stuart book of sports* e que oferece patrocínio ou uma calorosa permissividade às recreações do povo, continua extremamente vigorosa até no século XIX. Esse tema é demasiado amplo para ser examinado neste capítulo, mas ver R. W. Malcolmson, *Popular recreations in English society, 1700-1850* (Cambridge, 1973); Hugh Cunningham, *Leisure in the Industrial Revolution* (1980), caps. 1 e 2.

(90) Biblioteca William L. Clement, Ann Arbor, Michigan, *Shelburne Papers*, vol. 133, "Memoriais of dialogues betwixt several Seamen, a certain Victualler, & a S-1 Master in the late riot".

(91) Não fica claro se os marinheiros que estavam preparando o impresso eram porta-vozes autênticos de seus colegas. Outra testemunha ocular das manifestações dos marinheiros registrou que "eles se vangloriavam de ser a *favor do rei e do Parlamento*": P. D. G. Thomas, "The St. George's Fields 'massacre' on 10 may 1768", *London Journal*, vol. 4, nº 2, 1978. Ver também G. Rudé, *Wilkes and liberty* (Oxford, 1962), p. 50; Brewer, op. cit., p. 190; W. J. Shelton, *English hunger and industrial disorders* (1973), pp. 188, 190.

(92) Ver John Brewer, *The sinews of power*, op. cit., pp. 44-55.

(93) Ver Tony Hayter, *The Army and the Crowd in eighteenth-century England* (1978), caps. 2 e 3: e também pp. 52-3 passim.

(94) Apesar de sua argumentação persuasiva a favor da força do "Estado fiscal-militar" inglês, John Brewer admite que "a força armada tinha um valor muito limitado em fazer respeitar a autoridade na Inglaterra": Brewer, op. cit., p. 63.

(95) Embora se tenha tomado muito cuidado para limitar os confrontos com a multidão. Ver a correspondência de Townshend com Vaughan, a respeito dos tumultos dos tecelões no Oeste da Inglaterra em janeiro de 1726/7, em PRO, SP 44.81 I, fls. 454-8: "É sempre o desejo de Sua Majestade que sejam empregados os meios mais brandos para acalmar esses distúrbios". O emprego de soldados contra os tecelões é "muito contrário aos desejos do rei", "o rei deseja que não se deixe de empregar todos os métodos suaves [...] [para] acalmar o povo" etc.

(96) Biblioteca Friends House, Mss Gibson, vol. II, p. 113. Henry Taylor a James Phillips, 27 de novembro de 1792. Meus agradecimentos a Malcolm Thomas.

(97) British Library, Newcastle MSS, Add. MSS 32, 732, Poulett a Newcastle, 11 de julho de 1753.

(98) Ibid.

(99) Ibid., H. Pelham a Newcastle, 7 de julho de 1753.

(100) Não duvido que houvesse uma tradição paternalista genuína e significativa entre a *gentry* e grupos profissionais. Mas esse é um tema diferente. O meu tema neste ensaio é definir os limites do paternalismo e apresentar objeções à noção de que as relações sociais (ou de classe) do século XVIII fossem mediadas pelo paternalismo, nos próprios termos do paternalismo.

(101) O professor J. H. Hexter ficou espantado quando pronunciei essa conjunção imprópria ("burguesia agrária") no seminário de Davis Center em Princeton em 1976. Perry Anderson também se espantou dez anos antes: "Socialism and pseudo-empiricism", *New Left Review*, XXXV (janeiro-fevereiro de 1966), p. 8: "Uma burguesia é baseada em *cidades*. É isso o que a palavra significa". Ver também (no meu lado da discussão) Genovese, *The world the slaveholders made*, p. 249; e um comentário judicioso sobre a discussão em Richard Johnson, *Working papers in cultural studies*, XI (Birmingham, primavera de 1976). Minha reafirmação desse argumento marxista (um tanto convencional) foi feita em "The peculiarities of the English", *Socialist Register* (1965), esp. p. 318. Aqui, não só enfatizo a lógica econômica do capitalismo agrário, mas também o amálgama específico dos atributos rurais e urbanos no estilo de vida da *gentry* do século XVIII: as estações de águas, a temporada em Londres ou na cidade, os ritos periódicos de passagem urbanos na educação ou nos vários mercados de casamento, e outros atributos específicos de uma cultura agrária-urbana mista. Os argumentos econômicos (já competentemente apresentados por Dobb) foram reforçados por Brenner, "Agrarian class structure and economic development in pre-industrial Europe", *Past and Present*, 70, fevereiro de 1976, esp. pp. 62-8. Encontram-se evidências adicionais quanto aos recursos urbanos à disposição da *gentry* em Peter Borsay, "The English urban renaissance: the development of provincial urban culture, c. 1680-c. 1760", *Social History*, V (maio de 1977).

(102) Numa crítica relevante a certos usos do conceito de hegemonia, R. J. Morris observa que ele pode implicar "a quase impossibilidade de a classe trabalhadora ou setores organizados dessa classe criarem ideias radicais [...] independentes da ideologia dominante". O conceito implica a necessidade de confiar essa tarefa a intelectuais, enquanto o sistema de valor dominante é visto como "uma variável exógena gerada independentemente" dos grupos ou classes subordinadas ("Bargaining with hegemony", *Bulletin of the Society for the Study of Labour History*, outono de 1977, pp. 62-3). Ver também a aguda resposta de Genovese a críticas sobre esse ponto em *Radical History Review*, inverno de 1976-7, p. 98; e T. J. Jackson Lears, "The concept of cultural Hegemony", *American Hist. Rev.*, xc, 1985.

(103) Ver a crítica útil de Geoff Eley, "Re-thinking the political: social history and political culture in 18th and 19th century Britain", *Archiv für Sozialgeschichte* (Bonn), Band XXI, 1981. E também Eley, "Edward Thompson, social history and political culture", in Harvey J. Kaye e Keith McClelland (eds.), *E. P. Thompson: critical perspectives* (Oxford, 1990).

(104) Linda Colley, "The politics of eighteenth-century British history", *Journal of British Studies*, 24, 1986, O. 366.

(105) Jürgen Habermas, "The public sphere", *New German Critique*, 3, outono de 1974.

(106) John Brewer, "English radicalism in the age of George III", in J. G. A. Pocock (ed.), *Three British revolutions* (Princeton, N. J., 1980), p. 333.

(107) Eley, "Re-thinking the political", op. cit., p. 438.

(108) John Cannon, *Aristocratic century: the peerage of eighteenth-century England* (Cambridge, 1984), p. IX.

(109) Brewer, op. cit., p. 339. Ver também Brewer, "Commercialization and politics", in N. McKendrick, John Brewer e J. Plumb, *The birth of a consumer society* (Bloomington, 1982).

(110) Paul Langford, op. cit., p. 653, observa a demorada admissão da "classe média" no uso geral, e comenta que a classe média "só era unida na determinação de seus membros de se tornarem cavalheiros e damas, identificando-se assim com a classe alta". Devo a Dror Wahrman, da Universidade de Princeton, a oportunidade de ler parte de sua pesquisa inédita sobre a resistência explícita e politicamente motivada à admissão da "classe média" no uso geral.

(111) Ver Linda Colley, op. cit., p. 371: "Se os antagonismos sociopolíticos estavam se tornando mais agudos no final do século XVIII (como acredito que acontecia), seria de esperar não só um aumento na consciência e amargura plebeia, mas também a presença de um grupo dominante mais ávido de cargos, honras, riqueza e identidade cultural distinta".

(112) Encontra-se um excelente estudo em John Walsh, "Methodism and the mob in the eighteenth century", in G. J. Cuming e D. Baker, *Studies in church history* (Cambridge, 1971), vol. 8.

(113) Exemplos em Linda Colley, "The apotheosis of George III: loyalty, royalty and the British nation, 1760-1820", *Past and Present*, 102, fevereiro de 1984.

(114) James L. Fitts, "Newcastle's mob", *Albion*, vol. 5, nº 1, primavera de 1973.

(115) *Life of Allen Davenport* (1845), pp. 18-9.

(116) Gerald Jordan e Nicholas Rogers, "Admirals as heroes: patriotism and liberty in hanoverian England", *Journal of British Studies* vol. 28, nº 3, julho de 1989; Kathleen Wilson, "Empire, trade and popular politics in mid-hanoverian Britam: the case of admiral Vernon", *Past and Present*, 121, 1988.

(117) Plumb, "Political man", op. cit., p. 15.

(118) J. Telford (org.), *Letters to the Rev. John Wesley* (1931), vol. VI, p. 178, citado em J. C. D. Clark, *English society, 1688-1832* (Cambridge, 1985), p. 236. Não fica claro até que ponto o sr. Clark endossa o alarmismo de Wesley.

(119) Espera-se ansiosamente o seu próximo livro, *Crowds, politics, and culture in eighteenth-century England*, que promete suplantar todos os estudos anteriores. Também se espera o próximo livro de Kathleen Wilson, *"The sense of the people": urban political culture in England, 1715-1785*.

(120) Rogers, *Whigs and cities*, esp. pp. 351, 368-72.

(121) Ibid., p. 372.

3. *COSTUME, LEI E DIREITO COMUM* (pp. 86-149)

(1) Sir Edward Coke, *The complete copy-holder* (1641); S. C. [S. Carter], *Lex custumaria: or, a treatise of copy-hold estates* (2ª ed., 1701), cap. 4, que resume a lei em vigor por volta de 1700. A lei relativa ao costume foi certamente modificada pelos julgamentos do século XVIII, e um resumo útil do que prevalecia por volta de 1800 se encontra em R. B. Fisher, *A practical treatise on copyhold tenure* (1794; 2ª ed. 1803), cap. 6. Um estudo autorizado sobre a lei costumária no século XIX é a obra de John Scriven, *A treatise on the law of copy-holds* (7ª ed., 1896). Sobre o final do século XIX, ver J. H. Balfour Browne, *The law of usages and customs* (1875), cap. 1.

(2) Depoimento de Jarvis Knight, PRO, KB 1.2, parte 2, Trinity 10 Geo. I.

(3) Às vezes, os paroquianos enfiavam os meninos pequenos na vala ou lhes davam uns sopapos, para que o lugar ficasse impresso em suas memórias. Encontravam-se tais práticas por toda parte. Em Shetland, "numa inspeção para determinar os limites das terras comuns do distrito de Uist no ano de 1818 [...] o sr. Mowat, com o objetivo de fixar na lembrança que Tonga era o limite, bateu nas costas de Fredman Stickle [...] com o chicote do cavalo". Brian Smith, "What is a scattald?", in Barbara Crawford (org.), *Essays in Shetland history* (Lerwick, 1984), p. 104.

(4) E. P. Thompson, *Whigs and hunters* (1975), esp. pp. 298-300.

(5) Anônimo, *Two historical accounts of the making of the New Forest and of Richmond New Park* (1751). Em 1748, o pároco de Bainton (Yorkshire) levou seus paroquianos a derrubar as cercas (do cercamento) levantadas pelo senhor da herdade; o pároco, William Territt, acabou na Corte de York: W. E. Tate, *The English village community and the enclosure movements* (1967), p. 152.

(6) Depoimentos de Charles Gray e de Richard Collyere em PRO, KB 1.2, parte 2 (1724).

(7) "A commoner" [rev. Good de Weldon], *A letter to the commoners in Rockingham Forest* (Stamford, 1744), p. 18.

(8) "An exhortation to be spoken to such Parishes where they use their perambulation in rogation week", *Certain sermons and homilies appointed to be read in churches in the time of Queen Elizabeth* (1851), pp. 529-30.

(9) Stacey Grimaldi, "Report upon the rights of the crown in the forest of Whichwood", 2 vols. (manuscrito em meu poder, 1838), I, sem paginação, seção sobre "madeira e árvores novas nas herdades".

(10) PRO, KB 2.1, parte 2, *Rex vs John Stallard*. Elizabeth Blusk abortou em consequência da surra que levou de Stallard.

(11) PRO, C 104.113, parte 1, em torno de (1720). Sobre os costumes excepcionalmente obstinados e ritualizados da floresta em Loughton, ver Lord Eversley, *Commons, forests and foot-paths* (1910), pp. 86 ss, 106-8; e mais adiante pp. 142-3.

(12) Pierre Bourdieu, *Outline of a theoty of practice* (Cambridge, 1977), cap. 4. Esta é minha interpretação do conceito mais estrito de Bourdieu.

(13) Isso acontecia especialmente nos lugares em que os direitos de posse por aforamento e costume sobreviviam com grande força: ver C. E. Searle, "Custom, class conflict and agrarian capitalism: the cumbrian customary economy in the eighteenth century", *Past and Present*, 110 (1986), esp. pp. 121-32.

(14) *Commons Journals*, XLVII (1792), p. 193.

(15) P. A. J. Petit, *The royal forests of Northamptonshire, 1558-1714* (Northants, Record Society, 1968), pp. 48-9.

(16) Manuscritos do conde St. Aldwyn, PPD/7, trechos tirados de diários e crônicas, em torno de 1722, copiados em 1830.

(17) Camb. Univ. Lib., MSS C(H), 62/38/1, Relatório de Charles Withers para os Fiscais do Tesouro, 10 de abril de 1729.

(18) Jean Birrell, "Common rights in the medieval forest", *Past and Present*, 117 (1987), pp. 29 ss.

(19) Ver Alice Holt Forest, por exemplo, no meu *Whigs and hunters*, p. 244.

(20) O falecido W. E. Tate recebeu "The charnwood opera", com uma caligrafia da metade de século XVIII, de um livreiro de Nottingham: ver Tate, op. cit., ilustração XIII e p. 214; há muitos anos, ele gentilmente me mandou uma transcrição da obra. Encontrou-se o original entre os documentos de Tate na Biblioteca da Universidade de Reading. Ver Roy Palmer, *A ballad history of England* (1979), pp. 59-61; John Nichols, *History and antiquities of the county of Leiscester* (1800), III, p. 131. A lei para fechar a floresta de Charnwood foi aprovada em 1808, mas só foi posta em execução em 1829. Para outros exemplos de oposição a viveiros de coelhos, ver Douglas Hay, "Poaching and the game laws on cannock chase", in Douglas Hay, Peter Linebaugh e E. P. Thompson, *Albion's fatal tree* (1975); "Fifth report of land revenue comissioners (New Forest)", *Commons Journals*, XLIV (1789), pp. 561, 565. Roy Palmer e John Goodacre estão preparando uma edição de "The charnwood opera" para publicação.

(21) Ver Roger Manning, *Village revolts* (Oxford, 1988).

(22) Ver o meu *Whigs and hunters*, e também John Broad, "Whigs, deer-stealers and the origins of the black act", *Past and Present*, 119 (1988).

(23) *Commons Journals*, XLVI (1790-1), p. 101.

(24) *Science*, 162 (1968), pp. 1343-8.

(25) W. F. Lloyd, *Two lectures on the checks to population* (1833), trechos republicados em G. Hardin e J. Baden (orgs.), *Managing the commons* (San Francisco, 1977).

(26) Ver Bonnie M. McCoy e James M. Acheson (orgs.), *The question of the commons* (Tucson, 1987). Esses estudos sobre a cultura e a ecologia de recursos comuns tratam de recursos advindos da pesca, pastagens e florestas, mas não examinam o contexto agrário inglês do século XVIII, do qual deriva o argumento de W. F. Lloyd.

(27) "The office of woods and forests, land revenue, works and buildings", *Law Magazine and Quarterly Review of Jurisprudence*, n.s, 14/o.s. 45, (1851), pp. 31-3.

(28) W. O. Ault, *Open-field farming in medieval England: a study of village by-laws* (1972).

(29) "Tragedy of the commons" de Hardin, em Hardin & Baden, op. cit. Esse texto é historicamente desinformado e supõe que as terras comunais fossem "pastagens abertas a todos. É de esperar que todo pastor vá tentar manter o maior número possível de animais nessas terras".

(30) *Delabeere vs Beddingfield* (1689), 2 Vern 103, ER 23, p. 676

(31) *Bruges et al. vs Curwin et. al.* (1706), 2 Vern 575, ER 23, p. 974. Isso foi revisado por 13 Geo. III, c. 81, em 1772, quando se concedeu às paróquias com campo aberto o poder de regulamentar a sua agricultura, se três quartos dos habitantes, em número e valor, concordassem: Sir W. S. Holdsworth, *A history of English law*, XI, pp. 454-5. Em *Bills and acts* (Cambridge, 1971), p. 143, Sheila Lambert acha que a lei pode ter sido "letra morta", embora Withern-with-Woodthrope (Lincolnshire) estivesse exercendo vigorosamente as suas cláusulas na década de 1790 (informação de Rex Russell).

(32) Sobre o cercamento (e distúrbios) de Ropley Commons e Farnham Park, ver o meu livro *Whigs and hunters*, pp. 133-41; *Lords Journals*, XIX, pp. 50, 65-6, 77, 80, 83, 108, 111; *Commons Journals*, XVI, pp. 374, 381, 385-6, 476, 509. O "primeiro projeto de lei de alcance privado" é a descrição em *Annals of Agriculture*, XXXVII (1801), pp. 226-31, onde a lei foi reimpressa. Lambert (op. cit., pp. 129-30) diz que "em 1706 quase se desconheciam projetos de lei referentes a cercamentos"; ver também E. C. K. Gonner, *Common land and inclosure*, 2ª ed. (1966), p. 58. Em Joan Tirsk (ed.), *The agrarian history of England and Wales* (Cambridge, 1985), V, pt. 2, p. 380, admite-se certa perplexidade diante das razões para recorrer à lei de alcance privado. O projeto de lei foi aprovado na Câmara dos Lordes sem contestações (25 de fevereiro a 17 de março de 1710), mas encontrou oposição na Câmara dos Comuns, com uma petição de proprietários plenos, foreiros e arrendatários contra a sua aprovação (23 de março de 1710), e com novas petições no ano seguinte para revogar a lei, sob o pretexto de distribuição parcial dos quinhões e obstrução das estradas (3 de fevereiro de 1711). O Parlamento remeteu essa petição e uma petição contrária (21 de fevereiro de 1711) a uma comissão, onde a questão parece ter desaparecido.

(33) Em 1798, Arthur Young ainda reclamava: "é um grande absurdo prender nos grilhões do costume dez homens inteligentes que desejam adotar melhoramentos em cercamentos, porque um sujeito estúpido teima em observar a prática de seu avô": "Of inclosures", *Annals of Agriculture*, XXI (1798), p. 546.

(34) Carta de Henry Worsley a "Honoured Sir", 8 de julho de 1742, cópia datilografada nos manuscritos do conde St. Aldwyn. West Oakley foi fechada por acordo, mas apenas em abril de 1773.

(35) Searle, op. cit., p. 120.

(36) Horace Walpole, *Memoirs of the reign of king George the Second* (1847), II, pp. 220-1.

(37) Anônimo, *A tracton the national interest, and depravity of the times* (1757); E. E. Dodd, "Richmond Park" (texto datilografado, 1963); C. L. Collenette, *A history of Richmond park* (1937); o meu *Whigs and hunters*, pp. 181-4; Michael Dodson, *The life of Sir Michael Foster* (1811), pp. 84-8;

rev. Gilbert Wakefield, *Memoirs* (1792), que contém uma boa descrição da campanha de John Lewis, pp. 243-53; Walpole, op. cit., I, pp. 401-2, II, pp. 220-1.

(38) *A tract on the national interest*. Pode-se encontrar uma cópia desse documento, e também de *German cruelty: a fair warning to the people of Great-Britain* (1756), no PRO, TS 11.347.1083, junto com o mandado da Coroa contra Joseph Shepheard, um impressor de Chancery Lane.

(39) Dodson, op. cit., pp. 86-7; Wakefield, op. cit., pp. 247-8; *Rex vs Benjamin Burgess* (1760), e Burr. 908, ER 97, pp. 627-8.

(40) Vários documentos em PRO, TS 11.444.1415, especialmente "An historical account of the inclosing Richmond New Park", um manuscrito redigido para instruir os advogados da Coroa. Os cidadãos de Richmond foram inusitadamente obstinados na defesa do seu direito de passagem pelo parque (ou a realeza e a aristocracia lhes criou obstáculos inusitados ao exercício desse direito). Em 1806, as cercas de ferro na frente da *villa* do duque de Queensberry à margem do Tâmisa foram destruídas, uma "transgressão cometida de comum acordo para que o direito fosse julgado". O veredicto do júri apoiou o direito contra os interesses do duque: *London Chronicle*, 13 abril de 1806.

(41) Ver meus comentários sobre "The rule of law" em *Whigs and hunters*, pp. 258-69.

(42) Christopher Clay, em Thirsk (ed.), *Agrarian history*, V, p. 199 e pp. 198-208; e do mesmo autor, "Life-leasehold in the western counties of England 1650-1750", *Agric. Hist. Rev.*, XXIX, 2 (1981).

(43) Acolho com prazer o trabalho de Mick Reed "The peasantry of Nineteenth-Century England: a neglected class", *History Workshop*, 18 (1984), embora nele eu seja tratado como réu. Mas minha argumentação ("Land of our fathers", *TLS*, 16 fev. 1967) era que J. D. Chambers e G. E. Mingay incorriam em "diluição estatística", diminuindo os totais dos grandes empregadores com o campesinato, minimizando dessa forma o processo agrícola capitalista: "a assimilação de dois extremos para produzir uma média impressionista na verdade não esclarece nenhum dos dois extremos".

(44) O artigo de Christopher Clay, "'The greed of whig Bishops'?: Church landlords and their lessees 1660-1760", *Past and Present,* 87 (1980), exemplifica esse tipo de confusão: a) admite que "não tinha validade legal" a alegação de que os arrendamentos usufrutuários da Igreja possuíam a mesma segurança costumária do aforamento, embora fosse exatamente esta a questão em debate na década de 1720, e b) pelo fato de se concentrar nos grandes arrendatários seculares das terras da Igreja, os pequenos arrendatários tributários bem mais numerosos desaparecem de vista, como acontece com tanta frequência na história agrária ortodoxa.

(45) "The grid of inheritance", in J. Goody, J. Thirsk e E. P. Thompson (eds.), *Family and inheritance* (Cambridge, 1976), pp. 328-9.

(46) Na área dos direitos comuns, ver especialmente J. M. Neeson, "Common right and enclosure in Eighteenth-Century Northhamptonshire" (tese de Ph.D. na Univ. de Warwick, 1978); C. E. Searle, "The odd correr of England: Cumbria, *c.* 1700-1914" (tese de Ph. D. na Univ. de Essex, 1983). É também bem-vinda a retomada convincente da argumentação em K. D. M. Snell, *Annals of the labouring poor* (Cambridge, 1985), cap. 4. A crítica mais devastadora aos pressupostos e à metodologia dos "otimistas", no que diz respeito ao pequeno proprietário de terra no momento do cercamento, está em J. M. Neeson, "The disappearance of the English peasantry, revisited", em G. Grantham e Carol Leonard (eds.), *Agrarian organization in the century of industrialization: Europe, Russia and North America in the nineteenth century* (Research in Economie History, Supplement 5) (JAI Press, 1989).

(47) Thomas Kemp de Leigh, trabalhador, acusado de tumulto com outros doze desconhecidos, por "obstruir, impedir e evitar que um certo John Andrews demarcasse os limites de certos [...]

cercamentos", Worcs. Lent Assize, 1777, PRO, Assi 4.21. Kemp passou seis meses na prisão. Os cercamentos ocorreram em Malvem Link Common, onde três anos mais tarde (Lent Assize, 1780) 21 trabalhadores e a esposa de um trabalhador foram acusados de terem arrancado 1100 jardas de sebes. Ver também Brian S. Smith, *A history of Malvern* (Leicester, 1964), p. 167.

(48) Para um registro recente dos distúrbios conhecidos, ver Andrew Charlesworth (ed.), *An atlas of rural protest* (1983).

(49) Camb. Univ. Lib., MSS C(H), correspondência, item 608, John Wrott a Walpole, datada de Oundle, 31 de maio de 1710; Sir J. H. Plumb, *Sir Robert Walpole* (1972), pp. 157-8. Não tenho muito claro por que Wrott estava em Bedingfield (agora Benefield) Common, mas a carta sugere ("Aguardo suas ordens") que Walpole estava pessoalmente interessado no cerramento.

(50) Norwich e Norfolk RO, HOW 725, 734 (a).

(51) *Mist's Weekly Journal*, 24 de julho de 1725. Ver igualmente R. W. Malcolmson, *Life and labour in England*, 1700-1780 (1981), p. 127, e também pp. 23-35.

(52) Como os juízes não fechavam os olhos à ação direta, a lei a esse respeito era cautelosa e principalmente negativa: o curso apropriado para os *commoners* prejudicados em seus direitos deveria ser uma ação para nova desapropriação: ver Riehard Bum, *The justice of the peace and parish officer*, 14ª ed. (1780), II, "Forcible entry". Mas o direito dos *commoners* de empregar a ação direta para defender os seus direitos se fundamentava em antigas leis e precedentes demasiado fortes para serem negados: ver a discussão completa em *Arlett vs Ellis* (1827), 7 B & C 347, ER 108, pp. 752-64, onde o *Year book* de 15 Henry VII, a versão resumida do livro de Brooke e *Institutes of the lawes of England* de Coke estavam entre as autoridades citadas: "Se o senhor fecha alguma parte da sua propriedade, e não deixa suficientes terras comunais [...], os *commoners* podem derrubar todo o cercamento". O mesmo foi asseverado em vários casos no final do século XVII e no século XVIII (por exemplo, *Mason vs Caesar* [Hilary 27/28 Car 2], 2 Mod 65, ER 86), embora não tivesse impedido denúncias de motins contra os *commoners* que derrubavam as cercas. Nos séculos XVI e XVII, os motins contra os cercamentos podiam ser traição, se mais de quarenta pessoas estivessem envolvidas. No século XVIII, a lei defendia (fracamente) o direito dos *commoners* de acabar com atos prejudiciais ao interesse público, arrancar cercas e arrestar o gado excedente em terras comunais limitadas (sobre esse ponto, ver *Hall vs Harding* [1769], 4 Burr 2425, ER 98, pp. 271 ss.). No entanto, não podiam derrubar árvores, matar coelhos, nem revolver as tocas dos coelhos: essa questão litigiosa muito preocupou os juízes em vários casos, e o julgamento decisivo se deu em *Cooper vs Marshall* (1757), 1 Burr 259, ER 97, pp. 303-8. Sobre esse caso, ver Hay, op. cit., p. 234. Lord Mansfield pronunciou que a verdadeira questão não era a legalidade ou ilegalidade dos coelhos, mas "se o *commoner* podia fazer justiça com as próprias mãos", e a sua opinião categórica era que ele não podia. Foi talvez afortunado para os direitos dos *commoners* que Lord Mansfield nunca tivesse julgado casos sobre cercas. Ver também *Laws of England*, de Halsbury, VI, pp. 250-4, esp. parágrafo 655. As cercas também poderiam ser removidas a mandado do tribunal da herdade. Ver Roger B. Manning, op. cit., pp. 40-2.

(53) Em 1698, houve uma tentativa de reforçar e pôr em vigor regulamentos de Edward I e Edward VI contra a queima e destruição de cercas, e pela primeira vez foi lido um projeto de lei: mas esse enfrentou violentas petições contrárias das paróquias de Lincolnshire adjacentes a Epworth Common, e parece ter sido abandonado: *Commons Journals*, XII, pp. 38, 47, 96. O *Black Act* (1723) tinha cláusulas amplas que podiam ser usadas contra os amotinados, independentemente da justiça de sua causa: ver o meu *Whigs and hunters*, passim. Os cercamentos parlamentares ganharam novas armas com 9 Geo. III, c. 29, lei que tornou crime capital, com punição de sete anos de degredo, o ato de arrancar sebes de terras cercadas. Não me lembro de encontrar nenhum infrator punido por essa lei.

(54) Wakefield, op. cit., p. 251.

(55) Ver Bob Bushaway, op. cit., p. 83.

(56) PRO, Assi 4.22, Worcester, quaresma de 1789. Os acusados eram um trabalhador, um agricultor, um açougueiro, um cordovaneiro, quatro pequenos proprietários rurais e quatro fabricantes de agulhas.

(57) PRO, Assi 24.43, Devon, verão de 1807. Os acusados eram uma fiandeira ("abandonou o reino"), quatro trabalhadores e a esposa de um trabalhador.

(58) PRO, Assi 24.42, Somerset, verão de 1774: um vendeiro, um carpinteiro, um pequeno proprietário rural e quatro trabalhadores acusados, todos absolvidos.

(59) Eles certamente despertavam fortes sentimentos. Quando uma multidão na aldeia de Kingswinford, onde se fabricava pregos, derrubou as cercas de um fabricante de pregos, arrancou os seus marcos e destruiu as suas batatas e vagens, uma mulher da multidão (Elizabeth Stevens) ameaçou matar duas mulheres e "lavar as mãos no sangue delas": PRO, Assi 4/22, Worcester, quaresma de 1789. Foram acusados três fabricantes de pregos, a esposa de um fabricante de pregos, um trabalhador, as esposas de dois trabalhadores.

(60) PRO, WO 4.172.

(61) *Gentleman's Magazine* (1765), p. 441.

(62) James Webster, 2 de agosto de 1796, em PRO, WO 40.17. Sou grato a Patrícia Bell, quando era arquivista assistente em CRO Bedford (em 1968), por descobrir mais dados sobre esse motim, no qual parece que o duque de Bedford estava presente (imagino que não como amotinado): documentos em R box 34.

(63) J. M. Neeson, "The opponents of enclosure in Eighteenth-Century Northamptonshire", *Past and Present*, 105 (1984), p. 117.

(64) Neeson, op. cit., p. 131.

(65) Carter, *Lex custumaria*, pp. 37-42; Sir W. Blaekstone, *Commentaries on the laws of England* (1765-9), II, p. 33.

(66) *Smith and Gateward* (4 Jac. I), CRO Jac 152, ER 79, p. 133. Isso se tornou mais rigoroso em *Grimstead vs Marlowe* (1792), 4 TR 717, ER 100, p. 1263: um arrendatário ou habitante que reivindicasse direito por prescrição só poderia pleiteá-lo graças a um antigo direito de posse de uma edificação ou como membro de uma municipalidade, e não *in alieno solo*.

(67) W. Reader, *Some history and account of the commons and lammas and Michaelmas Lands of the city of Coventry* (Coventry, 1879), pt. 1, p. 8; Humphrey Wanley, *A particular and authentic account of the common grounds of* [...] *the city of Coventry* (1778), p. 4.

(68) *Victoria County history, Warwickshire*, VIII, pp. 202-3. O historiador da Coventry medieval talvez tenha desprezado essas pequenas questões extraurbanas ("os detalhes não nos dizem respeito"): Charles Phythian-Adams, *Desolation of a city* (Cambridge, 1979), p. 183. Sobre a inspeção pelas terras comunais na semana que antecede a Ascensão no calendário de Coventry, ver o seu "Ceremony and the citizen", in Peter Clark e Paul Slack (orgs.), *Crisis and order in English towns, 1500-1700* (1972), pp. 77-8.

(69) Phythian-Adams, *Desolation of a city*, pp. 254-7. O motim conseguiu reabrir as terras cercadas, p. 257. Ver também R. H. Tawney, *The agrarian problem in the sixteenth century* (1912; reimpressão 1967), p. 250, sobre a disputa da cidade com o prior e o convento de St. Mary a respeito das terras comunais para os carneiros.

(70) Coventry Leet Book, transcrição e resumo (compilado por Levi Fox?), Coventry RO, estante 16.

(71) Essa reivindicação retórica foi expressa pelo réu em *Bennet vs Holbech* (22 Charles II), 2 Wms Saund 317, ER 85, pp. 1113-6.

(72) Benjamin Poole, *Coventry: its history and antiquities* (1879), p. 354.

(73) Joseph Gutteridge, *Lights and shadows on the life of an artisan* (Coventry, 1893), pp. 5-6; P. Searby, "Chartists and freemen in Coventry, 1838-60", *Social History*, 2 (1977).

(74) C. J. Billson, "Open fields of Leicester", *Trans. Leics. Archaeol. Soc.* (1925-6), IV, pp. 25-7; Eric Kerridge, *Agrarian problems in the sixteenth century and after* (1969), p. 98; *Records of the Borough of Leicester,* V e VI.; A. Temple Patterson, *Radical Leicester* (Leicester, 1953).

(75) *PP*, 1844, V, pp. 223-6.

(76) *A new song, entitled no inclosure! Or, the twelfth of august* (Tupman, impressor, s.d.), na Biblioteca da Universidade de Nottingham; meus agradecimentos a Roy Palmer.

(77) William Eyre, 30 de julho de 1791, em PRO, HO 42.19; Albert Goodwin, *The friends of liberty* (1979), pp. 164-5; John Bohstedt, *Riots and community politics in England and Wales* (1983), pp. 199-200.

(78) *Gentleman's Magazine* (1794), p. 571. Ao mesmo tempo, uma "turba de pobres" queimou o tojo na terra comunal, porque o duque o andara vendendo para seu proveito pessoal.

(79) Há um grande volume de informações sobre a lei do uso das terras comuns, com particular relevância para os arredores de Londres, em G. Shaw-Lefevre (ed.), *Six essays on commons preservation* (1867). A Sociedade de Preservação das Terras Comunais foi fundada em 1866. Muitas informações sobre essas terras, especialmente nos arredores de Londres, podem ser encontradas em G. Shaw-Lefevre, *English commons and forests* (1894), subsequentemente revisado em Lord Eversley, *Commons, forests and footpaths* (1910).

(80) Mas esse processo podia ser ambivalente. Terras comunais contíguas às cidades podiam se tornar zonas marginais de reputação "violenta" e dúbia, e os parques públicos regulamentados podiam ser um meio de extinguir os direitos e impor a disciplina social: ver Raphael Samuel, "Quarry roughs", in *Village life and labour* (1975), esp. pp. 207-27; N. MacMaster, "The Battle for Mousehold Heath", *Past and Present*, 127, maio de 1990.

(81) "Uma turba bastante organizada de centenas de tipos abandonados e dissolutos" derrubou as sebes de um cercamento "com uma terrível balbúrdia e violência" nas terras comunais de Newbury em 1842: "To the inhabitants of Newbury", folheto impresso de quatro páginas, assinado R. F. Graham, Greenham, 30 de setembro de 1842, in Berks. CRO D/Ex 24123I.

(82) A lei medieval tardia requeria que fosse apresentado um usuário desde 1189: a doutrina ficcional da suposta doação apareceu no início do século XVII, mas foi discutida com veemência em termos de servidão: segundo *Leveis vs Price* (1761), somente vinte anos de uso podiam ser evidência de uma suposta doação: ver A.W. Simpson, *A history of the land law*, 2ª ed. (Oxford, 1986), pp. 107-10, 266-7. No século XIX, um usuário com cinquenta anos de uso incontestado podia estabelecer servidão florestal — "a lei presume uma doação"; Lord Hobhouse comentava: "Em bom inglês, essa inferência de doações é uma ficção legal a que se recorre para fins de justiça": Eversley, op. cit., p. 107.

(83) Hoskins, *The common lands of England and Wales* (1963), p. 4.

(84) Ver S. F. C. Milsom, *The legal framework of English feudalism* (Cambridge, 1976).

(85) Simpson, op. cit., p. 108.

(86) J. Blum, *Lord and peasant in Russia* (Princeton, 1971), p. 469.

(87) Tawney, op. cit., p. 246.

(88) Gonner, op. cit., p. 31.

(89) Kerridge, op. cit., p. 80.

(90) J. D. Chambers e G. E. Mingay, *The agricultural revolution,* 1750-1880 (1966), p. 97.

(91) Co. Coph. S. 33.

(92) Kerridge, op. cit., p. 67.

(93) Em *Commentaries*, I, pp. 76-8, Blackstone lista os seguintes fundamentos para tornar os costumes aceitáveis: 1) antiguidade ("tão longa que a memória dos homens não os desautoriza"); 2) constância; 3) usuário pacífico; 4) não devem ser irracionais (perante a lei); 5) certeza; 6) obrigatórios: isto é, não opcionais; e 7) coerência.

(94) *Gateward's case* (4 Jas I), 6 Co Rep 59b, ER 77, pp. 344-6; *Smith vs Gateward* (4 Jas I), CRO Jac 152, ER 79, p. 133. Ver também meus comentários em *Family and inheritance*, pp. 339-41.

(95) Sobre o pano de fundo do caso Gateward, ver Manming, *Village revolts*, pp. 83-6.

(96) *Polter vs Sir Henry North* (26 Charles II), 1 Ventris 383, 397, ER 86, pp. 245-54; o lugar era Elinswell, perto de Bury St. Edmunds.

(97) *Robert Bennett vs Robert Reeve* (1740), Willes 227, ER 125, pp. 1144-7.

(98) *Emerton vs Selby* (Arme), 2 Ld Raym, 1015, ER 92, p. 175.

(99) *Scholes vs Hargreave* (1792), 5 Term Rep 46, ER 101, p. 26.

(100) *Dean and Chapter of Ely vs Warren*, 2 Atk 189-90, ER 26, p. 518.

(101) *Rackham vs Joseph and Thompson* (1772), 3 Wils KB 334, ER 95, pp. 1084-7. Um relatório completo e interessante.

(102) *Bean vs Bloom* (14 Geo. III), 2 Black W 926, ER 96, pp. 547-9.

(103) *Selby vs Robinson* (1788), 2 TR 759, ER 100, p. 409.

(104) Joan Thirsk, "The common fields", *Past and Present*, 29, dezembro de 1964.

(105) Joan Thirsk, *Tudor enclosures* (Hist. Assn. 1967), p. 10.

(106) *Polter vs Sir Henry North* (26 Charles II), 1 Ventris 397, ER 86, pp. 245-54.

(107) O direito do senhor da herdade sobre a madeira dos foreiros era vigorosamente contestado, e embora se favorecesse o senhor no caso de *Ashmead vs Ranger*, decidido finalmente na Câmara dos Lordes (1702) por uma escassa maioria de 11 a 10, essa vitória não foi decisiva: ver Allan Greenbaum, "Timber rights, property law, and the twilight of copyhold" (MS Osgoode Hall Law School, York University, Toronto).

(108) Simpson, op. cit., pp. 103-6; C. B. Macpherson, "Capitalism and the changing concept of property", in Kamenka e Neale (eds.), *Feudalism, capitalism and beyond* (1975), p. 110

(109) Um bom exemplo é Enfield Chase em meu *Whigs and hunters*, pp. 175-81.

(110) Esses precedentes (principalmente de *Commons Journals*) foram coletados nos Shelburne Papers (Univ. de Michigan, AnnArbor), vol. 167, W. Masterman, "Compendium of the rights and privileges of election".

(111) Thomas Paine, *Letter addressed to the addressers on the late proclamation* (1792), p. 67.

(112) *An act for inclosing the forest of Delamere* (1812), pp. 23, 27-9, 33.

(113) *Rex vs G. W. Hall* (1822), 1B & C 136, ER 107, p. 51.

(114) Infelizmente, em seu excelente livro *The parish chest* (2ª ed. Cambridge, 1951), p. 289, W. E. Tate impunha de forma ainda mais anacrônica as categorias subsequentes de propriedade à análise dos fatos. Ele desculpava a falta de distribuição de terras para os pobres no momento dos cercamentos, porque "do ponto de vista legal [...] qualquer terra só lhes podia ser dada às custas dos outros proprietários, seus donos legais. Os campos abertos e as pastagens comuns pertenciam tanto ao público (assim diziam os advogados) como, digamos, a uma sociedade cooperativa, ou a uma companhia limitada, e quando se liquidava uma aldeia de campos abertos, seus bens eram divididos, como os de qualquer outra sociedade comercial, depois de satisfazer os credores entre os acionistas".

(115) *Smith vs Gateward* (4 Jas I), CRO Jac 152, ER 79, p. 133. Ver também ER 82, p. 157.

(116) Sobre a respiga, em geral, ver David Morgan, *Harvesters and harvesting* (1982); Bushaway, op. cit., esp. pp. 138-48; P. J. King, "Gleaners, farmers and the failure of legal sanctions in England, 1780-1850", *Past and Present*, 125 (novembro, 1989).

(117) Northants CRO, box 1053/2, Herdade de Raunds, registro do tribunal, 27 de novembro de 1740.

(118) *Rex vs John Price* (1766), 4 Burr 1926, ER 98, pp. 1-2.

(119) *Steel vs Houghton et Uxor* (1788), 1 H BL 51, ER 126, pp. 32-9.

(120) Um exemplo de um acordo desse tipo em Yate (Gloucestershire), 1745, está registrado em Glos. CRO D 2272.

(121) P. J. King, "The origins of the gleaning judgement of 1788", a ser publicado.

(122) Eversley, op. cit., cap. 8. As descrições de Epping Forest em 1895, com seus *Carpinus* decotados, estão em duas cartas de Willliam Morris ao *Daily Chronicle*. *Letters of William Morrisz*, ed. Philip Henderson (1950), pp. 363-7.

(123) Alguns anos depois do julgamento das causas referentes às terras comunais, um observador do pitoresco descrevia com entusiasmo os campos de cem acres cobertos de respigadores, "enquanto inúmeros grupos de crianças se divertem ou trabalham ao redor": isso se passava a algumas milhas de Timworth: S. Pratt, *Gleanings in England* (1801), II, p. 271.

(124) Ver P. King, "Gleaners, farmers and the failure of legal sanctions, 1750-1850", *Past and Present*, 125 (novembro de 1989).

(125) Entre os trabalhos relacionados ao exercício dos direitos comuns, os que considero mais valiosos (além do trabalho de J. M. Neeson) são: W G. Hoskins, *The Midland peasant* (1957); C. S. e C. S. Orwin, *The open fields* (1948); A. C. Chibnall, *Sherington: fiefs and fields of a Buckinghamshire village* (Cambridge, 1965); M. K. Ashby, *The changing English village: Bledington* (Kineton, 1974); W. Cunningham, *Common rights at Cottenham & Stretham in Cambridgeshire* (Royal Hist. Soc., 1910); Joan Thirsk, "Field systems in the East Midlands", in A. R. H. Baker e R. A. Butlin (orgs.), *Studies of field systems in the British isles* (Cambridge, 1973), esp. pp. 246-62; H. E. Hallam, "The Fen Bylaws of Spalding and Pinchbeck", *Lincs. Architectural & Archaeological Society* (1963), pp. 40-56; R. S. Dilley, "The Cumberland Court Leet and use of common lands", *Trans. Cumberland & Westmorland Antiq. & Archaeological Soc.*, LXVII (1967), pp. 125-51.

(126) Warwicks. CRO, MR 19.

(127) Sidney P. Potter, "East and West Leake", *Nottinghamshire Guardian*, 1º de abril de 1933; Northants. CRO, YZ 4289.

(128) Northants. CRO, YZ 6a, condado de Norbottle Grove, Tribunal Senhorial, "By laws, rules and orders", 12 de outubro de 1743. A limitação era quatro vacas e reprodutores por jarda de terra, mas os cidadãos podiam alugar outros direitos a quem tivesse apenas um pedaço de terra (e, portanto, direito para apenas uma vaca) a oito xelins por direito.

(129) Northants. CRO, YZ 1. M 14, Norbottle Court, regulamentação para os campos comuns de Whilton, 1699. Ver também Hampton-in-Arden, 22 de outubro de 1802: "Os pobres que solicitarem em 1º de março [...] receberão cada um terras comunais para uma vaca", Warwicks. CRO, MR 20.

(130) Northants. CRO, D 5.5 (c), projeto de normas, tribunal senhorial e senhor da herdade de Hellidon, 27 de outubro de 1744.

(131) Cunningham, op. cit., p. 237.

(132) Northants. CRO, F (W. W.) 501/1/1, normas para Wollaston, 1721.

(133) Por exemplo, as normas em Uphaven (Wilshire), 1742, PRO, TS 19.3: "Que todos os negociantes e intermediários de ovelhas [...] não criem mais ovelhas do que o número estipulado no seu arrendamento, e não apascentem nenhuma ovelha nas terras comunais [...] mas com os outros arrendatários segundo o número dos arrendamentos".

(134) Gonner, op. cit., p. 27.

(135) Um exemplo pode ser encontrado em Northants. CRO, YZ 6a, "By laws, rules and orders for hundred of Norbottle Grove", 12 de outubro de 1743. Ver também J. M. Neeson, "Common right and enclosure in eighteenth century Northamptonshire" (Univ. de Warwick, tese de Ph.D., 1978), esp. cap. 2; Baker e Butlin, op. cit., pp. 47-8, 131-2; H. Beecham, "A review of balks as strip boundaries in the open fields", *Agric. Hist. Rev.*, iv (1956), pp. 22-44.

(136) Hants. CRO, 159, 641, as denúncias do bispo Waltham (Hampshire), 25 de março de 1712, e (as punições para vacas em veredas "sem condutor") 2 de abril de 1717. Igualmente as denúncias de Hambledon (159, 613), 29 de setembro de 1721. (Uma solução mais rápida, usada na maioria das vilas, era colocar esses animais extraviados no curral.) Uma expressão de Suffolk para apascentar animais ao longo das veredas era *feed the long meadow* [apascentar no vasto prado], George Ewart Evans, *The days that we have seen* (1975), pp. 50-1.

(137) "Uma punição determinava que ninguém devia apascentar animais presos a uma estaca por uma corda de mais de seis jardas de comprimento a não ser em seu próprio gramado [...]. Uma punição para quem apascentasse uma égua nos campos depois que seu filhote já tivesse um mês": Atherstone Orders Bylaws and Pains, 1745, Warwicks, CRO, L 2/89. (*Flitting* era apascentar um animal preso por uma corda a uma estaca.)

(138) Em Horbing (Lincolnshire), os colonos "compram filhotes de ovelha em abril, soltam-nos para correr pelas veredas durante o verão": *Annals of Agriculture*, XXXVII (1801), p. 522.

(139) *Northampton Mercury*, 17 de outubro de 1726. Ver também Malcolmson, op. cit., pp. 32-3.

(140) Arthur Young, *A six month tour through the North of England* (1771), i, p. 175.

(141) O próprio Arthur Young foi certamente um adepto tardio das vantagens de se proporcionar aos pobres o acesso às terras comunais das vacas e aos jardins da choupana, depois dos anos de carestia e escassez de 1795 e 1800-1. Ver "An inquiry into the propriety of applying wastes to the better maintenance and support of the poor", *Annals of Agriculture*, XXXVI (1801), e também *General report on enclosures* (1808; reimpresso em 1971), esp. pp. 150-70. Snell, op. cit., revisa essa evidência, pp. 174-80.

(142) Em *An essay upon the inclosure of common fields* (Oxford, 1766), p. 23, H. Homer fala do "costume imemorial" dos trabalhadores de desfrutarem privilégios nas terras comunais.

(143) Tomei conhecimento desse caso por meio do estudo de J. M. Martin, "Warwickshire and the parliamentary enclosure movement" (Univ. Birmingham, tese de Ph. D., 1966). Atherstone também é discutido no artigo do mesmo autor "Village traders and the emergence of a proletariat in South Warwickshire, 1750-1851", *Agric. Hist. Rev.*, 37, pt. 2 (1984), pp. 179-88.

(144) Documentos da herdade em Warwicks. CRO, MR 9, sem data, mas em torno de 1719.

(145) Os negócios da família Bracebridge envolviam refinamento de açúcar, bancos e joias, e Abraham Bracebridge herdou uma pequena propriedade em Atherstone em 1695. Entre essa data e a década de 1730, ele e o filho Walter compraram terras no campo aberto. "The case of Atherstone conceming inclosure of the com. fields as drawn by mr. Baxter & others in January 1738-9", em Warwicks. CRO, Compton Bracebridge MS, HR/35/25; vários documentos em Warwicks. CRO, MR 9; M. J. Kingman, "Landlord versus community: the Bracebridge and the enclosure of Atherstone open fields", *Warwickshire History*, VII, 4 (1988-9).

(146) Warwicks. CRO, HR/35/25.

(147) Um açougueiro casado tinha a permissão de colocar dez ovelhas; um solteiro, apenas cinco. As ovelhas colocadas nas terras comunais deviam ser mortas, antes que se acrescentassem novas. Ver, por exemplo, "Orders, bylaws and pains made by the Jury [...] for the manor of Atherstone", 3 de outubro de 1745, em Warwicks. CRO, L 2/89.

(148) Ver Martin, "Village traders", p. 183.

(149) Os números provêm de "The case of Atherstone", redigido por oponentes do cercamento, e de um documento redigido por defensores do cercamento em Warwicks. CRO, HR/35/7. Há variações nas somas.

(150) Alegava-se que um cavalheiro (Bracebridge?) fora ameaçado e se via obrigado a manter uma guarda para si mesmo e sua família. Os oponentes do cercamento se apressaram a declarar que "nós odiamos a turba e as ações turbulentas tanto quanto ele": Warwicks. CRO, HR/35/12.

(151) "The case of Atherstone".

(152) "Some of the grievances that will result from the inclosure of the fields of Atherstone", Warwicks. CRO, HR/35/10.

(153) Lista de foreiros, s. d., revisada e anotada, Warwicks. CRO, HR/35/39.

(154) Warwicks. CRO, HR/35/7.

(155) Documento sem título ("We have before us a paper entitled the inclosure vindicated" etc); a aritmética parece falha: Warwicks. CRO, HR/35/15. Ver também HR/35/14. *Clotting* significava quebrar torrões de terra com um macete de madeira; *piking* podia significar respigar, ou limpar as beiradas de um campo de colheita. Ver Joseph Wright, *English dialect dictionary.*

(156) O rascunho de uma cláusula da lei (Warwicks. CRO, HR/35/33) mostra que as terras comunais sugeridas estavam "bastante tomadas por azevinhos, espinheiros e sarça [...] em outras partes crescia o musgo".

(157) Thomas Merler a Bracebridge, 1764, Warwicks. CRO, HR/35.

(158) Rev. W. K. Riland Bedford, *Three hundred years of a family living, being a history of the rilands of Sutton Coldfield* (Birmingham, 1889), pp. 131-3.

(159) C. Holmes, "Drainers and fenmen", in A. Fletcher e J. Stevenson (eds.), *Order and disorder in early modern England* (Cambridge, 1985), pp. 192-3. Ver também Jack Goody, *The logic of writing and the organization of society* (Cambridge, 1986), pp. 163-5.

(160) Ver J. A. Yelling, *Common field and enclosure in England, 1450-1850* (1977), cap. 5, "Piecemeal and partial enclosures".

(161) Eversley, op. cit., pp. 125-8.

(162) Ver Istvan Hont e Michael Ignatieff (eds.), *Wealth and virtue* (Cambridge, 1983), p. 36.

(163) Ibid., p. 35.

(164) C. B. Macpherson, "Capitalism and the changing concept of property", in E. Kamenka e R. S. Neate (orgs.), *Feudalism, capitalism and beyond* (1975).

(165) Examinar a visão geral fornecida por G. R. Rubin e David Sugarman (eds.), *Law, economy and society* (Abingdon, 1984), esp. pp. 23-42. Igualmente P. S. Atiyah, *The rise and fall of freedom of contract* (Oxford, 1979), pp. 85-90.

(166) Blackstone, op. cit., pp. 2, 8.

(167) Hont e Ignatieff, op. cit., p. 25.

(168) *Annals of Agriculture,* XLII (1804), p. 497, com a descrição de Morden Guildon, então cercada, onde anteriormente os colonos tinham o hábito de criar vacas, invernando-as nas terras dos fazendeiros a seis pence por semana, e no verão levando-as às faixas de terra etc.

(169) Hont e Ignatieff, op. cit., pp. 24-6.

(170) W. Pennington, *Reflections on the various advantages resulting from the draining, inclosing and allotting of large commons and common fields* (1769), pp. 32, 37.

(171) Um excelente estudo que reúne temas legais e ecológicos é o de William Cronon, *Changes in the land: indians, colonists and the ecology of New England* (Nova York, 1983). Estou trabalhando num estudo dessas questões, em relação aos mohegan de Connecticut, que espero concluir em breve.

(172) A. Ruth Fry, *John Bellers, 1654-1725* (1935), p. 128.

(173) Claudia Orange, *The treaty of Waitangi* (Wellington, 1987), p. 38.

(174) Henry Sewell em *New Zealand Parliamentary Debates*, 9 (1870), p. 361: ver Keith Sorrenson, "Maori and pakeha", in W. H. Oliver (ed.), *The Oxford history of New Zealand* (Oxford, 1981), p. 189.

(175) Ver D. Williams, "The recognition of 'native custom' in Tanganyika and New Zealand — legal pluralism or monocultural imposition?", in Sack e Minchin (eds.), *Legal pluralism* (Canberra Law Workshop, VII, ANV, 1985), pp. 139-54; um estudo lúcido e útil

(176) Citado por Bryan D. Palmer em "Social formation and class formation in North America, 1800-1900", *Proletarianization and family history* (1984).

(177) Nas próximas páginas, recorri bastante à obra de Ranajit Guha, *A rule of property for Bengal* (Paris, 1963), e também à de R. B. Ramsbotham, *Studies in the land revenue: history of Bengal 1769-87* (Oxford, 1926).

(178) Ibid., pp. 105-22. O plano de Philip Francis (rejeitado) foi apresentado em 1776, no mesmo ano da publicação de *A riqueza das nações*.

(179) Ibid., p. 172.

(180) A primeira vez que sugeri uma conexão entre o caso de Mary Houghton em Timworth e as propriedades de Cornwallis em Culford foi numa palestra sobre "Lei, direitos de uso e propriedade da terra" que proferi num encontro aberto da *Past and Present Society,* em março de 1986. Baseava-me apenas em especulações. Agora o dr. Peter King estabeleceu a existência dessa conexão, e seu exame minucioso de "The origins of the gleaning judgement of 1788" será publicado em breve.

(181) Em *The history of British India* (1817), James Mill deu voz à reação utilitária, quando se referiu aos "preconceitos aristocráticos" de Cornwallis. Não está claro por que o dr. Guha (op. cit., pp. 170-1) teria reprovado essa referência, considerando-a "linguagem exagerada". É certamente uma descrição correta?

(182) Edward J. Thompson, *The life of Charles, Lord Metcalfe* (1937), p. 268: "A Colônia Permanente foi realizada com substancial consciência dos fatos, para impor uma tranquilidade perpétua nessas questões de direitos de posse de terras e rendas; e foi realizada por homens que não podiam conceber melhor forma do que aquela que tanta felicidade proporcionava a inúmeros incompetentes na Inglaterra".

(183) *Fifth report from lhe select committee of lhe House of Commons on lhe affairs of lhe East India Company* (1812), ed. W. K. Firminger (Calcutá, 1917), II, pp. 609-10.

(184) Cornwallis, citado em Eric Stokes, *The English utilitarians and India* (Oxford,1959), p. 5.

(185) Sir Richard Temple, citado em Edward J. Thompson e G. T. Garratt, *Rise and fulfilment of British rule in India* (1935), p. 191.

(186) W. W. Hunter, *The Annals of Rural Bengal* (1883), pp. 373-4.

(187) W. W. Hunter, *Orissa* (Calcutá, 1872), "o segundo volume do *Annals of Rural Bengal*", esp. cap. 9. A colonização de Orissa foi empreendida de forma mais escrupulosa que a de Bengala, sendo protelada de 1804 a 1815, a 1836, a 1866 (p. 257).

(188) Ibid., pp. 214, 221-7.

(189) Ibid., pp. 227-8, 255-6, 260-1.

(190) Encontra-se uma exceção nos apontamentos do competente administrador, John Shore; ver Guha, op. cit., pp. 192-4. E igualmente Charles William Boughton Rous, *Dissertation concerning the landed property of Bengal* (1791).

(191) Hunter, *Orissa*, pp. 264-5. Mesmo no caso de Bengala, tornou-se tardiamente necessário (Act X, de 1859) reconhecer o "Direito de Ocupação" (p. 228).

(192) Thompson, *Metcalfe*, pp. 267-8.

(193) Ibid., esp. pp. 130-40.

(194) Ver Stokes, op. cit., pp. 15, 18-22.

(195) Ver especialmente na obra de Robert Shenton, *The development of capitalism in Northern Nigeria* (Toronto, 1986), cap. 3, a descrição das pressões interligadas da burocracia (a conveniência da tributação), do capital mercantil e do idealismo socialista do "Imposto Único", que deram origem a essa inversão.

(196) Ver Terence Ranger, "The invention of tradition in colonial Africa", in Eric Hobsbawm e Terence Ranger (orgs.), *The invention of tradition* (Cambridge, 1983), esp. pp. 251-62.

Até o ato de registrar o costume por escrito podia formalizá-lo e expô-lo a novos significados e à manipulação: ver Goody, op. cit., pp. 133-56; Don F. Mackenzie, "The sociology of a text: oral culture, literacy and print in early New Zealand", in P. Burke e R. Porter (eds.), *The social history of language* (Cambridge, 1987).

(197) A resistência mais substancial ao triunfalismo dos historiadores da "revolução agrícola" não partiu de um historiador agrícola, mas de Raymond Williams, *A cidade e o campo*.

(198) Isso ficou claramente expresso no início do movimento das classes operárias. O *Poor Man's Guardian* escrevia, em 1835: "A propriedade não passa de uma criação da lei. Aquele que faz a lei tem o poder de se apropriar da riqueza nacional. Se eles não fizessem a lei, não teriam a propriedade"; Malcolm Chase, *The people's farm* (Oxford, 1988), p. 180.

(199) Especialmente úteis são os estudos de David Levine, *Reproducing families* (Cambridge, 1987), e Pat Hudson, "Proto-industrialization: the case of the west riding wool textile industry in the 18th and early 19th centuries", *History Workshop*, 12 (1981), pp. 38-45.

(200) Anônimo [S. Addington?], *An enquiry into the reasons for and against inclosing the common fields* (Coventry, 1768). Cf. John Cowper, *An essay proving that inclosing commons and common-field-lands is contrary to the interest of the nation* (1732), p. 8, referindo-se à perda causada pelos cercamentos para os "carpinteiros, construtores de carros, construtores de moinhos, ferreiros, sapateiros, alfaiates e outros artesãos, bem como para os varejistas".

(201) Martin, "Village traders", op. cit.

(202) Neeson, "The opponents of enclosure", op. cit.

(203) *Annals of Agriculture*, XLII (1804), pp. 27, 39, 323. Mas Young acrescenta: "Não se deve dar crédito ao que contam sobre as vantagens que tinham, especialmente quando elas não existem mais".

(204) Nos locais em que se desenvolveram indústrias rurais, elas também podiam ser o *locus* para uma autoexploração familiar intensiva: ver J. de Vries, "Labour/leisure trade off", *Peasant Studies*, I (1972).

(205) John Clare, "The mores".

(206) John Clare, "Emmonsales heath".

(207) Ver John Barrell, *The idea of landscape and the sense of place, 1730-1840: an approach to the poetry of John Clare* (Cambridge, 1972).

(208) Sobre a noção dos proprietários "reais" — famílias com longa presença local — ver Marilyn Strathern, *Kinship at the core* (Cambridge, 1981).

(209) John Clare, "The mores".

(210) Neeson, "Opponents of enclosure".

(211) John Clare, "The lamentations of round-oak waters".

(212) *The prose of John Clare*, ed. J. W. e Arme Tibble (1951), p. 12.

(213) Sobre muitos desses pontos, acho especialmente útil a obra de Johanne Clare, *John Clare and the bounds of circumstance* (Kingston e Montreal, 1987).

(214) Ver ibid., p. 99; Robert W Malcolmson, *Popular recreations in English society* (Cambridge, 1973), esp. cap. 4; e Hugh Cunningham, *Leisure in the Industrial Revolution* (1980), cap. 2.

(215) John Clare, *The parish*, ed. Eric Robinson e David Powell, notas da p. 90.

(216) Clare escreveu que "The village minstrel" [O menestrel da aldeia] não o satisfazia porque "não descreve os sentimentos de um poeta camponês com bastante força ou sensibilidade regional", *Selected poems and prose of John Clare*, ed. Eric Robinson e G. Summerfield (Oxford, 1967), p. 67.

(217) John Clare, "Remembrances".

4. *A ECONOMIA MORAL DA MULTIDÃO INGLESA NO SÉCULO XVIII* (pp. 150-202)

(1) M. Beloff, *Public order and popular disturbances, 1660-1714* (Oxford, 1938), p. 75.

(2) R. F. Wearmouth, *Methodism and the common people of the eighteenth century* (1945), esp. caps. 1 e 2.

(3) T. S. Ashton e J. Sykes, *The coal industry of the eighteenth century* (Manchester, 1929), p. 131.

(4) Charles Wilson, *England's apprenticeship, 1603-1763* (1965), p. 345. É verdade que os magistrados de Falmouth informaram ao duque de Newcastle (16 de novembro de 1727) que "os mineiros rebeldes" tinham "arrombado e saqueado vários porões e celeiros de grãos". O comentário final de seu relatório sugere que, como alguns historiadores modernos, eles não eram capazes de compreender o fundamento lógico da ação direta dos mineiros: "os amotinados alegavam que o motivo da violência era a escassez de grãos no país, mas esse argumento é provavelmente falso, pois a maioria dos saqueadores desfez-se dos grãos ou vendeu-os pela quarta parte do preço". PRO, SP 36/4/22.

(5) W. W. Rostow, *British economy in the nineteenth century* (Oxford, 1948), esp. pp. 122-5. Entre os estudos mais interessantes que fazem a correlação entre preços, colheitas e distúrbios sociais estão: E. J. Hobsbawm, "Economic fluctuations and some social movements", em *Labouring men* (1964), e T. S. Ashton, *Economic fluctuations in England, 1700-1800* (Oxford, 1959).

(6) Achei muito útil o estudo pioneiro de R. B. Rose, "Eighteenth century price riots and public policy in England", *International Review of Social History,* VI (1961); e G. Rudé, *The crowd in history* (Nova York, 1964).

(7) C. Smith, *Three tracts ou the corn-trade and Corn Laws,* 2ª ed. (1766), pp. 140, 182-5.

(8) Ver Fitzjohn Brand, *A determination of the average depression of wheat in war below that of the preceding peace etc.* (1800), pp. 62-3, 96.

(9) Essas generalizações têm por fundamento "respostas das cidades quanto ao pão em uso", apresentadas ao Conselho Privado em 1796, em PRO, PC 1/33/A.87 e A.88.

(10) Sobre *maslin* (pão feito com a mistura de vários cereais), ver Sir William Ashley, *The bread of our forefathers* (Oxford, 1928), pp. 16-9.

(11) Ver Smith, op. cit., p. 194 (sobre 1765). Mas o prefeito de Newcastle informava (4 de maio de 1796) que o pão de centeio era "muito usado pelos trabalhadores empregados no comércio do carvão", e um informante da abadia de Hexham dizia que cevada, cevada e ervilhas cinzentas, ou vagens "é o único pão do pobre trabalhador, dos criados do fazendeiro e até de muitos fazendeiros", e nas cidades predominava centeio ou *maslin*: PRO, PC 1/33/A.88.

(12) Nathaniel Forster, *An enquiry into the cause of the high price of provisions* (1767), pp. 144-7.

(13) J. S. Girdler, *Observations on the pernicious consequentes of forestalling, regrating and ingrossing* (1800), p. 88.

(14) O problema foi discutido com lucidez em [governador] Pownall, *Considerations ou the scarcity and high prices of bread-corn and Bread* (Cambridge, 1795), esp. pp. 25-7. Ver também Lord John Sheffield, *Remarks ou the deficiency of frain occasioned by the bad jarvest of 1799* (1800), esp. pp. 105-6, sobre a evidência de que (1795) "não há pão caseiro feito em Londres". Em 1766, um correspondente de Honiton descrevia o pão caseiro como uma "mistura torpe de farelo fermentado moído e peneirado, ao qual se acrescenta o pior tipo de farinha não classificada": HMC, *City of Exeter*, série LXXIII (1916), p. 255. Sobre essa questão muito complexa, ver ainda S. e B. Webb, "The Assize of Bread", *Economic Journal*, XIV (1904), esp. pp. 203-6.

(15) Ver, por exemplo, Lord Hawkesbury ao duque de Portland, 19 de maio de 1797, em PRO, HO 42/34.

(16) Ver R. N. Salaman, *The history and social influence of the potato* (Cambridge, 1949), esp. pp. 493-517. A resistência se espalhou do Sul e dos condados centrais, onde se comia trigo, para o Norte, onde se comia farinha de aveia; em 1795, um correspondente de Stockport observava que "fora adotada uma subscrição muito liberal com o objetivo de se distribuir farinha de aveia e outras provisões entre os pobres a preços reduzidos — Essa medida, lamento dizer, dá pouca satisfação ao povo, que ainda vocifera e insiste em ter pão de trigo": PRO, WO 1/1094. Ver também J. L. e B. Hammond, *The village labourer* (1966), pp. 119-23.

(17) PRO, PC 1/33/A.88. Comparar a resposta de J. Boucher, vigário de Epsom, 8 de novembro de 1800, em HO 42/54: "Os nossos pobres se sustentam não só com o melhor pão de trigo, mas vivem quase que exclusivamente de pão".

(18) PRO, PC 1/33/A.88.

(19) PRO, PC 1/3 3/3; a.88; *Reading Mercury*, 16 de fevereiro de 1801. A hostilidade contra essas mudanças na moagem, impostas por uma lei de 1800 (41 Geo. III, c.16), foi especialmente forte em Surrey e Sussex. Os queixosos apresentaram amostras do novo pão a um juiz de paz de Surrey: "Eles o diziam de gosto desagradável (o que era verdade), totalmente incapaz de sustentá-los no seu trabalho diário, & causador de problemas intestinais para eles e para as crianças em particular": Thomas Turton a Portland, 7 de fevereiro de 1801, HO 42/61. A lei foi revogada em 1801: 42 Geo. III, c. 2.

(20) Ver especialmente os orçamentos em D. Davies, *The case of labourers in husbandry* (Bath, 1795); e Sir Frederick Eden, *The state of the poor* (1797). Igualmente D. J. V. Jones, "The corn riots in Wales, 1793-1801", *Welsh Hist. Rev.*, II, 4 (1965), Ap. I, p. 347.

(21) O melhor estudo geral do mercado de cereais do século XVIII continua a ser o de R. B. Westerfield, *Middlemen in English business, 1660-1760* (New Haven, 1915), cap. 2. Ver também N. S. B. Gras, *The evolution of the English corn market from the twelfth to the eighteenth century* (Cambridge, Mass., 1915); D. G. Barnes, *A history of the English Corn Laws* (1930); C. R. Fay, *The Corn Laws and social England* (Cambridge, 1932); E. Lipson, *Economic history of England*, 6ª ed. (1956), ii, pp. 419-48; L. W. Moffitt, *England on the eve of the Industrial Revolution* (1925), cap. 3; G. E. Fussell e C. Goodman, "Traffic in farm produce in eighteenth century England", *Agricultural History,* XII, 2 (1938); Janet Blackman, "The food supply of an industrial town (Sheffield)", *Business History*, V (1963).

(22) S. e B. Webb, "The Assize of Bread".

(23) J. Aikin, *A description of the country from thirty to forty miles round Manchester* (1795), p. 286. Um dos melhores registros ainda existentes de um mercado bem regulado no século XVIII é o de Manchester. Ali, durante todo o século, nomeavam-se fiscais para verificar os peixes e as carnes, os pesos e as medidas dos grãos, as carnes brancas, o Regulamento do Pão, além de provadores de cerveja e funcionários que impediam "a monopolização do mercado, as compras antecipadas e as compras para futura revenda", sendo frequentes até a década de 1750 as multas por pesos e medidas insuficientes, carne inegociável etc.; depois dessa época, a supervisão foi um tanto negligente (embora continuasse a existir), tendo ocorrido uma renovação da vigilância na década de 1790. Multas foram cobradas pela venda de cargas de grãos antes do toque do sino do mercado em 1734, 1737 e 1748 (quando William Wyatt foi multado em vinte xelins "por vender antes do toque do sino e por declarar que venderia a qualquer hora do dia a despeito do senhor da herdade ou de qualquer outra pessoa"), e ainda em 1766. *The Court Leet records of the manor of Manchester*, ed. J. P. Earwaker (Manchester, 1888/9), VII, VIII e IX, passim. Sobre a regulamentação das compras antecipadas em Manchester, ver nota 64.

(24) Proclamação do escrivão da cidade de Exter, 28 de março de 1795, PRO, HO 42/35.

(25) Ver S. e B. Webb, op. cit., passim; e J. Burnett, "The baking industry in the nineteenth century", *Business History*, V (1963), pp. 98-9.

(26) *Rural economy in Yorkshire in 1641* (Surtees Society, XXXIII, 1857), pp. 99-105.

(27) *The complete English tradesman* (1727), II, pt. 2.

(28) Anônimo, *An essay to prove that regrators, engrossers, forestallers, hawkers, and jobbers of corn, cattle, and other marketable goods are destructive of trade, oppressors to the poor, and a common nuisance to the kingdom in general* (1719), pp. 13, 18-20.

(29) Bucks. CRO, Quarter Sessions, Michaelmas 1710.

(30) *Commons Journals*, 2 de março de 1733.

(31) PRO, PC 1/6/63.

(32) *Calendar of home office papers* (1879), 1766, pp. 92-4.

(33) Ibid., pp. 91-2.

(34) *Gentleman's Magazine*, XXVII (1757), p. 286.

(35) Carta anônima em PRO, SP 37/9.

(36) Dentre uma abundante literatura, é possível encontrar exemplos em *Gentleman's Magazine*, XXVI (1756), p. 534; anônimo [Ralph Courteville], *The cries of the public* (1758), p. 25; anônimo ["C. L"], *A letter to a member of parliament proposing amendments to the laws against forestallers, ingrossers and regraters* (1757), pp. 5-8; *Museum Rusticum et Commerciale*, IV (1765), p. 199; Forster, op. cit., p. 97.

(37) Anônimo, *An enquiry into the price of wheat, malt etc.* (1768), pp. 119-23.

(38) Ver, por exemplo, Davies (p. 170). Um informe da Cornualha de 1795 diz que "muitos agricultores se recusam a vender [cevada] em pequenas quantidades para os pobres, o que causa um grande rumor": PRO, HO 42/34; e outro de Essex de 1800 diz que "em alguns lugares não ocorre nenhuma venda a não ser nas tavernas, onde os compradores e os vendedores (principalmente moleiros e agentes comerciais) almoçam juntos [...] e a vizinhança perde os benefícios do mercado"; essas práticas são mencionadas "com grande indignação pelas camadas mais baixas": PRO, HO 42/54.

(39) PRO, HO 42/35.

(40) Ver F. J. Fisher, "The development of the London food market, 1540-1640", *Econ. Hist. Rev*; V (1934-5).

(41) Acusação de Lord Kenyon perante o Grande Júri no Tribunal Shropshire, *Annals of Agriculture*, XXV (1795), pp. 110-1. Mas ele não estava proclamando uma nova visão da lei: na edição de 1780 de *Justice*, II, pp. 213-4, Burns já tinha enfatizado que (apesar das leis de 1663 e 1772) continuavam a ser delitos, "perante o direito consuetudinário, todas as tentativas de aumentar o preço comum de qualquer mercadoria [...] quer espalhando falsos boatos, quer comprando mercadorias no mercado antes da hora costumeira, quer comprando e revendendo a mesma mercadoria no mesmo mercado".

(42) Em Girdler, op. cit., pp. 212-60, é fornecida uma lista de várias condenações de 1795 e 1800. Em vários condados, fundaram-se associações privadas para acusar os que compravam para o mercado futuro: ver rev. J. Malham, *The scarcity of grain considered* (Salisbury, 1800), pp. 35-44. As compras antecipadas etc. continuaram a ser delitos perante o direito consuetudinário até 1844: W. Holdsworth, *History of English law* (1938), XI, p. 472. Ver também nota 64.

(43) Ver, por exemplo, Gras, op. cit., p. 241 ("[...] como Adam Smith mostrou [...]"); M. Olson, *Economics of the wartime shortage* (North Carolina, 1963), p. 53 ("As pessoas apressavam-se a encontrar um bode expiatório").

(44) J. Arbuthnot ("A farmer"), *An inquiry into the connection between the present price of provisions and the size of farms* (1773), p. 88.

(45) A "digressão" de Adam Smith "sobre o comércio dos cereais e as leis dos cereais" está no Livro IV, cap. 5, de *A riqueza das nações*.

(46) R. H. Tawney examina a questão em *Religion and the rise of capitalism* (1926), mas ela não é central para a sua argumentação.

(47) Entretanto, era o que alguns dos opositores de Smith sugeriam. Um folhetista, que dizia tê-lo conhecido bem, alegava que Adam Smith lhe teria afirmado que "a religião cristã aviltava a mente humana" e que "a sodomia era, em si, indiferente". Não é de admirar que ele tivesse opiniões desumanas sobre o comércio dos cereais: anônimo, *Thoughts of an old man of independent mind though dependent fortune on the present high prices of corn* (1800), p. 4.

(48) Quanto à *intenção*, não vejo razão para discordar do professor A. W. Coats, "The classical economists and the labourer", in E. L. Jones e G. E. Mingay (eds.), *Land, labour and population* (1967). Mas a intenção não é uma boa forma de medir o interesse ideológico e as consequências históricas.

(49) Smith via as duas coisas agindo juntas: "Em todos os lugares, as leis a respeito dos cereais podem ser comparadas com as leis a respeito da religião. As pessoas se sentem tão interessadas pelo que concerne à sua subsistência nesta vida ou à sua felicidade numa vida futura que o governo deve ceder a seus preconceitos [...]".

(50) Ver, entretanto, A. Everitt, "The marketing of agricultural produce", in Joan Thisrk (ed.), *The agrarian history of England and Wales, 1500-1600* IV (Cambridge, 1967), e D. Baker, "The marketing of corn in the first half of the eighteenth century: north-east Kent", *Agric. Hist. Rev.*, XVIII (1970).

(51) Há algumas informações úteis em R. Bennett e J. Elton, *History of corn milling*, 4 vols. (Liverpool, 1898).

(52) Emanuel Collins, *Lying detected* (Bristol, 1758), pp. 66-7. Isso parece ser confirmado pelos orçamentos de Davies e Eden (ver nota 20, p. 193) e de observadores do século XIX: ver *The unknown mayhew*, eds. E. P. Thompson e E. Yeo (1971), Apêndice II. No ensaio de E. H. Phelps Brown e S. V. Hopkins, "Seven centuries of the prices of consumables compared with builders" wages rates", *Economica*, XXII (1956), pp. 297-8, admite-se apenas que 20% de todo o orçamento doméstico eram destinados aos alimentos farináceos, embora os orçamentos de Davies e Eden (pesquisados em anos de preços altos) mostrem uma média de 53%. Isso novamente sugere que nesses anos o consumo de pão se mantinha estável, mas os outros itens eram totalmente cortados. Em Londres, é possível que tenha ocorrido uma diversificação maior da dieta na década de 1790. P. Colquhoun escreveu a Portland, 9 de julho de 1795, que havia abundância de hortaliças no mercado de Spitalfields, especialmente de batatas, "o grande substituto do pão", cenouras e nabos: PRO, PC 1/27/A.54.

(53) *Annals of Agriculture*, XXVI (1796), pp. 470, 473. Em 1699, Davenant estimara que um déficit de 1/10 na colheita elevava os preços em 3/10: Sir C. Whitworth, *The political and commercial works of Charles Davenant* (1771), II, p. 244. O problema é discutido em W. M. Stern, "The bread crisis in Britain, 1795-6", *Economica*, nova série, XXXI (1964), e em J. D. Gould, "Agricultural fluctuations and the English economy in the eighteenth century", *Jl. Econ. Hist.*, XXII (1926). O dr. Gould dá importância a um ponto frequentemente mencionado nas desculpas da época para os preços elevados; por exemplo, em *Farmer's Magazine,* ii (1801), p. 81, diz-se que os pequenos agricultores, num ano de escassez, reservavam toda a sua colheita para a semeadura e para o seu próprio consumo. É nesses fatores que ele descobre a "principal explicação teórica da extrema volatilidade dos preços dos grãos nos primórdios do período moderno". Seriam necessárias mais investigações sobre a operação real do mercado para que tais explicações se tornassem convincentes.

(54) Anônimo ["A country farmer"], *Three letters to a member of the house of commons* [...] *concerning the prices of provisions* (1766), pp. 18-9. Outros exemplos podem ser encontrados em Lord John Sheffield, *Observations on the corn bill* (1791), p. 43; anônimo, *Inquiry into the causes and remedies of the late and present scarcity and high price of provisions* (1800), p. 33; J. S. Fry, *Letters on the corn-trade* (Bristol, 1816), pp. 10-1.

(55) Ver Olson, *Economics of the wartime shortage*, cap. 3; W. F. Galpin, *The grain supply of England during the napoleonic period* (Nova York, 1925).

(56) Ver, por exemplo, anônimo ["Um produtor de malte do Oeste"], *Considerations on the present high prices* of *provisions, and the necessities of life* (1764), p. 10.

(57) "Espero", escrevia um proprietário de terra de Yorkshire em 1708, "que a escassez de cereais, que provavelmente vai continuar por vários anos, torne a lavoura muito proveitosa para nós, ao dividir e desenvolver todas as nossas novas terras": citado por Beloff, op. cit., p. 57.

(58) O ponto é observado em anônimo, *A letter to the Rt. Hon. William Pitt* [...] *on the causes of the high price of provisions* (Hereford, 1795), p. 9; anônimo ["Uma sociedade de agricultores"], *A letter to the Rt. Hon. Lord Somerville* (1800), p. 49. Conforme L. S. Pressnell, *Country banking in the Industrial Revolution* (Oxford, 1956), pp. 346-8.

(59) C. W J. Grainger e C. M. Elliott, "A french look at wheat prices and markets in the eighteenth century", *Econ. Hist. Rev.*, 2ª série, XX (1967), p. 252.

(60) E. M. Hampson, *The treatment of poverty in Cambridgeshire, 1597-1834* (Cambridge, 1934), p. 211.

(61) Quase sessenta anos mais tarde, Adam Smith observaria que o "ódio popular [...] que acompanha o comércio de cereais nos anos de escassez, os únicos anos em que pode ser muito lucrativo, torna as pessoas de caráter e fortuna avessas a entrar nessa atividade. Ele fica relegado a um grupo de negociantes inferiores". Mais 25 anos e o conde Fitzwilliam escreveria: "Os negociantes de cereais estão se afastando do mercado, com medo de atuar no comércio de um artigo que os deixa sujeitos a tanta difamação e calúnia, e a serem atacados pela populaça ignorante, sem poderem confiar na proteção daqueles que deviam ser mais esclarecidos": Fitzwilliam a Portland, 3 de setembro de 1800, PRO, HO 42/51. Mas um exame das fortunas de famílias como os Howard, Fry e Gurney talvez ponha em cheque essa evidência literária.

(62) Collins, op. cit., pp. 67-74. Em 1756, vários pontos de encontro quacres foram atacados durante motins causados pela falta de alimentos nas Midlands: *Gentleman's Magazine*, XXVI (1756), p. 408.

(63) Anônimo, *Reflections on the present high price of provisions, and the complaints and disturbances arising therefrom* (1766), pp. 26-7, 31.

(64) Ao contrário do pressuposto comum, a legislação sobre as compras antecipadas não tinha caído em desuso na primeira metade do século XVIII. As acusações não eram frequentes, mas bastante evidentes para sugerir que tinham alguma influência sobre a regulamentação das pequenas transações no mercado aberto. Em Manchester (ver, neste capítulo, nota 23), cobraram-se multas de quem comprava de antemão ou para revenda, ora anualmente, ora a cada dois ou três anos, de 1731 a 1759 (sete multas). As mercadorias envolvidas incluíam manteiga, queijo, leite, ostras, peixe, cenouras, ervilhas, batatas, nabos, pepinos, maçãs, vagens, groselhas, passas de Corinto, cerejas, pombos, aves, mas muito raramente aveia e trigo. As multas são muito menos frequentes depois de 1760, mas incluem 1766 (trigo e manteiga), 1780 (aveia e enguias), 1785 (carne), e 1796, 1797 e 1799 (batatas). Simbolicamente, o número de funcionários da Court Leet que impediam as compras antecipadas pulou de três a quatro nomeados anualmente (1730-95) para sete em 1795, quinze em 1796, dezesseis em 1797. Além disso, julgavam-se infratores de vez em quando (como em 1757) nas sessões trimestrais dos tribunais. Ver Earwaker, *Court Leet records* (citado p. 195), VII, VIII e IX, e *Constables' Accounts* (p. 212), II, p. 94. Quanto a outros exemplos de delitos, ver sessões trimestrais do tribunal de Essex, indiciamentos, 2 de setembro de 1709, 9 de julho de 1711 (monopolização de aveia), e casos envolvendo compras antecipadas de peixe, trigo, centeio, manteiga também em 1711, e novamente em 13 de janeiro de 1729/30; Essex CRO, Registro e Indiciamentos, Q/SR 541, Q/SR 548, Q/SP b b 3; denúncias de compra antecipada de porcos feitas por policiais, outubro de 1735 e outubro de 1746: Bury St. Edmunds e West Suffolk CRO,

DB/1/8 (5); denúncias semelhantes de compras antecipadas de manteiga, Nottingham, 6 de janeiro de 1745/5, *Records of the borough of Nottingham* (Nottingham, 1914), VI, p. 209; condenação por compras antecipadas de aves (multa de treze xelins e catorze pence) em Court Leet e Court Baron de Atherstone, 18 de outubro de 1748: Warwicks. CRO, L2/24 23; advertências contra a compra antecipada de manteiga etc., mercado de Woodbridge, 30 de agosto de 1756: Ipswich e East Suffolk CRO, V 5/9/6-3. Na maior parte dos registros do mercado ou das sessões trimestrais dos tribunais, encontram-se processos avulsos antes de 1757. Escrevendo em 1766, o autor de *Reflections* (citado p. 166) diz que esses "estatutos quase esquecidos e desconsiderados" eram empregados para acusar "alguns atravessadores submissos e intermediários indigentes ou aterrorizados", deixando implícito que os "principais negociantes" têm desprezado "essas ameaças", por acreditarem que não sejam boa lei (p. 41). Sobre 1795 e 1800, ver, neste capítulo, nota 42: os casos mais importantes de processos contra grandes negociantes foram os de Rushby, por monopolizar aveia (1799): ver Barnes, op. cit., pp. 81-3; e de Waddington, condenado por compras antecipadas de lúpulo no Tribunal de Worcester: ver *Times*, 4 de agosto de 1800 e (sobre o fato de a condenação ter sido confirmada quando da apelação) I East 143 in *ER*, CII, pp. 56-68.

(65) Girdler, op. cit., pp. 295-6.

(66) Collins, op. cit., pp. 16-37. P. Markham, *Syhoroc* (1758), i, pp. 11-31; *Poison detected: or frightful truths* [...] *in a treatise on bread* (1757), esp. pp. 16-38.

(67) Ver, por exemplo, John Smith, *An impartial relation of facts concerning the malepractices of bakers* (s.d. [1740?]).

(68) Ver J. P. Earwaker, *The constables' accounts of the manor of Manchester* (Manchester, 1891), III, pp. 359-61; F. Nicholson e E. Axon, "The hatfield family of Manchester, and the food riots of 1757 and 1812", *Trans. Lancs. and Chesh. Antiq. Soc.*, XXVIII (1910/1), pp. 82-90.

(69) *Calendar state papers, domestic*, 1631, p. 545.

(70) PRO, PC 1/2/165.

(71) Ver D. G. D. Isaac, "A study of popular disturbance in Britain, 1714-54" (Tese de Ph.D. na Univ. de Edimburgo, 1953), cap. I.

(72) *Calendar of home office papers*, 1773, p. 30.

(73) PRO, SP 36/50.

(74) *London Gazette*, março de 1783, nº 12 422.

(75) S. J. Pratt, *Sympathy and other poems* (1807), pp. 222-3.

(76) Alguns anos antes, Wedgwood escutara "ameaças [...] de que eles destruiriam os nossos canais e deixariam escoar a água", porque as provisões estavam passando por Staffordshire, ao seguirem de East Anglia para Manchester: J. Wedgwood, *Address to the young inhabitants of the pottery* (Newcastle, 1783).

(77) PRO, PC 1/27/A.54; A.55-7; HO 42/34; 42/35; 42/36; 42/37; ver também Stern, op. cit., e E. P. Thompson, *The making of the English working class* (Penguin, 1968), pp. 70-3.

(78) PRO, WO 1/1082, John Ashley, 24 de junho de 1795.

(79) PRO, HO 42/34.

(80) PRO, WO 1/986 fl. 69.

(81) Davies, op. cit., pp. 33-4.

(82) "O primeiro princípio estabelecido por um padeiro, quando ele ingressa numa paróquia, é tornar todos os pobres seus devedores; ele então faz o pão deles com o peso ou a qualidade que bem lhe aprouver [...]": *Gentleman's Magazine*, XXVI (1756), p. 557.

(83) Girdler, op. cit., p. 147.

(84) PRO, WO 42/34.

(85) *Annals of Agriculture*, XXVI (1796), p. 327; *Museum Rusticum et Commerciale*, IV (1765), p. 198. A diferença de alqueires podia ser considerável: ao contrário do alqueire Win-

chester de oito galões, o de Stamford tinha dezesseis galões, o de Carlisle 24, e o de Chester 32: ver J. Houghton, *A collection for improvement of husbandry and trade* (1727), nº XLVI, 23 de junho de 1693.

(86) *London Gazette*, março de 1767, nº 10 710.

(87) Novembro de 1793, em PRO, tio 42/27. As medidas em questão eram as do malte.

(88) *Annals of Agriculture*, XXIV (1795), pp. 51-2.

(89) James Reeves, *The idiom of the people* (1958), p. 156. Ver igualmente em Brit. Lib. Place MSS, Add MSS 27825, "A pretty maid she to the miller would go", verso 2:

Then the miller he laid her against the mill hopper
Merry a soul so wantonly
He pulled up her cloaths, and he put in the stopper
For says she I'll have my corn ground small and free.
[*Então o moleiro a colocou contra a canoura*
Oh Deus do céu tão lascivamente
Levantou as roupas dela, e fez o moinho parar
Pois diz ela, vou ter meus grãos moídos de graça]

(90) Ver Markham, *Syhoroc*, II, p. 15; Bennett e Elton, op. cit., III, pp. 50-65; depoimento de John Spyry contra o moleiro de Millbrig Mill, 1740, por tomar ora 1/6 e, ora 1/7, ora 1/8 como multa: documentos das West Riding Sessions, County Hall, Wakefield.

(91) Ver Girdler, op. cit., pp. 102-6, 212.

(92) *Annals of Agriculture*, XXIII (1795), pp. 179-91; Bennett e Elton, op. cit., III, p. 166; 36 Geo III, c. 85.

(93) Ver Bennett e Elton, op. cit., III, pp. 204 ss.; W. Cudworth, "The Bradford soke", *The Bradford Antiguary* (Bradford, 1888), I, pp. 74 ss.

(94) Ver, neste capítulo, nota 68, e Bennett e Elton, op. cit., pp. 274 ss.

(95) Ibid., III, pp. 204-6.

(96) Respostas das cidades à investigação do Conselho Privado, 1796, em PRO, PC 1/33/A.88: por exemplo, prefeito de York, 16 de abril de 1796: "os pobres podem assar os seus pães em fornos comuns [...]"; prefeito de Lancaster, 10 de abril: "cada família compra a sua farinha e faz o seu pão"; prefeito de Leeds, 4 de abril: o costume é "comprar cereais ou farinha, fazer a massa do pão, assá-lo por sua própria conta ou pagar alguém para assá-lo". Em 1757, um levantamento dos padeiros no Condado de Corby (Northamptonshire) mostra que dentre 31 paróquias, uma (Wilbarston) tinha quatro padeiros, outra tinha três padeiros, três tinham dois padeiros, oito tinham apenas um, e catorze não tinham padeiro residente (quatro não deram resposta): Northants. CRO, H (K) 170.

(97) Smith, *Three tracts on the corn-trade*, p. 30.

(98) Interrogatório de Hannah Pain, 12 de agosto de 1757, Northants. CRO, H (K) 167 (I).

(99) É extraordinário que as punições para esses delitos fossem muito frequentes nos anos de escassez, e sem dúvida a intenção era que tivessem efeito simbólico: assim, seis denúncias de peso falso ou inferior nas sessões de Bury St. Edmunds, maio de 1740: Bury St. Edmunds e West Suffolk CRO, D8/1/8(5); seis multados por peso inferior em Maidenhead, outubro de 1766: Berks, CRO, M/JMI. Em Reading, entretanto, a vigilância parece ter sido bem constante, tanto nos anos bons como nos ruins: Central Public Library, Reading, R/MSAcc. 167, Court Leete View of Frankpledge. Em Manchester, os funcionários do mercado foram vigilantes até a década de 1750, inspecionavam ocasionalmente depois dessa data, mas se mostraram muito ativos em abril de 1796: Earwaker, *Court Leet Reeords*, IX, pp. 113-4.

(100) Gentleman's Magazine, LXV (1795), p. 697.

(101) Caderno de notas manuscrito de Edward Pickering, Birmingham City Ref. Lib. M 22.11.

(102) *Ipswich Journal*, 12 e 16 de julho de 1740. (Devo essas referências ao dr. R. W. Malcolmson, de Queen's University, Ontario.) O povo absolutamente não cometia o erro de ter os padeiros na conta de seus principais opositores, e as formas de pressão tinham frequentemente grande complexidade; assim, folhas "incendiárias", afixadas em Tenterdeen (1768), incitavam o povo a se rebelar e a forçar os agricultores a vender o seu trigo para os moleiros e para os pobres a dez libras por carga, ameaçando destruir os moleiros que dessem aos agricultores um preço maior: Shelburne, 25 de maio de 1768, PRO, SP 44/199.

(103) "Uma cópia dos conselhos para a entrega de grãos em Bodmyn, 11 de maio de 1586": Bodleian Library, MSS Rawlinson B 285, fls. 66-7.

(104) Há relatos da execução do *Book of orders* em E. M. Leonard, *Early history of English poor relief* (Cambridge, 1900); Gras, op. cit., pp. 236-42; Lipson, op. cit., III, pp. 440-50; B. E. Supple, *Commercial crisis and change in England*, 1600-42 (Cambridge, 1964), p. 117. Existem documentos que ilustram a sua execução em *Official papers of Nathaniel Bacon of Stiffkey, Norfolk* (Camden Society, 3ª série, xxvi, 1915), pp. 130-57.

(105) Ver exemplo em Victoria County history, Oxfordshire, ed. W. Page (1907), II, pp. 193-4.

(106) Por uma lei de 1534 (25 Henry VIII, c. 2), o Conselho Privado tinha o poder de fixar os preços dos cereais numa emergência. Numa nota um tanto confusa, Gras (op. cit., pp. 132-3) opina que depois de 1550 esse poder nunca foi usado. De qualquer modo, não foi esquecido: um decreto de 1603 parece fixar preços (Seligman Collection, Columbia Univ. Lib., Proclamations, James I, 1603); o *Book of orders* de 1630 termina com a advertência de que, "se os donos de cereais e outros proprietários de vitualhas [...] não executarem voluntariamente essas ordens", Sua Majestade "dará ordens para que preços razoáveis sejam estabelecidos"; o Conselho Privado tentou restringir os preços por meio de proclamação em 1709, Liverpool Papers, Brit. Mus., Add. MS. 38353, fo. 195; e a questão foi ativamente discutida em 1757 — ver Smith, *Three tracts on the corn trade*, pp. 29, 35. E (independentemente da regulamentação do pão) outros poderes de fixar os preços continuaram a existir. Em 1681, no mercado de Oxford (controlado pela universidade), determinaram-se os preços da manteiga, queijo, frango, carne, toucinho, velas, aveia e vagens: "The Oxford market", *Collectanea*, 2ª série (Oxford, 1890), pp. 127-8. A regulamentação da cerveja parece ter caducado em Middlesex em 1692 (Lipson, op. cit., II, p. 501), e em 1762 os cervejeiros foram autorizados (por 2 Geo. III, c. 14) a aumentar o preço de forma razoável; mas em 1773, quando se propôs aumentar o preço em meio pence por quarta, Sir John Fielding escreveu ao conde de Suffolk que o aumento "não pode ser considerado razoável; nem os súditos se submeterão a tal coisa": *Calendar of home office papers*, 1773, pp. 9-14; P. Mathias, *The brewing industry in England, 1700-1830* (Cambridge, 1959), p. 360.

(107) Ver G. D. Ramsay, "Industrial *laisser-faire* and the policy of Cromwell", *Econ. Hist. Rev.*, 1ª série, XVI (1946), esp. pp. 103-4; M. James, *Social problems and policy during the Puritan Revolution* (1930), pp. 264-71.

(108) *Seasonable orders offered from former precedents whereby the price of corn... may be much abated* (1662) — uma reimpressão das Ordens Elisabetanas; J. Massie, *Orders appointed by his Majestie King Charles I* (1758).

(109) *Calendar state papers, domestic*, 1630, p. 387.

(110) *Calendar of home office papers*, 1768, p. 342.

(111) Westerfield, op. cit., p. 148.

(112) Cartas de W. Dalloway, Brimscomb, 17 e 20 de setembro de 1766, em PRO, PC 1/8/41.

(113) Norwich, 1740 — *Ipswich Journal*, 26 de julho de 1740; Dewsbury, 1740 — J. L. Kaye e cinco magistrados, Wakefield, 30 de abril de 1740, em PRO, SP 36/50; vale do Tâmisa, 1766 — testemunho de Bartholomew Freeman de Bisham Farm, 2 de outubro de 1766, em PRO, TS 11/995/3707; Ellesmere, 1795 — PRO, WO 1/1089. fl. 359; floresta de Dean — John Turner, prefei-

to de Gloucester, 24 de junho de 1795, PRO, WO 1/1087; Cornualha — ver John G. Rule, "Some social aspects of the Cornish Industrial Revolution", in Rober Butt (ed.). *Industry and society in the South-West* (Exeter, 1970), pp. 90-1.

(114) Drayton, Oxon — acórdão contra Wm. Denley e três outros, em PRO, TS 11 /995/3707; Handborough — depoimento de Robert Prior, delegado, 6 de agosto de 1795, PRO, Assizes 5/116; ilha de Ely — Lord Harwicke, Wimpole, 27 de julho de 1795, PRO, HO 42/35 e H. Gunning, *Reminiscences of Cambridge* (1854), II, pp. 5-7; Chichester — duque de Richmond, Goodwood, 14 de abril de 1795, PRO, WO I/1092; Wells — "Verax", 28 de abril de 1795, PRO, WO 1/1082 e rev. J. Turner, 28 de abril, HO 42/34. Ver em Rule, op. cit., p. 90, o exemplo de um delegado que foi executado por sua participação num motim dos mineiros de estanho em St. Austell, 1729.

(115) Ver Rose, op. cit., p. 435; Edwin Butterworth, *Historical sketches of Oldham* (Oldham, 1856), pp. 137-9, 144-5.

(116) Portsea — *Gentleman's Magazine*, lxv (1795), p. 343; Port Isaac — Sir W. Molesworth, 23 de março de 1795, PRO, HO 42/34; Newcastle — *Gentleman's Magazine*, X (1740), p. 355, e várias fontes em PRO, SP 36/51, em Northumberland CRO e Newcastle City Archives Office; Gloucestershire, 1766 — PRO, PC 1/8/41; Penryn, 1795 — PRO, HO 42/34.

(117) Anônimo, *Contentment: or hints to servants, on the present scarcity* (folheto volante, 1800).

(118) Northampton — *Calendarstate papers, domestic*, 1693, p. 397; Poole — memorial de Chitty e Lefebare, mercadores, incluído em Holles Newcastle, 26 de maio de 1737, PRO, SP 41/ 10; Stockton — Edward Goddard, 24 de maio de 1740, PRO, SP 36/50 ("Encontramos uma dama com uma vara e uma trompa indo para Norton sublevar o povo [...], tiramos a trompa dela. Ela falava palavrões o tempo todo e seguiu para a cidade, tentando sublevar todas as pessoas que encontrava [...]. Mandamos que a mulher fosse recolhida [...]. Ela sempre gritando: Ao inferno, vocês querem me ver sofrer ou me mandar para a prisão?"); Haverfordwest — PRO, HO 42/35; Birmingham — J. A. Langford, *A century of Birmingham life* (Birmingham, 1868), II, p. 52.

(119) *Letters from England* (1814), II, p. 47. As mulheres tinham outros recursos além da ferocidade: um coronel dos Voluntários lamentava que "o diabo em forma de mulher está agora empregando toda a sua influência para induzir os soldados a romper os seus laços com os oficiais": Lt.-Col. J. Entwisle, Rochdale, 5 de agosto de 1795, PRO, WO I/1086.

(120) Kettering — PRO, SP 36/50: outros exemplos do uso do futebol para reunir uma multidão em R. M. Malcolmson, "Popular recreations in English society, 1700-1850" (Warwick, tese de Ph.D. da Univ., 1970); Wakefield—PRO, HO 42/35; Stratton — aviso manuscrito, com data de 8 de abril e assinado "Cato", em PRO, HO 42/61 fl. 718.

(121) Um correspondente de Rosemary Lane (Londres), 2 de julho de 1795, queixava-se de ter sido acordado às cinco da manhã "Por uma rezinga terrível (como diz a turba), mas que eu chamaria de guincho": PRO, WO I/1089 fl. 719.

(122) Broseley — T. Whitmore, 11 de novembro de 1756, PRO, SP 36/136; Gateshead — indiciamento de John Todd nos Newcastle City Archives Office; Haverfordwest — PRO, HO, 42/35.

(123) Witney — indiciamento de Thomas Hudson, 10 de agosto de 1795, PRO, Assizes 5/116; Saffron Walden — indiciamentos por delitos em 27 de julho de 1795, PRO, Assizes 24/43; Hand-borough — indiciamento de James Stevens, cobrador de dízimos, 6 de agosto de 1795, PRO, Assizes 5/116. Todos os treze amotinados de Berkshire em 1766, julgados por uma comissão especial, foram descritos como "trabalhadores"; das 66 pessoas apresentadas perante a comissão especial em Gloucester em 1766, 51 foram descritas como "trabalhadores", dez eram esposas de "trabalhadores", três eram fiandeiras; as descrições pouco revelam; *G. B. Deputy Keeper of public records, 5th report* (1844), II, pp. 198-9, 202-4. Sobre o País de Gales, 1793-1801, ver Jones, "Corn riots in Wales", Ap. III, p. 350. Sobre Dundee, 1772, ver S. G. E.

Lythe, "The tayside meal mobs", *Scot. Hist. Rev.*, XLVI (1967), p. 34: um carregador, um trabalhador da pedreira, três tecelões e um marinheiro foram indiciados.

(124) Ver Rudé, *The crowd in history*, p. 38.

(125) Lt.-Gen. J. G. Simcoe, 27 de março de 1801, PRO, HO 42/61.

(126) Assim, num motim contra a exportação em Flint (1740), alegava-se que o intendente de Sir Thomas Mostyn tinha providenciado armas para os seus próprios mineiros de carvão: vários depoimentos em PRO, SP 36/51.

(127) Newbury — súmula dos fatos em PRO, TS 11/995/3707; East Anglia — B. Clayton, Boston, 11 de agosto de 1795, PRO, HO 42/35.

(128) Sem dúvida, investigações detalhadas sobre a relação entre os movimentos dos preços a curto prazo e os motins ajudarão a refinar a questão; mas as variáveis são muitas, e a evidência relativa a algumas delas (*prevenção* de motins, persuasão exercida sobre arrendatários, negociantes etc., subscrições de caridade, cobrança de taxas para assistência aos pobres etc.) é frequentemente evasiva e difícil de quantificar.

(129) "[...] um serviço muito odioso que apenas a necessidade pode justificar", visconde Barrington a Weymouth, 18 de abril de 1768, PRO, WO 4/83, fls. 316-7.

(130) Sunderland — petição em PRO, WO 40/17; Wantage e Abingdon — petição a Sir G. Young e C. Dundas, 6 de abril de 1795, ibid.

(131) Penryn—PRO, WO 40/17; Warwickshire — H. C. Wood, "The diaries of Sir Roger Newdigate, 1751-1806", *Trans. Birmingham Archaeological Soc.*, LXXVIII (1962), p. 43.

(132) Shropshire-T. Whitmore, 11 de novembro de 1756, PRO, SP 36/136; Devon — HMC, *City of Exeter*, série LXXIII (1916), pp. 255-7; Devon, 1801 — Lt.-Gen. J. G. Simcoe, 27 de março de 1801, PRO, HO 42/61; Warwick — T. W. Whitney, *The parliamentary representation of the city of Coventry* (Coventry, 1894), p. 214.

(133) Diário manuscrito da municipalidade de Reading, Central Public Library, Reading: entrada de 24 de janeiro de 1757. Em 12 de julho de 1795, desembolsaram-se trinta libras "para o atual preço elevado do pão".

(134) Especialmente úteis são as respostas dos correspondentes em *Annals of Agriculture*, XXIV e XXV (1795). Ver também S. e B. Webb, "The Assize of Bread", op. cit., pp. 208-9; J. L. e B. Hammond, op. cit., cap. VI; W. M. Stern, op. cit., pp. 181-6.

(135) Um ponto a ser observado em qualquer análise quantificada: o preço oficialmente anunciado pelo mercado depois de um motim podia aumentar, embora, como consequência do distúrbio ou da ameaça de distúrbio, os pobres talvez recebessem cereais a preços subsidiados.

(136) Newcastle — notificação de 24 de junho de 1740 em City Archives Office; duque de Richmond, 13 de abril de 1795, PRO, WO 1/1092; Devon — James Coleridge, 29 de março de 1801, HO 42/61.

(137) Diário manuscrito de John Toogood, Dorset CRO, D 170/1.

(138) "The riot: or, half a loaf is better than no bread, &c", 1795, em Hannah More, *Works* (1830), II, pp. 86-8.

(139) Newcastle — relato manuscrito de motins em City Archives; Henley-Isaac, op. cit., p. 186; Woodbridge — PRO, WO 1/873: 1753 — Newcastle MSS, Brit. Lib. Add MS 32732, fl. 343. Em outra carta ao duque de Newcastle, o conde Poulet, governador do condado de Somerset, relatava que algumas pessoas da turba "passaram a falar uma linguagem igualitária, isto é, não viam por que alguns deviam ser ricos e outros pobres": ibid., fls. 214-5.

(140) Witney — *London Gazette*, novembro de 1767, nº 10779; Birmingham — PRO, WO 1/873; Colchester — *London Gazette*, novembro de 1772, nº 11304; Fareham — ibid., janeiro de 1767, nº 10690; Hereford — ibid., abril de 1767, nº 10717.

(141) Maldon — PRO, WO 40/17; Uley — W. G. Baker, outubro de 1795, HO 42/36; Lewes — HO 42/35; Ramsbury — documento apenso em rev. E. Meyrick, 12 de junho de 1800, HO 42/50.

(142) Ver A. Rowe, "The food riots of the forties in Comwall", *Report of Royal Cornwall Polytechnic Society* (1942), pp. 51-67. Houve motins da fome nas regiões de montanha da Escócia em 1847; em Teignmouth e Exeter, em novembro de 1867; e em Norwich ocorreu um episódio curioso (a "Batalha da Corrida ao Presunto") ainda em 1886.

(143) Ver J. R. Westem, "The volunteer movement as an anti-revolutionary force, 1793--1801", *Eng. Hist. Rev.*, LXXI (1956).

(144) W. Taunton, 6 de setembro de 1800; I. King para Taunton, 7 de setembro de 1800; PRO, WO 40/17 e HO 43/12. Em cartas particulares, Portland se expressava ainda com mais vigor, escrevendo ao dr. Hughes de Jesus College, Oxford (12 de setembro) sobre os "atos injustos e injudiciosos de sua municipalidade": Univ. de Nottingham, Portland MSS, Pw V III.

(145) Portland, 25 abr. 1801, PRO, HO 43/13, pp. 24-7. Em 4 de outubro de 1800, Portland escrevia ao vice-reitor da Universidade de Oxford (dr. Marlow) sobre os perigos de o povo "ceder à noção de que suas dificuldades podem ser atribuídas à avareza e voracidade daqueles que, em vez de monopolizadores do mercado, são, para falar corretamente, os abastecedores e os intendentes providentes do público": Univ. de Nottingham, Portland MSS, PwV III.

(146) E. Burke, *Thoughts and details on scarcity, originally presented to the Rt. Hon. William Pitt in* [...] *november, 1795* (1800), p. 4. Sem dúvida, esse folheto influenciou tanto Pitt como Portland, e pode ter contribuído para as políticas mais duras de 1800.

(147) R. H. Tawney, *Religion and the rise of capitalism* (1926), p. 33.

(148) C. Fitz-Geffrey, *God's blessing upon the providers of corne: and God's curse upon the hoarders* (1631; reimpressão 1648), pp. 7, 8, 13.

(149) Tawney, op. cit., p. 222. Ver igualmente C. Hill, *Society and puritanism in pre-revolutionary England* (1964), esp. pp. 277-8.

(150) Devo esse dado ao professor David Montgomery.

(151) Anônimo ["Um clérigo no campo"], *Artificial dearth: or, the iniquity and danger of withholding corn* (1756), pp. 20-1.

(152) Carta a *Sherborne Mercury*, 5 de setembro de 1757.

(153) "A serious call to the gentlemen farmers, on the present exorbitant prices of provisions", folha volante, s. d., em Seligman Collection (Folhas Volantes — Preços), Univ. de Columbia.

(154) *London Gazette*, março de 1772, nº 11 233.

(155) Carta de "Captins audacious, fortitude, presumption and dread not", datada de 28 de dezembro de 1795, "Polgooth and other mines", e dirigida à sra. Herring, ibid., 1796, p. 45.

(156) Isso *não* impede que tal evidência não possa vir a aparecer em breve no que diz respeito à crise demográfica local ou regional.

(157) *Annals of Agriculture*, XXIV (1795), p. 159 (evidência de Dunmow, Essex).

(158) Carta de 24 de junho de 1795 em PRO, PC 1/27/A.54; várias cartas, esp. 29 de março de 1795, HO 42/35.

(159) W. Wordsworth, *Poetical works*, ed. E. de Selincourt e Helen Darbishire (Oxford, 1959), V, p. 391.

(160) Ver Sidney Mintz, "Internal market systems as mechanisms of social articulation", *Intermediate societies, social mobility and communication* (American Ethnological Society, 1959); e do mesmo autor, "Peasant markets", *Scientific American*, XXIII (1960), pp. 112-22.

(161) Nottingham — J. F. Sutton, *The date-book of Nottingham* (Nottingham 1880), p. 286; Yeovil — PRO, HO 42/150; East Anglia — A. J. Peacock, *Bread or blood* (1965), passim; Merthyr — G. A. Williams, "The insurrection at Merthyr Tydfil in 1831", *Trans. Hon. Soc. of Cymmrodorion*, 2 (Sessão de 1965), pp. 227-8.

(162) Em 1795, quando se dava pão preto subsidiado aos pobres de sua paróquia, o pároco

Woodforde não se abstinha do dever diário de jantar: 6 de março, "[...] no jantar, dois frangos cozidos e focinho de porco, uma sopa de ervilha muito boa, uma excelente rabada cozida, um prodigioso peru assado, grande, excelente e muito gordo, macarrão, manteiga, creme, pudim" etc.: James Woodforde, *Diary of a country parson*, ed. J. Beresford (World's Classics, 1963), pp. 483, 485.

(163) Lord Hardwicke, 27 de julho de 1795, PRO, HO 42/35.

(164) W. Dalloway, 20 de setembro de 1766, PRO, PC 1/8/41.

5. *ECONOMIA MORAL REVISITADA* (pp. 203-66)

(1) Mark Harrison me censura por aplicar o termo *crowd* [multidão] ao que era "uma categoria muito específica de formação de massa": *Crowds and history: mass phenomena in English towns, 1790-1835* (Cambridge, 1988), p. 13. Segui o exemplo de George Rudé e Eric Hobsbawm ao preferir o termo *crowd* ao pejorativo *mob* [turba], que alguns historiadores anteriores tinham usado. Ninguém jamais supôs que todas as multidões fossem amotinadas, embora a atenção de Harrison para a sua variedade seja útil. Harrison também afirma que meu artigo "tem uma série de falhas, que serão examinadas mais detalhadamente no capítulo 6". Como o capítulo 6 não menciona o meu artigo, e as falhas não são identificadas em nenhuma outra parte do livro, ainda estou esperando pelo golpe.

(2) J. Stevenson, "Food riots in England, 1792-1818", in R. Quinault e J. Stevenson (eds.), *Popular protest and public order* (Londres, 1974), p. 67. E J. Stevenson, "The 'moral economy' of the English crowd: myth and reality", in Anthony Fletcher e J. Stevenson (eds.), *Order and disorder in early modern England* (Cambridge, 1985) — um ensaio que pouco acrescenta à discussão.

(3) *Past and Present*, 71, maio de 1976.

(4) R. C. Cobb, *The police and the people* (Oxford, 1970), p. 323. Para uma visão panorâmica comparada, ver David Arnold, *Famine: social crisis and historical change* (Oxford, 1988).

(5) John Walter e Keith Wrightson, "Dearth and the social order in early modern England", *Past and Present*, 71 (1976). Ver igualmente (para uma afirmação mais vigorosa de autoridade) John Walter, "Grain riots and popular attitudes to the law: maldon and the crisis of 1629", in John Brewer e John Styles (eds.), *An ungovernable people* (1980). Sobre o *Book of orders*, ver A. Everitt, "The marketing of agricultural produce", in J. Thirsk (ed.), *The agrarian history of England and Wales*, vol. IV, 1500-1640 (Cambridge, 1967), pp. 581-6; P. Slack, "The Book of orders: The making of English social policy, 1577-1631", *TRHS*, XXX (1980); R. B. Outhwaite, "Food crisis in early modern England: patterns of public response", *Procceedings of the Seventh International Economic History Congress* (Edinburgh, 1978), pp. 367-74; R. B. Outhwaite, "Dearth and government intervention in English grain markets, 1590-1700", *Econ. Hist. Rev.*, XXXIII, 3 (1981); e Buchanan Sharp, "Popular protest in 17th-century England", in Barry Reay (ed.), *Popular culture in 17th-century England* (1985), esp. pp. 274-89. Sharp afirma (p. 279) que os motins de fome no século XVII "eram muitas vezes tentativas de impor ao mercado regras oficialmente sancionadas, podendo ser vistos, em muitos casos, como esforços para fortalecer a ordem estabelecida, e não para atacá-la".

(6) Sharp, op. cit., p. 275; A. B. Appleby, na descrição clássica da mortalidade por desnutrição em Cumberland e Westmorland no final do século XVI e início do século XVII, não registra distúrbios: ver *Famine in Tudor and Stuart England* (Liverpool, 1978).

(7) Cecil Woodham Smith, *The great hunger* (1970), pp. 120-1; James S. Donnelly Jr., *The land and the people of nineteenth-century cork* (1975), pp. 89-91.

(8) W. H. Hunter, *The Annals of Rural Bengal* (1883), i, pp. 26-7. Muitos dos pobres nos condados no Oeste da Irlanda morreram de febre em suas próprias casas: ver Sir W. P. MacArthur,

"Medical history of the famine", in R. D. Edwards e T. D. Williams (eds.), *The great famine* (Dublin, 1956), esp. pp. 270-89.

(9) Sir Richard Temple, governador de Bengala, memorando sobre a escassez de 1873-4, *Extra Supplement of the Gazette of India*, 26 de fevereiro de 1875, pp. 25, 56-7.

(10) J. Mitchell, *Bankura Wesleyan College Magazine*, janeiro de 1916.

(11) Evidências muito curiosas e contraditórias a respeito de reações à fome podem ser encontradas em Robert Dirks, "Social response during severe food shortages and families", *Current Anthropology*, XXI (1980), pp. 21-44.

(12) *Past and Present*, 104 (1984).

(13) A. Charlesworth e Adrian Randall, "Morals, markets and the English crowd in 1766", *Past and Present*, 114 (1987), pp. 200-13. Sobre os tumultos de 1766, ver também A. J. Randall, "The Gloucestershire food riots in 1766", *Midland History*, X (1985); W. J. Shelton, *English hunger & industrial disorder* (1973), e as resenhas do livro de Shelton feitas por mim em *Econ. Hist. Rev.*, 2ª série, XXVII (1974), pp. 480-4, e por Peter Linebaugh em *Bull. Soc. Lab. Hist.*, 28 (1974), pp. 57-61.

(14) Tese de Ph.D. na Univ. of Wales, 1978. O excelente artigo de Dale Williams sobre "Midland hunger riots in 1766" em *Midland History*, III, 4 (1976), poderia até ter sido escrito para ilustrar a tese da economia moral. O que aconteceu entre 1976 e 1984 para mudar os eventos de 1766?

(15) A. W. Coats, "Contrary moralities: plebs, paternalists and political economists", *Past and Present*, 54 (1972), pp. 130-3.

(16) W. Letwin, *The origins of scientific economics* (1963), pp. 147-8. Sobre algumas ressalvas, entretanto, ver Joyce Appleby, *Economic thought and ideology in seventeenth-century England* (Princeton, 1978), pp. 258-9.

(17) Douglas Hay, "The State and the Market: Lord Kenyon and mr. Waddington", *Past and Present* (a ser publicado).

(18) P. S. Atiyah, *The rise and fall of freedom of contract* (Oxford, 1979), p. 84.

(19) Elizabeth Fox-Genovese, "The many faces of moral economy", *Past and Present*, 58 (1973).

(20) Lembramos a sábia advertência de David Thorner: "Sem dúvida nos desencaminharemos se tentarmos conceber as economias camponesas como orientadas exclusivamente para a 'subsistência', suspeitando de capitalismo sempre que os camponeses dão mostras de serem orientados para o 'mercado'. É muito mais razoável admitir como ponto de partida que durante séculos as economias camponesas tiveram dupla orientação para ambos os fins. Dessa forma, é possível evitar muita discussão infrutífera sobre a natureza das assim chamadas economias de 'subsistência'". Que igual advertência fosse lembrada nas discussões sobre as economias "protoindustriais"! Ver "Peasant economy as a category in history", in Theodor Shanin (ed.), *Peasants and peasant societies*, 2ª ed. (Oxford, 1987), p. 65.

(21) A exceção notável é Wendy Thwaites, "The marketing of agricultural produce in eighteenth century Oxfordshire" (tese de Ph.D. na Univ. de Birmingham, 1980). Ver também, da mesma autora, "Dearth and the marketing of agricultural produce: Oxfordshire, c. 1750-1800", *Agric. Hist. Rev*; XXXIII (1985), pt. II; John Chartres, "Markets and marketing in metropolitan Western England in the late seventeenth and eighteenth centuries", in Michael Havinden (ed.), *Husbandry and marketing in the South-West* (Exeter, 1973), pp. 63-74; e John Chartres, "The marketing of agricultural produce", in Joan Thirsk (ed.), *The agrarian history of England and Wales*, vol. V, pt. 2 (Cambridge, 1985), cap. 17. O silêncio a respeito da moagem dos grãos foi por fim quebrado por John Orbell, "The corn milling industry, 1750-1820", in C. H. Feinstein e S. Pollard (eds.), *Studies in capital formation in the United Kingdom* (Oxford, 1988). Esse estudo mostra (p. 62) a taxa rapidamente crescente do investimento anual de capital em moagem a partir de 1761, chegando a um pico no ano de escassez (e motins) de 1801.

(22) Edmund Burke, "Thoughts and details on scarcity" (1795), in *Works* (1801), VII, pp. 348-51.

(23) Istvan Hont e Michael Ignatieff, "Needs and justice in *The wealth of nations*", in I. Hont e M. Ignatieff (eds.), *Wealth and virtue* (Cambridge, 1983), p. 43.

(24) Ibid., pp. 14-5.

(25) Ibid., p. 18.

(26) Ver Roger Wells, *Wretched faces* (Gloucester, 1988), p. 88.

(27) Ver Douglas Hat, "The State and the market", op. cit.; C. B. Macpherson, Burke (Oxford, 1980), passim; Burke, "Thoughts and details on scarcity", p. 354: "as leis do comércio, que são as leis da Natureza, e consequentemente as leis de Deus".

(28) O "contato real" de Adam Smith com os pensadores franceses ocorreu durante a sua visita a Paris, de dezembro de 1765 a outubro de 1766: ver Adam Smith, *An inquiry into the nature and causes of the wealth of nations*, ed. R. H. Campbell e A. S. Skinner (Oxford, 1976), i, pp. 22 3, nota 8. Estava, portanto, fora da Grã-Bretanha durante o auge dos tumultos de 1766. Mas o próprio Smith insistia em que suas visões de *laissez-faire* já estavam formadas em 1749: ver Jacob Viner, *The long view and the short* (Glencoe, Illinois, 1958), p. 215.

(29) Até a famosa comparação de Smith entre os preconceitos populares contra os sonegadores de grãos e a crença em "bruxaria" pode ter sido tirada de um antigo folhetista: ver *Reflections on the present high price of provisions; and the complaints and disturbances arising therefrom* (1766), p. 39. O autor também se refere à bruxaria e observa que, na comissão encarregada de nomear magistrados, "feitiços, sortilégios, artes de magia, compras antecipadas de grãos, compras de grãos para revenda e monopolização de grãos são ações classificadas na mesma categoria, como delitos de natureza semelhante, porque eram cometidas por pessoas malvadas, de uma forma espantosa e desconhecida".

(30) Hont e Ignatieff, op. cit., pp. 16-9.

(31) Essas passagens foram enfatizadas por Salim Rashid em "The policy of *laissez-faire* during scarcities", *Economic Journal,* 90 (1980), pp. 493-503.

(32) Sir James Steuart, "A dissertation on the policy of grain", in *Works* (1805; reimpressão 1967), v, pp. 347-77. A proposta de Steuart foi apresentada pela primeira vez em 1757, mas foi mantida nos anos subsequentes.

(33) Dugald Stewart, *Lectures on political economy* (Edimburgo, 1855; reimpressão 1968), II, p. 52.

(34) Wells, *Wretched, faces,* p. 238.

(35) Roger Wells, "The grain crisis in England, 1794-6, 1799-1801" (tese de Ph.D. na Univ. de York, 1978), pp. 472-3. Ver também Wells, *Wretched faces*, pp. 238-9.

(36) Srinivasa Ambirajan, "Economic ideas and Indian economic policies in the 19th century" (tese de Ph.D. na Univ. de Manchester, 1964), pp. 363-4. Uma circular semelhante, citando quase verbatim o trecho de *The wealth of nations*, foi emitida pelo Departamento da Receita Pública de Madras em 1811: Arnold, *Famine*, p. 113. Ver também S. Ambirajan, *Classical political economy and British policy in India* (Cambridge, 1978).

(37) Ibid., p. 366. A opinião de que a fome era sempre consequência de intervenções bem-intencionadas das autoridades que interrompiam o fluxo "natural" do comércio é uma das afirmativas menos bem comprovadas de Adam Smith: "Quem examina, com atenção, a história dos períodos de escassez e fome que afligiram qualquer parte da Europa durante o curso do século atual ou dos dois séculos anteriores" descobrirá que os períodos de escassez se originam em alguns casos da devastação da guerra, mas na maioria dos casos da "falha das estações; e que *um período de fome nunca se originou de nenhuma outra causa a não ser da violência do governo ao tentar, por meios inapropriados, remediar a inconveniência da escassez*". (Os grifos são meus.) Com base nessa pretensão à onisciência, Smith e seus discípulos denunciavam as medidas protetoras como injustas.

Smith também afirmava que "a seca em Bengala, há alguns anos, teria provavelmente causado um grande período de escassez. Algumas regras inapropriadas, algumas restrições insensatas, impostas pelos criados da Companhia das Índias Orientais ao comércio do arroz, contribuíram, talvez, para transformar a escassez de víveres em fome". Essa afirmativa foi questionada por H. Sur em "The Bihar famine of 1770", *Indian Econ. & Social Hist. Review*, XIII, 4 (1976). Ele encontra uma explicação melhor no colapso da tradicional administração moghul e no vácuo resultante.

(38) B. M. Bhatia, *Famines in India* (Bombaim, 1967), p. 105.

(39) Ambirajan, tese, p. 367.

(40) Ver S. Ambirajan, "Malthusian population theory and Indian famine policy in the 19th century", *Population Studies*, XXX, I (1976).

(41) Ambirajan, tese, pp. 366-7.

(42) Ver Bhatia, op. cit., p. 105.

(43) Os princípios absolutos da economia política foram modificados pelo Código da Fome de 1880, embora o princípio geral de não intervenção no comércio de grãos "continuasse inviolado até a Segunda Guerra Mundial": Arnold, op. cit., p. 114.

(44) Hont e Ignatieff, op. cit., p. 20. Em *The theory of moral sentiments*, ed. D. D. Raphael e A. L. Macfie (Oxford, 1976), p. 27, Adam Smith achava que "a fome violenta" era uma ofensa contra "a decência". Embora às vezes "inevitável", "é sempre indecente".

(45) Ibid., p. 22.

(46) Assim em Bengala, em 1873, as primeiras a morrer de fome foram "as classes não agrícolas" — os tecelões, os metalúrgicos, os carpinteiros, os pescadores, os criados. Seguiram-se os trabalhadores rurais e os pequenos cultivadores: *Extra Supplement to the Gazette of India*, 26 de fevereiro de 1875, p. 33.

(47) Amartya Sen, *Poverty and famines* (Oxford, 1981), pp. 161-2. "A *exportação* de alimentos nas áreas atingidas pela fome pode ser uma característica 'natural' do mercado, que respeita mais o direito de acesso aos produtos do que a necessidade."

(48) Douglas Hay, "War, dearth and theft in the eighteenth century", *Past and Present*, 95 (1982), p. 132.

(49) Ver Bhatia, op. cit., p. 39.

(50) Sen, op. cit., p. 154.

(51) Ibid., pp. 75, 79.

(52) Ver Louise Tilly, "Food entitlement, famine, and conflict", in R. I. Rotberg e Theodore K. Rabb (eds.), *Hunger and history* (Cambridge, 1985), pp. 135-52.

(53) Ver Sen, op. cit., p. 154. E ver A. K. Ghose, "Food supply and starvation: a study of famines with reference to the Indian Sub-Continent", *Oxford Economic Papers*, XXXIV (1982).

(54) G. E. Mingay, "The course of rents in the age of Malthus", in Michael Turner (ed), *Malthus in his time* (Basingstoke, 1986), pp. 90-1.

(55) Michael Turner, "Corn crises in Britain in the age of Malthus", in Turner, op. cit., p. 120.

(56) A doutrina de Adam Smith sobre a não interferência no comércio de grãos se limitava, na sua digressão, ao comerciante *doméstico*. Wells se equivoca quando supõe (por exemplo, em *Wretched faces*, p. 7) que os esforços vigorosos do governo para importar cereais durante uma época de escassez violavam os preceitos smithianos. Mas (na doutrina de Smith) o governo não devia intervir no mercado interno vendendo o produto importado abaixo do preço do mercado autorregulador, o que era evitado, na década de 1790, pela venda da carga logo no porto de chegada, venda que os representantes das cidades e paróquias do interior muitas vezes acompanhavam.

(57) Roger Wells, "The revolt of the South-West, 1800-1", *Social History*, 6 (1977), p. 743; Wells, *Wretched faces*, p. 230.

(58) Ibid., pp. 178-81, 230-6.

(59) Ibid., p. 181.

(60) John Bohstedt, *Riots and community politics in England and Wales, 1790-1810* (Cambridge, Mass., 1983), p. 27.

(61) W. Thwaites, "The Assize of Bread in 18th-century Oxfordshire", *Oxoniensia*, li (1986), pp. 171-81.

(62) Encontram-se diversas explicações para a raridade dos motins de fome em Londres na obra de George Rudé, *Paris and London in the 18th century* (1970), pp. 55-7; John Stevenson, *Popular disturbances in England, 1700-1870* (1979), pp. 99-100; Bohstedt, op. cit., pp. 208-9. Sem dúvida, assegurar o abastecimento de Londres era uma prioridade do Estado.

(63) Ver Wells, *Wretched faces*, pp. 180-1.

(64) Anônimo, "A record of the staff of life from 1796 to 1900: at the old mill of the city", *Birmingham Magazine of Arts and Industries*, III (1899). Ver também J. Tann, "Co-operative corn milling; self-help during the grain crises of the Napoleonic Wars", *Agric. Hist. Rev.*, 28 (1980), p. 52; o "Union Mill" foi fundado em 1796 com 1360 contribuintes, principalmente trabalhadores.

(65) Caderno de notas manuscrito de Edward Pickard, Birmingham Reference Library, MS 22/11.

(66) Esses pontos são desenvolvidos por Bohstedt, op. cit., passim, especialmente no contraste traçado entre os mercados de Manchester e Devon. Em 1800, o "Birmingham Union Mill" ainda era normalmente abastecido pelo mercado de Birmingham ou por outras fontes num raio de vinte milhas: J. Tann, op. cit., p. 54.

(67) Walter e Wrightson, op. cit., p. 41.

(68) Bohstedt, op. cit., caps. 2 e 9 e pp. 54, 202, 220-1. Comparar Thwaites, tese, pp. 522-7, para ter uma estimativa da eficácia dos tumultos em instigar proteção aos consumidores.

(69) A China nos dá um exemplo de administração burocrática bem-sucedida do abastecimento de víveres durante a dinastia Qing no século XVIII. O Estado chinês tomou medidas de longo alcance para alimentar as pessoas durante os tempos de escassez; essas medidas incluíam celeiros públicos, o fornecimento de empréstimos, o desestímulo de açambarcadores, o estímulo à circulação dos grãos pelos canais e estradas. Isso se fundamentava num sistema de valor "confuciano" que endossava o imperativo da "benevolência", e na crença popular de que qualquer regime que presidisse a desastres como a fome ou a enchente "perdera o mandato do céu". Por isso, tudo o que estava relacionado com a distribuição de alimentos em tempos de escassez tinha uma importância política altamente sensível. O camponês chinês não mendigava caridade, ele exigia assistência, pois achava que era função da burocracia e dever dos ricos fornecê-la. Muitas ações dos amotinados chineses lembravam de perto os tumultos europeus — bloqueio do transporte dos grãos, ataque aos açambarcadores, lobby junto aos burocratas e ricos — e o tumulto era um meio reconhecido de acionar as medidas públicas de assistência: Lilian M. Li, "Introduction: food, famine and the Chinese State"; R. Bin Wong, "Food riots in the Qing dinasty"; Paul R. Greenough, "Comment"; todos esses estudos se encontram em *Journal of Asian Studies*, agosto de 1982.

(70) Sobre a influência recíproca de outros fatores em diferentes histórias nacionais, ver Charles Tilly, "Food supply and public order in modern Europe", in C. Tilly (ed.), *The formation of National States in Europe* (Princeton, 1975), pp. 380-455; e Louise Tilly in Rotberg e Rabb (eds.), *Hunger and history*, pp. 143-8.

(71) Sobre as cartas ameaçadoras, ver o meu ensaio "The crime of anonymity", in Douglas Hay et. al., *Albion's fatal tree*, pp. 325-41. Sobre os incêndios criminosos, ver Wells, *Wretched faces*, pp. 165-7.

(72) David Arnold, "Looting, grain riots and government policy in South India, 1918", *Past and Present*, 84 (1979).

(73) Ver, por exemplo, George Rudé, *Protest and punishment* (Oxford, 1978), p. 57, que afirma que os motins de fome "desempenharam um papel pequeno" antes de 1829-31.

(74) Esses exemplos foram coletados num panfleto publicado pelo Foreign Office e pelo Irish Office, *Famine in Ireland, 1740-41* (1847).

(75) *Gentleman's Magazine*, maio (1757).

(76) *Journal* de Wesley, 27 de maio de 1758.

(77) Mas são registrados motins de fome em 1792, Samuel Clark e J. S. Donnelly (eds.), *Irish peasants* (Manchester, 1983), p. 55; e em 1793, C. H. E. Philpin (ed.), *Nationalism and popular protest in Ireland* (Cambridge, 1987), p. 196 (condados de Cork e Waterford).

(78) Ver L. M. Cullen e T. C. Smout, *Comparative aspects of Scottish and Irish economic and social history* (Edimburgo, 1977), p. 10 e cap. 2.

(79) John Walter, "The social economy of dearth in early modern England", in John Walter e Roger Schofield (eds.), *Famine, disease, and the social order in early modern society* (Cambridge, 1989), pp. 82, 121.

(80) John Walter e Roger Schofield, "Famine, disease and crisis mortality in early modern society", in ibid., p. 47.

(81) E. A. Wrigley e R. S. Schofield, *The population of England, 1541-1871* (Cambridge, Mass., 1981), p. 653. Os anos de tumultos de 1766-7 apresentam uma taxa de mortalidade 10,4% acima da tendência geral.

(82) Ver ibid., pp. 668-9.

(83) Ibid., p. 692.

(84) Ver John Walter, "The social economy of dearth". Grande parte desse estudo ainda se aplica ao início do século XVIII.

(85) "Philo-Georgius" ao duque de Newcastle, 7 de dezembro de 1741, Brit. Lib. Add MS 32, 698, f. 496.

(86) O professor Sen continua a dar grande ênfase ao contexto *político* da fome no século XX. Os governos que têm de prestar contas à opinião pública provavelmente se esforçam mais para adotar medidas de assistência do que aqueles que não precisam se preocupar com esse tipo de coisa, e "é difícil encontrar um caso de fome num país com imprensa livre e oposição ativa num sistema democrático": Amartya Sen, "Individual freedom as a social commitment", *New York Review of Books*, 14 de junho de 1990.

(87) Outhwaite, "Dearth and government intervention", p. 404.

(88) *The life and times of Anthony Wood, antiquary of Oxford, 1632-95*, ed. A. Clark, citado em W. Thwaites, "The corn market and economic change: Oxford in the 18th century", *Midland History* (a ser publicado).

(89) *Reflections on the present high price of provisions,* p. 27.

(90) Grande parte do que John Walter escreve sobre a caridade do século XVII em tempos de escassez se aplica igualmente às primeiras sete décadas do século XVIII: Walter, "Social economy of dearth".

(91) Tão difundido era o abuso dos negociantes quacres que a Sociedade de Amigos emitiu uma declaração pública em 1800: "A Sociedade de Amigos [...] tendo sido caluniada por algum tempo como opressora das classes trabalhadoras e indigentes da comunidade, por tramar o monopólio desses artigos necessários da vida, os cereais e a farinha, se acha obrigada a vir provar a sua inocência e integridade [...]": *Meetings for sufferings*, XL, pp. 404-6, 6 de outubro de 1800 (Friends House Library, Londres). Meus agradecimentos ao bibliotecário, Malcolm Thomas.

(92) Em 1766, os nobres da região angariaram contribuições em Melksham "em consideração pelo fato de os pobres não terem participado dos últimos motins que ocorreram por toda a cidade", e distribuiu-se carne a mais de 1600 pobres. Mas a carne foi dada em novembro,

meses depois do auge da crise. O dr. Randall sugere que os amotinados pobres de Chippenham, Stroud, Frome ou Bradford (Wiltshire) podem ter conseguido melhor resultado: A. J. Randall, "Labour and the Industrial Revolution in the West of England woollen industry" (tese de Ph.D. na Univ. de Birmingham, 1979), p. 166.

(93) Bohstedt, op. cit., pp. 96-7,48. Ver igualmente a discussão de Peter Mandler sobre a conversão da *gentry* rural nesses anos, que passou de um paternalismo fraco que reconhecia os direitos consuetudinários dos pobres para a linguagem da "ordem natural" (definida por Smith e Malthus), na qual "o único verdadeiro direito natural" é o da propriedade: "The making of the new poor law *Redivivus*", *Past and Present*, 117 (novembro de 1987).

(94) Walter, "Social economy of dearth", pp. 127-8; Walter e Schofield, "Famine, disease and crisis mortality", p. 48.

(95) Wendy Thwaites, que teve a gentileza de ler o manuscrito dessas páginas, censurou-me muito sensatamente por essa piada. Ela mostra que os recursos das nações famintas modernizadas progrediram desde o século XVIII, e (citando Nigel Twose, *Cultivating hunger* [Oxfam, 1984]) descreve um veículo criado para intimidar os amotinados na República Dominicana e no Haiti: "o AMAC-1 tem dezenove pontas de armas, quatro lançadores múltiplos de granadas, um canhão de água, uma câmera de vídeo infravermelha para vigilância, e seu corpo pode ser eletrificado com uma descarga de 7 mil volts". Ela conclui que, para os motins funcionarem, "tem de haver certos limites para a repressão das autoridades". Não cortei a minha piada, porque ela me permite incluir o seu alerta ponderado.

(96) Na sua digressão, Adam Smith adotou uma visão benigna dos aproveitadores, pois a) os altos lucros dos anos de escassez compensavam os negociantes pelos rendimentos modestos dos anos normais, e b) os lucros excessivos de uma minoria seriam o preço inevitável a pagar pelas funções do mercado para o público em geral. De qualquer modo, os açambarcadores e aproveitadores (se julgavam erroneamente o mercado) seriam flagrados quando os preços caíssem. Ninguém ainda conseguiu descobrir um modo de estudar sistematicamente a questão dos açambarcadores e aproveitadores nos anos de carestia no século XVIII, nem é fácil ver como se poderia fazer tal estudo. Mas isso não justifica o dogma amplamente aceito de que seu efeito (se é que houve algum) foi insignificante, e de que não é possível discutir os preços excessivos (num mercado favorável aos vendedores, escorado pelas Leis dos Cereais) que transferiam a riqueza dos pequenos consumidores para o lucro dos que cultivavam os grãos. Alguns especialistas demonstram grande conhecimento de questões como o comportamento dos ratos e pulgas, ou a proporção entre as sementes de cereais e o excedente da colheita disponível, embora teimosamente se recusem a reconhecer fatores bem maiores como a ganância humana.

(97) Temos a sorte de ter excelentes estudos sobre esses grupos de trabalhadores, tanto na sua qualidade de produtores (bons negociadores) como na de consumidores (amotinados). Até o "costume" não era pré-mercado ou não mercado, mas um consenso particular da comunidade quanto à regulamentação dos salários e preços. Ver J. G. Rule, "The labouring miner in Cornwall, *c.* 1740--1820" (tese de Ph.D. na Univ. de Warwick, 1971), esp. pp. 116-80; R. W. Malcolmson, "A set of ungovernable people", in J. Brewer e J. Styles (eds.), *An ungovernable people* (1980) (a população mineira de Kingswood); A. J. Randall, "Labour and the Industrial Revolution in the West of England woollen industry" (tese de Ph.D. na Univ. de Birmingham, 1979).

(98) *Mist's Weekly Journal*, 12 de março de 1726, informava que a turba se rebelava nos dias de mercado em Northampton, Kettering, Oundle, Wellingborough, Stony Stratford, porque os fazendeiros não queriam levar os cereais para a praça do mercado, "mas os retinham nas tavernas". Em Towcester, o apregoador impediu um tumulto ao dar a notícia de que os cereais deviam ser levados "ao mercado aberto".

(99) Malcolm I. Thomis e Jennifer Grimmett, *Women in protest, 1800-1850* (1982), cap. 2.

Seu estudo é fundamentado num levantamento de fontes publicadas e em alguma pesquisa nos jornais de 1800 e 1812.

(100) Kenneth J. Logue, *Popular disturbances in Scotland, 1780-1815* (Edimburgo, 1979), pp. 199, 202-3.

(101) John Bohsetdt, "Gender, household and community politics: women in English riots, 1790-1810", *Past and Present*, 120 (agosto de 1988), pp. 88-122. A afirmação de ter demolido "o mito do motim feminino" está nas pp. 90, 93.

(102) Ibid., p. 88. J. L. e B. Hammond, *The village labourer* (1911; reimpressão 1966), pp. 116-8.

(103) O melhor comentário é o trabalho de Roger Wells, "Counting riots in eighteenth-century England", *Bulletin of Lab. Hist. Soc.*, 37 (1978), pp. 68-72. Alan Booth discute sucessivos erros de estimativas em seu excelente e denso estudo, "Food riots in the North-West of England, 1790-1801 ", *Past and Present*, 77 (1977), esp. pp. 89-90.

(104) Bohstedt, *Riots and community politics*, pp. 11-4, 230-1; Booth, op. cit., pp. 98-9.

(105) *Ipswich Journal*, 26 de julho de 1740. Meus agradecimentos a Robert Malcolmson por esse dado.

(106) *Bristol Journal*, 11 de junho 1757, citado em Jeremy N. Caple, "Popular protest and public order in 18th-century England: the food riots of 1756-7" (Queens Univ. Ontario, dissertação de mestrado, 1978), p. 102.

(107) G. Blenkinsop, 14 de outubro de 1738 em PRO, T 1/299(15).

(108) *Northampton Mercury*, 6 de outubro de 1740; R. Malcolmson em Brewer e Styles, op. cit., p. 117.

(109) Edward Goddard, 24 de maio de 1740 em PRO, SP 36/50/431, e diversos depoimentos em SP 36/51.

(110) J. J. Williamson, xerife de Durham, 10 de junho de 1740 em PRO, SP 36/51.

(111) Joyce Ellis, "Urban conflict and popular violente: the guildhall riots of 1740 in Newcastle-upon-Tyne", *Int. Rev. Social Hist.*, XXV, 3 (1980).

(112) Foram liberadas nas sessões alguns dias mais tarde.

(113) "Account of the riots" pelo vereador Ridley em Northumberland CRO, 2R1 27/8.

(114) Ellis, op. cit., pp. 341-6.

(115) Nos Tribunais de Durham, Arme Withy, Hannah Crone e William Young foram degredados por sete anos por se apoderarem de uma grande quantidade de trigo de um navio em Stockton. Mais três mulheres e um homem foram julgados e absolvidos: *Newcastle Journal*, 9 de agosto de 1740. Mais uma vez agradeço a Robert Malcolmson.

(116) William Price, 13 de junho de 1740 em PRO, SP 36/51, e vários depoimentos em SP 36/50 e 36/51.

(117) PRO, SP 36/135.

(118) Caple, op. cit., p. 82.

(119) Holles Newcastle ao representante do Exército no Parlamento, 26 de maio de 1737, PRO, SP 41/10.

(120) Logue, op. cit., pp. 21, 44.

(121) R. W. Malcolmson, *Life and labour in England, 1700-1780* (1981), p. 118.

(122) Wendy Thwaites descobriu mulheres presentes nos motins da fome de Oxfordshire em 1693, 1713, 1757, 1766 e 1795: Thwaites, tese, tabela na p. 472 (sobre 1795), pp. 485-6.

(123) Pelas mesmas razões, Thomas e Grimmett, op. cit., p. 10, também me acusam de colocar as mulheres "sem dúvida alguma na praça do mercado, se não exatamente ao lado da pia da cozinha". E eles também não esclarecem como eram feitas as compras.

(124) Bohstedt é estranhamente incoerente. Sugere que os homens faziam as compras (p. 116).

Mas as mulheres (que normalmente não faziam as compras e por isso ficavam confinadas em casa?) ainda assim teciam de alguma maneira as redes da vizinhança. E ele elogia um estudo francês por notar que o trabalho doméstico "passava à cooperação comunitária" na hora de "buscar água e *provisões*, por exemplo" (p. 98, o grifo é meu).

(125) Ver o excelente estudo de Wendy Thwaites, "Women in the market place: Oxfordshire c. 1690-1800", *Midland History,* IX (1984), pp. 23-42. Sobre a tradição anterior, ver Rodney Hilton, "Women traders in medieval England", in *Class conflict and the crisis of feudalism* (1985), p. 213.

(126) No início do século XVIII, o lorde do mercado de Woodbridge (Suffolk) ameaçava processar "as pessoas que vêm a este local com peixe, aves, frutas, manteiga, queijo, ovos" nos dias de mercado, oferecendo suas mercadorias de porta em porta, em vez de terem um posto de venda ou tenda no mercado: Ipswich e East Suffolk CRO, V 5/9/6 — 3 (3). Tentativas semelhantes de controlar o mercado talvez estivessem por trás de uma onda de processos em Oxford em 1712, instaurados contra pequenos vendedores (material de jardinagem, frutas, peixe) por comprarem e revenderem os produtos com lucro: das 24 pessoas processadas, 21 eram mulheres: Thwaites, p. 30.

(127) J. Dunkin citado em ibid., p. 29.

(128) J. Mathews, *Remarks on the cause and progress of the scarcity and dearness of cattle* [...] (1797), pp. 9-10.

(129) Ibid., pp. 70-1.

(130) J. Malham (vigário de Helton, Dorset, e capelão da prisão do condado de Wiltshire), *The scarcity of grain considered* (Salisbury, 1800), p. 43.

(131) Thwaites (tese, i, pp. 208-21) discute a questão com cuidado.

(132) "Inquisition on Ruth Pierce", *Wiltshire Archaeological and Natural History Magazine*, XII (1870), pp. 256-7. Meus agradecimentos a Mary Prior.

(133) "A person in business", *Two letters on the flour trade* (Londres, 1757, 1766), pp. 7-8; o autor escreve de Hampshire. Ver também Wendy Thwaites, "Dearth and the marketing of agricultural produce: Oxfordshire", *Agric. Hist. Rev.*, XXXIII (1985), p. 121.

(134) Thwaites, "Women in the market place", p. 37.

(135) PRO, TS 11/1138/5956: Comissão Especial, Gloucester, 14 de novembro de 1766, acórdão da Coroa.

(136) Catherine Phillips, *Considerations on the causes of the high price of grain...* (1792), p. 7.

(137) William Brooks, *The true causes of our present distress for provisions* (1800), pp. 2930. Meus agradecimentos à dra. Thwaites.

(138) F. W. Steer (ed.), "The memoirs of James Spershott", *The Chichester Papers*, 30 (Chichester, 1962).

(139) Ver Mary Collier, *The woman's labour*, ed. Marian Sugden e E. P. Thompson (1989).

(140) Alice Clark, *Working life of women in the seventeenth century* (1919; reimpressão 1982), pp. 108-9.

(141) "A.B.", *Observations on the detriment that is supposed must arise to the family of every cottager* [...] *from the loss of woollen spinning* [...] (1794).

(142) *Ipswich Journal*, 7 de junho de 1740.

(143) Bohstedt pode estar levando longe demais as sugestões de Hans Medick sobre "The protoindustrial family economy", in Peter Kriedte, H. Medick e Schlumbohm, *Industrialization before industrialization* (Cambridge, 1987), pp. 60-3.

(144) O texto completo está em *Publications of the Thoresby Society*, XLI, pt. 3, p. 95 (1947). Há trechos em H. Heaton, *Yorkshire woollen and worsted industries* (1920), pp. 344-7; Thompson, *The making of the English working class*, pp. 300-1.

(145) Ver Dorothy Thompson, "Women, work and politics in nineteenth-century England: the problem of authority", in Jane Randall (ed.), *Equal or different* (Oxford, 1987), pp. 61-3.

(146) Clark, op. cit., p. 51. Ver também a sugestão de Maxime Berg quanto às redes de relações em *The age of manufactures* (1985), pp. 164-7, e o excelente levantamento do trabalho feminino na economia familiar em Bridget Hill, *Women, work, and sexual politics in eighteenth century England* (Oxford, 1989), caps. 3 e 4.

(147) Thomas Parsons, *Letters to an M. P. on the absurdity of popular prejudices* [...] (Bati, 1800).

(148) Thwaites, tese, II, pp. 468-9.

(149) *Gloucester Journal*, 24 de junho de 1740.

(150) Bewdley — *Nothampton Mercury,* 6 de junho de 1757; Worcester — *Worcester Journal*, 19 de maio de 1757; Taunton, Newcastle-under-Lyme, Salisbury, Kidderminster todos em R. W. Malcolmson, *Life and labour in England*, 1700-1780 (1981), pp. 117-8.

(151) Dale E. Williams, "Midland hunger riots in 1766", *Midland History*, III, 4 (1976).

(152) Em Charlesworth (ed.), *An atlas of rural protest* (1983), John Walter mostra mulheres atuando em tumultos em Kent (1595), Essex (1596), e descarregando um navio em Southampton (1608).

(153) Na Escócia, no final do século XVIII, a questão que gerou a maior participação das mulheres nas ações diretas "foi a oposição ao exercício do padroado da Igreja por padroeiros leigos contra os desejos populares da congregação". Os motins dos alimentos vinham em segundo lugar. Logue, op. cit., pp. 199-204.

(154) PRO, Assi 24/42, Devon, inverno de 1767: 21 homens (dezessete tecelões, dois cardadores, dois operários, um cordovaneiro) por atacarem um moinho de peneirar farinha; ibid., nove homens de Ottery St. Mary por destruírem um moinho d'água (e os dois casos seguintes); ibid., Somerset, 1766, tumulto por causa de queijo, Wellington (treze cardadores, tecelões etc. denunciados); ibid., Somerset, verão de 1767, distúrbio por causa de queijo, sete trabalhadores de Trowbridge acusados (mas não se encontraram evidências para levar o caso a julgamento); ibid., Wiltshire, inverno de 1767, oito homens acusados (cinco tecelões de casemira, dois escrevinhadores, um operário).

(155) PRO, Assi 4/22, Shropshire, verão de 1767, cinco mulheres de Culmington, por cortar sacos e jogar os grãos no chão. Assi 4/20, Worcestershire, verão de 1768, sete mulheres por se apoderarem de sessenta alqueires de trigo. Assi 4/21, Worcestershire, Quaresma de 1775, sete mulheres de Old Swinford (uma viúva, duas solteiras, duas esposas de mineiros de carvão e duas esposas de operários) por um motim motivado pelo preço da farinha, de que participaram duzentas pessoas. Assi 24/43, Somerset, Quaresma de 1801, quatro mulheres por forçarem a venda de pão a preços abaixo do mercado.

(156) PRO, Assi 24/43, Devon, verão de 1801, cinco trabalhadores e uma mulher solteira, por forçarem a venda de cevada a preços abaixo do mercado.

(157) PRO, Assi 24/42, Somerset, verão de 1767, motim pelo preço da manteiga, cinco mulheres e um homem acusados.

(158) Por causa de um motim a respeito de trigo em Bicester (Oxfordshire), quatro homens e quatro mulheres foram julgados, dentre os quais um homem e uma mulher foram condenados a sete anos de degredo; devido a um distúrbio a respeito de vagens, dois homens foram degredados, e uma mulher foi marcada a ferro: Thwaites, tese, pp. 471, 473.

(159) Bohstedt, "Gender, household and community politics", p. 120, nota 116.

(160) PRO, Assi 24/42, 24/43, 4/20, 4/21, 4/22. Só contei casos de motins relacionados explicitamente a alimentos.

(161) Douglas Hay encontrou mulheres liderando motins de alimentos em Staffordshire em 1740, 1757, 1783 e 1800: "Crime, authority and the Criminal Laws in Staffordshire 1750-1800" (tese de Ph.D. na Univ. de Warwick, 1975), p. 265 e comunicado particular.

(162) Em 1795, os mineiros da floresta de Dean revistaram um barco em Awre no Severn. Encontrando trigo e farinha, cem homens, mulheres e crianças vieram da floresta com cavalos e burros e levaram quinhentos alqueires. Segundo uma testemunha, "as mulheres eram mais tumultuosas que os homens". Mas cinco mineiros foram presos, dos quais dois foram enforcados por roubarem farinha; PRO, Assi 5/116; *London Chronicle*, 17-19 de novembro de 1795.

(163) PRO, Assi 24/42, Devon, verão de 1765; F. J. Snell, *The chronicles of Twyford* (Tiverton, 1893), pp. 192-201.

(164) PRO, Assi 24/42. Aqueles cujos indiciamentos foram considerados "insuficientes" pelo júri de instrução em Ottery St. Mary incluíam quatro carpinteiros, quatro cardadores, três agricultores, dois alfaiates, dois operários, dois cordovaneiros, um mestre em telhado de colmo.

(165) PRO, Assi 24/43.

(166) Num tumulto por causa de queijo em Taunton, onze homens e seis mulheres foram indiciados. Todos foram considerados "indigentes" e liberados. Os "indigentes" incluíam três cardadores, dois tecelões de sarja, dois cordovaneiros, dois operários, um funileiro, um pisoeiro: e três fiandeiras, esposas de um cordovaneiro, de um operário e de um tecelão de sarja; PRO, Assi 24/42, Somerset, inverno de 1767.

(167) Ver Wells, *Wretched faces*, cap. 16, "The role of the courts".

(168) Esses são os dados estatísticos formais em Baga de Secretis, *G. B. Deputy Keeper of public records, 5th report* (1844), Apêndice II, pp. 198-204. Mas alguns prisioneiros ficaram retidos para julgamento posterior ou seus casos foram cancelados. *The Gloucester Journal,* 15 de dezembro de 1766, noticiava que 96 amotinados estavam na prisão, dos quais dezesseis eram mulheres: ver também Williams, tese, pp. 162-3. Mas outros registros sugerem que um grupo de até 22 mulheres foi preso: os casos contra uma ou duas foram abandonados, e uma outra depôs contra as colegas; acórdão da Coroa, PRO, TS 11 /1188/5956, e "A calendar of the criminal prisoners in the Castle Gaol of Gloucester", 13 de dezembro de 1766 (anotado) em TS 11/995/3707.

(169) Isso é sugerido por John Beattie em seu competente artigo, "The criminality of women in eighteenth-century England", *Journal of Soc. Hist.*, VIII (1975), p. 113, nota 57. Igualmente Beattie, *Crime and the courts in England, 1660-1800* (Oxford, 1986), pp. 436-9.

(170) Booth, op. cit., p. 106. O autor acha que os magistrados "não parecem ter feito nenhuma diferenciação entre os sexos" nos tribunais de Lancashire em 1790-1801.

(171) Citações da Coroa em PRO, TS 11/1116/5728. Elizabeth Moody e Mary Nash estavam ambas grávidas, tendo dado à luz imediatamente depois de seus julgamentos, e Mary Nash teve gêmeos: não é claro se suas sentenças foram executadas. Ver Williams, op. cit., pp. 167, 170.

(172) Algumas das seguintes deduções dependem de anotações rudimentares nos Registros da Prisão em PRO, TS 11/995/3707. Sobre *femme couvert*, ver Blackstone, op. cit., IV, pp. 26-7, e John Beattie, op. cit., p. 238, nota 71. Ver *Gloucester Journal*, 22 de dezembro de 1766; Gloucester CRO, Q/sc 1767-70, Gloucester Gaol Calendar, 13 de janeiro de 1767.

(173) Elizabeth Rackley foi mais tarde perdoada.

(174) Registros da Prisão em PRO, TS 11/99513707. Sobre *femme couvert*, ver Blackstone, op. cit., iv, pp. 26-7, e John Beattie, op. cit., p. 238, nota 71.

(175) Carta de John Halford, 1º de julho de 1740, em Lincs., Archives Office, 3 Anc. 7/4/14.

(176) Ann Welford e Barbara Mason foram condenadas a seis meses de trabalhos forçados nas *Quarter sessions* de Northampton em 1796, por tentarem, com um grande número de pessoas, "principalmente mulheres", interceptar uma carroça do mercado: *Northampton Mercury*, 9 de abril de 1796. Meus agradecimentos a Jeanette Neeson.

(177) Sobre Arme Carter, ver John Walter, "Grain riots and popular attitudes to the law: Maldon and the crisis of 1629", in Brewer e Styles (eds.), *An ungovernable people*, pp. 47-84, um estudo excelente que segue a trajetória dos amotinados nos registros locais. Sobre Hannah Smith, ver Thomis e Grimmett, op. cit., pp. 43-4.

(178) Memorando a respeito da qualidade da evidência contra os amotinados dos alimentos (1766) do procurador do Tesouro em Shelburne Papers, vol. 132, William I. Clements Library, Universidade de Michigan, Ann Arbor; ver também PRO, SP Dom 44/14 1.

(179) Williams, "Midland hunger riots in 1766", p. 277.

(180) Wells, op. cit., p. 121.

(181) John Walter em *An ungovernable people*, p. 63; ver também Roger B. Manning, *Village revolts* (Oxford, 1988), pp. 96, 116.

(182) Williams, op. cit., pp. 273-4.

(183) Depois de "repetidas solicitações" de um capitão dos fuzileiros navais, o chefe de polícia de Brentwood relutantemente prendeu, na cervejaria The Ship, duas mulheres que andavam "cantando uma canção em Brentwood Street sobre os militares": Essex CRO, Q/SBb 352/55 (agosto de 1793).

(184) PRO, WO 1/1091, 5 e 8 de agosto de 1795; Assi 2/26 e 5/116.

(185) *Jackson's Oxford Journal*, 28 de maio de 1757: relato de que uma turba vestida com roupas femininas se apoderara de uma carroça de trigo em Bath. Não descobri nenhum indiciamento por delito desse tipo nos motins dos alimentos no século XVIII.

(186) Ver Natalie Davis, "Women on top", em *Society and culture in early modern France* (Stanford, 1975). Acho que a professora Davis não atenta para o fato de que um vestido de mulher era a vestimenta mais à mão para disfarçar um mineiro de carvão ou um colono. Alguns dos efeitos simbólicos invertidos (que ela descreve tão bem) eram antes consequência que intenção. Os ataques às barreiras de portagem tinham simbolismo mais militar: "O depoente disse [...] ouviram o barulho de trompas [...] e pouco depois surgiu uma multidão armada com armas e machados, alguns disfarçados com os rostos pintados de preto e com roupas de mulher [...]". Foi um ataque à barreira de portagem em Ledbury, Herefordshire. O trabalhador James Baylis, que foi preso, disse que tinha escurecido a cara com rolha queimada, e que eram de sua mulher o vestido, o avental e o chapéu de palha que estava usando: denúncias em PRO, TS 11/1122/5824, 4 de novembro de 1735.

(187) Temma Kaplan, "Female consciousness and collective action: the case of Barcelona, 1910-1918", Signs, VII, 3 (1982), pp. 545, 560, 565.

(188) Snell, *The chronicles of Twyford*, pp. 194-5. Foi um tumulto de eleição.

(189) Williams, tese, p. 203, nota 2, e p. 279.

(190) Logue, op. cit., p. 22.

(191) Walter, op. cit., pp. 58, 72.

(192) Ellis, op. cit., p. 340; Thomis e Grimmett, op. cit., p. 31.

(193) Ibid., pp. 43-5.

(194) Exemplos em *Derby Mercury*, 10 de julho de 1740 (Derby, 1740). Elizabeth Beer e Elizabeth Bell foram condenadas, cada uma, a sete anos de degredo, por sua participação nesse tumulto. Denúncia de Thos. Higgins contra Ann Burdon, que interceptou a carroça dele em Long Handborough em agosto de 1795, desatrelou o cavalo e se colocou no meio dos varais para impedir que os cavalos voltassem a ser atrelados: PRO, Assi 5/116.

(195) *Northampton Mercury*, 2 de junho de 1740; *Ipswich Journal*, 7 de junho de 1740.

(196) Carta interceptada de J. e L. Golby para "Querido irmão e irmã", datada de Nottingham, 7 de setembro de 1800, em PRO, HO 42/51. Trechos da carta estão em Quinault e Stevenson (eds.), op. cit., pp. 58-9, e em Wells, *Wretched faces*, pp. 120-2.

(197) Ou talvez a resposta fosse diferente de acordo com o lugar e o tempo. Walter (op. cit., p. 62) escreve que "as mulheres estavam presentes em quase todos os motins de fome no período [isto é, no início do século XVII], e alguns distúrbios eram casos exclusivamente femininos".

(198) Tom Wedgwood escreveu a seu pai, Josiah, descrevendo "a turba" nos Potteries, em março de 1783: "As mulheres eram muito piores do que os homens; por exemplo, o pastor Sneyd

conseguiu reunir uns trinta homens para acompanhá-lo [...], mas uma mulher gritou: 'Não, não, assim não vai dar, assim não vai dar', e por isso eles recuaram, e entrou-se num acordo de que o trigo tomado [no] barco seria vendido a um preço justo": *The Wedgwood letters*, ed. Ann Finer e G. Savage (1965), p. 268. Meus agradecimentos a Douglas Hay.

(199) As mulheres e os mineiros tiveram papel proeminente em fixar os preços no Sudoeste da Inglaterra em 1847, e as mulheres e os pescadores no Nordeste da Escócia: A. Rowe, "Food riots of the forties in Cornwall", *Royal Cornwall Polytechnic Society* (1942); E. Richards, *The Last Scottish Food Riots, Past and Present Supplement* (1981). Ver também Rober E. Swift, "Food riots in mid-victorian Exeter, 1847-67", *Southern History*, 2 (1980). Num estudo muito interessante, Robert Storch mostra que havia em Devon e Oxfordshire, em 1867, uma confluência das tradições do motim de alimentos, da *rough music* e do carnaval de "Guy Fawkes", com as mulheres e os "meninos das fogueiras" fantasiados representando os papéis principais: "Popular festivity and consumer protest: food price disturbances in the Southwest and Oxfordshire in 1867", *Albion*, 14, 3-4 (1982). Embora as mulheres fossem muitas vezes as mais ativas nesses eventos, poucas eram presas ou processadas. Ver Storch, p. 233, nota 41.

(200) Dorothy Thompson, "Women and nineteenth-century radical politics: a lost dimension", in Juliet Mitchell e Ann Oakley (eds.), *The rights and wrongs of women* (Harmondsworth, 1976), pp. 112-38.

(201) Assim, Robert Southey afirmava apoiar "a economia MORAL *versus* a economia política". Ver David Eastwood, "Robert Southey and the intellectual origins of romantic conservatism", *Eng. Hist. Rev.*, CIV (1989), p. 323. A "economia moral do sistema da fábrica" era uma expressão empregada num sentido muito diferente pelo dr. Andrew Ure, em *The philosophy of manufactures* (1835).

(202) *Bronterre's National Reformer*, 21 de janeiro de 1837. Devo esta referência a Dorothy Thompson.

(203) (Penguin, 1968), pp.67-73.

(204) Temas semelhantes de "economia moral" têm sido examinados em diferentes histórias nacionais. Especialmente (na França) Louise Tilly, "The food riot as a form of political conflict in France", *Journal of Interdisciplinary History*, I (1971), pp. 23-57; Cynthia A. Bouton, "L'économie morale' et la guerre des farines de 1775"; e também a "Introdução" dos editores em Florence Gauthier e Guy-Robert Ikni (eds.), *La guerre du blé au XVIIIe siècle* (Paris, 1988). Laura Rodriguez, "The Spanish riots of 1766", *Past and Present*, 59 (1973); Barbara Clark Smith, "Food riots in the American Revolution", in Alfred F, Young (ed.), *Beyond the American Revolution* (Urbana, a ser publicado); John Rogers, "The 1866 Grain riots in Sri Lanka", *Comparative Studies in Society and History*, XXIX, 3 (1987).

(205) A. J. Randall em John Rule (ed.), *British trade unionism, 1750-1850* (1988), pp. 29-51. Ver também Charlesworth e Randall, "Morals, markets and the English crowd", pp. 206-9. Numa comunicação particular, o professor Charles Tilly sugeriu outra definição: "O termo 'economia moral' faz sentido, quando os que reclamam um produto podem invocar direitos não monetários a essa mercadoria, e a ação de terceiros apoia *essas* reclamações — quando, por exemplo, o fato de ser membro de uma comunidade suplanta o preço como base do direito de acesso aos produtos. Na medida em que a economia moral passa meramente a significar tradição, costume ou trocas fora do mercado estabelecido, perde a sua força conceitual".

(206) Marcus Rediker, *Between the devil and the deep blue sea* (Cambridge, 1987), cap. 6.

(207) K. D. Snell, *Annals of the Labouring Poor* (Cambridge, 1985), pp. 99-199, 103.

(208) A grande greve dos mineiros britânicos de 1984 foi um exemplo tardio desse tipo de confronto, embora as forças do "livre mercado" aparecessem disfarçadas de recursos do Estado.

(209) Charlesworth e Randall, "Morals, markets and the English crowd", p. 213.

(210) William Reddy, *The rise of market culture* (Cambridge, Mass., 1984), pp. 331-4.

(211) Carl Gersuny e Gladys Kaufman, "Seniority and the moral economy of U.S. automobile workers, 1934-46", *Journal of Social History*, XVIII (1985), amplia a noção para incluir defesas sindicais não "econômicas".

(212) Um perigo que o próprio Reddy não evita de todo na sua obra seguinte, *Money and liberty in modern Europe* (Cambridge, 1987), na qual faz da "troca monetária assimétrica" a chave de toda a história moderna, quando "honra" e "dinheiro" travam uma luta desigual.

(213) James C. Scott, *The moral economy of the peasant: rebellion and subsistence in Southeast Asia* (New Haven, 1976). Ver também James M. Polachek, "The moral economy of the Kiangsi Soviet", *Journal of Asian Studies*, XLII, 4 (1983), p. 825.

(214) Críticas construtivas podem ser encontradas em David Hunt, "From the millenium to the everyday: James Scott's search for the essence of peasant politics", *Radical Hist. Rev.*, 42 (1988), pp. 155-72; Michael Adas, "'Moral economy' or 'contest State'?", *Journal of Social History*, XIII, 4 (1980).

(215) James C. Seott, *Weapons of the weak: everyday forms of peasant resistance* (New Haven, 1985), p. 350. Ver também as contribuições dos editores em Andrew Turton e Shigeharu Tanabe (eds.), *History and peasant consciousness in South East Asia* (Osaka, 1984), e o número especial de *Journals of Peasant Studies*, XIII, 2 (1986).

(216) Barrington Moore Jr., *Injustice: the social bases of obedience and revolt* (1978), pp. 18, 506.

(217) Michael Watts, *Silent violente: food, famine and peasantry in Northern Nigeria* (Berkeley, 1983), pp. 106, 146.

(218) Leslie Anderson, "From quiescence to rebellion: peasant political activity in Costa Rica and pre-revolutionary Nicaragua" (tese de Ph.D., Univ. de Michigan, 1987); Erick D. Langer, "Labor strikes and reciprocity on Chuquisaca haciendas", *Hispanic American History Review,* LXV, 2, 1985.

(219) Thomas Bartlett, "An end to moral economy: the Irish militia disturbances of 1793", in C. H. E. Philpin (ed.), *Nationalism and popular protest in Ireland* (Cambridge, 1987).

(220) Paul R. Greenough, "Indian famines and peasant victims: the case of Bengal in 1943-44", *Modern Asian Studies*, XIV, 2 (1980), p. 207.

(221) Ver Scott, *Weapons of the weak*, cap. 8 — uma excelente discussão da "hegemonia" nesse sentido cotidiano.

(222) Ver também Charles F. Keyes, "Economic action and buddhist morality in a Thai village", *Journal of Asian Studies*, XLII, 4 (1983).

(223) Paul R. Greenough, *Prosperity and misery in modern Bengal* (Oxford, 1982), esp. cap. 1. Greenough tira o seu relato da cosmologia hindu e silencia sobre quaisquer diferenças entre os aldeões hindus e muçulmanos.

(224) Paul R. Greenough, "Indulgence and abundance as Asian peasant values: a Bengali case in point", *Journal of Asian Studies*, XLII, 4 (1983), p. 842.

(225) Greenough, *Prosperity and misery*, pp. 266-7.

(226) Ibid., p. 268.

(227) Ibid., p. 271.

(228) Ibid., pp. 215-25, e "Indian famines and peasant victims", pp. 225-33.

(229) Em "Famine analysis and family relations: 1949 in Nyasaland", *Past and Present*, 108 (1985), Megan Vaughn também apresenta evidências perturbadoras de abandono de idosos, jovens e inválidos, e de famílias abandonadas pelos maridos. M. Vaughn, *The story of and African famine. Gender and famine in twentieth-century Malawi* (1987).

(230) Alguns homens podiam deixar as famílias na esperança de encontrar trabalho (e

enviar dinheiro) ou na expectativa de que, na sua ausência, os parentes da mulher ou a caridade da aldeia sustentassem a família. As esposas podiam ser encorajadas a esmolar como o último recurso contra morrer de fome. Da mesma forma, a venda dos filhos podia ser uma última estratégia para assegurar a sua sobrevivência. (Greenough supõe que "o motivo dominante" para vender os filhos era assegurar o dinheiro dos alimentos dos pais, ou então "poupá-los do clamor intolerável dos filhos pedindo comida"! *Prosperity and misery*, p. 221.) Ao discorrer sobre as diferenças etárias na taxa de mortalidade durante a fome (ibid., cap. 6), Greenough não tenta relacionar esses dados com as descobertas da demografia histórica sobre tendências comumente encontradas durante as crises de subsistência. Na verdade, o seu tratamento dos estudos históricos e demográficos é descuidado: ver David Arnold, *Famine*, pp. 89-90.

(231) *Prosperity and misery*, pp. 215 e 164. Cf. Greenough, "Indulgence and abundance", pp. 832-3: os chefes de família "abandonam friamente" seus dependentes; numa "realização extrema dos valores patriarcais medulares [...] torna-se aceitável canalizar as ameaças de extinção para atores menos essenciais como clientes, mulheres e crianças".

(232) "Indulgence and abundance", p. 847.

(233) Ibid., p. 847; *Prosperity and misery*, pp. 270-1.

(234) Ibid., p. 268.

(235) "Indulgence and abundance", p. 846.

(236) Ibid., p. 848.

(237) Ver meu ensaio "The crime of anonymity", in Hay, Linebaugh e Thompson, *Albion's fatal tree*, esp. "Classificador de cartas", pp. 326-43. Mas até essas cartas são produtos estudados e "literários".

(238) Acórdão da Coroa em PRO, TS 11 /1188/5956. Não consigo descobrir o que aconteceu a Walter Stephens. O seu nome não aparece no Registro de Prisioneiros em TS 11/995/3707. O processo contra ele pode ter sido abandonado, ou ele talvez tenha sido o Thomas Stephens condenado por motim e diversos delitos e abusos, que aparece no registro com a anotação de "absolvido".

6. *TEMPO, DISCIPLINA DE TRABALHO E CAPITALISMO INDUSTRIAL* (pp. 267-304)

(1) Lewis Mumford faz afirmações sugestivas em *Technics and civilization* (1934), esp. pp. 12-8, 196-9: ver também S. de Grazia, *Of time, work, and leisure* (Nova York, 1962), Carlo M. Cipolla, *Clocks and culture* 1300-1700 (1967), e Edward T. Hall, *The silent language* (Nova York, 1959).

(2) J. le Goff, "Au Moyen Age: temps de L'Eglise et temps du marchand", *Annales E.S.C.*, XV (1960); e do mesmo autor "Le temps du travail dans le 'crise' du XIVe siècle: du temps médiéval au temps moderne", *Le Moyen Age*, LXIX (1963).

(3) M. Drayton, "Of his ladies not comming to London", *Works*, ed. J. W. Hebel (Oxford, 1932), III, p. 204.

(4) A mudança é discutida em Cipolla, op. cit.; Erwin Sturzl, "Der Zeitbegriff in der Elisabethanischen Literatur", *Wiener Beitrage zur Englischen Philologie*, LXIX (1965); Alberto Tenenti, *Il senso della morte e l'amore della vita nel Renascimento* (Milão, 1957).

(5) Anônimo, *The clockmaker's outcry against the author of* [...] *Tristram Shandy* (1760), pp. 42-3.

(6) E. E. Evans-Pritchard, *The nuer* (Oxford, 1940), pp. 100-4; M. P. Nilsson, *Primitive time reckoning* (Lund, 1920), pp. 32-3; P. A. Sorokin e R. K. Merton, "Social time: a methodological and functional analysis", *Amer Jl. Sociol.*, XLII (1937); A. I. Hallowell, "Temporal orientation in western civilization and in a pre literate society", *Amer. Anthrop.*, nova série, XXXIX (1937). Outras

fontes para a estimativa primitiva do tempo são citadas em H. G. Alexander, *Time as dimension and history* (Albuquerque, 1945), p. 26, e Beate R. Salz, "The human element in industrialization", *Econ. Devel. and Cult. Change*, IV (1955), esp. pp. 94-114.

(7) E. P. Salas, "L'evolution de la notion du temps et les horlogers à l'époque coloniale au Chili", *Annales E.S. C.*, XXI (1966), p. 146; *Cultural patters and technical change*, ed. M. Mead (NovaYork, UNESCO, 1953), p. 75.

(8) P. Bourdieu, "The attitude of the Algerian peasant toward time", in *Mediterranean countrymen*, ed. J. Pitt-Rivers (Paris, 1963), pp. 55-72.

(9) Cf. ibid., p. 179: "Os hispano-americanos não regulam as suas vidas pelo relógio como os anglos-saxões o fazem. Quando alguém lhes pergunta quando planejam fazer alguma coisa, tanto as pessoas rurais como as urbanas dão respostas como: 'Agora mesmo, por volta das duas ou quatro horas"'.

(10) J. M. Synge, *Plays, poems, and prose* (Everyman ed., 1941), p. 251.

(11) No tempo de Synge, o acontecimento mais importante na relação da ilha com a economia externa era a chegada do navio a vapor, e seus horários podiam ser muito influenciados pela maré e pelo clima. Ver Synge, *The Aran Islands* (Dublin, 1907), pp. 115-6.

(12) PRO, WO 40/17. É interessante observar outros exemplos do reconhecimento de que o tempo dos navegadores entrava em conflito com as rotinas urbanas: o Supremo Tribunal da Marinha era sempre considerado aberto, "pois os estrangeiros e os mercadores, bem como os navegadores, devem aproveitar a oportunidade das marés e dos ventos, e não podem, sem danos e grandes prejuízos, acompanhar a solenidade dos tribunais e as alegações demoradas". Ver E. Vansittart Neale, *Feasts and fasts* (1845), p. 249. Em algumas regiões com legislação sabatista, abria-se uma exceção para os pescadores que avistavam um cardume perto da praia no sábado.

(13) Em *Critique de la vie quotidienne* (Paris, 1958), II, pp. 52-6, Henri Lefebvre prefere a distinção entre "o tempo cíclico" — que nasce das ocupações sazonais variáveis da agricultura — e "o tempo linear" da organização industrial, urbana. Mais sugestiva é a distinção de Lucien Febvre entre "Le temps vécu et le temps-mesure", *La problème de l'incroyance en XVIe siècle* (Paris, 1947), p. 431. Um exame bastante esquemático da organização das tarefas nas economias primitivas está em Stanley H. Udy, *Organisation of work* (New Haven, 1959), cap. 2.

(14) *Rural economy in Yorkshire en 1641* [...] *farming and account books of Henry Best,* ed. C. B. Robinson (Surtees Society, XXXIII, 1857), pp. 38-9.

(15) G. M., *The inrichment of the weald of Kent*, 10ª ed. (1660), cap. XII: "Um cômputo geral dos trabalhos dos homens e do gado: o que cada um pode fazer diariamente sem se prejudicar", pp. 112-8.

(16) As estimativas da remuneração ainda pressupunham, é claro, o dia regulamentar do amanhecer ao crepúsculo, definido, ainda em 1725, numa avaliação de Lancashire: "Eles devem trabalhar das cinco da manhã até o período entre sete e oito da noite, da metade de março à metade de setembro" — e mais tarde "do início do dia até a noite", com duas meias horas para beber, uma hora para almoçar e (apenas no verão) meia hora para dormir: "do contrário, descontar um penny para cada hora de ausência": *Annals of Agriculture*, XXV (1796).

(17) "The thresher's labour", E. P. Thompson e Marian Sugden, orgs. (1989).

(18) M. K. Ashby, *Joseph Ashby of Tysoe* (Cambridge, 1961), p. 24.

(19) Sobre a primeira evolução dos relógios, ver Cipolla, op. cit., passim; A. P. Usher, *A history of mechanical inventions*, rev. ed. (Cambridge, Mass., 1962), cap. VII; Charles Singer et al. (eds.), *A history of technology* (Oxford, 1956), III, cap. XXIV; R. W. Symonds, *A history of English clocks* (Penguin, 1947), pp. 10-6, 33; E. L. Edwards, *Weight-driven chamber clocks of the Middle Ages and Renaissance* (Alrincham, 1965).

(20) Ver M. Gatty, *The book of sun-diales*, ed. rev. (1900). Um exemplo de um tratado que

explica com detalhes como acertar os relógios pelo relógio de sol pode ser encontrado em John Smith, *Horological dialogues* (1675). Exemplos de doações para relógios de sol podem ser encontrados em C. F. C. Benson, *Clockmaking in Oxfordshire* (Banbury Hist. Assn., 1962), pp. 76-8; A. J. Hawkes, *The clockmakers and watchmakers of Wigan, 1650-1850* (Wigan, 1950), p. 27.

(21) Como muitos relógios de igreja não batiam as horas, eram suplementados por um tocador de sino.

(22) *Charity Commisioners Reports* (1837/8), XXXII, pt. 1, p. 224; ver também H. Edwards, *A collection of old English customs* (1842), esp. pp. 223-7; S. O. Addy, *Household tales* (1895), pp. 129-39; *County folk-lore, East Riding of Yorkshire*, ed. Sra. Guteh (1912), pp. 150-1; *Leicestershire and Rutland*, ed. C. J. Billson (1848), p. 20; P. H. Ditchfield, *Old English customs* (1896), pp. 232-41.

(23) H. Heaton, *The Yorkshire woollen and worsted industries* (Oxford, 1965), p. 347. Wedgwood parece ter sido o primeiro a substituir a trompa pelo sino nos Potteries: E. Meteyard, *Life of Josiah Wedgwood* (1865), I, pp. 329-30.

(24) W. I. Milham, *Time and timekeepers* (1923), pp. 142-9; F. J. Britten, *Old clocks and watches and their makers*, 61 ed. (1932), p. 543; E. Burton, *The longcase clock* (1964), cap. IX.

(25) Milham, op. cit., pp. 214-26; C. Clutton e G. Daniels, *Watches* (1965); F. A. B. Ward, *Handbook of the collections illustrating time measurement* (1947), p. 29; Cipolla, op. cit., p. 139.

(26) Edward Turner, "Extracts from the diary of Richard Stapley", *Sussex Archaeol. Coll., II* (1899), p. 113.

(27) Ver a admirável pesquisa sobre a origem da indústria inglesa em Cipolla, op. cit., pp. 65-9.

(28) Ainda em 1697, em Londres, a Companhia dos Ferreiros contestava o monopólio da Companhia dos Relojoeiros (fundada em 1631) sob o pretexto de que "é bem conhecido que eles são os fabricantes originais e apropriados dos relógios, e têm toda a habilidade e conhecimento do ofício [...]": S. E. Atkins e W. H. Overall, *Some account of the Worshipful Company of Clockmakers of the city of London* (1881), p. 118. Sobre um ferreiro/relojoeiro de aldeia, ver J. A. Daniell, "The making of clocks and watches in Leicestershire and Rutland", *Trans. Leics. Archaeol. Soc.*, XXXII (1951), p. 32.

(29) Encontram-se listas desses relojoeiros em Britten, op. cit.; John Smith, *Old Scottish clockmakers* (Edimburgo, 1921); e I. C. Peate, *Clock and watch makers in Wales* (Cardiff, 1945).

(30) Registros da Companhia dos Relojoeiros, London Guildhall Archives, 6026/ 1. Ver (sobre o cronômetro de Harrison) Ward, op. cit., p. 32.

(31) I. C. Peate, "John Tibbot, clock and watch maker", *Montgomeryshire Collections*, XLVIII, pt. 2 (Welshpool, 1944), p. 178.

(32) *Commons Journals*, LIII, p. 251. As testemunhas de Lancashire e Derby prestaram depoimento semelhante: ibid., pp. 331, 335.

(33) Os centros de fabricação de relógios que entraram com petições contra o imposto em 1798 foram Londres, Liverpool, Carlisle e Derby: *Commons Journals*, LIII, pp. 158, 167, 174, 178, 230, 232, 239, 247, 251, 316. Afirmava-se que 20 mil estavam envolvidos com esse ofício só em Londres, 7 mil dos quais em Clerkenwell. Mas, em Bristol, apenas 150 a duzentos estavam envolvidos. Sobre Londres, ver M. D. George, *London life in the eighteenth century* (1925), pp. 173-6; Atkins e Overall, op. cit., p. 269; *Morning Chronicle*, 19 de dezembro de 1797; *Commons Journals*, LIII, p. 158. Sobre Bristol, ibid., p. 332. Sobre Lancashire, *Victoria County history, Lancashire*.

(34) A estimativa mais baixa foi dada por uma testemunha perante a comissão sobre as petições dos relojoeiros (1798): *Commons Journals*, LIII, p. 328 — estimativa do consumo doméstico anual 50 mil, para exportação 70 mil. Ver também uma estimativa semelhante (relógios portáteis e não portáteis) para 1813, Atkins e Overall, op. cit., p. 276. A estimativa mais alta é para os relógios portáteis marcados no Goldsmiths Hall — caixas de prata, 185 102 em

1796, diminuindo para 91 346 em 1816 — e está em *Report of the select committee on the petitions of watchmakers*, *PP*, 1817, vi, e 1818, ix, pp. 1, 12.

(35) Atkins e Overall, op. cit., pp. 302, 308 — estimativa (exagerada?) de 25 mil relógios de ouro e 10 mil relógios de prata importados, a maioria de forma ilegal, por ano; e anônimo, *Observations on the art and trade of clock and watchmaking* (1812), pp. 16-20.

(36) George, op. cit., p. 70. Eram certamente empregados vários meios de saber as horas sem o relógio: a gravura do cardador em *The book of English trades* (1818), p. 438, apresenta o cardador com uma ampulheta sobre o banco; os debulhadores mediam o tempo pela luz vinda da porta que se movia no chão do celeiro; e os mineiros de estanho da Cornualha mediam o tempo na mina subterrânea por meio de velas (informações de J. G. Rule).

(37) I. C. Peate, "Two Montgomeryshire craftsmen", *Montgomeryshire Collections*, XLVII, pt. 1 (Welshpool, 1944), p. 5; Daniell, op. cit., p. 39. O preço médio dos relógios portáteis exportados em 1792 era quatro libras: *PP*, 1818, IX, p. 1.

(38) "A loyal song", *Morning Chronicle*, 18 de dezembro de 1797.

(39) As isenções na lei (37 Geo. III, c. 108, cl., XII, XXII e XXIV) eram: a) para um relógio portátil ou não portátil de qualquer chefe de família isento do imposto de janela e casa (isto é colono); b) para os relógios não portáteis "feitos de madeira, ou fixados sobre madeira, os quais são geralmente vendidos pelos respectivos fabricantes a um preço que não ultrapassa vinte xelins [...]"; c) para os criados na lavoura.

(40) *Morning Chronicle*, 1º de julho de 1797; *Craftsman*, 8 de julho de 1779; *Parl. Hist.*, XXXIII, passim.

(41) No período que findava em 5 de abril de 1798 (três semanas depois da revogação), o imposto arrecadou 2 600 libras: *PP*, CIII, Contabilidade e Documentos (1797-8), XLV, pp. 933 (2) e 933 (3).

(42) *Morning Chronicle*, 26 de julho de 1797.

(43) Pode-se encontrar um indício dessa atitude no moroso conjunto de contas atrasadas. Imposto o tributo em julho de 1797: arrecadação, período que finda em janeiro de 1798 — trezentas libras. Revogado o tributo em março de 1798: contas atrasadas recebidas, período que finda em janeiro de 1799, 35 420 libras; período que finda em janeiro de 1800, 14 966 libras: *PP*, CIX, Contabilidade e Documentos (1799-1800), LI, pp. 1009 (2) e 1013 (2).

(44) *Morning Chronicle*, 16 de março de 1798; *Commons Journals*, LIII, p. 328.

(45) Ver as petições citadas na nota 33; *Commons Journals*, LIII, pp. 327-33; *Morning Chronicle*, 13 de março de 1798. Dizia-se que dois terços dos relojoeiros de Coventry estavam desempregados: ibid., 8 de dezembro de 1797.

(46) *Craftsman*, 17 de março de 1798. A única realização da lei foi criar — nas tavernas e bares — a "Lei do Relógio do Parlamento".

(47) Em 1813, há referências a relógios importados cujo preço chegou a cair até cinco xelins: Atkins e Overall, op. cit., p. 292. Ver também nota 39. O preço de um bom relógio inglês de bolso, feito de prata, era registrado em 1817 (*Comissão sobre as petições dos relojoeiros, PP*, 1817, vi) como dois ou três guinéus; na década de 1830, podia-se comprar um bom relógio de metal por uma libra: D. Lardner, *Cabinet Cyclopaedia* (1834), III, p. 297.

(48) Muitos relógios devem ter trocado de mãos no submundo de Londres: a legislação em 1754 (27 Geo. *II*, c. 7) visava aos receptadores de relógios roubados. Os batedores de carteira certamente continuavam a exercer sua atividade sem impedimentos: ver, por exemplo, *Minutes of select committee to inquire into the state of the police of the metropolis* (1816), p. 437 — "era mais fácil se desfazer de relógios roubados do que qualquer outra coisa [...]. Devia ser um bom relógio de prata patente para se conseguir duas libras; um relógio de ouro alcançava cinco ou seis libras". Dizia-se que os receptadores de relógios roubados em Glasgow

vendiam grandes quantidades nos distritos rurais da Irlanda (1834): ver J. E. Handley, *The Irish in Scotland, 1798-1845* (Cork, 1943), p. 253.

(49) "Como era um dos pontos de encontro para os voluntários da milícia, Winchester foi palco de motins, dissipação e extravagâncias absurdas. Supõe-se que nove décimos das gratificações pagas a esses homens, que chegavam a pelo menos 20 mil libras, eram gastos no ato entre as tavernas, as chapelarias, as relojoarias etc. Por simples capricho, notas de banco chegavam a ser realmente comidas entre fatias de pão e manteiga": *Monthly Magazine*, setembro de 1799.

(50) Testemunhas perante a Comissão Seleta de 1817 reclamaram que se procurava impingir mercadorias de qualidade inferior (às vezes conhecidas como "relógios de judeu") nas feiras rurais, vendidas aos crédulos em falsos leilões: *PP*, 1817, VI, pp. 15-6.

(51) Benjamin Smith, *Twenty four letters from labourers in America to their friends in England* (1829), p. 48: a referência é a região de Sussex — vinte pessoas formaram um clube (como o Clube da Vaca) pagando cinco xelins cada uma durante vinte semanas sucessivas, e depois realizando o sorteio de um único relógio de cinco libras.

(52) *PP*, 1817, VI, pp. 19, 22.

(53) [C. M. Smith], *The working man's way in the world* (1853), pp. 67-8.

(54) W. Radeliffe, *The origin of power loom weaving* (Stockport, 1828), p. 167.

(55) *Morning Chronicle*, 25 de outubro de 1849. Mas J. R. Porter, *The progress of the nation* (1843), III, p. 5, ainda via a posse de um relógio como "o indício seguro de prosperidade e de respeitabilidade pessoal por parte do trabalhador".

(56) Sobre alguns dos problemas discutidos nesta seção e na seguinte, ver especialmente Keith Thomas, "Work and leisure in pre-industrial societies", *Past and Present*, 29 (1964). E também C. Hill, "The uses of sabbatarianism", in *Society and puritanism in pre-revolutionary England* (1964); E. S. Furniss, *The position of the laborer in a system of nationalism* (Boston, 1920; reimpressão 1965); D. C. Coleman, "Labour in the English economy of the seventeenth century", *Econ. Hist. Rev.*, 2ª série, VIII (1955-6); S. Pollard, "Factory discipline in the Industrial Revolution", *Econ. Hist. Rev.*, 2ª série, XVI (1963-4); T. S. Ashton, *An economic history of England in the eighteenth century* (1955), cap. VII; W. E. Moore, *Industrialization and labor* (Nova York, 1952); e B. F. Hoselitz e W. E. Moore, *Industrialization and society* (UNESCO, 1963).

(57) Manuscrito dos diários de Cornelius Ashworth de Wheatley, na Halifax Ref. Lib.; ver também T. W. Hanson, "The diary of a grandfather", *Trans. Halifax Antiq. Soc.* (1916). Em *Three centuries in North Oxfordshire* (Oxford, 1902), pp. 133-46, 103, M. Sturge Henderson cita passagens semelhantes (tecelagem, abate de porcos, derrubada de árvores, venda de mercadorias) do diário de um tecelão de Charlbury, 1784. É interessante comparar os cronogramas de trabalho de economias camponesas mais primitivas: por exemplo, Sol Tax, *Penny capitalism — a Guatemalan indian economy* (Washington, 1953), pp. 104-5; George M. Foster, *A primitive Mexican economy* (NovaYork, 1942), pp. 35-8; M. J. Herskovits, *The economic life of primitive peoples* (NovaYork, 1940), pp. 72-9; Raymond Firth, *Malay fishermen* (1946), pp. 93-7.

(58) *Divers crab-tree lectures* (1639), p. 126, citado em John Brand, *Observations on popular antiquities* (1813), i, pp. 459-60. Em *Antiquitates vulgares* (Newcastle, 1725), pp. 115 ss., H. Bourne declara que nas tardes de sábado nos locais e aldeias rurais "os trabalhos do arado cessam, e o descanso e o sossego tomam conta de toda a aldeia".

(59) J. Houghton, *Collection of letters* (1683), p. 177, citado em Fumiss, op. cit., p. 121.

(60) Hanson, op. cit., p. 234.

(61) J. Clayton, *Friendly advice to the poor* (Manchester, 1755), p. 36.

(62) *Report of the trial of Alexander Wadsworth against Peter Laurie* (1811), p. 21. A queixa é dirigida particularmente aos seleiros.

(63) *The songs of Joseph Mather* (Sheffield, 1862), pp. 88 90. O tema parece ter sido

popular entre os compositores de baladas. Um exemplo de Birmingham, "Fuddling day, or Saint Monday" (pelo qual sou grato ao falecido Charles Parker), diz:

Saint Monday brings more ills about,
For when the money's spent,
The children's clothes go up the spout,
Which causes discontent;
And when at night he staggers home,
He knows not what to say,
A fool is more a man that he
Upon a fuddling day.
[*A Santa Segunda-Feira provoca muitos males,*
Pois quando o dinheiro foi gasto,
As roupas das crianças vão para o prego,
O que causa descontentamento;
E quando à noite ele cambaleia para casa,
Nao sabe o que dizer,
Um tolo é mais homem do que ele
Num dia de bebedeira.]

(64) Era observada pelos tecelões mexicanos em 1800: ver Jan Bazant, "Evolution of the textile industry of Puebla, 1544-1845", *Comparative studies in society and history*, VIII (1964), p. 65. Encontram-se relatos valiosos do costume na França nas décadas de 1850 e 1860 em George Duveau, *La vie ouvrière en France sous le Second Empire* (Paris, 1946), pp. 242-8, e em P. Pierrard, *La vie ouvrière à Lille sous le Second Empire* (Paris, 1965), pp. 165-6. Ao realizar um levantamento das condições de trabalho na Europa, com a ajuda de cônsules norte-americanos, Edward Young menciona o costume na França, Bélgica, Prússia, Estocolmo etc. na década de 1870: E. Young, *Labour in Europe and America* (Washington, 1875), pp. 576, 661, 674, 685 etc.

(65) Principalmente nas minas. Um velho mineiro de Yorkshire me informa que na sua juventude era costume jogar "cara ou coroa" nas manhãs de sol das segundas-feiras, para decidir se iriam trabalhar ou não. Também tive informações de que a "Santa Segunda-Feira" ainda é observada em sua pureza primitiva por alguns tanoeiros em Burton-on-Trent.

(66) E. Young, op. cit., pp. 408-9 (relatório do cônsul norte-americano). Da mesma forma, em alguns distritos mineradores, o costume de "Pay Monday" era reconhecido pelos empregadores, e os poços só ficavam abertos para consertos: na segunda-feira, só "é realizado trabalho morto", *Report of the select committee on the scarcity and dearness of coal*, *PP*, 1873, X, QQ 177, 201-7.

(67) Duveau, op. cit., p. 247. "A journeyman engineer" (T. Wright) dedica um capítulo inteiro à "Santa Segunda-Feira" na sua obra *Some habits and customs of the working classes* (1867), esp. pp. 12-6, sob a impressão errônea de que a instituição era "relativamente recente", resultado de o vapor como força motriz ter dado origem a "um grupo numeroso de trabalhadores altamente qualificados e muito bem pagos" — principalmente engenheiros!

(68) "O velho oleiro", *When I was a child* (1903), pp. 16, 47-9, 52-4, 57-8, 71, 74-5, 81, 1856, 191. O sr. W. Sokol, da Universidade de Wisconsin, chamou a minha atenção para muitos casos relatados em *Staffordshire Potteries Telegraph* em 1853-4, em que os empregadores conseguiram multar ou aprisionar os trabalhadores que negligenciavam o trabalho, frequentemente nas segundas-feiras e nas terças-feiras. Essas ações eram tomadas sob o pretexto da quebra de contrato (o contrato anual). A esse respeito, ver Daphne Simon, "Master and servant", in *Democracy and the labour movement*, ed. J. Saville (1954). Apesar dessa campanha de acusações, o costume de observar a Santa Segunda-Feira ainda é notado no *Report of the Children's Employment Commission*, *PP*, 1863, XVIII, pp. XVII-XXVIII.

(69) F. Place, *Improvement of the working people* (1834), pp. 13-5: Brit. Mus. Add MS 27825. Ver também John Wade, *History of the middle and working classes*, 3ª ed. (1835), pp. 124-5.

(70) Ver Hill, op. cit.

(71) Clayton, op. cit., p. 13, afirmava que "o costume comum estabeleceu tantos dias santos que poucos de nossos trabalhadores da manufatura trabalham atenta e regularmente durante mais de dois terços de seu tempo". Ver também Furniss, op. cit., pp. 44-5, e o resumo de meu ensaio no *Bulletin of the Society for the Study of Labour History*, 9 (1964).

(72) "Temos quatro ou cinco pequenos fazendeiros [...], temos um assentador de tijolos, um carpinteiro, um ferreiro e um moleiro, e todos [...] têm o hábito muito frequente de beber à saúde do rei [...]. O seu emprego é desigual; ora estão cheios de serviços, ora não têm nenhum; em geral desfrutam de muitas horas de ócio, porque [...] entregam a parte mais difícil [do trabalho] a alguns homens que eles contratam [...]." "Um agricultor", descrevendo a sua própria aldeia (ver nota 78), em 1798.

(73) Citado em J. L. e B. Hammond, *The village labourer* (1920), p. 13; E. P. Thompson, *The making of the English working class* (1963), p. 220.

(74) Ver, por exemplo, *Annals of Agriculture*, XXVI (1796), p. 370 n.

(75) G. Markham, *The inrichment of the weald of Kent,* 10ª ed. (1660), pp. 115-7.

(76) Tentando explicar uma diminuição nos seus estoques de trigo em 1617, Loder observa: "Não sei qual seria a causa disso, mas foi no ano em que R. Pearce e Alce eram meus criados, e na época estavam muito apaixonados (era a impressão que certamente passavam). Se ele deu o trigo aos cavalos [...] ou como o trigo desapareceu, só Deus sabe". *Robert Loder's farm accounts*, ed. G. E. Fussell (Camden Society, 31 série, LIII, 1936), pp. 59, 127.

(77) Sobre a descrição de um dia de trabalho do agricultor, ver William Howitt, *Rural life of England* (1862), pp. 110-1.

(78) Sir Mordaunt Martin em *Bath and West and Southern counties society, letters and papers* (Bath, 1795), VII, p. 109; "A farmer", "Observations on taken-work and labour", *Monthly Magazine*, setembro de 1798, maio de 1799.

(79) J. R. Jefferies, *The toilers of the field* (1892), pp. 84-8, 211-2.

(80) Mary Collier, então uma lavadeira, em Petersfield, Hampshire, *The woman's labour: an epistle to mr. Stephen Duck; in answer to his late poem, called* The thresher's labour (1739), pp. 10-1, reimpresso (1989).

(81) Ver a valiosa crítica de André Gunder Frank, "Sociology of development and underdevelopment of Sociology", *Catalyst* (Buffalo, verão de 1967).

(82) J. Tucker, *Six sermons* (Bristol, 1772), pp. 70-1.

(83) A mudança talvez seja indicada ao mesmo tempo na ideologia dos empregadores mais esclarecidos: ver A. W. Coats, "Changing attitudes to labour in the mid-eighteenth century", *Econ. Hist. Rev.*, 2ª série, XI (1958-9).

(84) Ver Pollard, op. cit.; N. McKendrick, "Josiah Wedgwood and factory discipline", *Hist. Journal*, IV (1961); e também Thompson, op. cit., pp. 356-74.

(85) A Norma 103 é reproduzida por extenso em *The law book of the Crowley ironworks*, ed. M. W. Flinn (Surtees Society, CLXVII, 1957). Ver também a Lei nº 16, "Cálculos". A Norma 40 está no "Law book", Brit. Lib. Add MS 34555.

(86) MS instruções, em torno de 1780, em MSS Wedgwood (Barlaston), 26.19114.

(87) "Some regulations and rules for this manufactory more than 30 years back", de cerca de 1810, em MSS Wedgwood (Keele University), 4045.5.

(88) Um relógio automático é conservado em Barlaston, mas esses relógios (fabricados por John Whitehurst, de Derby, mais ou menos a partir de 1750) serviam apenas para assegurar a patrulha regular e a presença dos vigias noturnos etc. Os primeiros relógios de ponto com

impressão foram criados por Bundy nos Estados Unidos, em 1855. Ward, op. cit., p. 49; também *Annals of philosophy* de T. Thomson, VI (1815), pp. 418-9, e VII (1816), p. 160; Charles Babbage, *On the economy of machinery and manufacturers* (1835), pp. 28, 40; Bruton, op. cit., pp. 95-6.

(89) Clayton, loc. cit., pp. 19, 42-3.

(90) Citado em Furniss, op. cit., p. 114.

(91) Anônimo [Powell], *A view of real grievances* (1772), p. 90.

(92) W. Turner, *Sunday schools recommended* (Newcastle, 1786), pp. 23, 42.

(93) *Rules for the methodist school of industry at Pocklington, for the instruction of poor girls in reading, sewing, knitting, and marking* (York, 1819), p. 12.

(94) *Rules for the government, superintendence, and teaching of the Wesleyan methodist sunday schools* (York, 1833). Ver também Harold Silver, *The concept of popular education* (1965), pp. 32-42; David Owen, *English philantrophy*, 1660-1960 (Cambridge, Mass., 1965), pp. 23-7.

(95) O melhor relato do problema dos empregadores está em S. Pollard, *The genesis of modern management* (1965), cap. V, "The adaptation of the labour force".

(96) E. Lipson, *The economic history of England*, 61 ed. (1956), III, pp. 404-6. Ver, por exemplo, J. L. Ferri, *Londres et les Anglais* (Paris, An XII), pp. 163-4. Parte das evidências a respeito das horas é discutida em G. Langenfelt, *The historic origin of the eight hours day* (Estocolmo, 1954).

(97) *A letter on the present state of the labouring classes in America*, de um inteligente emigrante na Filadélfia (Bury, 1827).

(98) Alfred [S. Kydd], *History of the factory movement* [...] (1857), I, p. 283, citado em P. Mantoux, *The Industrial Revolution in the eighteenth century* (1948), p. 427.

(99) Anônimo, *Chapters in the life of a Dundee factory boy* (Dundee, 1887), p. 10.

(100) PP, 1831-2, XV, pp. 177-8. Ver também o exemplo da Comissão da Fábrica (1833), em Mantoux, op. cit., p. 427.

(101) O cartaz está em meu poder.

(102) Uma discussão sobre a próxima etapa, quando os trabalhadores já aprenderam "as regras do jogo", pode ser encontrada em E. J. Hobsbawm, *Labouring men* (1964), cap. XVII, "Custom, wages and work-load".

(103) John Preston usou a imagem do mecanismo do relógio em 1628: "Nesse curioso mecanismo de relógio da religião, qualquer pino e roda que esteja fora de lugar perturba todo o resto": *Sermons preached before his majestie* (1630), p. 18. Cf. R. Baxter, *A christian directory* (1673), I, p. 285: "Um cristão prudente e bem qualificado deve ordenar as suas questões de tal modo que todo dever comum conheça o seu devido lugar, e tudo deve funcionar [...] como as partes de um relógio ou outro mecanismo, que devem atuar todas em conjunto, e cada uma em seu lugar correto".

(104) Ibid., i, pp. 274-5, 277.

(105) *The whole works of the rev. Oliver Heywood* (Idle, 1826), v, p. 575.

(106) Ibid., v, pp. 386-7; ver também p. 562.

(107) Baxter, op. cit., i, p. 276.

(108) R. Baxter, *The poor man's family book*, 61ª ed. (1697), pp. 290-1.

(109) *Poetical works of Isaac Watts, D.D.* (Cooke's Pocket Ed. [1802]), pp. 224, 227, 232. O tema não é novo, certamente: o pastor de Chaucer dizia: "Dormir sossegado durante muito tempo é um grande fomento para a luxúria".

(110) H. More, *Works* (1830), II, p. 42. Ver também p. 35, "Time".

(111) Ibid., III, p. 167.

(112) *Poor Richard's almanac*, janeiro de 1751, in *The papers of Benjamin Franklin*, ed. L. W. Labaree e W. J. Bell (New Haven, 1961), IV, pp. 86-7.

(113) Max Weber, *The protestant ethic and the spirit of capitalism* (1930), pp. 48-50 passim.

(114) Ford começou a sua carreira consertando relógios: como havia uma diferença entre a hora local e a hora-padrão da ferrovia, ele fez um relógio com dois mostradores que marcavam ambas as horas — um início de mau agouro: H. Ford, *My life and work* (1923), p. 24.

(115) Existe uma extensa literatura sobre zonas portuárias do século XIX que ilustra esse ponto. Entretanto, em anos recentes, o trabalhador ocasional nos portos deixou de ser uma "baixa" do mercado de mão de obra (como Mayhew o via) e distingue-se por preferir altos ganhos à segurança: ver K. J. W. Alexander, "Casual labour and labour casualties", *Trans. Inst. of Engineers and Shipbuilders in Scotland* (Glasgow, 1964). No presente ensaio, não tratei dos novos horários ocupacionais introduzidos na sociedade industrial — especialmente o dos trabalhadores do turno noturno (minas, ferrovias etc.): ver as observações feitas por "A journeyman engineer" [T. Wright], *The great unwashed* (1868), pp. 188-200; M. A. Pollock (ed.), *Working days* (1926), pp. 17-28; Tom Nairn, *New Left Review,* 34 (1965), p. 38.

(116) John Foster, *An essay on the evils of popular ignorance* (1821), pp. 180-5.

(117) Thompson, op. cit., caps. XI e XII.

(118) Ver a importante discussão sobre atitudes previdentes e proféticas, bem como sobre a sua influência no comportamento social e econômico, em Bourdieu, op. cit.

(119) Citado em M. D. Bernstein, *The Mexican minig industry, 1890-1950* (Nova York, 1964), cap. VII; ver também Mead, op. cit., pp. 179-82.

(120) W. E. Moore, *Industrialization and labor* (Ithaca, 1951), p. 310 e pp. 44-7, 114-22.

(121) F. A. Wells e W. A. Warmington, *Studies in industrialization: Nigeria and the Cameroons* (1962), p. 128.

(122) Ibid., p. 170. Ver também pp. 183, 198, 214.

(123) Edwin J. Cohn, "Social and cultural factors affecting the emergence of innovations", em *Social aspects of economic development* (Conferência de Estudos Econômicos e Sociais, Istambul, 1964), pp. 105-6.

(124) Manning Nash, "The recruitment of wage labor in the development of new skills", *Annals of the American Academy*, *cccv* (1956), pp. 27-8. Ver também Manning Nash, "The reaction of a civil-religious hierarchy to a factory in Guatemala", *Human Organization, xiii* (1955), pp. 26-8, e Salz, op. cit. (nota 6), pp. 94-114.

(125) W. E. Moore e A. S. Feldman (eds.), *Labor commitment and social change in developing areas* (Nova York, 1960). Os estudos proveitosos sobre a adaptação e o absenteísmo incluem E. Elkan, *An African labour force* (Kampala, 1956), esp. caps. II e III; e F. H. Harbison e I. A. Ibrahim, "Some labour problems of industrialization in Egypt", *Annals of the American Academy*, CCCV (1956), pp. 114-29. Em *The emergence of an industrial labor force in India* (Berkeley, 1965), M. D. Morris diminui a seriedade dos problemas de disciplina, absenteísmo, flutuações sazonais no emprego etc. nos cotonifícios de Bombaim no final do século XIX, mas em muitos pontos a sua argumentação não parece concordar com a sua própria evidência: ver pp. 85, 97, 102. Ver também C. A. Myers, *Labour problems in the industrialization of India* (Cambridge, Mass., 1958), cap. III, e S. D. Mehta, "Professor Morris on textile labour supply", *Indian Economic Journal*, I, 3 (1954), pp. 333-40. Estudos úteis sobre uma força de trabalho parcialmente "comprometida" são G. V. Rimlinger, "Autocracy and the early Russian factory system", *Jl. Econ. Hist.,* XX (1960), e T. V. von Laue, "Russian peasants in the factory", ibid., XXI (1961).

(126) Ver G. Friedmann, "Leisure and technological civilization", *Int. Soc. Science Jour.* XII (1960), pp. 509-21.

(127) C. Kerr e A. Siegel, "The structuring of the labor force in industrial society: new dimensions and new questions", *Industrial and Labor Relations Review*, *II* (1955), p. 163.

(128) E. de Vries e J. M. Echavarria (eds.), *Social aspects of economic development in Latin America* (UNESCO, 1963), p. 237.

(129) Encontram-se comentários sugestivos sobre essa equação em Lewis Mumford e S. de Grazia, citados, neste capítulo, na nota 1; Paul Diesing, *Reason in society* (Urbana, 1962), pp. 248; Hans Meyerhoff, *Time in literature* (Univ. da Califórnia, 1955), pp. 106-19.

(130) Evans-Pritchard, op. cit., p. 103.

(131) "Capitalism", *Encyclopaedia of the Social Sciences* (Nova York, 1953), III, p. 205.

(132) Thomas Wedgwood a William Godwin, 31 de julho de 1797, publicado no importante artigo de David Erdman, "Coleridge, Wordsworth and The Wedgwood Fund", *Bulletin of the New York Public Library*, LX (1956).

(133) *The prelude* (1805), Livro V, versos 377-83. Ver também o esboço do poema em *Poetical works of William Wordsworth*, ed. E. de Selincourte Helen Darbishire (Oxford, 1959), V, p. 346.

7. *A VENDA DE ESPOSAS* (pp. 305-52)

(1) *The book of days*, org. R. Chambers (1878), I, pp. 487-8.

(2) Comentários interessantes sobre a prática aparecem já em 1776, *Courier de L'Europe* (26 de novembro). A partir de então, a imprensa francesa frequentemente trazia exemplos com um comentário. Ver também [J. E. Jouy], *L'Hermite de Londres* (Paris, 1821), II, p. 324; anônimo, *Six mois à Londres* (Paris, 1817); e Piliet, nota 69. Muitos exemplos são citados em J. W. von Achenholtz, *Annals*, V (1790), pp. 329-30, IX (1796), pp. 187-8.

(3) Assim as vendas de esposas são mencionadas em J. Wesley Bready, *England before and after Wesley* (1938), numa seção intitulada: "A imoralidade como esporte".

(4) Hardy atribui a convicção de Susan à "extrema simplicidade de seu intelecto". Pela venda, o comprador "adquirira um direito moralmente real e justificável à sua pessoa [...], embora o sentido exato e os limites legais desse direito fossem vagos".

(5) Apresentei algumas conclusões em "Folklore, anthropology, and social history", *Indian Historical Review*, III, 2 (1978). Sobre outras referências, ver J. Weeks, *Sex, politics and society* (1981), e Robert W. Malcolmson, *Life and labour in England, 1700-1780* (1981), pp. 103-4.

(6) F. W. Hackwood, *Staffordshire customs, superstitions and folklore* (1924), p. 70.

(7) *Leeds Weekly Citizen*, 6 de junho de 1913.

(8) As quantidades aqui registradas se baseiam em meu estudo no estado em que esse se encontrava em 1977. Não empreendi a difícil tarefa de verificar e confrontar os meus números com os exemplos no Apêndice de S. P. Menefee, *Wives for sale* (Oxford, 1981) (citado desse ponto em diante como Menefee), nem acrescentei casos que me chegaram às mãos depois de sua publicação.

(9) Minha série de exemplos provavelmente dá muita importância a Yorkshire (onde eu vivia e onde A. J. Peacock gentilmente coletou amostras) e a Lincolnshire (onde Rex Russell bondosamente fez o mesmo), e talvez pouca importância ao Oeste da Inglaterra.

(10) Menefee (Apêndice) tem: 1800-9, 32; 1810-9, 45; 1820-9, 47; 1830-9, 48; 1840-9, 20; 1850-9, 18.

(11) John Brand, *Observations on popular antiquities*, arranjado e revisado por Henry Ellis (1813), II, p. 37, que acrescenta: "É doloroso observar que exemplos dessa prática aparecem frequentemente em nossos jornais".

(12) *Jackson's Oxford Journal*, 12 de dezembro de 1789; *Northampton Mercury*, 19 de dezembro de 1789; *Derby Mercury*, 4 e 25 de fevereiro de 1790; *Birmingham Gazette*, *1º* de março de 1790.

(13) A Cornualha pode ter demorado a adotar uma prática difundida em Devon. Em 1819, uma venda em Redruth foi noticiada como "a primeira desse tipo" no local: *West Briton*, 17 de dezembro de 1819.

(14) Ver exemplos em *Norfolk Chronicle*, 9 de fevereiro de 1805; W. Andrews, *Bygone England* (1892), p. 203.

(15) Lawrence Stone é exageradamente confiante quando conclui (*Road to divorce*, Oxford, 1990, p. 148) que "menos de trezentos casos de venda de esposas ocorreram em toda a Inglaterra durante os setenta anos entre 1780 e 1850". Se assim fosse, seria altamente improvável que Menefee e eu tivéssemos recuperado quase o mesmo número numa amostra um tanto aleatória tirada de fontes impressas. Na minha opinião, muitas vendas não foram registradas, especialmente antes de 1820. O professor Stone subestima a opacidade da cultura plebeia à investigação erudita (inclusive à sua): porém, ele está certo em dizer que as vendas de esposas eram "pouco frequentes", se comparadas com o número de abandonos do lar (pelo homem) e fugas: ver ibid., pp. 142, 148.

(16) *The Times*, 2 de fevereiro de 1819. O caso é das sessões trimestrais do tribunal de Rutland (Oakham), e talvez um exemplo estivesse sendo procurado em todo o condado? Ver também Roy Palmer, *The folklore of Leicestershire and Rutland* (Wymondham, 1985), pp. 58-9.

(17) *Jackson's Oxford Journal*, 4 de maio de 1839; *York Herald & General Advertiser*, 27 de outubro de 1838; *Hull Advertiser*, citado em *Operative*, 4 de novembro de 1838.

(18) É provável que o duque de Chandos tenha comprado a sua segunda mulher, Maria, de um cavalariço em Newbury em torno de 1740, pois a história aderiu tenazmente à sua pessoa com acréscimos circunstanciais. Mas não estou convencido de que Maria foi vendida num pátio de taverna presa por uma corda, nem que a presença de Chandos na venda fosse puro acaso: esse detalhe provém de transmissão oral ao longo de 130 anos, ver *N & Q* [*American Notes and Queries*], 4ª série, vi (1870), p. 179. Ver também Menefee, p. 214 (caso 15).

(19) John Aston, *Social England under the regency* (1890), i, pp. 374-5.

(20) *Wolverhampton Chronicle* citado em *Yorkshire Gazette*, 28 de janeiro de 1865.

(21) Esse exemplo muito publicado parece derivar de *Lancaster Herald*, chegando a *The Times*, 26 de abril de 1832, e ao *Annual Register* para 1832. O relato foi talvez romanceado pelo repórter: ver *Chamber's Journal*, 19 de outubro de 1861.

(22) *Monthly Magazine*, IX (1800), p. 304.

(23) *Derby Mercury*, 18 de agosto de 1841.

(24) *Chelmsford Chronicle,* 18 de julho de 1777, in A. J. Brown (org.), *English history, from Essex sources* (Chelmsford, 1952), p. 203.

(25) *Derby Mercury*, 18 de agosto de 1841.

(26) *Stamford Mercury*, 12 de março de 1847. Sobre a continuação do episódio, ver ibid., 25 de maio de 1849: Harwood se recusou a reconhecer (no tribunal do condado) uma dívida contraída pela "esposa" antes da compra, "visto que na ocasião em que a comprou, ele não assumiu as dívidas da mulher. O juiz (com espanto): 'O que você quer dizer com essa história de comprar sua esposa?'. A dama aqui aludida deu um passo à frente e declarou que fora comprada pela maneira habitual [...]. Sua Excelência parece ter ficado estarrecido".

(27) *Preston Chronicle*, 3 de maio de 1817; *Bolton Chronicle*, citado em *British Whig* (Kingston, Ontário), 8 de maio de 1835.

(28) "Hoje uma mulher vendida no mercado por 4/- as partes interessadas vieram de Stoke Golding": anon., "Memorandum Book of Occurrences at Nuneaton" (texto datilografado em Warwicks. CRO, do original da Nuneaton Public Library), entrada para 1º de junho de 1816.

(29) *The Times*, 12 de abril de 1817.

(30) Ibid., 27 de agosto de 1833, e *Man*, 14 de setembro de 1833, citando *Bath Chronicle*.

(31) Exemplos na feira do mercado de Drayton, *Shrewsbury Chronicle*, 27 de junho de 1817; feira de Bakewell, *Derby and Chesterfield Reporter*, 14 de junho de 1838; feira de potros em Horsham, 1820, 1825 e 1844, Henry Burstow, Reminiscences of Horsham (1911), pp. 73-4; feira de Headly, W.W Capes, *Scenes of rural life in Hampshire* (1901), p. 302. Ver também Menefee, cap. 3.

(32) Sabine Baring-Gould, *Devonshire characters and strange events* (1908), p. 61.

(33) *The Times*, 6 de abril de 1831.

(34) *Northampton Mercury*, 2 de janeiro de 1790.

(35) Numa venda em Witney, em 1839, relatou-se que a mulher foi obrigada a desfilar três vezes pelo mercado público, seguida por centenas de pessoas, "a mulher abanando com um lenço azul" e demonstrando "um atrevimento desavergonhado e revoltante": *Jackson's Oxford Journal*, 4 de maio de 1839.

(36) Um marido levou a mulher até uma milha fora da cidade antes de trazê-la de volta puxada por uma corda até o mercado de Arundel, "pois fora informado de que devia colocar a corda nessa distância, senão a venda não seria legal": *The Times*, 25 de dezembro de 1824.

(37) Tenho pelo menos catorze casos de tributos pagos e aceitos, e outros casos de comissões pagas a leiloeiros ou tropeiros. Menefee tem outros.

(38) Frank W. Sterry, "*H. Y. J. T.*" [H. Y. J. Taylor] (Gloucester, 1909).

(39) A mais citada é a suposta arenga de um pequeno agricultor, Joseph Thompson, em Carlisle em 1832, que supostamente teria alertado o povo contra "as esposas encrenqueiras [...]. Deve-se evitá-las, assim como se evita um cachorro louco, um leão que ruge, uma pistola carregada, cólera-morbo, o monte Etna" etc. Mas ele então passava a recomendar Mary Anne — "ela sabe ler romances, e tirar leite das vacas [...], fazer manteiga e xingar a empregada; ela sabe cantar as melodias de Moore, e preguear os seus babados e toucas; ela não sabe fazer rum, gim ou uísque, mas sabe julgar a qualidade dessas bebidas por causa de sua longa experiência em prová-las" etc. (Ver, neste capítulo, nota 21.) Acredito que esse discurso (mas não a venda) seja invenção do jornalista.

(40) Roy Palmer, com grande generosidade, me forneceu muitos exemplos desse material. Alguns são espúrios ou são simples pretextos para insinuações sexuais (listando as ferramentas de cada ofício — "o sapateiro ouriçou a esposa com duas grandes bolas de cera"). Ver também Menefee, cap. 11.

(41) Jon Raven encontrou essa balada nas notas de G. T. Lawley na Biblioteca Central de Bilston. Ele a gravou com melodia de sua autoria no seu disco *Kate of Coalbrookdale* (Argo ZFB 29). Ver também Jon Raven, *The urban and industrial songs of the Black Country and Birmingham* (Wolverhampton, 1977), pp. 143-4, 253.

(42) Recordações de um "nonagenário" em *Hereford Times*, 21 de maio de 1876; E. M. Leather, *The folk-lore of Herefordshire* (Hereford, 1912; reimpressão 1970), p. 118.

(43) Menefee, p. 100.

(44) *Annual Register*, 1773.

(45) *Worcester Chronicle*, 22 de julho de 1857.

(46) *N & Q*, 6ª série, iv (1881), p. 133.

(47) *Bolton Chronicle*, citado em *British Whig*, 8 de maio de 1835.

(48) *Birmingham Daily Mail*, 29 de março de 1871.

(49) Talvez tenha sido a forma preferida em Kent, de onde tenho vários exemplos; e sobre uma venda diante de uma taverna em East London, ver p. 343.

(50) *Morning Chronicle*, 25 de julho de 1828.

(51) *West Briton*, 14 de abril de 1820.

(52) *Halifax Express*, citado em *The Times*, 9 de fevereiro de 1837.

(53) *Wolverhampton Chronicle*, citado em *Globe*, 27 de outubro de 1837.

(54) *Derbyshire Courier*, citado em *The Times*, 22 de agosto de 1837.

(55) Ver, por exemplo, *Derby Mercury*, 3 de janeiro de 1844; o caso de Nottingham em *The Times*, 23 de setembro de 1834; Menefee, p. 279, nota 32; *London City Mission Magazine*, agosto de 1861, p. 189.

(56) Brit. Lib. Add MSS 32, 084 ss., pp. 14-5. Meus agradecimentos a Douglas Hay pela transcrição.

(57) *Devon N & Q*, IV (1906-7), p. 54.

(58) *Birmingham Chronicle*, 7 de agosto de 1823.

(59) *Jackson's Oxford Journal*, 23 de dezembro de 1775.

(60) *L'Hermite de Londres, ou Observations sur les moeurs et usages des anglais au commeneement du XIX siècle* (Paris, 1821), II, pp. 318 ss.

(61) *The Times*, 29 de junho de 1824.

(62) Ver Menefee, p. 68.

(63) Menefee, pp. 115 e 117, sugere exemplos, mas os que verifiquei são inconclusivos. Num caso de Grassington, 1807, a esposa "recusou-se a ser entregue": *Annual Register, 1807*, p. 378. No caso de uma mulher supostamente vendida no Grass Market, Edimburgo (1828), um folheto fornece uma narrativa vívida de setecentas mulheres atirando pedras e atacando o marido "por causa do insulto feito ao belo sexo": W. Boag, impressor, Newcastle, *Bibliotheca Lindesiana* (1898), nº 1656. Entretanto, uma história idêntica, com as mesmas setecentas mulheres, é encontrada num folheto em Madden Collection (nº 1872), só que não é atribuída a Edimburgo, mas a Liverpool. Ver também Menefee, caso 215, p. 239.

(64) William Hutton, *Poems: chiefly tales* (1804). Menefee, pp. 194-5, cita Hutton por meio do recorte de um artigo de G. T. Lawley (possivelmente "In the good old days", *County advertiser for Staffordshire and Worcestershire*, 7 de agosto de 1921): ambos interpretam o poema um pouco erroneamente e apagam a oposição de Hannah à venda (que ela mais tarde aceita).

(65) A obra *Poems* de Hutton foi em parte reconstituída a partir de manuscritos guardados há trinta ou mais anos, pois foi queimada junto com a sua propriedade nos motins de 1791 em Birmingham. Sobre William Martin, ver Llewellyn Jewitt, *The life of William Hutton* (1872), pp. 144-6; Catherine Hutton, *The life of William Hutton* (1817), p. 128.

(66) Ver, por exemplo, *Yorkshire Gazette*, 3 de agosto de 1833 (em Halifax, o caso de uma venda para a própria mãe); *Derby & Chesterfield Reporter*, 12 de fevereiro de 1835; *Birmingham Chronicle*, 7 de agosto de 1823 (esposa vendida à sua própria mãe).

(67) O caso de Macclesfield, relatado em *Lincoln, Rutford & Staniford Mercury*, 7 de novembro de 1817. E também o caso de Oxford em J. R. Green, "Oxford during the eighteenth century", em C. L. Stainer (org.), *Studies in Oxford history*, XL (1901), pp. 218-9. Nesse último, sugere-se que o comprador tenha atuado como agente para o guarda da floresta de Bagley. No único registro oral de venda de esposa que recolhi, a tradição da família — o depoimento é do neto da mulher — rezava que o marido se casou com ela para se apossar da casa, e depois tentou vendê-la. Mas "os vizinhos a compraram" e a levaram de volta para a casa dos pais: relato do falecido Bob Hiscox (então com 84 anos) de Pilton, Somerset, feito a mim em 1975; a venda foi em Shepton Mallet, e talvez tenha sido o caso noticiado no *Castle Cary Visitor* de setembro ou outubro de 1848, quando o marido foi tratado rudemente pela multidão (informação de John Fletcher, que me apresentou a Bob Hiscox).

(68) Uma jovem de Swadlincote, cujo marido "fugira há algum tempo", deixando-a aos cuidados da paróquia, vendida no mercado por um funcionário da paróquia: *Derby Mercury*, 4 de fevereiro de 1790.

(69) R. Pillet, *L'Angleterre vue à Londres et dans ses provinces* (Paris, 1815), traduzido para *Views of England, during a residente of 10 years, 6 of them as a prisoner-of-war* (Boston, Mass., 1818), cap. 33.

(70) *Devon N & Q*, iv (1906-7), p. 54. "Em geral o caso era pré-arranjado entre o comprador, o vendedor e o objeto da venda, que pareciam acalmar as suas consciências passando pela cerimônia de um falso leilão": "Better-half Barter", *Chambers's Journal*, 19 de fevereiro de 1870. Em *The laws respecting women, as they regard their natural rights* (1777), p. 55, a venda é descrita como "um método de dissolver o casamento" entre os plebeus, quando "marido e mulher se sentem verdadeiramente cansados um do outro, concordam em se separar, e o homem

resolve autenticar a pretendida separação, tornando-a um caso de notoriedade pública". "Nessas ocasiões, o comprador é em geral providenciado de antemão."

(71) Somerset CRO, D/P/Stotgm, 13/3/6 (Apelações quanto à residência). Meus agradecimentos ao dr. Polly Morris, e ao sr. R. J. E. Bush, arquivista adjunto do condado de Somerset. Ver também L. G. Mead, "What am I bid", *The Greenwood Tree*, vol. 10, outono de 1985, onde se encontra uma investigação cuidadosa dos registros da paróquia.

(72) *Public Ledger*, 23 de dezembro de 1822; *The Times*, 23 de dezembro de 1822; H. F. Whitfield, *Plymouth and Devonport* (Plymouth, 1900), pp. 296-7.

(73) Baring-Gould, op. cit., pp. 59-60. Em alguns casos, os atores podem ter genuinamente incorporado o ritual da venda e as formas do casamento cristão. Em *Glouster Journal*, 24 de novembro de 1766, relata-se que um marido em Thorne (Yorkshire) vendera a sua "velha" mulher, presa numa corda, a um vizinho por cinco xelins. Os dois homens foram então a Doncaster requerer uma licença de casamento, e na cerimônia o primeiro marido passou a noiva para o novo marido. (O clérigo que oficiou o casamento nada sabia das circunstâncias.)

(74) Ver a introdução de Eric Hobsbawm para Eric Hobsbawm e Terence Ranger (orgs.), *The invention of tradition* (Cambridge, 1983).

(75) Sir Keith Thomas, Martin Ingram e outros correspondentes me passaram com grande gentileza exemplos primitivos de alegações de venda da esposa. Parecem ser transações privadas que não observam nenhuma forma. Dr. Ingram, que é uma autoridade em registros de tribunais eclesiásticos dos séculos XVI e XVII, fortaleceu minha visão de que a venda de esposas na sua forma ritual é uma criação do final do século XVII e do século XVIII: ver Martin Ingram, *Church courts, sex and marriage in England, 1570-1640* (Cambridge, 1987), p. 207.

(76) S. A. Peyton, *The churchwarden's presentments in the Oxfordshire peculiars of Dorchester, Thame and Banbury* (Oxford, 1928), pp. 184-5. Outros casos: esposa vendida a 3/4d. por libra (mas, na realidade, por "estimativa" a sete xelins e seis pence), *Aris's Birmingham Gazette*, 11 de março de 1745; esposa vendida em Rowley (Staffordshire), por uma libra e seis onças de pão, pelo marido que "partiu como soldado", ibid., 18 de março de 1745; caso 33 em Menefee, p. 216, de Newmarket, 1770, esposa vendida a 5 fi d. por libra.

(77) *N & Q*, 3ª série, IV (1863), p. 450.

(78) Por exemplo, *Sherborne Mercury*, 13 de setembro de 1784, e *Aris's Birmingham Gazette*, 6 de setembro de 1784 (o caso da volta de um marido depois de "alguns anos no exterior"); *Jackson's Oxford Journal*, 20 de agosto de 1785 (o retorno de um marinheiro, Liverpool); *Independent Whig*, 28 de maio de 1815 (um soldado que retorna depois de dez anos); *The Times*, 10 de novembro de 1838 (Dulverton, Devon — o marido que retorna do exílio). Num famoso caso em Halifax, o soldado de volta ao lar vendeu a esposa para o pai dos três filhos que ela tivera, mas esse só conseguiu se casar com a mulher 25 anos mais tarde, quando o primeiro marido já morrera. Ela foi conduzida ao altar pelo neto: William Andrews, *Curiosities of the church* (1890), pp. 177-8.

(79) W. Wordsworth, *Poetical works* (Oxford, 1959), V, p. 35.

(80) A melhor visão geral é a de John R. Gillis, *For better for worse: British marriages, 1600 to the present* (Oxford, 1985); igualmente R. B. Outhwaite (ed.), *Marriage and society* (1981).

(81) Ver o meu ensaio "Happy families", *New Society*, 8 de setembro de 1977; H. Medick e D. Sabean, *Interest and emotion* (Cambridge, 1984), pp. 9-27.

(82) Quando são mencionados filhos em registros de vendas de esposas, admite-se geralmente que os bebês de colo e os que ainda estão aprendendo a caminhar fiquem com a mãe. De vez em quando a família é dividida, e os mais velhos (com idade para trabalhar?) partem com o pai.

(83) Gillis, op. cit., p. 218.

(84) *Ipswich Journal*, 28 de janeiro de 1787, citado em J. Glyde, *New Suffolk Garland* (Ipswich, 1866), p. 286.

(85) *The Times*, 30 de março de 1796, citando *Sheffield Register*.

(86) *Annual Register*, 1806.

(87) *The Times*, 25 de fevereiro de 1832.

(88) *Hull Advertiser*, 2 de fevereiro e 23 de março de 1821.

(89) *Stamford Mercury*, 7 de novembro de 1817.

(90) *The Times*, 12 de abril de 1817.

(91) *Sherborne Journal*, 24 de agosto de 1775. Sobre uma venda em Witney em 1848, contava-se que a esposa, presa por uma corda, fora conduzida ao mercado pelo marido que usava um imenso par de chifres: *Gazette des Tribunaux*, 22 de junho de 1848.

(92) *Morning Chronicle*, 9 de fevereiro de 1828.

(93) *Doncaster, Nottingham & Lincoln Gazette*, 14 de dezembro de 1849.

(94) *York Courant*, 30 de junho de 1829.

(95) *N & Q*, 2ª série, I (1856), pp. 420-1. Em Norwich, quando se ficou sabendo que o comprador já era casado e que expulsara a sua mulher de casa, a multidão lhe deu trancos e empurrões: *Norfolk Chronicle*, 3 de maio de 1823. Outro ataque em Glastonbury, *Sherborne & Yeovil Mercury*, 21 de outubro de 1833; *Western Flying Post*, 21 de outubro de 1833.

(96) *N & Q*, 6ª série, V (1882), assinado A. J. M. Esse é A. J. Munby, cujo diário manuscrito (Trinity College Library, Cambridge), IV, 27 de fevereiro de 1860, contém a história original, assim como ela lhe foi narrada por "J. W. & rev. J. S.". Munby conclui o relato no seu diário: "Tal é a influência do refinamento moderno que toda a aldeia estava indignada, e chegaram até a queimar as efígies do par no prado. Coitados!". (Meus agradecimentos a Anna Davin por essa referência.)

(97) Sobre um episódio inflamado, ver *Bury Times*, 12 de novembro de 1870. A esposa tinha "transferido seu afeto" para um vizinho do outro lado da rua, cuja mulher morrera cinco semanas antes da venda. A esposa tinha oito filhos, e quatro ("no recibo do pagamento") ela levou junto para o novo lar. Depois da venda, primeiro a efígie da esposa foi queimada na frente de sua nova casa, e no dia seguinte a efígie de seu comprador; o relato sugere que as mulheres tiveram o papel predominante nessa *rough music*. Menefee tem outros bons exemplos, pp. 117, 126.

(98) *Preston Pilot*, 7 de fevereiro de 1835, citando *Bolton Chronicle*.

(99) Ver Menefee, caso 47, e pp. 270 e 198, nota 16. E também a entrada nos registros católicos de Formby sobre o nascimento do filho de James Wright e Mary Johnson em 9 de abril de 1799: "Essa Mary Johnson foi vendida pelo marido no mercado de Formby e comprada por Jas Wright por quinze xelins e uma tigela de ponche no valor de uma coroa", Lancs. CRO, RCFO I (1799), p. 7. Meus agradecimentos a Robert Malcolmson.

(100) Ver nota 69.

(101) Em 1815, um homem foi condenado em Manchester a três meses de prisão e ao pelourinho por vender a mulher: *Derby Mercury*, 3 de agosto de 1815. O juiz Edward Christian, em seu *Charges to Grand Juries* (1819), p. 93, exigia que se tomassem medidas contra a "prática vergonhosa e escandalosa" então predominante, e sugeria que o vendedor podia ser enviado ao pelourinho. Como o pelourinho foi abolido em 1816 (Geo. III, c. 178), essa instrução é presumivelmente de 1815 ou anterior.

(102) As práticas eram descritas como "meros pretextos para sancionar o crime do adultério", em *Birmingham Gazette*, 1º de março de 1790.

(103) *Stamford Mercury*, 12 de fevereiro de 1819. Sobre uma decisão semelhante nas sessões trimestrais do tribunal de Warwick, ver *Warwick Advertiser*, 15 de abril de 1809.

(104) *Sunday Herald*, 27 de julho de 1828.

(105) Palmer, *The folklore of Leicestershire and Rutland*, p. 58.

(106) Ver Menefee, cap. 8, e (sobre as sentenças) p. 299, nota 24, e p. 300, notas 25 e 27.

(107) Ver, por exemplo, *Northern Star*, 3 de março de 1838. Mas em *Destructive and Poor*

Man's Conservative, 13 de julho de 1833, embora o autor achasse as vendas de esposas "uma atrocidade", acrescentava que "o Poder Legislativo devia providenciar um método barato e imediato de separação para as classes mais humildes [...]". Uma lei nesse sentido "poria fim a essas cenas".

(108) *Isis*, 5 de maio de 1832.

(109) *Punch*, XVII (1849), p. 129.

(110) A excelentíssima sra. Norton, *A letter to the Queen on Lord Chancellor Cranworth's marriage and divorce bill* (1855), pp. 14-5.

(111) *Bradford Observer*, 25 de novembro de 1858; *Stamford Mercury*, 26 de novembro de 1858.

(112) *Yorkshire Gazette*, 11 de maio de 1889.

(113) *Stamford Mercury*, 22 de agosto de 1856.

(114) S. C. Hall, *Retrospect of a long life* (1883), I, pp. 43-4. Entretanto, o relato podia referir-se a uma venda anterior a 1850. Menefee (caso 245) sugere 1833.

(115) *South Wales Daily News*, 2 de maio de 1882.

(116) *Standard*, *30* de maio de 1881. Casos posteriores são citados em *Daily Mail*, 1º de março de 1899, *Globe*, 16 de novembro de 1903, e A. R. Wright, *English folklore* (1928).

(117) *Parliamentary Debates*, 261, col. 1646-7, 30 de maio de 1881.

(118) Caroline H. Dall, *"Woman's right to labour" or low wages and hard work* (Boston, Mass., 1860), pp. 44-6.

(119) Herbert Alick Stark, *Hostages to India* (Calcutá, 1936), p. 78.

(120) Sabemos muito pouco sobre o declínio do dote entre os trabalhadores, embora seja recomendável ver Alan Macfarlane, *Marriage and love in England, 1300-1840* (Oxford, 1986), cap. 12. Em alguns casos, as mulheres vendidas em distritos rurais podem ter perdido a propriedade de choupanas com direitos comuns: ver Bob Hiscox, anteriormente nota 67. J. F. Howson, pároco de Guisely e arcediago de Craven (Yorkshire), lembrava-se de uma conversa na década de 1930 com um velho de sua paróquia, que lhe contou: "Uma das minhas avós foi vendida dessa maneira, foi sim. Escutei meu pai contar essa história muitas vezes. Colocaram uma corda ao redor do pescoço dela, sabe, porque isso faz a venda parecer legal [...]. E o pior foi [...] que perdemos duas choupanas junto com a venda, perdemos tudo". (Comunicação que me foi confiada por E. R. Yarham.)

(121) Ver Menefee, p. 124.

(122) Até isso deve ser especificado, pois (como nos alertam os antropólogos) o objeto da troca não é "uma mulher", mas os direitos sobre uma mulher: ver J. R. Goody, "Marriage prestations, inheritance and descent in pre-industrial societies", *Journal of Comparative Family Studies*, p. 40.

(123) Na cruz do mercado de Dewsbury, há um registro críptico da venda de um marido preso por uma corda, *Cambridge Gazette*, 26 de agosto de 1815, *Warwick Advertiser*, 19 de agosto de 1815. Outro caso (1814?) em Drogheda foi amplamente citado: por exemplo, Pillet, op. cit., p. 185. Um folheto (*Bibliotheca Lindesiana*, nº 1631) tem um relato circunstancial da venda de um sapateiro pela esposa em Tomes, Devon, 1824, mas tenho dúvidas a respeito desse caso, que parece uma cópia impressa forjada. Há alguns casos *bona fide* de vendas contratuais privadas, por exemplo, a de um marido que abandonara a mulher a fim de ir para a Austrália: *Birmingham Daily Post*, 12 de janeiro de 1888.

(124) Em certo sentido, a obra de Herbert G. Gutman, *The black family in slavery & freedom* (Nova York, 1976), é uma vasta correção aos relatos de escravidão que têm subestimado a identidade cultural dos escravos.

(125) Uma esposa, vendida em Spilsby (Lincolnshire) em 1821, foi levada à casa de correção na semana seguinte por ameaçar botar fogo na residência de seu antigo marido: *Stamford Mercury*, 7 de dezembro de 1821. Há uma denúncia violenta contra o marido que a vendera,

divulgada por Martha Barnard num cartaz de parede em Cambridge, julho de 1841: reproduzido em Philip Ward, *Cambridge street literatura* (Cambridge, 1978), p. 48.

(126) Entre muitos exemplos, *British Whig*, 8 de maio de 1835; *Leeds Time*, 10 de agosto de 1844; *Derby Mercury*, 11 de outubro de 1848; John Hewitt, *History and topography of the parish of Wakefield* (1963). Ver também Menefee, p. 276, nota 10.

(127) Ver, neste capítulo, nota 41.

(128) "Nonagenarian" in *Hereford Times*, 15 de abril de 1876.

(129) Os motins da fome eram provavelmente os de 1800. A notícia é a de que um açougueiro vendeu a esposa em Hereford, em 1802, por uma libra e quatro xelins e uma tigela de ponche: *Morning Herald*, 16 de abril de 1802.

(130) C. M. Gaskell, "Old Wenlock and its folklore", *Nineteenth century* (1894).

8. *ROUGH MUSIC* (pp. 353-405)

(1) O *Oxford English dictionary* (*OED*) oferece um emprego primitivo de *rough music* em 1708, mas é registrado como "a harmonia do tinir de chaleiras e frigideiras" em R. Cotgrave, *A dictionarie of the French and English tongues* (1611). Termos regionais como *skimmington* [desfile], *lowbelling*, *hussiting* e *riding the stang* ["cavalgar da vara"] eram provavelmente mais usados. A esse respeito, ver Joseph Wright, *The English dialect dictionary,* 6 vols. (1896-1905).

(2) Sobre as fontes francesas, ver a bibliografia em Jacques le Goff e Jean Claude Schmitt (eds.), *Le charivari* (École das Hautes Études en Sciences Sociales, Paris, 1981), pp. 435-42. Deste ponto em diante, essa obra é citada como *Le charivari*. Sobre a Itália, ver A. dal Vecchio, *Le seconde nozze* (Florença, 1885), esp. pp. 290-301. Sobre a Alemanha, ver E. Hoffman-Krayer e H. Bachtold-Staubli, *Handwörterbuch das Deutschen Aberglaubens* (Berlim, 1931-2), os verbetes de *Katzenmusik, Haberfeldtreiben, Thierjagen* etc.; George Phillips, *Ueber den Ursprung der Katzenmusiken* (Freiburg im Breisgau, 1849), e as contribuições de lan Farr e Ernst Hinrichs em *Le charivari*.

(3) Ver Violet Alford, "Rough music or charivari", *Folklore*, LXX (1959), p. 507; H. Usener, "Italische Volksjustiz", *Rheinisches Museum für Philologie*, LXI (1901), e a seção de contribuições em *Le charivari* sobre a Europa antiga e medieval. Em "Le charivari de l'adultère et les courses à corps nus", *L'Ethnographie* (1935), pp. 7-36, P. Saintyves apresenta um levantamento de amplo alcance sobre as punições e humilhações para o adultério, mas temos de concordar com Lévi-Strauss que a maioria de seus exemplos não é relevante no que diz respeito aos rituais do *charivari*. No entanto, há semelhanças extraordinárias nos rituais citados na Pérsia e no Norte da Índia (Saintyves, pp. 22 e 28), e igualmente no ritual brutalmente sádico presenciado por Gorki na Crimeia: ver A. Bricteux, "Le châtiment populaire de l'infidelité conjugale", *Revue Anthropologique,* XXXII (1922), pp. 323-8. Sobre a Hungria, ver Tekle Dömötör em *Acta Ethnographica Academice Scientarum Hungaricae* (Pest, 1958), pp. 73-89.

(4) *Annales E.S.C.* (1972). Algumas passagens desse artigo reaparecem neste capítulo.

(5) Ver o resumo da discussão em *Le charivari*, pp. 401-3.

(6) Ver o romance admiravelmente observador de Thomas Hardy, *The mayor of Casterbridge* (1884). Um dicionário de dialeto de Leicestershire acrescenta: "Tenazes e atiçadores de fogo, cutelos e ossos com tutano, caçarolas-aquecedores e chaleiras de estanho, taramelas e apitos, matracas dos policiais, bexigas cheias de ervilhas, chifres de vaca e bandejas de chá" além de "gritos e vaias": A. B. e S. Evans, *Leicestershire words, phrases and proverbs* (1881). Comparar Diderot et d'Alembert, *Encyclopédie* (Paris, 1753), p. 208: "bruit de dérision, qu' on fait la nuit avec des poëles, des bassins, des chauderons, &c." [barulho de escárnio que se faz à noite

com frigideiras, bacias, caldeirões etc.]; A. van Gennep, *Manuel de folklore Lançais contemporain* (Paris, 1946), I, pt. 2, p. 616: "chaudrons, casseroles, sonnettes, cloches à vache, grelots de cheveaux ou de mulets, faux, morceaux de fer et de zinc, trompes en corne" [caldeirões, caçarolas, sinetas, sinos das vacas, guizos de cavalos ou de mulos, foices, pedaços de ferro e de zinco, trompas de chifre] etc. Comparar a respeito da Itália, G. Gabrieli, "La 'scampanata' o 'cocciata' nelle nozze della vedova", *Lares*, II (1931), pp. 58-61.

(7) E. Peacock, *A glossary of words used in* [...] *Manley and Corringham, Lincs.* (English Dialect Society, 1887), p. 208.

(8) Ver M. A. Courtney, "Cornish folk-lore", *Folk-lore Journal*, v (1887), pp. 216-7; A. L. Rowse, *A Cornish childhood* (1942), pp. 8-9.

(9) Encontra-se uma boa descrição desse ritual, quando a louça de barro era espatifada contra a porta dos recém-casados, em Henry Mayhew, *German life and manners as seen in Saxony at the present day* (1864), i, p. 457.

(10) Ver Alice T. Chase em *American Notes and Queries*, I, p. 263 (setembro de 1888); W. S. Walsh, *Curiosities of popular custom* (Filadélfia, 1914). Há registros de uma ampla ocorrência de *shivarees* em Ohio, Indiana, Illinois, Kansas e Nebraska. Todos os casados podiam esperar um *shivaree*, que só se podia evitar pagando bebidas e oferecendo hospitalidade à multidão. Sobre esse ponto, e igualmente sobre casos mais fortes (e às vezes violentos), ver o excelente estudo de Bryan Palmer, "Discordant music: charivaris and whitecapping in nineteenth-century North America", *Labour/Le Travailleur*, III (1978); Alfred D. Young, "English plebeain culture and eighteenth-century American radicalism", in Margaret e James Jacob (eds.), *The origins of anglo-american radicalism* (1984); e Bertram Wyatt-Brown, "Charivari and lynch law", no seu livro *South honor: ethics and behaviour in the Old South* (Nova York, 1982), cap. 16. Uma *rough music* bem-humorada também migrou para a Nova Zelândia, sob a forma de *tin-canning* [bater de latas], sendo praticada de vez em quando até os dias de hoje. Ao lecionar na Universidade de Auckland em 1988, fui alvo da gentileza de muitas pessoas que me mostraram reminiscências orais de *tin-kettling* [bater de chaleiras]. Esse material está agora nas mãos do professor R. C. J. Stone.

(11) Sabine Baring-Gould, *The red spider* (1887), II, pp. 78, 109; Theo Brown, "The 'Stag-Hunt' in Devon", *Folklore,* xliii (1952), pp. 104-9. Cf. Carlo Ginzburg, "Charivari, associations juveniles, chasse sauvage", in *Le charivari*, pp. 131-40.

(12) Até recentemente ainda havia em Dorset uma máscara chifruda assustadora e diabólica usada nesses rituais: ver H. S. L. Dewar, "The Dorset ooser" (Dorchester, 1968). (Ilustração nº 26)

(13) F. A. Carrington, "Of certain Wiltshire customs", *Wilts. Archaeological Magazine*, i (1854), pp. 88-9.

(14) Enid Porter, *Cambridgeshire customs and folklore* (1969), pp. 9-10.

(15) J. T. Brockett, *A glossary of North Country words in use* (Newcastle-on-Tyne, 1829).

(16) S. O. Addy, *A glossary of words used in the neighbourhood of Sheffield* (1888), pp. 1856; Thomas Wright, *The archaeological album* (1845), pp. 54-6.

(17) W. E. A. Axon, *Cheshire gleanings* (Manchester, 1884), pp. 300-1; sra. Gutch, *County folk-lore: East Riding of Yorkshire* (1912), pp. 130-3.

(18) Sra. Gutch, op. cit. Outros exemplos desses recitativos ou *nominys* podem ser encontrados em A. Easther e T. Lees, *A glossary of the dialect of Almondbury and Huddersfield* (1883), pp. 128-9; R. Blakeborough, *Character, folklore and custom of the North Riding of Yorkshire* (1898), p. 89; George Rateliffe, *Sixty years of it* (Londres e Hull, s. d. [em torno de 1935]), p. 2; G. Oliver, *Y byrde of Gryme* (Grimsby, 1866), pp. 207-8; Thomas Miller, *Our old town* (1857), p. 198; Axon, op. cit., p. 301; E. Cooper, *Muker: the story of a Yorkshire parish* (Clapham, 1948), p. 84; *Yorkshire notes and queries*, ed. C. F. Forshaw (Bradford, I, 1905), p. 209; *N & Q*, 9ª série, i (11 de junho de 1898), p. 479; *Folk-lore Journal*, I (1883), pp. 394-6.

(19) A *nominy* (versos de pé quebrado tradicionais que acompanham a procissão) não é o mesmo que as sátiras ou versos feitos para a ocasião, que Martin Ingram examina junto com a *rough music* em "Riding, rough music and mocking rhymes in early modern England", in Barry Reay (ed.), *Popular culture in seventeenth-century England* (1985).

(20) Edwin Grey, *Cottage life in a Herefordshire village* (St. Albans, s. d.), pp. 160-2.

(21) James Hardy (ed.), *The Denham tracts* (1895), II, p. 5.

(22) Coleção Robert White, Newcastle Univ. Library, Bell/White 3. Meus agradecimentos a Dave Harker.

(23) James M. Carpenter andava coletando dados no final dos anos 1920 e começo dos anos 1930. Meus agradecimentos a Roy Palmer e a Malcolm Taylor (bibliotecário) pelas cópias de registros em Cecil Sharp House: os originais estão na Library of Congress. Sobre a censura dos coletores do final do período vitoriano e eduardiano, que expurgou os termos devassos das canções populares, ver Vic Gamman, "Folk song collecting in Sussex and Surrey, 1843-1914", *History Workshop Journal*, 10 (1980), e "Song, sex and society in England, 1600-1850", *Folk Music Journal* (1982), pp. 219-20.

(24) Joseph Wright, *English dialect dictionary* (1903), V, verbete de *skimmington* [desfile].

(25) Axon, op. cit., pp. 330-1, citando Charles Herbert, *History and description of the County of Salop* (1828).

(26) Ver especialmente Martin Ingram, "Ridings, rough music and the 'reform of popular culture' in early modern England", *Past and Present*, 105 (1984), e David Underdown, *Revel, riot and rebellion* (Oxford, 1985), passim.

(27) Ver Ingram, "Ridings", p. 82, cuja transcrição corrige a que se encontra em *Folklore*, XLI (1930), pp. 287-90.

(28) *Somerset County Herald*, 24 de agosto de 1946; igualmente 23, 30 de agosto de 1952. Meus agradecimentos a John Fletcher por me indicar esta e outras fontes.

(29) G. Roberts, *The history and antiquities of Lyme Regis and Charmouth* (1834), pp. 256-61.

(30) Ver, por exemplo, N & Q, 4ª série, XI (1873), p. 455, a respeito de uma ocasião em Bermondsey (Londres) "há uns trinta anos".

(31) J. S. Udal, *Dorsetshire folklore* (Hertford,1922), pp. 195-6, citando *Bridport News*, novembro de 1884.

(32) Ver C. Phythian-Adams, "Ceremony and the citizen: the communal year at Coventry, 1500-1700", in Peter Clark e Paul Slack (eds.), *Crisis and order in English towns, 1500-1700* (1972).

(33) J. Strype, *Ecclesiastical memorials relating chiefly to religion and the reformation* (1822), III, p. 409. Montar de costas com o rosto virado para o rabo do cavalo era um castigo para perjúrio, corrupção etc. imposto pelos tribunais de Londres e pela Star Chamber [Câmara Estrelada — antigo tribunal inglês abolido em 1640] no século XVI e início do século XVII: ver Ingram, "Riding, rough music and mocking rhymes".

(34) Cartas de Nehemiah Wharton, *Archaeologia*, XXXV (1853), pp. 310-34.

(35) PRO, WO 30/17, pp. 68-9. Ver também Young, op. cit., p. 190, a respeito do uso desse castigo militar em Louisbourg (1746) e Boston Common (1764). Os soldados negros ainda recebiam esse castigo na Guerra Civil norte-americana: Bell I. Wiley, *Southern negroes 1861-1865* (New Haven, 1965), pp. 317-8.

(36) Em alguns lugares, o cavalo de madeira pode ter sido um elemento civil permanente dos mecanismos punitivos, junto com o pelourinho e o tronco. Em 1654, uma ação em Newcastle-under-Tyne girava em torno de um homem que difamara outro, afirmando ser ele "um patife covarde e miserável, alguém que já enganou o Parlamento uma centena de vezes, e merece montar no cavalo de madeira sobre Sandhill": *Tompkins vs Clark* (1654), Style 422, ER 82, p. 829.

(37) *Sherborne, Dorchester and Taunton Journal* (1845), registrado em *Somerset County Herald*, 23 de agosto de 1952.

(38) Ver Douglas Hay, Peter Linebaugh e E. P. Thompson, *Albion's fatal tree* (1975). Comparar com Natalie Z. Davis, "The rites of violence", *Society and culture in early modern France* (Stanford, 1975).

(39) Entre os exemplos de enterro: *Leicester Herald*, 17 de abril de 1833 (um empregador impopular é alvo de *rough music* por parte dos fabricantes de malha: sua efígie é carregada pela aldeia num patíbulo, executada com arma de fogo, colocada num túmulo e então queimada); *Hampshire and Berkshire Gazette*, 4 de fevereiro de 1882 (um homem que rompeu o compromisso com uma moça a quem cortejava há vários anos: sua efígie é carregada pela aldeia, os sinos dobram, a efígie é enforcada, cortada, fuzilada e queimada); *Gloucester Standard*, 8 de outubro de 1892 (a "Marcha fúnebre" é tocada durante uma *rough music* contra "patifes" numa disputa entre sapateiros e fabricantes de botas).

(40) Em "Pope's day, tar and feathers and cornet Joyce, Jun" (a ser publicado), Alfred Young discute tanto as fontes norte-americanas como as inglesas; C. S. Burne, "Guy Fawkes day", *Folklore*, XXIII, 4 (1912).

(41) A *rough music* frequentemente prosperava no dia 5 de novembro, quando era costume fazer efígies de "qualquer malfeitor, pessoa de mau gênio ou sujeito impopular" na aldeia e queimá-las na frente de suas casas (exemplo, um par não casado): *Trans. Devon Assoc.*, LXVI (1934). Ver o excelente ensaio "'Please to remember the Fifth of November': conflict, solidarity and public order in Southern England, 1815-1900", in Robert E. Storch, *Popular culture and custom in nineteenth-century England* (1982), esp. pp. 82-4. John Fletcher, um famoso mágico em Pilton, coligiu muitos exemplos de *rough music* no dia de Guy Fawkes em Somerset no século XIX, sendo Glastonbury, Wells e Bridgewater especialmente efervescentes.

(42) Depoimentos e carta em PRO, King's Bench Affidavits, KB 1.30 (Easter 40 Geo. III, nº 2). Sobres cartas anônimas ameaçadoras, ver o meu "The crime of anonymity", in Hay, Linebaugh e Thompson, op. cit.

(43) *Exeter Flying Post*, 2 de outubro de 1817; U. Radford, "The loyal saddler of Exeter", *Trans. Devon Assoc.*, LXV (1933), pp. 227-35.

(44) *Halifax Guardian*, 20 de janeiro de 1844. Agradecimentos a Dorothy Thompson.

(45) *Hampshire Chronicle*, 11 de fevereiro de 1782. Agradecimentos a John Rule.

(46) J. R. Chanter, "North Devon customs", *Trans. Devon Assoc.*, II (1867-8), pp. 38-42.

(47) J. P. Carpenter a Portland, 22 de junho de 1800, PRO, HO 42.50.

(48) Francis Grose, *A classical dictionary of the vulgar tongue*, 2ª ed. (1788).

(49) John Brand, *Observations on popular antiquities* (1813), II, p. 112; William Hone, *The every-day book* (1826), I, cols. 1386-8; Robert W. Malcolmson, *Popular recreations in English society* (Cambridge, 1973), pp. 77-8.

(50) O falecido G. Ewart Evans gentilmente me emprestou uma fita com a narrativa que lhe foi feita em 1964 pela sra. Flack de Depden Green, perto de Bury St. Edmunds, descrevendo essa "música" como muito comum até 1920 nos casamentos. Pessoas de "todo tipo" se reuniam e eram convidadas a tomar um drinque. Ela se lembrava apenas de uma ocasião em que a *rough music* foi empregada contra supostos infratores. Em Londres e em outras regiões, os açougueiros formavam bandas, batendo ossos nos cutelos (afiados para a produção de notas como um repique de sinos), e participavam das festas de casamento até que lhes pagassem dinheiro ou cerveja: R. Chambers, *The book of days* (1878), I, p. 360.

(51) Ver Ingram, "Riding, rough music and mocking rhymes", pp. 94-6. A caçada de *wooset* ou *hooset* parece ter parentesco com os costumes de Natal ou de se fantasiar de animal, como o *hooden horse* [cavalo de madeira] em East Kent e o *souling* [sair recolhendo presentes na véspe-

ra do Dia de Todos os Santos] em Cheshire: ver P. Maylam, *The hooden horse, an East Kent Christmas custom* (Canterbury, 1909), cap. 4; Violet Alford, *The hobby horse and other animal masks* (1978).

(52) Thomas Wilson, *The Pitman's pay, and other poems* (Gateshead, 1843), pp. 56-63.

(53) *Newcastle Chronicle*, 7 e 21 de maio de 1785, 4 de novembro de 1792; *Sunderland Herald*, 12 de fevereiro de 1851; W. Henderson, *Notes on the folk-lore of the Northern counties of England and the borders* (1879), p. 30. Em fevereiro de 1783, ao término da guerra da Independência norte-americana, os marinheiros tiveram licença para descer à praia e vingaram-se dos delatores que os tinham denunciado para o destacamento de recrutadores, fazendo-os desfilar montados na vara pelas ruas: as mulheres "besuntaram-nos com ovos podres, espuma de sabão, lama etc.". Um deles foi tão maltratado sobre a "vara" que mais tarde morreu: "The press gang in the Northern counties", *Monthly chronicle of North Country lore and legend*, v, 47 (1891).

(54) Isso acontecia especialmente com os que furavam as greves, e também com os delinquentes sexuais, se apanhados em *flagrante delito*: W. Woodman, "Old customs of Morpeth", *History of the Berwickshire Naturalists' Club*, XIV (1894), p. 127. Na Inglaterra do século XIX são infrequentes os casos de se expulsar a vítima da cidade (por exemplo, R. L. Tongue, *Somerset folklore* [1965], p. 181, sobre uma velha "malvada" que foi escorraçada da cidade em cima de uma armação com latas amarradas ao redor e ao som de uma banda barulhenta e desafinada — uma prática mais comum no Novo Mundo).

(55) R. de B. Trotter, *Galloway gossip: the stewartry* (Dunfries, 1901), p. 442. Meus agradecimentos a Roy Palmer.

(56) Wyatt-Brown, op. cit., p. 447.

(57) Uma execução mais firme da lei e um policiamento mais efetivo podem ter contribuído para essa mudança.

(58) Ver Palmer, op. cit., e Wyatt-Brown. O Canadá tinha fortes tradições de *charivari*, derivadas tanto das tradições inglesas como das francesas e aplicadas para muitos fins. Ver igualmente Bryan Palmer, *Working-class experience* (Toronto, 1983), pp. 41-5. Muitos *charivaris* acompanharam a rebelião no Sul do Canadá em 1837, sendo frequentemente realizados por jovens patrícios, com máscaras e fantasias elaboradas. Tardiamente em 1846, o primeiro regulamento aprovado pela cidade de Kingston, Ontário, foi para "suprimir o costume inútil e tolo, chamado *charivari*" (minutas nos arquivos da cidade de Kingston).

(59) Susana Moodie, *Roughing it in the bush; or life in Canada* (1852), I, pp. 230-1. Meus agradecimentos a Robert Malcolmson.

(60) Roberts, op. cit., p. 260.

(61) *N & Q*, 5ª série, v (1876).

(62) A. C. Bickley, "Some notes on a custom at Woking Surrey", *Home Counties Magazine*, IV (1902), p. 28.

(63) Sobre o suicídio causado por *rough music*, ver *Caledonian Mercury*, 29 de março de 1736 (motivo: o marido batia na mulher); *Northampton Herald*, 16 de abril de 1853 — tentativa de suicídio de trabalhador casado que era o pai da criança de uma jovem solteira.

(64) Cf. Nicole Belmont, "Fonction de la derision et symbolisme du bruit dans le charivari", *Le charivari*, p. 18.

(65) Ver M. K. Ashby, *Joseph Ashby of Tysoe* (1974), pp. 150-1.

(66) Os compiladores de folclore frequentemente achavam essa reticência quase impenetrável, especialmente sobre assuntos sexuais. Na comunidade, eles não eram apenas estranhos em termos geográficos, mas também (por serem da classe alta ou média) em termos sociais. Alguns informantes me pediram que não mencionasse nomes ou detalhes das pessoas que foram alvo de *rough music* há cinquenta anos ou mais, porque os filhos ou netos ainda moram no vilarejo. Outros entrevistadores me falaram da mesma resistência.

(67) *Own* ainda tem esse significado em Yorkshire. Ver o *English dialect dictionary* de Wright a respeito de *own-born parish* e do significado de *own* como "reconhecer, identificar; admitir um conhecimento pessoal".

(68) Baring-Gould, op. cit., II, p. 78.

(69) *N & Q*, 1ª série, IX, 17 de junho (1854), p. 578.

(70) Bickley, op. cit. Num romance, *Midst Surrey Hills: a rural stay* (1890), o mesmo autor dedica um capítulo à reconstrução de um desses "tribunais" de taverna. Sobre uma deliberação na ferraria, ver Hardy (ed.), *The Denham tracts,* ii, p. 4. Sobre o tribunal "Coolstrin" no Sul do País de Gales, ver W. Sikes, *British goblins: Welsh folclore &c* (1880), e John Gillis, *For better, for worse* (Oxford, 1985), p. 133.

(71) Ver Hardy, *The mayor of Casterbridge*, cap. 36.

(72) Ver, por exemplo, *N & Q*, 21 série, x (1860), p. 477. Um informante idoso, o sr. Gustavus Pettit, de Leamington Spa, que presenciou uma *rough music* quando era criança nos últimos anos do século passado, me contou que escutara trabalhadores adultos planejando o ritual numa casa de banhos comunitária ligada a um grupo de choupanas: ver igualmente *Coventry Evening Telegraph*, 10 de setembro de 1970.

(73) Alguns classificam o *charivari* como um "ritual de degradação" ou inversão. Para ser eficaz, ele deve ter a força de um julgamento impessoal ou comunitário: "O denunciante deve se identificar para as testemunhas de tal modo que, durante a denúncia, elas não o considerem uma pessoa particular, mas alguém publicamente conhecido. Ele não deve se apresentar como uma pessoa que age de acordo com sua experiência pessoal e singular. Deve ser antes considerado como alguém que age na qualidade de figura pública, baseando-se em experiência comunitariamente vivenciada e verificada". H. Garfinkel, "Conditions of successful degradation ceremonies", *Amer. Jour. of Sociology*, vol. 61, março de 1965, p. 423.

(74) Na Grã-Bretanha, continuava a existir algum interesse entre os folcloristas. Até pouco tempo, no entanto, as disciplinas acadêmicas inglesas têm mostrado uma considerável hostilidade com relação ao folclore, visto como "uma mistura de fantasias malucas e coleta erudita de curiosidades": TLS, 16 de setembro de 1969. Até a obra pioneira de Keith Thomas, *Religion and the decline of magic* (1971), tem apenas uma referência de passagem à *rough music*. A renovação do interesse erudito veio do outro lado do canal da Mancha, com a obra de Claude Lévi-Strauss, *Mythologiques I. Le cru et le cuit* (Paris, 1964), e com o importante artigo de Natalie Z. Davis, "The reasons of misrule", *Past and Present*, 50 (1971). Meu primeiro ensaio deste capítulo não foi publicado na Grã-Bretanha, mas na França em *Annales E. S. C.*, em 1972. Desde então, os fenômenos têm aparecido em um número cada vez maior de estudos nos dois lados do Atlântico, estando momentaneamente na moda: ver Edward Shorter, *The making of the modern family* (Nova York, 1975), pp. 218-27.

(75) Brown, op. cit., pp. 104-7; Baring-Gould, op. cit., II, p. 78; Baring-Gould, *A book of folklore* (1913), pp. 251-2.

(76) *N & Q*, 4ª série, III, 26 de junho (1868), p. 608; ibid., 41 série, XI, 15 de março (1873), p. 225; ibid., 4ª série, III, 5 de junho (1869), p. 529; Tongue, op. cit., p. 181.

(77) Roberts, op. cit., pp. 256-7.

(78) Brockett, op. cit., verbete de *riding the stang* [cavalgar da vara].

(79) W. Henderson, *Notes of the folk-lore of the Northern counties of England and the borders* (1879), p. 29.

(80) Alford, "Rough music or charivari", op. cit.

(81) Van Gennep, op. cit., I, p. 202.

(82) Ibid., pt. 2, pp. 614-28.

(83) Um caso é citado em Franche-Comté, ibid., p. 619, nota 2. Em Diderot e d'Alembert,

Encyclopédie (Paris, 1753, ed), p. 208, pressupõe-se que o *charivari* é motivado por "personnes qui convolent en secondes, en troisièmes noces; & meme de celles qui épousent des personnes d'un âge fort inégal au leur" [pessoas que contraem segundas, terceiras núpcias; e até por aqueles que se casam com pessoas de idade muito diferente da sua].

(84) Lévi-Strauss, op. cit., pp. 293-5. Ver igualmente P. Fortier-Beaulieu, *Mariages et noces campagnardes dans* [...] *le Departement de la Loire* (Paris, 1937).

(85) Ver Apêndice II.

(86) N. Z. Davis, "The reasons of misrule: youth groups and charivaris in sixteenth-century France", *Past and Present*, 50 (1971). A autora cita apenas um caso motivado pelo marido que bate na esposa — em Dijon, no mês de maio de 1583: ver p. 45, nota 13.

(87) Ver especialmente as contribuições de André Burguière e Nicole Castan em *Le charivari*.

(88) Entretanto, em "English youth groups and the pinder of Wakefield", in Paul Slack (ed), *Rebellion, popular protest and the social arder in early modern England* (Cambridge, 1984), Bernard Capp apresenta algumas evidências sugestivas.

(89) Ingram, "Riding, rough music and mocking rhymes", p. 169 e "Ridings", pp. 90-1; Natalie Zemon Davis, "Charivari, honneur et communauté à Lyon et à Genève au XVIIe siècle", *Le charivari*, pp. 221-8.

(90) O relato de suicídios e vendetas associados com o *charivari*, sugerido por Alford, "Rough music or charivari", pp. 510 e 513-4, contrasta com os relatos mais românticos de alguns autores populares. Comparar a violência psíquica de "el vito", descrito por J. A. Pitt Rivers, *The people of the Sierra* (1954), pp. 169 ss.

(91) Musée National des Arts et Traditions Populaires, Paris, MS B 19, canção de Thônes (Alta Saboia). Ver Shorter, op. cit., p. 221, a respeito de uma variante.

(92) Ver Ian Farr e Ernst Hinrichs em *Le charivari*.

(93) Hoffman-Krayer e Bachtold-Staubli, op. cit., verbete de "Katzenmusik".

(94) Ver Dominique Lesourd em *Le charivari*.

(95) Tekle Dömötör, op. cit.

(96) Ver especialmente Bryan Palmer, "Discordant music".

(97) A passagem é tirada da descrição literária mais completa de um "desfile da vara", que se encontra em Samuel Butler, *Hudibras*, segunda parte, canto II, ed. J. Wilders (Oxford, 1967), pp. 142-9. A segunda parte desse poema foi publicada pela primeira vez em 1663. A passagem continua:

When *Wives* their Sexes shift, like *Hares*,
And ride their *Husbands*, like *Night-mares*,
And they in mortal *Battle* vanquish'd,
Are of their *Charter* dis-enfranchizd,
And by the Right of War like *Gills* (a)
Condemn'd to *Distaff*, Horns (b), e *Wheels* (c);
For when Men by their Wives are Cow'd,
Their *Horns* of course are understood.
[*Quando as esposas trocam de sexo, como lebres,*
E montam nos maridos, como éguas noturnas [*pesadelos*],
E eles na batalha mortal vencidos,
São privados da sua Carta de Direitos,
E pela lei da guerra, como garotas (a),
Condenados à roca, aos chifres (b) e à roda de fiar (c);
Pois quando os homens pelas esposas são intimidados,
Compreende-se, é claro, os seus chifres.]

(a) *Gills* — moças, garotas; (b) *Horns* — o símbolo do cornudo; (c) *Wheels* — a roda de fiar (como a roca) simboliza o trabalho das mulheres e os papéis femininos.

(98) Robert W. Malcolmson, *Life and labour in England, 1700-1780* (1981), p. 105.

(99) Henri Misson de Valbourg, *Memoirs et observations faites par un voyageur en Angleterre* (Paris, 1698), p. 70, e H. Misson, *Memoirs and observations in his travels over England* (1719), p. 129.

(100) A. V. Chapple e Arthur Pollard (eds.), *The letters of mrs. Gaskell* (Manchester, 1966), pp. 29-31. Meus agradecimentos a David Englander.

(101) Sheila Rowbotham, "The trouble with 'Patriarchy'", *New Statesman*, 21-28 de dezembro de 1979, reimpresso em Rowbotham, *Dreams and dilemmas* (1983), pp. 207-14.

(102) Ver G. Schochet, *Patriarchalism in political thought* (Nova York, 1975).

(103) Exemplos podem ser encontrados na maioria dos County Record Offices [Arquivos Públicos de condados], especialmente nas prisões e casas de correção. Sobre muitas prisões de "imorais e desordeiros" (ambos os sexos), ver, por exemplo, Hants. *CRO*, QS B/xvib/2/5, Registros de prisioneiros na Casa de Correção, abril, julho e outubro de 1723. Ou, na década de 1760, em Cirencester, um magistrado inusitadamente zeloso (Thomas Bush) frequentemente prendia pessoas por praguejarem (em geral homens), por desobedecerem seus mestres (aprendizes), por serem "patifes e vagabundos" e (Ann Rundle, presa em 28 de julho de 1766) por "ser uma pessoa muito lasciva, vadia e desordeira e se recusar a dar garantias de bom comportamento". Gloucester CRO, Q/SG 1763-6. Tudo isso era normal; ver Joanna Innes, "Prisons for the poor: English bridewells, 1555-1800", in Francis Snyder e Douglas Hay, Labour and crime (1987), esp. pp. 84-5, 99, 114, nota 21.

(104) PRO, KB 2.1 (parte 1), Declarações Juramentadas, Anne (misc.): *Regina vs William Copsey*.

(105) "Mary, esposa de John Morris de Gosport, condenada por ter confessado e se declarado culpada de [...] viver ralhando com todo mundo e perturbando a paz de seus vizinhos, vai receber o castigo da *ducking-stool* na cidade de Winchester". Hants. CRO, QM/5, Livro de Minutas, 6 de outubro de 1724.

(106) C. M. Gaskell, "Old Wenlock and its folklore", *The nineteenth century* (fevereiro de 1894).

(107) Ibid. Ver também John Gillis, op. cit., p. 131.

(108) Sir G. O. Paul, *Address to His Majesty's Justices of the peace for the County of Gloucester, Epiphany General Quarter Sessions 1809* (Gloucester, 1809), pp. 129, 135. Entretanto, embora a forma e a teoria permitissem essa discriminação sexista, a prática do final do século XVIII era mais leniente. Paul coligiu números para mostrar a quantidade de "delinquentes" nas prisões e cadeias do condado nos dezesseis anos que findavam em 1807: os números indicavam 241 homens aprisionados por "bastardia" (presumivelmente por deixarem de pagar o mandado de paternidade ajuramentado contra eles) e 39 mulheres. Havia também 213 aprisionados por deixarem as famílias a cargo da paróquia (presumivelmente todos homens). As leis sexistas continuavam à disposição de magistrados vingativos e funcionários da assistência social, mas eram usadas com menos frequência. Também já se aceitava que as chicotadas públicas em mulheres eram "uma ofensa contra a decência comum" e por volta de 32 Geo. III, c. 45 (1792) já não eram aplicadas em mulheres condenadas por serem patifes e vagabundas: ver ibid., pp. 8, 35.

(109) Ou melhor, é o que suponho. A questão ainda não foi plenamente pesquisada.

(110) Ver Keith Thomas, op. cit., pp. 528-31; D. E. Underdown, "The taming of the scold: the enforcement of patriarchal authority in early modern England", in Anthony Fletcher e John Stevenson (eds.), *Order and disorder in early modern England* (Cambridge, 1985).

(111) Pode-se encontrar um exemplo dessa presença e autoconfiança feminina nas celebra-

ções do dia da coroação da rainha Anne na cidade de Honiton, com sua manufatura de rendas e roupas (23 de abril de 1702): trezentas mulheres e meninas alinhadas em ordem, duas a duas, com três mulheres tocando tambor, e uma guarda de 25 rapazes a cavalo, marcharam pela cidade das 10 da manhã às 8 da noite, dando hurras e entrelaçando longas varas brancas com borlas de fita branca e azul (as cores da rainha) e rendas feitas com bilros de osso: F. N Poynter (ed.), *The Journal of James Yonge* (1962), p. 210. Procissões semelhantes, com o uso de varas, às vezes marcavam os aniversários das sociedades de beneficência femininas, e Thomas Hardy, no segundo capítulo de *Tess of the D'Ubervilles*, talvez tivesse razão ao dizer que o clube "desfilara ao longo de centenas de anos".

(112) Underdown, op. cit., p. 135. Ver também David Underdown, *Revel, riot and rebellion* (Oxford, 1985), esp. pp. 102-3.

(113) *Read's Weekly Journal*, 16 de abril de 1737.

(114) *N & Q*, 4ª série, IV (1869), p. 105 (Somerset, 1826); ibid., 5ª série, V (1876), p. 253 (Lancashire, final do século XVIII?); ibid., 2ª série, X (1860), p. 363.

(115) Infidelidade conjugal — os dois partícipes amarrados um de costas para o outro sobre um burro, W. H. K. Wright (ed.), *The Western antiquary* (Plymouth, 1882), p. 31; contra um negociante de carvão com "noções dissolutas sobre os privilégios da vida de casados" em Market Rasen, Lincolnshire, 1872, *Stamford Mercury*, 19 de janeiro de 1872; contra um cavalariço que se revelara infiel à mulher recém-casada em Northallerton (Yorkshire) em 1887, *York Herald*, 1º de março de 1887; contra um jovem que fora infiel à amante numa aldeia de Hampshire em 1882, *Hants and Berks Gazette*, 4 de fevereiro de 1882; e muitos outros.

(116) S. P. Menefee, *Wives for Bale* (Oxford, 1981), pp. 117, 126-7, 183; *Northern Standard*, 4 de novembro de 1882; *Bury Times*, 12 de novembro de 1870; Katharine M. Briggs, *The folklore of the Cotswolds* (1974), pp. 116-7.

(117) *N & Q*, 2ª série, X (1860), p. 477.

(118) *Bucks Herald*, 27 de julho de 1878. O povo acreditava firmemente que o marido tinha o direito de castigar a mulher com três golpes, apenas três e nenhum mais, e com uma vara que não fosse mais grossa que o seu polegar.

(119) Diversos documentos em Berks. CRO, D/EWl, L.3. Meus agradecimentos a John Fine que me indicou como encontrá-los.

(120) Porter, op. cit., pp. 9-10.

(121) Ver Carlo Ginzburg, "Charivari, associations juveniles, chasse sauvage", in *Le charivari*. No meu artigo em *Annales E.S.C.* discordei do estruturalismo formalista da interpretação do *charivari* apresentada por Lévi-Strauss em *Le cru et le cuit*. Por sua vez, Ginzburg me critica por empirismo amorfo e obsessão por funções manifestas, procurando mostrar fundamentos comuns entre nossas posições sobre as formas *e* funções dos ritos. Aceito a sua correção.

(122) Citado por Ingram, "Riding, rough music and mocking rhymes", p. 174.

(123) As evidências sobre quem participava são inconclusivas e, segundo a ofensa, variadas. Enquanto os homens realizavam o "cavalgar da vara" ou o "desfile", as mulheres frequentemente saíam para vaiar e bater panelas (ver ilustração nº 23). Quando os casos chegavam aos tribunais, os indiciados eram quase sempre homens: como aconteceu num caso em Burton (Oxfordshire) em 1803, quando quinze trabalhadores foram indiciados e cinco presos: Oxfordshire CRO, QSM I/7; num caso de Warwickshire, 1811, os indiciados eram dois construtores de carroças, um camponês, um fazendeiro, um operário, um sapateiro e um fabricante de sebo de vela: Warwicks. CRO, QS 32/3, grupo 3.

(124) As mulheres às vezes realizavam *rough musics* no século XVIII: em 1747, em Billingshurst, um marido que andava maltratando e matando de fome a mulher foi arrancado de casa pelas mulheres, que o embrulharam num cobertor e o atiraram no lago (citado em *Sussex Agricultural*

Express, 28 de outubro de 1848). Em 1748, um negociante de Islington bateu na mulher com uma vara "até o sangue escorrer pelos calcanhares". Ela "conseguiu um mandado de prisão contra ele, e, depois de encaminhado a um juiz de paz, ele foi [...] enviado à prisão, lugar ao qual foi conduzido em meio a pedradas, vaias e pancadas de dois terços das mulheres da cidade": *Northampton Mercury*, 11 de julho de 1748. Registrou-se, em regiões das planícies da Escócia, que as mulheres realizavam o "cavalgar da vara" para os maridos que batiam nas esposas, agarrando o infrator com as próprias mãos: R. Forsyth, *The beauties of Scotland* (Edimburgo, 1806), III, p. 157.

(125) Charles Redwood, *The vale of Glamorgan* (1839), pp. 289-95, citado em Gillis, op. cit., esp. pp. 133-4. Mas a *rough music* "patriarcal" continuou por muito tempo em localidades das regiões central e norte do País de Gales: ver Julius Rodenberg, *An Autumn in Wales* (1856), traduzido e organizado por William Linnard (Cowbridge, 1985).

(126) De Sturton para Stowe, na coleção de James M. Carpenter em Cecil Sharp House.

(127) Shorter, op. cit., p. 235.

(128) Ibid., p. 218.

(129) Essa passagem é de uma súmula em nome de uma vítima da *rough music*, Berks. CRO, S/EW 1.L3.

(130) *N & Q*, 6ª série, vi (1882); ibid., 5ª série, v (1876).

(131) Ver Apêndice I.

(132) Em Gorton, Manchester, um "cavalgar da vara" foi realizado quando "se descobriu que um pintor estava vivendo harmoniosamente com duas mulheres numa mesma casa", *N &* Q, 5ª série, v (1876).

(133) Flora Thompson, *Lark rise to Candleford* (Oxford, 1954), pp. 145-6.

(134) Um *skimmerton riding* vingativo foi realizado contra um jardineiro, sua mulher e o irmão da mulher em Oakhill (Somerset) em 1900: a mulher e o irmão eram alemães, e os aldeões se recusavam a acreditar que ele era o irmão: *Shepton Mallet Journal*, 31 de agosto de 1900.

(135) Depoimento que o falecido Bob Hiscox de Pilton, Somerset, me prestou em 1975, referindo-se a acontecimentos de cerca de 1910.

(136) David Rollison, "Property, ideology and popular culture in a Gloucestershire village, 1660-1740", *Past and Present*, 93 (1981), reimpresso em Slack (ed.), op. cit. Sobre outro caso bem documentado (mas enigmático), ver Joan R. Kent, "Folk justice and royal justice in early 17th-century England: a 'charivari' in the Midlands", *Midland History*, viii (1983).

(137) D. G. Allan, "The rising in the West, 1628-31", *Econ. Hist. Rev.*, 2ª série, v, I (1952-3); em *In contempt of all authority* (Univ. da Califórnia, 1980), Buchanan Sharp afirma (p. 105) que nunca houve nenhum "líder" chamado "Skimmington" [Desfile], assim como nunca houve nenhum general Ludd ou Rebecca.

(138) *Warwickshire Quarter-Sessions Proceedings*, ed. H. C. Johnson e N. J. Williams (Warwick, 1964), pp. xiii-xiv.

(139) J. H. Bloom, *Folklore, old customs and superstitions in Shakespeare land* (1930), p. 53.

(140) *Bucks Herald*, 13 de julho de 1878. Uma mulher de Warwick foi alvo de *rough music* por ter processado seu próprio filho que tirara seis xelins e nove pence da sua bolsa: *Leamington Chronicle*, 16 de julho de 1870. Meus agradecimentos a Chris Ryan.

(141) Bedfordshire CRO, QSR 23, 1817, pp. 230-1.

(142) PRO, KB 11.59.

(143) Ver, por exemplo, W. E. Haigh, *A new glossary of the dialect of the Huddersfield district* (Oxford, 1928), p. 118; John Bland, *Bygone days in market Harborough* (Market Harborough, 1924), pp. 102-3.

(144) A. Boyer, *Political State of Great Britain*, LIII, 1737, p. 116.

(145) Ver, por exemplo, Ruth Richardson, *Death, dissection and the destitute* (1987), p. 138.

(146) Contra um "remendão" que pregava em Towcester, 1767, Northants. CRO, Grande Arquivo das Sessões Trimestrais, 1767. A história metodista dos primeiros tempos fornece muitos exemplos de *rough music* contra pregadores e membros ilustres: informação de John Walsh. O pastor de Fillingham foi alvo de *ran, tan, tan* e a sua efígie passou pelo "cavalgar da vara" antes de ser queimada: *Stamford Mercury*, 23 de maio de 1884.

(147) Em Soham (Cambridgeshire), no dia dos bobos, 1º de abril de 1853, realizaram-se paródias de casamentos diante da casa de crentes locais, quando sete "noivas" montadas em burros se casaram com um único "marido": *Millenial Star*, XV (1853), p. 269. Meus agradecimentos a J. F. C. Harrison.

(148) *Bucks. Herald*, 19 de outubro de 1878.

(149) PRO, KB 1.33 (parte 1), *Rex vs James Attwood, John Sashand and Henry Rickett:* declaração juramentada de James Attwood.

(150) Panfleto em KB 1.30 (parte 2), Mich. 41 Geo. III, nº 1: declaração juramentada de Joseph Storrer (1800), e documentos no arquivo 41. Sobre o pano de fundo desse caso, ver Douglas Hay, "Crime, authority and the Criminal Laws in Staffordshire, 1750-1800" (tese de Ph.D. na Univ. de Warwick, 1975), pp. 309-14.

(151) Ver Bickley, op. cit.

(152) James Woodforde, *The diary of a country parson* (1949), p. 53. Sobre um caso de Oxfordshire que se originou de uma disputa da igreja, ver J. C. Cox, *Churchwardens' accounts* (1913), p. 53.

(153) W. E. Minchinton, "The beginnings of trade unionism in the Gloucestershire woollen industry", *Trans. Bristol & Gloucs. Arch. Soc.* (1951), pp. 134-5; Adrian Randall, "Labour and the Industrial Revolution in the West of England woollen industry" (tese de Ph.D. na Univ. de Birmingham, 1979), esp. pp. 300-1, 541; F. J. Snell, *The chronicles of twyford* (Tiverton, 1893), pp. 186-7, 191-2, 232-2. Sobre os tecelões de pelúcia de Banbury, ver John Money, *Experience and identity, Birmingham and the West Midlands, 1760-1800* (Manchester, 1977), pp. 240-1; Robert Spillman, 25/26 de agosto de 1793 em PRO, HO 42/26.

(154) Em maio de 1725, mais de cem homens e mulheres (tecelões de casimira fina?) se reuniram em Stroud para destruir o asilo, obrigaram um dos supervisores a desfilar sobre uma vara pela paróquia, e ameaçaram pôr um dos "fidalgos" sobre a vara se o encontrassem: PRO, Assi 5.44 (i). Sobre um episódio de barreira de pedágio, também em Stroud, ver SP 36.32.

(155) S. e B. Webb, *The history of trade unionism* (1920), p. 28. Em 1743, registrou-se o caso de um chapeleiro sem aprendizado que foi vítima de um "cavalgar da vara" tão violento em Southwark que acabou morrendo: *Sherborne Mercury*, 18 de outubro de 1743.

(156) *Annual Register* (1770), p.14.

(157) O *donkeying* [passeio no burro] era bem forte na indústria da seda em Coventry, empregado contra os trabalhadores e contra os empregadores que desrespeitavam os regulamentos do "ofício"; *The Times*, 20 de agosto de 1819; *Report of the trial of the prisoners charged with rioting and destroying the machinery of Josiah Beck* (Coventry, 1832), p. 3; *PP*, 1835, XXV, p. 1834; informação de Peter Searby.

(158) *Greenwich & Deptford Chronicle*, 12 de março de 1870. Meus agradecimentos a Geoffrey Crossick.

(159) *First report of the constabulary commissioners* (1839), pp. 83-4; PRO 52.35 e 73.4 (memorando de Sir E. Head); J. C. Davies, *Folklore of West and Mid-Wales* (Aberystwyth, 1911), p. 85.

(160) Ver D. J. V. Jones, "Popular disturbances in Wales, 1792-1832" (tese de Ph.D. na Univ. do País de Gales, Aberystwyth, 1965), esp. pp. 217, 195 ss.

(161) Ver D. Williams, *The Rebecca riots* (Cardiff,1955). O professor Williams escreve (p. 56) "pode-se [...] afirmar com toda a certeza que os tumultos de Rebecca foram uma extensão da prática do *ceffyl pren*". Ver igualmente D. J. V. Jones, *Rebecca's children* (Oxford, 1989), esp. cap. 6.

(162) Essas histórias se baseiam em PRO, HO 45.454 (i) e (ii), e especialmente os relatos de Edward Lloyd Hall, o fidalgo citado anteriormente, em (ii), fls. 521-3, 664 ss.; H. T. Evans, *Rebecca and her daughters* (Cardiff, 1910); "Rebecca in West Wales", *West Wales Hist. Records*, VII (1917-8).

(163) *Hull and North Lincs. Times*, 15 de janeiro de 1898.

(164) Ver Wyatt-Brown, op. cit., pp. 435-561. *Carting* [forçar alguém a desfilar pelas ruas numa carroça], cobrir alguém de pixe e penas, e fazer alguém desfilar pelas ruas montado numa vara eram castigos frequentes nos séculos XVIII e XIX na América do Norte, usados ora contra ofensores "públicos", ora contra ofensores domésticos, inclusive maridos que batiam nas mulheres: ver J. E. Cutler, *Lynch-law: an investigation into the history of lynching in the United States* (1905 esp. pp. 46-7, 60-71, 63-7, 92, 103; R. B. Morris, *Government and labor in early America* (Nova York 1965), p. 147; H. D. Graham e T. R. Gurr (eds.), *The history of violence in America* (Nova York, 1969), p. 70.

(165) Ver Nicholas Rogers, "Popular protest in early Hanoverian London", in Slack (ed. op. cit.; Peter Burke, "Popular culture in seventeenth-century London", in Reay (ed.), op. cit.; John Brewer, *Party ideology and popular politics at the accession of George III* (Cambridge, 1976), passim.

(166) Gerald M. Sider argumenta convincentemente que os grupos que autorregulavam a sua economia de trabalho também mantinham certos rituais: "Christmas mumming in outport New-foundland", *Past and Present*, 71 (1976).

(167) Sobre o declínio da violência popular, ver Dorothy Thompson, *The early chartitis* (1971), pp. 16-7, e "Chartism as a historical subject", *Bull. Soc. Lab. Hist.*, 20 (1970), p. 12.

(168) Frank Peel, *Spen valley: past and present* (Heckmondwike, 1893), pp. 307-8.

(169) *Parliamentary Register*, XLIII, pp. 351-4. O duque de Brunswick (isto é, sua efígie) foi cerimoniosamente enforcado e queimado em Kensington Common, em 5 de novembro de 179 carta de Londres em *Pittsburgh Gazette*, 2 de fevereiro de 1793. Em Norwich, em 1796, as fogueiras foram precedidas por uma paródia de procissão com as efígies de Pitt, Windham e do bispo de Rochester em carroças, tendo cordas ao redor dos pescoços.

(170) Ver, por exemplo, Easther e Lees, op. cit., pp. 128-9; J. Lawson, *Letters to the young on progress in Pudsey* (Stanningley, 1887), p. 66.

(171) *N & Q*, 5ª série, v (1876), p. 253.

(172) Diários de Munby em Trinity College, Cambridge, vol. XVII, p. 241, 4 de março de 1863; XIX, pp. 4-5, 7, 13, 2 de maio de 1863. Meus agradecimentos a Arma Davin.

(173) Ver *Pappin vs Maynard*, em *Law Times*, 21 de novembro de 1863. Decisões do Tribunal Superior de Justiça no final do século XVII tinham definido o *riding skimmington* [desfile da vara como sedição, ver Ingram, op. cit., p. 101.

(174) *Evening Standard*, 3 de outubro de 1930.

(175) Relatos coligidos pela falecida Kathleen Bumstead em 1971.

(176) Ver *Le charivari*, pp. 294, 306.

LISTA DE ILUSTRAÇÕES

1 Cartão da Associação dos Cardadores, 1725 (PRO, KB 1.3).

2 Sociedade Amigos dos Classificadores de Lã, 1785 (Kidderminster Reference Library).

3 Cartão da Associação dos Cardadores, 1835 (Bradford Reference Library).

4 O pelourinho na sua glória, 1765 (Martin Eve, Merlin Press).

5 Sátira de um magistrado clerical, 1800 (PRO, KB 1.30 [parte 2], Easter 40 Geo. III, nº 2).

6 Últimas palavras de outro magistrado clerical (PRO, KB 1.30 [parte 2], 41 Geo. III, nº 1, anexado à declaração juramentada do juiz de paz rev. Thomas Lane, 17 de novembro de 1800).

7 O pluralista e o velho soldado ("Tim Bobbin"). (Manchester Central Reference Library, 1766, panfleto.)

8 A tradição da proteção ao consumidor (J. Penketham, *Artachthos* [1638, republicado 1765]).

9 Demarcação dos limites de Richmond (*Two historical accounts of the making of the New Forest and of Richmond New Park*, 1751).

10 A dor de barriga dos que compravam os grãos antecipadamente (Woodward, maio de 1801). (M. D. George, *Catalogue of prints and drawings in the British Museum: political and personal satires*, VIII, item 9721.)

11 Sugestões aos que compravam os grãos de antemão (I. Cruikshank?, agosto de 1800). (M. D. George, *Catalogue*, VIII, item 9547.)

12 Um método legal de debulhar os grãos (I. Cruikshank, agosto de 1800). (M. D. George, *Catalogue*, VII, item 9545.)

13 O brinde dos fazendeiros (Williams, março de 1801). (M. D. George, *Catalogue*, VIII, item 9717.)

14 Fisionomias: o proprietário de terras e o agricultor (Woodward, 1801). (M. D. George, *Catalogue*, VIII, item 9723.)

15 Os monopolizadores presos em sua própria armadilha (Williams, maio de 1801). (M. D. George, *Catalogue*, VIII, item 9720.)

16 Velhos amigos com novas faces (Woodward, em torno de outubro de 1801). (M. D. George, *Catalogue*, VIII, item 9731.)

17a A Butter Cross em Whitney. (Foto: Wendy Thwaites.)

17b O mercado de cereais em Ledbury. (Foto do autor.)
18 Neptune Yard, Walker, Newcastle-upon-Tyne (Departamento de Fotografia, Universidade de Newcastle-upon-Tyne.)
19 Relevo em gesso em Montacute House: I.
20 Relevo em gesso em Montacute House: II.
21 Queima dos remanescentes do Parlamento em Temple Bar (ilustrações de Hogarth para "Hudibras" de Butler, 1726).
22 O desfile de Hogarth (ilustrações de Hogarth para "Hudibras").
23 Dr. Syntax com os participantes do *skimmerton* (ilustrações de Rowlandson para "Dr. Syntax" de Combe, 1812).
24 Uma convocação para a Feira dos Chifres (British Library, marca C 121, g 9).
25 Outra convocação (British Library, marca 1851 d 9 P 91).
26 O "Ooser" de Dorset (Sociedade de Arqueologia e História Natural de Dorset, monografia 2, Dorchester, 1968).
27 "Cavalgar da vara" (Thomas Miller, *Our old town* [1857]).
28 Uma banda *lewbelling* e efígies (*Illustrated London News*, 14 de agosto de 1909).
29 John Hobbs, John Hobbs (Lord Crawford).
30 Uma venda de esposa (Lord Crawford).
31 Uma esposa puxada pela corda. ([F. Macdonagh], *L'Hermite de Londres* [Paris, 1821].)
32 Como os franceses e os alemães veem os ingleses (*Punch*, 27 de abril de 1867).

ÍNDICE ONOMÁSTICO

Abbott, Charles J., presidente do Supremo Tribunal de Justiça, 114
Abingdon, 188
Aborfield, 380
Alemanha, 353, 373
Alford, Violet, 370
Alfreton, 343
Allen, John, 324
Alton (Hants.), 58-9
Amelia, princesa, 62, 96-8
Ampthill, 387
Ansty (Leicestershire), 338
Appleby, A. B., 229
Appleby, Joyce, 211
Aran, ilha, 270
Arbuthnot, J., 161
Arnold, David, 228
Arundel, 113
Ashburn (Derbyshire), 339
Ashby, M. K., 26, 274
Ashby-de-la-Zouche, 248
Askham (Cumberland), 95
Atherstone (Warwickshire), 125, 127, 130
Atiyah, P. S., 211
Ault, Warren, 94
Awre, 450n 162

Bacon, sir Francis, 14
Bacon, Willam, 331-2
Baker, Sarah, 250
Bamford, Samuel, 292
Bampton, 53
Banbury, 101
Bangor Teify, 390
Baring-Gould, rev. Sabine, 316
Barnet, 363
Barnsley, 363
Barton-on-Humber, 276
Barton-upon-Humber, 315
Bassett, sir Francis, 173
Bath, 243, 316
Baviera, 373, 397
Baxter, rev. Richard, 199, 292, 295
Beaman, Betty, 377
Bearwood, 380
Beattie, Elizabeth, 254
Bedford, duque de, 105
Bedingfield Common, 99
Bellers, John, 135
Beloff, Max, 150
Bengala, 137-42, 207, 261-3, 265
Bennett, Timothy, 96
Bentham, Jeremy, 141
Berkshire, 250
Best, Henry, 272
Bewdley, 248
Bicester, 449n158
Billingshurst, 478-9n124
Bilston, 308, 319, 347
Birmingham, 25, 174, 176, 183, 194, 225-6, 311, 320-1, 326
Bishop's Cleeve (Gloucestershire), 94
Black Country, 17, 335, 337

Blackstone, sir William, 113, 132, 422n93
Blaize, bispo, 16, 59-60
Bodmin, 168, 199
Bogey, "General" Jane, 240, 255
Bohstedt, John, 227, 232, 236-9, 242, 245-6, 249, 252, 256
Bois, Paul, 53
Bolton, 315, 321, 340
Bombaim, 141, 300
Book of orders, 176-7, 179, 189, 198, 206, 230-1
Booth, Alan, 237
Boston (Lincolnshire), 337, 340
Bourdieu, Pierre, 90, 270
Bourn (Lincolnshire), 252
Box, Joanna, 376
Bradford (Yorkshire), 60, 323, 342
Bramber, 113
Brand, John, 13, 51, 311-2
Brentano, L., 58
Bridlington, 312
Bridport, 113
Brigstock (Northamptonshire), 87, 145
Bristol, 25, 165-6, 327
Bromsgrove, 253
Broseley (Shropshire), 185
Brydges, Henry, 2º duque de Chandos, 312
Burke, Edmund, 141, 198, 213, 215, 219
Burke, Peter, 13
Burlescomb (Devonshire), 186
Burke-Jones, Georgie, 397
Busby, James, 135
Butler, Samuel, 476n97
Buxton, sir T. Fowell, 118
Byrom, dr., 174

Calcutá, 262
Calne, 154, 359
Calstock, 364
Camarões, 300
Cambridge, 180, 356, 381
Campbell, Augustus, 387-8
Canadá, 366
Carlile, Richard, 341
Carlisle, 169, 276, 314, 465n39
Carmarthenshire, 390-1, 395
Carrick-on-Suir, 229
Carter, Anne, 252, 255
Castle Cary, 388
Chambers, J. D., 107
Chambers, Robert, 305
Charing Cross, 378
Charles I, 96
Charles II, 193
Charlesworth, Andrew, 205, 208, 258
Charlton (Feira dos Chifres), 364
Charnwood, floresta (Leicestershire), 91, 93
Chaucer, Geoffrey, 268
Cheshire, 374
Chichester, 180
Chilton (Buckinghamshire), 387
Chilvers Coton (Warwickshire), 111
Chinnor (Oxfordshire), 333
Chipping Norton, 178
China (tumultos por alimentos), 227
Cholmondeley, Thomas, 114
Christian, juiz Edward, 468n101
Chudleigh (Devon), 170
Church Oakley, 95
Clare, John, 145-9
Clark, Alice, 247
Clayton, rev. J., 291-2
Clayton, William, 317
Clee Hill (Shropshire), 171
Clipsham (Rutland), 311
Coats, A. W., 209-11
Cobb, Richard, 203
Coke, sir Edward, 86, 107, 113-4
Colchester, 194
Collier, Mary, 245, 287
Cook, Henry, 330
Cornwallis, conde Charles, 137-8, 140-1
Cottrell, rev. Charles Jeffrys, 362
Coventry, 103-4, 241, 276, 389
Coverley, sir Roger de, 31
Creed, juiz, 388
Croydon, 330
Culford (Suffolk), 138
Culmington, 449n155
Culmstock (Devonshire), 101, 186
Cummins, Stephen, 341

Dall, Caroline, 344
Dartmouth, 316, 337

Davies, rev. David, 153, 170
Davis, Natalie, 372, 451 n 186
Dean, floresta de, 15, 91, 168, 180, 450n162
Defoe, Daniel, 25, 41-2, 46, 157, 267
Delamere, floresta de, 114
Deptford, 364
Derbyshire, 309, 311
Devizes, 244
Devon, 227, 230, 249-50, 309, 354, 364, 368-9
Dewsbury, 180, 469n123
Dickens, Charles, 303
Dorchester, 158
Dorset, 230, 245, 360
Dow, Alexander, 137
Dublin, 228
Duck, Stephen, 272, 287
Duncan, Ike, 342
Dundee, 294
Dunn, sra., 321
Durham, 179, 188
Durkheim, E., 152

Earl, John, 330
Eaton (Bedfordshire), 144
Edimburgo, 466n63
Effingham (Surrey), 330
Ellesmere, 180
Ely, ilha de, 180
Emmerton, Isaac, 362-3
Epping, floresta de, 118
Errol, 241
Estados Unidos, 354
Evans-Pritchard, E. E., 269
Eversley, lorde (antes Shaw Lefevre), 118
Exeter, 190-1, 241, 326

Falmouth, 151
Fareham (Hampshire), 194
Farringdon, 188
Feckenham (Worcestershire), 101
Ferrybridge (Yorkshire), 339
Fielding, Henry, 267
Fielding, lady Diana, 100
Filmer, Robert, 375
Fitz-Geffrey, rev. Charles, 199
Fitzwilliam, conde, 433n61
Flint, 188
Ford, Henry, 297
Forman, John, 340
Fortier-Beaulieu, P., 371, 401
Foster, sir Michael, 97
Fowey (Cornualha), 199
Fowler, Joseph, 379
Fox-Genovese, Elizabeth, 209, 212
França, 353, 371-2
Francis, Philip, 137
Franklin, Benjamin, 297
Franklyn, John, 252
Franklyn, Sarah, 252

Gadd, Mary, 331-2
Galloway, 365
Gard, Mary, 250
Gaskell, sra. Elizabeth, 374
Gateshead, 185
Gateward, caso, 103, 108-15
Gay, John, 37
Genebra, 372
George, Dorothy, 277
George II, 35, 44
George III, 35-6
Gillis, John, 336
Ginzburg, Carlo, 382
Girdler, J. S., 166, 170
Glamorgan, 383
Gloucestershire, 178, 181, 188, 202, 230, 250-1
Goble, William, 380
Goderich, lorde, 136
Gomme, G. L., 16
Gonner, E. K., 107, 122
Goode, rev. Henry, 87, 88
Goole, mercado de, 338
Gorton, 394
Gould, juiz, 116
Gowran, lorde, 87
Grassington, 357
Gray, Martha, 97
Greenham Common, 105
Greenough, Paul, 261-5
Greenwich, 364
Grenville, William Wyndham, 215
Grimmett, Jennifer, 235

Guha, Ranajit, 137-8
Gutch, sra., 357
Gutman, Herbert, 346
Gutteridge, Joseph, 104

Hackwood, Frederick W., 349
Hadley (Middlesex), 362
Hadstock (Essex), 185
Haileybury College, 215
Halifax, 54, 184, 203, 281
Hall, Rodney, 314
Halstead, Hanson, 399
Hammond, Barbara e J. L., 99, 120, 144, 236
Hampshire, 245
Handborough (Oxfordshire), 180, 184, 186
Handsworth (Staffordshire), 388
Harcourt, sir William, 343
Hardin, Garret, 93-4
Hardy, Thomas, 267, 306, 337, 354, 367-8, 386, 394
Harpole (Northamptonshire), 121
Harrison, John, 276
Harrison, Mark, 440n1
Hart, John, 66
Harwich, 66, 75
Harwood, William, 315
Haslemere (Surrey), 157
Hastings, 113
Hastings, Warren, 138
Haverfordwest, 169, 183-5
Haxey, 130
Hay, Douglas, 49, 221
Heard, Jonathan, 314
Hearne, Thomas, 52
Heath, juiz, 116
Heath, Thomas, 333
Heckmondwike (Yorkshire), 393
Hedon (Yorkshire), 357
Helidon (Northamptonshire), 121
Helpston (Northamptonshire), 146-7
Hemmings, Sarah, 252
Henley-on-Thames, 64, 193
Hereford, 194, 238, 347, 470n 129
Heywood, rev. Oliver, 54, 295
Hill, Christopher, 40
Hillier, Mary, 251
Hinckley, 328
Hobsbawn, E. J., 4440n1
Homme-on-Spalding Moor, 111
Holmes, Joseph e Prudence, 340
Homer, John, 326
Honiton, 181, 478n111
Hont, Istvan, 214-7, 219-20
Hope-under-Dynemore (Herefordshire), 89
Hopkins, Elizabeth, 250
Horsham (Sussex), 155
Horsley, bispo de Rochester, 393
Houghton, John, marido de Mary, 115, 117
Houghton, Mary, 115, 117, 119, 138
How, Humphrey, 199
Howitt, Mary, 374
Hucknall Torkard, 343
Huddersfield, 393-4
Hull, 226
Hungria, 373
Hunter, sir William, 139-40, 221
Hutton, William, 26, 327

Ignatieff, Michael, 214-7, 219-20
Ingram, Martin, 365, 372
Irlanda, 207, 228-9
Itália, 353
Iver (Buckinghamshire), 387
jacobinos, 194, 196, 226, 232
jacobitas, 34, 71-2, 75, 76, 82

James II, rei, 193
Jefferies, Richard, 287
Jeffreys, juiz, 92
Jenkins, Priscilla, 251
Johnson, Ben, 175
Jones, Robert, 331
Jowett, Jonathan, 338

Kaira, 218
Kaplan, Temma, 254
Kent, 309, 322
Kenyon, lorde, presidente do Supremo Tribunal de Justiça, 160, 211
Kerkebie, Emma, 361
Kerridge, Eric, 107-8, 114
Kettering, 175, 184, 446n98

Kidderminster, 60, 194, 248
King, Peter, 117, 119, 138
Kingston (Surrey), 62
Kingswinford (Staffs.), 421n59
Kingswood, 234, 239
Kirkby Malzeard (Yorkshire), 395-6
Ku Klux Klan, 366, 391

"Lady Ludd", 255
"Lady Skimmington", 387
Lancashire, 154, 309
Lane, rev. Thomas, 388
Langhorne, John, 31
Lansdown, feira de, 316
"Lark Rise", 385
Lascelles, Henry, conde de Harewood, 76
Laslett, Peter, 28, 30
Le Goff, Jacques, 268
Leake (Nottinghamshire), 121
Ledbury, 451 n 186
Leeds, 25, 76, 159, 255, 308, 378
Leicester, 104, 225, 252, 254, 277, 470n6
Leigh, lady, 199
Lévi-Strauss, Claude, 371-2, 401
Lewes (Sussex), 195
Lewis, John, 96-7, 100-1
Liber, Thomas, 50
Limerick, 229
Lincolnshire, 252, 309, 346, 361, 383
Liverpool, 276
Llanbister (Radnorshire), 391
Lloft, Capel, 117
Lloyd, sir Richard, 97
Locke, John, 131-2, 134-5, 139
Lodder, Robert, 286
Logue, Kenneth, 235, 241
Lomax, John, 317
Londres, 49, 64, 105, 118, 156-7, 166-8, 170, 175-6, 276, 293, 297-8, 309, 361, 364, 374, 378, 381, 389, 393, 456n33, 457n48
Loughborough, 328
Loughborough, lorde, 115-7, 133
Loughton (Essex), 89, 118
Lowther, sir William, 95
Ludham Waste (Norfolk), 110
Lyfrod, John, 180
Lyndhurst (Hants.), 94
Lyon, 372
Macpherson, C. B., 132
Madrasta, 141, 218, 228
Malborough, duque de, 218
Malcolmson, Robert, 52
Maldon (Essex), 194, 252, 254-5
Malinowski, Bronislaw, 152
Malthus, T. R., 216, 219, 223, 229
Manchester, 25, 59-60, 167, 174, 249, 252, 255, 280, 292, 327, 337, 378, 433n64, 468n101
Mandeville, Bernard, 14, 55, 211
Manning, dr., 167
Mansfield, 97, 115
maoris, 135
March (Cambridgeshire), 144
Mark (Somerset), 109
Markham, G., 272, 285
Martin, sir Mordaunt, 287
Martin, William, 327-8
Marvell, Andrew, 374
Marx, Karl, 28, 69
Maulden (Bedfordshire), 101, 143, 149
Menefee, Samuel Pyeatt, 307-9, 311, 341
Merthyr, 202
Metcalfe, sir Charles, 141
México, 299
Middleton, Mary e Thomas, 321
Midlands, 355, 357-8
Midsomer Norton (Somerset), 313, 326
Mill, James, 141
Mill, John Stuart, 118
Mills, Agnes, 359, 365
Mills, Thomas, 359
Milward, Booth, 317
Minchinhampton, 251
Mingay, G. E., 107, 223
Misson, Henri, 374
Modbury (Devon), 332
Montacute (Somerset), 250
Montagu, duque de, 50
Montrose, 241, 254
Moody, Elizabeth, 251
Moore, Barrington, 260
Moore, Wilbert, 299, 301
More, Hannah, 182, 193, 296
More, sir Thomas, 31
Morris, Mary, 477n105
Mostyn, sir Thomas, 240, 438n126

Mount Edgcumbe, conde, 197
Munby, A. J., 394, 468n96
Munster, 229

Namier, sir Lewis, 33, 202
nandi, 269
Nash, Mary, 251
Neeson, Jeanette, 102, 143, 146
New Forest, 91, 94, 130
Newbury, 105, 200
Newcastle, duque de. *Ver* Pelham-Holles
Newcastle-under-Lyme, 248
Newcastle-under-Tyne, 472n36
Newcastle-upon-Tyne, 67, 181, 185, 191, 193, 239, 240, 292
Newdigate, sir Roger, 189
Newport (ilha de Wight), 363
Newport Pagnell, 246, 255
Newtown (Montgomeryshire), 276
Norris, Richard, 252
North Bovey (Devon), 326
North Shields, 75
North, sir Francis, 109
North Wootton (Norfolk), 100
Northampton, 183, 446n98
Northenden (Cheshire), 358
Northiam (Sussex), 171
Northumberland, 179
Norton, Caroline, 342
Norwich, 25, 100, 168, 176, 179, 254, 310, 468n95
Nottingham, 104-5, 201, 218, 225, 241, 253, 255, 309-10
Nova Zelândia, 135-6
nuer, 269, 302-3
Nuneaton Outwood, 111

O'Brien, James Bronterre, 256, 259
Ogburne St. George, 393
Okeford Fitzpaine, 393
Old Swinford, 449n155
Oldham, 65, 181
Orissa, 139-40, 207, 219
Ottery St. Mary (Devon), 189, 249, 449n 154
Oundle, 446n98
Outhwaite, R. B., 231
Oxford, 158, 196-7, 225, 231, 243-4, 248, 311, 436n106

Pain, Hannah, 175
Paine, Thomas, 105, 113, 393
País de Gales, 204, 355, 368, 389-90
Palmer, Richard, 275
Pane, Sarah, 251
Parsons, Ann, 325
Parsons, John, 326
Pelham, Henry, 76
Pelham-Holles, Thomas, duque de Newcastle, 30, 50, 75-6, 82-3
Penkbridge, 211
Perkin, Harold, 30
Peterborough, mercado de, 248
Phillips, Catherine, 244
Pickard, Edward, 225
Pierce, Ruth, 244
Pillet, general de divisão, 330, 339
Pilton (Somerset), 466n67
Pitt, Jane e Hester, 244
Pitt, William (o velho), 36
Pitt, William (o jovem), 215, 277-8
Place, Francis, 284
Ploughley, 244
Plumb, sir John, 83
Plymouth, 202, 329, 332
Poole (Dorset), 183, 241
Pope, 37
Popkin, Samuel L., 260
Porlock (Somerset), 101
Port Isaac (Cornualha), 181
Portland, duque de, 196-7, 217-8, 224, 364
Portsea (Hampshire), 181
Potter, John, 50
Poullet, conde, 75-6
Prescot, 276
Preston, 156, 315
Priestley, motins, 82

quacres, 165, 445n91
Quemerford, 359, 365

Rackley, Elizabeth, 251

Ramsbury (Wiltshire), 195
Randall, Adrian, 208, 257-8
Raynal, Abbé, 264
Reading, 190
"Rebecca", 355, 390-1
Reddy, William, 259
Redruth, 323
Reigate, 155
Retford, 314
Richmond, duque de, 191
Richmond, 62, 87, 96-7
Riland, rev. John, 130
Ripley (Surrey), 394-5
Ripon, 321
Rockingham, floresta de, 87
Rogers, Nicholas, 84
Rollison, David, 386, 392
Ropley Commons, 95
Rostins, Philip, 321
Rotherham, 338
Rowbotham, Sheila, 375
Rudé, George, 65, 150
Rutland, 341
Ryton-upon-Dunsmore (Warwickshire), 120

Saffron Walden (Essex), 186
Salcey Forest, 93
Salisbury, 170
Sampford Peverell (Devon), 186
Santa Segunda-feira, 282-5, 297
Savage, John, 322, 340
Schofield, R. S., 230
Scott, James C., 259-60, 262, 264
Scray, distrito administrativo de (Kent), 178
Seaford, 113
Sen, Amartya, 221-3, 231
Severn, rio, 169, 450n 162
Sexton, Thomas, 376
Sharples, Eliza, 341
Sheffield, 105, 282-3, 337, 343
Shelbourne, lorde, 158
Shepton Mallet, 326, 466n67
Sherborne (Dorset), 191-2
Shorter, Edward, 384
Siddal (Yorkshire), 394, 399-400
Siderúrgica Crowley, 289-91
Simmonds, sr., 380
Skinner, Charles, 322-3, 340
Sligo, porto de, 229
Slinford (Sussex), 330
Smiles, Samuel, 298
Smith, Adam, 133, 160-2, 164, 209-24, 229, 446n96
Smith, Baird, 219
Smith, Betty, 180
Smith, Charles, 153, 160, 175, 216
Smith, Hannah, 252, 255
Smith, Thomas, 185
Smithfield, mercado de, 305, 310, 313, 327, 337
Snell, Keith, 258
Sociedade de Preservação das Terras Comunais, 105, 118
Sombart, Werner, 303
Somerset, 358, 386
Soons, Susannah, 254
Southey, Robert, 184, 256
Southwark, 389
Spalding (Lincolnshire), 252, 320
Spaxton (Somerset), 331
Speldurst (Kent), 322
St. Asaph, 240
St. Austell, 68
Stafford, 314
Staffordshire, 309, 368
Stebbing, Amie, 340
Stephens, Walter, 265
Sterne, Laurence, 269
Steuart, sir James, 217
Stevens, Elizabeth, 421n59
Stevenson, John, 205
Stewart, Dugald, 217
Stixwold (Lincolnshire), 108
Stockport, 317
Stockton, 183, 239-40
Stogumber (Somerset), 331-2
Stokesby (Norfolk), 100
Stone, Lawrence, 464n15
Stoneleigh (Warwickshire), 199
Stony Stratford (Buckinghamshire), 157
Stourbridge, 194
Stowmarket, 337
Strachey, sir Henry, 139
Stratford, rev. William, 71
Stratton (Cornualha), 184

Streatham Common, 105
Stroud, 179, 188, 244, 252
Suffolk, 168, 188, 376, 382
Sunderland, 188, 271
Surrey, 379
Sussex, 379, 397
Sutton Coldfield, 130
Swindon, 326
Swing, motins, 149
Synge, J. M., 270-1

Tâmisa, vale do, 180, 186
Tate, W. E., 423n 114
Taunton, 75-6, 248, 450n166
Tawney, R. H., 106, 108, 198
Taylor, James, 324
Taylor, William, 338
Temple, William, 292
Tenterden, 436n 102
Tewkesbury, 388
Thame, 317
Theberton (Suffolk), 110
Thirsk, Joan, 111
Thomis, M. I., 235
Thompson, Hartley, 342
Thome (Yorkshire), 467n73
Thwaites, Wendy, 225, 446n95
Tibbot, John, 276
Tilly, Charles, 452n205
Timworth (Suffolk), 115, 119, 138
Tipton, 308
Tiverton, 170, 249, 254
Todd, John, 185
Tonbridge, 322, 340
Toogood, John, 191-2
Tooker, John, 326
Towcester (Northamptonshire), 121, 446n98
Trelawney, sir Jonathan, bispo, 42-3
Trent, rio, 170
Tucker, Josiah, 289
Tumer, rev. William, 292

Uley (Gloucestershire), 195
Underdown, David, 378
Uphill (Somerset), 359

Van Gennep, Arnold, 371

Waddesdon (Buckinghamshire), 379
Wakefield (Yorkshire), 184
Walpole, sir Robert, 33, 35, 38, 96, 99-100
Walsall, mercado de, 324
Walter, John, historiador, 206, 232
Walter, John, proprietário de terras, 380
Waltham, floresta de, 89, 118
Wantage, 188
Warkworth (Oxon.), 101
Warwick, conde de, 190, 232
Warwickshire, 309, 387
Waterford, 229
Watts, Isaac, 296
Watts, Mary, 254
Watts, Michael, 260
Wearmouth, R. F., 151
Webb, Beatrice e Sidney, 58, 60
Weber, Max, 28, 152
Wedgwood, Josiah, 291, 303, 434n76, 451-2n198
Wedgwood, Tom, 303-4, 451-2n198
Wednesbury, 349
Weldon (Northamptonshire), 87, 145
Wellingborough, 446n98
Wellington, 449n154
Wells, 180
Wells, Roger, 204, 223-5, 233
Wenlock, mercado de, 185, 348, 376-7
Wesley, John, 83, 229, 296
West Haddon (Northamptonshire), 101
Westonbirt (Gloucestershire), 386, 392
Wexford, 229
Whaddon (Buckinghamshire), 110
Whilton (Northamptonshire), 121
Whitechapel, 343
Whitechurch Canonicorum, 393
Whitehouse, John, 308
Whitehouse, Mary, 321
Whitehouse, Samuel, 320-1
Whitehurst, John, 297
Whittlesford (Cambridgeshire), 164
Whittlewood, floresta de, 90
Wigley Common, 130
Wilkes, John, 64, 71-3, 82, 96, 392
Williams, Dale E., 205, 208-9

Williams, Gwyn A., 203
Willingale, sir, 118
Wilson, Charles, 151
Wilson, juiz, 116
Wiltshire, 230, 245, 249-51, 355, 359
Wimbledon, 97
Wirksworth, 324
Witham (Essex), 314
Withers, Charles, 91
Withy, Anne, 447n 115
Witney (Oxon.), 64, 186, 194, 312, 465n35
Witts, Elizabeth, 251
Woking (Surrey), 367-8, 388
Wokingham (Berkshire), 275
Wolverhampton, 252, 313
Woodbridge (Suffolk), 193, 448n126
Woodforde, rev. James, 38, 388, 439n162
Woodley (Berkshire), 395
Woolwich, 73, 389
Wootton Bassett (Witts.), 326
Worcester, 248, 321
Wordsworth, William, 123, 201, 304, 334
Wray, George, 315
Wrexham, 277
Wright, Joseph, 408n 18
Wrightson, Keith, 206
Wrigley, A., 230
Wrott, John, 99
Wychwood, floresta de, 91
Wye (Kent), 166
Wye, rio, 169

Yeovil (Sumerset), 201, 361
Yonge, sir George, 189-90
York, 293, 310
Yorkshire, 309, 313, 339
Youghal, 229
Young, Arthur, 123, 133, 144, 149, 163, 182, 418n33
Young, William, 447n115

1ª EDIÇÃO [1998] 9 reimpressões

ESTA OBRA FOI COMPOSTA PELA MACQUETE GRÁFICA TIMES E IMPRESSA
PELA RR DONNELLEY EM OFSETE SOBRE PAPEL PAPERFECT DA SUZANO
PAPEL E CELULOSE PARA A EDITORA SCHWARCZ EM SETEMBRO DE 2016